Regina Kohnke

H. W. Striebel

Anästhesie und

Intensivmedizin

für Studium und Pflege

3. Auflage

Anästhesie und Intensivmedizin für Studium und Pflege

H. Walter Striebel

Dritte, völlig neu überarbeitete Auflage
Mit 183 Abbildungen und 28 Tabellen

Schattauer Stuttgart New York

Autor:
Priv.-Doz. Dr. H. Walter Striebel, D.E.A.A.
Chefarzt des Instituts für Anästhesiologie,
Intensiv- und Notfallmedizin
Städtische Kliniken Frankfurt a. M.-Höchst
Akademisches Lehrkrankenhaus
der Johann Wolfgang Goethe-Universität FFM
65907 Frankfurt a. M.
Postfach 800769

Die Zeichnungen wurden vom Autor selbst erstellt.

Die Deutsche Bibliothek – CIP-Einheitsaufnahme
Striebel, Hans W.:
Anästhesie und Intensivmedizin für Studium und Pflege : mit
28 Tabellen / H. Walter Striebel. – 3., völlig neu überarb. Aufl.
– Stuttgart ; New York : Schattauer, 1997
ISBN 3-7945-1743-1

Printed in Germany
Lektorat: Ingrid Haberkorn M. A.
Umschlaggestaltung: B. Burkart
Satz, Druck und Einband: Allgäuer Zeitungsverlag, Kotterner Str. 64, 87435 Kempten
Gedruckt auf chlor- und säurefrei gebleichtem Papier.

ISBN 3-7945-1743-1

Herrn Dr. Hilmar Herbst

ehemaliger Chefarzt des Instituts für
Anästhesiologie, Intensiv- und
Notfallmedizin der Städtischen Kliniken
Frankfurt a. M.-Höchst

gewidmet

für den Aufbau und die Übergabe
eines hervorragenden Instituts
und eines tollen Mitarbeiterteams.

Geleitwort

Anästhesiologen, die die Entwicklung der Anästhesiologie aus der Ära der Chloräthyl-Äthernarkose zur heutigen hochspezifizierten Narkosetechnik miterlebt haben, erinnern sich noch sehr wohl der Zeiten, in denen Routinenarkosen von überaus erfahrenen Schwestern durchgeführt wurden, während die komplizierteren Narkosen dem jeweils jüngsten Assistenten eines betroffenen operativen Faches übertragen wurden, der sich mehr oder wenig geschickt der häufig ungeliebten Aufgabe unterzog, einen Patienten zu narkotisieren. Die ihn dabei unterstützenden Schwestern und Pfleger hatten meist mehr Erfahrung als er selbst, und er war für deren selbstlose Hilfe zumeist tief dankbar.

Inzwischen hat sich das Bild gewandelt. Die Anästhesiologie ist ein eigener, hochspezialisierter Beruf. Nicht nur die verwendeten Medikamente haben sich gewandelt, auch die Überwachungsmöglichkeiten haben sich dank der von vielen merkwürdigerweise negativ gesehenen sogenannten Apparatemedizin erweitert. Die Entwicklung der operativen Medizin zur heutigen Breite wäre nicht möglich gewesen, wenn nicht die Mitarbeiter dieses Faches gewährleisten würden, daß auch Patienten extremer Altersstufen mit komplizierten Begleiterkrankungen selbst großen operativen Eingriffen unterzogen werden können.

Mein ehemaliger Mitarbeiter Priv.-Doz. Dr. H. W. Striebel erteilte seit langem Unterricht im Rahmen der Aus- und Weiterbildung von Pflegekräften, Fachkräften, Studenten und jungen Ärzten im Fach Anästhesiologie. Er hat – einem oft geäußerten Wunsch folgend – seine Unterrichtsmanuskripte überarbeitet und ergänzt. Das Ergebnis ist dieses, aus der Unterrichtspraxis herausgewachsene Buch. Dieses Werk soll eine breite Wissensbasis für alle jene sein, die sich der Anästhesie widmen wollen und sich hierfür das notwendige Wissen aneignen möchten, seien es Schwestern oder Pfleger, angehende oder fertige Fachkräfte, Studenten im Praktischen Jahr oder Berufsanfänger.

Im Geleitwort für die zweite Auflage 1994 Stand: „Ich bin überzeugt, daß auch die zweite, überarbeitete und erweiterte Auflage dieses Buches eine breite Leserschaft finden wird.“ Nach kaum zwei Jahren ist eine dritte Auflage notwendig geworden. Dies spricht für sich allein und ich kann meinem hervorragenden ehemaligen Mitarbeiter H. W. Striebel nur wärmstens zu diesem Erfolg gratulieren. Möge dieses Buch weiterhin dem Nutzen all unserer Patienten, sowie denjenigen dienen, die sich auf ein Examen vorbereiten müssen. Außerdem ist dieses Buch bestens als Nachschlagewerk für jene geeignet, die Lücken ihres Wissens füllen möchten.

Prof. Dr. med. K. Eyrich
Leiter der Klinik für Anästhesiologie und
operative Intensivmedizin
Universitätsklinikum Benjamin Franklin
der Freien Universität Berlin

Vorwort zur dritten Auflage

Grundlage für dieses Buch sind die Manuskripte zahlreicher Fortbildungsveranstaltungen, die von mir am Universitätsklinikum Benjamin Franklin der FU Berlin sowohl für Studenten – insbesondere für Studenten des „Praktischen Jahres" – als auch für das Anästhesie-Pflegepersonal – insbesondere für Teilnehmer des Weiterbildungskurses zur Fachkrankenschwester beziehungsweise zum Fachkrankenpfleger für Anästhesie und Intensivmedizin – gehalten wurden.
In diese dritte, überarbeitete Auflage wurden unter anderem neuere Medikamente sowie sonstige, praxisrelevante Fortschritte in der Anästhesie aufgenommen. Das Kapitel über Intensivmedizin wurde deutlich erweitert und aktualisiert.
Das Buch ist als Nachschlagewerk für in der Anästhesie/Intensivmedizin arbeitende Schwestern, Pfleger, Studenten, Absolventen des Praktischen Jahres, Ärzte im Praktikum und junge Anästhesisten gedacht. Außerdem soll es ein Lehrbuch für die Absolventen des Weiterbildungskurses zur Fachkrankenschwester beziehungsweise zum Fachkrankenpfleger für Anästhesie und Intensivmedizin sein. Daneben kann es für Dozenten und Fortbildungsschwestern als Leitfaden für den Studenten- und Schwesternunterricht dienen, aber auch für alle anderen an der Anästhesie interessierten Leser möchte es eine Anregung und Lernhilfe darstellen.
An dieser Stelle darf ich mich ganz herzlich bei folgenden Personen bedanken, die das Manuskript intensiv überarbeiteten und konstruktive Ergänzungen, Anmerkungen und Korrekturen vorgenommen haben:
Dr. Mathias Hölzl, Dr. Winfried Ruf (Klinikum für Anästhesiologie und operative Intensivmedizin, Universitätsklinikum Benjamin Franklin der FU Berlin), Dr. Annette Kirschsieper-Heinrich, Dr. U. Behrens (Institut für Anästhesiologie, Intensiv- und Notfallmedizin der Städtischen Kliniken Frankfurt a. M.-Höchst); Doris Dietmann, Klaus Halver, Dietmar Ebert (Fachkrankenschwester/-pfleger für Anästhesie und Intensivmedizin am Universitätsklinikum Benjamin Franklin der FU Berlin) sowie Susanne Nau (Fachkrankenschwester für Anästhesie und Intensivmedizin am Institut für Anästhesiologie, Intensiv- und Notfallmedizin der Städtischen Kliniken Frankfurt a. M.-Höchst).
Herrn Dipl.-Psych. Dr. med. W. Bertram und Frau Dipl.-Biol. C. Cohnen vom Schattauer Verlag möchte ich für ihre Unterstützung und die gute Zusammenarbeit danken.
Besonderer Dank gilt auch Frau K. Konopka für ihre stets äußerst sorgfältige und zuverlässige Übernahme von Schreibarbeiten und organisatorischen Aufgaben.
Der größte Dank gilt meiner Familie. Da das Buch ausschließlich nach dem oft anstrengenden Klinikalltag verfaßt wurde, bedeutete dies zwangsläufig eine Einschränkung des Familienlebens. Ohne die verständnisvolle Nachsicht und Geduld meiner Frau und meiner beiden Kinder wäre dies nicht möglich gewesen.

Frankfurt a. M.-Höchst, im Frühjahr 1997 H. Walter Striebel

Inhaltsverzeichnis

Abkürzungsverzeichnis

A

A	A. Arterie
$AaDO_2$	Alveolo-arterielle Sauerstoffpartialdruckdifferenz
ACH	Acetylcholin
ACT	Activated clotting time
ACVB	Aortokoronarer Venen-Bypass
ADH	Antidiuretisches Hormon
ARDS	Akutes Lungenversagen (adult respiratory distress syndrome)
ASB	Assisted spontaneous breathing

B

BGA	Blutgasanalyse
BSV	Bandscheibenvorfall

C

CAVH	**kontinuierliche arterio-venöse Hämofiltration**
cCT	Zerebrales Computer-Tomogramm
CFM	Cerebral function monitor
CK	Kreatinkinase
CO_2	Kohlendioxid
CPAP	Continous positive airway pressure
CPP	Zerebraler Perfusionsdruck (cerebral perfusion pressure)
CVVH	Kontinuierliche veno-venöse Hämofiltration

D

DHBP	Dehydrobenzperidol
DIC	Disseminierte intravasale Gerinnung

E

EKZ	Extrakorporale Zirkulation
EU	Extrauteringravidität

F

FEV_1	Ein-Sekunden-Kapazität
FFP	Fresh frozen plasma
FiO_2	Fraction of inspired oxygen

G

GOT	siehe „SGOT“
GPT	siehe „SGPT“

H

Hb	Hämoglobin-Wert
HCO_3^-	Bikarbonat
HK	Hämatokrit-Wert
HLM	Herz-Lungen-Maschine
HMV	Herzminutenvolumen
HNO	Hals-Nasen-Ohren

I

I:E	Inspirations- zu Exspirationszeit
ICP	Intrakranieller Druck (intracranial pressure)
IMV	Intermittent manditory ventilation
IPBB	Intermittent positive pressure breathing

L

LDH	Laktatdehydrogenase

M

MAP	Mittlerer arterieller Druck

N

N.	Nervus
N_2O	Lachgas
NLA	Neuroleptanästhesie

P

PaO_2	Arterieller Sauerstoffpartialdruck
$PaCO_2$	Arterieller Kohlendioxidpartialdruck
PCWP	Pulmonalkapillärer Verschlußdruck (pulmonary capillary wedge pressure)
PDA	Periduralanästhesie

PEEP	Positiver endexspiratorischer Druck (positive endexspiratory pressure)
PPL	Plasma-Proteinlösung
PTT	Thromboplastinzeit (partial thromboplastin time)

S

SAB	Subarachnoidalblutung
SEK	Serum-Eiweißkonserve
SGOT	Serum-glutamat-oxalazetat-transaminase
SGPT	Serum-glutamat-pyruvat-transaminase
SHT	Schädel-Hirn-Trauma
SIMV	Synchronized intermittent maditory ventilation

T

TE	Tonsillektomie
TEP	Totalendoprothese
TIVA	Totale intravenöse Anästhesie
TPR	Totaler peripherer Widerstand
TUR	Transurethrale Resektion

V

V.	Vene

Z

ZVD	Zentraler Venendruck

Einführung

Aufgaben des Anästhesisten und des Anästhesiepflegepersonals

Die Anästhesiologie umfaßt vier Teilgebiete, die

- Anästhesie,
- Intensivmedizin,
- Notfallmedizin und
- Schmerztherapie.

> Die ursprünglichste und wichtigste Aufgabe des Anästhesisten ist die Schaffung eines schmerzfreien Zustandes, in dem z.B. Operationen sowie diagnostische oder therapeutische Maßnahmen vorgenommen werden können.

Dies kann mit Hilfe einer Vollnarkose (Allgemeinanästhesie) oder mit Hilfe einer Lokal- oder Regionalanästhesie erreicht werden. Der Anästhesist ist für die Durchführung dieser **Anästhesien** sowie deren Überwachung verantwortlich. Auch die postoperative Weiterbetreuung von schwerkranken Patienten auf einer operativen **Intensivstation** untersteht zumeist der Anästhesieabteilung.
Eine weitere Aufgabe des Anästhesisten ist die **Notfallmedizin,** das heißt die Wiederbelebung und Stabilisierung vor allem des Herz-Kreislauf-Systems und der Atmung. Diese Aufgabe wird vom Anästhesisten nicht nur bei einem „Narkosezwischenfall" wahrgenommen, sondern vielerorts auch bei der Wiederbelebung von Neugeborenen, im Notarztwagen, bei der Aufnahme schwerverletzter Patienten in die Erste-Hilfe-Station eines Krankenhauses, auf operativen Intensivstationen sowie auf den Normalstationen. Ein neuer Betätigungsbereich des Anästhesisten ist die **Schmerzlinderung bei chronischen Schmerzzuständen** wie zum Beispiel Karzinomschmerzen. In vielen großen Kliniken wurden hierzu inzwischen **Schmerzambulanzen** errichtet, die zumeist der Anästhesieabteilung unterstehen.
Diesen Anforderungen kann der Anästhesist nur dank der Mithilfe einer Anästhesieschwester oder eines Anästhesiepflegers gerecht werden (stellvertretend für beide soll in diesem Buch immer nur von der Anästhesieschwester gesprochen werden).
Zu den Aufgaben der Anästhesieschwester gehört:

- bei den oben genannten ärztlichen Tätigkeiten zu assistieren,
- dazu notwendige Medikamente bereitzulegen,
- dazu benötigte Anästhesiegeräte bereitzustellen,
- die Wartung, Reinigung und Funktionsüberprüfung dieser Anästhesiegeräte,
- eventuell die Übernahme ärztlicher Tätigkeiten, wenn diese ausdrücklich an die Anästhesieschwester delegiert wurden. Voraussetzung hierzu ist neben einer entsprechenden Erfahrung der Anästhesieschwester eine genaue Handlungsanweisung sowie eine Überwachung durch den verantwortlichen Anästhesisten.

Teil 1
Anästhesie – Allgemeiner Teil

Grundlegende Bemerkungen zur Anästhesie

Definition
Anästhesie bedeutet Empfindungslosigkeit, also das Fehlen sämtlicher Wahrnehmungen.

Die Kunst der Anästhesie ist nicht alt. Bis ins 18. Jahrhundert gab es noch keine Medikamente zur Narkose. Wer das Pech hatte, sich einer Operation unterziehen zu müssen, wurde eventuell in einen Alkoholrausch versetzt, in dem dann beispielsweise die Amputation eines Beines vorgenommen wurde. Der vor Schmerzen brüllende Patient wurde während der Operation festgehalten. Häufig wurde er ohnmächtig vor Schmerzen. Die Operationszeit mußte so kurz wie möglich gehalten werden. Operiert wurde nur bei lebensbedrohlicher Indikation. Die Letalität war hoch.

Das Ziel jeder Allgemeinanästhesie (= Vollnarkose) muß es sein, den Patienten vorübergehend in einen Zustand zu versetzen, in dem eine Operation sowohl für den Patienten als auch für den Operateur optimal durchgeführt werden kann.

Optimale Bedingungen für den Patienten bedeuten:
- Bewußtlosigkeit (Hypnose)
- Schmerzfreiheit (Analgesie)
- Dämpfung von vegetativen Reflexen

Optimale Bedingungen für den Operateur bedeuten:
- Arbeiten ohne größeren Zeitdruck
- Muskelerschlaffung (Relaxation)
- und damit guter Zugang zum Operationsgebiet

Im Jahre 1846 wurde erstmals Äther erfolgreich für eine Operation eingesetzt. In der Folgezeit kam es zu einem stürmischen Fortschritt in der Narkosetechnik. Die Apparaturen zur Ätherverabreichung wurden verbessert und sicherer gemacht. Neue Narkosemedikamente und neue Narkosetechniken wurden entdeckt. Erst die Möglichkeit zur Narkose erlaubte die Ausweitung der Chirurgie. Heute können Operationen von fast unbegrenzter Dauer durchgeführt werden. Operationszeiten von bis zu 15 Stunden sind keine Seltenheit mehr. Ein Patient, der sich heute einer Operation in Vollnarkose unterziehen muß, kann sicher sein, daß er während der Operation „schläft" und völlig schmerzfrei ist.

Die präoperative Visite

Normalerweise liegt bereits am Nachmittag der Operationsplan für den folgenden Tag vor. Der Anästhesist sowie die Anästhesieschwester können daraus ersehen, welche Patienten sie am nächsten Tag zu betreuen haben. In Tab. 1.1 ist ein Beispiel für einen Op-Plan aus der täglichen Praxis dargestellt.

Es ist anzustreben, daß derjenige Anästhesist, der der Narkose zugeteilt ist, „seine" Patienten am Abend zuvor aufsucht und die sogenannte präoperative Visite durchführt.

Ziele der präoperativen Visite

- Überprüfung der vorliegenden Akten (z.B.: EKG, Röntgen- und Laborbefunde)
- Untersuchung des Patienten
- Einschätzung des Gesundheitszustandes des Patienten und damit
- Abschätzung des Narkoserisikos
- Entscheidung über das Narkoseverfahren
- Aufklärung des Patienten und Eingehen auf seine Fragen und Ängste bezüglich der Narkose
- Verordnen einer Prämedikation (s. S. 7)

Ablauf der präoperativen Visite

Der Anästhesist besorgt sich auf der Station die gesamten Unterlagen des zu operierenden Patienten. Diese müssen umfassen:

- Akte des Patienten mit aktueller Medikation, Blutgruppe sowie neuen Laborwerten (bei Routineeingriffen: Hb, HK, Na, K, Quick-Wert)
- Röntgen-Thorax (bei Kindern, Jugendlichen und jungen Erwachsenen nur in begründeten Fällen)
- EKG bei allen Patienten über 40 Jahren, nur bei begründetem Verdacht auch bei jüngeren Patienten
- evtl. zusätzliche Untersuchungsergebnisse wie zum Beispiel ein internistisches Konsil.

Nachdem sich der Anästhesist durch das Studium der vorliegenden Unterlagen einen Überblick über die aktuelle Krankheit und über den allgemeinen Gesundheitszustand des Patienten verschafft hat, sucht er den Patienten auf, stellt sich vor und wird eine kurze Anamnese mit anästhesiologisch relevanten Fragen erheben. Von besonderem Interesse sind Vorerkrankun-

Tabelle 1.1 Operationsplan

Patient	Alter	Station	Diagnose	Operation	Operateur	Op.-Saal	Anästhesist
Müller A.	17 J.	12 A	Abort	Curettage	Mai./Lut.	7	Ham.
Maier B.	54 J.	14 A	Cholezystolithiasis	Cholezystektomie	Kre./Wag. Dil./Stud.	4	Ham.
Hinz C.	78 J.	02	Rektum-Ca	Rektum-amputation	Kre./Wag. Dil./Stud.	4	Ham.
Kunz D.	81 J.	10	Niereninsuffizienz	Shuntrevision	Har./Bad.	1	Ham.

gen, die eventuell zu Narkoseproblemen führen könnten. Dies sind insbesondere:

- Herz-Kreislauf-Probleme wie Bluthochdruck, Koronar- oder Zerebralsklerose, Angina pectoris, Herzinfarkt(e) oder Herzinsuffizienz
- Lungenerkrankungen wie Asthma bronchiale, Bronchitis, Lungenentzündungen
- Lebererkrankungen wie Leberzirrhose, Hepatitis
- Nierenprobleme, insbesondere eine Niereninsuffizienz
- sonstige Erkrankungen (wie z.B. Diabetes mellitus)
- Konsumgewohnheiten wie Alkohol-, Nikotin- oder Medikamentenabusus

Gezielt gefragt werden muß immer:

- nach eventuellen Problemen bei früheren Narkosen sowie nach Narkoseproblemen bei Familienangehörigen
- ob Allergien auf Medikamente bekannt sind, wenn ja, auf welche
- ob wackelnde Zähne oder Zahnprothesen vorhanden sind

Eine anschließende, kurze körperliche Untersuchung muß zumindest die Auskultation der Lunge und des Herzens umfassen.

Abschließend sollte dem Patienten der Ablauf der Narkose erklärt werden. Bei einer voraussichtlich unkomplizierten Vollnarkose wird man ihm beispielsweise folgendes erzählen: „Für heute nacht verordne ich Ihnen eine Schlaftablette. Ab 24.00 Uhr heute nacht dürfen Sie dann bis zur Operation nichts mehr zu sich nehmen, weder Essen noch Trinken. Sie dürfen auch nicht mehr rauchen. – Morgen früh bekommen Sie ca. 45 Minuten vor Narkosebeginn von einer Schwester der Station eine Beruhigungstablette. Diese bitte nur mit einem kleinen Schluck Wasser runterspülen. Kurz danach werden Sie in den OP-Bereich gefahren. Wichtig ist, daß Sie Ihren Schmuck, Ihre Uhr sowie Ihre Zahnprothese und Brille hier im Zimmer lassen. – In einem Vorbereitungsraum werden Sie dann von der Narkoseschwester auf die Narkose vorbereitet. Die Narkoseschwester wird den Blutdruck messen und eine EKG-Ableitung zur Herzüberwachung anbringen. Außerdem muß am Handrücken eine „Nadel“ gelegt werden, woran eine Tropfinfusion angeschlossen wird. Vor dem Legen der Nadel kann eine örtliche Betäubung vorgenommen werden, so daß es nicht schmerzhaft sein wird. Über diese Nadel wird dann später auch das Schlafmittel gespritzt. Wenn Sie das Schlafmittel bekommen haben, schlafen Sie innerhalb von 20–30 Sekunden ein. Wenn Sie aufwachen, wird die Operation bereits vorbei sein. Sie werden dann noch vorübergehend in einem sogenannten „Aufwachraum“ einige Zeit überwacht werden. Sobald Sie wieder völlig wach sind, werden Sie wieder auf Ihr Zimmer zurückgebracht.“

Falls für die geplante Operation sowohl eine Vollnarkose als auch eine Lokal- oder Regionalanästhesie in Frage kommen, sollten dem Patienten der Ablauf und die Vor- und Nachteile der einzelnen Verfahren erläutert werden. Wenn der Patient ein bestimmtes Verfahren wünscht, sollte dies, wenn irgend möglich, berücksichtigt werden. Außerdem sollte kurz auf spezielle Komplikationsmöglichkeiten der geplanten Narkose eingegangen werden. Auch die Frage, ob der Patient zur Prämedikation lieber eine intramuskuläre Injektion oder eine Tablette haben möchte, sollte mit ihm besprochen werden. – Falls der Patient nun keine weiteren Fragen mehr hat, muß er noch die **„Einwilligungserklärung in die Narkose“** in Ruhe durchlesen und unterschreiben. Sollten bei dieser präoperativen Visite Probleme aufgetaucht sein, so müssen gegebenenfalls noch eine Lungenfunktionsprüfung,

eine arterielle Blutgasanalyse oder ein internistisches Konsil angefordert werden. Unter Umständen muß, nach Rücksprache mit den Operateuren, ein Wahleingriff noch um einige Tage verschoben werden, um den Patienten besser auf die Operation vorzubereiten. Öfters muß zum Beispiel ein Diabetes mellitus, ein Hypertonus oder eine Herzinsuffizienz „eingestellt" werden oder es muß gewartet werden, bis ein akuter Infekt der oberen Luftwege abgeklungen ist.
Abschließend wird dem Patienten eine geeignete Schlafmedikation zur Nacht und eine Prämedikation verschrieben (s. u.).
Während es bisher als zwingend angesehen wurde, daß ein Erwachsener zumindest für sechs Stunden vor der Anästhesieeinleitung nüchtern sein muß, wird in neueren Studien berichtet, daß die Gabe von klarer Flüssigkeit bis ca. drei Stunden vor der Narkoseeinleitung keinen negativen Einfluß auf Menge und pH-Wert des Magensekrets bei Narkosebeginn habe.
In den meisten Narkoseprotokollen muß der körperliche Status (nicht das Narkoserisiko!) des Patienten noch anhand einer Skala eingestuft werden. Hierfür hat sich am besten die Klassifikation der **American Society of Anesthetists** (ASA) bewährt (Tab. 1.2)

Die Prämedikation

Ziele einer idealen Prämedikation

Trotz des beruhigenden und aufklärenden Gesprächs während der präoperativen Visite (s. S. 5) ist es notwendig, dem Patienten zur Angstminderung und Sedierung sowie gegebenenfalls zur Schmerzlinderung eine Medikation zu verordnen, die er idealerweise zirka 45 Minuten vor Narkosebeginn verabreicht bekommt. Das Ziel dieser sogenannten „Prämedikation" wird z.T. auch darin gesehen, möglichen Narkoseproblemen vorzubeugen.

Mögliche Narkoseprobleme:

- Das Auslösen von vegetativen Reflexen,
  vor allem vagale Reflexe bei der Narkosevorbereitung und bei der Narkoseeinleitung (z.B. eine vasovagale Synkope beim „Nadellegen" oder eine reflektorische Bradykardie bei der Intubation)
- Eine übermäßige Speichel- und Bronchialsekretion,

Tab. 1.2 ASA-Klassifikation. Muß ein Patient notfallmäßig operiert werden, dann wird hinter die ASA-Klasse noch ein „E" angehängt, das für Notfall (Emergency) steht.

ASA 1	Gesunder Patient
ASA 2	Patient mit leichter Systemerkrankung (z.B. eingestellter Hypertonus)
ASA 3	Patient mit schwerer Systemerkrankung und Leistungseinschränkung (z.B. Angina pectoris)
ASA 4	Patient mit schwer beeinträchtigender, lebensbedrohlicher Erkrankung (z.B. dekompensierte Herzinsuffizienz)
ASA 5	Moribunder Patient, bei dem die Lebenserwartung ohne Behandlung geringer als 24 Stunden ist (z.B. rupturiertes Aortenaneurysma)

die während der Narkose und bei der Narkoseausleitung zu Problemen führen kann

- Eine allergische oder pseudoallergische Reaktion
  nach Verabreichung eines Narkosemedikamentes, die sich durch eine Histaminfreisetzung unter anderem als Quaddelbildung (= Urtikaria), Blutdruckabfall oder Bronchospasmus äußern kann (siehe S. 191)
- Eine häufig postoperativ auftretende Übelkeit mit Brechreiz
  Dies ist oft eine Nebenwirkung der zur Narkose verwendeten Medikamente.

Die primären Ziele einer Prämedikation sind:

- Angstlösung (= Anxiolyse)! und Sedierung
- eventuelle Schmerzlinderung (= Analgesie)

Als sekundäre Ziele einer Prämedikation werden z. T. genannt:

- Dämpfung von vegetativen Reflexen
- Verminderung der Speichel- und Bronchialsekretion
- Verminderung von allergischen und pseudoallergischen Reaktionen (= Antihistaminwirkung)
- Verminderung von Übelkeit und Brechreiz (= antiemetische Wirkung)

Die im Rahmen der Prämedikation am häufigsten angewandten Substanzgruppen werden im folgenden kurz vorgestellt.

Medikamente für die Prämedikation

Tranquilizer

Wirkungen:

- Angst- und spannungslösend
- Leichte sedierende Wirkung
- Antikonvulsive Wirkung (= Erhöhung der zerebralen Krampfschwelle und damit Unterdrückung von epileptischen Anfällen)

Nebenwirkungen:

- Unter Umständen paradoxe Erregungszustände, vor allem bei alten Patienten
- Erniedrigung des Muskeltonus (daher kontraindiziert bei vorbestehender Muskelschwäche wie z. B. bei der Myasthenia gravis)

Medikamente und Dosierung:

Die wichtigste Substanzgruppe der Tranquilizer sind die Benzodiazepine. In Tabelle 1.3 sind die zur Prämedikation am häufigsten verwendeten Benzodiazepine und deren Dosierungen aufgelistet.

> Benzodiazepine sind durch eine große therapeutische Breite ausgezeichnet. Sie eignen sich vor allem als orale Schlafmedikation (z. B. Oxazepam) für die präoperative Nacht. Inzwischen werden sie auch in den meisten Kliniken für die orale Prämedikation (z. B. 7,5 mg Midazolam) verabreicht.

Die intramuskuläre Injektion der meisten Benzodiazepine ist sehr schmerzhaft. Nur das Benzodiazepin Midazolam eignet sich aufgrund seiner Wasserlöslichkeit auch für die intramuskuläre Injektion.

Barbiturate

Wirkungen:

- Sedierung, Erzeugung von Schlaf oder Bewußtlosigkeit je nach Dosierung
- Antikonvulsive Wirkung (Erhöhung der zerebralen Krampfschwelle und

Tabelle 1.3 Zur Prämedikation häufig eingesetzter Benzodiazepine

Medikament	Dosierung für Erwachsene
Diazepam (Valium)	10 mg oral
Oxazepam (Adumbran)	10–20 mg oral
Nitrazepam (Mogadan)	5–10 mg oral
Lormetazepam (Noctamid)	1 mg oral
Bromazepam (Lexotanil)	6–12 mg oral
Flunitrazepam (Rohypnol)	1– 2 mg oral oder 1– 2 mg intramuskulär
Midazolam (Dormicum)	7,5 mg oral 5–15 mg intramuskulär

damit Unterdrückung von epileptischen Anfällen)

Nebenwirkungen:

- Enzyminduktion in der Leber bei chronischer Anwendung. Bei einer Enzyminduktion werden die Barbiturate – sowie andere Medikamente – schneller abgebaut. Es werden immer höhere Dosierungen zur Erzielung der gleichen Wirkung benötigt.
- Unter Umständen paradoxe Reaktion, vor allem bei älteren Patienten
- Atemdepression in höheren Dosierungen

Medikamente und Dosierungen:

- Phenobarbital (Luminal) 100–200 mg oral

Oral verabreichte Barbiturate eignen sich vor allem als Schlafmedikation für die präoperative Nacht.

Neuroleptika

Wirkungen:

- Sedierung, Gleichgültigkeit, Antriebsminderung
- Antiemetische Wirkung (= Verminderung von Übelkeit und Brechreiz)
- Antihistaminwirkung (= Verminderung von allergischen und pseudoallergischen Reaktionen)

Nebenwirkungen:

- Extrapyramidale Bewegungsstörungen
- Neigung zu orthostatischer Hypotonie (= Kollapsneigung)
- Erniedrigung der zerebralen Krampfschwelle und damit Begünstigung! von epileptischen Anfällen (Deshalb: kein Neuroleptikum bei Epileptikern.)

Medikamente und Dosierung:

- Promethazin (Atosil) 0,5–1 mg/kg Körpergewicht intramuskulär, maximal 50 mg intramuskulär.
- Droperidol (s. S. 51, enthalten in Thalamonal, s. S. 52)

Promethazin ist das meist benützte Neuroleptikum zur intramuskulären Prämedikation. Für die Prämedikation wird die sedierende Nebenwirkung dieses relativ schwachen Neuroleptikums verwendet.

Opiate und Opioide

Die im Opium enthaltenen Analgetika werden als Opiate bezeichnet. Wichtigster Vertreter ist das Morphin. Inzwischen können auch halbsynthetische oder vollsynthetische morphinartige Substanzen hergestellt werden. Die natürlich vorkommenden Opiate sowie die halb- und vollsynthetisch hergestellten morphinartigen Substanzen werden inzwischen als Opioide zusammengefaßt.

Wirkungen:

- Starke Analgesie
- Sedierung

Nebenwirkungen:

- Atemdepression (!!)
- Übelkeit und Brechreiz (= emetische Wirkung)
- Pupillenverengung (= Miosis, sogenannte „stecknadelkopfgroße" Pupillen)
- Suchtgefahr, die bei einer Opioidgabe im Rahmen der Prämedikation, Narkose und postoperativen Schmerztherapie nur bei ehemals opioidabhängigen Patienten zu beachten ist.
- Euphorie
- Spasmen glatter Muskulatur (z.B. Obstipation = Verstopfung; Konstriktion der Gallen- und Harnwege)
- Neigung zu orthostatischer Hypotonie (= Kollapsneigung)

Medikamente und Dosierung:

- Pethidin (Dolantin) 1 mg/kg Körpergewicht intramuskulär, maximal 75 mg intramuskulär
- Piritramid (Dipidolor) 7,5–15 mg intramuskulär beim Erwachsenen

Eine eindeutige Indikation für ein Analgetikum zur Prämedikation besteht nur dann, wenn der Patient bereits präoperativ Schmerzen hat.

Parasympatholytika

Parasympatholytika hemmen den Parasympathicus und damit auch den Nervus vagus, den wichtigsten Nerv des parasympathischen Nervensystems. Parasympatholytika blockieren die Wirkung der Überträgersubstanz Acetylcholin im Bereich des Nervus vagus und anderer parasympathischer Nervenfasern (s. S. 56f).

Medikamente:

- Atropin

Wirkungen und Nebenwirkungen:

Die Wirkungen und Nebenwirkungen des Atropins ergeben sich aus der Blockade des Nervus vagus:

- Herzfrequenzsteigerung (= Tachykardie) und damit Schutz vor bradykarden Rhythmusstörungen bei einer Reizung des Nervus vagus (= vagaler Reflex, s. S. 64, 89)
- Pupillenerweiterung (= Mydriasis)
- Hemmung der Speichel-, Bronchial- und Schweißsekretion
- Verminderung des Tonus der glatten Muskulatur vor allem im Magen-Darm-Bereich

Dosierung:

- Erwachsene = 0,01 mg/kgKG
- Säuglinge und Kleinkinder = 0,01–0,02 mg/kgKG

  Zur Hemmung der Speichel- und Bronchialsekretion wird diese Dosis intramuskulär zur Prämedikation verabreicht. Die für die intramuskuläre Injektion übliche Dosierung dämpft die vagalen Reflexe am Herzen nicht ausreichend. Sollen die vagalen Reflexe des Herzens sicher blockiert werden, dann sollte diese Dosis vor der Intubation intravenös (!!) verabreicht werden. Dies ist z. B. besonders bei der Intubation von Kindern wichtig, da bei ihnen hierbei leicht vagale Reflexe mit einer Bradykardie, im Extremfall ein Herzstillstand ausgelöst werden können (s. S. 218).

Kontraindikation für Atropin:

- Erkrankungen, die mit einer hohen Herzfrequenz einhergehen (z. B. Hyperthyreose, hohes Fieber u. ä.)
- Erkrankungen, bei denen eine Steigerung der Herzfrequenz vermieden werden muß (z. B. eine Mitralklappenstenose, s. S. 273).

Neben Atropin gibt es noch andere Parasympatholytika, das Glykopyrrolat und das Scopolamin. Diese werden in Deutschland relativ selten im Rahmen der Narkose eingesetzt.

Allgemeine Bemerkungen zur Prämedikation

Die Prämedikation erfolgt zunehmend seltener durch intramuskuläre Injektion. Die orale Prämedikation erfreute sich in den letzten Jahren zunehmender Beliebtheit. Die dazu benützte geringe Wassermenge zum Hinunterspülen der Tablette wird schnell resorbiert und widerspricht daher nicht dem Nüchternheitsgebot. Zum Einsatz kommt hierbei häufig Midazolam (z. B. 7,5 mg, beim Erwachsenen).

Wichtig ist es, die orale bzw. intramuskuläre Prämedikation ca. 45 Minuten vor Narkosebeginn zu verabreichen. – In der Praxis wird leider oft die orale bzw. intramuskuläre Prämedikation erst unmittelbar vor dem Transport in den OP verabreicht. Dies ist zu spät! Die Wirkung der Prämedikation hat dann noch nicht eingesetzt, wenn die Patienten im Operationssaal ankommen und mit der Narkose begonnen wird!

Die primären Ziele einer Prämedikation (s. S. 6) lassen sich z. B. durch folgende Medikamente erfüllen:

- Eine **Angstlösung** (= Anxiolyse) und leichte Sedierung kann beispielsweise durch ein langwirksames Benzodiazepin, das als Schlafmedikation für die präoperative Nacht verabreicht wird, erreicht werden. Hierzu eignen sich z. B. 1 mg Lormetazepam, 10–20 mg Oxazepam oder 10 mg Diazepam oral.
- Eine **Schmerzlinderung** (= Analgesie) kann beispielsweise durch Pethidin (Dolantin) erreicht werden. Die meisten Patienten leiden präoperativ nicht an Schmerzen, so daß auf die Gabe eines Opioids verzichtet werden kann.

Die sekundären Ziele einer Prämedikation (s. S. 7) lassen sich z. B. durch folgende Medikamente erfüllen:

- eine **Verminderung von allergischen Reaktionen** (= Antihistaminwirkung) und eine Sedierung lassen sich durch ein Neuroleptikum zur Prämedikation, wie z. B. Promethazin (Atosil), erreichen.
- Eine **Verminderung der Speichel- und Bronchialsekretion** kann durch Atropin erzielt werden.
- Eine **Dämpfung vegetativer Reflexe,** insbesondere vagaler Reflexe, kann durch eine intramuskuläre (!) Gabe von Atropin in der üblichen Dosierung nicht sicher erzielt werden. Nur durch

eine intravenöse (!) Atropingabe können vagale Reflexe sicher verhindert werden.

Die beim Erwachsenen häufig angewandte intramuskuläre „Standard-Prämedikation“ von
- 50 mg Dolantin
- 50 mg Atosil
- 0,5 mg Atropin

ist zwar meist nicht falsch, aber häufig auch nicht optimal.

Die verordneten Medikamente sowie deren Dosierung müssen immer dem einzelnen Patienten angepaßt werden. Alte und schwerkranke Patienten müssen oft weniger als die nach dem Körpergewicht errechnete Dosierung erhalten.

In den letzten Jahren wird zunehmend auf die intramuskuläre Prämedikation zugunsten einer oralen Prämedikation (vor allem mit Midazolam, z. B. 7,5 mg) verzichtet.

Der Narkoseapparat

Narkosesysteme

Zur Durchführung einer Narkose stehen neben den intravenös zu verabreichenden Medikamenten auch Inhalationsanästhetika zur Verfügung.

Inhalationsanästhetika sind Gase (z. B. Lachgas, s. S. 31) oder Dämpfe von leicht verdampfbaren Flüssigkeiten (z. B. Halothan/Enfluran/Isofluran, s. S. 32, 34, 35), die der Einatmungsluft zugemischt und über die Lungen ins Blut aufgenommen werden.
Es werden vier verschiedene Narkosesysteme unterschieden:

Das offene System

Beim offenen System atmet der Patient Luft aus der Umgebung ein. Das Ausatemvolumen wird wieder in die Umgebung abgegeben. Der Einatemluft wird ein Inhalationsanästhetikum zugemischt.

Das bekannteste Beispiel für ein offenes System ist die früher übliche Äthertropfnarkose. Mit Hilfe einer Schimmelbusch-Maske (Abb. 1.1) wurden der Einatemluft Ätherdämpfe zugemischt.

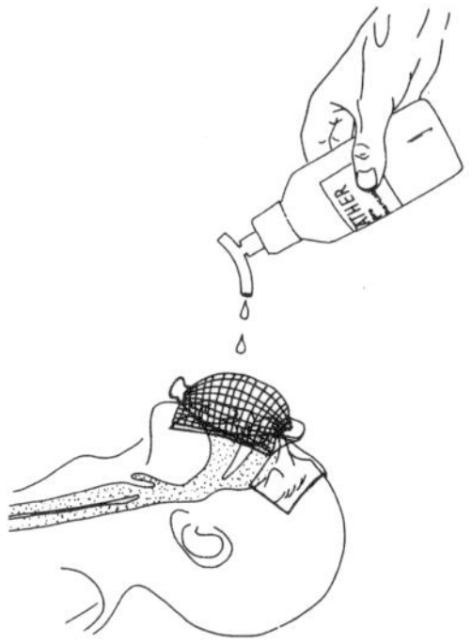

Abb. 1.1 Anwendung der Schimmelbusch-Maske (offenes System)

Eine **Schimmelbusch-Maske** ist ein dem spontan atmenden Patienten über Mund und Nase gelegter Metallrahmen, der mit einigen Lagen Mull bespannt ist, auf die kontinuierlich Äther aufgetropft wird (s. S. 36). Die dabei entstehenden Ätherdämpfe werden mit eingeatmet.
Vorteil der Schimmelbusch-Maske ist die Einfachheit der Anwendung. Entscheidender Nachteil ist jedoch, daß mit

einem offenen System die zugeführten Gaskonzentrationen nicht überwacht werden können. Außerdem können die Atemgase weder befeuchtet noch angewärmt werden.

Das halboffene System

Beim halboffenen System wird das Einatmungsgemisch (= Inspirationsgemisch) aus einem Reservoir (z. B. Sauerstoffflaschen) bezogen und über ein Schlauchsystem zum Patienten geleitet. Dem Inspirationsgemisch wird ein Inhalationsanästhetikum zugemischt. Das Ausatmungsgemisch (= Exspirationsgemisch) wird dagegen in den freien Raum abgegeben.

Beim halboffenen System muß der Frischgasfluß aus dem Reservoir mindestens so groß sein wie das Atemminutenvolumen, aus technischen Gründen meist sogar das 2- bis 3fache des Atemminutenvolumens betragen. Durch diesen hohen Frischgasverbrauch ist das halboffene System relativ teuer. Die eingeatmeten Frischgase aus dem Reservoir enthalten keine Feuchtigkeit und sind relativ kühl. Sie müssen daher in den Atemwegen angefeuchtet und angewärmt werden. Da jedoch das gesamte Ausatemvolumen in die Umgebung abgegeben wird, droht damit beim halboffenen System ein großer Feuchtigkeits- und Wärmeverlust über die Lungen. Außerdem wird die Umgebung mit den abgeatmeten Narkosegasen belastet. Das bekannteste Beispiel für ein halboffenes System ist das in der Kinderanästhesie zum Teil noch verwendete Kuhn-System (s. S. 212).

Das halbgeschlossene System

Beim halbgeschlossenen System wird ein Teil des Ausatemvolumens nach „Herausfiltern" des darin enthaltenen Kohlendioxids (= CO_2) mittels eines CO_2-Absorbers (s. S. 18) wieder eingeatmet. Ein Teil des Ausatemvolumens wird in die Umgebung (bzw. in eine Absaugvorrichtung) abgegeben.

Zusätzlich atmet der Patient noch Frischgas aus einem Reservoir (vgl. halboffenes System) ein. Aufgrund dieser teilweisen „Rückatmung" des Ausatemgemisches genügt ein wesentlich geringerer Frischgasfluß als beim halboffenen System. Beim Erwachsenen genügen 3–4 l/min Frischgas. Der Wärme- und Feuchtigkeitsverlust über die Lungen ist durch diese teilweise stattfindende „Rückatmung" wesentlich geringer als beim halboffenen System. Fast alle gebräuchlichen Narkosegeräte arbeiten nach diesem Prinzip des halbgeschlossenen Systems.
In den letzten Jahren gewinnen sogenannte **Low-Flow-Systeme** bzw. **Minimal-Flow-Systeme** zunehmend an Bedeutung. Hierbei handelt es sich um halbgeschlossene Systeme mit geringem beziehungsweise sehr geringem Frischgasfluß Beim Low-Flow-System wird normalerweise 1 l/min Frischgas (0,5 l/min O_2 und 0,5 l/min N_2O) und beim Minimal-Flow-System werden 0,5 l/min (0,3 l/min O_2 und 0,2 l/min N_2O) verabreicht. Je niedriger der Frischgasfluß ist, desto höhere Anforderungen sind an die Genauigkeit der Frischgasdosierung, die Dichtigkeit des Narkosesystems und die Eigenschaften des Beatmungsgerätes zu stellen.
Sowohl bei der Low-Flow - als auch bei der Minimal-Flow-Anästhesie muß zur Ein- und Ausleitung ein hoher Frischgasfluß eingestellt werden, um in einer ange-

messenen Zeit eine ausreichende Narkosetiefe bzw. Narkosegasabatmung zu erzielen. Für die ersten 10 Minuten (Low-Flow) bzw. 20 Minuten (Minimal-Flow) werden beispielsweise 2 l Sauerstoff und 4 l Lachgas pro Minute zugeführt. Erst danach kann ein Minimal- oder Low-Flow eingestellt werden (s. S. 105).

Das geschlossene System

Beim geschlossenen System wird das gesamte Ausatmungsgemisch, nach „Herausfiltern" des darin enthaltenen CO_2 mit einem CO_2-Absorber (s. S. 18), dem Patienten wieder zugeführt. Es findet also eine totale Rückatmung statt.

Als Frischgas müssen nur der vom Körper im Stoffwechsel verbrauchte Sauerstoff von ca. 4 ml/kgKG/min (ca. 250–300 ml/min beim Erwachsenen) sowie die vom Körper verstoffwechselten Anteile der Inhalationsanästhetika zugeführt werden. Vorteile des geschlossenen Systems sind der sehr niedrige Frischgasverbrauch und, bedingt durch die vollständige Rückatmung, ein fehlender Wärme- und Feuchtigkeitsverlust über die Lungen. Außerdem besteht keine Umweltbelastung durch abgeatmete Narkosegase. Das geschlossene System kann jedoch nicht zur Narkoseeinleitung oder zur Narkoseausleitung verwendet werden. Es eignet sich nur zur Aufrechterhaltung einer konstanten Narkosetiefe. In der Praxis hat sich das geschlossene System nicht durchsetzen können.

Das Kreissystem

Beim halbgeschlossenen (bzw. beim geschlossenen) System wird das Ausatemvolumen zum Teil (bzw. vollständig) wieder zum Patienten zurückgeleitet. Das hierfür notwendige Schlauchsystem wird als **Kreissystem** bezeichnet.

Da die gebräuchlichen Narkoseapparate fast alle nach dem Prinzip des halbgeschlossenen Systems (s. S. 12) arbeiten, soll das Funktionsprinzip des Kreissystems anhand des halbgeschlossenen Systems nachfolgend ausführlich beschrieben werden.
Das vom Patienten abgeatmete Gas strömt über den sogenannten Exspirationsschlauch (1) und das Exspirationsventil (2) ab. Ein eingebautes Volumeter (3) mißt das Ausatemvolumen. Ein Manometer (4) zeigt die während des Atemzyklus auftretenden Drücke an. (Inzwischen werden allerdings anstatt mechanisch arbeitender Manometer fast ausschließlich elektronisch arbeitende Manometer verwendet.) Diese Elemente werden zusammen als Ausatem- oder Exspirationsschenkel bezeichnet. Beim halbgeschlossenen System wird ein Teil des Ausatemvolumens in eine Absaugvorrichtung (5) oder in den freien Raum geleitet. Der andere Teil wird, nach „Herausfiltern" des CO_2 durch die CO_2-Absorber (6), über das Inspirationsventil (7) und den Inspirationsschlauch (8) wieder dem Patienten zugeführt.

CO_2-Absorber, Inspirationsventil und Inspirationsschlauch werden zusammen als **Einatmungs- oder Inspirationsschenkel** bezeichnet.
Der zurückgeatmete Anteil „kreist" also in dem System zum Patienten zurück, weshalb das beschriebene System als Kreissystem bezeichnet wird.

Dem rückgeatmeten Volumen wird im halbgeschlossenen System eine Frischgasmenge von normalerweise 3–6 l/min zugemischt. Das Frischgas (9) besteht meist zu 25 bis 33% aus Sauerstoff und zu 75 bis 66% aus Lachgas (s. S. 31). Daneben enthält es noch die eingestellte Dampfkonzentration eines Inhalationsanästhetikums, zum Beispiel 1,5 Vol.% Enfluran (s. S. 34). Der Sauerstoffanteil am Frischgas muß mindestens 21% betragen, aus Sicherheitsgründen werden aber meist 25–33% ($^1/_4$ bis $^1/_3$) eingestellt.

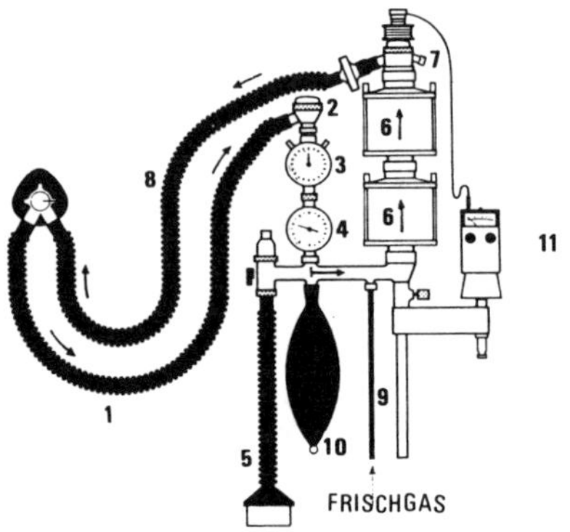

Abb. 1.2 Kreissystem eines üblichen Narkoseapparates für Erwachsene

> Wichtig ist zu beachten, daß im halbgeschlossenen System immer soviel Liter pro Minute in die Absaugung gelangen, wie Frischgas dazugeleitet wird.

Werden zum Beispiel 1 Liter O_2 (= $^1/_3$ = 33%) und 2 Liter Lachgas (= $^2/_3$ = 66%), also insgesamt 3 Liter Frischgas pro Minute in das Kreissystem eingeleitet, so werden über die Absaugung auch 3 Liter des Ausatemvolumens pro Minute abgesaugt. Ansonsten würde es zur Überblähung des Patienten kommen. Werden z. B. 2 Liter O_2 und 4 Liter Lachgas, also 6 Liter Frischgas pro Minute ins Kreissystem zugeleitet, dann werden entsprechend 6 Liter pro Minute über die Absaugung verworfen. Je höher der Frischgasfluß (und damit der Anteil des in die Absaugung gelangenden Ausatemvolumens), desto größer ist der Wärme- und Feuchtigkeitsverlust über die Lungen (s. S. 12) und desto höher und damit teurer ist der Frischgasverbrauch. Aus diesem Grunde sollte der Frischgasfluß möglichst niedrig gehalten werden. Aus Sicherheitsgründen sollte der Frischgasfluß normalerweise nicht unter 3 Liter pro Minute eingestellt werden. Die Anwendung eines deutlich geringeren Frischgasflusses (Minimal-Flow-System, Low-Flow-System, s. S. 105) ist nur mit bestimmten Narkosegeräten und einem erweiterten Monitoring zuverlässig und sicher möglich.

Das Kreissystem besitzt im Nebenschluß einen Ausgleichsbeutel (10 in Abb. 1.2), der bei manueller Beatmung oder Spontanatmung des Patienten plötzliche Volumenschwankungen im Kreissystem auffängt. Dieser Beutel wird auch Beatmungsbeutel genannt, da mit ihm die manuelle Beatmung durchgeführt wird (s. S. 20).

Der Inspirationsschlauch und der Exspirationsschlauch werden über ein Winkelstück (Abb. 1.3) verbunden. An dieses Winkelstück kann eine Gesichtsmaske (Abb. 1.4) oder ein Endotrachealtubus (Abb. 1.5) angeschlossen werden. Zur Verbindung der In- und Exspirationsschläuche mit einem Endotrachealtubus (s. S. 73) kann auch ein sogenanntes Y-Stück verwendet werden (Abb. 1.6 und 1.7).

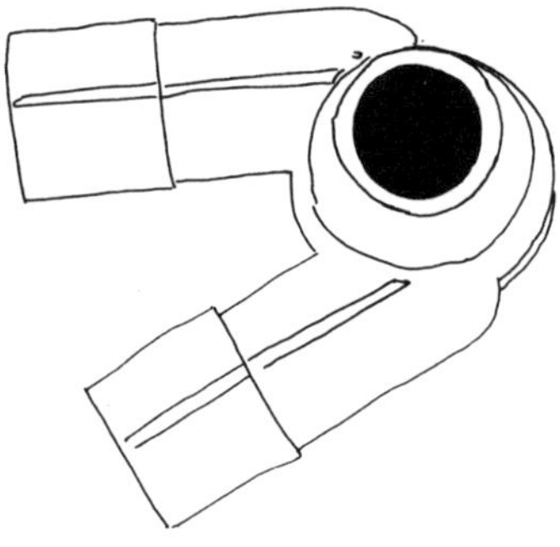

Abb. 1.3 Winkelstück

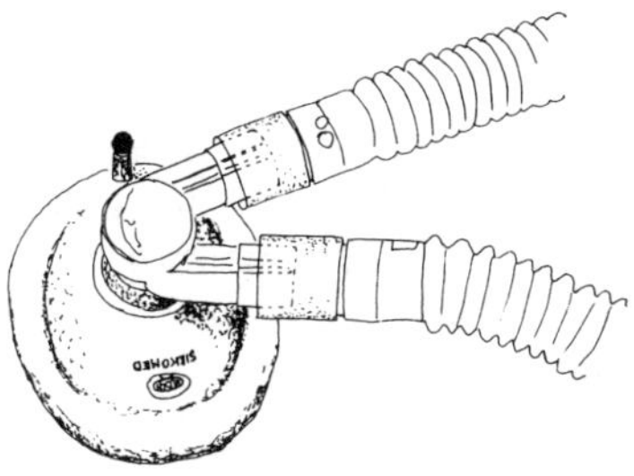

Abb. 1.4 An ein Winkelstück konnektierte Gesichtsmaske

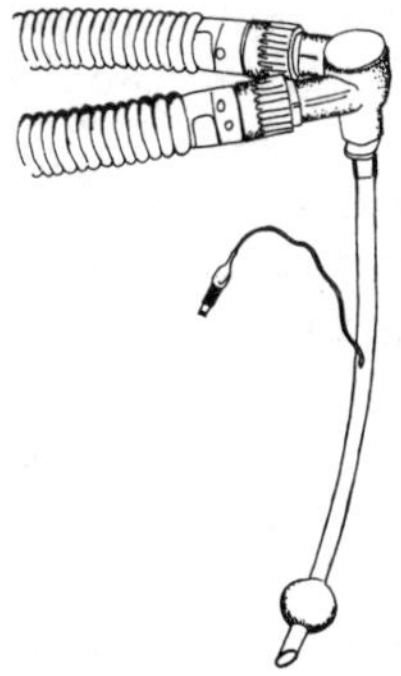

Abb. 1.5 An ein Winkelstück konnektierter Endotrachealtubus

Abb. 1.6 Y-Stück

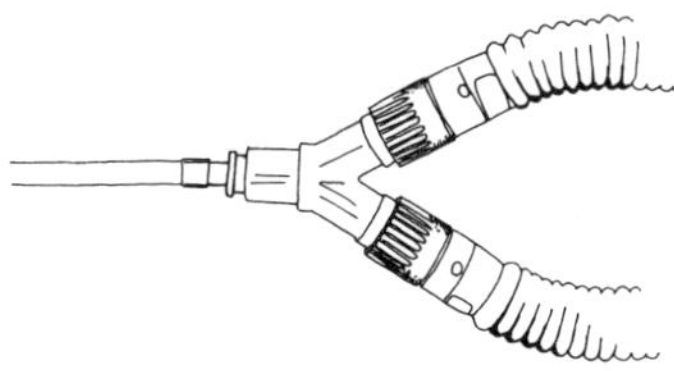

Abb. 1.7 An ein Y-Stück konnektierter Endotrachealtubus

> Am Zusammentreffen von In- und Exspirationsschlauch – also am Winkel- oder Y-Stück – beginnt der sogenannte Totraum des Kreissystems.
> Als Totraum wird derjenige Anteil des Atemhubvolumens bezeichnet, der nicht am Gasaustausch teilnimmt.

Bei einer Maskenbeatmung sind dies also Winkelstück, Gesichtsmaske, Mund-, Nasen- und Rachenraum, Trachea und größere Bronchialwege.

Elemente eines Narkoseapparates

Der Rotameter

Sauerstoff und Lachgas werden entweder aus der zentralen Druckgasversorgung oder aus Gasflaschen entnommen. Die jeweils zum Patienten geleitete Menge an Sauerstoff bzw. Lachgas wird in einem sogenannten Rotameter gemessen (Abb. 1.8).

> Rotameter sind Präzisionsmeßröhren zur Bestimmung der Durchflußmengen (l/min) eines bestimmten Gases.

Je nach Gasfluß wird ein „Schwimmer" mehr oder weniger weit hochgehoben. Der momentane Gasfluß pro Minute wird am Oberrand des Schwimmers abgelesen (Abb. 1.9). Im Falle eines kugelförmigen Ball-Schwimmers muß allerdings in Höhe der Kugelmitte abgelesen werden.
Aufgrund unterschiedlicher physikalischer Eigenschaften wird für jedes Gas ein spezifisches Rotameter benötigt.

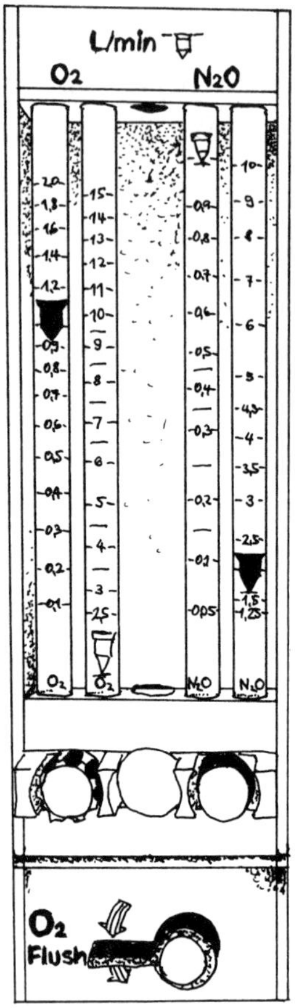

Abb. 1.8 Rotameter (O_2) und Lachgas (N_2O)

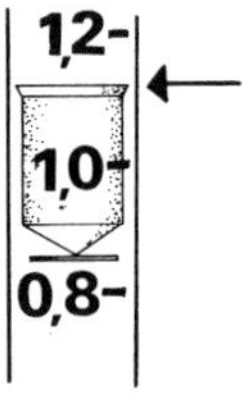

Abb. 1.9 Gasflußanzeiger („Schwimmer") eines Rotameters

Der Verdampfer

Die meisten Inhalationsanästhetika liegen als leicht verdampfbare Flüssigkeiten vor (z.B. Halothan/Enfluran/Isofluran, s. S. 32, 34, 35). Sie werden daher als verdampfbare Anästhetika bezeichnet. Sie müssen in einen dampfförmigen Zustand gebracht und in genau bestimmbaren Konzentrationen dem Frischgas zugemischt werden. Hierzu wird ein Verdampfer verwendet.

Zumeist wird ein kleiner, variabler Teil des Frischgases in die Verdampferkammer geleitet, streicht dort über das flüssige Inhalationsanästhetikum (z.B. die Enfluranflüssigkeit) hinweg und wird mit dem Dampf des Inhalationsanästhetikums gesättigt. Das restliche Frischgas umgeht die Verdampferkammer, wird also nicht mit dem Inhalationsanästhetikum gesättigt. Am Verdampferausgang vermischen sich der gesättigte und der ungesättigte Anteil, und es ergibt sich eine bestimmte, am Verdampfer einstellbare Dampfkonzentration des Inhalationsanästhetikums im Frischgas. Von einem guten Verdampfer muß gefordert werden, daß die eingestellte Dampfkonzentration von der Größe des Frischgasflusses und von Druckschwankungen während der Beatmung unabhängig ist. Außerdem muß der Verdampfer eine Temperaturkorrektur besitzen, da die Verdampfung von Flüssigkeiten temperaturabhängig ist.

Für jedes verdampfbare Inhalationsanästhetikum muß ein speziell dafür bestimmter Verdampfer verwendet werden. Die Verdampfer müssen mit Hilfe eines speziellen Einfüllschlauches aufgefüllt werden. Da das eine Ende des Einfüllschlauches nur auf eine bestimmte Nachfüllflasche, zum Beispiel Enfluran, geschraubt werden kann und das andere Ende dann nur in den Einfüllstutzen eines Enfluranverdampfers eingesteckt werden kann (Abb. 1.10 und 1.11), sind Verwechslungen nicht möglich. Muß ein Verdampfer ausnahmsweise während einer Narkose nachgefüllt werden, so ist unbedingt

Abb. 1.10 Enflurane-Verdampfer mit entsprechender Nachfüllflasche

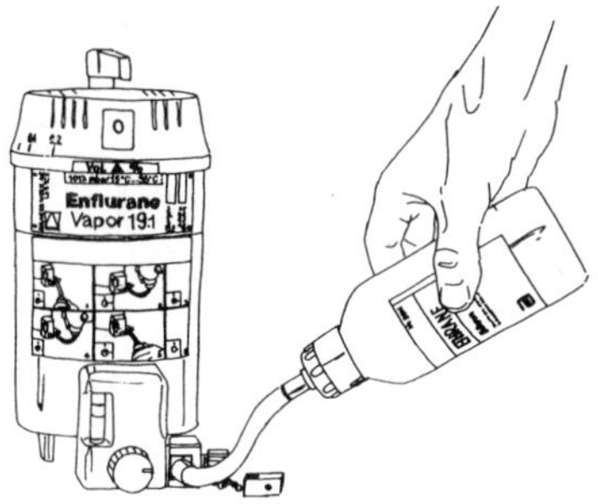

Abb. 1.11 Nachfüllen eines Enflurane-Verdampfers

darauf zu achten, daß der Verdampfer während des Nachfüllens ausgeschaltet sein muß und nach dem Nachfüllen wieder einzuschalten ist! Anhand eines Schauglases kann der Füllungszustand des Verdampfers überprüft werden.

Das Volumeter

Das vom Patienten ausgeatmete Volumen kann mit Hilfe eines mechanischen Volumeters gemessen werden (Abb. 1.12). Das Volumeter muß immer im Ausatemschenkel (!) angebracht werden.

Vorsicht: Während maschineller Beatmung dreht sich das Volumeter (seltsamerweise) auch dann meistens weiter, wenn es zur Diskonnektion einer Schlauchverbindung gekommen ist!

Neben mechanischen Volumetern gibt es auch noch elektronische Apparate zur Messung des Ausatemvolumens, zum Beispiel das **Dräger-Spirolog-Gerät** (Abb. 1.13a) oder moderne Kombinationsgeräte, die noch weitere beatmungsrelevante Größen messen und anzeigen (z. B. Atemwegsmonitor PM 8050, vgl. Abb. 1.15). Der elektronische Meßfühler muß wiederum im Ausatemschenkel angebracht werden.

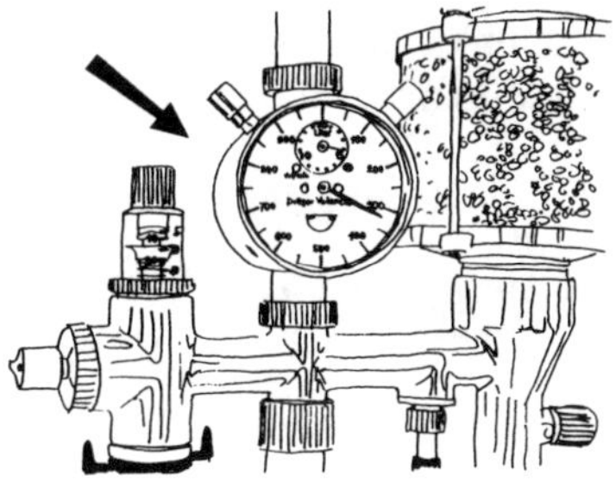

Abb. 1.12 Mechanisches Volumeter

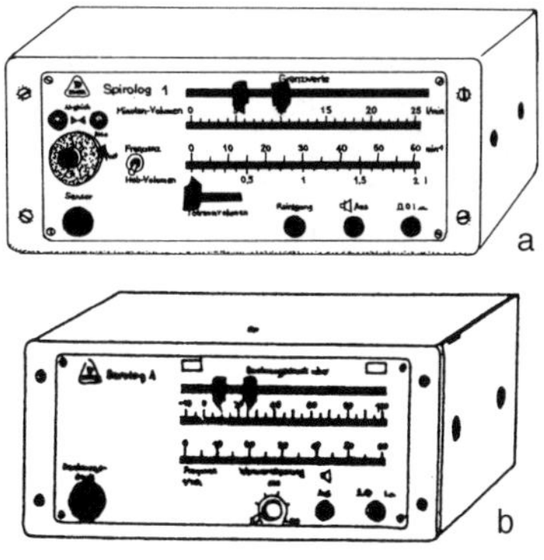

Abb. 1.13a Elektronisches Volumeter (Spirolog-Gerät); **b** Elektronisches Manometer (Barolog-Gerät).

Das Manometer

Mit Hilfe eines mechanischen Manometers können die während der Beatmung auftretenden momentanen Druckschwankungen angezeigt werden (Abb. 1.14). Die wählbaren unteren und oberen Alarmgrenzen müssen so eingestellt werden, daß der Manometerzeiger bei der Inspiration den unteren Alarmwert überschreitet und bei der Ausatmung wieder unterschreitet. Die obere Alarmgrenze darf nicht überschritten werden. Bei zu hohem oder zu niedrigem Beatmungsdruck ertönt ein akustischer Alarm. Ursache für eine solche Alarmauslösung kann zum Beispiel das Lösen einer Schlauchverbindung **(Diskonnektion)** sein. Dann wird im Schlauchsystem kein Druck mehr aufgebaut. Der Manometerzeiger bleibt unterhalb der Alarmgrenze und löst den Alarm aus. Kommt es dagegen aus irgendeinem Grund zum Aufbau eines Überdrucks im Beatmungssystem und der Druck fällt während der Ausatmung nicht mehr unter die Alarmgrenze, so wird ebenfalls Alarm ausgelöst. Diese mechanischen Manometer sind inzwischen nur noch für die Handbeatmung (nicht mehr für die maschinelle Beatmung) zugelassen.

Neben diesen mechanischen Manometern gibt es noch elektronische Apparate zur Messung des momentanen Beatmungsdrucks, zum Beispiel das **Dräger-Barolog-Gerät** (Abb. 1.13b). An diesen Geräten kann eine untere und eine obere Alarmgrenze eingestellt werden. Unter- oder überschreitet der Beatmungsdruck während der Inspiration diese Alarmgrenzen, so wird ein akustischer und optischer Alarm ausgelöst. Der Dräger-Barolog verfügt daneben noch über eine Anzeige für die Atemfrequenz.

Inzwischen werden die Atemwegsdrucke zunehmend mit Kombinationsgeräten (z.B. Atemwegsmonitor PM 8050, s. Abb. 1.15) überwacht.

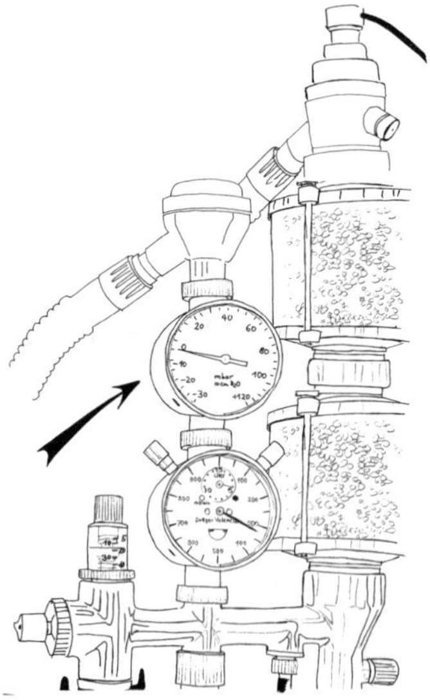

Abb. 1.14 Kreissystem mit integriertem mechanischem Manometer

Der Kohlendioxid-(CO_2-) Absorber

CO_2-Absorber sind mit sogenanntem Absorberkalk gefüllte, durchsichtige Behälter, durch die das rückgeatmete Ausatemvolumen zum Patienten zurückgeleitet wird (Abb. 1.16).

In einer wärmeproduzierenden (exothermen) Reaktion wird der CO_2-Anteil des rückgeatmeten Atemvolumens an den Absorberkalk gebunden. Außerdem wird bei

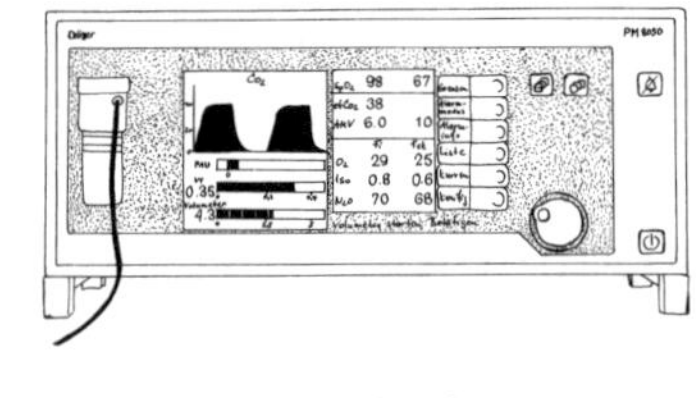

Abb. 1.15 Modernes Kombinationsgerät zur Messung der beatmungsrelevanten Größen (Atemwegsmonitor PM 8050)

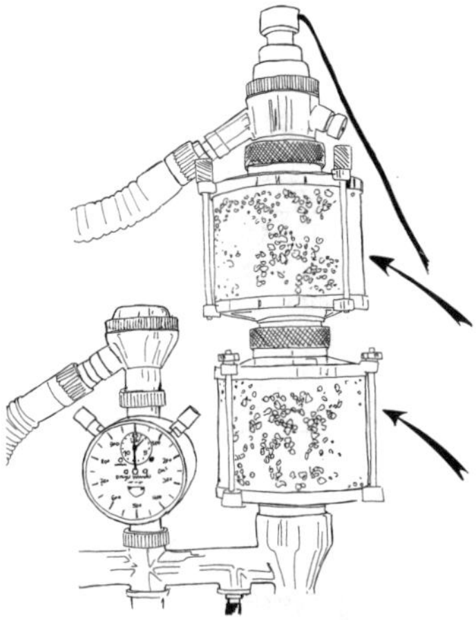

Abb. 1.16 CO_2-Absorber

dieser Reaktion Wasser freigesetzt. Deshalb kann während einer Narkose eine Erwärmung des Absorbers gefühlt und häufig an der durchsichtigen Absorberinnenwand ein Wasserniederschlag erkannt werden. Da eine Rückatmung nur im halbgeschlossenen und im geschlossenen System (s. S. 12) stattfindet, verfügen nur diese Systeme über CO_2-Absorber.

Die meisten Absorberkalke sind mit einem Indikatorfarbstoff versehen, der sich bei Erschöpfung des Absorberkalks bläulich-violett verfärbt. Aus Sicherheitsgründen werden normalerweise zwei Absorber hintereinander geschaltet. Diese **Doppelabsorber** sind bei einem Frischgasfluß von ca. 4 l/min ca. 40 bis 60 Stunden funktionsfähig. Zuerst wird immer der (untere) Absorber, durch den das Gas zuerst strömt, verbraucht. Ein verbrauchter Absorber muß umgehend mit neuem Absorberkalk nachgefüllt werden. Dabei ist auf eine engkörnige Nachfüllung zu achten, damit sich keine „Gasstraßen" bilden können. Der nachgefüllte Absorber kommt nicht mehr in die alte Position, sondern muß so eingesetzt werden, daß das Gas nun zuerst den nicht erneuerten Absorber durchströmt. Der nachgefüllte Absorber muß also jetzt oben eingesetzt werden. CO_2-Absorber werden in den Inspirationsschenkel (s. S. 13) eingebaut, damit sie nur das rückgeatmete Volumen von CO_2 befreien müssen. Bei Einbau des CO_2-Absorbers in den Exspirationsschenkel (s. S. 13) würde das CO_2 aus dem gesamten Ausatemvolumen, also auch aus dem in die Absaugung gelangende Volumen, herausgefiltert. Der CO_2-Absorber würde also schneller erschöpft sein.

Das Überdruckventil

Während der manuellen Beatmung (s. S. 95) muß das sogenannte Überdruckventil eingeschaltet werden, indem der Umschalthahn (1 in Abb. 1.17) nach oben gestellt wird. Mit Hilfe des Drehknopfes (2) kann nun eingestellt werden, wie hoch der Druck im Kreissystem sein muß, damit sich das Überdruckventil öffnet und Gas über das Überdruckventil entweichen kann. Die Überdruckgrenze kann hiermit

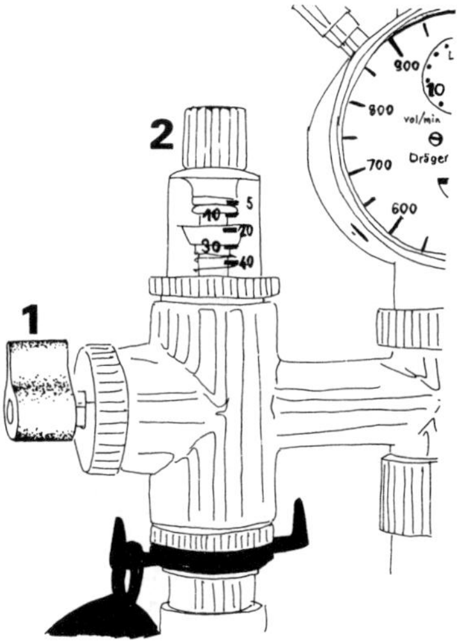

Abb. 1.17 Überdruckventil. Einstellung für die manuelle Beatmung.
1 = eingeschalteter (nach oben zeigender) Umschalthahn, 2 = Drehknopf zur Feineinstellung des Überdruckventils.

meistens zwischen 5 und 40 mbar eingestellt werden. (mbar = millibar, 1 mbar entspricht ungefähr 1 cm Wassersäule.) Normalerweise wird die Überdruckgrenze bei ca. 15–20 mbar eingestellt. Wenn nun während der manuellen Beatmung die Lunge mit mehr als 15–20 mbar gebläht wird, öffnet sich das Überdruckventil und Gas entweicht über dieses Ventil in die Absaugung (oder in den freien Raum).
Wird in einem halbgeschlossenen Narkosesystem ein Frischgasfluß von zum Beispiel 3 Liter pro Minute eingestellt, so müssen auch 3 Liter Ausatemgas pro Minute in die Absaugung (oder den freien Raum) gelangen (s. S. 14).
Atmet der Patient spontan und seine Eigenatmung soll nicht unterstützt werden, so wird der Umschalthahn (1 in Abb. 1.18) nach oben gestellt und die Überdruckgrenze normalerweise auf den Minimalwert von 5 mbar eingestellt.
Wird der Patient maschinell mit einem Beatmungsgerät beatmet, so muß der Umschalthahn (1 in Abb. 1.18) horizontal gestellt sein.

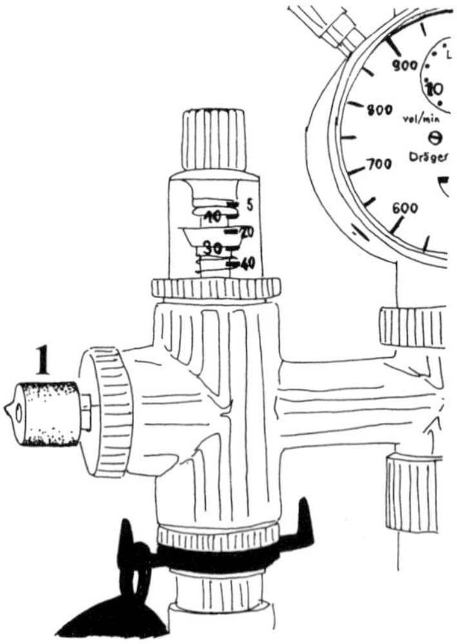

Abb. 1.18 Geschlossenes (horizontal gestelltes) Überdruckventil. Einstellung für die maschinelle Beatmung.

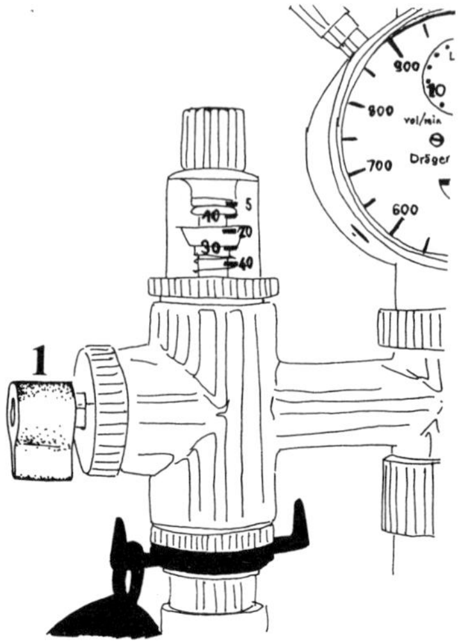

Abb. 1.19 Geöffnetes (nach unten zeigendes) Überdruckventil.

Wird der Umschalthahn nach unten gestellt, dann ist das Überdruckventil ausgeschaltet, das Gas kann ohne Widerstand aus dem System entweichen (Abb. 1.19). Es kann kein Druck im Kreissystem aufgebaut werden, eine manuelle oder maschinelle Beatmung ist nicht möglich. Manchmal wird auch bei der Spontanatmung des Patienten der Umschalthahn (1 in Abb. 1.19) nach unten gestellt. Hierbei ist jedoch ein hoher Frischgasfluß einzustellen. Besser ist jedoch das oben beschriebene Vorgehen (Umschalthahn nach oben und Überdruckventil auf Minimalwert von 5 mbar einstellen) da hierbei der Beatmungsbeutel gebläht ist und so ein Reservoirvolumen ermöglicht wird, falls der Patient plötzlich einen tiefen Atemzug macht.

Der Beatmungsbeutel

Soll der Patient von Hand beatmet oder soll seine Spontanatmung unterstützt werden, so muß dies durch rhythmisches

Komprimieren des Beatmungsbeutels (vgl. 10 in Abb. 1.2) erfolgen. (Die manuelle Beatmung wird ausführlich auf S. 95 beschrieben.)

Das Beatmungsgerät

Bei der maschinellen Beatmung wird der Beatmungsbeutel durch ein mehr oder weniger aufwendiges Beatmungsgerät (Abb. 1.20) ersetzt. An neueren Beatmungsgeräten können die verschiedenen Parameter der Beatmung, wie zum Beispiel Atemhubvolumen, Atemfrequenz, Verhältnis der Einatmungszeit (= Inspirationszeit = I) zur Ausatmungszeit (= Exspirationszeit = E), also I:E, die Geschwindigkeit, mit der das Volumen in den Patienten gedrückt werden soll (= Flow), diffizil eingestellt werden. Außerdem verfügen sie zum Teil über verschiedene akustische und/oder optische Alarmsysteme, um Beatmungsfehler schnell zu erkennen.
Folgende Werte sind beim lungengesunden Patienten am Beatmungsgerät einzustellen:

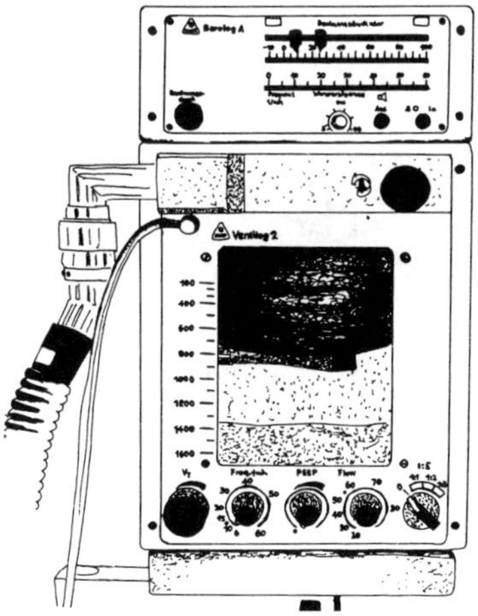

Abb. 1.20 Beatmungsgerät (Ventilog)

- ▶ Atemhubvolumen:
  ungefähr 10(−12) ml/kgKG beim Erwachsenen, also ca. 700−840 ml bei einem 70 kg schweren Erwachsenen
- ▶ Atemfrequenz:
  8−10 Atemzüge/min beim Erwachsenen
- ▶ Flow:
  ungefähr 30 l/min
- ▶ I:E:
  1:2 (oder 1:1,5) beim Erwachsenen, 1:1 beim Säugling und Kleinkind
- ▶ PEEP:
  Am Ende der Ausatmung fällt der Beatmungsdruck auf Null ab. Durch Einschalten eines PEEP (= positive endexspiratory pressure = positiver endexspiratorischer Druck) fällt der Beatmungsdruck am Ende der Ausatmung nicht auf Null, sondern nur bis auf den eingestellten PEEP-Wert ab (zumeist 5−15 cm Wassersäule). Damit bleibt die Lunge auch am Ende der Ausatmung noch etwas gebläht. Bei allen Lungenschädigungen, bei denen ein Rechts-Links-Shunt (s. S. 238, 268) besteht (z.B. Lungenentzündung, Atelektasen), kann dadurch eine Erhöhung des Sauerstoffgehalts im arteriellen Blut erzielt werden. Bei lungengesunden Patienten wird normalerweise kein PEEP eingeschaltet.
- ▶ Sämtliche Alarmvorrichtungen müssen(!) sinnvoll(!) eingeschaltet werden.

Das Sauerstoffmeßgerät

Sämtliche Narkosegeräte müssen inzwischen über ein Sauerstoffmeßgerät verfügen, mit dem die inspiratorische (oder auch die exspiratorische) Sauerstoffkonzentration kontinuierlich gemessen wird (vgl. 11 in Abb. 1.2).

Narkosevorbereitungen

Überprüfung des Narkoseapparates vor Inbetriebnahme

Zur Narkosevorbereitung gehört die Überprüfung der voraussichtlich benötigten Narkosegeräte, also das im Vorbereitungsraum und im Operationsraum stehende Narkosegerät. Es muß stets folgendes kontrolliert werden:

- Sind unbenützte In- und Exspirationsschläuche, ein unbenütztes Winkelstück und eine unbenützte Gesichtsmaske (s. S. 97) angebracht? Diese Dinge müssen nach jeder Narkose ausgewechselt werden.
- Ist genügend volatiles Inhalationsanästhetikum, z.B. Enfluran oder Isofluran im Verdampfer? Gegebenenfalls muß der Verdampfer mit dem dafür bestimmten Inhalationsanästhetikum nachgefüllt werden (s. S. 16).
- Sind die Sauerstoff-, Lachgas-, Druckluft- und Vakuumanschlüsse in die Buchsen der zentralen Gasversorgungsanlage eingesteckt? Die verschiedenen Leitungen sind durch „Kennfarben" vor Verwechslung geschützt.

> - Sauerstoff = blau
> - Lachgas = grau
> - Druckluft = gelb
> - Vakuum = weiß

Beim versuchsweisen Öffnen des Rotameter (s. S. 15) müssen für Sauerstoff und Lachgas die maximal einstellbaren Gasflußmengen (von 15 bzw. 10 l/min) gewährleistet sein. Werden Sauerstoff und Lachgas aus Gasflaschen bezogen, so muß der Füllungszustand der Flaschen überprüft werden.

Sauerstoffvorrat: Eine 11 Liter fassende Sauerstoffflasche, die einen Druck von 200 bar aufweist, enthält $11 \times 200 = 2200$ Liter Sauerstoff (Rauminhalt der Sauerstoffflasche × Flascheninnendruck = Sauerstoffvorrat in Litern).

Lachgasvorrat: Der Füllungszustand einer Lachgasflasche kann nur durch Wiegen ermittelt werden (s. S. 31). In Flaschen geliefertes Lachgas liegt zu $^3/_4$ als Flüssigkeit vor. 1 kg flüssiges Lachgas ergibt 500 Liter Lachgas (Gesamtflaschengewicht (in kg) minus Gewicht der leeren Flasche × 500 = Lachgasvorrat in Litern).

- Ist das Kreissystem dicht?
  Prüfung: Hierzu muß das Überdruckventil durch Horizontalstellen des Umschalthahns geschlossen werden (vgl. Abb. 1.18). Nach Einstellen eines Gasflusses am Rotameter und bei andauerndem Zuhalten des Winkelstücks kommt es zum Aufblähen des Beatmungsbeutels und zu einem Druckaufbau im Kreissystem, der am Manometer abgelesen werden kann. Bei einem Druck von ca. 40 mbar wird der Gasfluß auf 0,2 l/min reduziert. Das Winkelstück wird weiterhin zugehalten.

> Ein Kreissystem ist dicht, wenn es bei einem Druck von 40 mbar maximal 200 ml/min verliert.

Wenn das Gerät dicht ist, bleibt der angezeigte Druck im Kreissystem konstant, der Beatmungsbeutel weiterhin gebläht. Bei einem Leck im System sinkt der Druck ab, der Beatmungsbeutel wird schlaffer. Eine eventuelle Leckstelle muß gesucht und beseitigt werden.

- Ist der Absorberkalk noch funktionstüchtig (bisherige Expositionszeit? Verfärbung? [s. S. 19]).
- Funktioniert das Absaugegerät und sind genügend sterile Absaugschläuche vorhanden?
  Prüfung des Absaugegerätes: Beim Zuhalten der Absaugöffnung muß sich ein genügend hoher Sog (0,4 mbar) aufbauen. Außerdem muß darauf geachtet werden, daß die Saugerschläuche und die Sekretauffangbehälter regelmäßig erneuert werden. Oft werden auch hier bereits Einmalartikel verwendet. Des weiteren muß kontrolliert werden, ob die Spülflasche genügend Spülflüssigkeit enthält, damit nach einem Absaugemanöver das Schlauchsystem mit der Spülflüssigkeit sofort klargespült werden kann. Da das Absaugegerät nicht nur zum Absaugen von Speichel oder Bronchialsekret benützt wird, sondern unter Umständen beim plötzlichen Erbrechen des Patienten notfallmäßig benötigt wird, muß die Funktionstüchtigkeit immer (!!) gewährleistet sein.

Überprüfung des Narkosewagens auf Vollständigkeit

Der fahrbare Narkosewagen (Abb. 1.21) enthält nicht nur sämtliche für eine Routinenarkose notwendigen Utensilien, sondern auch die für die Behandlung eines eventuellen Narkosezwischenfalls wichtigen Instrumente und Medikamente:

- Endotrachealtuben (s. S. 73)
- Laryngoskop mit verschiedenen Spatelgrößen (s. S. 77)
- Gesichtsmasken (s. S. 97)
- Guedel- und Wendl-Tuben (s. S. 79, 294)
- Führungsstäbe (s. S. 77)
- Stahlkanülen
- Magill-Zange (s. S. 78)
- Intravenöse Plastikverweilkanülen (s. Abb. 1.22)
- Einwegspritzen
- Routine- und Notfallmedikamente
- Magensonden
- Sterile Absaugschläuche
- Blutdruckmeßgerät und Stethoskop
- Infusionsbesteck sowie Infusionen (z. B. eine Flasche Plasmaexpander und eine Flasche kristalloide Lösung [s. S. 119]).
- Dreiwegehähne und Stöpsel
- Einweghandschuhe
- Diverse Pflastersorten
- Sterile Tupfer und Zellstoff
- Desinfektionsspray
- und anderes mehr

Die Anästhesieschwester ist für den stets kompletten Zustand des Narkosewagens verantwortlich und hat sich dessen bei jeder Narkosevorbereitung zu vergewissern. Während der Narkose muß sich der Nar-

Abb. 1.21 Narkosewagen

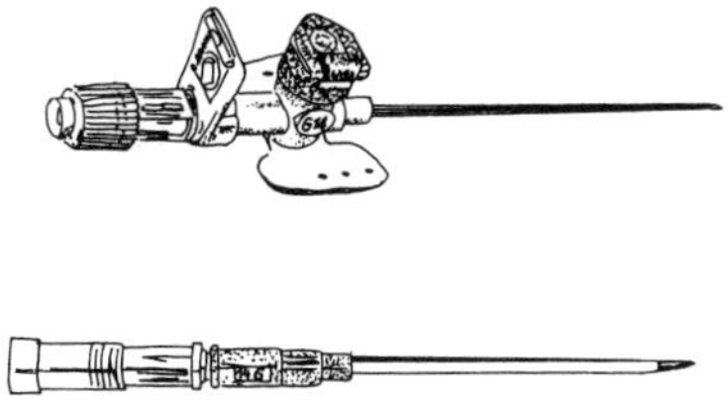

Abb. 1.22 Häufig verwendete periphervenöse Verweilkanülen

kosewagen immer in unmittelbarer Reichweite des Anästhesisten befinden.

Vorbereitung des Narkosewagens

Vom Anästhesisten erfragt die Narkoseschwester, was für eine Narkoseform durchgeführt werden soll, welche Medikamente sie aufziehen, was für einen Endotrachealtubus (s. S. 73) sie bereitlegen und was für eine Infusion sie herrichten soll. Die für die Narkose voraussichtlich benötigten Dinge legt die Anästhesieschwester auf dem Narkosewagen bereit. Für eine Routinenarkose sind dies:

- Blutdruckmeßgerät und Stethoskop
- EKG-Elektroden
- Desinfektionsspray und sterile Tupfer (zur Hautdesinfektion vor dem Legen eines peripher-venösen Zugangs)
- 2-ml-Spritze mit z. B. 2%igem Xylocain für die Lokalanästhesie vor dem Legen des peripher-venösen Zugangs, dazu eine dünne Stahlkanüle, z. B. 26 G

> G = gauge (englisch, sprich: geidsch). Gauge ist ein Maß für den Durchmesser. Bei Stahlkanülen geht die Gauge-Zahl normalerweise von 18 bis 26 G; je größer die Gauge-Zahl, desto kleiner ist der Durchmesser.

- Intravenöse Plastikverweilkanüle, z. B. Vygon 17 G, sowie ein Pflaster zur späteren Fixierung der Kanüle. Bei den intravenösen Plastikverweilkanülen geht die Gauge-Zahl normalerweise von 12 bis 26 G.
- Infusion mit angeschlossenem und entlüftetem Infusionsbesteck
- Laryngoskop (s. S. 77, die Lichtquelle muß vorher auf Funktionstüchtigkeit überprüft werden!)
- Endotrachealtubus (s. S. 73); die Blokkermanschette des Tubus muß vorher durch Aufblasen mit Luft auf Dichtigkeit geprüft werden(!).
- Guedel-Tubus (s. S. 79)
- 10- oder 20-ml-Spritze zum Aufblasen (Blocken) der Tubusmanschette (s. S. 73). Diese Spritze muß gekennzeichnet werden. Da sie unsteril wird, darf sie später nicht versehentlich zum Aufziehen von Medikamenten verwendet werden.
- Die voraussichtlich benötigten Medikamente

Aufziehen der Medikamente

Die Anästhesieschwester zieht die vom Narkosearzt gewünschten Medikamente auf und legt die Spritzen auf dem Narkosewagen bereit.

> Jede (!!) aufgezogene Spritze muß (!!) beschriftet werden. Für die meisten Medikamente liefert die Pharmaindustrie bereits entsprechende Aufkleber. Das Aufstecken der leeren Ampulle auf die unbeschriftete Spritze ist nicht zulässig(!).

Vorbereitung des Patienten für die Narkose

Der Patient wird meist von einer Schwester der Station in den Vorbereitungsraum des entsprechenden Operationssaals gebracht. Die Narkoseschwester begrüßt den Patienten, stellt sich vor und überprüft die Identität des Patienten und die Richtigkeit der Akten.
Nun wird der Patient vom Bett auf den Operationstisch gelegt. Er muß sich dann

seines Flügelhemdes entledigen und wird umgehend mit einem Tuch zugedeckt. Die Arme werden bequem auf Armstützen gelagert und locker angeschnallt. Der Körper wird leicht mit einem „Bauchgurt“ am OP-Tisch fixiert. Erst nach der Narkoseeinleitung wird der Patient in die eigentliche Operationslagerung gebracht.
Während der nun folgenden Vorbereitung des Patienten auf die Narkose ist es wichtig, dem Patienten immer zu erklären, was und gegebenenfalls warum etwas gemacht wird.
Es empfiehlt sich folgendes Vorgehen:

- EKG-Elektroden anlegen und EKG-Monitor folgendermaßen anschließen (vgl. Abb. 1.23):

rotes EKG-Kabel	= rechte Schulter
gelbes EKG-Kabel	= linke Schulter
grünes EKG-Kabel	= linke Thoraxseite

- Blutdruckmanschette anlegen und auskultatorische Blutdruckmessung

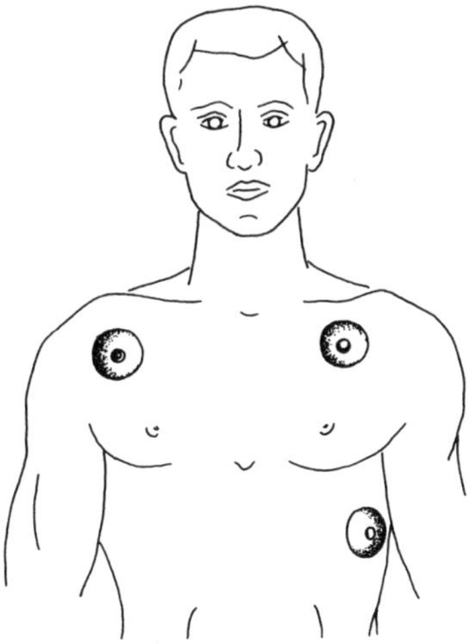

Abb. 1.23 Plazierung der EKG-Elektroden: rechte Schulter: Anschluß rotes Kabel; linke Schulter: Anschluß gelbes Kabel; linke Thoraxseite: Anschluß grünes Kabel

- Legen eines peripher-venösen Zugangs:
  Wenn irgend möglich, sollten die Venen des Handrückens bevorzugt werden.

Eine Punktion in der Ellenbeuge sowie an der radialen Unterarmseite sollte vermieden werden, da hier eine versehentliche intraarterielle Nadellage möglich ist. Bei versehentlicher intraarterieller Injektion bestimmter Medikamente kann der Verlust der Hand oder des Armes drohen (s. S. 42)! Außerdem besteht in der Ellenbeuge eine Verletzungsgefahr des hier verlaufenden Nervus medianus.

Mit Hilfe der Blutdruckmanschette wird nun mit einem etwas über dem Venendruck liegenden Manschettendruck gestaut. Hierdurch wird der venöse Abfluß gedrosselt, während der arterielle Zufluß fast unbehindert ist. Die Venen treten meist deutlich hervor und können gut punktiert werden. Bei aufgeregten Patienten ist trotz korrekter Stauung häufig nur eine **schlechte Venenfüllung** vorhanden. Durch Tieflagerung des Armes, durch rhythmisches Öffnen- und Schließenlassen der Faust, durch leichtes Beklopfen der voraussichtlichen Punktionsstelle oder durch lokale Wärmeanwendung sowie vor allem durch längerfristiges Stauen treten die Venen deutlicher hervor.

- Venenpunktion:
  - Desinfektion und Abwischen mit einem sterilen Tupfer
  - Lokalanästhesiequaddel neben der zu punktierenden Vene
  - Fixierung der zu punktierenden Vene; dies kann durch Straffung der Haut (mit dem Daumen der nicht

punktierenden Hand, Abb. 1.24) erreicht werden
- Punktion durch die Hautquaddel schräg in die Vene (Abb. 1.24)
- Festhalten des Stahlmandrins und Vorschieben der Plastikverweilkanüle
- Öffnen der Stauung
- Fixierung der Kanüle mit Pflaster
- Anschluß der vorbereiteten Infusion

Zusätzlich benötigte peripher-venöse Zugänge sollten normalerweise erst nach der Narkoseeinleitung gelegt werden.

Routinefragen:
Während der Vorbereitung des Patienten auf die Narkose müssen immer nochmals folgende Routinefragen an den Patienten gestellt werden:
▶ Wann haben Sie das letzte Mal gegessen, getrunken, geraucht?
Manchmal gestehen die Patienten auf diese gezielten Fragen, das Nüchternheitsgebot (s. S. 183) gebrochen zu haben. In diesem Falle muß eine nicht notfallmäßige Operation verschoben werden.
▶ Haben Sie eine Zahnprothese?
Wenn ja, haben Sie diese entfernt? Manchmal gestehen die Patienten, ihre Prothese aus Eitelkeit nicht, wie bei der präoperativen Visite angeordnet, entfernt zu haben; sie muß jedoch in jedem Falle herausgenommen und sichergestellt werden.

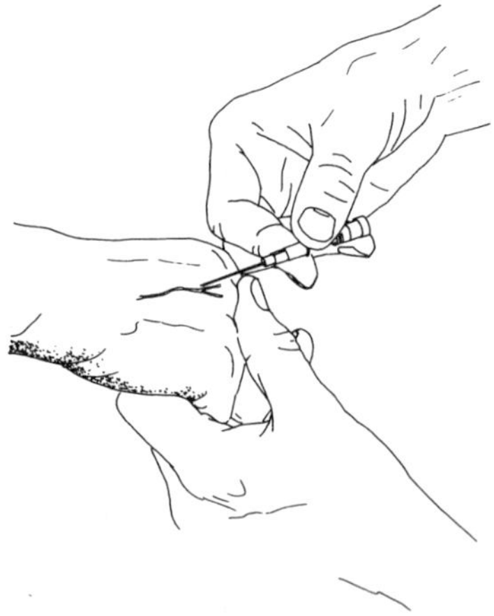

Abb. 1.24 Punktion einer periphervenösen Vene

Lagerung des Patienten – Lagerungsschäden

Die endgültige Operationslagerung wird erst nach Einleitung der Narkose vorgenommen. Für die korrekte Lagerung des Patienten trägt der Operateur die Verantwortung. Während der Operation ist der Anästhesist dafür verantwortlich, daß vor allem die Arme des Patienten weiterhin richtig gelagert sind. Abb. 1.25 zeigt die Lagerung des Patienten, wenn er in Rükkenlage operiert werden soll. Spezielle Operationslagerungen werden in den entsprechenden Kapiteln der „Speziellen Anästhesie“ besprochen.

Bei unsachgemäßer Lagerung des Patienten können v.a. Nervenschädigungen (durch Druck oder Zerrung) sowie Schädigungen des Auges drohen.

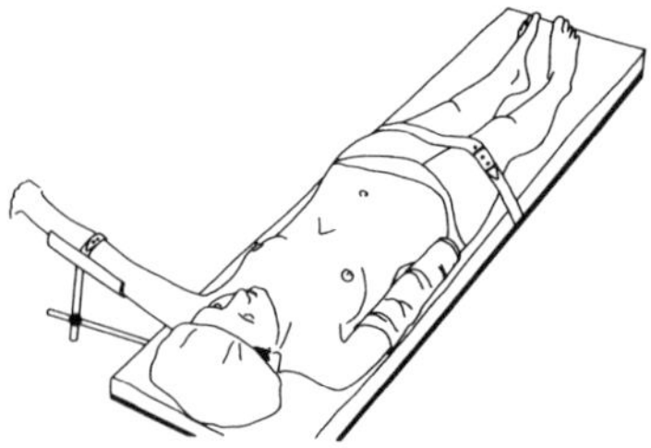

Abb. 1.25 Rückenlagerung des Patienten

Plexus brachialis

Meist wird derjenige Arm, an dem die Infusion läuft, ausgelagert (abduziert). Zur Vermeidung von Zerrungen des Plexus brachialis muß bei der Armauslagerung folgendes beachtet werden:

- Der Arm muß (!) unbedingt an der Armstütze fixiert werden. Ein versehentliches Herunterfallen des Armes von der Armstütze kann beim relaxierten Patienten zu einer Schulterluxation, zu einer Zerrung des Plexus brachialis oder gar zum Ausriß des Plexus brachialis führen (!!).
- Der Oberarm darf nicht weiter als 90 Grad ausgelagert werden.
- Der Arm darf nicht unterhalb des Thoraxniveaus gelagert werden.
- Es sollte auf eine leichte Beugung im Ellenbogengelenk geachtet werden. Der Handrücken sollte nach oben zu liegen kommen.
- Der Kopf sollte leicht auf die Seite des ausgelagerten Armes gedreht werden.

Nervus radialis

Häufig wird nur ein Arm ausgelagert, der andere Arm wird dem Körper angelagert. Bei dem am Körper angelagerten Arm besteht die Gefahr, daß er über die Kante des Op.-Tisches hängt und durch den Operateur gegen die Op.-Tischkante gedrückt wird. Dies kann leicht zu einer Schädigung des Nervus radialis im Bereich der Oberarminnenseite führen. Der dem Körper angelagerte Arm muß deshalb in einer Ober- und Unterarm umfassenden Polstermanschette dicht dem Körper angelagert und dort fixiert werden.

Auge

Jeder längerdauernde Druck auf das Auge kann zu Durchblutungsstörungen der Netzhaut und damit zur Erblindung führen. Besonders bei Bauchlagerungen ist darauf zu achten, daß nicht ein Lagerungskissen, ein Lagerungsring oder eine Kopfstütze auf das Auge drückt. Außerdem ist darauf zu achten, daß die Augenlider während der Narkose geschlossen sind. Bei geöffneten Augenlidern droht ein Austrocknen der Hornhaut mit Hornhautulkus. Das Auge muß dann entweder zugeklebt oder es muß eine sterile Augensalbe eingebracht werden. Sind die Augen während der Operation nicht zu sehen, müssen die Augenlider immer mit Pflaster zugeklebt werden.

Inhalationsanästhetika

Grundlegende Bemerkungen zu den Inhalationsanästhetika

> Inhalationsanästhetika sind Gase oder Dämpfe, die eingeatmet und über die Lungen ins Blut aufgenommen werden. Über das Blut werden sie auch zum ZNS transportiert, wo sie vorübergehende Veränderungen an den Zellmembranen verursachen und dadurch die Weiterleitung von Nervenimpulsen hemmen. Sie wirken dadurch anästhetisch, das heißt, sie erzeugen eine Bewußtlosigkeit, Schmerzdämpfung, Muskelerschlaffung und eine Dämpfung von vegetativen Reflexen.

Diese einzelnen Wirkungen sind jedoch bei den verschiedenen Inhalationsanästhetika unterschiedlich stark ausgeprägt und reichen für eine Operation unter Umständen erst bei sehr hohen Konzentrationen aus. Um diese hohen Konzentrationen mit ihren Nebenwirkungen zu vermeiden, werden die Inhalationsanästhe-

tika meist mit anderen Medikamenten kombiniert.
Inhalationsanästhetika werden fast vollständig wieder über die Lungen abgeatmet. Nur ein unterschiedlich kleiner Anteil wird im Körper metabolisiert. Da sich die Ventilation der Lunge gut beeinflussen läßt, kann sowohl die Aufnahme als auch die Abatmung der Inhalationsanästhetika gut beeinflußt werden.

Inhalationsanästhetika besitzen also den großen Vorteil der guten Steuerbarkeit. Ein Nachteil der Inhalationsanästhetika ist allerdings der relativ langsame Wirkungseintritt.

Die meisten Medikamente verteilen sich durch Diffusion innerhalb der verschiedenen Körperräume. Voraussetzung dafür, daß ein Medikament in ein anderes Gewebe abdiffundieren kann, ist ein Konzentrationsunterschied. Die Diffusion erfolgt immer vom Ort hoher Konzentration zum Ort niedriger Konzentration, also entlang eines Konzentrationsgefälles. Dies gilt auch für Inhalationsanästhetika. Allerdings spricht man bei Gasen und Dämpfen nicht von „Konzentration", sondern vom **Partialdruck.**

Gase und Dämpfe diffundieren immer vom Ort eines hohen Partialdruckes zum Ort eines niedrigen Partialdruckes.

Bei der Narkoseeinleitung mit einem Inhalationsanästhetikum diffundiert das Inhalationsanästhetikum daher aus der Alveolarluft (hoher Partialdruck) ins Blut (niedriger Partialdruck). Aus dem Blut diffundieren die Inhalationsanästhetika in die verschiedenen Gewebe ab.

Je besser ein Gewebe durchblutet ist, desto mehr Inhalationsanästhetikum kann es pro Zeiteinheit aus dem Blut aufnehmen und desto schneller wird es mit dem Inhalationsanästhetikum gesättigt sein.

Die stark durchbluteten Organe wie ZNS, Herz, Nieren und Leber sind daher schnell mit dem Inhalationsanästhetikum aufgesättigt (Minuten). Die weniger gut durchblutete Muskulatur ist z. B. erst nach Stunden gesättigt. Das schlecht durchblutete Fettgewebe wäre erst nach Tagen vollständig aufgesättigt. Erst wenn es zum Ausgleich der Partialdrücke in den verschiedenen Geweben gekommen ist, findet keine Diffusion mehr statt.

Von besonderem Interesse ist der Partialdruck des Inhalationsanästhetikums im Gehirn, denn die Narkosetiefe ist vom Partialdruck des Inhalationsanästhetikums im Gehirn abhängig.

Da das Gehirn sehr gut durchblutet wird, gleicht sich der Partialdruck des Inhalationsanästhetikums im Gehirn sehr schnell dem Partialdruck im Blut an. Der Partialdruck im Gehirn entspricht daher ungefähr dem Partialdruck im Blut.
Bei Narkosebeginn diffundiert fast das gesamte Inhalationsanästhetikum aus dem arteriellen Blut in die verschiedenen Gewebe ab, da diese noch völlig ungesättigt sind. Das venöse Blut enthält damit fast kein Inhalationsanästhetikum mehr und muß in der Lunge wieder aufgesättigt werden. Zur Aufrechterhaltung eines bestimmten Partialdruckes im arteriellen Blut und damit eines bestimmten Partialdruckes im Gehirn (bzw. einer bestimmten Narkosetiefe) muß also bei Narkosebeginn viel Inhalationsanästhetikum über die Lungen ins Blut aufgenommen werden. Hierzu ist eine hohe Konzentration des Inhalationsanästhetikums in dem In-

spirationsgemisch nötig. **Mit zunehmender Narkosedauer** nimmt die Sättigung der Gewebe stetig zu. Es diffundiert immer weniger Inhalationsanästhetikum aus dem arteriellen Blut in die Gewebe ab. Das venöse Blut enthält einen zunehmend höheren Partialdruck des Inhalationsanästhetikums. Zur Aufrechterhaltung eines bestimmten Partialdruckes im arteriellen Blut und damit eines bestimmten Partialdruckes im Gehirn (bzw. einer bestimmten Narkosetiefe) muß immer weniger Inhalationsanästhetikum pro Zeiteinheit über die Lungen ins Blut aufgenommen werden. Mit zunehmender Narkosedauer genügt daher eine immer geringer werdende inspiratorische Konzentration.
Bei Narkoseausleitung, das heißt Reduktion oder Abbruch der Zufuhr des Inhalationsanästhetikums, kehrt sich das Partialdruckgefälle um. Das Inspirationsgemisch enthält nun weniger oder kein Inhalationsanästhetikum. Das Inhalationsanästhetikum diffundiert nun aus dem Blut (jetzt hoher Partialdruck) in die Alveolarluft (jetzt niedriger Partialdruck) und wird abgeatmet. Außerdem diffundiert das Inhalationsanästhetikum aus dem Gewebe zurück ins Blut.

Faktoren, die die Aufnahme und die Abatmung eines Inhalationsanästhetikums beschleunigen beziehungsweise verzögern

Wie schnell ein Inhalationsanästhetikum über die Lungen aufgenommen wird, mit dem Blut ins Gehirn gelangt und dort seine narkotische Wirkung entfaltet, hängt von folgenden Faktoren ab:

Vom inspiratorischen Partialdruck des Inhalationsanästhetikums:

Je höher das Partialdruckgefälle zwischen Alveolarluft und Blut ist, desto mehr Inhalationsanästhetikum diffundiert pro Zeiteinheit ins Blut über.

Zur Beschleunigung der Narkoseeinleitung wird die inspiratorische Konzentration des Inhalationsanästhetikums deshalb relativ hoch gewählt, um schnell den für die gewünschte Narkosetiefe notwendigen Partialdruck im Blut beziehungsweise im Gehirn zu erreichen.

Von der Lungenbelüftung pro Minute (alveoläre Ventilation):

Bei Beginn der Einatmung eines Inhalationsanästhetikums wird das eingeatmete Inhalationsanästhetikum im Volumen der funktionellen Residualkapazität verteilt und damit verdünnt.

Als funktionelle Residualkapazität wird das nach einer normalen Ausatmung noch in der Lunge befindliche Luftvolumen (von ca. 2,5 Litern beim Erwachsenen) bezeichnet.

Erst nach mehrfachem Ein- und Ausatmen ist die gesamte funktionelle Residualkapazität mit Inhalationsanästhetikum angereichertem Inspirationsgemisch ausgefüllt. Durch eine Steigerung der alveolären Ventilation (= Hyperventilation) wird dieser Anstieg des Partialdruckes in der funktionellen Residualkapazität beschleunigt.

Durch Hyperventilation kann also die Narkoseeinleitung oder eine Veränderung der Narkosetiefe beschleunigt werden.

Vom Herzminutenvolumen:

Normalerweise fließen ca. 14% des Herzminutenvolumens (= HMV) zum Gehirn. Im **Volumenmangelschock** besteht eine maximale Kreislaufzentralisation. Die Peripherie (Muskulatur, Fett, Magen-Darm) wird zugunsten der lebensnotwendigen Organe wie Gehirn und Herz vermindert durchblutet. Das Gehirn erhält also einen prozentual größeren Anteil des HMV. Der Antransport zum Gehirn und damit die Narkoseeinleitung erfolgt damit schneller. Bei einer **Erhöhung des HMV** durch Streß, Muskeltätigkeit oder Hyperthyreose kommt es dagegen zu einer Umverteilung der Organperfusion zugunsten der Muskulatur. Das Gehirn erhält einen prozentual geringeren Anteil des HMV. Die Ein- und Ausleitung einer Inhalationsnarkose ist damit verzögert. Bei **vermindertem HMV** infolge einer Herzinsuffizienz ist der Antransport zum Gehirn und damit der Wirkungsbeginn, das heißt die Narkoseeinleitung, verzögert.

Von der Löslichkeit des Inhalationsanästhetikums im Blut (sog. Blut/Gas-Verteilungskoeffizient):

Die Geschwindigkeit, mit der ein Inhalationsanästhetikum über die Lungen aufgenommen wird, ist auch davon abhängig, wie gut es sich im Blut löst. Diese physikalische Eigenschaft wird mit Hilfe des **Blut/Gas-Verteilungskoeffizienten** ausgedrückt.

Lachgas zum Beispiel löst sich nur sehr gering im Blut, es hat einen sehr niedrigen Blut/Gas-Verteilungskoeffizienten (Tab. 1.4). Da sich nur wenig Lachgas im Blut löst, ist das Blut sehr schnell mit Lachgas gesättigt. Äther dagegen löst sich in hohem Maße im Blut. Der Blut/Gas-Verteilungskoeffizient ist entsprechend hoch (Tab. 1.4). Es wird also lange dauern, bis das Blut mit Äther aufgesättigt ist und sich der Partialdruck im Blut dem Partialdruck im Einatmungsgemisch angeglichen hat.

Tabelle 1.4 Blut/Gas-Verteilungskoeffizienten und MAC-Werte der wichtigsten Inhalationsanästhetika

Inhalations-anästhetika	Blut/Gas-Verteilungs-koeffizient	MAC-Wert in 100% O_2 (Vol. %)	MAC-Wert in 70% N_2O (Vol. %)
Lachgas	0,47	110	–
Halothan	2,3	0,75	0,29
Enfluran	1,9	1,68	0,57
Isofluran	1,4	1,15	0,50
Äther	12,1	1,92	

Je niedriger der Blut/Gas-Verteilungskoeffizient, desto schneller gleicht sich der Partialdruck im Blut dem Partialdruck im Einatmungsgemisch an, desto schneller flutet das Inhalationsanästhetikum an und ab und um so besser ist seine Steuerbarkeit.

Der MAC-Wert

Jedes Inhalationsanästhetikum besitzt eine bestimmte Wirkungsstärke, eine bestimmte narkotische Potenz. Diese wird mit dem MAC-Wert ausgedrückt.

Der MAC-Wert [Abkürzung für minimale alveoläre (oder auch anästhetische) Konzentration] ist diejenige Konzentration eines Inhalationsanästhetikums, bei der 50% der Patienten auf einen definierten Schmerzreiz (z.B. Hautschnitt) mit keiner Schmerzreaktion mehr reagieren. Je niedriger der MAC-Wert, desto stärker ist das Inhalationsanästhetikum wirksam (Tab. 1.4).

Der MAC-Wert eines Inhalationsanästhetikums kann durch die zusätzliche Gabe eines Opioids oder durch die Kombination mit Lachgas erniedrigt werden. Auch andere zentral dämpfende Medikamente, wie Barbiturate oder Benzodiazepine bewirken eine Reduktion des MAC-Wertes, ebenso ein Abfall der Körpertemperatur. Außerdem ist der MAC-Wert altersabhängig; bei Säuglingen mit 6 Monaten beträgt er z.B. für Halothan (s. S. 32) 1,08 Vol.%, bei Patienten über 70 Jahre dagegen nur noch 0,64 Vol.%. Bei Neu- und Frühgeborenen sowie bei sehr alten Patienten kann der MAC-Wert deutlich erniedrigt sein.

Wichtige Inhalationsanästhetika

Lachgas = Stickoxydul = N_2O

Sowohl Lachgasflaschen als auch entsprechende Anschlußleitungen an die (zentrale) Gasversorgung haben die Kennfarbe grau! Lachgas ist ein leicht süßlich riechendes, nicht reizendes, farbloses Gas.

Es wird unter hohem Druck (51 atü) in Stahlzylindern geliefert. Lachgas liegt dabei zu ca. $^3/_4$ in flüssiger Form vor, der Rest ist gasförmig. 1 kg Lachgasflüssigkeit ergibt ca. 500 Liter Lachgas. Solange noch ein flüssiger Anteil vorliegt, bleibt der Manometerdruck (von 51 atm) konstant. Beim Verdampfen von Lachgas wird der Umgebung Wärme entzogen, deshalb beschlagen oder gefrieren manchmal die Lachgasflaschen an den Gasaustrittsventilen.

Lachgas ist zur Zeit das sicherste aller Inhalationsanästhetika und wird normalerweise bei fast allen Narkosen als Basisnarkotikum in Konzentrationen bis 70 (–75)% zugesetzt.

Als alleiniges Anästhetikum hat Lachgas eine unzureichende Wirkung. Es vermag aber als Zusatzanästhetikum die Wirkung der anderen Inhalationsanästhetika zu verstärken, das heißt, deren MAC-Wert zu erniedrigen (s. S. 30). Die anderen Inhalationsanästhetika können dadurch niedriger dosiert werden, damit sind auch ihre Nebenwirkungen geringer. Durch Zusatz von Lachgas kann auch die Dosierung der intravenösen Anästhetika reduziert werden.

Wirkungen:

- Gute analgetische Wirkung
- Schwache narkotische Wirkung; der MAC-Wert beträgt 110 Vol.% (vgl. Tab. 1.4)
- Keine muskelrelaxierende Wirkung
- Erzeugt eine Amnesie (= Erinnerungslücke)

Nebenwirkungen:

- Lachgas geht eine Bindung mit Vitamin B_{12} ein, wodurch es bei langfristiger Anwendung (länger als sechs Stunden) zu Blutbildungsstörungen ähnlich wie bei Vitamin-B_{12}-Mangel (perniziöse Anämie) kommen kann. Es tritt dann eine Störung der Erythrozyten- und der Granulozytenbildung auf.
- Lachgas kann zu einer leichten Steigerung eines bereits vorher erhöhten Hirndruckes führen. Deshalb sollte bei Patienten mit Verdacht auf einen stark erhöhten intrakraniellen Druck kein Lachgas verwendet werden.
- Lachgas diffundiert schnell in sämtliche lufthaltige Räume wie zum Beispiel in luftgeblähte Darmschlingen, in

die Blockermanschette eines Endotrachealtubus (s. S. 74), in einen eventuell vorhandenen Pneumothorax, in das luftgefüllte Mittelohr (s. S. 257) oder in eine Luftembolieblase (s. S. 247). Hierdurch kann es zu einer Druck- und Volumenzunahme dieser lufthaltigen Räume kommen, was meistens nachteilige Auswirkungen hat.

Die Nebenwirkungen auf Atmung, Kreislauf, Leber und Nieren sind vernachlässigbar klein. Lachgas wird fast vollständig über die Lungen wieder abgeatmet. Es findet kein Abbau im Körper statt.

Da Lachgas nur in geringem Ausmaß im Blut löslich ist, ist das Blut bereits nach wenigen Minuten mit Lachgas gesättigt. Lachgas flutet also sehr schnell an. Es hat einen sehr niedrigen Blut/Gas-Verteilungskoeffizienten (vgl. Tab. 1.4) und ist damit gut steuerbar.

Nach Abstellen der Lachgaszufuhr flutet das Lachgas ebenso schnell wieder ab. Innerhalb kurzer Zeit diffundieren nun große Mengen Lachgas aus dem Körper zurück in die Lunge und können dort, bei Atmung von Raumluft, zu einer Verdrängung des Sauerstoffes mit Hypoxie führen. Dieses Phänomen wird als **Diffusionshypoxie** bezeichnet.

Nach Abstellen des Lachgases muß deshalb mindestens über 3 Minuten 100% Sauerstoff verabreicht werden, um dieser Diffusionshypoxie vorzubeugen.

Halothan (Halothan, Fluothan)

Halothan ist eine klare, süßlich riechende und leicht verdampfbare Flüssigkeit. Durch Lichteinwirkung zersetzt sich Halothan unter Bildung toxischer Abbauprodukte. Halothan muß deshalb in dunklen Flaschen verwahrt werden. Außerdem muß ein Stabilisator (Thymol) zugesetzt werden.

In speziellen, nur für Halothan zulässigen Verdampfern (s. S. 16) werden dem Inspirationsgemisch Halothandämpfe in der eingestellten Konzentration zugemischt. Halothan war lange Zeit das weltweit am häufigsten angewandte verdampfbare Inhalationsanästhetikum. Es wurde jedoch zunehmend durch Enfluran und Isofluran verdrängt.

Wirkungen:

- Sehr potentes Narkotikum. Der MAC-Wert beträgt 0,75 Vol.% (vgl. Tab. 1.4).
- Nur geringe analgetische Wirkung. Es wird deshalb normalerweise mit Lachgas kombiniert.
- Erzeugt eine leichte Muskelerschlaffung und verstärkt die Wirkung von „nichtdepolarisierenden“ Muskelrelaxanzien (s. S. 54). Deren Dosierung kann deshalb bei einer Halothannarkose reduziert werden.

Nebenwirkungen:

- Am Herz-Kreislauf-System:
  Halothan bewirkt eine konzentrationsabhängige Blutdruckerniedrigung. Ursache ist vor allem eine direkte Minderung der Herzkraft (negativ inotrope Wirkung) mit Abnahme des Herzminutenvolumens. Der Blutdruckabfall ist also nicht durch eine Gefäßweitstellung, das heißt Abnahme des periphe-

ren Gesamtwiderstandes bedingt. Der periphere Gesamtwiderstand bleibt unter Halothan annähernd konstant. Lediglich im Bereich der Haut und des Gehirns kommt es zu einer Vasodilatation mit einer Durchblutungssteigerung.
Die Herzfrequenz bleibt weitgehend konstant oder nimmt leicht ab.

Zur Beurteilung der Narkosetiefe einer Halothannarkose eignen sich am besten das Blutdruck- und das Herzfrequenzverhalten.

Halothan „sensibilisiert das Herz gegen Katecholamine“ (s. S. 255). Bei endogener Katecholaminfreisetzung, zum Beispiel aufgrund einer zu flachen Narkose oder bei Katecholaminverabreichung (z. B. Adrenalin), neigt das Herz bei gleichzeitiger Halothangabe zu Rhythmusstörungen. Dies muß insbesondere in der HNO- und Kieferchirurgie (s. S. 255) beachtet werden. Hier werden oft adrenalinhaltige Lokalanästhetika ins OP-Gebiet eingespritzt (um eine Gefäßkonstriktion und damit eine Verminderung der Blutung im OP-Gebiet zu erzielen).

- An der Atmung:
  Halothan bewirkt ab 0,5 Vol.% eine dosisabhängige Atemdepression, die bei 1–1,5 Vol.% zu einer ausgeprägten Veränderung der Ventilationsgrößen führt. Der Atmungstyp ist dann durch eine Tachypnoe und kleine Atemzugvolumina gekennzeichnet. Der arterielle CO_2-Wert steigt an. Bei Halothangabe ist also meistens eine assistierte Beatmung notwendig. Halothan weist eine bronchodilatierende Komponente auf und kann deshalb bei Patienten mit Asthma bronchiale von Vorteil sein. Halothan flutet mäßig schnell an und ab. Der Blut/Gas-Verteilungskoeffizient beträgt 2,3 (vgl. Tab. 1.4).
- Am Uterus:
  Halothan bewirkt eine dosisabhängige Uterusrelaxierung und erhöht die Gefahr einer stärkeren Blutung aus dem Uterus nach der Entbindung.
- Metabolisierung und Leberschädigung:
  Bis zu 20% des Halothans werden im Körper metabolisiert. In sehr seltenen Fällen soll es zu einer akuten Leberzellschädigung nach einer Halothannarkose kommen. Falls diese sogenannte **„Halothanhepatitis“** auftritt, dann in der ersten (oder zweiten) Woche nach einer Halothannarkose. Sie kann tödlich verlaufen. Der Mechanismus dieser Leberzellschädigung ist unklar. Möglicherweise spielen Reaktionen auf Abbauprodukte des Halothans eine Rolle. Werden innerhalb kurzer Zeit (Wochen) mehrere Halothannarkosen beim gleichen Patienten durchgeführt, so soll die Gefahr einer „Halothanhepatitis“ erhöht sein. Bei kurz aufeinanderfolgenden Inhalationsnarkosen ist dann Enfluran oder Isofluran vorzuziehen.
- Am Gehirn:
  Halothan erzeugt durch eine Gefäßweitstellung eine Steigerung der Hirndurchblutung. Bei bereits erhöhtem intrakraniellen Druck, zum Beispiel nach einem Schädel-Hirn-Trauma (= SHT), kann dies zu einer weiteren, eventuell lebensbedrohlichen Steigerung des intrakraniellen Drucks führen (s. S. 243). Bei Verdacht auf einen erhöhten intrakraniellen Druck ist Halothan kontraindiziert!
- Am Auge:
  Während einer Halothannarkose kommt es zu einer Erniedrigung des Augeninnendruckes. Dies ist für intraokuläre Operationen erwünscht (s. S. 259).

Kontraindikationen:

- Eine frühere „Halothanhepatitis"
- Eine maligne Hyperthermie (s. S. 185) in der Anamnese des Patienten oder seiner Angehörigen
- Eine zur Zeit durchgeführte Strahlentherapie
- Eine Leberzellschädigung ist nur eine relative Kontraindikation.

Dosierung:

- zur Narkoseeinleitung: ca. 1,5–2,5 Vol.%
- zur Aufrechterhaltung der Narkose: ca. 0,8–1,0 Vol.% (nach Wirkung) in einem Gemisch von 30% 0_2 und 70% N_20.

Enfluran (Ethrane)

> Enfluran ist eine klare, leicht verdampfbare Flüssigkeit. Im Gegensatz zu Halothan ist es lichtstabil und ohne Stabilisator haltbar. Mit speziellen, nur für Enfluran zulässigen Verdampfern werden dem Inspirationsgemisch Enflurandämpfe in der eingestellten Konzentration zugemischt.

In seinen physikalischen und anästhesiologischen Eigenschaften ist Enfluran dem Halothan sehr ähnlich.

Wirkungen:

- Die narkotische Potenz ist nur etwa halb so groß wie bei Halothan; der MAC-Wert beträgt 1,68 Vol.% (vgl. Tab. 1.4).
- Die analgetische Wirkung ist gering, reicht jedoch in Kombination mit Lachgas aus.
- Die muskelrelaxierende Wirkung ist stärker als die von Halothan! Nichtdepolarisierende Muskelrelaxanzien (s. S. ■) können bei einer Enflurannarkose niedriger dosiert werden.

Nebenwirkungen:

- Am Herz-Kreislauf-System:
  Entgegen der früheren Auffassung bestehen heute kaum noch Zweifel, daß Enfluran eine ähnlich stark negativinotrope Wirkung aufweist wie Halothan. Der konzentrationsabhängige, blutdrucksenkende Effekt von Enfluran ist bei äquipotenter Dosierung stärker als beim Halothan. Die Ursachen sind zum einen ein deutlich erniedrigter peripherer Gesamtwiderstand und zum anderen die negativ inotrope Wirkung mit Verminderung des HMV. Die Herzfrequenz bleibt unter Enfluran annähernd konstant oder steigt leicht an.

  > Zur Beurteilung der Narkosetiefe einer Enflurannarkose eignet sich am besten das Blutdruckverhalten.

  Die Sensibilisierung des Herzens gegen Katecholamine ist bei Enfluran deutlich geringer als bei Halothan! Es wird deshalb zum Beispiel in der HNO- und Kieferchirurgie dem Halothan vorgezogen, da dort häufig zusätzlich adrenalinhaltige Lokalanästhetika eingespritzt werden (s. S. 255).
- An der Atmung:
  Auch Enfluran führt zu einer dosisabhängigen Atemdepression, die meistens eine assistierte Beatmung notwendig macht. Die bronchodilatierende Wirkung von Enfluran soll geringer als die von Halothan sein. Enfluran flutet aufgrund seines geringeren Blut/Gas-Verteilungskoeffizienten von 1,9 (vgl. Tab. 1.4) schneller an und ab als Halothan, wodurch die Narkoseein- und -ausleitungsphase verkürzt werden.

- Am Uterus:
  Enfluran bewirkt eine dosisabhängige Uterusrelaxierung.
- Metabolisierung und Leberschädigung:
  Es werden nur ungefähr 2,5% des zugeführten Enflurans metabolisiert. Beim Enfluranabbau entstehen Spuren von Fluoridionen. Ihre Konzentration soll jedoch unterhalb der nierentoxischen Grenze liegen. Die Möglichkeit einer Leberschädigung wird beim Enfluran geringer als beim Halothan eingeschätzt.
- Am Gehirn:
  Enfluran erzeugt eine Steigerung der Hirndurchblutung. Sie ist zwar geringer als beim Halothan, kann aber bei bereits erhöhtem intrakraniellem Druck zu einer weiteren, unter Umständen lebensgefährlichen Steigerung des intrakraniellen Drucks führen (s. S. 243). Bei Verdacht auf einen erhöhten intrakraniellen Druck ist Enfluran kontraindiziert!
  Ein dem Enfluran eigenes Phänomen sind die vor allem bei hohen Enflurankonzentrationen manchmal auftretenden peripheren Muskelzuckungen und epileptiformen EEG-Veränderungen. Deshalb sollte Enfluran bei bekanntem Krampfleiden vermieden werden.

Kontraindikationen:

- Eine nachgewiesene frühere „Hepatitis" nach verdampfbaren Inhalationsanästhetika
- Eine maligne Hyperthermie (s. S. 185) in der Anamnese des Patienten oder seiner Angehörigen
- Eine Leberzellschädigung ist nur eine relative Kontraindikation.

Dosierung:

- Zur Narkoseeinleitung: ca. 2–3 Vol.%
- Zur Unterhaltung der Narkose: ca. 1,2–1,5 Vol.% (nach Wirkung) in einem Gemisch von 30% 0_2 und 70% N_20

Isofluran (Forene, Forane)

Isofluran ist ein neueres, chemisch dem Enfluran sehr eng verwandtes Inhalationsanästhetikum.

Es ist eine klare, farblose Flüssigkeit, die lichtstabil und ohne Stabilisator haltbar ist. Isofluran hat einen ätherischen, stechenden Geruch.

Bei einer Narkoseeinleitung per inhalationem (s. S. ■) husten die Patienten oft oder halten den Atem an.

Wirkungen:

- Die narkotische Wirkung liegt zwischen der von Halothan und Enfluran. Der MAC-Wert beträgt 1,15 Vol.% (vgl. Tab. 1.4).
- Die analgetische Wirkung ist schwach. Isofluran wird deshalb mit Lachgas kombiniert.
- Die muskelrelaxierende Wirkung ist gut und der von Enfluran vergleichbar. Die Wirkung der nichtdepolarisierenden Muskelrelaxanzien (s. S. 54) wird durch Isofluran verstärkt. Sie können entsprechend niedriger dosiert werden.

Nebenwirkungen:

- Am Herz-Kreislauf-System:
  Isofluran führt zu einem dosisabhängigen, blutdrucksenkenden Effekt, der vergleichbar stark ausgeprägt ist wie beim Enfluran. Seine Ursache ist nicht eine Abnahme des HMV wie beim Halothan, sondern eine starke Verminderung des peripheren Gefäßwiderstandes durch eine direkte vasodilatierende Wirkung. Isofluran wirkt auch negativ inotrop, aufgrund der auftretenden Va-

sodilatation nimmt das Herzminutenvolumen jedoch nicht ab. Die Herzfrequenz bleibt unter Isofluran annähernd konstant. Manchmal tritt eine Tachykardie auf.

Zur Beurteilung der Narkosetiefe einer Isoflurannarkose eignet sich am besten das Blutdruckverhalten.

Die Sensibilisierung des Herzens gegen Katecholamine ist bei Isofluran deutlich geringer als beim Halothan.

- An der Atmung:
  Auch Isofluran führt zu einer starken, dosisabhängigen Atemdepression, so daß zumeist eine assistierte Beatmung notwendig ist. Aufgrund seines niedrigen Blut/Gas-Verteilungskoeffizienten von 1,4 (vgl. Tab. 1.4) flutet Isofluran noch schneller als Enfluran an und ab. Die Narkoseein- und -ausleitung sowie eine Veränderung der Narkosetiefe verlaufen deshalb schneller (s. S. 30)!
- Am Uterus:
  Isofluran bewirkt eine dosisabhängige Uterusrelaxierung.
- Metabolisierung und Leberschädigung:
  Die Metabolisierungsrate ist mit ungefähr 0,2% noch niedriger als beim Enfluran. Die Möglichkeit einer Leberzellschädigung soll noch geringer sein als beim Enfluran.
- Am Gehirn:
  Isofluran erzeugt eine Vasodilatation mit Steigerung der Durchblutung. Dieser Effekt ist zwar geringer als beim Halothan, kann aber bei bereits erhöhtem intrakraniellem Druck zu einer weiteren, unter Umständen lebensbedrohlichen Steigerung des intrakraniellen Drucks führen.

Kontraindikationen:

- Eine maligne Hyperthermie (s. S. 185) in der Anamnese des Patienten oder seiner Angehörigen
- Eine nachgewiesene frühere „Hepatitis“ nach verdampfbaren Inhalationsanästhetika
- Eine Leberzellschädigung ist nur eine relative Kontraindikation für Isofluran.

Dosierung:

- Zur Narkoseeinleitung: ca. 2–3 Vol.%
- Zur Unterhaltung der Narkose: ca. 1 Vol.%

Äther, Diäthyläther, Äther pro narcosi

Äther ist eine sehr flüchtige, farblose Flüssigkeit mit stechendem Geruch. Um eine Zersetzungsreaktion zu vermeiden, sollte Äther kühl sowie unter Licht- und Luftabschluß, also in braunen und nur in vollen Flaschen gelagert werden. Außerdem muß ein Stabilisator (Äthanol) zugesetzt werden.

Nachteile:

- Explosibel:
  Ätherdämpfe ergeben mit Sauerstoff ein explosibles Gemisch. Wegen der stets drohenden Explosionsgefahr aufgrund der zahlreichen elektrischen Geräte im Operationssaal kann Äther leider nicht mehr eingesetzt werden. In Entwicklungsländern, die noch kaum über elektrische Geräte im OP verfügen, wird Äther dagegen noch häufiger eingesetzt.
- Reizung der Atemwege:
  Durch seinen stechenden Geruch ist Äther stark schleimhautreizend, und eine gesteigerte Speichelsekretion

macht Atropin in der Prämedikation erforderlich (s. S. 9).

- Langsame An- und Abflutung:
  Aufgrund seiner guten Blutlöslichkeit, das heißt seines hohen Blut/Gas-Verteilungskoeffizienten (vgl. Tab. 1.4) flutet Äther nur sehr langsam an und ab. Bei einer Narkoseeinleitung per inhalationem (s. S. 110) mit Äther wird dabei ein ausgeprägtes Exzitationsstadium (s. S. 93) durchlaufen.
- Postoperative Übelkeit:
  Nach einer Äthernarkose stellt sich meist eine langanhaltende Übelkeit mit Brechreiz ein.

Vorteile:

- Geringe Toxizität:
  Äther ist kaum toxisch. Ein geringer Prozentsatz wird über „physiologische" Zwischenprodukte bis zu CO_2 abgebaut, der Rest wird über die Lungen wieder abgeatmet. Äther hat eine große therapeutische Breite und ist immer noch das sicherste verdampfbare Inhalationsanästhetikum.
- Gute analgetische Wirkung
- Ausgeprägte Muskelerschlaffung
- Stabile Kreislaufverhältnisse:
  Das Herzminutenvolumen ist während einer Äthernarkose eher erhöht, der systemische Gefäßwiderstand ist leicht erniedrigt. Der arterielle Blutdruck bleibt annähernd konstant, die Herzfrequenz steigt an. An den Koronararterien erzeugt Äther eine Verbesserung der Durchblutung, weshalb er sich bei kardiovaskulären Erkrankungen als Narkotikum eignet.
- Geringe Atemdepression:
  Die Atmung ist bei einer flachen Äthernarkose eher gesteigert. Mit zunehmender Narkosetiefe nehmen die Atembewegungen ab, und erst in tiefer Narkose wird die Atmung unzureichend. Aufgrund seiner bronchodilatierenden Wirkung eignet sich Äther gut bei asthmatischen Patienten.
- Billig
- Einfache Narkoseführung:
  Aufgrund der stabilen Kreislaufverhältnisse, der stabilen Atemfunktion und der geringen Toxizität kann in Katastrophenfällen auch schlecht geschultes Personal eine Äthernarkose ohne größere Komplikationen durchführen.

Neue Inhalationsanästhetika

Vor kurzem wurde in Deutschland ein neues volatiles Anästhetikum (**Sevofluran**) eingeführt. Demnächst ist auch mit der Einführung von Desfluran zu rechnen. Diese neuen volatilen Anästhetika weisen im Prinzip vergleichbare Wirkungen und Nebenwirkungen wie z.B. Enfluran und Isofluran auf. Im folgenden sollen nur die wichtigsten Besonderheiten dieser Substanzen dargestellt werden.

Sevofluran

Sevofluran wird schon seit 1990 in Japan in großem Umfang eingesetzt. Sein Blut/Gas-Verteilungskoeffizent beträgt 0,65. Sevofluran flutet damit wesentlich schneller an und ab als z.B. Isofluran, dessen Blut/Gas-Verteilungskoeffizent 1,4 beträgt (vgl. Tab. 1.4). Sevofluran hat einen MAC-Wert von 2,0 Vol.% und es wird zu 3% metabolisiert.

Ein Problem des Sevoflurans ist darin zu sehen, daß es im $C0_2$-Absorber durch chemische Reaktionen zu einem geringen Abbau von Sevofluran kommt, wodurch sehr geringe Konzentrationen an toxischen Substanzen entstehen.

Sevofluran reizt die Atemwege nicht und eignet sich daher gut zur Narkoseeinleitung von Kindern, bei denen oft die Narkose durch Einatmen eines volatilen Inhalationsanästhetikums eingeleitet wird.

Desfluran

Desfluran weist gegenüber z.B. dem Isofluran vor allem die Vorteile auf, daß sein Blut/Gas-Verteilungskoeffizent lediglich 0,4 beträgt (während er bei Isofluran 1,4 ist) und daß die Metabolisierungsrate mit 0,02% lediglich 10% dessen vom Isofluran (ca. 0,2%) beträgt. Aufgrund des extrem niedrigen Blut/Gas-Verteilungskoeffizenten flutet Desfluran vergleichbar schnell an und ab wie Lachgas (und ist deshalb besonders für Low- und Minimal-Flow- Anästhesien geeignet). Der MAC-Wert von Desfluran beträgt 6%. Bei Konzentrationen über 6 Vol.% wirkt es jedoch reizend auf die Atemwege, so daß es erst verabreicht werden kann, wenn der Patient bereits bewußtlos ist.

Für die Verabreichung von Desfluran ist eine neue Verdampfertechnologie (Tec-6–Verdampfer) notwendig, da es einen sehr niedrigen Siedepunkt (22,8 °C) hat. Desfluranverdampfer werden auf 39 °C aufgeheizt.

Intravenöse Narkose

Grundlegende Bemerkungen zur intravenösen Narkose

Bei den vorstehend besprochenen Inhalationsanästhetika wird der für die gewünschte Wirkung notwendige Blutspiegel nur langsam erreicht (5–10 Minuten). Sie haben also den Nachteil des langsamen Wirkungseintritts. Da die Inhalationsanästhetika fast vollständig wieder über die Lungen abgeatmet werden und die Ventilation gut beeinflußbar ist, haben sie jedoch den großen Vorteil der guten Steuerbarkeit (s. S. 30).

Bei den intravenös zu verabreichenden Anästhetika wird der notwendige Blutspiegel sehr schnell erreicht (20–30 Sekunden). Sie haben also den großen Vorteil des schnellen Wirkungseintritts. Allen intravenösen Anästhetika gemeinsam ist jedoch der Nachteil der schlechten Steuerbarkeit. Nach der Injektion entziehen sie sich der Beeinflußbarkeit durch den Anästhesisten.

Bei einer Allgemeinnarkose werden häufig Medikamente aufgrund ihres schnellen Wirkungseintritts intravenös zur Narkoseeinleitung verwendet. Der Patient schläft schnell und angenehm ein. Zur Weiterführung und Aufrechterhaltung der Narkose werden dann oft Inhalationsanästhetika verwendet, die sich durch eine gute Steuerbarkeit auszeichnen.
Die schlechte Steuerbarkeit der intravenös injizierten Medikamente äußert sich vor allem darin, daß die Wirkungsdauer von einmal injizierten Medikamenten nicht mehr beeinflußt werden kann. Auch die Wirkungsstärke eines intravenös verabreichten Medikamentes ist von einigen, durch die üblichen Überwachungsmaßnahmen nicht erfaßbaren Faktoren abhängig und damit schlecht vorhersehbar, das heißt schlecht steuerbar.

Die Wirkungsdauer eines intravenös verabreichten Medikamentes ist abhängig:

- Von Umverteilungsphänomenen:

Das ins Blut injizierte Medikament diffundiert, ähnlich wie die Inhalationsanästhetika (s. S. 28), entlang eines Konzentrationsgefälles in die Gewebe ab. Je besser ein Gewebe durchblutet ist, desto mehr Medikament kann es pro Zeiteinheit aus dem Blut aufnehmen. Aus diesem Grund entsteht sehr schnell ein Konzentrationsausgleich zwischen dem Blut und den gut durchbluteten Organen Gehirn, Herz, Leber und Niere. Erst mit Verzögerung nimmt nun auch die schlechter durchblutete Muskulatur das Medikament auf. Der Blutspiegel sinkt dadurch ab. Das Medikament diffundiert nun, aufgrund der Konzentrationsabnahme im Blut, teilweise wieder aus dem Gehirn zurück ins Blut und von dort weiter in die großen Muskeldepots. Es findet also eine Umverteilung vom Gehirn in die Muskulatur statt. Noch langsamer beginnt das Medikament auch in das sehr schlecht durchblutete Fettgewebe abzudiffundieren. Der Blutspiegel fällt weiter ab. Teilweise diffundiert das Medikament nun weiter aus dem Gehirn und der Muskulatur zurück ins Blut, mit dem es in die Fettdepots transportiert wird.
Das ins Blut injizierte Medikament ist also kurze Zeit später hauptsächlich von den gut durchbluteten Organen, wie z. B. dem Gehirn, aufgenommen. Später befindet sich der größte Anteil des Medikamentes in der Muskulatur, und zuletzt wird der Großteil des Medikamentes sich im Fettgewebe befinden. Der beschriebene Mechanismus wird als Umverteilungsphänomen bezeichnet.

Vor allem durch diese Umverteilungsphänomene ist der schnelle Konzentrationsabfall im Gehirn und damit die Wirkungsbeendigung vieler intravenöser Medikamente bedingt. Aufgrund dieser schnellen Umverteilungsphänomene ist die Wirkungsdauer kürzer als die Verweildauer im Körper.

Bei wiederholter Nachinjektion besteht bei solchen Medikamenten eine Kumulationsgefahr, das heißt, bei Nachinjektionen werden eventuell höhere Plasmaspiegel erreicht, da die Fett- und Muskeldepots zunehmend weniger Medikamente aus dem Blut aufnehmen. Bei wiederholten Nachinjektionen müssen daher fortlaufend niedrigere Repetitionsdosen gewählt werden.

- Von der Metabolisierung:
  Die Wirkungsdauer der intravenös applizierten Medikamente hängt auch von deren Metabolisierung in der Leber und deren Ausscheidung über Galle und Nieren ab. Leber-Gallen-Erkrankungen und Nierenleiden können daher zu einer Wirkungsverlängerung von intravenös verabreichten Medikamenten führen. Medikamente, die z. B. großteils über die Nieren ausgeschieden werden, müssen bei einer Niereninsuffizienz entsprechend niedriger dosiert werden.
  Je nach Medikament ist die Wirkungsbeendigung vor allem durch Umverteilungsphänomene oder durch eine schnelle Metabolisierung und Ausscheidung bedingt.

Der Blutspiegel und damit die Wirkungsstärke eines intravenös verabreichten Medikamentes ist von folgenden Faktoren abhängig:

- Von der verabreichten Dosis
- Vom Grad der Plasmaeiweißbindung des Medikamentes:
  Nahezu alle in der Anästhesie gebräuchlichen intravenös applizierten

Medikamente werden im Blut in einem mehr oder weniger großen Prozentsatz an Plasmaeiweiße, insbesondere an Albumin, gebunden. Für die Wirkung verantwortlich ist jedoch nur der freie, also nicht an Eiweiß gebundene Anteil des Medikamentes. Bei Eiweißmangelzuständen, wie z.B. bei Patienten mit einer Leberzirrhose, einem Karzinom oder einem nephrotischen Syndrom, kann daher vor allem bei schneller Injektion (s.u.) eines stark an Eiweiß gebundenen Medikamentes unter Umständen die Bindungskapazität des Plasmaeiweißes überschritten werden. In diesem Fall nimmt der ungebundene Anteil und damit die Wirkung und Nebenwirkung des Medikamentes zu. Bei Plasmaeiweißmangelzuständen müssen also stark plasmaeiweißgebundene Medikamente niedriger dosiert werden. Außerdem ist auf eine besonders langsame Injektion zu achten (s.u.).

► Von der Injektionsgeschwindigkeit:
Wird ein Medikament intravenös injiziert, so wird es zuerst nur in dem kleinen Blutvolumen verteilt, das während der Injektion „vorbeifließt". Bei langsamer Injektion ist dieses „anfängliche Verteilungsvolumen", in das das Medikament injiziert wird, relativ groß. Das in diesem Blutvolumen enthaltene Eiweiß reicht normalerweise aus, um den üblichen Prozentsatz des Medikamentes zu binden. Wird dagegen das Medikament viel schneller injiziert, so ist das „anfängliche Verteilungsvolumen"-viel kleiner. Unter Umständen reicht die in diesem kleinen Blutvolumen enthaltene Eiweißmenge nicht mehr aus, um den üblichen Prozentsatz des Medikamentes zu binden, das heißt: der nicht an Eiweiß gebundene Anteil nimmt zu. Erreicht dieses Blutvolumen mit dem hohen, ungebundenen Medikamentenanteil das Zielorgan (z.B. Gehirn) bevor eine ausreichende Vermischung mit dem restlichen Blut stattgefunden hat, so ist eine stärkere Wirkung und Nebenwirkung zu erwarten.

Bei zu schneller Injektion können also bei stark eiweißgebundenen Medikamenten der ungebundene Anteil und damit Wirkung und Nebenwirkungen zunehmen.

Hieraus werden die Gefahren einer zu schnellen Injektion ersichtlich.

► Vom Herzminutenvolumen:
Wird ein Medikament mit der üblichen Injektionsgeschwindigkeit bei einem Patienten mit erniedrigtem Herzminutenvolumen injiziert, so ist das Blutvolumen, das während der Injektion „vorbeifließt", ebenfalls erniedrigt. Das „anfängliche Verteilungsvolumen" ist also erniedrigt. Ein erniedrigtes Herzminutenvolumen hat also die gleichen Folgen wie eine zu schnelle Injektion (s.o.).
Bei einem Patienten mit einer schweren Herzinsuffizienz, das heißt einem verminderten Herzminutenvolumen, müssen daher stark eiweißgebundene Medikamente entsprechend langsamer injiziert und niedriger dosiert werden.

Ganz wichtig bei der Dosierung von intravenösen Medikamenten ist, daß sie niemals schematisch verabreicht werden dürfen. Die Dosierung muß – wegen der vielen unbekannten Größen auf Wirkungsstärke und Wirkungsdauer – immer nach Wirkung erfolgen(!!), das heißt: Injektion mehrerer kleiner Dosen, bis die erwünschte Wirkung erreicht ist (!!!). Also: **Dosierung nach Wirkung (!!!).**

Intravenös zu verabreichende Medikamente

Thiopental (Trapanal)

Thiopental ist ein Hypnotikum aus der Barbituratgruppe (s. S. 7), das durch einen schnellen Wirkungsbeginn und eine kurze Wirkungsdauer gekennzeichnet ist.

Es wird vor allem zur Narkoseeinleitung verwendet. Thiopental ist wahrscheinlich das weltweit am häufigsten angewandte Hypnotikum zur Narkoseeinleitung.
Nach Injektion einer Einleitungsdosis tritt innerhalb von 20–30 Sekunden der Wirkungsbeginn ein. Es stellt sich eine Bewußtlosigkeit ein, die anfänglich von einer Atemdepression oder einem Atemstillstand begleitet ist. Die Beendigung der Bewußtlosigkeit nach ca. 10 Minuten ist durch den rasch einsetzenden Konzentrationsabfall im Gehirn bedingt. Dieser rasche Konzentrationsabfall im Gehirn und damit das Nachlassen der Wirkung ist durch Umverteilungsphänomene bedingt (s. S. 38); das heißt, der Großteil des Thiopentals wird nun in die Muskulatur und anschließend vor allem in das Fettgewebe umverteilt. Erst in zweiter Linie ist die Wirkungsbeendigung durch einen Abbau in der Leber bedingt. Durch diesen Abbau in der Leber fällt die Blutkonzentration langsam weiter ab und unterschreitet die Konzentration im Fettgewebe. Nun diffundiert Thiopental entsprechend dem Konzentrationsgefälle wieder aus dem Fettgewebe zurück ins Blut. Dadurch können über längere Zeit niedrige Blutspiegel entstehen, die unter Umständen ausreichen, um einen langen postoperativen Nachschlaf oder eine lange postoperative Sedierung zu erzeugen („Überhang“).

Wirkungen und Nebenwirkungen:

- Am ZNS:
  Je nach Dosierung bewirkt Thiopental eine Sedierung, einen Schlaf, eine Bewußtlosigkeit oder ein Koma. Zur Narkoseeinleitung wird Thiopental so hoch dosiert, daß eine Bewußtlosigkeit (= Hypnose) eintritt. Thiopental weist keine analgetische Wirkung auf. Wie alle Barbiturate (s. S. 7) erhöht auch Thiopental die zerebrale Krampfschwelle. Ein epileptischer Anfall kann daher durch die intravenöse Gabe von Thiopental durchbrochen werden. Thiopental erniedrigt dosisabhängig die Aktivität der Neurone und damit den Sauerstoffbedarf des Gehirns sowie die Hirndurchblutung. Bei erhöhtem Hirndruck kann durch diese Verminderung des zerebralen Blutvolumens eine rasche Senkung des intrakraniellen Drucks erzeugt werden. Ist z.B. bei einem Schädel-Hirn-Verletzten oder einem neurochirurgischen Patienten eine akute Senkung des intrakraniellen Drucks notwendig, so eignet sich hierzu Thiopental sehr gut (s. S. 244).
- An der Atmung:
  Thiopental bewirkt in hypnotischen Dosen eine zentrale Atemdepression bis zum Atemstillstand. Über eine Vagusstimulierung kann Thiopental einen Laryngospasmus und/oder einen Bronchospasmus auslösen, vor allem dann, wenn ein Patient aufgrund eines Asthma bronchiale oder einer spastischen Bronchitis schon dazu neigt.
- Am Kreislauf:
  Thiopental bewirkt einen dosisabhängigen Blutdruckabfall. Die Ursache ist vor allem eine Hemmung der Herzkraft (= negativ inotrope Wirkung) und

eine Weitstellung der venösen Kapazitätsgefäße. Das Blut versackt im venösen System (= venöses Pooling). Bei Patienten mit einer bereits geschwächten Herzkraft (= Herzinsuffizienz) oder einem Volumenmangel (= Schock) muß Thiopental deshalb vorsichtig dosiert oder vermieden werden.

- An der Leber:
  Thiopental wird hauptsächlich in der Leber abgebaut. Die entstehenden wasserlöslichen Abbauprodukte werden über die Nieren ausgeschieden. Bei chronischer Anwendung bewirkt Thiopental in der Leber eine Stimulierung von verschiedenen Leberenzymen (= Enzyminduktion, s. S. 8) mit beschleunigtem Abbau von körpereigenen Substanzen sowie von Medikamenten. Zur Erzielung einer bestimmten Wirkung müssen die Medikamente in immer höheren Dosierungen verabreicht werden. Besonders wichtig ist die Enzyminduktion beim Krankheitsbild der Porphyrie, für das eine abnorm hohe Porphyrinkonzentration verantwortlich ist. Durch die Gabe eines Barbiturates kann unter der eintretenden Enzyminduktion eine Steigerung der Porphyrinsynthese auftreten. Hierdurch kann eine akute Porphyrieattacke ausgelöst werden. Daher ist Thiopental bei Vorliegen einer Porphyrie absolut kontraindiziert.

Sonstiges:

Unter Umständen kann nach Thiopentalinjektion eine anaphylaktoide Reaktion durch eine Histaminfreisetzung auftreten.

Kontraindikationen:

- Barbituratallergie
- Porphyrie
- Schweres Asthmaleiden
- Herzinsuffizienz und Schock (relative Kontraindikationen)

Darreichungsform:

Thiopental liegt als gelbes Pulver in 500-mg-Ampullen vor. Es wird üblicherweise mit 20 ml Wasser für Injektionszwecke Aqua (ad injectabilia) aufgelöst und ist dann 24–48 Stunden haltbar; 1 ml entspricht 25 mg.

Dosierung zur Narkoseeinleitung:

Streng nach Wirkung (!), ungefähr 3–5 mg/kgKG intravenös

Injektion:

Langsam! Thiopental wird in einem hohen Prozentsatz (ca. 70%) an Bluteiweiße gebunden. Bei zu schneller Injektion kann dadurch der nicht eiweißgebundene Anteil zunehmen und damit können auch die Wirkung und Nebenwirkungen verstärkt sein (s. S. 40). Ähnliches muß bei Eiweißmangelzuständen wie Leberzirrhose oder bei einer Herzinsuffizienz beachtet werden (s. S. 265). Während oder kurz nach der Injektion von Thiopental empfinden die Patienten häufig einen Zwiebel- oder Knoblauchgeschmack im Mund, bevor sie „einschlafen". Das aufgelöste Thiopental hat einen pH-Wert von ungefähr 11 und ist damit ausgesprochen alkalisch. Dadurch kann es bei versehentlicher paravenöser Injektion zu Gewebsschädigungen und Nekrosen kommen. Nach versehentlicher arterieller Injektion droht eine Schädigung der Aterienintima, ein Arterienspasmus und eine Arterienthrombosierung mit Verlust der Extremität. Vor allem deshalb soll ein peripher-venöser Zugang nicht in der Ellenbeuge oder an der radialen Unterarmseite gelegt werden, denn hier ist eine versehentliche intraarterielle Kanülenlage durch einen atypischen Arterienverlauf möglich (s. S. 25). Ein peripher-venöser Zugang sollte möglichst am Handrücken gelegt werden.

Methohexital (Brevimytal, Brevital)

Methohexital ist ein „ultrakurzes" Hypnotikum aus der Barbituratreihe. In seinen Wirkungen und Nebenwirkungen ist es fast identisch mit dem Thiopental (s. S. 41), so daß im wesentlichen auf das Thiopental verwiesen werden kann.

Hier soll nur erwähnt werden, inwieweit sich Methohexital von Thiopental unterscheidet.
Methohexital ist noch schneller und noch kürzer wirksam als Thiopental. In seiner Wirkung ist Methohexital ungefähr dreimal so potent wie Thiopental. Die Wirkungsdauer ist nur ca. halb so lang wie die des Thiopental. Der anfängliche Konzentrationsabfall ist wie beim Thiopental vor allem durch Umverteilungsphänomene bedingt. Der Abbau in der Leber erfolgt jedoch bei Methohexital wesentlich schneller als bei Thiopental, so daß es das schlecht durchblutete Fettgewebe kaum erreicht und sich dort nur in geringem Ausmaß anreichern kann. Aufgrund dieser schnellen Metabolisierung und der „ultrakurzen" Wirkungsdauer wird z.B. nach einer Narkoseeinleitung zu einem Kaiserschnitt beim Neugeborenen fast keine (Atem-)Depression gesehen. Aus diesem Grunde ist Methohexital das Mittel der Wahl zur Einleitung einer Narkose für einen Kaiserschnitt (= Sectio caesarea, s. S. 230). Methohexital wird zum Teil noch für die rektale Narkoseeinleitung in der Kinderanästhesie eingesetzt (s. S. 216).

Darreichungsform:

Methohexital liegt als Pulver in Ampullen zu 100 mg oder 500 mg vor. Die 100 mg werden mit 10 ml, die 500 mg mit 50 ml Wasser für Injektionszwecke Aqua (ad injectabilia) zu einer 1%igen Lösung aufgelöst (Abb. 1.26).

Dosierung zur Narkoseeinleitung:

1–2 mg/kgKG intravenös.

Injektion:

Während der Injektion treten häufig Venenschmerzen auf.

Etomidat (Hypnomidate, Etomidat Lipuro)

Etomidat ist ein sehr potentes Hypnotikum. Es gehört nicht in die Barbituratreihe. Es zeichnet sich durch geringe Nebenwirkungen, einen schnellen Wirkungseintritt sowie eine sehr kurze Wirkungsdauer aus und eignet sich insbesondere zur Narkoseeinleitung bei Risikopatienten. Etomidat hat keinerlei analgetische Wirkung.

Wirkungen:

► Kurze Wirkungsdauer:

Abb. 1.26 Stechampulle für Methohexital (Brevimytal)

Die Wirkungsdauer des Etomidat beträgt bei der normalerweise zur Narkoseeinleitung verwendeten Dosis ca. 3–4 Minuten. Die kurze Wirkungsdauer ist hauptsächlich durch einen sehr schnellen Abbau in der Leber bedingt. Wegen der sehr kurzen Wirkungsdauer ist Etomidat als alleiniges Einleitungsmittel bei Inhalationsnarkosen schlecht geeignet. Die Etomidatwirkung klingt oft ab, bevor die langsam anflutenden Inhalationsanästhetika ausreichend hohe Spiegel erreicht haben. Etomidat wird daher zur Narkoseeinleitung meist mit Fentanyl, einem synthetischen Morphinderivat (s. S. 48), kombiniert.

- ► Minimale Herz-Kreislauf-Wirkungen:
  Etomidat wird vor allem zur Narkoseeinleitung bei Risiko-Patienten angewendet, da es keine klinisch nennenswerten Nebenwirkungen am Herz-Kreislauf-System aufweist.
- ► Geringe Atemdepression:
  Etomidat erzeugt eine nur leichte Atemdepression. Gelegentlich kann ein kurzfristiger Atemstillstand auftreten.
- ► Keine Histaminfreisetzung:
  Wegen einer fehlenden Histaminfreisetzung eignet sich Etomidat auch besonders bei allergisch veranlagten Patienten (z.B. Asthmatikern).

Nebenwirkungen:

- ► Venenschmerzen:
  Manchmal treten während der Injektion von Hypnomidate Venenschmerzen auf. Durch besonders langsame Injektion beziehungsweise Verdünnen des Hypnomidate mit NaCl 0,9% oder durch Vorgabe einer kleinen Dosis Fentanyl (0,05–0,1 mg, s. S. 48) können diese Venenschmerzen vermindert werden. Bei dem neueren, in einer Fettemulsion gelösten Etomidat Lipuro sind keine Venenschmerzen mehr zu erwarten. Inzwischen wird fast nur noch die weiße Etomidat Lipuro-Lösung eingesetzt.
- ► Myokloni:
  Myokloni (= Muskelzuckungen) einzelner oder mehrerer Muskelgruppen können vor allem bei unprämedizierten Patienten auftreten.
- ► Hemmung der Cortisol-Synthese:
  Etomidat führt zu einer Hemmung der körpereigenen Cortisol-Synthese in der Nebennierenrinde. Dies ist vor allem bei wiederholter Gabe zu beachten. Aus diesem Grunde ist Etomidat zur Langzeitsedierung auf der Intensivstation kontraindiziert.

Indikationen:

- ► Risikopatienten: z.B. alte Patienten, herzinsuffiziente Patienten, koronar- oder zerebralsklerotische Patienten, kardiochirurgische Patienten, im Schock

Kontraindikationen:

- ► Keine (außer der Langzeitanwendung)

Darreichungsform:

Brechampullen zu 10 ml; 1 ml = 2 mg (Abb. 1.27). Es hat sich bewährt, Hypno-

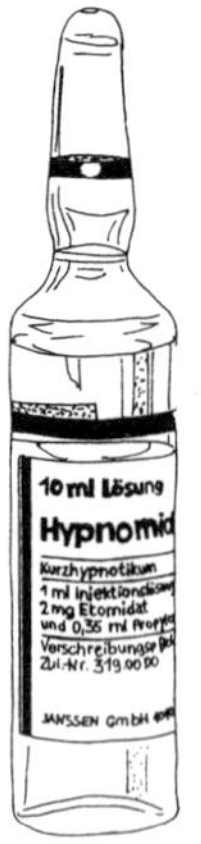

Abb. 1.27 Brechampulle für Etomidat (Hypnomidate)

midate 1:1 mit NaCl 0,9% zu verdünnen. Die Etomidat Lipuro-Lösung braucht nicht verdünnt zu werden, da sie nicht venenreizend ist.

Dosierung zur Narkoseeinleitung:

- 0,2–0,3 mg/kgKG intravenös.

Midazolam (Dormicum)

Midazolam ist ein neueres Benzodiazepin. Wie auch die anderen Benzodiazepine (z.B. Valium, s. S. 7) wirkt es im Gehirn über spezifische Benzodiazepinrezeptoren.

Midazolam hat jedoch gegenüber den anderen Benzodiazepinen einige Vorteile aufzuweisen.

Vorteile:

- Starke hypnotische Wirkung:
  Die hypnotische Wirkung ist wesentlich stärker als bei den anderen Benzodiazepinen. Es eignet sich daher als Einleitungshypnotikum für eine Narkose.
- Wasserlöslichkeit:
  Ein großer Vorteil des Midazolam ist seine Wasserlöslichkeit. Durch diese Wasserlöslichkeit ist Midazolam sowohl intravenös als auch intramuskulär gut verträglich. Die Injektion ist nicht schmerzhaft. Thrombophlebitiden treten nach intravenöser Gabe selten auf.
- Kurze Wirkungsdauer:
  Der Abbau in der Leber und die Ausscheidung über die Nieren ist bei Midazolam schneller als bei den anderen Benzodiazepinen. Die Wirkungsdauer beträgt ca. 1–2 Stunden.

Wirkungen:

Nach einer Injektion von Midazolam bleiben die Herz-Kreislauf-Parameter beim Gesunden weitgehend stabil. Manchmal kann ein Blutdruckabfall auftreten. Dies ist vor allem Folge einer vasodilatierenden Wirkung im venösen System und tritt besonders bei vorbestehendem Volumenmangel in Erscheinung. Bezüglich der Atmung ist bei der für eine Narkoseeinleitung üblichen Dosierung mit einer Atemdepression zu rechnen. Midazolam wird häufig auch für die rektale Prämedikation bei Kindern eingesetzt (s. S. 215).

Dosierung zur Narkoseeinleitung:

0,15–0,2 mg/kgKG intravenös

Darreichungsform:

Midazolam ist in zwei unterschiedlichen Konzentrationen erhältlich (Achtung!). Es sind Brechampullen mit 1 ml = 5 mg bzw. 3 ml = 15 mg (5 mg/ml) verfügbar, die z.B. für eine eventuelle intramuskuläre Applikation bevorzugt werden sollten. Daneben sind Brechampullen mit 5 ml = 5 mg (1 mg/ml) verfügbar, die vor allem für die intravenöse Applikation zu empfehlen sind..

Propofol (Disoprivan)

Propofol ist ein rasch und nur kurz wirksames Hypnotikum. Es weist keine schmerzlindernde Wirkung auf. Propofol wird vor allem zur Narkoseeinleitung bei kurzdauernden Anästhesien verwendet. Es kann aber auch zur Aufrechterhaltung der Narkose im Rahmen einer sogenannten totalen intravenösen Anästhesie (TIVA, z.B. Kombination von Sauerstoff, Fentanyl, Relaxans und Propofol) eingesetzt werden (s. S. 117).

Das wasserunlösliche Propofol ist in einer milchig weißen, 10%igen Lipidemulsion (aus Sojabohnenöl) aufbereitet.

Wirkungen:

- Am Kreislauf:
  Propofol hemmt die Herzkraft (wirkt negativ inotrop) und führt zu einer Erniedrigung des peripheren Gefäßwiderstandes. Blutdruck und Herzminutenvolumen nehmen dadurch oft ab (insbesondere bei älteren und koronargeschädigten Patienten). Die Herzfrequenz bleibt meist relativ konstant.
- Am ZNS:
  Nach der Injektion einer klinisch üblichen Dosis tritt innerhalb von 30–40 Sekunden eine ca. 5–8 Minuten dauernde Bewußtlosigkeit auf. Ein wichtiger Vorteil des Propofols ist darin zu sehen, daß die Patienten sehr schnell und angenehm wieder wach werden. Übelkeit und Brechreiz sind selten.
  Propofol senkt den zerebralen Sauerstoffverbrauch, die zerebrale Durchblutung sowie einen eventuell erhöhten intrakraniellen Druck.
- An der Atmung:
  Propofol wirkt deutlich atemdepressiv.

Sonstiges:

Vor Gebrauch sollte die Ampulle aufgeschüttelt werden.
Die Injektion kann schmerzhaft sein, vor allem bei Injektion in kleinere Venen. Es hat sich daher bewährt, kurz vor dessen Injektion eine kleine Menge eines Lokalanästhetikums (z.B. 1–2 ml Lidocain 1%) in die gestaute Vene zu injizieren, wodurch der Injektionsschmerz vermindert werden kann.
Eine Histaminfreisetzung ist bisher nicht beobachtet worden. Es ist daher auch bei allergisch veranlagten Patienten gut geeignet.

Darreichungsform:

Propofol liegt als 1%ige (bzw. 2%ige) Lösung vor. 1 ml = 10 mg (bzw. 20 mg) Propofol.

Dosierung

- Zur Narkoseeinleitung:
  2–2,5 mg/kgKG (bei geriatrischen Patienten ist eine Dosisreduktion auf ca. 1,5 mg/kgKG notwendig).
- Zur Infusion:
  Als hypnotische Komponente bei einer totalen intravenösen Anästhesie (TIVA, s. S. 117) reichen normalerweise 0,1–0,13–1,6 mg/kgKG/min bzw. 6–8–10 mg/kgKG/h.

Ketamin (Ketanest, Ketalar)

> Ketamin unterscheidet sich sowohl chemisch als auch in seiner Wirkung deutlich von allen anderen Anästhetika und Hypnotika. Es erzeugt einen Zustand, der als sogenannte „dissoziative Anästhesie“ bezeichnet wird. Dieser Zustand ist durch eine starke Analgesie bei nur oberflächlichem Schlaf gekennzeichnet.

Wirkungen und Nebenwirkungen:

- Am ZNS:
  Nach Ketamininjektion bietet sich ein ungewohntes Bild: Der Patient schaut, nach anfänglichem Nystagmus, meist mit geöffneten Augen ausdruckslos in die Ferne. Trotz Bewußtlosigkeit sind die Lid- und Kornealreflexe erhalten. Der Muskeltonus sowie die Muskeleigenreflexe sind eher erhöht. Die Schutzreflexe (Husten, Schlucken) sind vorhanden, ebenso die Spontanatmung. Im Vordergrund stehen eine potente Analgesie und eine Amnesie (= Erinnerungslosigkeit). Es wird von einer **dissoziativen Anästhesie gesprochen.** In der Aufwachphase können, vor allem bei jüngeren Erwachsenen, lebhafte Träume, zum Teil auch bedrohliche Angstträume und Erre-

gungszustände, auftreten. Durch zusätzliche Gabe eines Benzodiazepins (z.B. Midazolam oder Diazepam, s. S. 7) und durch Abschirmung gegen Umweltreize können diese Nebenwirkungen vermindert werden. Diese Angstträume und Halluzinationen schränken die Anwendung von Ketamin sehr stark ein.

- Am Herz-Kreislauf-System:
  Über eine Sympathikusaktivierung kommt es nach Ketamin zu einem Anstieg des systolischen und des diastolischen Blutdrucks. Parallel dazu tritt bei bereits erhöhtem Hirndruck eine weitere Hirndrucksteigerung auf. Bei Verdacht auf einen erhöhten intrakraniellen Druck (z.B. SHT) ist Ketamin kontraindiziert.
- An der Atmung:
  Die Atmung wird bei langsamer Injektion kaum beeinflußt. Bei zu schneller Injektion kann ein kurzfristiger Atemstillstand auftreten. Die Reflexe des Rachens und des Kehlkopfes bleiben erhalten, weshalb das Einlegen eines Guedel-Tubus (s. S. 79) unterlassen werden sollte. Da es zu einem vermehrten Speichelfluß kommt, ist eine Prämedikation mit Atropin dringend angezeigt. Ketamin besitzt durch seine Sympathikusstimulierung eine unspezifische bronchodilatierende Wirkung und eignet sich daher auch gut bei Asthmatikern als Einleitungshypnotikum. Ketamin kann sogar zum Durchbrechen eines Asthmaanfalls verabreicht werden.

Häufige Indikationen:

- Als Monoanästhetikum eignet sich Ketamin insbesondere bei Kindern, um z.B. einen Verbandswechsel, eine Wundversorgung oder eine Nekrosenabtragung nach Verbrennungen vorzunehmen.
- Zur Narkoseeinleitung bei Patienten mit einem Volumen-Mangel-Schock. Bei diesen Patienten kommt es während der Narkoseeinleitung meist zu einem weiteren Blutdruckabfall. Bei Verwendung von Ketamin zur Narkoseeinleitung bleibt der Kreislauf relativ stabil.
- Als Analgetikum in der Notfall- und Katastrophenmedizin

Kontraindikationen:

- Wenn eine Herzfrequenzsteigerung vermieden werden muß, z.B. bei einer Koronarsklerose
- Wenn eine Blutdrucksteigerung vermieden werden muß, z.B. bei einer Zerebralsklerose, Bluthochdruck
- Bei erhöhtem intrakraniellen Druck
- Bei Alkoholikern und psychiatrischen Patienten
- Bei Epilepsie in der Anamnese, da Ketamin unter Umständen einen epileptischen Anfall auslösen kann

Dosierung bei intravenöser Narkoseeinleitung:

1–2 mg/kgKG langsam (!) intravenös. Bei zu schneller Injektion droht ein Atemstillstand. Der Wirkungseintritt beginnt innerhalb von 30 Sekunden. Die Narkosedauer beträgt 5–10 Minuten. Als Wiederholungsdosis empfiehlt sich die halbe Initialdosis. Als Analgetikum ohne narkotische Wirkung: 0,25–0,5 mg/kgKG

Dosierung zur intramuskulären Narkoseeinleitung:

4–8 mg/kgKG. Der Narkoseeintritt beginnt nach 3–4 Minuten. Die Narkosedauer beträgt 12–25 Minuten.

Darreichungsform:

Injektionsflaschen mit 20 ml = 200 mg; 1 ml = 10 mg. Injektionsflasche mit 10 ml = 500 mg; 1 ml = 50 mg.

Fentanyl (Fentanyl)

Fentanyl ist nach Sufentanil das potenteste im Handel befindliche intravenöse Analgetikum. Es ist ein chemisch dem Pethidin verwandtes, synthetisches Morphinderivat (s. S. 9), das ca. 600mal potenter als Pethidin und ca. 100mal potenter als Morphin ist. Wie die anderen Opioide auch, erzeugt Fentanyl seine Wirkungen durch Bindung an spezifische Opioidrezeptoren im Gehirn und im Rückenmark.

Bei intravenöser Applikation setzt die Wirkung nach ca. 20 Sekunden ein. Das Wirkungsmaximum ist nach ca. 6 Minuten zu erwarten. Die Analgesie dauert ca. 20–30 Minuten. Insgesamt ist Fentanyl durch eine nur minimale Beeinflussung des Herz-Kreislauf-Systems ausgezeichnet. Gelegentlich tritt eine leichte Bradykardie auf. Das Fehlen toxischer Nebenwirkungen auf Leber und Nieren sind weitere Vorteile des Fentanyls.

Nebenwirkungen:

Fentanyl verursacht die für Opioide typischen Nebenwirkungen (s. S. 9).

- Atemdepression:
  Bereits ab 0,1 mg beim Erwachsenen ist mit einer deutlichen Atemdepression zu rechnen. Bei höheren Dosierungen kann es zum Atemstillstand kommen. Typisch für Opioide ist, daß die Patienten auf Aufforderung durchatmen, werden sie aber in Ruhe gelassen, so „vergessen" sie zu atmen. Als weitere Nebenwirkung auf die Atmungsfunktion kann beim nichtrelaxierten Patienten manchmal eine Versteifung der Thoraxmuskulatur (eine sog. Thoraxrigidität) auftreten. Diese äußert sich in einem plötzlich erhöhten Beatmungswiderstand.
- Pupillenverengung (= Miosis)
- Übelkeit und Brechreiz
- Sucht
- Euphorie
- Obstipation (= Verstopfung) und eine Erhöhung des Muskeltonus im Gallengangsystem sowie in den ableitenden Harnwegen

Indikationen:

Fentanyl wird vor allem im Rahmen einer sogenannten (T)IVA (s. S. 117) oder Neuroleptanästhesie (s. S. 111) angewandt. Auch bei der Inhalationsnarkose wird häufig, vor allem bei Narkosebeginn, eine kleine Fentanyldosis verabreicht, um Inhalationsanästhetika einzusparen (s. S. 109).

Kontraindikationen:

- Ehemalige Opioidsüchtige können postnarkotisch, falls perioperativ Fentanyl oder ein anderes Opioid verabreicht wurde, rückfällig werden. Deshalb sollte bei ihnen auf Fentanyl verzichtet und ein Inhalationsanästhetikum vorgezogen werden.
- Beim Kaiserschnitt darf vor der Abnabelung des Kindes kein Fentanyl verabreicht werden. Es besteht die Gefahr der Atemdepression beim Neugeborenen (!!) (s. S. 231).

Dosierung:

- Initialdosierung bei Einleitung einer Neuroleptanästhesie: ca. 0,005 mg/kgKG (= 0,3–0,5 mg beim Erwachsenen).
- Wiederholungsdosen nach ca. 30 Minuten: 0,05–0,1 mg, maximal 0,2 mg.

Da die Wirkungsbeendigung von Fentanyl vor allem durch Umverteilungsphänomene (s. S. 38) bedingt ist, müssen bei wiederholten Nachinjektionen immer niedrigere Dosen verwendet werden, da die

Muskel- und Fettdepots langsam gefüllt sind. Wichtig ist eine ausreichende Initialdosis, um die Opioidrezeptoren aufzusättigen. Eine zu hohe Dosierung ist jedoch sinnlos. Sind alle Opioidrezeptoren besetzt, so kann auch durch eine weitere Dosissteigerung keine bessere Analgesie mehr erreicht werden. Je näher das Operations-Ende, desto niedriger sollte die Wiederholungsdosis sein. Die letzte Dosis sollte mindestens 30 Minuten vor Operations-Ende erfolgen, um einen postoperativen Fentanylüberhang mit Atemdepression zu vermeiden. Gegebenenfalls muß die Fentanylwirkung mit einem Gegenmittel aufgehoben (antagonisiert) werden (s. S. 50).

Darreichungsform:

Brechampullen zu 2 ml und 10 ml; 1 ml = 0,05 mg.

Alfentanil (Rapifen)

Alfentanil ist ein neueres, potentes Analgetikum vom Opioidtyp (s. S. 9). Alfentanil ist nicht nur in seiner chemischen Struktur, sondern auch in seinen Wirkungen und Nebenwirkungen dem Fentanyl sehr ähnlich (s. o.). Gegenüber dem Fentanyl zeichnet es sich vor allem durch folgende Unterschiede aus: Der Wirkungsbeginn des Alfentanil ist dreimal schneller als bei Fentanyl, die Wirkungsdauer ist mit ca. 10 Minuten um einiges kürzer als beim Fentanyl.

Deshalb eignet sich Alfentanil vor allem für kürzere Eingriffe. Die analgetische Potenz von Alfentanil ist nur ca. ein Drittel bis ein Viertel so hoch wie die des Fentanyls.
Bezüglich der Beeinflussung des Herz-Kreislauf-Systems liegen zum Teil unterschiedliche Mitteilungen vor. Während manche Autoren von einer ähnlich geringen Beeinflussung des Herz-Kreislauf-Systems wie durch das Fentanyl (s. o.) berichten, beschreiben andere Autoren nach Alfentanilgabe einen Abfall des Blutdrucks und vor allem einen deutlichen Abfall der Herzfrequenz. Durch die vorherige intravenöse Gabe von Atropin können diese Kreislaufveränderungen jedoch weitgehend verhindert werden.
In bezug auf die Atmung ist nach Alfentanilgaben aufgrund der kurzen Wirkungsdauer seltener mit einer postoperativen Atemdepression zu rechnen. Allerdings kann es nach Alfentanilgabe häufiger zu einer **Thoraxstarre** (= Thoraxrigidität, s. S. 48) kommen. Hierdurch können Beatmungsprobleme bei einer Maskenbeatmung auftreten. Durch eine langsame Injektion von Alfentanil läßt sich die Häufigkeit dieser Thoraxstarre deutlich vermindern. Notfalls muß eine kleine Dosis des Muskelrelaxans Succinyldicholin (s. S. 63) verabreicht werden, um die Thoraxstarre zu durchbrechen.

Dosierungsempfehlung:

Meist genügen für kurze Eingriffe wie einer Curettage ca. 15 µg/kgKG, also ca. 1,0 mg; Nachinjektion: 0,5–1,0 mg beim Erwachsenen. Wird Alfentanil ausnahmsweise für eine größere Operation verwendet, dann werden zur Narkoseeinleitung 25–50 µg/kgKG verabreicht.

Kontinuierliche Infusion:

1–1,5 µg/kgKG/min. = 8–12 ml/h beim Erwachsenen.

Darreichungsform:

Brechampullen zu 2 ml oder 10 ml; 1 ml = 0,5 mg.

Sufentanil (Sufenta, Sufenta mite 10)

Sufentanil ist das potenteste verfügbare Opioid. Es ist ca. 500- bis 1000mal potenter als Morphin und ca. sieben- bis achtmal potenter als Fentanyl. 15 μg Sufentanil entsprechen ungefähr 0,1 mg Fentanyl. Bezüglich Nebenwirkungen, Indikation und Kontraindikation entspricht es weitgehend dem Fentanyl (s. S. 48). Es unterscheidet sich jedoch in einigen pharmakokinetischen Größen. Die maximale Wirkung ist bereits nach zwei bis drei Minuten und damit ca. doppelt so schnell wie beim Fentanyl zu erwarten. Sufentanil weist eine sehr hohe Bindung an Plasma-Proteine auf und wird weniger ins Fettgewebe umverteilt. Die Gefahr einer Kumulation bei Mehrfachgabe ist geringer als beim Fentanyl; die Wirkdauer ist etwas kürzer. Sufentanil wirkt stärker sedierend als Fentanyl und kann zur Analgosedierung bei Intensivpatienten eventuell als Monosubstanz verwendet werden. Die therapeutische Breite des Sufentanils bezüglich kardiovaskulärer Nebenwirkungen ist ca. 100mal so groß wie beim Fentanyl. Es wird daher relativ häufig in der Kardioanästhesie eingesetzt.
Um vagotone Reaktionen (Bradykardie) und eine Thoraxrigidität zu vermeiden, ist eine langsame Injektion vorzunehmen.

Darreichungsform von Sufenta mite 10:

- Ampulle à 10 ml; 1 ml = 5 μg
  Sufenta mite 10 ist 10fach weniger konzentriert als die Sufenta-Lösung. Die hochkonzentrierte Sufenta-Lösung wird v. a. für die Kardioanästhesie, für langdauernde, große operative Eingriffe sowie für die Sufentanilgabe per Infusionspumpe empfohlen. Bei kleinen und mittelgroßen Eingriffen wird meist die Sufenta-mite-10-Lösung empfohlen.

Darreichungsform von Sufenta:

Ampullè à 5 ml; 1 ml = 50 μg

Dosierung:

- Initialdosis: Zur Narkoseeinleitung einer Kombinationsnarkose: 0,4–0,6–0,8 μg/kgKG (entsprechend 5–8–11 ml Sufenta mite 10 beim 70 kg schweren Erwachsenen)
- Repetitionsdosis: In Abhängigkeit von der klinischen Symptomatik 0,15–30 μg/kgKG (entsprechend 3–6 ml Sufenta mite 10 beim 70 kg schweren Erwachsenen)
  Für eine kontinuierliche Infusion werden 1(–1,5) mg/kgKG/h = 0,015(–0,025) μg/kgKG/min empfohlen.
- Bei kardiochirurgischen Eingriffen werden deutlich höhere Dosierungen empfohlen

Opioidantagonisten

> Opioide (s. S. 9) entfalten ihre Wirkung durch eine Bindung an spezifische Rezeptoren im Gehirn und Rückenmark. Opioidantagonisten sind Substanzen, die die Opioide aus dieser Rezeptorbindung verdrängen und sich selbst an diesen Rezeptor binden können. Diese Opioidantagonisten sind dem Morphinmolekül sehr ähnliche Substanzen und können deshalb mit diesen Rezeptoren reagieren. Ihnen fehlen jedoch die für die Opioide typischen Wirkungen vollständig (s. Naloxon).

Opioidantagonisten können die meisten Opioide (mit Ausnahme des stark rezeptorgebundenen Buprenorphins; s. S. 299) aus der Rezeptorverbindung verdrängen. Opioidantagonisten haben also eine stärkere Bindungsneigung (Affinität) zum Opioidrezeptor als die meisten Opioide.

Damit kann durch Gabe eines Opioidantagonisten die Wirkung von zuvor verabreichten Opioiden aufgehoben, also antagonisiert werden. Der wichtigste Opioidantagonist ist Naloxon. Er wird vor allem zur Antagonisierung einer opioidbedingten Atemdepression angewandt, also z. B. bei einem Fentanylüberhang nach einer sogenannten Neuroleptanästhesie (s. S. 111).

Naloxon (Narcanti, Narcan)

Naloxon ist zur Zeit der wichtigste Opioidantagonist. Obwohl es chemisch dem Morphin sehr ähnlich ist, ist es frei von morphinartigen Nebenwirkungen. Es ist also ein reiner Opioidantagonist.

Darreichungsform:

1 Ampulle zu 1 ml = 0,4 mg
Außerdem: Narcanti Neonatal; 1 Ampulle = 2 ml = 0,04 mg.

Dosierung:

Es hat sich bewährt, eine Ampulle Naloxon = 0,4 mg = 1 ml mit 9 ml NaCl 0,9% zu verdünnen. 1 ml enthält dann 0,04 mg. Nach intitialer Gabe von ca. 1 µg/kgKG (ca. 0,08 mg = 2 ml dieser Lösung) wird die Wirkung abgewartet. Bei unzureichender Wirkung wird nach 2–3 Minuten nochmals 1 ml injiziert, und dies gegebenenfalls so oft wiederholt, bis eine ausreichende Spontanatmung erreicht ist. Zumeist reichen 0,001–0,002 mg/kgKG aus, beim Erwachsenen also ca. 0,08–0,16 mg = 2–4 ml der verdünnten Lösung.

Nebenwirkungen:

Bei einer schnellen Injektion von hohen Dosen kann es zu einem erheblichen Anstieg des Blutdrucks und der Herzfrequenz kommen. Es sollten deshalb wiederholt kleine Dosen injiziert werden, bis die gewünschte Wirkung erreicht ist (s. o.).

Sonstiges:

Die Wirkung von Naloxon ist relativ kurz, so daß unter Umständen nach einer Stunde die Naloxonwirkung abklingt und die Atemdepression wieder auftreten kann!! Dies ist möglich, wenn intraoperativ hohe Dosen eines Opioides beziehungsweise wenn langwirksame Opioide verwendet wurden. Nach einer Antagonisierung ist deshalb eine ca. zweistündige postoperative Überwachung des Patienten im Aufwachraum nötig!

Droperidol (Dehydrobenzperidol = DHBP)

Droperidol gehört, wie z. B. auch Promethazin (Atosil s. S. 8) oder Haloperidol, in die Gruppe der Neuroleptika. Die Wirkungsdauer beträgt ca. 6–8 Stunden.

Wirkungen:

- Sedierung, Gleichgültigkeit, Antriebshemmung
- Starke antiemetische Wirkung (= Hemmung von Übelkeit und Brechreiz), insbesondere bei der durch Opioide (z. B. Fentanyl) induzierten Übelkeit
- Antihistaminwirkung (= Verminderung von anaphylaktoiden Reaktionen)

Nebenwirkungen:

- Blutdruckabfall:
  Droperidol bewirkt eine starke Vasodilatation durch Blockade der für den Gefäßtonus wichtigen alpha-(α)Rezeptoren (α-**Blockade,** s. S. 276). Folge dieser α-Blockade ist ein Blutdruckabfall nach Droperidolgabe. Besteht bei dem Patienten ein intravasaler Volumen-

mangel, den der Körper durch eine Gefäßengstellung zu kompensieren versucht, so erzeugt die Gefäßweitstellung nach Droperidol unter Umständen einen enormen Blutdruckabfall.

- ▶ Extrapyramidale Bewegungsstörungen:
  Bei hoher Dosierung können extrapyramidale Bewegungsstörungen, ähnlich wie beim Morbus Parkinson, auftreten.
- ▶ Verschlimmerung einer Depression/Epilepsie:
  Droperidolgabe kann bei Patienten mit einer Depression zu einem postoperativen Rezidiv führen. Bei Patienten mit einer Epilepsie kann unter Umständen ein epileptischer Anfall ausgelöst werden, da Droperidol, wie alle Neuroleptika (s. S. 8), die zerebrale Krampfschwelle erniedrigt.
- ▶ Atmung, Leber, Niere und Herz werden kaum beeinflußt.

Indikationen:

- ▶ Zur Neuroleptanästhesie:
  Droperidol wird vor allem im Rahmen der sogenannten Neuroleptanästhesie (s. S. 111) verwendet.
- ▶ Zur Prämedikation:
  Droperidol wurde früher sehr häufig in einer fixen Kombination mit Fentanyl zur intramuskulären Prämedikation eingesetzt. Hierzu wird das Mischpräparat Thalamonal angeboten (1 ml Thalamonal enthält 2,5 mg Droperidol und 0,05 mg Fentanyl). Beim Erwachsenen wurden 1–2 ml Thalamonal empfohlen. Thalamonal ist heute sehr umstritten und weitgehend verlassen, da die Patienten durch die Antriebshemmung der Neuroleptika zwar äußerlich ruhig erscheinen, innerlich jedoch aufgewühlt sind. Dieser Zustand wird häufig mit einem Auto verglichen, bei dem die Handbremse fest angezogen ist, der Motor aber auf Hochtouren läuft.

Kontraindikationen:

- ▶ Starker Volumenmangel
- ▶ Parkinsonismus, Epilepsie oder Depression in der Anamnese. Diese Krankheitsbilder können verschlimmert werden.
- ▶ Ambulante Patienten

Darreichungsform:

1 Ampulle zu 10 ml = 25 mg, 1 ml = 2,5 mg; oder 1 Ampulle zu 2 ml = 5 mg, 1 ml = 2,5 mg.

Dosierung zur Narkoseeinleitung:

- ▶ Initial 0,1–0,2 mg/kgKG = 5–15 mg zur Einleitung einer Neuroleptanästhesie (s. S. 112) beim Erwachsenen. Bei intravasalem Volumenmangel muß vor der Narkoseeinleitung Volumen infundiert werden. Gegebenenfalls muß Droperidol niedrig dosiert oder fraktioniert (in kleinen Portionen) verabreicht werden, um einen stärkeren Blutdruckabfall zu vermeiden.
- ▶ Nachinjektionen von Droperidol sind nur bei langen Operationen notwendig. Es empfiehlt sich eine Wiederholungsdosis von ca. 5 mg alle ca. 3–4 Stunden.

Physostigmin (Anticholium)

Falls ein Patient nach der Narkose verzögert wach wird, oder ein sehr abnormes Aufwachverhalten aufweist, muß differentialdiagnostisch auch an ein sogenanntes zentrales anticholinerges Syndrom (ZAS) gedacht werden.

> Ein zentrales anticholinerges Syndrom kann sich als verzögertes Wachwerden

aus der Narkose mit verlängertem postanästhetischem Koma oder verlängerter Somnolenz, aber auch als postnarkotische Unruhe oder in Form von Halluzinationen, Koordinationsstörungen, Sprachstörungen und ähnlichem äußern.
Neben zentralen Symptomen treten bei einem ZAS auch periphere Symptome wie Mundtrockenheit, Tachykardie, trockene, rote Haut und Mydriasis (also atropinartige Symptome) auf. Ein ZAS tritt nach ca. 1% aller Allgemeinnarkosen auf.

Wegen des vielfältigen Erscheinungsbildes ist die Abgrenzung des zentralen anticholinergen Syndroms gegen z.B. einen Narkoseüberhang, gegen eine Hypoxie oder andere Ursachen oft sehr schwierig. Bevor ein ZAS angenommen werden darf, müssen stets andere Ursachen ausgeschlossen werden.
Ein ZAS ist durch eine Störung im Bereich der zentralnervösen, durch Acetylcholin vermittelten Neurotransmission bedingt. Ursache kann eine medikamentös bedingte Verdrängung von Acetylcholin vom Rezeptor oder ein Überwiegen anderer Neurotransmittersysteme sein. Ursache ist also stets eine absolute oder relative Verarmung an Acetylcholin im ZNS.
Als auslösende Medikamente kommen vor allem in Frage: Atropin, Scopolamin (ein dem Atropin vergleichbares Parasympatholytikum), Antidepressiva, Antihistaminika und Neuroleptika wie z.B. Dehydrobenzperidol. Daneben kann es nach Gabe fast aller anderen Medikamente in seltenen Fällen ebenfalls zu einem ZAS kommen.
Die erfolgreiche Therapie mit Physostigmin spricht für das Vorliegen eines ZAS. Physostigmin ist wie Neostigmin oder Pyridostigmin (s. S. 61) ein reversibler Cholinesterasehemmer (Parasympathikomimetikum). Er kann jedoch im Gegensatz zu diesen Substanzen die Blut-Hirn-Schranke überwinden und damit auch zentral zu einer Erhöhung der Acetylcholinkonzentration führen.

Darreichungsform:

Physostigmin (Anticholium) liegt in Ampullen à 5 ml = 2 mg vor.

Dosierung:

Initial werden 0,04 mg/kgKG intravenös empfohlen. Beim Erwachsenen: initial ca. 2 mg langsam intravenös. Gegebenenfalls kann nach 15–20 Minuten eine Nachinjektion von 1–4 mg vorgenommen werden.

Sonstiges:

Die Injektion hat langsam zu erfolgen, um Nebenwirkungen wie Übelkeit, Erbrechen, Bradykardie, Bronchokonstriktion oder gar zerebrale Krämpfe zu vermeiden. Patienten mit einem ZAS werden nach Injektion von Physostigmin meist schlagartig ansprechbar. Da dessen Wirkung nur ca. 30–60 Minuten anhält, sollten die Patienten für mindestens 2 Stunden überwacht werden, um ein nach Wirkungsende von Physostigmin eventuell erneut auftretendes ZAS zu erfassen. In seltenen Fällen kann eine kontinuierliche Physostigmininfusion über einen längeren Zeitraum erforderlich werden. Physostigmin ist bei Patienten mit Asthma bronchiale oder Koronarsklerose kontraindiziert.

Muskelrelaxanzien

Definition

Muskelrelaxanzien sind Medikamente, die eine vorübergehende Lähmung

(= Relaxierung) der quergestreiften Muskulatur bewirken. Man unterscheidet „nichtdepolarisierende“ Muskelrelaxanzien (s. S. 55) und „depolarisierende“ Muskelrelaxanzien (s. S. 62).

Physiologie der neuromuskulären Übertragung

Quergestreifte Muskelfasern werden von motorischen Nerven innerviert. Die Verbindungsstelle zwischen einer motorischen Nervenendigung und einer Muskelzelle wird als **motorische Endplatte** bezeichnet, ihr schematischer Aufbau ist in Abb. 1.28 dargestellt.

Ein ankommender Nervenimpuls löst in der motorischen Nervenendigung die Freisetzung der dort gespeicherten Überträgersubstanz Acetylcholin (■) aus. **Acetylcholin (ACh)** wandert durch den synaptischen Spalt zur Muskelzellmembran, bindet sich dort an spezifische Acetylcholinrezeptoren (—⊔—) und verursacht dadurch eine Depolarisation der Muskelzellmembran, also einen Zusammenbruch des normalerweise vorhandenen Membranpotentials mit nachfolgender Muskelkontraktion. Innerhalb von Millisekunden

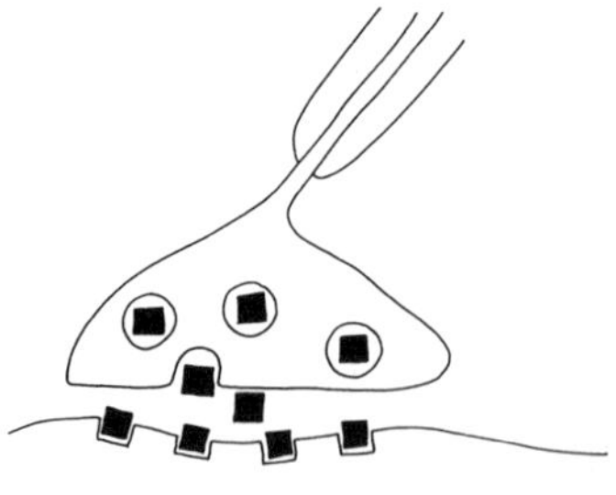

Abb. 1.28 Motorische Endplatte. Impulsübertragung durch die Überträgersubstanz Acetylcholin (■).

wird die Überträgersubstanz **(Transmitter)** Acetylcholin durch das Enzym **Acetylcholinesterase** wieder gespalten und ist damit wirkungslos. Ein neuer Impuls kann nun übergeleitet werden.

„Nichtdepolarisierende“ Muskelrelaxanzien

Curare, der Prototyp der nichtdepolarisierenden Muskelrelaxanzien, ist ein Extrakt aus den Wurzeln und Blättern der tropischen Kletterpflanze Chondrodendron tomentosum und wurde ursprünglich von südamerikanischen Indianern als Pfeilgift verwendet. Sämtliche wie Curare wirkende nichtdepolarisierende Muskelrelaxanzien werden nach ihm auch als curareähnliche **(curariforme)** Muskelrelaxanzien bezeichnet.

Wirkungsweise der „nichtdepolarisierenden“ Muskelrelaxanzien

Nichtdepolarisierende Muskelrelaxanzien sind Medikamente, die sich an die Rezeptoren des Acetylcholins (ACh) binden können, obwohl sie dabei die Muskelzellmembran nicht (!) zu depolarisieren vermögen, also auch keine Muskelkontraktion erzeugen können. Da die Muskelzellmembran nicht (!) depolarisiert wird, werden die Medikamente als nichtdepolarisierende Muskelrelaxanzien bezeichnet.

Nichtdepolarisierende Muskelrelaxanzien konkurrieren mit dem ACh um den begehrten Rezeptorplatz. Beide können sich gegenseitig aus dieser Verbindung verdrängen, je nachdem, welche Substanz in höherer Konzentration vorhanden ist **(kompetitive Bindung).** Wenn das nichtdepolarisierende Muskelrelaxans in genügender Konzentration vorliegt, besetzt es alle ACh-Rezeptoren. Das nun nach einem Nervenimpuls freigesetzte ACh hat keine Chance mehr, an noch freie Rezeptoren zu gelangen, um eine Depolarisation auszulösen (Abb. 1.29). Die Muskeln bleiben also unerregbar, relaxiert. Diese nichtdepolarisierenden Muskelrelaxanzien können von dem Enzym Acetylcholinesterase nicht abgebaut werden. Die Muskelerregbarkeit tritt erst wieder ein, wenn die nichtdepolarisierenden Muskelrelaxanzien über die Lymphe und das Blut langsam abtransportiert und zunehmend wieder mehr Rezeptoren für das ACh frei werden (= normale Wirkungsbeendigung, s. Abb. 1.30). Die Wirkung der

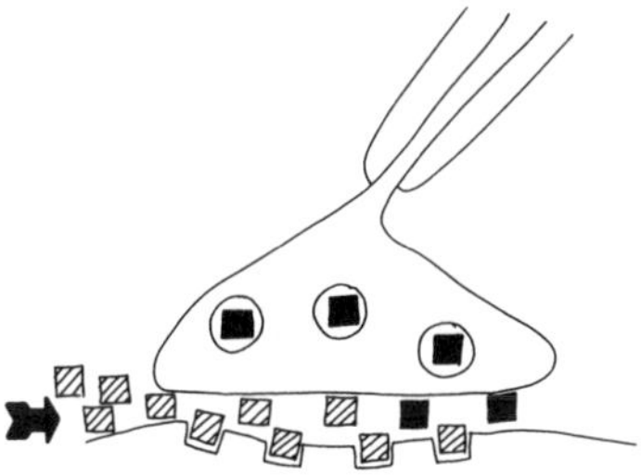

Abb. 1.29 Motorische Endplatte. Acetylcholin wird durch das anflutende „nichtdepolarisierende" Muskelrelaxanz (▨) verdrängt.

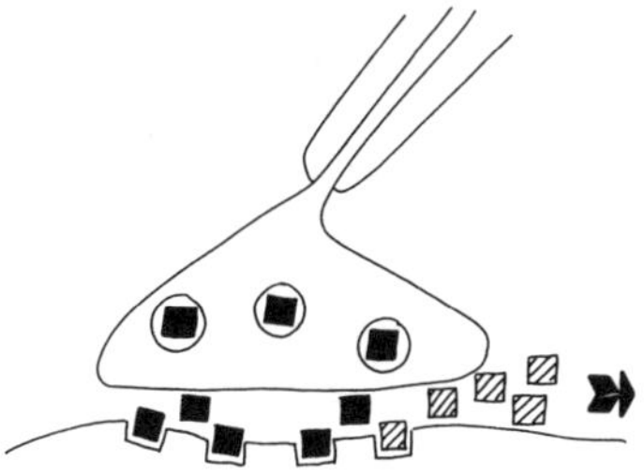

Abb. 1.30 Motorische Endplatte. Das „nichtdepolarisierende" Muskelrelaxans (▨) diffundiert aus der motorischen Endplatte. Acetylcholin (■) kann wieder an den Rezeptor.

nichtdepolarisierenden Muskelrelaxanzien kann auch beendet werden, indem medikamentös die Konzentration des ACh erhöht wird. Dann ist ACh zahlenmäßig weit in der Überzahl und verdrängt das nichtdepolarisierende Muskelrelaxans schnell aus seiner Rezeptorverbindung (Wirkungsbeendigung durch ein Gegengift = Antagonisierung, s. S. 61).

Wirkungen und Nebenwirkungen der „nichtdepolarisierenden" Muskelrelaxanzien

Wirkung:

Die Hauptwirkung der nichtdepolarisierenden Muskelrelaxanzien ist die Relaxierung der quergestreiften Muskulatur. Die relaxierende Wirkung einer hohen Dosis eines nichtdepolarisierenden Muskelrelaxans wirkt im Bereich des Kehlkopfes und des Zwerchfelles schneller als im Bereich von peripheren Muskeln. Dies ist dadurch zu erklären, daß Kehlkopf und Zwerchfell sehr gut durchblutet werden. Deshalb flutet das Muskelrelaxans dort schneller an, aber auch wieder schneller ab.

> Einzelne Muskelgruppen sind unterschiedlich empfindlich auf nichtdepolarisierende Muskelrelaxanzien. Um einen bestimmten Relaxationsgrad zu erzielen, werden z. B. am Zwerchfell doppelt so hohe Plasmakonzentrationen des Relaxans benötigt wie an den Handmuskeln.

Die Anwendung eines Muskelrelaxans verlangt eine künstliche Beatmung, da ansonsten der Tod durch periphere Lähmung der Atemmuskulatur droht! Bei der Wirkungsbeendigung eines Relaxans erlangen zuerst unempfindliche Muskeln wie das Zwerchfell ihre Funktion wieder zurück. Wenn der Patient dann auf Aufforderung wieder die Augen öffnen, den Kopf für 5 Sekunden hochheben und die Zunge herausstrecken kann, so spricht dies für eine weitgehende Wirkungsbeendigung des Muskelrelaxans. Zur objektiven Überwachung des Relaxationsgrades hat sich die **Relaxometrie** (s. S. 166) bestens bewährt. Sie erfreut sich in den letzten Jahren zunehmender Beliebtheit.

Nebenwirkungen:

- Unter Umständen eine Histaminfreisetzung:
  Folgen einer eventuellen Histaminfreisetzung nach Injektion eines nichtdepolarisierenden Muskelrelaxans können ein Blutdruckabfall mit Tachykardie, bronchospastische Zustände sowie ein fleckförmiges Exanthem, insbesondere im Gesicht und am oberen Körperstamm, sein.
- An der Plazenta:
  Nichtdepolarisierende Muskelrelaxanzien können die intakte Plazentaschranke nicht nennenswert überschreiten und führen daher bei Verabreichung (z.B. zum Kaiserschnitt) auch zu keiner Muskelerschlaffung des Neugeborenen.
- Blutdruckabfall:
  Als Ursache für eine Hypotonie nach Injektion von nichtdepolarisierenden Muskelrelaxanzien können v. a. eine eventuelle Histaminfreisetzung (s.o.) sowie zum Teil auch die einsetzende Muskelerschlaffung angeschuldigt werden. Die Muskelerschlaffung bewirkt eine indirekte Abnahme des venösen Gefäßtonus und damit eine Verminderung des venösen Rückflusses, was eine Hypotonie verstärken kann.
- Beeinflussung des vegetativen Nervensystems:

Zum besseren Verständnis des Wirkungsmechanismus der nichtdepolarisierenden Muskelrelaxanzien auf das vegetative Nervensystem sei dessen Aufbau anhand der Abb. 1.31 kurz wiederholt.
Die Nerven des vegetativen Nervensystems bestehen immer aus zwei (!) Neuronen. Die Überträgersubstanz des ersten Neurons (= präganglionäres Neuron) ist im sympathischen und im parasympathischen Nervensystem Acetylcholin (ACh). Die Überträgersubstanz des zweiten Neurons (= postganglionäres Neuron) ist im parasympathischen Nervensystem Acetylcholin, im sympathischen Nervensystem dagegen Noradrenalin (= NA, s. S. 255).
Muskelrelaxanzien wirken nun nicht ausschließlich an den Acetylcholinrezeptoren der motorischen Endplatten, also an der quergestreiften Muskulatur, sondern sie können auch an den ACh-Rezeptoren des vegetativen Nervensystems wirken und dadurch unerwünschte Nebenwirkungen verursachen. Die ACh-Rezeptoren des parasympathischen Nervensystems (insbesondere diejenigen im Bereich des postganglionären Neurons) sind leich-

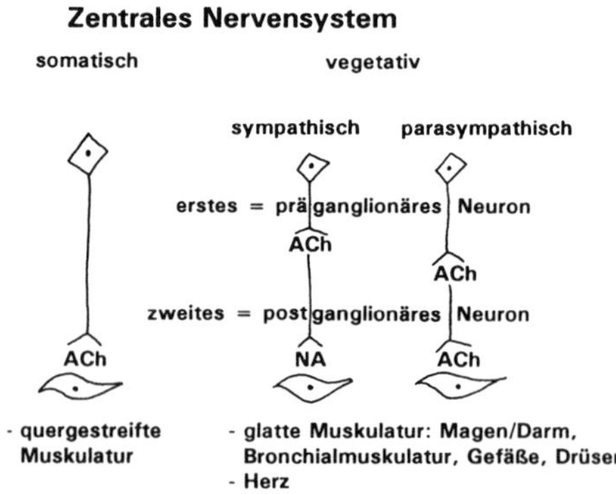

Abb. 1.31 Schematische Darstellung des somatischen und vegetativen Nervensystems
ACh = Acetylcholin; NA = Noradrenalin

ter zu blockieren als die ACH-Rezeptoren des sympathischen Nervensystems. Wirkt z.B. ein nichtdepolarisierendes Muskelrelaxans auch an den ACh-Rezeptoren des parasympathischen Nervensystems, so werden diese ACh-Rezeptoren, wie die ACh-Rezeptoren an der motorischen Endplatte, blockiert. Eine Blockierung des Parasympathikus im Bereich des postganglionären Neurons (= atropinartige Wirkung, s. S. 9) bewirkt eine Herzfrequenzsteigerung und unter Umständen auch einen Blutdruckanstieg, da nun die parasympathische Dämpfung am Herzen blockiert ist und der Sympathicus ungehindert wirken kann.

Aufnahme, Verteilung und Ausscheidung der „nichtdepolarisierenden" Muskelrelaxanzien

Die nichtdepolarisierenden Muskelrelaxanzien sind nur nach intramuskulärer und intravenöser Injektion wirksam. Bei oraler Applikation werden sie dagegen nicht resorbiert. Die **Wirkungsbeendigung** der nichtdepolarisierenden Muskelrelaxanzien ist erstrangig durch die Abdiffusion vom ACh-Rezeptor und dem Abtransport über die Lymphe und das Blut bedingt. Sie werden also innerhalb des Körpers umverteilt (= Umverteilungsphänomene, s. S. 38). Erst in zweiter Linie ist die Wirkungsbeendigung von z.B. einer langsamen, unveränderten Ausscheidung vor allem über die Nieren und teilweise über die Galle bedingt. Außerdem findet z.T. auch ein geringer Abbau in der Leber statt. Aufgrund dieser schnellen Umverteilungsmechanismen ist die Wirkungsdauer meist kürzer als die Verweildauer im Körper. Bei wiederholten Nachinjektionen besteht daher meist eine Kumulationsgefahr, das heißt, bei mehrmaligen Nachinjektionen müssen bei den meisten nichtdepolarisierenden Muskelrelaxanzien immer niedrigere Dosen verwendet werden. Lediglich das Atracurium macht hierbei eine Ausnahme.

Da die meisten nichtdepolarisierende Muskelrelaxanzien vor allem unverändert über die Nieren ausgeschieden werden, ist bei einer **Niereninsuffizienz,** aufgrund der verlangsamten renalen Ausscheidung, eine **Wirkungsverlängerung** dieser Relaxanzien zu erwarten. Bei niereninsuffizienten Patienten müssen daher über die Nieren ausgeschiedene nichtdepolarisierende Muskelrelaxanzien möglichst niedrig dosiert oder ganz vermieden werden. Als nichtdepolarisierendes Muskelrelaxans ist in diesem Falle Atracurium gut geeignet. Ansonsten sollten diejenigen nichtdepolarisierenden Muskelrelaxanzien verwendet werden, die zu einem relativ großen Teil über die Galle ausgeschieden werden (s.u.). Inzwischen steht (mit Atracurium) auch ein nichtdepolarisierendes Muskelrelaxans zur Verfügung, dessen Wirkungsdauer unabhängig von der Nieren-, Leber- und Gallenfunktion ist.

Auch **Leber-** und **Gallenwegserkrankungen** (z.B. Gallenwegsverschluß) können unter Umständen zu einer **Wirkungsverlängerung** von solchen nichtdepolarisierenden Muskelrelaxanzien führen, die in einem stärkeren Maße in der Leber metabolisiert oder die unverändert über die Galle ausgeschieden werden. Auch bei diesen Erkrankungen ist ein Relaxans vorzuziehen, dessen Wirkungsdauer unabhängig von der Leber- und Gallenfunktion ist (Atracurium). Ansonsten sollten diejenigen nichtdepolarisierenden Muskelrelaxanzien bevorzugt werden, die hauptsächlich über die Nieren ausgeschieden werden.

Interaktionen der „nicht-depolarisierenden" Muskelrelaxanzien mit anderen Medikamenten

Alle nichtdepolarisierenden Muskelrelaxanzien werden in ihrer Wirkung durch verdampfbare Inhalationsanästhetika verstärkt.

Bei Enfluran und Isofluran (s. S. 34) ist dies stärker ausgeprägt als bei Halothan (s. S. 32). Verschiedene Antibiotika (z.B. Aminoglycosid-Antibiotika wie Neomycin, Gentamicin, Streptomycin usw.) führen unter Umständen zu einer enormen Wirkungsverlängerung der nichtdepolarisierenden Muskelrelaxanzien.

Klinisch wichtige „nicht-depolarisierende" Muskelrelaxanzien

Alcuronium (Alloferin)

Alcuronium ist ein halbsynthetisches Curarederivat (s. S. 54). Der Wirkungseintritt nach Alcuroniumgabe erfolgt nach 3–4 Minuten. Die Wirkungsdauer beträgt ca. 40–60 Minuten. Bei hoher Dosierung kommt es zu einer deutlichen Wirkungsverlängerung. Alcuronium gehört zu den langwirksamen Relaxanzien.

Nach Alcuroniumgabe kommt es meist zu einem geringen Blutdruckabfall (ca. 10–20% des Ausgangswertes) durch eine Abnahme des peripheren Widerstandes. Ursache ist eine leichte Blockade der sympathischen ACh-Rezeptoren. Eine Histaminfreisetzung ist nach Alcuronium nicht zu erwarten. Alcuronium wird zu 80–90% unverändert über die Nieren und zu 10–20% über die Galle ausgeschieden. Es findet keine Metabolisierung in der Leber statt. Die fast ausschließliche Ausscheidung über die Nieren verlangt bei niereninsuffizienten Patienten eine entsprechende Dosisreduktion beziehungsweise ein möglichst vollständiges Vermeiden von Alcuronium zugunsten anderer Relaxantien, deren Ausscheidung weniger nierenabhängig ist (s.u.). Alcuronium wird zunehmend seltener eingesetzt. Es weist ein ungünstiges Wirkprofil auf. Die Zeitspanne der tiefen und chirurgisch nutzbaren Relaxation ist relativ kurz, die Erholungszeit bis zur Rückkehr einer ausreichenden Muskelkraft ist verhältnismäßig lang.

Dosierung zur initialen Vollrelaxierung:

Ca. 0,15 mg/kgKG = 10 mg beim Erwachsenen

Nachinjektionsdosis:

Erste Nachinjektion: ca. 50% der Initialdosis; weitere Nachinjektionen: ca. 20% der Initialdosis.

Darreichungsform:

Brechampullen zu 10 ml; 1 ml = 1 mg.

Sonstiges:

Alcuronium muß kühl (unter 8°C) gelagert werden.

Pancuronium (Pancuronium, Pavulon)

Pancuronium ist den Curarepräparaten bezüglich des Molekülaufbaus in keiner Weise verwandt. Chemisch gesehen gehört es zu den Steroiden.

Der Wirkungseintritt von Pancuronium ist nach ca. 3–4 Minuten zu erwarten. Die Wirkungsdauer beträgt ca. 60 Minuten. Pancuronium gehört zu den langwirksamen Relaxanzien. Pancuronium bewirkt eine leichte Blockierung des Parasympathikus (s. S. 56) und erzeugt damit wie Atropin (s. S. 9) eine Vagusblockade. Diese leichte Vagusblockade führt meist zu einer Herzfrequenzsteigerung und gelegentlich zu einem leichten Blutdruckanstieg. Pancuronium wurde als ein Relaxans beschrieben, das keine Histaminfreisetzung verursachen soll. Pancuronium wird zu ca. 85% unverändert über die Nieren ausgeschieden. 10 bis 20% des Pancuroniums werden in der Leber metabolisiert. Da Pancuronium größtenteils unverändert über die Nieren ausgeschieden wird, muß es bei niereninsuffizienten Patienten vorsichtig dosiert beziehungsweise vermieden werden.

Dosierung zur initialen Vollrelaxierung:

Ca. 0,08 mg/kgKG = 6 mg beim Erwachsenen

Nachinjektionsdosis:

Ca. 20% der Initialdosis = 1(–2) mg beim Erwachsenen

Darreichungsform:

Brechampulle zu 2 ml = 4 mg oder 1 ml = 2 mg. Es hat sich bewährt, Pancuronium 1:1 mit NaCl 0,9% zu verdünnen. 1 ml enthält dann 1 mg.

Vecuronium (Norcuron)

Vecuronium ist ein Abkömmling des Pancuroniums. Es unterscheidet sich von Pancuronium durch seine kürzere Wirkungsdauer von ca. 30–40 Minuten. Vecuronium gehört zu den mittellang wirksamen Relaxanzien. Bei Neugeborenen und Säuglingen ist die Wirkung von Vecuronium deutlich verlängert.

Vecuronium hat keine Wirkungen an den sympathischen oder parasympathischen Acetylcholinrezeptoren (s. S. 56). Nebenwirkungen am Herz-Kreislauf-System sind daher nicht zu erwarten. Eine Histaminfreisetzung tritt ebenfalls nicht auf. Vecuronium wird zu 40–50% über die Niere ausgeschieden. 30–40% werden in der Leber metabolisiert. Der Rest wird unverändert über die Galle ausgeschieden. Wegen dieser, im Vergleich zu Alcuronium (s.o.) und Pancuronium (s.o.) relativ geringen Ausscheidung über die Nieren ist Vecuronium bei niereninsuffizienten Patienten relativ gut geeignet. Bei Patienten mit Erkrankungen der Leber und Gallenwege kann eine Dosisreduktion notwendig werden.

Dosierung zur initialen Vollrelaxierung:

Ca. 0,08 mg/kgKG = 6 mg beim Erwachsenen

Nachinjektionsdosis:

Ca. 30% der Initialdosis = 2 mg beim Erwachsenen

Darreichungsform:

1 Brechampulle zu 4 mg Trockensubstanz und 1 Brechampulle Lösungsmittel („Wasser für Injektionszwecke“) zu 1 ml; 1 ml = 4 mg. Zur besseren Dosierbarkeit hat es sich als vorteilhaft erwiesen, 1 Ampulle Trockensubstanz = 4 mg mit 4 ml Aqua ad injectabilia aufzulösen. 1 ml enthält dann 1 mg.

Atracurium (Tracrium)

Atracurium ist ein relativ neues, nichtdepolarisierendes Muskelrelaxans mit mittellanger Wirkdauer. Chemisch gehört es zu den Estern.

Der Abbau von Atracurium ist im Gegensatz zu den anderen nichtdepolarisierenden Muskelrelaxanzien nicht enzymgebunden, sondern findet chemisch durch Esterspaltung (unabhängig von der Pseudocholinesterase) und durch spontanen, nicht enzymatischen Abbau, durch die sogenannte Hofmann-Elimination, statt. Daher ist selbst bei Leber- oder Niereninsuffizienz mit keiner Wirkungsverlängerung zu rechnen. Ungefähr 1,5–2 Minuten nach Injektion beginnt die ca. 30–40 Minuten dauernde Wirkung.Durch eine langsame Injektionsgeschwindigkeit kann die Histaminfreisetzung vermindert werden.

Vor allem nach hohen Atracuriumdosen kann es unter Umständen zu einer Histaminfreisetzung mit Hautrötung, Tachykardie, Blutdruckabfall und Bronchospasmus kommen.

Sonstiges:

- Am ZNS:
  Abbauprodukte des Atracuriums (Laudanosin, Monoacrylat) können (falls Atracurium extrem hoch dosiert wird) unter Umständen zu zerebralen Krämpfen oder auch Interaktionen mit anderen Medikamenten führen.

Atracurium muß bis kurz vor Gebrauch bei 4–5°C und lichtgeschützt gelagert werden.

Darreichungsform:

1 Ampulle à 2,5 ml enthält 25 mg Atracurium, 1 ml = 10 mg; 1 Ampulle à 5,0 ml enthält 50 mg Atracurium, 1 ml = 10 mg. In der Praxis hat sich bewährt, Atracurium mit NaCl 0,9% 1:1 zu verdünnen, so daß 1 ml = 5 mg Atracurium enthält.

Dosierung:

- Initiale Vollrelaxierung:
  0,3–0,6 mg/kgKG
- Nachinjektionsdosis:
  0,1–0,2 mg/kgKG
- Infusionsdosis:
  Nach Gabe einer Initialdosis: 0,3–0,6 mg/kgkG/h per infusionem

Rocuronium (Esmeron)

Rocuronium ist ein neues, chemisch dem Pancuronium und Vecuronium verwandtes nichtdepolarisierendes Muskelrelaxans. Rocuronium ist das nichtdepolarisierende Relaxans mit dem schnellsten Wirkungsbeginn. Der Wirkungsbeginn tritt nach ca. 1,5 Minuten ein. Die Wirkdauer dieses mittellang wirkenden Relaxans beträgt 30–40 Minuten.

Rocuronium wird unverändert zu ca. 40% über die Niere und zu ca. 60% über die Galle ausgeschieden. Eine Metabolisierung in der Leber findet nicht statt.
Rocuronium führt zu keiner Histaminfreisetzung. In höheren Dosierungen blockiert Rocuronium (ähnlich wie Pancuronium) die ACh-Rezeptoren der postganglionären parasympathischen Neurone (s. S. 56) und führt dadurch zu einer leichten Tachykardie.

Darreichungsform:

1 Ampulle à 5 ml enthält 50 mg Rocuronium, 1 ml = 10 mg
1 Ampulle à 10 ml enthält 100 mg Rocuronium, 1 ml = 10 mg

Dosierung:

- Initale Vollrelaxierung:
  0,6–0,8 mg/kgKG
- Nachinjektionsdosis:
  0,15 mg/kgKG
- Infusionsdosis:
  Nach Gabe einer Initaldosis: 0,3–0,6 mg/kgKG/h

Sonstiges:

Rocuronium ist kontraindiziert bei einer Bromidallergie. Rocuronium muß kühl (unter 8° C) gelagert werden.

Antagonisierung der „nicht-depolarisierenden“ Muskelrelaxanzien

Nichtdepolarisierende Muskelrelaxanzien konkurrieren mit dem ACh um den begehrten Rezeptorplatz. Beide können sich gegenseitig aus dieser Verbindung verdrängen, je nachdem, welche Substanz in höherer Konzentration vorhanden ist (= kompetitive Bindung). Diese Tatsache wird genützt, wenn die Wirkung der nichtdepolarisierenden Muskelrelaxanzien mit einem Gegenmittel (= Antidot) aufgehoben (antagonisiert) werden soll.

Diese **Antidote** (Antagonisten) sind Medikamente, welche die Acetylcholinesterase hemmen.

Die Acetylcholinesterase ist ein Enzym, welches normalerweise das von der motorischen Nervenendigung freigesetzte ACh sehr schnell wieder abbaut und damit inaktiviert (s. S. 56). Durch die Hemmung des Abbaus kommt es zu einer starken Konzentrationserhöhung des ACh. Durch diese starke Erhöhung der ACh-Konzentration kann ACh das nichtdepolarisierende Muskelrelaxans aus seiner Rezeptorverbindung verdrängen. ACh kann damit wieder an seine Rezeptoren gelangen, eine Depolarisation und damit eine Kontraktion auslösen. Diese Antidote wirken jedoch nicht ausschließlich an der motorischen Endplatte, sondern auch am zweiten (= postganglionären) Neuron im parasympathischen Nervensystem (s. S. 56). Dieses Neuron setzt als Überträgersubstanz ebenfalls ACh frei. Da es hier auch zu einer Vermehrung des ACh kommt, resultiert daraus eine verstärkte Wirkung des Parasympathikus. Es zeigen sich daher folgende, **für eine Parasympathikusstimulierung typischen Nebenwirkungen:**

- Bradykardie
- Vermehrte Speichel- und Bronchialsekretproduktion
- Krampfzustände der glatten Muskulatur (z. B. im Darmbereich und im Bronchialsystem)

Diese unerwünschten Nebenwirkungen bei der Antagonisierung von nichtdepolarisierenden Muskelrelaxanzien können dadurch vermieden werden, daß gleichzeitig das vagushemmende Medikament Atropin (s. S. 9) verabreicht wird.

Antidote für „nicht-depolarisierende“ Muskelrelaxanzien

Neostigmin (Prostigmin)

Dosierung:

Wiederholte Einzeldosis von 0,5 mg; die durchschnittliche Erwachsenendosis beträgt 2,5 mg, die Maximaldosis beträgt 5 mg. Zusätzlich sollten 0,25 – 1,0 mg Atropin verabreicht werden.

Darreichungsform:

Brechampulle zu 1 ml; 1 ml = 0,5 mg.

Pyridostigmin (Mestinon)

Dosierung:

Wiederholte Einzeldosen von 5 mg bis maximal 15 – 20 mg. Die durchschnittliche Erfolgsdosis beträgt 10 mg beim Erwachsenen. Zusätzlich 0,25 – 1,0 mg Atropin.

Darreichungsform:

Stechampullen zu 5 ml; 1 ml = 5 mg.

Allgemeine Bemerkungen zur Antagonisierung von nichtdepolarisierenden Muskelrelaxanzien:

Es ist möglich, zuerst Atropin intravenös zu verabreichen und erst nach Einsetzen der Vagusblockade, erkennbar am Anstieg der Herzfrequenz, Neostigmin oder Pyridostigmin zu verabreichen. Atropin kann aber auch mit Neostigmin oder Pyridostigmin gemeinsam aus einer „Mischspritze" verabreicht werden, da Atropin einen schnelleren Wirkungsbeginn aufweist als Neostigmin oder Pyridostigmin.

Bei der Antagonisierung der nichtdepolarisierenden Muskelrelaxanzien ist Vorsicht geboten bei Patienten mit:

- Asthma bronchiale:
  Unter Umständen kann es trotz Atropingabe zu einem Bronchospasmus und zu einer vermehrten Sekretbildung im Bronchialsystem kommen!
- Bradykardien oder AV-Blockierungen:
  Unter Umständen kann es trotz Atropingabe zu einer weiteren Abnahme der Herzfrequenz oder einer Verstärkung der AV-Blockierung bis hin zum Herzstillstand kommen.
- Der Erfolg einer Antagonisierung kann klinisch anhand der zurückkehrenden Muskelkraft oder objektiv mit Hilfe der Relaxometrie (s. S. 66) überwacht werden.

„Depolarisierende" Muskelrelaxanzien

Wirkungsweise der „depolarisierenden" Muskelrelaxanzien

Depolarisierende Muskelrelaxanzien sind Medikamente, die sich ebenfalls an die Rezeptoren des Acetylcholins (ACh) im Bereich der motorischen Endplatte (s. S. 56) anlagern können. Sie erzeugen dabei wie ACh eine Depolarisation der Muskelzellmembran und werden deshalb als depolarisierende Muskelrelaxanzien bezeichnet.

Während jedoch ACh innerhalb von Millisekunden durch das Enzym Acetylcholinesterase wieder abgebaut und inaktiviert wird (s. S. 56), können die depolarisierenden Muskelrelaxanzien von der Acetylcholinesterase nicht inaktiviert werden. Depolarisierende Muskelrelaxanzien bleiben einige Minuten in der Rezeptorbindung und erzeugen dabei eine Dauerdepolarisation der Muskelzellmembran. Auf diese Dauerdepolarisation kann die Muskelzelle jedoch nicht mit einer Dauerkontraktion, sondern nur mit einer kurzfristigen Muskelzuckung bei Beginn der Depolarisation reagieren. Danach ist die Muskelzelle erschlafft (**Depolarisationsblock** oder **Phase-I-Block**). Das bei einem neu ankommenden Nervenimpuls freigesetzte ACh kann nun keine Muskelkontraktion mehr auslösen, da das ACh auf besetzte Rezeptoren und eine bereits depolarisierte Muskelzellmembran trifft. Das Wirkungsende der depolarisierenden Muskelrelaxanzien tritt ein, wenn diese sich nach einigen Minuten wieder aus der Rezeptorbindung lösen, wegtransportiert und durch das im Blut vorhandene Enzym Plasmacholinesterase (Pseudocholinesterase), (s. u.) abgebaut werden. Es werden damit wieder zunehmend mehr Rezeptoren für das ACh frei.

Im Gegensatz zu den nichtdepolarisierenden Muskelrelaxanzien, die durch eine erhöhte ACh-Konzentration aus dieser Rezeptorbindung verdrängt werden können (= kompetitive Bindung, s.

S. 55), ist dies bei den depolarisierenden Muskelrelaxanzien nicht möglich. Sie sind damit auch nicht antagonisierbar.

Klinisch wichtige „depolarisierende" Muskelrelaxanzien

Succinylcholin

Succinylcholin = Succinyldicholin = Suxamethonium = Succinylbischolin (Succinyl-Asta, Pantolax, Lysthenon).

Succinylcholin ist das einzige depolarisierende Muskelrelaxans, das klinische Bedeutung hat. Succinylcholin ist durch einen sehr schnellen Wirkungseintritt innerhalb von 30 Sekunden sowie durch eine kurze Wirkungsdauer von nur 3–5 Minuten gekennzeichnet.

Bei Wirkungsbeginn tritt für einige Sekunden ein unkoordiniertes Muskelzucken auf (s. o.). Danach tritt eine schlaffe Lähmung ein.

Die Wirkungsbeendigung des Succinylcholin ist von dessen Wegdiffusion vom ACh-Rezeptor und einem schnellen enzymatischen Abbau im Blut bedingt. Das hierfür zuständige Enzym, die sogenannte **Pseudocholinesterase (oder Plasmacholinesterase),** wird in der Leber produziert und ist nur im Blut vorhanden. Sehr schwere Leberschädigungen können unter Umständen zu einer Bildungsstörung dieser Pseudocholinesterase und damit zu einem verzögerten Abbau des Succinylcholin mit einer Wirkungsverlängerung führen. Bei einem erworbenen Mangel der Pseudocholinesterase muß Succinylcholin vorsichtig dosiert werden. Sehr selten gibt es Patienten, die aufgrund einer genetischen Störung eine abnorme Pseudocholinesterase besitzen. Diese veränderte (atypische) Pseudocholinesterase kann Succinylcholin nur sehr langsam abbauen. Bei diesen Patienten kann es dadurch zu einer Wirkungsverlängerung des Succinylcholins um Stunden oder Tage kommen. Ob ein Patient Träger für eine atypische Pseudocholinesterase ist, kann anhand der sogenannten (und leicht zu bestimmenden) **Dibucainzahl** ermittelt werden. Da depolarisierende Muskelrelaxanzien wie Succinylcholin nicht antagonisiert werden können (s. o.), müssen solche Patienten bis zum Wirkungsende des Succinylcholin nachbeatmet werden. Früher wurden teilweise auch Bluttransfusionen durchgeführt, wodurch dem Patienten die im Transfusionsblut enthaltene „normale" Pseudocholinesterase zugeführt wurde. Heute stehen gegebenenfalls hochgereinigte Präparate dieser Pseudocholinesterase zur Verfügung.

Beim Abbau des Succinylcholins durch die Pseudocholinesterase entsteht in einem ersten, sehr schnell ablaufenden Schritt das **Succinylmonocholin.** In einem zweiten, sechsmal langsamer ablaufenden Schritt wird dieses Succinylmonocholin vollends gespalten. Müssen hohe Dosen von Succinylcholin abgebaut werden, so staut sich daher dieses Succinylmonocholin an. Da Succinylmonocholin die Eigenschaften eines nichtdepolarisierenden Muskelrelaxans hat, kann es hierdurch zu einer langanhaltenden nichtdepolarisierenden Muskelblockade, zu einem sogenannten **Dualblock (Phase-II-Block)** kommen. Dieser Dualblock tritt aber erst auf, wenn sehr hohe Dosen von Succinylcholin verabreicht wurden (mehr als ca. 400 mg). Ein Dualblock kann durch einen Cholinesterasehemmer (s. S. 61) wie Neostigmin oder Pyridostigmin antagonisiert werden.

Nebenwirkungen:

- Muskelfibrillieren:
  Bei Wirkungsbeginn des Succinylcholin treten für einige Sekunden unkoordinierte Muskelzuckungen auf, die als Muskelfibrillieren oft erkennbar sind. Dieses initiale Muskelfibrillieren ist häufig die Ursache postoperativer Muskelschmerzen, ähnlich einem Muskelkater. Wird vor der Injektion des Succinylcholins eine kleine, nicht lähmende Dosis eines nichtdepolarisierenden Muskelrelaxans (ca. 10–20% der zur initialen Vollrelaxierung benötigten Dosis) beim Erwachsenen, z. B. 2 mg Alcuronium, 1 mg Pancuronium, 1 mg Vecuronium oder $^1/_5$–$^1/_{10}$ der initialen Atracurium- oder Rocuronium-Volldosis verabreicht, so wird hierdurch bereits ein Teil der Acetylcholinrezeptoren blockiert und für Succinylcholin unzugänglich. Das initiale Muskelfibrillieren nach Succinylcholingabe kann dadurch vermindert oder ganz vermieden werden (= Präcurarisierung, s. S. 102).
- Kaliumfreisetzung:
  Da Succinylcholin ein depolarisierendes Muskelrelaxans ist, bewirkt es eine Depolarisation der Muskelzellmembranen mit Einstrom von Natrium in die Muskelzellen und Ausstrom von Kalium aus den Muskelzellen. Durch diesen Kaliumausstrom aus den Zellen kommt es normalerweise zu einem geringen Anstieg der extrazellulären Kaliumkonzentration um ca. 0,5 mmol/l. Bei einigen Krankheitsbildern kann es jedoch nach Succinylcholingabe zu einem enormen Kaliumanstieg kommen, wodurch unter Umständen Herzrhythmusstörungen, Kammerflimmern oder gar ein Herzstillstand (= Asystolie) verursacht werden können. Besonders gefährdet sind vor allem niereninsuffiziente Patienten mit erhöhter Kaliumkonzentration, polytraumatisierte Patienten, wenn die Verletzungen älter als eine Woche sind, Patienten mit großflächigen Verbrennungen, die älter als eine Woche sind, oder Patienten, bei denen kurz vorher eine Tumorbestrahlung durchgeführt wurde. Auch bei Patienten mit einer Innervationsstörung der Muskulatur, wie z. B. einer Querschnittsverletzung, die älter als eine Woche ist, und bei Patienten, die schon längere Zeit immobilisiert sind (= Langlieger), kann es nach Succinylcholingabe zu einem bedrohlichen Kaliumanstieg kommen.
- Wirkungen im vegetativen Nervensystem:
  Succinylcholin wirkt nicht selektiv an den ACh-Rezeptoren der motorischen Endplatte, sondern kann, wie die nichtdepolarisierenden Muskelrelaxanzien, auch an den ACh-Rezeptoren des vegetativen Nervensystems wirken (s. S. 56). Dabei wirkt Succinylcholin normalerweise vor allem im Bereich der postganglionären parasympathischen Fasern. Die Wirkung an den anderen vegetativen Nervenfasern ist deutlich geringer. Als depolarisierendes Muskelrelaxans führt Succinylcholin zu einer Depolarisation mit einer anfänglichen kurzfristigen Stimulierung. Auch im parasympathischen Nervensystem kommt es zu einer kurzfristigen, initialen Stimulierung. Eine Stimulierung des Nervus vagus, dem wichtigsten Nerven des parasympathischen Nervensystems, kann sich in einer Verlangsamung der Herzfrequenz (Bradykardie), in einer Bradyarrhythmie oder im Extremfall in einer Asystolie äußern. Die initiale Stimulierung des Nervus vagus erklärt auch eine nach Succinylcholingabe auftretende Zunahme der Bronchial-, Speichel- und Magensaftproduktion sowie eine Tonussteigerung im Magen-

Darm-Trakt. Die vagalen Reaktionen am Herzen können insbesondere bei zu schneller Injektion oder bei Nachinjektionen von Succinylcholin auftreten. Bei Kindern und Schwangeren sind diese vagalen Reflexe besonders häufig und treten manchmal schon bei der Erstinjektion des Succinylcholins auf. Durch eine Vagusblockade mit Atropin lassen sich diese vagalen Herzrhythmusstörungen des Succinylcholin vermeiden beziehungsweise meist sofort therapieren. Auch durch die Vorgabe einer kleinen Menge eines nichtdepolarisierenden Muskelrelaxans können diese vagalen Reaktionen vermindert werden. Werden diese vagalen Reflexe durch Atropin geblockt, so kann die leichte Stimulierung des sympathischen Nervensystems durch Succinylcholin in Form einer Blutdruck- und Herzfrequenzsteigerung auffallen (s. o.).

- ▶ Histaminfreisetzung:
  Succinylcholin kann häufiger eine Histaminfreisetzung verursachen. Folgen einer Histaminfreisetzung können z. B. ein fleckförmiges Exanthem, vor allem im Gesicht und am oberen Körperstamm, ein Blutdruckabfall und eine Tachykardie sowie bronchospastische Zustände sein. Es wurden auch schon schwere anaphylaktoide Reaktionen beschrieben.
- ▶ Steigerung des Augeninnendrucks:
  Bei Wirkungsbeginn des Succinylcholins kommt es auch an den äußeren Augenmuskeln zu einer kurzfristigen Muskelkontraktion und dadurch zu einem kurzfristigen Anstieg des Augeninnendrucks (s. S. 259).
- ▶ Steigerung des Mageninnendrucks:
  Die initialen Muskelkontraktionen auch der Bauchmuskulatur sowie die initiale Vagusstimulierung können zu einer Drucksteigerung im Magen mit der Gefahr einer Regurgitation (s. S. 183) führen. Insbesondere bei der Narkoseeinleitung von nicht nüchternen Patienten ist dies zu beachten. Die Vorgabe einer kleinen Menge eines nichtdepolarisierenden Muskelrelaxans ist daher dringend notwendig.
- ▶ Am Uterus:
  Succinylcholin kann die Plazentaschranke nicht überschreiten. Bei Succinylcholingabe zur Narkoseeinleitung beim Kaiserschnitt ist daher mit keiner Relaxierung des Neugeborenen zu rechnen.
- ▶ Maligne Hyperthermie:
  Succinylcholin kann eine maligne Hyperthermie (s. S. 185) auslösen.
- ▶ Rhabdomyolyse:
  Nach einer Succinylcholingabe kann es zu einer Rhabdomyolyse (Auflösung quergestreifter Muskelfasern) kommen. Die meisten Fälle einer succinylcholinbedingten Rhabdomyolyse wurden bei Jungen beobachtet. Es wird vermutet, daß es sich um klinisch noch unauffällige Jungen handelte, bei denen eine bisher unbekannte Muskelstörung (Myopathie; v. a. eine Muskeldystrophie vom Typ Duchenne) vorlag. Bei diesen Myopathien befinden sich Acetylcholinrezeptoren auch in großer Anzahl außerhalb der motorischen Endplatte (auf der gesamten Muskelzelloberfläche). Bei Gabe von Succinylcholin kommt es durch die initiale Erregung dieser großen Anzahl an ACh-Rezeptoren zur massiven Kaliumfreisetzung aus den Muskelzellen. Folge kann eine Bradykardie und eventuell ein therapieresistenter Herzstillstand sein.
  Eine Rhabdomyolyse führt auch zu einer Freisetzung von Myoglobin und dessen Ausscheidung über den Urin (Myoglobinurie) zu einer rot-braunen Verfärbung des Urins.
  Da viele Myopathien im Kindesalter klinisch noch nicht erkennbar sind son-

dern sich meist erst im späteren Alter manifestieren, wird inzwischen häufig empfohlen, die Indikationen für die Gabe von Succinylcholin bei Kindern und Jugendlichen sehr eng zu stellen (s. u.)

Indikationen:

Wegen des schnellen Wirkungseintritts und der kurzen Wirkungsdauer wurde Succinylcholin lange Zeit als das Relaxans der Wahl zur Intubation eingesetzt. Gelingt z. B. die Intubation nicht, so kann der Patient bereits nach wenigen Minuten wieder spontan atmen. Inzwischen wird der routinemäßige Einsatz von Succinylcholin zunehmend kritisch beurteilt. Bei einer geplanten, voraussichtlich unkomplizierten Intubation wird inzwischen zunehmend auf Succinylcholin zugunsten eines nichtdepolarisierenden Muskelrelaxans verzichtet. Anerkannte Indikationen sind bei Kindern und Jugendlichen weiterhin die **„Ileuseinleitung“** („Blitzintubation“) beim nicht nüchternen Patienten (s. S. 183) sowie die Notwendigkeit, eine sofortige Intubation oder ein sofortiges Freimachen der Atemwege (z. B. bei einem Laryngospasmus) zu ermöglichen.

Dosierung zur initialen Vollrelaxierung:

Ca. 1–1,5 mg/kgKG intravenös

Wiederholungsdosis falls unbedingt nötig:

Ca. die Hälfte der Initialdosis

Darreichungsform:

Zumeist Ampullen mit 2%iger Lösung. Ampulle zu 5 ml = 100 mg; 1 ml = 20 mg. Es gibt aber auch 1%ige Lösungen (mit 10 ml = 100 mg) und 5%ige Lösungen (mit 2 ml = 100 mg).

Neuromuskuläres Monitoring – Relaxometrie

Beurteilung des Relaxationsgrades anhand klinischer Parameter

Wird ein Muskelrelaxans verabreicht, so kommt es erst dann zu einer beginnenden Muskellähmung bzw. einer Abnahme der Zuckungsamplitude (s. u.), wenn mehr als ca. 70–75% der Acetylcholinrezeptoren blockiert sind. Sind mehr als ca. 95% der Rezeptoren besetzt, liegt eine vollständige Muskellähmung vor, es kommt zu keiner Zuckungsreaktion mehr (Tab. 1.5).

Die Wirkungsdauer einer bestimmten Muskelrelaxansdosis kann je nach Patient eventuell deutlich variieren. Beispielsweise können Nieren- oder Lebererkrankungen, extreme Gewichts- oder Altersklassen, ein Abfall der Körpertemperatur oder mögliche Wechselwirkungen mit anderen Medikamenten (z. B. verstärkten volatile Inhalationsanästhetika die Wirkung von nichtdepolarisierenden Relaxanzien) die individuelle Empfindlichkeit auf ein Relaxans deutlich beeinflussen. Ob die Wirkung eines Relaxans bereits abgeklungen ist oder ob sie noch andauert, kann subjektiv anhand klinischer Parameter, aber auch objektiv mittels Relaxometrie beurteilt werden.

Damit ein Patient extubationsfähig ist, sollte er auf Aufforderung:

- mindestens 5 Sekunden lang den Kopf anheben (besonders sensibler Test),
- die Augen öffnen,
- die Zunge herausstrecken,
- die Hand drücken und
- den gestrecken Arm anheben können.

Tabelle 1.5 Beurteilung der Relaxationstiefe (VK = Vitalkapazität, AZV = Atemzugvolumen; nähere Erklärung siehe Text)

Blockierte Rezeptoren (%)	Zuckungs-amplitude (Reizantwort T_1) (%)	Neuro-muskuläre Blockade (%)	T4-/T1-Quotient	TOF-Zahl	Reiz-antwort	Klinische Beurteilung
< 75	100	0	1	4	IIII	keine Relaxation
	90	10	0,75	4	IIII	Extubation möglich
	75	25	0,5	4	IIII	Kopfheben nicht möglich, VK ↓
	50	50	0,2	4	IIII	AZV ↓, VK ↓ ↓
	25	75	0	3	III	(chirurgische Relaxation)
	20	80	0	2	II	chirurgische Relaxation
	10	90	0	1	I	Intubation / chirurgische Relaxation
100	0	100	0	0		Intubation / chirurgische Relaxation

Außerdem sollte der Patient:

- gegen den Tubus anhusten können (zumindest beim Absaugen).

Für einen Relaxansüberhang sprechen:

- unruhiges, ruckartiges Bewegen der Extremitäten,
- nur unvollständige Augenöffnung unter Runzeln der Stirn,
- unkoordinierte Schaukelatmung,
- schwacher, kraftloser Hustenstoß beim endotrachealen Absaugen,
- kraftloser Händedruck.
- eventuell Streßsymptome wie Tachykardie, Blutdruckanstieg.

Es muß jedoch beachtet werden, daß verschiedene klinische Funktionsprüfungen wie das Kopfheben nach einer Bauchoperation schmerzbedingt eingeschränkt sein können. Auch ein Narkoseüberhang (z. B. durch ein volatiles Inhalationsanästhetikum) kann die klinische Überprüfung der Restrelaxation verfälschen.

Die klinische Beurteilung des Relaxationsgrades kann schwierig und irreführend sein und dazu führen, daß am Operationsende ein noch anrelaxierter Patient extubiert wird.

Beurteilung des Relaxationsgrades anhand der Relaxometrie

Zur objektiven Abschätzung des Restrelaxationsgrades kann ein peripherer Nervenstimulator verwendet werden. Die Überwachung des Relaxationsgrades mit Hilfe eines peripheren Nervenstimulators wird als **Relaxometrie**, der dazu verwendete periphere Nervenstimulator als **Relaxometer** bezeichnet.
Bei einer Überwachung der neuromuskulären Funktion mittels Relaxometrie kann:

- der aktuelle Relaxationsgrad auch bei unkooperativen oder bewußtlosen Patienten beurteilt werden,
- der Wirkungsbeginn eines Relaxans erfaßt und somit verhindert werden, daß z.B. intubiert wird, bevor der Patient ausreichend relaxiert ist (wichtig bei nicht nüchternen Patienten und Patienten mit erhöhtem intrakraniellem Druck),
- eine intraoperativ nachlassende Relaxation erfaßt und gegebenenfalls eine Nachinjektion zeitgerecht vorgenommen werden,
- ein eventuell auftretender Dualblock (Phase-II-Block) erfaßt werden,
- ein eventueller Relaxansüberhang am Narkoseende erkannt werden,
- beurteilt werden, ob eine Antagonisierung im Falle eines Relaxansüberhanges bereits sinnvoll ist oder ob die neuromuskuläre Blockade noch zu tief ist,
- kontrolliert werden, wie effektiv eine Relaxansantagonisierung ist.

Wirkungsprinzip der Relaxometrie

Die Relaxometrie basiert darauf, daß ein peripherer Nerv, der einen bestimmten Muskel innerviert, mittels eines peripheren Nervenstimulators elektrisch gereizt wird. Die auftretende Reizantwort des Muskels wird visuell, taktil oder apparativ-technisch beurteilt. Bei dem verwendeten elektrischen Stimulationsreiz muß es sich um einen sogenannten supramaximalen Reiz handeln. Eine supramaximale Reizung ist aus folgenden Gründen wichtig: Die Reizantwort (Kontraktionskraft, Zuckungsamplitude) bei Stimulation eines peripheren Nervs hängt davon ab, wie viele Nervenfasern (mit den dazugehörenden Muskelfasern) des stimulierten Nervs erregt werden. Mit zunehmender Reizstärke werden immer mehr Nervenfasern mit den zugehörenden Muskelfasern erregt, bis schließlich durch den Reiz alle Nervenfasern des stimulierten Nervs erregt werden und damit die maximale Reizantwort erzielt wird.
Ein für die Relaxometrie verwendeter sogenannter supramaximaler Reiz ist mindestens um ca. 25% größer als derjenige Reiz, mit dem gerade die maximale Reizantwort erzielt wird. Diese Sicherheitsreserve ist notwendig, um auch bei einer im Laufe der Zeit auftretenden Zunahme des Hautwiderstands (z.B. bei intraoperativer Auskühlung) weiterhin eine maximale Nervenstimulation zu garantieren.

Durchführung der Relaxometrie

Elektroden und Polarität

Zur Nervenstimulation werden entweder zwei spezielle selbstklebende Gel-Elektroden oder zwei übliche EKG-Elektroden über den zu stimulierenden Nerv festgeklebt. Nervenstimulatoren verfügen über eine aktive (negative, meist schwarze) Elektrode und eine inaktive (positive, meist weiße oder rote) Elektrode. Werden die Stimulationselektroden im Verlauf des Nervs sehr eng nebeneinander plaziert (was erstrebenswert ist, um eine hohe Stromdichte am Nerv zu erzielen), dann ist es egal, welches Stimulationskabel an welcher Elektrode angeschlossen wird.

Stimulationsorte

Normalerweise wird zur Überprüfung der neuromuskulären Übertragung der Nervus ulnaris stimuliert. Der Nervus ulnaris innerviert lediglich den Musculus adduc-

tor pollicis des Daumens. Die anderen Muskeln des Daumenballens werden vom Nervus medianus innerviert. Zur Stimulation des Nervus ulnaris werden meist ca. 2 bzw. 4 cm proximal der Handgelenksfurche im Verlauf des Nervus ulnaris zwei Stimulationselektroden plaziert (vgl. Abb. 1.32). Der Nervus ulnaris verläuft neben der Arteria ulnaris. Zur Orientierung bei der Elektrodenplazierung kann daher die Arteria ulnaris getastet werden. Bei Stimulation des Nervus ulnaris wird der Daumen im Grundgelenk gebeugt und adduziert.
Die Daumenbewegung ist gut sichtbar, tast- und meßbar. Zur supramaximalen Stimulation des Nervus ulnaris sind meist ca. 50–70 mA notwendig. Es sollte jedoch nicht mit mehr als 80 mA stimuliert werden.
Bei bestimmten operativen Eingriffen ist der Nervus ulnaris für eine Stimulation nicht zugänglich. Falls z. B. der Kopf intraoperativ gut zugänglich ist, bietet sich dann die Stimulation des Nervus facialis an (vgl. Abb. 1.33). Ist das Bein für den Anästhesisten erreichbar, dann kann eventuell der Nervus tibialis posterior hinter dem Innenknöchel oder der Nervus peronaeus unmittelbar distal des Wadenbeinköpfchens stimuliert werden (vgl. Abb. 1.33).

„Train-of-four“-Reizung (TOF; Vierfachreizung)

Zur Überwachung der neuromuskulären Übertragung wird inzwischen fast immer die „**T**rain-**o**f-**f**our“-Reizung (TOF) vorgenommen. Bei der TOF-Reizung werden vier supramaximale Reize mit 2 Hz, d. h. einem zeitlichen Abstand von jeweils 0,5 Sekunden, durchgeführt.
Durch einen TOF-Reiz kommt es beim nicht relaxierten Patienten zu vier gleich starken Kontraktionen. Bei inkompletter Blockade mit einem nichtdepolarisierenden Muskelrelaxans nimmt die Zuckungs-

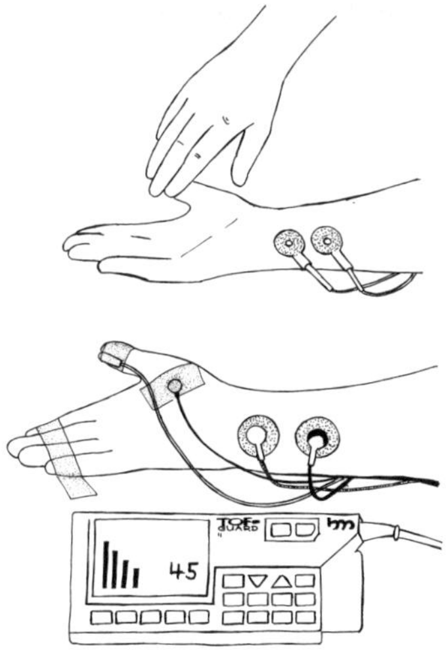

Abb. 1.32 Übliche Elektrodenpositionen für die Reizung des Nervus ulnaris und im Breich des Handgelenkes. Taktile Berührung (oben) oder Registrierung der Reizantwort mittels Akzellerographie (Mitte)

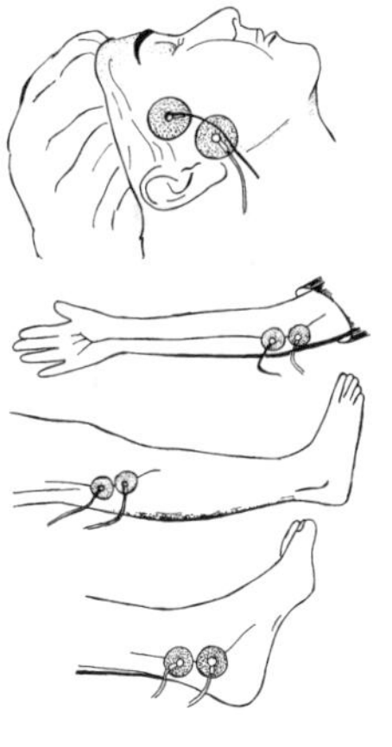

Abb. 1.33 Stimulation des Nervus facialis, des Nervus ulnaris im Bereich des Ellenbogens, des Nervus peronaeus oder des Nervus tibialis posterior

amplitude vom ersten bis zum vierten Reiz zunehmend ab, da es bei kurz aufeinander folgenden Stimulationen zur Entleerung der Acetylcholinspeicher und Abnahme der Zuckungsamplitude, einer sogenannten Ermüdungsreaktion, kommt. Die Zuckungsamplitude des ersten Reizes wird mit der Zuckungsamplitude des vierten Reizes verglichen. Der Quotient aus der Amplitude der vierten Zuckung geteilt durch die Amplitude der ersten Zuckung wird als **„Train-of-four"-Quotient** (T_4/T_1-Quotient) bezeichnet. Beim nicht relaxierten Patienten mit vier gleich starken Zuckungsamplituden ist der T_4/T_1-Quotient 1,0. Je niedriger der T_4/T_1-Quotient, desto stärker ist der Relaxierungsgrad (vgl. Tab. 1.5).

Der TOF-Quotient kann nur bestimmt werden, wenn alle vier Reize mit einer Muskelkontraktion beantwortet werden. Bei zunehmender Relaxationstiefe wird der TOF-Quotient immer kleiner. Schließlich werden bei weiter zunehmender Relaxationstiefe nur noch drei bzw. zwei Stimulationsreize oder es wird nur noch der erste Stimulationsreiz oder keiner der vier Reize mehr beantwortet.

Kommt es nach einem TOF-Reiz zu keiner motorischen Antwort, dann wird von einer **tiefen Relaxation** gesprochen. Von einer für chirurgische Eingriffe ausreichenden Relaxationstiefe kann ausgegangen werden, wenn nur ein oder zwei (oder drei) Reizantworten vorhanden sind (TOF-Zahl 1, 2 oder 3). Dennoch sind hierbei eventuelle Bewegungen, vor allem Zwerchfellbewegungen (Schluckauf, Husten), möglich, da für die Relaxation des Zwerchfells (und der Kehlkopfmuskeln) höhere Dosen an Relaxans benötigt werden, als zur Relaxation der meisten anderen Muskelgruppen. Bei Rückkehr der (dritten und) vierten Reizantwort ist die Relaxierung für chirurgische Eingriffe als nicht mehr ausreichend zu betrachten.

Erst wenn der T_4/T_1-Quotient ca. 0,7–0,75 (70–75%) beträgt, ist die Relaxation soweit abgeklungen, daß der Patient sicher extubierbar ist.

Die „Train-of-four"-Methode ermöglicht auch die Unterscheidung einer neuromuskulären Blockade nach Gabe eines depolarisierenden Muskelrelaxans (= Depolarisationsblock) von einer neuromuskulären Blockade nach Gabe eines nichtdepolarisierenden Relaxans (= Nichtdepolarisationsblock). Während der inkomplette Nichtdepolarisationsblock (kompetitiver Block) nach Vierfachreizung eine charakteristische Ermüdungsreaktion aufweist, kommt es beim inkompletten Depolarisationsblock (Phase-I-Block) zu einer weitgehend gleichmäßigen Verminderung aller vier Zuckungen gegenüber dem nicht relaxierten Zustand. Die Relation des ersten zum vierten Stimulus ist meist nahezu 1,0 (vgl. Abb. 1.34). Es tritt also keine Ermüdungsreaktion auf.

Auch ein Phase-II-Block (Dualblock) kann mit der „Train-of-four"-Stimulation

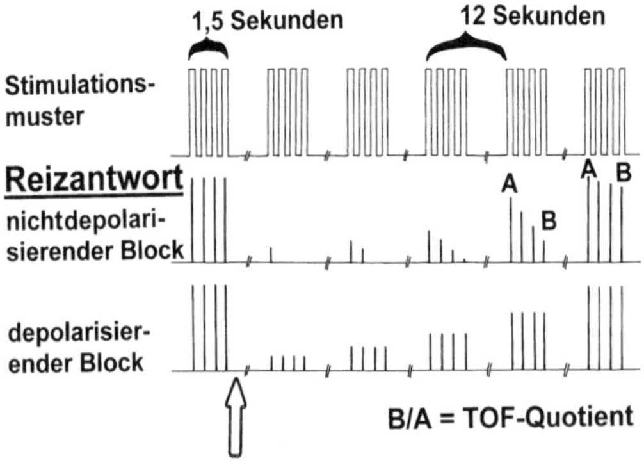

Abb. 1.34 Reizantwort

erfaßt werden (Abb. 1.34). Kommt es nach Gabe größerer Dosen von Succinylcholin zu einer Ermüdungsreaktion, dann hat sich ein Phase-II-Block (Dualblock) entwickelt.

Der TOF ist vor allem bei einer Blokkade mit einem nichtdepolarisierenden Muskelrelaxans von großem Aussagewert. Es kann relativ einfach der Relaxierungsgrad beurteilt werden.

Die TOF-Stimulation bietet sich an:

- zur Überwachung des Relaxationsgrades während der Intubation,
- zur intraoperativen Überwachung des Relaxationsgrades, sowie insbesondere zur Überwachung des Relaxationsgrades während der Narkoseausleitung.

Registrierung der Muskelantwort

Die durch den elektrischen Reiz ausgelöste Muskelantwort wird meist

- taktil bzw. visuell oder
- mittels Akzellerographie

registriert.

Taktiles oder visuelles Erfassen

Die einfachste Methode zur Registrierung der Reizantwort nach peripherer Nervenstimulation ist die Beurteilung der Reizantwort durch Fühlen mit der Hand oder durch visuelles Betrachten des gereizten Muskels. In vielen Kliniken wird die Reizantwort noch taktil oder visuell beurteilt, da nicht ausreichend Geräte zur apparativen Reizregistrierung verfügbar sind. Es hat sich gezeigt, daß ein taktiles Erfassen der Reizantwort genauere Ergebnisse liefert als die optische Einschätzung.

Zur Steuerung der intraoperativen Relaxationstiefe ist die taktile Beurteilung meist ausreichend. In der Erholungsphase ist das taktile Auflösungsvermögen nicht ausreichend. Taktil kann ein TOF-Quotient bis zu 0,4 erfaßt werden. Bei größerem TOF-Quotient, also geringem Relaxierungsgrad, werden die Reizantworten als gleich stark empfunden und können nicht mehr differenziert werden. Da für eine sichere Extubation ein TOF-Quotient von 0,7 erfordert wird, ist die taktile Beurteilung in der Abklingphase nicht ausreichend genau möglich. Hier ist die apparativ-technische Registrierung der Reizantwort (z.B. mittels Akzellerographie) sinnvoll.

Registrierung mittels Akzellerographie

Bei der Akzellerographie wird nach Stimulation eines Nervs (z.B. des Nervus ulnaris) nicht die Kraftentwicklung, sondern die nachfolgende proportionale Beschleunigungsbewegung (z.B. des Daumens) gemessen. Voraussetzung ist eine freie Beweglichkeit des Daumens.
Zur Reizantwortregistrierung wird ein Beschleunigungswandler am Daumen fixiert (vgl. Abb. 1.32). Ein Beschleunigungswandler enthält einen Mechanosensor. Dieser führt zu einer Spannungsänderung, die proportional der Beschleunigung ist.

Antagonisierung von nichtdepolarisierenden Muskelrelaxanzien

Ein Nichtdepolarisationsblock sollte frühestens dann antagonisiert werden, wenn mindestens eine Reizantwort bei der TOF-Reizung nachweisbar ist. Bei tieferen Relaxationsgraden ist eine Antagonisierung meist unzuverlässig und sollte unterlassen werden.

Die endotracheale Intubation

Definition
Unter endotrachealer Intubation wird das Einführen eines Schlauches oder Tubus (lateinisch: tubus = Rohr) durch die Stimmritze in die Trachea verstanden.

Bei der endotrachealen Intubation muß der Kehlkopf möglichst sichtbar gemacht und der Tubus unter Sicht durch den Kehlkopf in die Trachea vorgeschoben werden. Über dieses Rohr kann der Patient entweder selbständig atmen oder künstlich beatmet werden.

Wird der Tubus durch den Mund in die Trachea eingeführt, so wird von **orotrachealer Intubation gesprochen.** Beim Einführen des Tubus durch die Nase in die Trachea wird von **nasotrachealer Intubation gesprochen.**

Vorteile der endotrachealen Intubation

Die Beatmung während einer Narkose kann sowohl über eine dicht um Mund und Nase geschlossene Gesichtsmaske, eine Kehlkopfmaske als auch über einen endotrachealen Tubus erfolgen. Die Vorteile einer endotrachealen Intubation sind:

- Der Patient ist vor einem Eindringen von Speichel, Blut, Magen-Darm-Inhalt und sonstigen Fremdkörpern in die Trachea (= Aspiration, s. S. 185) geschützt, solange er intubiert ist.
- Der Anschluß an ein Beatmungsgerät ist möglich.
- Es ist ein gezieltes, endotracheo-bronchiales Absaugen möglich.
- Die Personal- und Umweltbelastung durch Narkosegase ist geringer. Bei einer Maskenbeatmung kann durch die meist nicht völlig abgedichtete Maske Narkosegas in den OP-Raum entweichen. Bei einer Intubationsnarkose können alle Narkosegase sicher abgesaugt werden.

Absolute Indikationen zur Intubation

Absolute Indikationen zur endotrachealen Intubation sind:

- Ein nicht „nüchterner“ Patient (z. B. Patienten mit einem Ileus, Schwangere ab der 12ten Schwangerschaftswoche, Notfallpatienten usw., s. S. 183).
- Eingriffe, die länger als ca. 30 Minuten dauern und bei denen sich eine Narkose unter Verwendung einer Larynxmaske verbietet.
- Wenn die Maskenbeatmung nicht gelingt, z. B. ist bei alten, zahnlosen Patienten manchmal die Maskenbeatmung schwierig bis unmöglich.
- Operationen im Gesichts-, Mund- und Halsbereich
- Bauch- und Thoraxeingriffe
- Ungünstige Operationslagerungen wie Bauchlage, Seitenlage oder sitzende Lagerung, bei denen eine Maskenbeatmung umständlich, zu ermüdend oder unmöglich ist.

Anatomie des Kehlkopfes (Abb. 1.35)

Der Kehlkopf ist aus einem Knorpelskelett aufgebaut. Wichtigster Knorpel ist der Schildknorpel, dessen prominentester Punkt normalerweise als „Adamsapfel" getastet werden kann. Unmittelbar darunter sitzt der Ringknorpel (Cartilago cricoidea). Der Kehlkopfeingang, die Stimmritze (Glottis, 1 in Abb. 1.35), wird durch die beiden Stimmbänder (2 in Abb. 1.35) begrenzt. Während des Schluckaktes wird die Stimmritze von der darübersitzenden Epiglottis (3 in Abb. 1.35) bedeckt, um das Eindringen von Speisen in die Luftwege zu verhindern.
Engste Stelle des Kehlkopfes ist beim Erwachsenen die Glottis. Die Größe eines Endotrachealtubus muß sich daher an der Größe der Glottis orientieren. Beim Kind dagegen ist die engste Stelle des Kehlkopfes unterhalb der Stimmritze im Bereich des Ringknorpels. Ein Endotrachealtubus, der sich durch die Glottis vorschieben läßt, kann daher beim Kind knapp unterhalb der Glottis auf Widerstand stoßen. Er darf dann nicht mit Gewalt vorgeschoben, sondern muß gegen einen kleineren Tubus ausgetauscht werden.

Instrumentarium für die endotracheale Intubation

Der Endotrachealtubus
(Abb. 1.36 a, b)

Allgemeine Bemerkungen:

Endotrachealtuben werden in unterschiedlichen Größen und Formen sowie

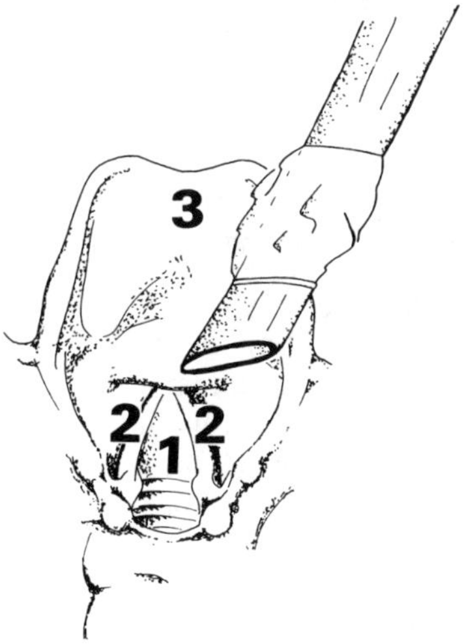

Abb. 1.35 Kehlkopfeingang mit angenäherter Tubusspitze.
1 = Stimmritze, 2 = Stimmbänder, 3 = Epiglottis.

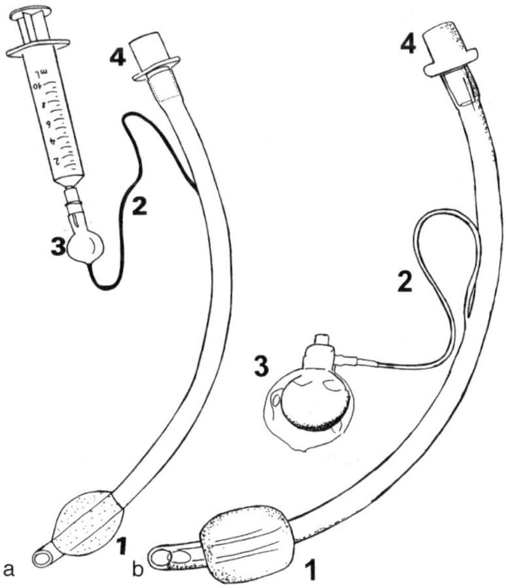

Abb. 1.36 a, b Endotrachealtubus mit aufgesetzter Spritze zum Blocken der Manschette.
1 = **a:** kleinvolumige Hochdruckmanschette, **b:** großvolumige Niederdruckmanschette; 2 = Zuleitung für die Manschette; 3 = Kontrollballon der Manschettenzuleitung; 4 = Konnektor.

aus unterschiedlichem Material geliefert. Die meisten Tuben besitzen am trachealen Ende eine aufblasbare Manschette (englisch: cuff, sprich: kaf). Diese Manschette (1) ist über eine teilweise in die Tubuswand eingearbeitete Leitung (2) aufblasbar. Anhand der Prallheit eines in diese Leitung eingebauten Kontrollballons (3) kann abgeschätzt werden, wie stark der **Tubus-Cuff** aufgeblasen (= geblockt) ist. Durch dieses Blocken des Cuffs wird ein Abdichten des Tubus gegen die Trachealwand garantiert. Bei den Tubusmanschetten kann (nach Art des Manschettenmaterials und des Manschettenvolumens) zwischen sogenannten **Hochdruckmanschetten** und **Niederdruckmanschetten** unterschieden werden (vgl. Abb. 1.36 a, b). Hochdruckmanschetten werden mit einem relativ kleinen Volumen (ca. 5–7 ml) geblockt. Der zur Entfaltung der Manschette notwendige Druck ist relativ hoch. Niederdruckmanschetten werden mit einem relativ großen Volumen (ca. 15 ml) geblockt. Der Druck in diesen geblockten Manschetten ist relativ niedrig. Am oralen Ende besitzen alle Trachealtuben einen abziehbaren Konnektor (4) aus Kunststoff oder Metall. Die In- und Exspirationsschläuche werden mittels eines sogenannten Winkelstückes oder eines Y-Stückes (s. S. 14) mit dem Konnektor verbunden (Steckverbindung).

Die Tubusgröße:

Die Größe eines Tubus wird meist nach dem in Millimetern gemessenen **Innendurchmesser (ID)** angegeben, selten wird noch die alte französische Bezeichnung **Charrière (Charr)** benutzt.

$4 \times ID + 2 = Charr.$

Der kleinste Tubus hat einen Innendurchmesser von 2,0 mm und entspricht der Charrière-Größe 10. Der nächstgrößere Tubus hat jeweils einen um 0,5 mm größeren Innendurchmesser, was einer Zunahme der Charrière-Größe um jeweils 2 entspricht. 2 mm Innendurchmesser (= 2er Tubus) entsprechen 10 Charrière. 2,5 mm Innendurchmesser (= 2,5er Tubus) entsprechen 12 Charrière. Der größte Tubus hat 11 mm Innendurchmesser (= 11er Tubus), was einer Charrière-Zahl von 46 entspricht (Tab. 1.6).

Für erwachsene Männer wird meist ein Tubus der Größe 8,0–8,5 (34–36 Charrière), für erwachsene Frauen ein solcher von 7,5–8,0 (32–34 Charrière) empfohlen. Bei Kindern unter 8–10 Jahren wird allgemein empfohlen, einen Tubus ohne Manschette zu verwenden.

Verschiedene Endotrachealtuben:

Allgemeine Bemerkungen:

Inzwischen werden zumeist Einweg-Endotrachealtuben verwendet. Die meisten Einweg-Endotrachealtuben werden aus PVC (Polyvinylchlorid) hergestellt. PVC-Tuben sind relativ weich und nicht gewebereizend. Inzwischen werden auch für kürzerdauernde Intubationen zunehmend Endotrachealtuben mit Niederdruckmanschette eingesetzt.

Magill-Tuben (Abb. 1.37)
sind leicht vorgebogene Tuben mit einem normierten Krümmungsradius. Magill-Tuben liegen sowohl für die orotracheale wie auch für die nasotracheale Intubation vor. Sie bestehen aus Plastik (meist PVC) oder aus Weichgummi. Insbesondere bei den für den Einmalgebrauch gedachten Plastiktuben gibt es ein riesiges Angebot. Wiederverwendbare Magill Tuben aus Weichgummi werden zunehmend seltener eingesetzt.

Tabelle 1.6 Tubusgrößen für verschiedene Altersstufen

Alter (Jahre)	Gewicht (kgKG)	Tubusgröße Innendurchmesser	Charrière	Cuff
Frühgeborene		2,5	12	ohne Cuff
Neugeborene	3,3	3,0	14	
6 Monate	8,0	3,5	16	
1 Jahr	10	4,0	18	
1,5 Jahre	12	4,5	20	
2 Jahre	13	5,0	22	
4 Jahre	17	5,5	24	
6 Jahre	22	6,0	26	
8 Jahre	28	6,5	28	
10 Jahre	31	7,0	30	mit Cuff
12 Jahre	39	7,5	32	
14 Jahre	48	8,0	34	
Faustregel: von 2–14 J.		$4{,}5 + \frac{(\text{Alter})}{4}$	20 + Alter	

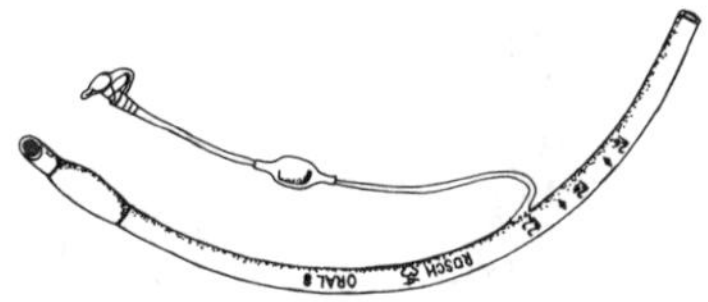

Abb. 1.37 Magill-Tubus

Der **Murphy-Tubus** (Abb. 1.38)
unterscheidet sich vom Magill-Tubus nur dadurch, daß er auf der rechten Seite kurz vor der Tubusspitze ein zusätzliches seitliches Loch, ein sogenanntes Murphy-Auge, besitzt. Über dieses Auge kann ein möglicherweise atypisch aus der distalen Trachea entspringender rechter Oberlappenbronchus besser belüftet werden. Zumeist werden Endotrachealtuben mit einem Murphy-Auge verwendet.

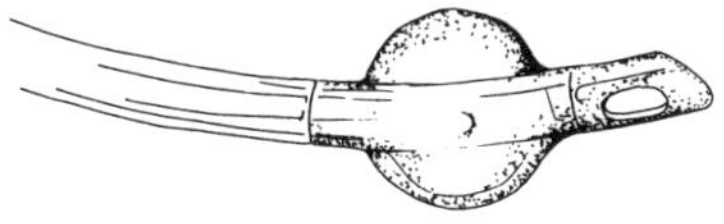

Abb. 1.38 Spitze eines Murphy-Tubus mit Murphy-Auge

Der **Oxford-Tubus** (Abb. 1.39)
ist ein nicht knickbarer, „L"-förmiger Tubus, der nur zur orotrachealen Intubation verwendet werden kann. Er wird normalerweise mit einem (ausnahmsweise) etwas über die Tubusspitze herausragenden speziellen Führungsstab (s. S. 77) angewandt. Dadurch läßt sich erfahrungsgemäß mit dem Oxford-Tubus sehr leicht intubieren, meist auch in schwierigen Situationen. Der Oxford-Tubus kommt jedoch nur noch selten zum Einsatz.

Der **Woodbridge-Tubus** (Abb. 1.40)
wird aus Latex hergestellt und zeichnet sich durch eine in die Tubuswand eingebaute Metallspirale aus. Dadurch erhält der Tubus seine enorme Flexibilität und

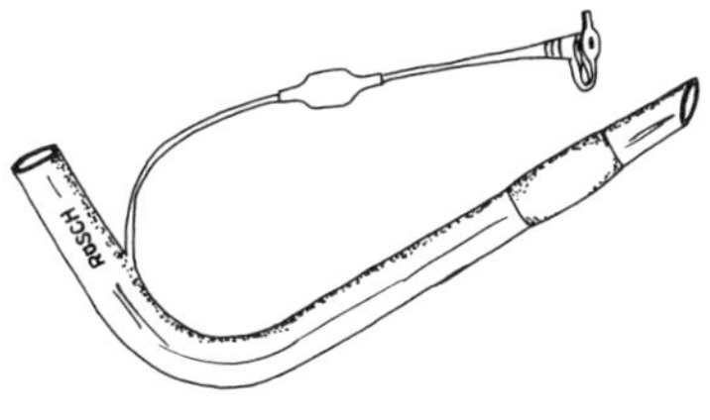

Abb. 1.39 Oxford-Tubus

Abb. 1.40 Woodbridge-Tubus

ist nicht knickbar. Zur inneren Stabilisierung dieses sehr flexiblen Tubus muß für die Intubation immer ein Führungsstab (s. S. 77) verwendet werden. Woodbridge-Tuben werden z.B. dann verwendet, wenn der Patient auf dem Bauch gelagert oder der Tubus aus einem anderen Grund stark zur Seite abgeleitet werden muß.

Der **Kamen-Wilkinson-Tubus** (Abb. 1.41) besitzt einen Cuff aus schwammartigem Polyurethangewebe, das normalerweise ballonförmig entfaltet ist. Zur Intubation muß dieser Cuff über die Blockerleitung leergesaugt (!) werden. Nach der Intubation wird die Blockerleitung wieder freigegeben und das Polyurethangewebe saugt sich mit Luft voll und entfaltet sich. Dieser Cuff legt sich besonders schonend der Trachealwand an. Bei hohen Beatmungsdrücken reicht diese „Eigenblokkung" jedoch häufig nicht aus. Die Blokkerzuleitung kann daher gegebenfalls an einen (zwischen Tubus und Y-Stück zwischengesteckten) Adaptor angeschlossen werden, wodurch der Cuff bei bei jeder Inspiration (durch den Beatmungsdruck) „nachgeblockt" und während der Exspiration z.T. wieder etwas „entblockt" wird.

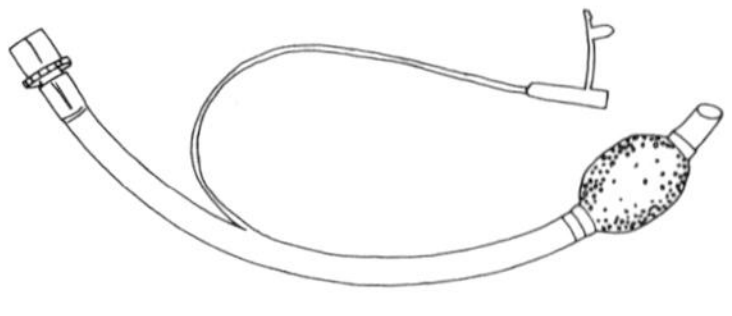

Abb. 1.41 Kamen-Wilkinson-Tubus

Der **Carlens-, der White- und der Robertshaw-Tubus**
(Abb. 1.42 und 1.43)
diese Tuben sind spezielle, doppellumige Tuben, die eine gleichzeitige oder eine getrennte Beatmung der linken und der rechten Lunge beziehungsweise nur eine einseitige Beatmung ermöglichen. Die Spitze

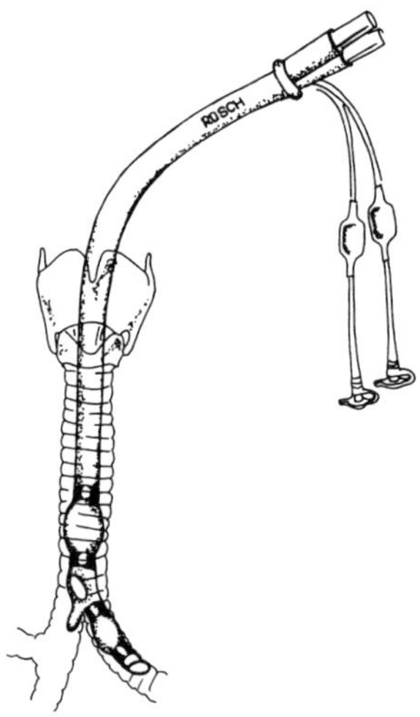

Abb. 1.42 In den linken Hauptbronchus eingeführter Carlens-Tubus

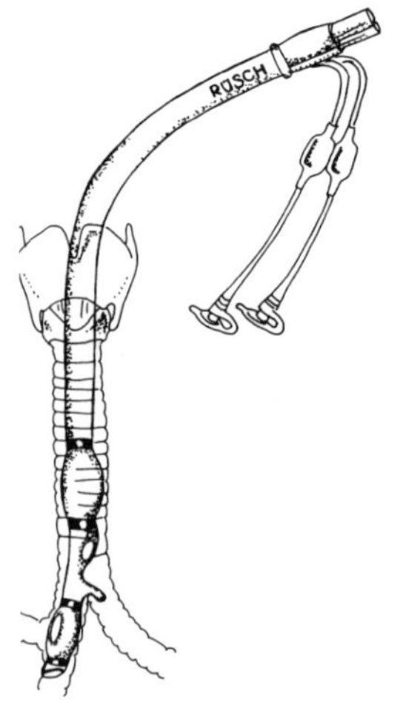

Abb. 1.43 In den rechten Hauptbronchus eingeführter White-Tubus

des Carlens-Tubus liegt im linken Hauptbronchus (für Operationen der rechten Lunge), die Spitze des White-Tubus wird im rechten Hauptbronchus plaziert (für Operationen der linken Lunge). Diese Tuben besitzen einen Sporn, der auf der Carina zu liegen kommt (Carinasporn) (vgl. Abb. 1.42, 1.43). Der Sporn kann beim Einführen manchmal zu Verletzungen führen. Durch die Möglichkeit zur seitengetrennten Beatmung kann auch verhindert werden, daß z. B. während einer Lungenoperation infektiöses Material oder Tumorgewebe von der kranken Lunge in die gesunde Lunge verschleppt wird. Der Robertshaw-Tubus ist ein dem Carlens- und White-Tubus sehr ähnlicher doppelläufiger Tubus. Er besitzt jedoch keinen Carinasporn. Der Robertshaw-Tubus besitzt zwei typische Krümmungen und ist leichter zu plazieren als ein doppelläufiger Tubus mit Sporn. Er liegt sowohl für die linksseitige als auch für die rechtsseitige endobronchiale Intubation vor. Wiederverwendbare Doppellumentubi wie z. B. der Carlens-, der White- und auch der Robertshaw-Tubus werden inzwischen meist durch Einweg-Doppellumentubi aus Plastik (z. B. Broncho-Cath) ersetzt.

Bei der rechtsseitigen endobronchialen Intubation kann es leicht zur Verlegung des kurz nach der Bifurkation abgehenden Bronchus für den rechten Lungenoberlappen kommen. Daher wird, falls möglich, die linksendobronchiale Intubation vorgezogen oder die Lage muß mittels Fiberbronchoskop (s. S. 198) kontrolliert werden.

Führungsstäbe
(Abb. 1.44)

Führungsstäbe sind kunststoffbeschichtete, biegsame Metalldrähte, die in orale (!) Tuben eingeführt werden können. Dadurch kann ein oraler Tubus bei schwierigen Intubationsverhältnissen in eine intubationsgünstigere Form vorgebogen werden.

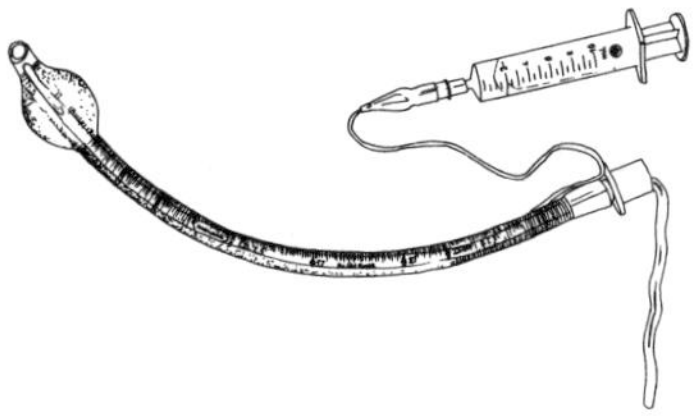

Abb. 1.44 In einen Woodbridge-Tubus eingeführter Führungsstab

Die Führungsstäbe dürfen nicht aus der Tubusspitze herausragen, da sie ansonsten eine große Verletzungsgefahr darstellen. Ausnahme ist der Oxford-Tubus, bei dem die sehr weiche Gummispitze des speziellen Führungsstabes normalerweise aus der Tubusspitze herausragt. Die Woodbridge-Tuben müssen immer mit einem Führungsstab intubiert werden, um eine innere Schienung der sehr flexiblen Tuben zu garantieren. Es empfiehlt sich, die Führungsstäbe mit einem Gleitmittel zu versehen, damit sie sich nach der Intubation wieder problemlos aus dem Tubus herausziehen lassen.

Das Laryngoskop

Ein Laryngoskop ist ein Hilfsinstrument, mit dem der Kehlkopf eingestellt, also sichtbar gemacht werden kann.

Das Laryngoskop wird normalerweise zur endotrachealen Intubation unter Sicht, manchmal auch zum Einführen einer Magensonde oder einer Ösophagustemperatursonde unter Sicht oder zur Rachen- und Kehlkopfinspektion verwendet. Laryngoskope bestehen aus einem **Griff** und einem **Spatel.** An der Spatelspitze ist ein Lämpchen angebracht, dessen Strom-

quelle (z.B. zwei Trockenbatterien) im Griff untergebracht ist.
Griff und Spatel sind über ein leicht ausklinkbares Scharniergelenk miteinander verbunden. Zusammengeklappt kann das Laryngoskop platzsparend aufbewahrt werden (Abb. 1.45), aufgeklappt (ca. 90°) schließt sich ein Kontakt, und das Lämpchen leuchtet auf (Abb. 1.46). Es werden heute vor allem Laryngoskope mit einem **gebogenen Spatel nach MacIntosh** (vgl. Abb. 1.46) oder leichte Modifikationen davon, seltener auch noch Laryngoskope mit **geradem Spatel** (z.B. nach Miller, Abb. 1.47) verwendet. Die gebogenen Spatel passen sich besser der Anatomie der Mundhöhle an und werden aus diesem Grunde allgemein bevorzugt. Bei den gebogenen Spateln nach MacIntosh gibt es fünf verschiedene Spatelgrößen (Größe 0, 1, 2, 3, 4; Abb. 1.48). Vor allem bei Säuglingen und Kleinkindern kommt manchmal noch das Laryngoskop mit geradem Spatel zur Anwendung (s. S. 211).

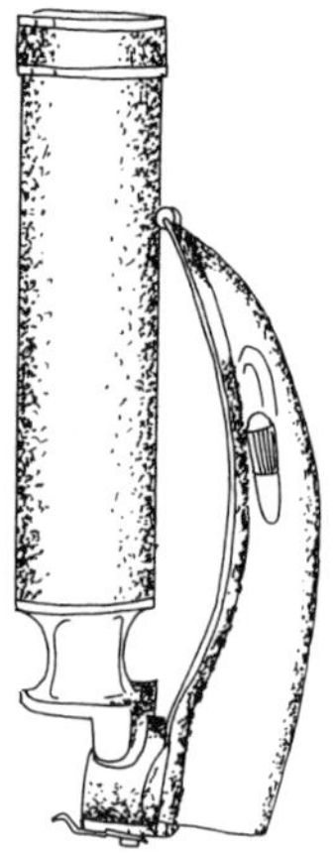

Abb. 1.45 Zusammengeklapptes Laryngoskop (nach MacIntosh)

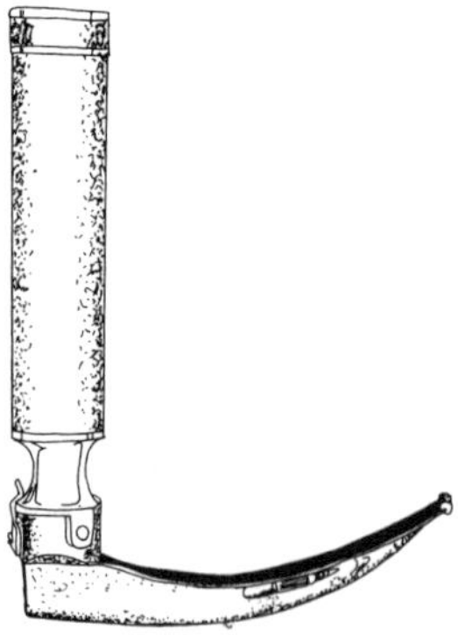

Abb. 1.46 Geöffnetes Laryngoskop (nach MacIntosh)

Die Magill-Zange
(Abb. 1.49)

Insbesondere bei der nasotrachealen Intubation sowie z.B. beim Einführen einer

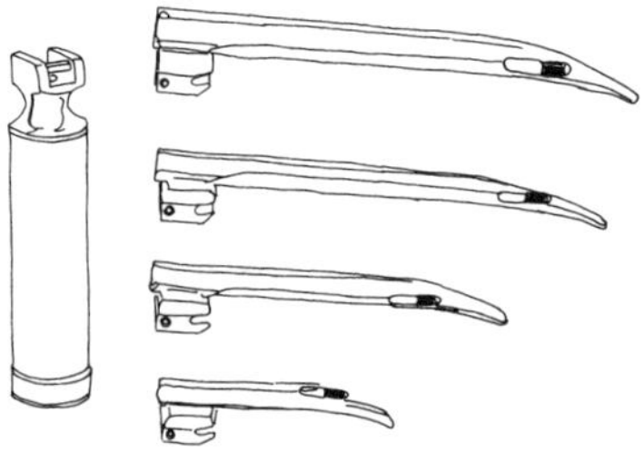

Abb. 1.47 Griff des Laryngoskops mit verschiedenen Spatelgrößen (gerade Spatel nach Miller)

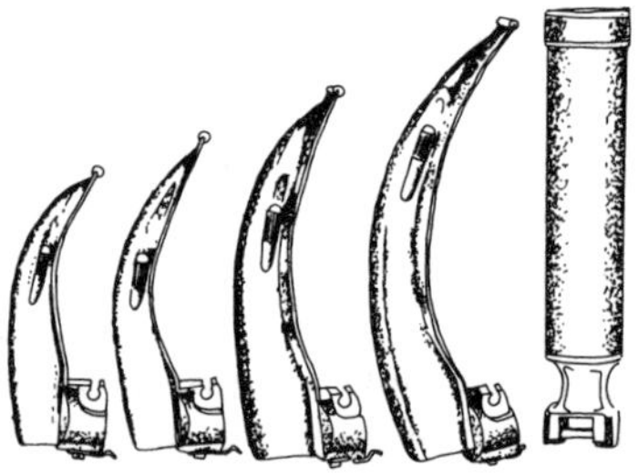

Abb. 1.48 Griff des Laryngoskops mit verschiedenen Spatelgrößen (gebogene Spatel nach MacIntosh)

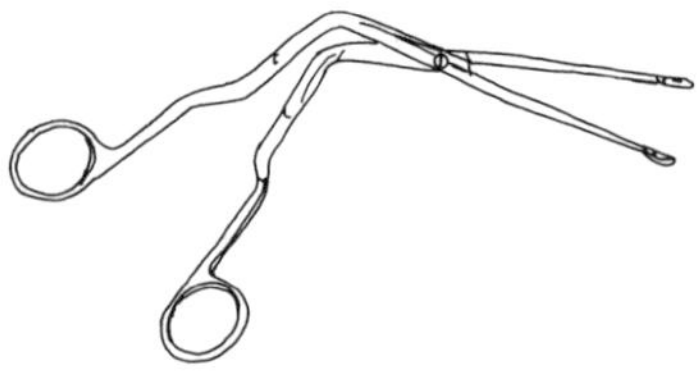

Abb. 1.49 Magill-Zange

Magensonde unter Sicht wird häufig eine Faßzange benötigt, um den Tubus oder die Sonde zu dirigieren. Am gebräuchlichsten ist die sogenannte Magill-Zange, deren scherenförmiger Griff stark zur Seite gebogen ist, damit bei Gebrauch der Blick auf den Kehlkopf frei bleibt.

Der Guedel-Tubus
(Abb. 1.50)

> Guedel-Tuben sind Oropharyngealtuben, die z.B. beim bewußtlosen Patienten eingelegt werden, um ein Zurückfallen der Zunge mit Verlegung der oberen Luftwege zu verhindern (Abb. 1.51).

Auch beim oral intubierten Patienten wird zusätzlich ein Guedel-Tubus als „Beißschutz" für den Orotrachealtubus eingelegt (vgl. Abb. 1.67, S. 87). Es gibt insgesamt 9 verschiedene Guedel-Tuben:

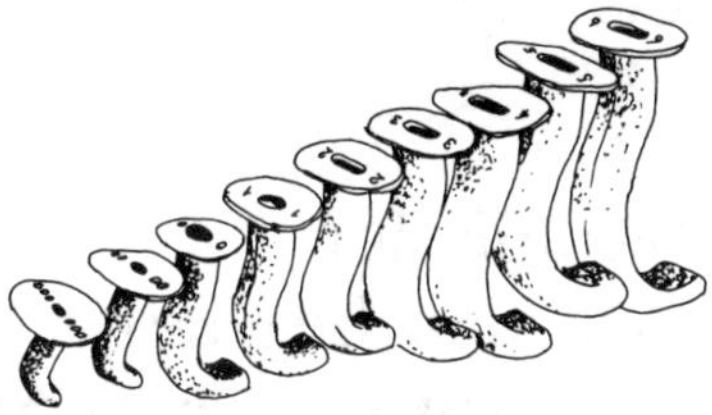

Abb. 1.50 Unterschiedlich große Guedel-Tuben

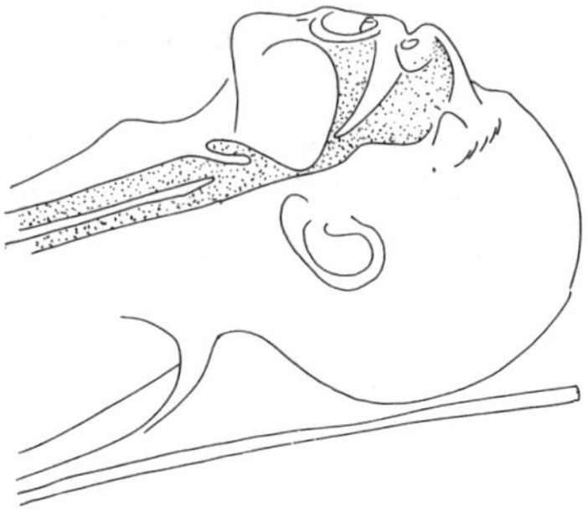

Abb. 1.51 Verschluß der oberen Luftwege durch zurückgefallene Zunge

Nr. 6, 5, 4, 3, 2, 1, 0, 00, 000. Guedel-Tuben werden nach der in Abb. 1.52 und 1.53 gezeigten Weise in den Mund eingeführt. Sie werden oft auch bei der Maskenbeatmung (s. S. 98) narkotisierter Patienten in deren Mund eingeführt, wodurch eine Verlegung der oberen Luftwege durch die zurückfallende Zunge verhindert wird. Guedel-Tuben können zu einer starken Reizung der Rachenwand mit Husten, Würgen und Brechreiz führen. Sie dürfen deshalb erst eingeführt werden, wenn der Patient tief genug in Narkose ist und die Schutzreflexe sicher ausgeschaltet sind. Bei der Auswahl des Tu-

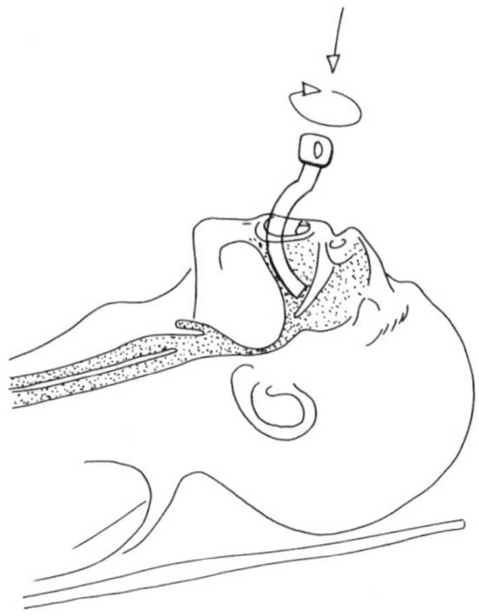

Abb. 1.52 Einführen eines Guedel-Tubus

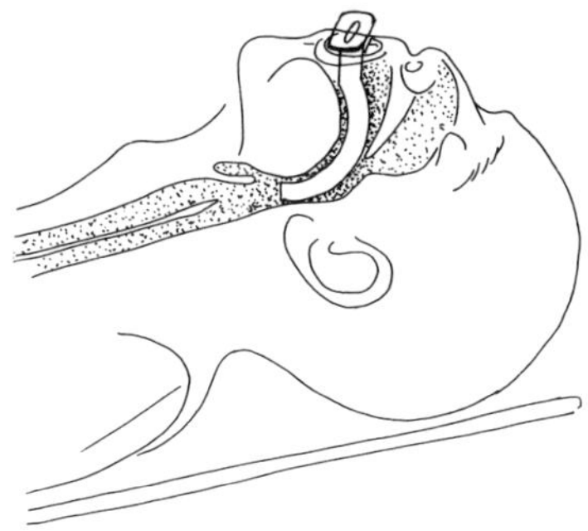

Abb. 1.53 Eingeführter Guedel-Tubus (richtige Größe)

bus ist auf die richtige Größe zu achten. Ist der Guedel-Tubus zu klein gewählt, kann es trotzdem zur Verlegung der oberen Luftwege durch die Zunge kommen (Abb. 1.54); ist er zu groß gewählt, kann er die Epiglottis vor den Kehlkopfeingang drücken (Abb. 1.55), wodurch der Kehlkopfeingang verschlossen wird und es beim Beatmen zum Einblasen von Luft in den Magen kommen kann.

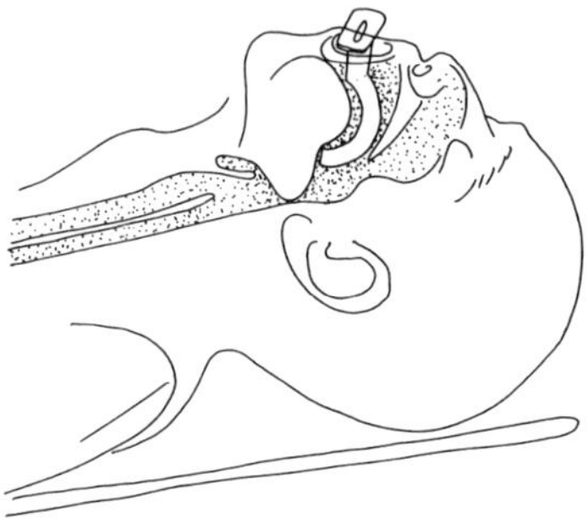

Abb. 1.54 Eingeführter Guedel-Tubus (zu geringe Größe)

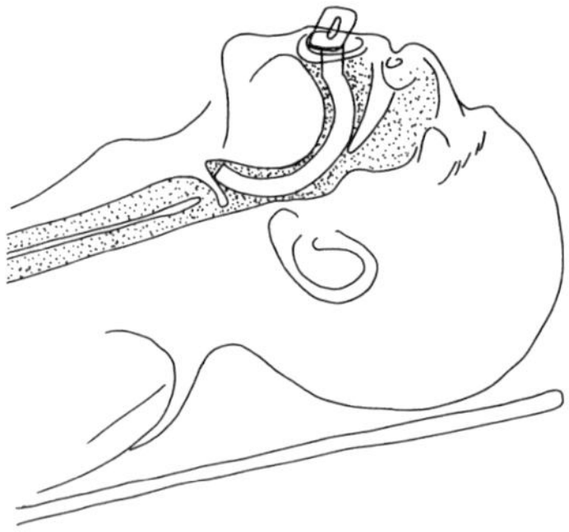

Abb. 1.55 Eingeführter Guedel-Tubus (zu große Größe)

Vorbereitungen zur endotrachealen Intubation

1. Überprüfung des Narkosegerätes (s. S. 22)
2. Überprüfung des Narkosewagens auf Vollständigkeit(!) (s. S. 23)
3. Vorbereitung des Narkosewagens (s. S. 24), das heißt Bereitlegen der für die Intubation notwendigen Dinge:

- Laryngoskop (Lichtquelle auf Funktionsfähigkeit prüfen!)
- Tubus (Cuff durch Aufblasen auf Dichtigkeit prüfen!); zusätzlich müssen noch der nächstkleinere und der nächstgrößere Tubus griffbereit gelegt werden.
- 10-ml- oder 20-ml-Spritze zum Blocken des Tubus-Cuffs nach der Intubation
- Guedel-Tubus bei geplanter oraler Intubation (s. S. 79)
- Eventuell Führungsstab (s. S. 77) bei geplanter oraler Intubation
- Magill-Zange (s. S. 78) bei geplanter nasaler Intubation
- Pflaster zum Festkleben des Tubus

4. Aufziehen der Medikamente (s. S. 24)
5. Vorbereitung des Patienten auf die Narkose (s. S. 24)

Die Technik der orotrachealen Intubation unter laryngoskopischer Sicht

Die orotracheale Intubation unter Sicht ist die Methode der Wahl bei Routineoperationen. Der Kopf des Patienten wird auf einem ca. 10 cm hohen Polster gelagert und im Nacken überstreckt (= sog. **„verbesserte Jackson-Position"** oder **„Schnüffelposition"** wie beim „Wittern von Morgenluft", Abb. 1.56). Bei dieser Lagerung bilden die Mundhöhle, der Pharynx (= Rachen), der Larynx (= Kehlkopf) und die Trachea beinahe eine Gerade, was den Einblick auf die Stimmritze und damit die Intubation unter laryngoskopischer Sicht

Abb. 1.56 Kopflagerung für die endotracheale Intubation („verbesserte Jackson-Position“)

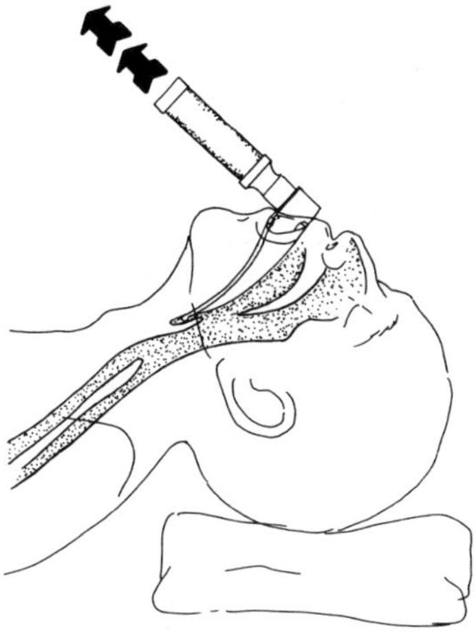

Abb. 1.58 Eingeführtes Laryngoskop mit angedeuteter Zugrichtung

erleichtert. Mit den Fingern der rechten Hand wird der Mund des Patienten geöffnet. Das angereichte Laryngoskop wird in die linke Hand genommen, vorsichtig am rechten (!) Mundwinkel eingeführt und dann vorsichtig tiefer in den Mund eingeschoben und gleichzeitig, unter Wegdrängen der Zunge nach links, zur Mundmitte gebracht (Abb. 1.57). Der Laryngoskopspatel wird vorgeführt, bis die Epiglottis erkennbar ist. Bei Verwendung eines Laryngoskops mit gebogenem Spatel nach MacIntosh (s. S. 77) wird die Spatelspitze in der Falte zwischen Zungengrund und Epiglottis, in der sogenannten **glossoepiglottischen Falte** plaziert (Abb. 1.58). Nun wird das Laryngoskop in Griffrichtung (!!), also nach fußwärts und oben gezogen (Abb. 1.58). Hierdurch wird die Zungenbasis angehoben und die daranhängende Epiglottis aufgerichtet. Der Blick auf die Stimmritze (= Glottis) wird frei, die Glottis ist „eingestellt“ (Abb. 1.59, 1.60).

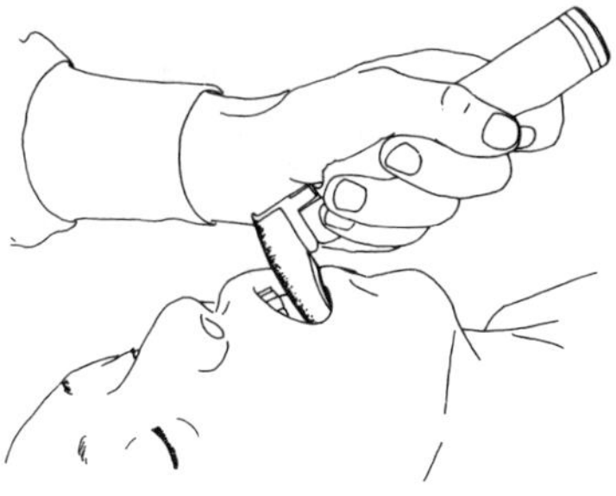

Abb. 1.57 Einführungen des Laryngoskops mit der linken Hand

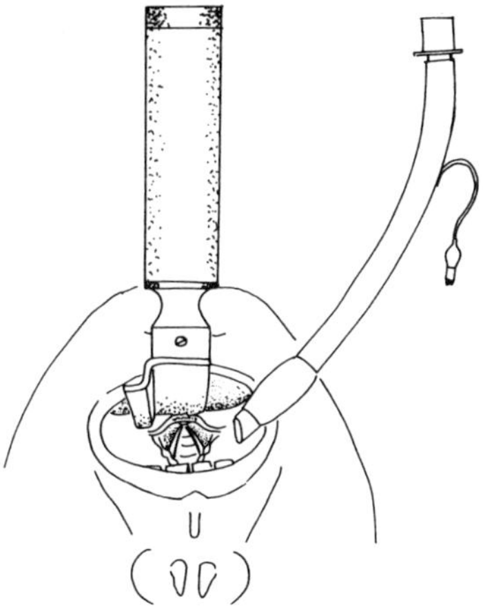

Abb. 1.59 Eingeführtes Laryngoskop mit Sicht auf die geöffnete Stimmritze

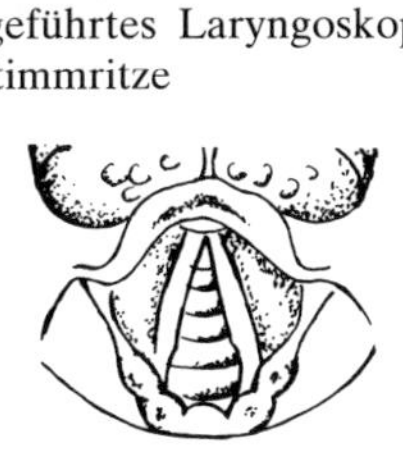

Abb. 1.60 Kehlkopfeingang

Zum Aufrichten der Epiglottis darf niemals (!!) nur die Spatelspitze angehoben werden, indem das Ende des Laryngoskopgriffes nach kopfwärts gezogen und gegen die oberen Schneidezähne gehebelt wird. Hierdurch kann zwar die Glottis eingestellt werden, aber genauso leicht können hierbei selbst gesunde obere Schneidezähne herausgebrochen werden!

Mit der rechten Hand kann der nun angereichte Tubus vorsichtig unter Sicht (!) durch die Stimmritze geführt werden (Abb. 1.61 und 1.62). Die Blockermanschette muß ganz hinter der Stimmritze verschwinden (Abb. 1.63). Bei Tuben ohne Cuff (für Kinder unter 8–10 Jahre) sollte der Tubus soweit eingeführt werden, daß der meist markierte Anteil der Tubusspitze gerade hinter der Glottis verschwindet (und die Tubusspitze sich ungefähr in Tracheamitte befindet). Der Tubus sollte möglichst vom rechten Mundwinkel aus eingeführt werden, damit zwischen Laryngoskopspatel und dem einzuführenden Tubus immer auf die Stimmritze gesehen werden kann (vgl. Abb. 1.59). Beim Durchtritt durch die Stimmritze muß der Tubus manchmal leicht hin und her rotiert werden, damit er schonend durch die Stimmritze gleitet. Den Tubus nie (!) gewaltsam in die Trachea vorschieben. **Nach erfolgreicher Intubation:**

- Blocken des Tubus (s. S. 85)
- Lagekontrolle des Tubus (s. S. 86)
- Fixierung des Tubus (s. S. 87)
- Erneute Lagekontrolle des Tubus

Vor allem **bei Neugeborenen und Kleinkindern** läßt sich mit einem gebogenen Laryngoskopspatel nach MacIntosh die Epiglottis manchmal nicht richtig aufrichten, da sie in diesem Alter relativ groß und leicht verformbar ist. Von manchen Anästhesisten wird deshalb in dieser Altersgruppe ein **Laryngoskop mit gera-**

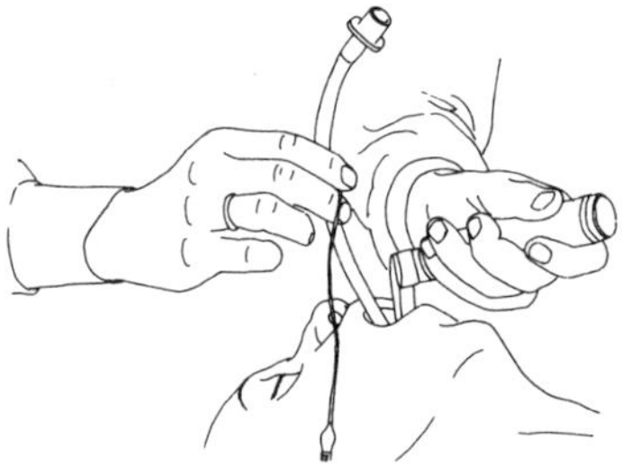

Abb. 1.61 Laryngoskopische Einstellung des Kehlkopfes mit der linken Hand und Einführen des Endotrachealtubus mit der rechten Hand

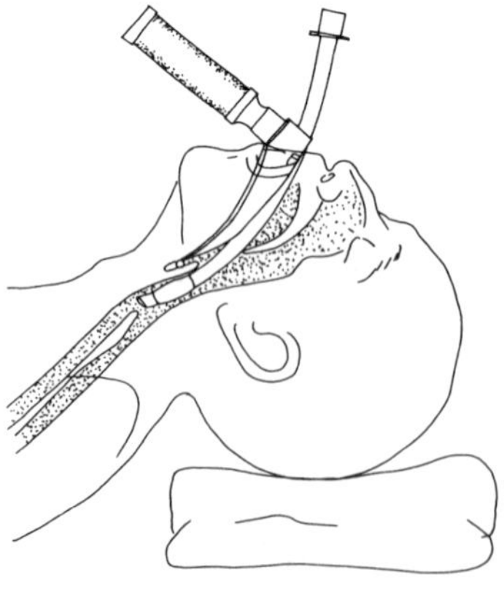

Abb. 1.62 Einführung eines orotrachealen Tubus

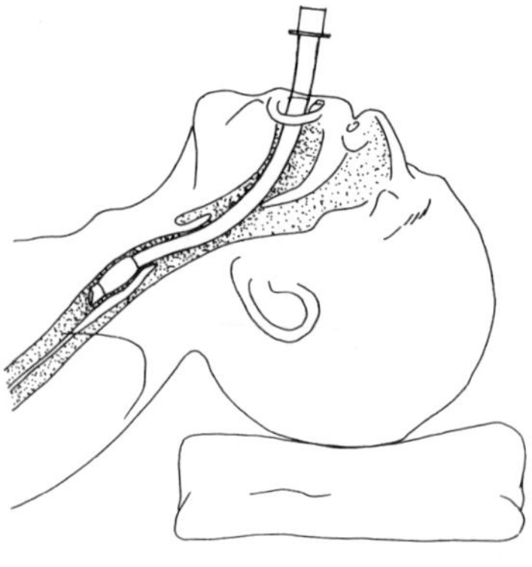

Abb. 1.63 Richtig plazierter orotrachealer Tubus

dem Spatel, z.B. nach Miller, bevorzugt. Hierbei wird die Epiglottis meist mit auf die Spatelspitze aufgeladen. Da die Unterseite der Epiglottis von Ästen des N. vagus innerviert wird, können deshalb beim Aufladen der Epiglottis mit dem geraden Spatel leichter vagale Reflexe ausgelöst werden (z.B. eine Bradykardie oder ein Laryngospasmus). Es ist daher ein tieferes Narkosestadium nötig als bei Verwendung eines gebogenen Spatels, bei dem die Spatelspitze in die Falte zwischen Zungengrund und Epiglottis eingeführt wird. Dieses Gebiet wird nicht vom N. vagus innerviert. Aus diesem Grunde sind vagale Reflexe hierbei seltener, und es genügt ein flacheres Narkosestadium für die Intubation.

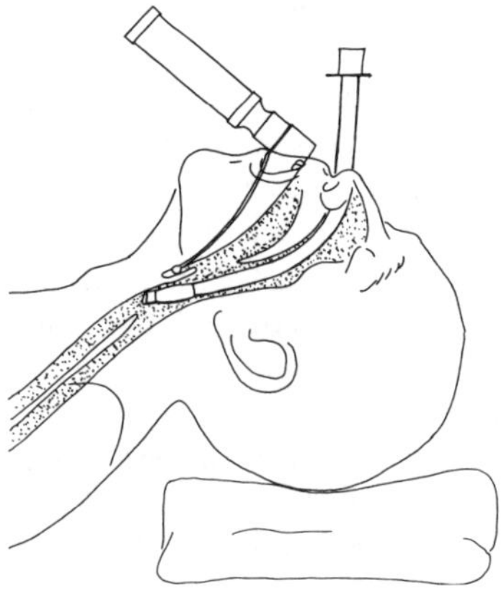

Abb. 1.64 Einführung eines nasotrachealen Tubus

Die Technik der nasotrachealen Intubation unter laryngoskopischer Sicht

Die nasotracheale Intubation unter laryngoskopischer Sicht (Abb. 1.64) ist wesentlich schwieriger als die orale Intubation unter Sicht und wird deshalb nur bei bestimmten Indikationen vorgenommen.

Indikationen für die nasotracheale Intubation sind z.B. Operationen im Mund- und Rachenbereich, bei denen ein oraler Tubus den Operateur behindern würde. Die nasotracheale Intubation wird auch bei Langzeitintubationen auf der Intensivstation oft bevorzugt, da der nasale Tubus besser fixierbar ist und vom Patienten langfristig besser toleriert wird.

Vor der nasalen Intubation empfiehlt es sich, abschwellende Nasentropfen (z.B. Nasivin) in beide Nasenlöcher einzubringen. Die Gefahr von Schleimhautblutungen wird dadurch vermindert. Zusätzlich hat sich noch das Besprühen der Nasenschleimhaut mit einem Lokalanästhetikum (z.B. Lidocain-Spray, s. S. 143) bewährt. Außerdem muß der nasale Tubus gut mit einem Gleitmittel (z.B. Lidocain-Gel, s. S. 143) bestrichen werden. Der Kopf des Patienten wird in die verbesserte Jackson-Position gebracht (vgl. Abb. 1.56). Der Tubus wird nun vorsichtig durch den unteren Nasengang, also nach dorsal (= zum Rücken hin; nie parallel zum Nasenrücken) vorgeschoben, bis er in den Rachenraum (= Pharynx) eintritt. Jetzt wird, wie bei der orotrachealen Intubation unter laryngoskopischer Sicht, mit Hilfe des Laryngoskops die Stimmritze eingestellt (vgl. Abb. 1.59). Mit der rechten Hand und mit Hilfe einer Magill-Zange dirigiert der Anästhesist die Tubusspitze durch die Stimmritze, während die Anästhesieschwester den Tubus nach Aufforderung weiter vorschiebt. Bei einiger Erfahrung ist es meist möglich, den Tubus ohne Magill-Zange durch die Stimmritze zu dirigieren. Der Anästhesist schiebt dabei den Tubus selbst mit der rechten Hand voran und kann z.B. durch leichtes Drehen des Tubus dessen Spitze dirigieren oder durch Manipulation mit dem Laryngoskop den Kehlkopfeingang etwas der Tubusspitze nähern. Außerdem kann die Anästhesieschwester nach Aufforderung den Kehlkopf durch Druck auf den Schildknorpel etwas nach dorsal, nach links oder rechts zur Tubusspitze hin verschieben. **Nach erfolgreicher Intubation** (Abb. 1.65):

- ▶ Blocken des Tubus (s. S. 85)
- ▶ Lagekontrolle des Tubus (s. S. 86)
- ▶ Fixierung des Tubus (s. S. 87)
- ▶ Erneute Lagekontrolle des Tubus

Bei einer geplanten nasotrachealen Intubation empfiehlt es sich, den Patienten zuerst oral zu intubieren (s. S. 80). Nun kann der nasale Tubus langsam und vorsichtig über die Nase in den Rachen vorgeschoben und unter laryngoskopischer Sicht bis unmittelbar vor den Kehlkopfeingang dirigiert werden. Erst jetzt wird auf Aufforderung von einem Helfer der orale Tubus wieder herausgezogen und der nasale Tubus kann durch die Stimmritze dirigiert werden.

Auch bei der nasotrachealen Intubation wird normalerweise ein Laryngoskop mit

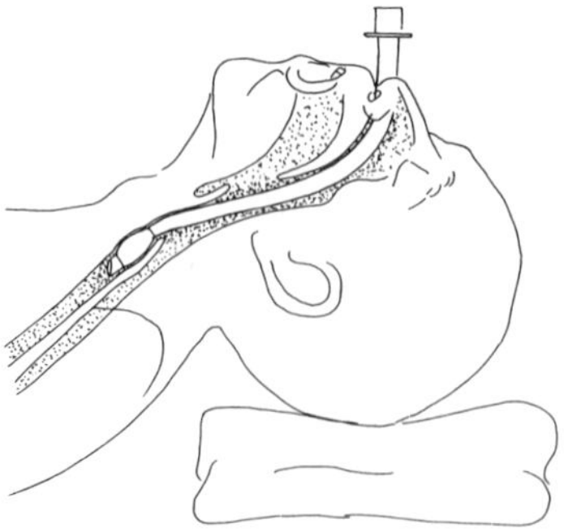

Abb. 1.65 Richtig plazierter nasotrachealer Tubus

gebogenem Spatel nach MacIntosh verwendet. Nur in Einzelfällen (meist Säuglinge und Kleinkinder) kommt ein Laryngoskop mit geradem Spatel (z.B. nach Miller) zur Anwendung (s. S. 78).

Die „blinde" nasotracheale Intubation

In Ausnahmefällen kann eine sogenannte „blinde" nasotracheale Intubation erfolgen. Sie darf jedoch nur am spontan (!) atmenden Patienten durchgeführt werden.

Der Patient kann zum Intubationsversuch sediert und analgesiert werden oder der Intubationsversuch wird unter einer Inhalationsanästhesie bei erhaltener Spontanatmung vorgenommen.

Für die Intubation wird der Kopf des Patienten durch Hochlagern auf einem 10 cm hohen Kissen in die verbesserte Jackson-Position gebracht (s. S. 80). Der nasale Tubus wird nun, wie bei der nasotrachealen Intubation unter Sicht, durch die Nase in den Pharynx eingeführt. Am Tubusende ist bei Annäherung des Ohres eine Luftströmung hör- und fühlbar. Der Tubus wird nun unter **Hörkontrolle (!)** dirigiert. Je näher die Tubusspitze vor dem Kehlkopfeingang liegt, desto lauter sind die Strömungsgeräusche am Tubusende hörbar. Liegt die Tubusspitze direkt vor der Stimmritze, so sind die hörbaren Strömungsgeräusche maximal. Während einer Inspiration wird nun versucht, den Tubus durch die Stimmritze zu schieben. Gleitet der Tubus durch die Stimmritze, so ist am Tubusende eine kräftige Luftströmung zu hören und zu fühlen. Der Patient hustet meist auch kurzfristig. Beim Abgleiten des Tubus in den Ösophagus ist plötzlich keine Luftströmung am Tubusende mehr hörbar, obwohl der Patient weiteratmet. Das beschriebene Intubationsmanöver muß nun wiederholt werden. Bei der „blinden" nasalen Intubation gelingt es häufig nicht auf Anhieb, die Tubusspitze durch die Stimmritze zu dirigieren. Die Tubusspitze kann sich z. B. vor(!) der Stimmritze in der Falte zwischen Zungengrund und Epiglottis (= glosso-epiglottische Falte) verfangen. Beim Vorschieben des Tubus tritt ein Widerstand auf, und der Hals wölbt sich meist nach ventral vor. Bei einem erneuten Versuch empfiehlt es sich, den Kopf des Patienten etwas anzuheben, wodurch die Tubusspitze weiter nach dorsal verlagert wird. Kommt die Tubusspitze dagegen zu weit dorsal(!), also hinter dem Kehlkopfeingang zu liegen, so gleitet der Tubus in die Speiseröhre ab. Bei einem erneuten Versuch empfiehlt es sich, den Kopf des Patienten stärker zu überstrecken, wodurch die Tubusspitze weiter nach ventral verlagert wird. Verfängt sich dagegen die Tubusspitze seitlich der Stimmritze, so tritt beim Vorschieben des Tubus ein Widerstand auf und der Hals wölbt sich meist seitlich vor. Bei einem erneuten Versuch empfiehlt es sich, den Tubus etwas zur Gegenseite zu rotieren, wodurch die Tubusspitze zur Mitte hin gelagert wird. **Nach erfolgreicher Intubation** (vgl. Abb. 1.65):

- ▶ Blocken des Tubus (s. S. 85)
- ▶ Lagekontrolle des Tubus (s. S. 86)
- ▶ Fixierung des Tubus (s. S. 87)
- ▶ Erneute Lagekontrolle des Tubus

Seit die Möglichkeit zur Intubation unter fiberbronchoskopischer Kontrolle möglich ist (s. S. 198), wird eine „blinde" nasotracheale Intubation nur noch sehr selten vorgenommen.

Blocken des Tubus

Sofort nach der Intubation muß von der Anästhesieschwester der Tubus-Cuff geblockt werden, indem mit einer normalen 10- oder 20-ml-Spritze, einer sogenannten **„Blockerspritze"**, soviel Luft in die Manschettenzuleitung eingeblasen wird, bis der Tubus bei Beatmung gerade(!!) dicht ist, also keine Luft mehr am Tubus vorbei aus der Trachea entweicht. Dies muß durch genaues Hören am Mund des Patienten festgestellt werden. Also: **Blocken nach Gehör(!!).** Bei zu geringem Blocken ist der Tubus undicht. Bei der Beatmung entweicht ein Teil des Atemhubvolumens neben dem unzureichend geblockten Tubus aus der Trachea. Dieses Entweichen von Luft kann meist auf Distanz oder am Mund des Patienten bzw. mit dem Stethoskop am Hals des Patienten gehört werden. Bei unzureichender Blockung des Cuffs kann eine unter Umständen im Rachen befindliche Flüssigkeit in die Trachea eindringen (vgl. Aspiration, S. 185). Ist der Tubus dagegen zu stark geblockt, so droht eine druckbedingte Schädigung der Trachealschleimhaut im Bereich des Tubus-Cuffs. Im Idealfall sollte zur Kontrolle ein Cuff-Druckmesser verwendet werden. Der Cuff-Druck sollte bei den üblichen Plastiktuben möglichst unter 20 mmHg liegen.

Das bei einer Narkose üblicherweise verwendete Lachgas diffundiert in alle lufthaltigen Räume des Körpers, also auch in die geblockte Tubusmanschette (s. S. 31). Hierdurch kommt es zu einer Volumen- und Druckzunahme im Cuff mit verstärktem Druck auf die anliegende Trachealschleimhaut, bei der dies unter Umständen zu einer druckbedingten Durchblutungsstörung führen kann. Deshalb muß bei längeren Narkosen die Blockung des Cuffs mehrmals neu vorgenommen werden.

Lagekontrolle des Tubus

Eine stets(!) drohende Gefahr bei der Intubation ist die versehentliche Fehlintubation in die Speiseröhre (Abb. 1.66)! Deshalb ist es unmittelbar nach jeder Intubation zwingend(!) notwendig, sich von der korrekten Lage des Tubus zu überzeugen.

Hierzu wird die Lunge beidseits auskultiert. Bei richtiger Tubuslage ist über beiden(!) Lungen ein seitengleiches Atemgeräusch zu hören. Falls über beiden Lungen kein Atemgeräusch auskultierbar ist, so wurde vermutlich in den Ösophagus intubiert. Beim sofortigen **Auskultieren über der Magengegend** ist das von der Lagekontrolle der Magensonde bekannte Blubbern über dem Magen zu hören. Der Tubus muß umgehend entfernt, der Patient gegebenenfalls mit 100% Sauerstoff zwischenbeatmet und erneut intubiert werden. Nach geglückter Intubation muß nun eine Magensonde gelegt werden, um die in den Magen geblasene Luft zu entfernen. Ist das Atemgeräusch auf einer Seite wesentlich lauter oder gar nur auf einer Seite zu auskultieren, so spricht dies dafür, daß der Tubus zu weit, nämlich bis in einen Hauptbronchus eingeführt wurde. Da beim Erwachsenen der rechte Hauptbronchus etwas größer ist und richtungsmäßig ungefähr die Fortsetzung der Trachea darstellt, während der linke Hauptbronchus etwas kleiner ist und in einem größeren Winkel abgeht (vgl. Abb. 4.7), gleitet ein zu weit eingeführter Tubus beim Erwachsenen zumeist in den rechten Hauptbronchus ab. Damit ist die linke Lunge schwächer oder gar nicht ventiliert.

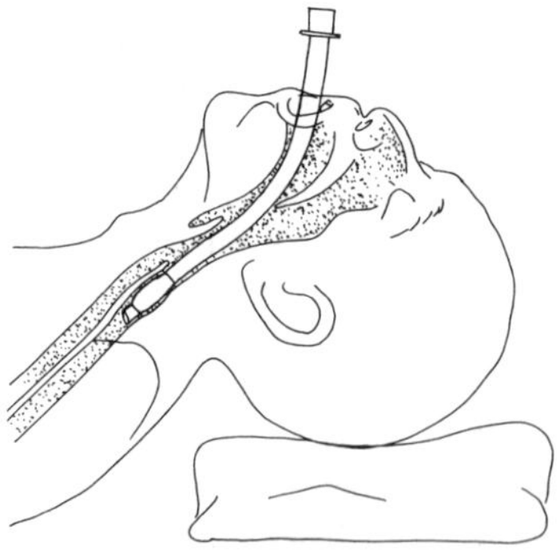

Abb. 1.66 Fehlplazierter Orotrachealtubus (Intubation in den Ösophagus)

Bei einseitiger Intubation muß der vorher wieder entblockte(!) Tubus 1–2 cm zurückgezogen und die Lage erneut kontrolliert werden.

Die Auskultation der Lunge zur Lagekontrolle des Tubus hat schon manchen Anästhesisten irregeführt. Bei Fehlintubation in die Speiseröhre können unter Umständen die aus der Speiseröhre fortgeleiteten Strömungsgeräusche als Atemgeräusche fehlinterpretiert werden. Andererseits können trotz richtiger Intubation, z.B. bei Emphysematikern, nur sehr schwer Atemgeräusche gehört werden. Aus diesen Gründen darf die Auskultation der Lunge nicht als absolut sichere Methode angesehen werden.

Ist die Auskultation nicht eindeutig, so sollten nicht die Lungen während mehrerer Beatmungen immer wieder auskultiert werden. Sollte der Tubus in der Speiseröhre liegen, so werden mit jedem Atemhub z.B. 700 ml Atemgas in den Magen geblasen!

Es muß sofort die Frage geklärt werden: Liegt der Tubus im Tracheobronchialsystem oder in der Speiseröhre?

Es sollte nun sofort eine Auskultation über der Magengegend erfolgen; hiermit kann sicher bestätigt oder ausgeschlossen werden, daß der Tubus im Ösophagus liegt.

Eine andere Möglichkeit besteht darin, unmittelbar nach der Intubation kurz und kräftig auf den Thorax des Patienten zu drücken. Am aboralen Tubusende kann mit dem angenäherten Ohr bei Intubation ins Tracheobronchialsystem die entweichende Luftströmung aus der Lunge gehört und gefühlt werden. Beim starren Brustkorb des Emphysematikers kann diese Methode jedoch manchmal versagen. Ist es nun sicher, daß der Tubus im Tracheobronchialsystem liegt, kann in Ruhe mehrfach die Lunge auskultieret werden, um eine einseitige Intubation auszuschließen. Nach jeder Intubation sollte der Patient auf jeden Fall kurzfristig von Hand (= manuell) beatmet werden. Bei der manuellen Beatmung kann einerseits wesentlich besser auskultiert werden als bei der maschinellen Beatmung, andererseits läßt sich bei einiger Erfahrung meistens schon am Beatmungsbeutel fühlen, ob an der Beatmung „etwas nicht stimmt".

Bestehen Zweifel, ob der Tubus richtig plaziert wurde, so sollte folgende Faustregel beachtet werden:
When in doubt – take it out!!
(Falls Zweifel bestehen – ziehe ihn heraus!!)
Im Idealfall sollte eine exspiratorische $C0_2$-Messung vorhanden sein, um die Tubuslage zu kontrollieren. Diese Methode kann als absolut sicher gelten, da aus dem Ösophagus und Magen kein Kohlendioxid „abgeatmet" wird.

Fixierung des Tubus

Ist der Tubus geblockt und die Tubuslage als richtig befunden, so muß der Tubus in dieser(!) Lage fixiert werden. Als Beißschutz für einen orotrachealen Tubus muß zusätzlich ein Guedel-Tubus (s. S. 79) eingeführt werden, der ein Zusammenbeißen und damit eine Einengung des Lumens des Endotrachealtubus wirksam verhindern kann.

Es hat sich die Fixierung des orotrachealen Tubus mit zwei langen Pflasterstreifen bewährt (Abb. 1.67). Der Pflasterstreifen wird erst über die eine Wange geklebt, dann möglichst nahe am Mund einmal um den Tubus geschlungen und anschließend über die andere Wange geklebt. Ein zweiter Pflasterstreifen wird in gleicher Art und Weise festgeklebt, zusätzlich jedoch noch über die auf den Lippen liegende Abschlußplatte des Guedel-Tubus geklebt, wodurch dieser mit fixiert wird. Falls der Patient einen Vollbart hat, kann kein Pflaster verwendet werden. Der Tubus muß in diesem Fall mit einem um den Nacken geschlungenen Band (z.B. Mullbinde) festgebunden werden. Es stehen inzwischen auch komplette Sets zur Tubusfixierung fest.
Zur **Fixierung eines nasotrachealen Tubus** hat sich ein breiter, ca. 7–10 cm langer

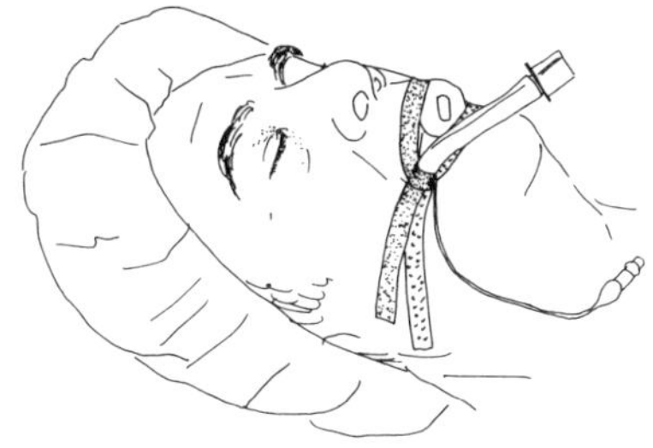

Abb. 1.67 Mittels zwei Pflasterstreifen im Mundwinkel fixierter Orotrachealtubus

Pflasterstreifen bewährt, der an einem Ende ca. 4 cm weit eingeschnitten wird (Abb. 1.68). Das breite Ende wird auf die Nase geklebt, die beiden Füßchen werden jeweils von einer Seite um den Tubus geschlungen (Abb. 1.69).

Nach der Fixierung des Tubus muß immer nochmals auskultiert werden, ob das Atemgeräusch noch beidseits gleich laut ist. Manchmal rutscht der Tubus während des Fixierens weiter in die Trachea hinein, und es kommt zur einseitigen Intubation.

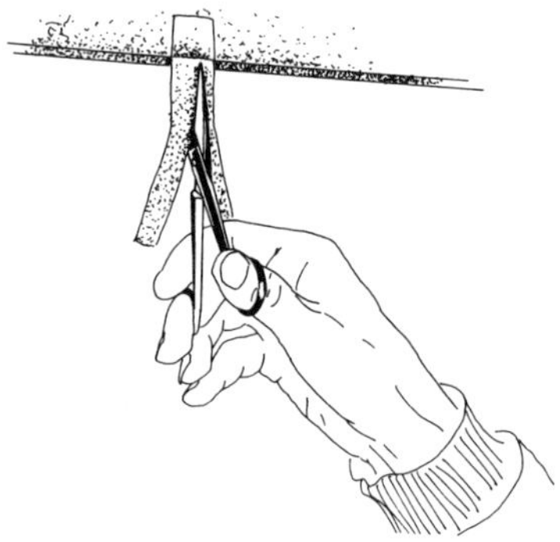

Abb. 1.68 Vorbereitung eines Pflasters für die Fixierung eines nasotrachealen Tubus

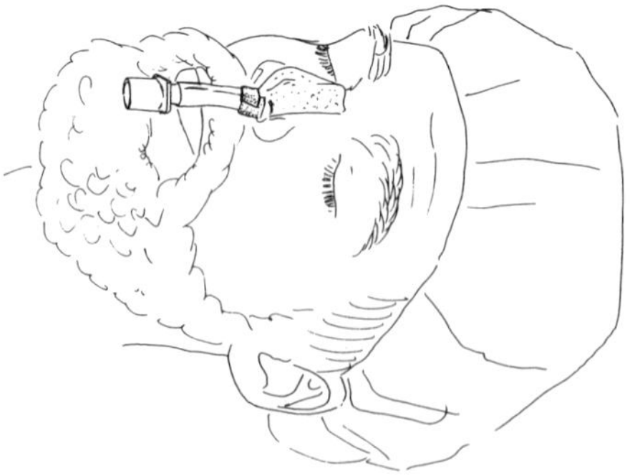

Abb. 1.69 Mittels Pflaster fixierter nasotrachealer Tubus

Mögliche Komplikationen durch die Intubation und durch den Tubus

Verletzungen beziehungsweise Ausbrechen von Zähnen

Bei unsachgemäßem Handhaben des Laryngoskops kann es vor allem zur Beschädigung der oberen Schneidezähne kommen. Ausgebrochene Gebißteile sind umgehend zu entfernen, damit sie nicht in die Trachea eindringen können. Bereits ins Tracheo-Bronchial-System eingedrungene Gebißteile müssen bronchoskopisch entfernt werden. Zahnbeschädigungen müssen stets dokumentiert werden.

Quetschung der Lippe

Bei unvorsichtiger Intubation kann es zur Quetschung vor allem der Oberlippe zwischen Zahnreihe und Laryngoskop kommen.

Verletzung der Nasen-, Rachen- und Trachealschleimhaut

Die nasale Intubation kann zu Verletzungen und unter Umständen starken Blutungen aus der Nasen- und Rachenschleimhaut führen. **Zu starkes Blocken des Tubus-Cuffs** sowie eine **Langzeitintubation** können zur Druckschädigung der Trachealschleimhaut führen. Außerdem kommt es während der maschinellen Beatmung zu geringfügigen **atemsynchronen Scheuerbewegungen des Tubus** an der Schleimhaut, vor allem an der Tubusspitze sowie an der Rachenhinterwand. Auch Kopfbewegungen des Patienten begünstigen solche Scheuerläsionen. Folge kleiner Schleimhautläsionen sind 2–3 Tage dauernde Halsschmerzen, Schluckbeschwerden und Heiserkeit nach der Extubation.

Vor allem bei Kindern kann eine **Verletzung der subglottischen Trachealschleimhaut** nach der Extubation zu einer starken Schwellung mit Einengung des Tracheallumens und Atemnot führen. Sehr selten kommt es durch größere, subglottische Trachealschäden zu einer schweren, narbigen Stenose der Trachea, die unter Umständen eine operative Korrektur notwendig macht.
Bei Verwendung von Führungsstäben zur Intubation kann es zu Verletzungen bis zur Perforation der Trachea kommen, wenn diese versehentlich über die Tubusspitze herausragen (s. S. 77).

Verletzung der Stimmbänder

Bei grober Intubation, nach Langzeitintubation sowie bei der Wahl eines zu großen Tubus kann es zu Ulzerationen und Druckschädigungen an den Stimmbändern kommen. Sehr selten wurden auch meist vorübergehende ein- oder doppelseitige Stimmbandlähmungen durch druckbedingte Nervenschädigungen beschrieben. Eine mögliche Spätkomplikation nach Intubation können auch sogenannte **Stimmbandgranulome** sein, die sich meist in einer hartnäckigen Heiserkeit äußern. Wenn sie sich durch Stimmschonung nicht zurückbilden, ist eine operative Entfernung nötig.

Auslösen von vegetativen Reflexen bei der Intubation

Bei der Intubation in zu oberflächlicher Narkose können vegetative Reflexe ausgelöst werden. Eine Vagusstimulierung (s. S. 9) kann sich als Bradykardie, als Laryngospasmus (s. S. 188) mit Intubationsschwierigkeiten und/oder als Bronchospasmus (= Krampf der Bronchialmuskulatur) mit Beatmungsproblemen äußern. Eine streßbedingte Sympathikusstimulierung äußert sich in einer Herzfrequenzsteigerung und in einer Blutdrucksteigerung.

Fehlintubation

Eine Fehlintubation in den Ösophagus sowie eine zu tiefe Intubation mit einseitiger Ventilation sind durch eine sofortige Lagekontrolle des Tubus (s. S. 86) stets auszuschließen.

Tubusverlegung

Ursachen einer Tubusverlegung können sein:
- Ein abgeknickter Tubus
- Eingetrocknetes Sekret
- Fremdmaterial im Tubus
- Sehr selten eine sogenannte **„Blockerhernie“** (Abb. 1.70)

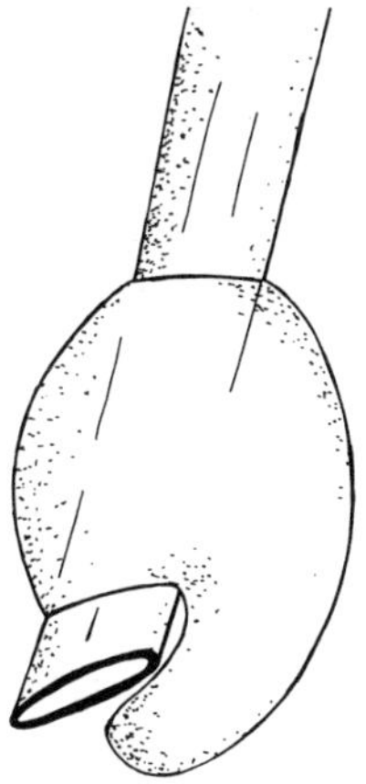

Abb. 1.70 Geblockter Endotrachealtubus mit vorgewölbter „Blockerhernie“

Vor allem bei wiederverwendbaren Tuben kann es durch eine Materialermüdung des Tubus-Cuffs zu einer hernienartigen Vorwölbung des geblockten Cuffs an der schwächsten Stelle der Cuffs kommen. Diese sogenannte

„Blockerhernie“ kann sich unter Umständen nach vorne bis vor die Tubusöffnung ausdehnen und diese verlegen.

Die Beatmung ist plötzlich erschwert. Es fallen hohe Beatmungsdrücke auf. Beim Überprüfen der Tubusdurchgängigkeit durch Entführung eines Absaugkatheters tritt an der Tubusspitze ein Hindernis auf. Nach Entblocken des Tubus-Cuffs ist der Tubus typischerweise wieder durchgängig. Auch bei dem nicht erlaubten Zurückziehen eines geblockten Tubus kann sich die Blockermanschette eventuell vor die Tubusöffnung legen. Bei Lagekorrektur des Tubus muß der Tubus-Cuff vorher immer entblockt werden! Auch hier wird die Störung durch Entblocken des Cuffs beseitigt. Dieses Problem trat vor allem bei den heute nur noch selten verwendeten, vielfach resterilisierten Latextuben (aufgrund von Materialermüdung) auf. Auch bei Tuben mit sogenanntem High volume low pressure cuff kann dieses Problem leichter auftreten (s. S. 73)
Beschrieben wurde auch schon eine **Verlegung des Innenlumens des Tubus durch eine lachgasgefüllte Blase.** Dies kann bei Latextuben (Woodbridge-Tuben) auftreten, die aufgrund von Materialdefekten unter der Innenschicht eine Luftblase besitzen. Bei Verwendung von Lachgas diffundiert dieses in diese Luftblase und kann zu einer Volumen- und Druckzunahme in der Blase mit teilweiser oder vollständiger Tubusverlegung führen. Beim Prüfen des Tubus auf Durchgängigkeit mit einem Absaugkatheter tritt ein Hindernis auf. Durch ein Entblocken des Tubus-Cuffs läßt sich dieses Beatmungshindernis jedoch nicht beheben. Der Tubus muß umgehend entfernt beziehungsweise ausgetauscht werden.

Diskonnektion

Ein nicht sofort bemerktes Lösen (= eine Diskonnektion) einer Schlauchverbindung kann fatale Folgen haben. Die Alarmsysteme des Narkoseapparates müssen daher stets eingeschaltet sein. Um eine Diskonnektion festzustellen, muß vor allem die untere Beatmungsdruckgrenze exakt eingestellt werden.

Extubationsprobleme

Bei oder kurz nach der Extubation kann es zu einem **Laryngospasmus** (s. S. 188) kommen, wenn Sekret, Blutkoagel oder Fremdmaterial den Kehlkopfeingang irritieren oder wenn zu einem ungünstigen Zeitpunkt (z. B. während des Exzitationsstadiums, s. S. 93) extubiert wird.

Vor der Extubation ist daher immer ein sorgfältiges Absaugen des Rachens, gegebenenfalls unter laryngoskopischer Sicht, erforderlich.

Die Extubation sollte möglichst am ausreichend spontan atmenden Patienten mit zurückgekehrten Schutzreflexen vorgenommen werden. Bei der Extubation kann es beim Patienten auch zum Erbrechen kommen. Sind hierbei die Schutzreflexe noch nicht zurückgekehrt, so droht eine Aspiration (s. S. 85).

Die Kehlkopfmaske (Larynxmaske)

1988 wurde eine sogenannte Kehlkopfmaske (Larynxmaske) in die Klinik eingeführt. Sie soll eine größere Sicherheit für den Patienten und eine bessere Bequemlichkeit für den Anästhesisten bieten als die herkömmliche Gesichtsmaske. Der Einsatz einer Larynxmaske bietet sich oft anstatt einer Maskennarkose an. Durch den Einsatz einer Larynxmaske können die oberen Luftwege gesichert und die Risiken einer endotrachealen Intubation vermieden werden.

Die Kehlkopfmaske besteht im Prinzip aus einem weitlumigen Silikontubus, der mit einem gekürzten Endotrachealtubus vergleichbar ist, der aber unmittelbar vor dem Kehlkopfeingang endet. Am distalen Ende dieses Silikontubus ist schräg eine ovale, leicht trichterförmige kleine Maske angebracht, deren Randwulst über eine Blockerzuleitung – ähnlich der Blockermanschette eines Endotrachealtubus – aufgeblasen (geblockt) werden kann (vgl. Abb. 1.71). Der geblockte Wulst der Larynxmaske legt sich trichterförmig um den Kehlkopfeingang und dichtet diesen ab. Auf der Innenseite der trichterförmigen Maske befinden sich vor der Öffnung zum Tubus hin zwei Längsstege, die ein Einklemmen der Epiglottis im Tubuslumen verhindern. Am oberen Ende der Kehlkopfmaske befindet sich ein Konnektor für die Beatmungsschläuche beziehungsweise den Direktanschluß eines Beatmungsbeutels.

Nach Narkoseeinleitung wird die Larynxmaske plaziert. Vor dem Einführen muß der Wulstrand der Larynxmaske vorzugsweise mit einer 20-ml-Spritze über die Blockerzuleitung luftleer gesaugt und der dorsale Wulstrand sollte mit Xylocain-Gel versehen werden. Zum Plazieren der Larynxmaske wird der Kopf des Patienten

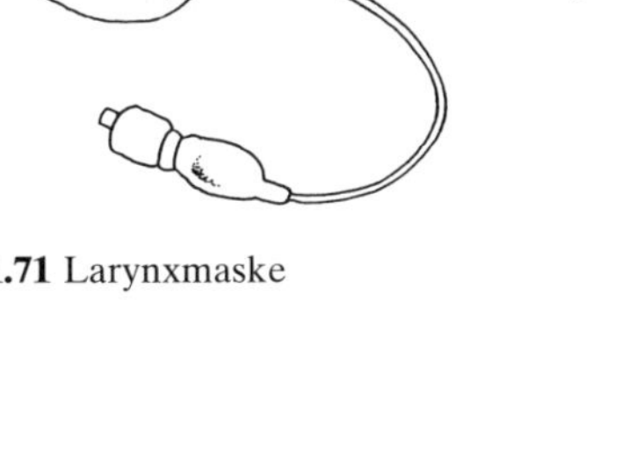

Abb. 1.71 Larynxmaske

meist etwas stärker überstreckt als für die endotracheale Intubation üblich und der Mund des Patienten – gegebenenfalls durch eine Hilfsperson – weit geöffnet. Nun wird die Larynxmaske über den Zungenrücken, dicht am harten Gaumen, in Richtung Kehlkopf vorgeschoben (vgl. Abb. 1.72 a). Die Larynxmaske wird blind, d. h. ohne Verwendung des Laryngoskops zugeführt. Hierbei muß die Öffnung der Kehlkopfmaske nach kaudal und ventral zeigen. Die am Schlauch der Larynxmaske angebrachte schwarze Strichmarkierung muß stets in Richtung Nase des Patienten zeigen. Der Zeigefinger wird als Schienung benutzt (vgl. Abb. 1.72 b und c).

Nach vollständiger Einführung der Larynxmaske tritt ein Widerstand auf, sie kann nicht weiter vorgeschoben werden. Nun liegt die Kehlkopfmaske mit ihrer Spitze im Ösophaguseingang. Der Trichter der Kehlkopfmaske liegt vor dem Kehlkopfeingang. Die Stimmbänder werden nicht berührt. Es wird jetzt der Maskenwulst (je nach Maskengröße: s. u.) mit ca. 2–45 ml Luft geblockt (s. S. 93), wodurch der Kehlkopfeingang abgedichtet wird.

Jetzt kann der Patient über die Kehlkopfmaske beatmet werden (vgl. Abb. 1.73). Bei der Beatmung bis zu einem Beatmungsdruck von 15–20 cm H_20 sollte keine Luft neben der Maske entweichen. Falls beim Beatmen jedoch hörbar Luft entweicht, muß die Maske nachgeblockt beziehungsweise neu positioniert werden. Für eine eventuelle Neupositionierung wird die Maske am besten nochmals entfernt, der Patient kurz mit Gesichtsmaske zwischenbeatmet, und danach wird ein erneuter Plazierungsversuch unternommen. Wie beim Endotrachealtubus wird auch neben der Kehlkopfmaske ein Beißschutz eingeführt. Gut geeignet ist hierfür eine angefeuchtete Rolle Mullbinde. Ein Guedel-Tubus ist weniger geeignet, da er zu

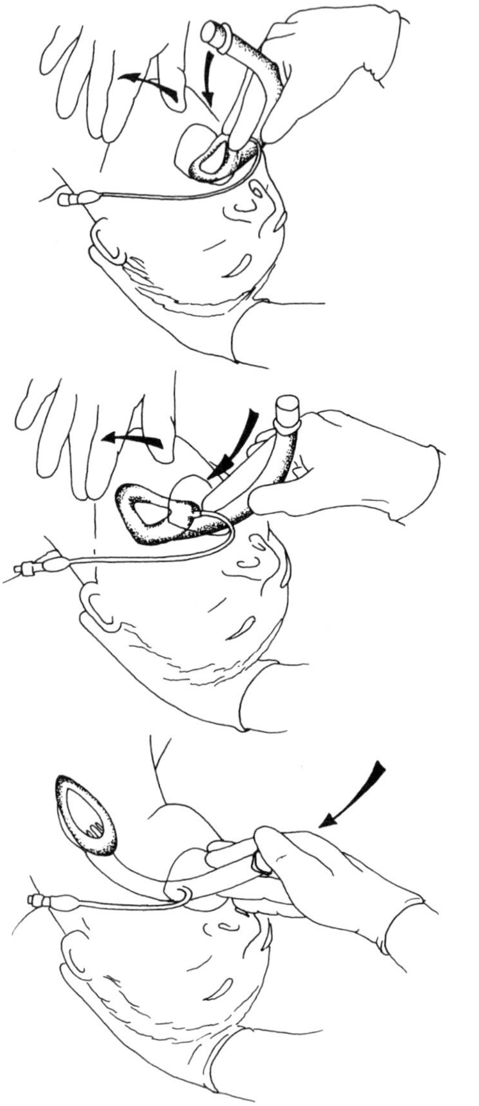

Abb. 1.72 a, b, c: Öffnen des Mundes und Einführen einer Larynxmaske

einer lateralen Verdrängung der normalerweise mittig im Mund und Rachen liegenden Larynxmaske führt. Es sind auch spezielle Fixierungshilfen erhältlich, in die der Schlauch der Larynxmaske eingeklemmt wird und die ein Zusammenbeißen der Zähne des Patienten wirkungsvoll

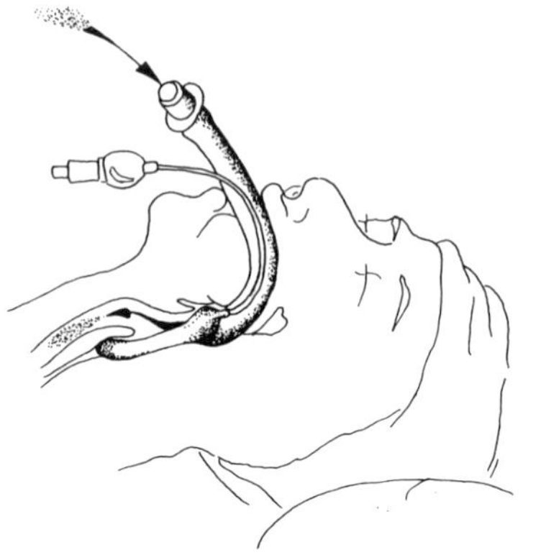

Abb. 1.73 Richtig plazierte und geblockte Larynxmaske

verhindern. Larynxmaske und Beißschutz werden wie ein endotrachealer Tubus mit Pflasterstreifen fixiert.

Die Kehlkopfmaske bietet keinen absoluten Schutz im Falle einer Regurgitation. Deshalb ist bei bestehender Aspirationsgefahr stets eine endotracheale Intubation vorzuziehen.

Bei zu flacher Narkoseführung kann während, aber auch noch nach bereits erfolgreicher Plazierung der Larynxmaske ein Glottiskrampf mit Beatmungsproblemen auftreten.

Der Einsatz der Larynxmaske bietet sich vor allem bei kürzeren, voraussichtlich unkomplizierten Narkosen an.

Larynxmasken liegen inzwischen in den Größen 1, 2, 2,5, 3, 4 und 5 vor. Diese sechs verschiedenen Größen ermöglichen den Einsatz in allen Altersgruppen.

- ▶ Größe 1: bis 6,5 kgKG
- ▶ Größe 2: bis 25 kgKG
- ▶ Größe 2,5: 20 bis 30 kgKG
- ▶ Größe 3: Kinder über 25 kg und kleine Erwachsene
- ▶ Größe 4: Erwachsene
- ▶ Größe 5: Übergröße Männer mit mehr als 90 kgKG.

Die Maske der Größe 1 wird mit 2–5 ml geblockt. Für die Maskengröße 2 werden 7–10 ml, für die 2,5er Larynxmasken werden ca. 14 ml, für die Größe 3 15–20 ml, für die Größe 4 werden 25–30 ml und für die 5er Larynxmasken werden 25–45 ml Luft zum Blocken benötigt.
Außerdem sind inzwischen auch Kehlkopfmasken verfügbar, bei denen das Schlauchstück sehr flexibel gearbeitet ist und (vergleichbar einem Woodbridge-Tubus) eine eingegossene Metallspirale enthält. Diese **„flexiblen Kehlkopfmasken“** (RT Larynxmaske; RT = Reinforced tube) sind für Operationen mit abgedecktem Kopf, oder für Operationen in Seiten- oder Bauchlage gedacht, bei denen das aus dem Mund ausgeleitete Schlauchstück zur Seite oder nach oben bzw. unten abgeleitet werden muß.

Die Kehlkopfmasken sind vielfach dampfsterilisierbar.

Narkosestadien – Das Guedel-Schema

Bereits bei den Anfängen der Äther-Tropf-Narkose wurde versucht, die Narkosetiefe in verschiedene Stadien einzuteilen. Erst Guedel entwickelte dann das heute noch für die Äthernarkose gültige sogenannte Guedel-Schema, das in vier Stadien unterteilt ist. Für die Zuordnung zu einem bestimmten Stadium ist entscheidend das Verhalten

- der Atmung,
- der Pupillen,
- der vegetativen Reflexe und
- des Muskeltonus.

Erstes Stadium – Stadium der Amnesie und Analgesie

Es ist definiert vom Beginn der Äthernarkose bis zum Verlust des Bewußtseins und gekennzeichnet durch eine Erinnerungslosigkeit (= Amnesie) und eine zunehmende Schmerzfreiheit (= Analgesie).

Der Patient kann unter Umständen noch ansprechbar und kooperativ sein. Weniger schmerzhafte Eingriffe, wie z. B. ein Verbandwechsel, werden toleriert. Dieses Stadium wird auch als **„Rauschstadium“** bezeichnet.

Zweites Stadium – Erregungs- oder Exzitationsstadium

Es ist definiert vom Bewußtseinsverlust bis zum Beginn einer automatischen, regelmäßigen Atmung. Das Exzitationsstadium entspricht der langsamen Ausschaltung der Großhirnaktivität und ist gekennzeichnet durch überschießende motorische Aktivität.

Reize werden übersteigert beantwortet, die Pupillen sind weit, die Augen wandern unruhig hin und her, eine gesteigerte Speichelproduktion, Schlucken sowie Atemstörungen (Husten, Atemanhalten, gesteigerte, unregelmäßige Atmung usw.) sind typisch für das Exzitationsstadium. Gelegentlich können Erbrechen oder ein Laryngospasmus (s. S. 188) auftreten. Das Exzitationsstadium muß möglichst schnell durchlaufen, der Patient während dieser Zeit von äußeren Reizen abgeschirmt werden.

Drittes Stadium – Stadium der chirurgischen Toleranz

Es ist definiert vom Beginn der regelmäßigen Atembewegungen bis zum Einsetzen der Atemlähmung.

Das Toleranzstadium wird weiter unterteilt in **Planum 1 bis 4.** Im Planum 1 sind die Pupillen eng. Mit zunehmender Narkosetiefe werden sie weiter und sind im Planum 4 weit und reaktionslos. Der Atemtyp verlagert sich mit zunehmender Narkosetiefe vom thorakalen Atmungstyp zum diaphragmal-abdominalen Atmungstyp. Im Planum 3 erlischt die Interkostalatmung, im Planum 4 kommt auch die Zwerchfellatmung zum Erlöschen. Mit zunehmender Narkosetiefe nehmen der Muskeltonus, die Schluck-, Würge-, Husten- und Kornealreflexe ab. Auch der Blutdruck sinkt mit zunehmender Narkosetiefe immer weiter ab.

Viertes Stadium – Paralyse-Stadium

Es ist definiert vom Beginn der Zwerchfellähmung bis zum Tod des Patienten durch Atemstillstand mit nachfolgendem Kreislaufstillstand.

Das Guedel-Schema wurde für die Äthernarkose entwickelt und hat nur beim unprämedizierten und mit Äther narkotisierten Patienten volle Gültigkeit. Bei den neueren Kombinationsnarkosen wird durch die Verabreichung von Muskelrelaxanzien die Beurteilung des Muskeltonus und damit auch der Spontanatmung und der Reflexe unmöglich gemacht. Durch die Verabreichung von Analgetika der Opioidgruppe ist aufgrund deren pupillenverengender Nebenwirkung (s. S. 9) die Beurteilung der Pupillengröße nicht mehr möglich. Bei der heute üblichen Narkoseeinleitung mit intravenösen Hypnotika wie z.B. Thiopental (s. S. 41) werden Stadium 1 und Stadium 2 übersprungen. Das Durchlaufen der einzelnen Stadien entfällt damit. Des weiteren wird die Stadieneinteilung durch die Prämedikation verfälscht.

Das Guedel-Schema hat daher bei einer Inhalationsnarkose mit z.B. Halothan/Enfluran oder Isofluran nur begrenzten Aussagewert. Bei einer Neuroleptanästhesie (s. S. 111) oder einer TIVA (s. S. 117) ist es nicht verwertbar.

Die bei einer modernen Kombinationsnarkose angestrebte Narkosetiefe entspricht im Guedel-Schema dem 3. Stadium, Planum 1 bis 2.

Die Beurteilung der Narkosetiefe bei einer modernen Kombinationsnarkose ist abhängig von den dazu verwendeten Medikamenten. Bei einer Inhalationsnarkose ist das Blutdruckverhalten der zuverlässigste Parameter.

Alle Inhalationsanästhetika führen zu einer dosisabhängigen Blutdrucksenkung. Eine zu hohe Dosierung der Inhalationsanästhetika wird sich daher in einem erniedrigten Blutdruck äußern. Andererseits kommt es in einem zu flachen Narkosestadium zu einem schmerzbedingten Blutdruckanstieg. Ist der Patient bei einer Inhalationsnarkose nicht relaxiert und hat er spontane Atembewegungen, so können durch Schmerzreize in einem zu flachen Narkosestadium Störungen der Atmung auftreten. Der Patient atmet plötzlich tiefer durch oder es kann ein Hustenanfall oder, bei einer Masken- bzw. Larynxmaskenbeatmung, ein Laryngospasmus (s. S. 188) ausgelöst werden. Auch schmerzbedingte Abwehrbewegungen können auftreten.
Eine Herzfrequenzsteigerung (in Kombination mit einem Blutdruckanstieg)

spricht für eine zu flache Narkose. Der Abfall einer erhöhten Herzfrequenz spricht umgekehrt für eine tiefere Narkose oder für Nachlassen des operativen Schmerzreizes.
Tränenfluß oder deutliches Hervortreten der Gefäße der Augenbindehaut sind als Zeichen einer zu flachen Narkose zu werten.

Die manuelle Beatmung mit dem Kreissystem

Die Einstellung des Überdruckventils während der manuellen Beatmung

Zum besseren Verständnis sei kurz nochmals das Funktionsprinzip des Kreissystems und des Überdruckventils wiederholt (ausführliche Beschreibung s. S. 13 und S. 20).

Das Kreissystem funktioniert nach dem Prinzip des halbgeschlossenen Systems (s. S. 12), das heißt, ein Teil des Ausatemvolumens wird nach Herausfiltern des CO_2 wieder rückgeatmet. Der andere Teil des Ausatemvolumens entweicht über das Überdruckventil in die Absaugung (oder den freien Raum). Es entweicht immer soviel Gas pro Minute in die Absaugung wie Frischgas pro Minute in das Kreissystem geleitet wird.

Während der manuellen Beatmung muß das Überdruckventil eingeschaltet werden, das heißt, der Umschalthahn (Abb. 1.74) muß nach oben gestellt werden (1). Mit Hilfe des Drehknopfes (2) am Überdruckventil kann nun eingestellt werden, wie hoch der Druck im Kreissystem sein muß, damit Gas über das Überdruckventil entweichen kann. Die Überdruckgrenze ist meistens zwischen 5 und 40 mbar einstellbar. Bei Masken- bzw. Larynxmaskenbeatmung sollte die Grenze 20 mbar nicht überschritten werden. Durch rhythmisches Komprimieren des Beatmungsbeutels (s. S. 20) kann nun der Patient beatmet werden.

Um die Lungen eines Patienten blähen zu können, ist normalerweise während der Inspiration ein Beatmungsdruck von ca. 10–15 mbar notwendig. Während der Inspiration muß also im Kreissystem ein Druck von 10–15 mbar aufgebaut werden. Deshalb muß das Überdruckventil auf mindestens 10–15 mbar eingestellt werden.

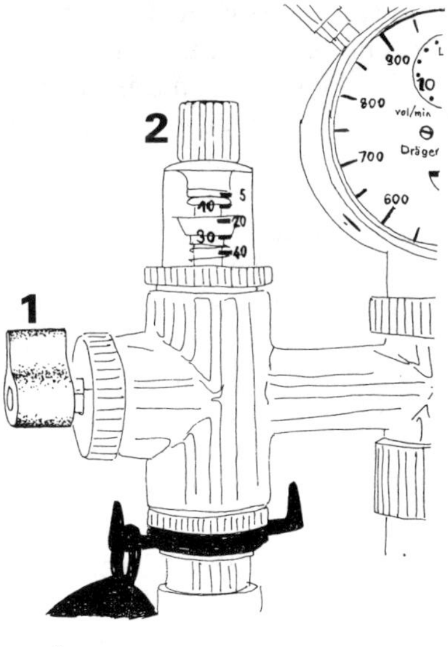

Abb. 1.74 Überdruckventil: Einstellung für die manuelle Beatmung.
1 = eingeschalteter (nach oben zeigender) Umschalthahn, 2 = Drehknopf zur Feineinstellung des Überdruckventils.

Wird das Überdruckventil zu niedrig, z. B. nur auf 5 mbar eingestellt, so ist eine ausreichende Blähung der Lungen nicht möglich. Bereits bei einem Druck von 5 mbar im Kreissystem entweicht das Gasvolumen des komprimierten Beatmungsbeutels über das Überdruckventil in die Absaugung. Der Beatmungsbeutel wird sich bei jedem Beatmungshub fast ohne Widerstand leerdrücken lassen, ohne daß die Lungen des Patienten genügend gebläht werden – der Patient wird zu wenig beatmet.

Immer wenn der Beatmungsbeutel zu schlaff ist und sich fast widerstandslos leerdrücken läßt, muß also die Überdruckgrenze erhöht werden.

Wird die Überdruckgrenze dagegen zu hoch eingestellt, z. B. auf 30 mbar, so wird vorerst bei der Beatmung des Patienten, für die nur 10–15 mbar nötig sind, keine Luft über das Überdruckventil entweichen. Da jedoch laufend Frischgas in das Kreissystem einströmt (z. B. 3 l/min), nimmt das Gasvolumen im Kreissystem kontinuierlich zu. Der als Ausgleichsbeutel dienende Beatmungsbeutel wird entsprechend praller, und es baut sich ein zunehmender Druck im Kreissystem auf. Erst wenn der Druck bei der Inspiration über die eingestellte Druckgrenze von 30 mbar ansteigt, kann Ausatemgas über das Überdruckventil in die Absaugung entweichen. Die Lungen des Patienten werden hierbei überbläht – der Patient wird meist zu stark beatmet.

Immer wenn der Beatmungsbeutel zu prall ist und sich nur gegen hohen Widerstand leerdrücken läßt, muß also die Überdruckgrenze erniedrigt werden.

Während der manuellen Beatmung muß erfahrungsgemäß die Überdruckgrenze mehrmals verändert werden, bis durch Ausprobieren die optimale Überdruckgrenze eingestellt werden kann und der Beatmungsbeutel weder zu schlaff noch zu prall ist.

Die manuelle Beatmung des intubierten Patienten

Soll ein intubierter Patient manuell beatmet werden, so muß das Überdruckventil (wie oben beschrieben) bedient werden. Die manuelle Beatmung eines intubierten Patienten wird unmittelbar nach der Intubation kurzfristig durchgeführt. Bei der manuellen Beatmung kann besser auskultiert werden. Auch sollte der Patient immer, wenn während der maschinellen Beatmung Probleme auftreten, vorübergehend manuell beatmet werden. Bei einiger Erfahrung kann dann am Beatmungsbeutel gefühlt werden, ob der Patient z. B. einen asthmatischen Anfall hat, ob er selber atmet oder ob er hustet. Auch wenn eine Inhalationsnarkose schnell vertieft werden muß, sollte neben einer Erhöhung des Inhalationsanästhetikums auch eine kurzfristige manuelle Beatmung durchgeführt werden. Hierbei kann der Patient kurzfristig hyperventiliert werden, wodurch die höhere Konzentration des Inhalationsanästhetikums schneller anflutet (s. S. 29). Auch bei bestimmten Operationsabschnitten, z. B. bei Lungenoperationen, lassen sich durch die manuelle Beatmung die Atemexkursionen besser dem operativen Vorgehen anpassen. Gegen Ende der Narkose, wenn die Spontanatmung des Patienten wieder stimuliert werden soll, empfiehlt sich ebenfalls eine manuelle Beatmung. Beginnt der Patient nun langsam spontan zu atmen, so kann die manuelle Beatmung seiner Eigenatmung angepaßt werden **(assistierte Beatmung).**

Im Prinzip kann auch während der ganzen Narkose ein intubierter Patient manuell beatmet werden.

Die manuelle Beatmung über eine Gesichtsmaske

Allgemeine Bemerkungen

Die Beatmung während einer Narkose kann über einen Endotrachealtubus, eine Kehlkopfmaske oder auch über eine dicht um Mund und Nase geschlossene Gesichtsmaske (= Maskenbeatmung) erfolgen. Auch wenn eine Intubationsnarkose durchgeführt werden soll oder eine Kehlkopfmaske eingelegt werden soll, wird der Patient normalerweise kurzfristig mit einer Maske beatmet, denn nach Injektion des Einleitungshypnotikums wird der Patient bewußtlos und es kommt zu einem Atemstillstand. Der Patient muß dann solange über eine Maske beatmet werden, bis die Kehlkopfmaske eingeführt oder er intubiert werden kann. Für die Maskenbeatmung stehen Masken unterschiedlicher Größe zur Verfügung.

Gesichtsmasken

Gesichtsmasken bestehen meist aus schwarzem, antistatischem Gummi. Für Erwachsene gibt es, je nach Modell, meist drei bis fünf verschiedene Größen (Abb. 1.75 und 1.76). Für Säuglinge und Kleinkinder werden in der Regel sogenannte **Rendell-Baker-Masken** verwendet (s. S. 210).
Die Maske wird über ein Winkelstück mit dem Ein- und Ausatemschlauch des Narkosegerätes verbunden (Abb. 1.75 und 1.76, vgl. auch Abb. 1.4).

Durchführung der Maskenbeatmung

Die manuelle Beatmung eines Patienten über eine Maske wird folgendermaßen durchgeführt: Die Maske wird mit der linken Hand fest auf das Gesicht des Patienten gesetzt und um Mund und Nase dicht verschlossen (Abb. 1.77). Der Daumen kommt oberhalb, der Zeigefinger unterhalb des Winkelstückes zu liegen. Mittel-, Ring- und Kleinfinger umgreifen den Unterkiefer im Bereich des Unterkieferwinkels. Besonders wichtig ist hierbei eine gleichzeitige deutliche Überstreckung des

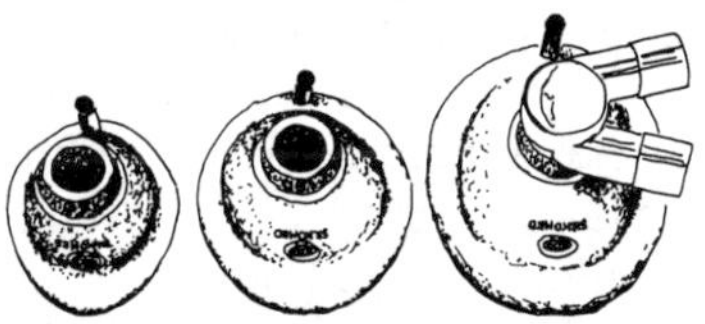

Abb. 1.75 Gesichtsmasken unterschiedlicher Größe mit aufblasbarem Randwulst

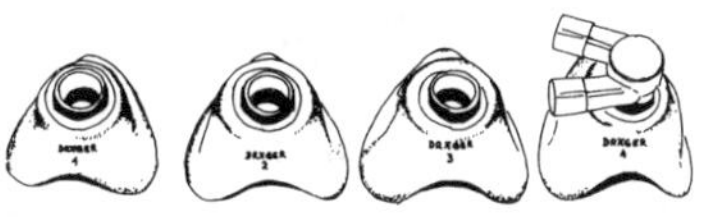

Abb. 1.76 Gesichtsmasken unterschiedlicher Größe (Standardmodell)

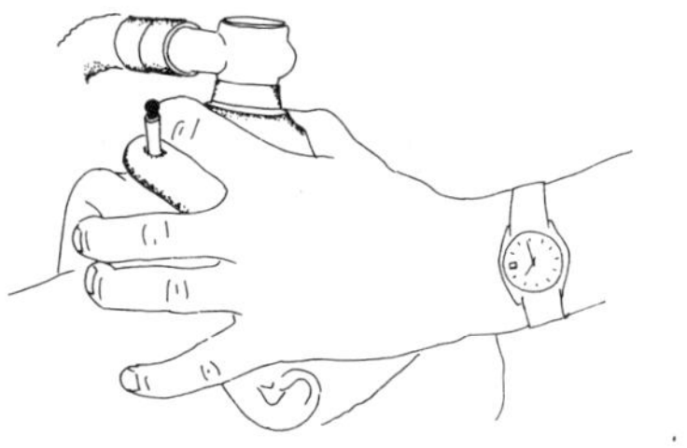

Abb. 1.77 Korrektes Halten der Gesichtsmaske

Kopfes mit der linken Hand, um zu verhindern, daß durch die bei Bewußtlosigkeit zurückfallende Zunge der Rachenraum verlegt und die Maskenbeatmung behindert wird. Mit der rechten Hand wird nun der Beatmungsbeutel bedient.

Bei der Maskenbeatmung ist streng darauf zu achten, daß mit einem möglichst geringen Beatmungsdruck beatmet wird. Ist der am Manometer angezeigte Beatmungsdruck höher als ca. 20 mbar (mbar = millibar, 1 mbar entspricht ungefähr 1 cm Wassersäule), so muß befürchtet werden, daß ein Teil des insufflierten Volumens in den Magen gepreßt wird.

Baut sich während der Beatmung fast kein Druck am Manometer auf und der Beatmungsbeutel bleibt trotz hoher Einstellung des Überdruckventils schlaff, so liegt der Grund meistens in einer nicht ausreichend abdichtenden Gesichtsmaske. Ist der Beatmungsdruck zu hoch, kommen vor allem folgende Gründe in Frage:

- Zumeist ist der Kopf des Patienten nicht ausreichend überstreckt und die nach hinten fallende Zunge verlegt die oberen Luftwege des Patienten. Durch eine korrekte Überstreckung des Kopfes kann dies meist beseitigt werden. Manchmal ist allerdings trotz korrektem Überstrecken des Kopfes eine Verlegung der oberen Luftwege durch die zurückfallende Zunge nicht zu vermeiden. In diesem Falle empfiehlt es sich, dem Patienten einen entsprechend großen Guedel-Tubus einzulegen (s. S. 79). Voraussetzung für das Einlegen eines Guedel-Tubus ist jedoch, daß der Patient genügend tief bewußtlos ist und die Reflexe des Rachens und des Kehlkopfes ausgeschaltet sind. Ansonsten muß mit einer Reizung der Rachenschleimhaut und mit dem Auslösen von Husten- und Würgereflexen, im schlimmsten Falle mit Erbrechen oder einem Laryngospasmus (s. S. 188) gerechnet werden.
- Der Patient ist noch nicht bewußtlos und wehrt sich gegen die Maskenbeatmung. Meist liegt es daran, daß eine zu niedrige Dosis des Einleitungshypnotikums verabreicht worden ist. Es empfiehlt sich eine Nachinjektionsdosis. Vor dem Einlegen eines Guedel-Tubus in dieser Situation ist zu warnen.
- Das Überdruckventil ist zu hoch eingestellt (s. o.).

Die Spontanatmung

Soll der Patient über das Kreissystem spontan atmen und dabei nicht manuell unterstützt werden, so muß der Umschalthahn des Überdruckventils nach oben gestellt (vgl. Abb. 1.74) und das Feinregulierventil möglichst niedrig (5 mbar) eingestellt werden. (vgl. Abb. 1.19).

Ausatemluft kann nun über das Überdruckventil entweichen, sobald der Druck im Kreissystem über 5 mbar ansteigt. Der Patient atmet dann bei einem PEEP von ca. 5 mbar (s. S. 21) spontan. Aufgrund des geringen Druckes von 5 mbar im Keissystem ist der Atembeutel leicht gebläht. Er stellt damit ein Reservevolumen dar, falls der Patient plötzlich einen tiefen Atemzug macht. Manchmal wird bei der Spontanatmung auch das Überdruckventil nach unten gestellt. Hierbei ist der Beatmungsbeutel kollabiert und bei einem übermäßig tiefen spontanen Atemzug erhält der Patient (aufgrund des fehlenden Reservoirs) möglicherweise nicht genügend Inspirationsgas.

Die maschinelle Beatmung

Soll von der manuellen auf die maschinelle Beatmung übergegangen werden (z.B. weil der Patient inzwischen intubiert wurde), so muß der Umschalthahn des Überdruckventils horizontal gestellt werden (vgl. Abb. 1.18).

Das Überdruckventil ist nun ganz geschlossen. Es entweicht kein Gas über das Überdruckventil. Die eingeschaltete Beatmungsmaschine kontrolliert selbständig über einen anderen Mechanismus die Gasmenge, die in die Absaugung gelangen muß. Das Beatmungsgerät und die entsprechenden Alarme sind einzuschalten und korrekt einzustellen (s. S. 21). Alternativ kann der Umschalthahn bei der maschinellen Beatmung auch nach oben gestellt (vgl. Abb. 1.17) und das Überdruckventil auf den Maximalwert von 40 mbar eingestellt werden. Bei dieser Einstellung öffnet sich das Überdruckventil, falls der Beatmungsdruck plötzlich auf über 40 mbar ansteigt (z.B. falls der Patient hustet).

Die Maskennarkose

Allgemeine Bemerkungen

Bei einer Maskennarkose wird auf die endotracheale Intubation verzichtet und der Patient während der gesamten Dauer der Narkose über eine dicht um Mund und Nase geschlossene Gesichtsmaske von Hand beatmet. Eine Maskennarkose verbietet sich, wenn eine absolute Indikation zur Intubation (s. S. 72) besteht. Insbesondere sei nochmals erwähnt, daß jeder nicht nüchterne Patient (s. S. 183) eine absolute Kontraindikation für eine Maskennarkose darstellt. Des weiteren sollten Maskennarkosen nur bei voraussichtlich unkomplizierten Eingriffen vorgenommen werden, die weniger als ca. 30 Minuten dauern. Eine Maskennarkose wird meist mit einem verdampfbaren Inhalationsanästhetikum oder mit Propofol, Alfentanil und O_2/N_2O durchgeführt.

Folgende Operationen werden häufig in Maskennarkose durchgeführt:

- Abszeßspaltung,
  soweit sich der Abszeß nicht im Mund-Rachen-Bereich oder auf dem Rücken befindet
- Kurze kinderchirurgische Eingriffe
  wie z.B. Herniotomie (= Leistenbruch), Zirkumzision (= Beschneidung) und ähnliches
- Curettage (= Ausschabung),
  nicht jedoch bei einer Curettage nach einer Fehlgeburt nach der 12ten Schwangerschaftswoche oder nach einer Entbindung. Diese Patientinnen sind prinzipiell als nicht nüchtern zu betrachten, zudem kann es unter Umständen erheblich bluten; diese Patientinnen müssen stets intubiert werden.

Vorbereitung zur Maskennarkose

- Überprüfung des Narkosegerätes (s. S. 22)
- Überprüfung des Narkosewagens auf Vollständigkeit (s. S. 23)
- Vorbereitung des Narkosewagens (s. S. 24); auch bei einer Maskennarkose müssen die für eine eventuelle Intubation nötigen Dinge griffbereit liegen.
- Aufziehen der Medikamente (s. S. 24)

- ▶ Vorbereitung des Patienten für die Narkose (s. S. 24)

Durchführung einer Maskennarkose

Präoxygenierung

Dem Patienten wird die Maske leicht vors Gesicht gehalten und es wird ihm erklärt, daß ihm über die Maske nur Sauerstoff verabreicht wird. Am Rotameter wird ein Sauerstofffluß von ca. 6 Litern/Minute eingestellt. Dieses Voratmen von reinem Sauerstoff wird als Präoxygenierung bezeichnet. Hierdurch wird der Stickstoff (ca. 78% der Luft) aus dem Körper ausgewaschen, und die funktionelle Residualkapazität der Lunge (s. S. 129, 323) sowie der Körper werden maximal mit Sauerstoff gesättigt.

Einleitungshypnotikum

Hierzu eignen sich z.B. Thiopental (3–5 mg/kgKG intravenös, s. S. 41), Methohexital (ca. 1 mg/kgKG i.v., s. S. 43) oder Propofol (ca. 1,5–2 mg/kgKG i.v., s. S. 45). Bei Patienten mit schlechtem Allgemeinzustand muß diese Dosis reduziert, bei Patienten, die regelmäßig Alkohol oder Medikamente zu sich nehmen, muß diese Dosis meist erhöht werden.

> Wichtig ist stets die langsame Injektion und die Dosierung nach Wirkung (s. S. 40).

Innerhalb weniger Sekunden werden die meisten Patienten bewußtlos. Durch Bestreichen der Augenwimpern oder leichtes Hochziehen des Oberlides eines Auges kann überprüft werden, ob der Patient bewußtlos ist. Normalerweise verursacht das Bestreichen der Augenwimpern oder das leichte Hochziehen des Oberlides ein reflektorisches Zusammenkneifen der Lider. Bei Eintritt ins Stadium 3 nach Guedel (s. S. 94) erlischt dieser Lidreflex. Es kann nun davon ausgegangen werden, daß der Patient bewußtlos ist.

Maskenbeatmung

Die Maske wird nun, wie auf S. 97 beschrieben, mit der linken Hand fest auf das Gesicht gesetzt und um Mund und Nase dicht verschlossen. Mit der rechten Hand kann jetzt der Beatmungsbeutel bedient werden (vgl. ausführliche Beschreibung der Maskenbeatmung mit dem Kreissystem auf S. 97). Am Rotameter für Sauerstoff werden nun z.B. (1 oder) 2 Liter O_2/Minute und am Rotameter für Lachgas z.B. (2 oder) 4 Liter N_2O/Minute eingestellt. Außerdem muß am Verdampfer die gewünschte Dampfkonzentration des ausgewählten Inhalationsanästhetikums eingeschaltet werden.

> Zur anfänglichen Anflutung sind relativ hohe Konzentrationen notwendig; bei Halothan ca. 1,5–2,5 Vol.%; bei Verwendung von Enfluran oder Isofluran ist eine Konzentration von ca. 2–3 Vol.% notwendig.

Eine Ursache für anfängliche Beatmungsschwierigkeiten kann sein, daß der Patient noch nicht tief genug bewußtlos ist und sich gegen die Maskenbeatmung wehrt. In solchen Fällen ist meist eine zu niedrige Dosis des Einleitungshypnotikums verabreicht worden. Es empfiehlt sich eine Nachinjektion.

Läßt sich der Patient gut beatmen, so kann nach einigen Minuten die Konzentration des Inhalationsanästhetikums schrittweise auf die Erhaltungsdosis reduziert werden.

Die Erhaltungsdosis beträgt bei Halothan ca. 0,8 Vol.%, bei Enfluran ca. 1,2 Vol.% und bei Isofluran ca. 1,0 Vol.%.

Meist fängt der Patient nach einigen Minuten wieder an, spontan zu atmen. Falls nicht, kann dies durch eine geringe **Hypoventilation** provoziert werden. Bei vorhandener **Spontanatmung** muß nun versucht werden, die Maskenbeatmung dem Rhythmus des Patienten anzupassen. Dann kann mit nur minimalem Beatmungsdruck beatmet werden. Immer, wenn sich der Zeiger des mechanischen Volumeters bewegt, atmet der Patient aus (Messung im Ausatmungsschenkel!, s. S. 17). Wenn der Volumeterzeiger zum Stillstand kommt, muß also erneut mit der Kompression des Beatmungsbeutels begonnen werden. Mit einiger Erfahrung kann die Eigenatmung des Patienten auch sehr gut am rhythmisch praller und schlaffer werdenden Beatmungsbeutel gefühlt werden. Immer, wenn der Beatmungsbeutel praller wird, atmet der Patient aus. Beginnt der Beatmungsbeutel zu erschlaffen, so beginnt der Patient mit der Einatmung, und der Beatmungsbeutel muß gedrückt werden. Durch eine leichte **Hyperventilation** kann die Spontanatmung auch unterdrückt werden (s. S. 107).

Als Atemminutenvolumen sollten beim Erwachsenen ungefähr 10–12 ml/kgKG/min angestrebt werden.

Aufgrund der relativ langsamen Anflutung der Inhalationsanästhetika (s. S. 27) kann mit der Operation normalerweise erst 5–10 Minuten nach Narkoseeinleitung begonnen werden.

Zur **Beurteilung der Narkosetiefe** eignen sich das Blutdruckverhalten, das Verhalten der Herzfrequenz, die spontanen Atembewegungen sowie der Muskeltonus des Patienten.

Bei einer zu flachen Narkoseführung ist mit einem Blutdruckanstieg und mit einer Herzfrequenzsteigerung zu rechnen. Ursache ist eine streßbedingte **vermehrte Katecholaminausschüttung,** die insbesondere bei einer Halothannarkose unter Umständen zu Extrasystolen führen kann (s. S. 32). Außerdem kann es schmerzbedingt plötzlich zu einer vertieften Spontanatmung des Patienten kommen. Sehr starke Schmerzreize können bei ungenügender Narkosetiefe auch dazu führen, daß es zu einem Atemanhalten oder einem Laryngospasmus kommt.
Wichtig ist stets die genaue Beobachtung der Operation.

Bei voraussichtlich schmerzhaften Manipulationen sollte bereits vorher die Konzentration des Inhalationsanästhetikums erhöht werden, z.B. kurz vor dem Hautschnitt. Bei nachlassendem Operationsschmerz kann die Konzentration entsprechend erniedrigt werden.

Wichtig ist bei sehr kurzen Eingriffen auch die Absprache mit dem Operateur. Da das voraussichtliche Op.-Ende vom Anästhesisten oft nicht genau abgeschätzt werden kann, ist es von Vorteil, wenn der Operateur das Op.-Ende z.B. 5 Minuten vorher ankündigt. Denn meist kann bereits vor Op.-Ende die Konzentration des Inhalationsanästhetikums erniedrigt oder gar ausgeschaltet werden.

Je länger die Operation dauert, desto früher kann das Inhalationsanästhetikum vor Op.-Ende reduziert beziehungsweise ausgeschaltet werden (s. S. 27).

Erst mit Ende der Operation wird das Lachgas abgeschaltet und es werden für mindestens 3 Minuten ca. 6 Liter Sauerstoff verabreicht, um eine **Diffusionshypoxie** (s. S. 32) zu verhindern. In der Regel sind die Patienten nach diesen kurzen Maskennarkosen sehr schnell wieder wach und ansprechbar.

Die Intubationsnarkose (= ITN)

Allgemeine Bemerkungen

Eine **I**ntuba**t**ions**n**arkose (= ITN) ist dadurch ausgezeichnet, daß der Patient intubiert und über diesen Tubus beatmet wird. Hierbei kann die Beatmung sowohl manuell (s. S. 95) als auch mit Hilfe einer Beatmungsmaschine (s. S. 21) durchgeführt werden.

Eine Vollnarkose **muß** als ITN durchgeführt werden, wenn eine absolute Indikation zur Intubation besteht (s. S. 72). Eine Vollnarkose **kann** als ITN durchgeführt werden, wenn auf die Vorteile einer Intubation (s. S. 72) nicht verzichtet werden soll. Eine Intubationsnarkose kann entweder mit einem verdampfbaren Inhalationsanästhetikum (s. u.), als sogenannte Neuroleptanästhesie (s. S. 111) oder als totale intravenöse Anästhesie (TIVA; s. S. 117) durchgeführt werden.

Die Intubationsnarkose mit einem verdampfbaren Inhalationsanästhetikum

Vorbereitungen zur Intubationsnarkose mit einem verdampfbaren Inhalationsanästhetikum

- Überprüfung des Narkosegerätes (s. S. 22)
- Überprüfung des Narkosewagens auf Vollständigkeit (s. S. 23)
- Vorbereiten des Narkosewagens (s. S. 24)
- Aufziehen der Medikamente (s. S. 24)
- Vorbereiten des Patienten auf die Narkose (s. S. 24)

Einleitung einer ITN mit einem verdampfbaren Inhalationsanästhetikum

- Präoxygenierung (s. S. 100)
- Präcurarisierung bzw. Priming-Dosis: Nachdem der Patient ca. 3 Minuten lang reinen Sauerstoff eingeatmet hat (präoxygeniert wurde), wird ihm – falls zur endotrachealen Intubation mit Succinylcholin relaxiert werden soll – eine kleine, nicht lähmende Dosis eines nichtdepolarisierenden Muskelrelaxans verabreicht. Je nachdem, welches nichtdepolarisierende Muskelrelaxans gewählt wird, werden z. B. beim Erwachsenen 2 mg Alcuronium, 1 mg Pancuronium, 1 mg Vecuronium oder $^{1}/_{5}$–$^{1}/_{10}$ der initialen Volldosis von Atracurium oder Rocuronium (s. S. 53 ff.) verabreicht. Zweck dieser klei-

nen Dosis eines nichtdepolarisierenden Muskelrelaxans ist es, die nach Succinylcholingabe auftretenden Muskelfaszikulationen und den danach postoperativ auftretenden „Muskelkater" zu vermindern (s. S. 64).

In den letzten Jahren wird bei der Intubation zunehmend auf Succinylcholin verzichtet und statt dessen bereits zur Intubation mit einem nichtdepolarisierenden Muskelrelaxans (meist mit Vecuronium, Atracurium oder Rocuronium) eine Vollrelaxierung durchgeführt. Auch hier empfiehlt es sich meist, einige Minuten vorher eine nicht lähmende Dosis (entsprechend der Präcurarisierungsdosis; ca. 10–20 % der Initialdosis; Priming-Dosis) des nichtdepolarisierenden Relaxans zu verabreichen. Dadurch wirkt die danach verabreichte Hauptdosis schneller (sogenanntes **Priming-Prinzip**). Bei dem schnell wirkenden Rocuronium wird keine Priming-Dosis verabreicht, da dessen Wirkungsbeginn nicht weiter beschleunigt werden kann.

- Einleitungshypnotikum (s. S. 100)
- Maskenbeatmung (s. S. 100)
- Relaxierung mit Succinylcholin oder einem nichtdepolarisierenden Relaxans:
  Erst wenn sich der Patient gut beatmen läßt, darf er relaxiert werden. Zur Intubation wurde der Patient früher routinemäßig mit Succinylcholin (1 mg/kgKG i. v., s. S. 63) relaxiert. Die Injektion von Succinylcholin hat langsam und unter Kontrolle der Herzfrequenz zu erfolgen. Mit Wirkungsbeginn des Succinylcholins fällt auf, daß sich der Patient durch die nun einsetzende Muskelerschlaffung leichter beatmen läßt. Trotz Präcurarisierung kann es manchmal noch zu leichtem Muskelfaszikulieren beim Patienten kommen. Nach völliger Erschlaffung der Muskulatur kann der Patient jetzt intubiert werden.
  Wegen möglicher schwerwiegender Nebenwirkungen des Succinylcholin wird inzwischen bereits zur Intubation meist eine Relaxierung mit einem nichtdepolarisierenden Relaxans durchgeführt. Zur Vollrelaxierung mit Pancuronium oder Vecuronium werden beim Erwachsenen ca. 6 mg, bei Atracurium ca. 35 mg, bei Rocuronium ca. 50 mg (und beim Alcuronium ca. 10 mg) verabreicht.
- Orotracheale Intubation (s. S. 80)
- Blocken des Tubus (s. S. 85)
- Lagekontrolle des Tubus (s. S. 86)
- Fixierung des Tubus (s. S. 87)
- Erneute Lagekontrolle des Tubus
- Einstellen von O_2 und N_2O am Rotameter:
  Am Rotameter für Sauerstoff wird nun z. B. 1 Liter O_2/min und am Rotameter für Lachgas 2 Liter N_2O/min eingestellt.
- Einstellen des Inhalationsanästhetikums:
  Am Verdampfer wird die gewünschte Dampfkonzentration des ausgewählten Inhalationsanästhetikums eingeschaltet. Zur anfänglichen Anflutung sind relativ hohe Konzentrationen notwendig. Bei Halothan ca. 1,5–2,5 Vol.%, bei Verwendung von Enfluran oder Isofluran ca. 2,0–3,0 Vol.%. Zur Beschleunigung der Anflutung des Inhalationsanästhetikums empfiehlt es sich, den Patienten kurzfristig zu hyperventilieren (s. S. 29, 107) und gegebenenfalls den Frischgasfluß für einige Minuten zu steigern (z. B. 2 l O_2 und 4 l N_2O). Bei Patienten mit koronarer oder zerebraler Gefäßsklerose ist jedoch eine stärkere Hyperventilation zu vermeiden. Durch eine Hyperventilation wird eine Gefäßkonstriktion ausgelöst, die auch das zerebrale und ko-

ronare Gefäßsystem betrifft. Die durch eine Gefäßkonstriktion mögliche Minderperfusion kann bei zerebral- und koronarsklerotischen Patienten zu einer gefährlichen Mangeldurchblutung der betreffenden Stromgebiete führen und ist daher zu vermeiden.

▶ Blutdruck- und Herzfrequenzkontrolle:
Da die Intubationsphase einer der kritischsten Momente jeder Narkose ist, müssen kurz nach der Intubation unbedingt der Blutdruck gemessen und die Herzfrequenz kontrolliert werden. Zum einen droht ein Blutdruckabfall bei zu tiefer Narkose, zum anderen ein schmerzbedingter Blutdruck- und Herzfrequenzanstieg bei zu flacher Narkose.

Ist der Blutdruck nach Narkoseeinleitung kritisch abgefallen, so bieten sich folgende Maßnahmen an:

- Erniedrigung der Konzentration des Inhalationsanästhetikums
- schnellere Infusion oder eventuell Austauschen der kristalloiden Infusionslösung gegen ein Plasmaersatzmittel (z. B. HÄS, s. S. 120)
- Kippen des OP-Tisches in eine Kopftief- und Beine-hoch-Lage (Schocklagerung; „Trendelenburg-Lagerung").
- Injektion eines blutdrucksteigernden Medikamentes (z. B. Akrinor)
- falls mit Succinylcholin intubiert wurde, vorerst Verzicht auf die Vollrelaxierung mit einem nichtdepolarisierenden Muskelrelaxans (z. B. Alcuronium), da es dadurch zu einem weiteren Blutdruckabfall kommen kann (s. S. 58)

Bei den Zeichen einer zu flachen Narkose ist die Konzentration des Inhalationsanästhetikums entsprechend zu erhöhen. Bewegt sich der Patient oder droht er aufzuwachen, so ist nicht eine Muskelrelaxierung, sondern eine Vertiefung des „Schlafes", z. B. durch Nachinjektion des Einleitungshypnotikums oder durch Erhöhung des Inhalationsanästhetikums, angezeigt. Anschließend kann bei Bedarf auch relaxiert werden.

▶ Gegebenenfalls Vollrelaxierung:
Ist der Blutdruck normal, so kann, falls für die Operation notwendig und falls zur Intubation Succinylcholin verwendet wurde, der Patient jetzt mit dem nichtdepolarisierenden Muskelrelaxans voll relaxiert werden. Bei Verwendung von Alcuronium sind dies beim Erwachsenen (ca. 70 kgKG) ca. 10 mg, bei Pancuronium und bei Vecuronium ca. 6 mg, bei Rocuronium ca. 50 mg und bei Atracurium ca. 35 mg. Je nach Operation kann die Relaxansdosis eventuell erniedrigt oder – selten – kann ganz auf eine Relaxierung verzichtet werden. Dies ist möglich, da die Inhalationsanästhetika über eine eigene muskelerschlaffende Wirkung verfügen beziehungsweise die Wirkung der Muskelrelaxanzien verstärken.

▶ Transport in den Operationssaal:
Erst wenn die Kreislaufverhältnisse stabil sind, wird der Patient vom Narkosevorbereitungsraum in den angrenzenden OP gefahren. Hierzu kann der Patient z. B. mit einem Ambu-Beutel beatmet oder, wenn die Beteiligten routiniert sind, während dieser kurzen Zeitspanne (meist weniger als 30 Sekunden) ganz auf eine Ventilation verzichtet werden. Im OP muß der Patient sofort wieder an das Narkosegerät angeschlossen und beatmet werden. Am Narkosegerät im OP werden die gleichen Gasflußmengen am Rotameter und die gleiche Dampfkonzentration des Inhalationsanästhetikums eingestellt.
Bevor die maschinelle Beatmung eingeschaltet wird, sollte immer zuerst

kurzfristig manuell beatmet werden; hierdurch kann sofort gefühlt werden, wenn etwas mit dem Beatmungsgerät nicht stimmen sollte.

Ist alles überprüft, so kann von der manuellen auf die maschinelle Beatmung übergegangen werden. Die maschinelle Beatmung mit dem Kreissystem wurde auf S. 21 ausführlich beschrieben, ebenso die nun vorzunehmende korrekte Einstellung des Beatmungsgerätes und dessen Alarmvorrichtungen.

- ► Lagerung des Patienten:
  Nun wird der Patient vom Operateur selbst oder unter Anleitung des Operateurs in die eigentliche Operationslagerung gebracht; hierbei ist auf das Vermeiden von Lagerungsschäden zu achten (s. S. 26).

Aufrechterhaltung einer ITN mit einem verdampfbaren Inhalationsanästhetikum

Dosierung des Inhalationsanästhetikums

Mit zunehmender Dauer der Inhalationsnarkose reicht zur Aufrechterhaltung einer bestimmten Narkosetiefe eine immer geringere Konzentration des Inhalationsanästhetikums. Der Grund liegt in der zunehmenden **Aufsättigung der Muskel- und Fettdepots** (s. S. 28). Die am Verdampfer eingestellte Konzentration kann bei langen Operationen unter Umständen unter die für Halothan bzw. Enfluran oder Isofluran übliche Erhaltungsdosis von ca. 0,8 Vol.% beziehungsweise 1,2 Vol.% oder 1,0 Vol.% gesenkt werden.
Soll eine Low-Flow- bzw. Minimal-Anästhesie durchgeführt werden, dann werden initial für mindestens 10 bzw. 20 Minuten z.B. 2 l Sauerstoff und 4 l Lachgas pro Minute zugeführt. Ein Isofluranverdampfer wird z.B. auf Werte von ca. 1,5 Vol.%, ein Enfluranverdampfer auf Werte von ca. 2,5 Vol.% eingestellt. Nach dieser initalen Phase werden die Frischgase auf 0,5 l Sauerstoff und 0,5 l Lachgas pro Minute (Low-Flow) bzw. 0,3 l Sauerstoff und 0,2 l Lachgas pro Minute (Minimal-Flow) reduziert. Gleichzeitig muß die Konzentration des volatilen Anästhetikums erhöht werden (z.B. Isofluran auf 2,5 Vol% oder Enfluran auf ca. 3,5 Vol.%). Es ist eine apparative Überwachung der Konzentration des volatilen Inhalationsanästhetikums im In- und Exspirationsvolumen notwendig. In der Low- oder Minimal-Flow-Phase können Änderungen der Gaskonzentrationen nur langsam erreicht werden. Ist eine schnelle Änderung erforderlich, muß der O_2- und N_2O-Fluß vorübergehend erhöht werden. Auch zur Narkoseausleitung muß der O_2- und N_2O-Fluß wieder erhöht werden um eine schnelle Ausleitung zu ermöglichen. Durch Anwendung des Low- und Minimal-Flow-Systems lassen sich v. a. bei längerdauernden Narkosen (über 2 Stunden Dauer) deutlich Gase (und damit Kosten) einsparen.

Nachrelaxation

Bei der Nachinjektion von nichtdepolarisierenden Muskelrelaxanzien ist zu beachten, daß **Wiederholungsdosen** relativ niedrig dosiert werden müssen. Die erste Wiederholungsdosis von Alcuronium sollte ca. 50%, alle weiteren Wiederholungsdosen ca. 20% der Initialdosis betragen. Bei Pancuronium sollten Wiederholungsdosen ca. 20% der Initialdosis, bei Vecuronium, Rocuronium und Atracurium ca. 20–30% der Initialdosis betragen. Bei einer Inhalationsnarkose werden jedoch nur selten regelmäßige Nachinjektionen eines nichtdepolarisierenden Muskelrelaxans notwendig, da die Inhalationsanästhetika selbst über eine muskelerschlaffende Wirkung verfügen sowie die Wirkung von nichtdepolarisierenden Muskelrelaxanzien verstärken.

Die letzte Dosis eines nichtdepolarisierenden Muskelrelaxans muß mindestens so lange vor Operationsende verabreicht werden, wie dessen übliche Wirkungsdauer beträgt.

Das heißt, die letzte Atracurium-, Vecuronium- bzw. Rocuronium-Dosis sollte spätestens 30 Minuten, die letzte Alcuronium- bzw. Pancuronium-Dosis spätestens 45 Minuten vor Operationsende verabreicht werden, um nicht einen Überhang eines Muskelrelaxans zu riskieren.

Beurteilung der Narkosetiefe

Zur Beurteilung der Narkosetiefe einer Inhalationsnarkose eignet sich insbesondere das Blutdruckverhalten, da alle Inhalationsanästhetika zu einem dosisabhängigen Blutdruckabfall führen.
Zeichen einer zu tiefen Narkoseführung kann ein zu niedriger Blutdruck sein.
Maßnahmen bei zu tiefer Narkose:
Reduktion der Konzentration des Inhalationsanästhetikums

Zeichen einer zu flachen Narkoseführung kann eine schmerzbedingte Katecholaminausschüttung sein mit:

- ▶ Blutdruckanstieg
- ▶ Herzfrequenzsteigerung
- ▶ Schwitzen
- ▶ Tränenden Augen und roter, gefäßinjizierter Bindehaut
- ▶ Abwehrbewegungen beim nicht relaxierten Patienten
- ▶ Vertieften Atemzügen beim spontanatmenden Patienten

Die Zeichen Blutdruckanstieg, Herzfrequenzsteigerung und Schwitzen können allerdings auch Folgen einer **Hypoventilation** des Patienten sein! Wird bei der Narkose als Inhalationsanästhetikum Halothan verwendet, so können bei einer zu flachen Narkose gehäuft Extrasystolen auftreten, da Halothan das Herz gegen Katecholamine sensibilisiert (s. S. 32).
Maßnahmen bei zu flacher Narkose:
Erhöhung der Konzentration des Inhalationsanästhetikums. Um eine schnelle Änderung der Blutkonzentration des Inhalationsanästhetikums und damit eine schnelle Änderung der Narkosetiefe zu erreichen, empfiehlt es sich, auf die manuelle Beatmung überzugehen und den Patienten zu hyperventilieren und gegebenenfalls den Frischgasfluß vorübergehend zu erhöhen, wodurch diese neu eingestellte Konzentration des Inhalationsanästhetikums schneller anflutet (s. S. 29).

Es ist stets zu empfehlen, den Patienten vorübergehend manuell zu beatmen, sobald Probleme mit der Narkosetiefe oder der Beatmung auftreten.

Beobachtung des operativen Vorgehens

Zur optimalen Narkoseführung ist es enorm wichtig, stets genau das operative Geschehen zu verfolgen, denn die benötigte Narkosetiefe hängt entscheidend von der momentanen operativen Manipulation ab.

Bei erfahrungsgemäß sehr schmerzhaften Maßnahmen wie dem Hautschnitt bei Operationsbeginn, dem Zug am Peritoneum oder an den Eingeweiden, der Durchtrennung des Sternums (= Sternotomie) bei Herz-Thorax-Eingriffen, der

Dehnung des Anus oder des Gebärmutterhalses oder dem Schaben am Periost ist eine tiefere Narkose erforderlich als bei schmerzarmen Manipulationen wie einer Darmnaht, einer Operation an der Lunge, an Muskeln, Faszien oder am Bindegewebe. Mit zunehmender Erfahrung sind dem Anästhesist die Operationen bekannt, und er kann dann bereits vor Beginn einer schmerzhaften Operationsphase die Narkose vertiefen. Die Zeichen einer zu flachen Narkoseführung treten also nicht auf. Umgekehrt kann der Anästhesist dann während schmerzarmer Phasen die Narkose flacher gestalten. Nach den gleichen Kriterien müssen auch die **Muskelrelaxanzien** dosiert werden. Wird z.B. eine diagnostische Bauchspiegelung durchgeführt, so muß der Patient vor allem zu Anfang des Eingriffes (beim Einführen der Trokare) vollrelaxiert werden. Für den weiteren Verlauf genügt in der Regel die relaxierende Wirkung eines volatilen Anästhetikums. Entschließen sich nun die Operateure aber aufgrund der Bauchspiegelung zur Eröffnung des Bauchraumes (= Laparatomie), so wird hierzu eine gute Muskelerschlaffung benötigt. Der erfahrene Anästhesist wird die Relaxation durchführen, bevor(!) mit der Laparatomie begonnen wird.

Die Kunst einer guten Narkoseführung besteht darin, die Narkose so flach wie möglich zu führen, so daß gerade noch **keine** Anzeichen einer zu flachen Narkose wie Blutdruckanstieg und so weiter auftreten.

Narkoseausleitung einer ITN mit einem verdampfbaren Inhalationsanästhetikum

Bei einer gut gesteuerten Inhalationsnarkose ist der Patient einige Minuten nach Operationsende bereits ansprechbar und atmet suffizient spontan, so daß der Extubation nichts mehr im Wege steht. Dies setzt jedoch voraus, daß der Patient am Operationsende das Inhalationsanästhetikum bereits weitgehend abgeatmet hat und die Wirkung des Muskelrelaxans abgeklungen ist. Des weiteren ist eine ausreichende Spontanatmung für die Extubation zu fordern. Das Atemzugvolumen sollte mindestens 6 ml/kgKG betragen.

Spontanatmung anstreben

Vor der Extubation muß der Patient über eine ausreichende Spontanatmung verfügen. Während einer Intubationsnarkose wird der Patient meist leicht hyperventiliert, das heißt, es wird vermehrt Kohlendioxyd (CO_2) abgeatmet. Der **CO_2**-Wert im Blut ist unter die Norm erniedrigt.

Da der Atemantrieb über den CO_2-Wert reguliert wird, fehlt dem Patienten bei einem erniedrigten CO_2-Wert der Atemantrieb.

Um den Patienten zur Spontanatmung zu bringen, muß er leicht hypoventiliert werden. Der CO_2-Wert steigt an, und der natürliche Atemanreiz stellt sich wieder ein. Bestehen keine Muskelrelaxation und kein Opioidüberhang mehr, so wird der Patient beginnen, spontan zu atmen, auch wenn noch ein Inhalationsanästhetikum eingeschaltet ist. Diese Spontanatmung sollte bereits vor Ende der Operation angestrebt werden, solange noch das Inhalationsanästhetikum eingeschaltet(!) ist.

Trotz Beginn der Spontanatmung muß der Patient durch eine manuelle Beatmung leicht unterstützt (= assistiert) werden. Die Konzentration des Inhalationsanästhetikums kann nun nach Bedarf weiter reduziert oder ausgeschaltet werden.

Reduktion des Inhalationsanästhetikums

Nach einer längeren Inhalationsanästhesie sind die Muskulatur- und Fettdepots mehr oder weniger mit dem Inhalationsanästhetikum aufgesättigt. Wird das Inhalationsanästhetikum ausgeschaltet, so wird der **Partialdruck** (s. S. 28) des Inhalationsanästhetikums in der Lunge und im Blut schnell abfallen und bald niedriger als der Partialdruck in der Muskulatur und im Fettgewebe sein. Das Inhalationsanästhetikum diffundiert nun entlang des Partialdruckgefälles wieder aus den Geweben ins Blut zurück. Die hierdurch entstehenden Konzentrationen im Blut reichen meist aus, die Narkose noch für eine gewisse Zeit aufrecht zu erhalten. Wird dies beachtet, so wird der erfahrene Anästhesist das Inhalationsanästhetikum bereits vor Operationsende ausschalten.

Das volatile Inhalationsanästhetikum kann um so früher ausgeschaltet werden, je mehr Inhalationsanästhetikum aus den Geweben freigesetzt werden kann, je länger die Narkose gedauert und je mehr Fettdepots der Patient hat.

Spätestens bei Beginn der Subkutannaht oder der Hautnaht kann normalerweise das Inhalationsanästhetikum ausgeschaltet werden.

Abstellen des Lachgases

Erst bei der letzten Hautnaht sollte das Lachgas abgeschaltet werden. Zur Vermeidung einer **Diffusionshypoxie** (s. S. 32) durch das nun sehr schnell abflutende Lachgas muß für mindestens 3 Minuten mit reinem Sauerstoff beatmet werden, hierzu werden ca. 6 Liter Sauerstoff/Minute am Rotameter eingestellt.

Extubation

Die Extubation kann sowohl am noch bewußtlosen, aber bereits spontan atmenden Patienten als auch erst am fast wachen Patienten mit zurückgekehrten Schutzreflexen vorgenommen werden. Sie darf jedoch niemals während des Exzitationsstadiums (s. S. 93), das bei der Ausleitung einer Inhalationsnarkose durchlaufen wird, erfolgen.

Empfehlenswert ist die Extubation erst nach Durchlaufen des Exzitationsstadiums und Rückkehr der Schutzreflexe beim fast wachen Patienten. Beim nicht nüchternen Patienten ist dies sogar zwingend (s. S. 84). Die frühzeitige Extubation beim noch bewußtlosen, unter Inhalationsanästhetika spontan atmenden Patienten wird durchgeführt, wenn der Patient bei und nach der Extubation nicht husten oder pressen darf. Dies ist z. B. bei Bandscheibenoperationen, nach bestimmten Augenoperationen und nach Leistenbruchoperationen erwünscht. Bei Patienten mit einem Asthma bronchiale sollte die Extubation ebenfalls in tiefer Halothannarkose bei zurückgekehrter Spontanatmung vorgenommen werden. Bei zu später Extubation kann bei diesen Patienten leicht ein asthmatischer Anfall ausgelöst werden.

Vor der Extubation müssen der Mund- und Rachenraum des Patienten mit einem Einmalkatheter von Speichel freigesaugt werden.

Besteht der Verdacht, daß sich Blut, ein Fremdkörper oder Erbrochenes im

Mund-Rachen-Raum befinden könnte, so sollte der Mund-Rachen-Raum immer **unter laryngoskopischer Sicht** abgesaugt werden. Bei ausreichender Spontanatmung und möglichst vorhandenen Schutzreflexen wird der Patient nun extubiert. Die Tubusfixierung wird gelöst. Es hat sich bewährt, unmittelbar vor dem Herausziehen des Tubus den (erwachsenen) Patienten mit einem sterilen Einmalkatheter durch den Tubus endotracheal abzusaugen und unter Absaugung den Tubus herauszuziehen. Unmittelbar vorher muß die Anästhesieschwester den Tubus-Cuff mit der Blockerspritze entblocken.
Nach der Extubation wird der Patient zum kräftigen Durchatmen aufgefordert, während ihm über eine leicht vors Gesicht gehaltene Maske weiter Sauerstoff zugeführt wird.

Der Anästhesist muß sich nach der Extubation nochmals von der ausreichenden Spontanatmung des Patienten überzeugen. Ist diese plötzlich nicht mehr ausreichend, so ist es meist zu einem Zurückfallen der Zunge und zur Verlegung der oberen Luftwege gekommen. Durch Überstrecken des Kopfes und Hochziehen des Unterkiefers (= **Esmarch-Handgriff**, s. S. 293) kann dies meist leicht behoben werden.

In seltenen Fällen kann es nach der Extubation zum Auftreten eines Laryngospasmus kommen. Die dann durchzuführenden Maßnahmen werden auf S. 188 beschrieben. Wurde in tiefer Narkose extubiert, so muß der Patient nach der Extubation so lange auf dem Op.-Tisch verbleiben, bis die Schutzreflexe sicher zurückgekehrt sind.

Ablegen des Patienten vom Operationstisch

Bei ausreichender Spontanatmung und sicher zurückgekehrten Schutzreflexen kann der Patient nun „abgelegt“, das heißt vom Op.-Tisch in ein möglichst vorgewärmtes Bett gelegt werden. Anschließend muß der Patient vom verantwortlichen Anästhesisten in den Aufwachraum gebracht und der dort zuständigen Schwester übergeben werden (s. S. 291).

Kombination eines verdampfbaren Inhalationsanästhetikums mit einem Opioid

In manchen Fällen kann bei einer ITN mit einem verdampfbaren Inhalationsanästhetikum zusätzlich eine kleine Dosis Fentanyl, Alfentanil oder Sufentanil verabreicht werden. Durch zusätzliche Gabe eines Opioids kann der **MAC-Wert der Inhalationsanästhetika vermindert werden** (s. S. 30), das heißt, das Inhalationsanästhetikum kann niedriger dosiert werden, womit auch dessen Nebenwirkungen geringer sind. Dieses Verfahren ermöglicht eine besonders schonende Narkoseführung und eignet sich insbesondere für Risikopatienten. Die Gabe von Fentanyl (meist 0,1–0,2 mg) oder z.B. Sufentanil (meist 15–30 µg) sollte bereits vor der Intubation verabreicht werden, um den starken analgetischen Effekt dieser Opioide auch während der Intubation auszunützen. Einleitungshypnotikum und Inhalationsanästhetikum können nun niedriger dosiert werden. Herz-Kreislauf-Probleme bei der Narkoseeinleitung sind damit seltener. Nachinjektionen von Fentanyl oder Sufentanil sollten möglichst vermieden oder bei längeren Operationen sehr niedrig (0,05–0,1 mg Fentanyl oder 5–15 μg Sufentanil) dosiert werden.

Die Kombination eines intravenösen Analgetikums (z.B. Fentanyl) mit Inhalationsanästhetika, Muskelrelaxanzien und einem Hypnotikum wird auch als **balancierte Anästhesie** bezeichnet.

Narkoseeinleitung per inhalationem

In seltenen Fällen muß auf die intravenöse Narkoseeinleitung verzichtet und eine Narkose durch Einatmen eines verdampfbaren Inhalationsanästhetikums eingeleitet werden; es wird von einer Einleitung per inhalationem gesprochen.

Am Rotameter werden Sauerstoff (z.B. 2 l/min) und Lachgas (z.B. 4 l/min) eingestellt. Nun muß dem Patienten, wenn möglich, die Maske dicht auf das Gesicht gesetzt und schrittweise (meist) das Halothan eingeschaltet werden. Es empfiehlt sich, die Konzentration des Halothan (Enfluran oder Isofluran) alle 3 Atemzüge um ca. 0,5 Vol.% zu erhöhen. Halothan wird für diese Form der Narkoseeinleitung aufgrund seines relativ angenehmen Geruches häufiger verwendet. Insbesondere Isofluran hat einen sehr scharfen Geruch, bei dem viele Patienten den Atem anhalten. Der Patient wird zum tiefen Durchatmen aufgefordert. Das neue Inhalationsanästhetikum Sevofluran eignet sich aufgrund seines relativ angenehmen Geruchs und seiner schnellen Anflutung besonders gut für die Narkoseeinleitung per inhalationem.

Bei der Einleitung per inhalationem wird das Exzitationsstadium, das bei der intravenösen Einleitung übersprungen wird, langsam durchlaufen.

Während dieser Zeit muß der Patient von äußeren Reizen abgeschirmt werden. Es sollte Ruhe im Raum herrschen und jegliche Manipulationen am Patienten sollten unterlassen werden. Insbesondere das Einlegen eines Guedel-Tubus darf erst vorgenommen werden, wenn das Exzitationsstadium sicher durchlaufen ist. Sobald der Patient „eingeschlafen“ ist, wird vorsichtig seine Spontanatmung unterstützt, um eine schnelle Anflutung der Inhalationsanästhetika zu erreichen.

Die Intubation kann eventuell in tiefer Halothannarkose durchgeführt werden. Vor dem ersten Intubationsversuch sollte in jedem Falle ein sicherer venöser Zugang gelegt werden. Bei der meist zusätzlichen Verwendung von Muskelrelaxanzien genügt ein weniger tiefes Narkosestadium.

Indikationen für eine Narkoseeinleitung per inhalationem:

- ▶ Bei Kindern, bei denen eine andere Narkoseeinleitung oft nicht möglich ist (s. S. 217)
- ▶ Mögliches Verfahren bei voraussichtlichen Intubationsschwierigkeiten, um beim bereits bewußtlosen Patienten mit noch erhaltener Spontanatmung eine Intubation zu versuchen (s. S. 201). Dieses Vorgehen wird eventuell dann noch durchgeführt, wenn ein flexibles Fiberbronchoskop zur primär fiberbronchoskopischen Intubation (s. S. 198) nicht zur Verfügung steht.
- ▶ Eventuell bei schwerem Asthmaleiden

Die Neuroleptanästhesie (= NLA)

Allgemeine Bemerkungen zur Neuroleptanalgesie und Neuroleptanästhesie

Die klassische Neurolept**analgesie** ist, wie der Name sagt, durch die Kombination eines Neuroleptikums mit einem Analgetikum gekennzeichnet.

Hierzu wurde klassischerweise das potente Analgetikum Fentanyl (s. S. 48), und das Neuroleptikum Droperidol (s. S. 51) kombiniert.
Dieser Zustand ist zum Beispiel bei bestimmten neurochirurgischen Operationen (stereotaktischen Operationen) notwendig, da man auf die Mitarbeit des Patienten angewiesen ist. Auch bestimmte diagnostische Eingriffe (Ösophaguskopie, Bronchoskopie, Angiographie usw.) können in einer Neuroleptanalgesie durchgeführt werden.

Das Neuroleptikum verursacht eine Sedierung, Gleichgültigkeit und Antriebsminderung, das Analgetikum nimmt die Schmerzen. Bei dieser klassischen Neuroleptanalgesie ist der Patient also ansprechbar und kooperativ.
Inzwischen wird, falls eine Analgesie und und eine Sedierung beim noch wachen und kooperativen Patienten angestrebt wird, oft ein potentes und kurzwirksames Opioid (wie Fentanyl, Alfentanil, Sufentanil) mit einem Benzodiazepin (meist Midazolam) kombiniert.

Bei der Neurolept**anästhesie** handelt es sich um eine klassische Vollnarkose, bei der alle Kriterien einer Vollnarkose erfüllt sind (s. S. 3).

Eine Neuroleptanästhesie wird nur als Intubationsnarkose, nie als Maskennarkose durchgeführt. Auch die Larynxmaske kommt bei den normalerweise langdauernden Neuroleptanästhesien nicht zum Einsatz.
Die Durchführung der Neuroleptanästhesie wird zum Teil sehr unterschiedlich gehandhabt. Es sind viele Variationen mit gutem Erfolg durchführbar. Das im folgenden beschriebene Vorgehen kann daher nur eine von vielen möglichen Vorgehensweisen aufzeigen.
Zur Durchführung einer Neuroleptanästhesie werden meist folgende Medikamente kombiniert:

- Fentanyl oder Sufentanil:
  Fentanyl oder Sufentanil garantieren als potente Analgetika die Schmerzfreiheit.
- Droperidol:
  Droperidol als starkes Neuroleptikum erzielt Sedierung, Gleichgültigkeit und Antriebsminderung. Es wird inzwischen häufig durch Midazolam ersetzt.
- Lachgas:
  Lachgas wird immer zugesetzt. Lachgas potenziert die Wirkung des Opioids. Außerdem ist Lachgas in Kombination mit Droperidol für die Amnesie (= Erinnerungslosigkeit) und Bewußtlosigkeit des Patienten verantwortlich. Droperidol alleine erzeugt keine Bewußtlosigkeit.
- Muskelrelaxanzien:
  Muskelrelaxanzien werden immer benötigt. Zur Intubation wird ein nichtdepolarisierendes Muskelrelaxans (oder Succinylcholin) (s. S. 103), zur Aufrechterhaltung der Relaxierung ein nichtdepolarisierendes Muskelrelaxans

verwendet. Wird zur Intubation bereits ein nichtdepolarisierendes Muskelrelaxans verwendet, dann kann eventuell – ähnlich wie vor der Gabe von Succinylcholin – eine kleine, nicht lähmende Dosis vorweggegeben werden. Dadurch wirkt die Hauptdosis schneller. Dieses Vorgehen wird als Priming Prinzip bezeichnet (s. S. 103).

- Einleitungshypnotikum:
  Zur schonenden und schnellen Narkoseeinleitung wird meist zusätzlich ein Einleitungshypnotikum verwendet. Von manchen Anästhesisten wird hierauf jedoch verzichtet.

Indikationen für eine Neuroleptanästhesie sind z. B.:

- Patienten mit Herzinsuffizienz
- Wenn sich verdampfbare Inhalationsanästhetika verbieten (Verdacht auf einen erhöhten intrakraniellen Druck, schwere Leberschädigungen)

Kontraindikationen für die Neuroleptanästhesie sind z. B.:

- Geburtshilfliche Operationen (z. B. Kaiserschnitt) vor der Abnabelung des Kindes (Atemdepression des Neugeborenen!)
- Kurzfristige Operationen (unter 45 Minuten Dauer)

Vorbereitungen zur Neuroleptanästhesie

- Überprüfung des Narkosegerätes (s. S. 22)
- Überprüfung des Narkosewagens auf Vollständigkeit (s. S. 23)
- Vorbereiten des Narkosewagens (s. S. 24)
- Aufziehen der Medikamente (s. S. 24)
- Vorbereiten des Patienten auf die Narkose (s. S. 24)

Mögliche Einleitungsform einer Neuroleptanästhesie

- Präoxygenierung (s. S. 100)
- Präcurarisierung oder Priming-Dosis (s. S. 102)
- Droperidol:
  Droperidol kann durch seine ausgeprägte Alpha-Blockade (s. S. 51) einen unter Umständen starken Blutdruckabfall bewirken. Vor allem wenn ein durch Vasokonstriktion noch kompensierter, intravasaler Volumenmangel besteht, kann eine Alpha-Blockade einen starken Blutdruckabfall verursachen.

> Mit Hilfe einer kleinen Dosis von Droperidol kann geradezu getestet werden, ob der Patient einen kompensierten Volumenmangel hat.

Kommt es nach einer ersten kleinen „Testdosis" von Droperidol (ca. 5 mg) schon zu einem deutlichen Blutdruckabfall, so sollte die Narkoseeinleitung unterbrochen und erst eine weitere Volumengabe zur Kreislaufauffüllung durchgeführt werden. Bei Durchführung einer Neuroleptanästhesie hat es sich bewährt, bereits vor und während der Narkoseeinleitung ca. 500 ml Volumen zu infundieren.

Droperidol hat einen ausgesprochen starken **antiemetischen Effekt** (= Hemmung von Übelkeit und Brechreiz). Damit kann der allen Opioiden und somit auch dem Fentanyl und Sufentanil eigene emetische Effekt (= Auslösung von Übelkeit und Brechreiz) verhindert werden. Droperidol sollte daher vor (!) dem Opioid verabreicht werden. Zur Narkoseeinleitung eignen sich 0,1–0,2 mg/kgKG = 5–15 mg Droperidol beim Erwachsenen. Die Dosierungsempfehlungen sind jedoch zum

Teil recht unterschiedlich. Inzwischen wird zunehmend häufiger anstatt Droperidol das Benzodiazepin Midazolam im Rahmen einer NLA verwendet. Midazolam wird jedoch meist erst nach der Intubation zur Aufrechterhaltung der NLA verabreicht. Wird Midazolam bereits zur Narkoseeinleitung in einer Dosierung von 0,1–0,15 mg/kgKG verwendet, ist ein Einleitungshypnotikum wie z.B. Etomidat meist nicht mehr notwendig. Midazolam wird jedoch meist erst nach der Narkoseeinleitung (mit einem Hypnotikum) zur Aufrechterhaltung der NLA verabreicht. Initial werden dann meist ca. 5 mg Midazolam verabreicht. Repetitionsdosen von 2–5 mg sollten alle ca. 1–2 Stunden nachinjiziert werden.

- ▶ Fentanyl/Sufentanil:
  Um anfänglich möglichst eine Vollbesetzung der **Opioidrezeptoren** zu garantieren, sollte eine hohe Erstdosis von Fentanyl (ca. 0,005–0,007 mg/kgKG = 0,3–0,5 mg beim Erwachsenen) oder Sufentanil (45–75 µg beim Erwachsenen) verabreicht werden. Der Patient wird bei und nach der Opioidgabe aufgefordert, tief durchzuatmen.
- ▶ Einleitungshypnotikum:
  Hierzu eignen sich neben Thiopental und Methohexital – vor allem bei Risikopatienten – auch Etomidat oder Midazolam. Aufgrund der zusätzlichen Opioidgabe reicht im Vergleich zu einer ITN mit einem Inhalationsanästhetikum eine geringere Dosis des Einleitungshypnotikums. Sind die Patienten bewußtlos (erloschener Lidreflex, s. S. 100), werden sie mit der Maske beatmet.
- ▶ Maskenbeatmung (s. S. 100)
- ▶ Relaxierung mit einem nichtdepolarisierenden Muskelrelaxans (oder Succinylcholin) (s. S. 103)
- ▶ Orotracheale Intubation (s. S. 80)
- ▶ Blocken des Tubus (s. S. 85)
- ▶ Lagekontrolle des Tubus (s. S. 86)
- ▶ Fixierung des Tubus (s. S. 87)
- ▶ Erneute Lagekontrolle des Tubus
- ▶ Einstellen von O_2 und N_20 am Rotameter:
  Am Rotameter für Sauerstoff wird nun z.B. 1 Liter O_2/Minute und am Rotameter für Lachgas werden 2 Liter N_2O/Minute eingestellt.
- ▶ Blutdruck und Herzfrequenzkontrolle:
  Da die Intubationsphase einer der kritischsten Momente jeder Narkose ist, muß kurz nach der Intubation unbedingt der Blutdruck gemessen und die Herzfrequenz kontrolliert werden. Zum einen droht bei Überdosierung der Medikamente ein Blutdruckabfall, zum andern bei zu flacher Narkose ein schmerzbedingter Blutdruck- und Herzfrequenzanstieg.
  Ist der **Blutdruck** nach der Narkoseeinleitung **kritisch abgefallen**, so bieten sich folgende Maßnahmen an:
  - Falls mit Succinylcholin zur Intubation relaxiert wurde, vorerst Verzicht auf eine Vollrelaxierung mit einem nichtdepolarisierenden Muskelrelaxans (z.B. Alcuronium), da es hierdurch zu einem weiteren Blutdruckabfall kommen kann
  - Schnellerstellen der laufenden kristalloiden Lösung oder eventuell ein Austauschen der kristalloiden Lösung gegen ein Plasmaersatzmittel (z.B. Hydroxyäthylstärke o.ä., s. S. 120)
  - Kippen des Op.-Tisches in eine Oberkörper-tief- und Beine-hoch-Lage (Schocklagerung; Trendelenburg-Lagerung)
  - Injektion eines blutdrucksteigernden Medikamentes (z.B. Akrinor)

Ist der Blutdruck als Zeichen einer zu flachen Narkose zu hoch und der Patient bewegt sich oder droht aufzuwachen, so ist nicht eine Muskelrelaxierung, sondern eine Vertiefung des Schlafes oder der Analgesie durch Nachinjektion des Einleitungshypnotikums oder von Fentanyl/Sufentanil angezeigt. Anschließend kann der Patient auch relaxiert werden.

- Gegebenenfalls Vollrelaxierung:
  Ist der Blutdruck nicht kritisch abgefallen, so wird, falls für die Operation notwendig und für die Intubation mit Succinylcholin relaxiert wurde, der Patient jetzt mit einem nichtdepolarisierenden Muskelrelaxans relaxiert. Zur Vollrelaxierung beim Erwachsenen sind bei Verwendung von Alcuronium ca. 10 mg, bei Pancuronium und Vecuronium ca. 6 mg, bei Atracurium ca. 35 mg und bei Rocuronium ca. 50 mg notwendig.
- Transport in den Op.-Saal (s. S. 104)
- Lagerung des Patienten (s. S. 105)

Aufrechterhaltung einer Neuroleptanästhesie

Beobachtung des operativen Vorgehens

s. S. 106

Nachinjektion von Muskelrelaxanzien

Generell kann gesagt werden, daß der Bedarf an Muskelrelaxanzien bei einer NLA höher ist als bei einer Inhalationsnarkose.

Den verdampfbaren Inhalationsanästhetika ist eine muskelrelaxierende Wirkung und eine Wirkungsverstärkung der nichtdepolarisierenden Muskelrelaxanzien eigen. Dies entfällt bei der NLA und erklärt den höheren Relaxanzienverbrauch. Daher muß z. B. bei einer Bauchoperation in NLA auf eine regelmäßige Nachinjektion des Muskelrelaxans geachtet werden. Eine eventuelle Nachinjektion des Muskelrelaxans muß zum einen an der momentanen Operationsphase sowie an der Überprüfung des Relaxationsgrades mittels Relaxometrie (s. S. 66) und an der Wirkdauer des verwendeten Relaxans orientiert werden.

Bewegt sich ein Patient während der Operation aufgrund der schmerzhaften Manipulation, wäre es falsch, ihn nur wieder zu relaxieren. Er würde sich zwar nicht mehr bewegen, aber der Grund für die Bewegungen, nämlich die Schmerzen, wäre noch vorhanden.

In diesem Falle muß also zusätzlich zum Relaxans z. B. Fentanyl gegeben werden. Die letzte Dosis des Muskelrelaxans sollte mindestens so lange vor Op.-Ende verabreicht werden, wie dessen normale Wirkungsdauer beträgt. Ansonsten besteht die Gefahr eines **postoperativen Überhangs des Muskelrelaxans** mit einer Lähmung der Atemmuskulatur.

Nachinjektion von Fentanyl/Sufentanil

Eventuelle Nachinjektionen von Fentanyl oder Sufentanil müssen ebenfalls zum einen an der momentanen Op.-Situation und zum anderen an der mittleren Wirkungsdauer von ca. 30 Minuten orientiert werden. Als Wiederholungsdosen eignen sich 0,05–0,1 (bis maximal 0,2) mg Fentanyl oder 10–20 μg Sufentanil. Bei langen Operationen sollten die anfänglichen Wiederholungsdosen eher hoch, spätere Wiederholungsdosen eher niedrig gewählt werden. Weitere Kriterien für eine nötige Nachinjektion von Fentanyl oder Sufentanil sind **Anzeichen einer nachlassenden Analgesie:**

- Anstieg des Blutdrucks
- Anstieg der Herzfrequenz
- Tränende Augen
- Schwitzen des Patienten

Fentanyl und Sufentanil wirkten wie alle Opioide durch Bindung an spezifische Opioidrezeptoren. Sind alle Opioidrezeptoren besetzt, so kann auch durch eine weitere Fentanyl-/Sufentanilgabe keine bessere Analgesie erzielt werden.

Insbesondere bei abdominal-chirurgischen und herzchirurgischen Operationen kommt es immer wieder vor, daß Zeichen einer ungenügenden Analgesie vorhanden sind, die aber durch Nachinjektion auch größerer Fentanylgaben nicht zu beseitigen sind. Durch die kurzfristige, zusätzliche Gabe eines Inhalationsanästhetikums in niedriger Dosierung kann die Situation fast immer beherrscht werden.
Die letzte, möglichst geringe Dosis von Fentanyl oder Sufentanil sollte mindestens 30 Minuten vor Op.-Ende verabreicht werden, um keine **postoperative Atemdepression durch einen Opioidüberhang** zu riskieren. Muß gegen Ende der Narkose kurzfristig die Narkose vertieft werden, so hat es sich oft bewährt, statt einer Fentanyl- oder Sufentanilnachinjektion (mit der Gefahr einer postoperativen Atemdepression) kurzfristig ein Inhalationsanästhetikum (z. B. 1 Vol.% Ethrane) zusätzlich zu verabreichen, um den kritischen Moment zu überbrücken.

Es ist jedoch zu beachten, daß durch die Kombination von Fentanyl oder Sufentanil mit größeren Dosen eines verdampfbaren Inhalationsanästhetikums der Fentanyl- oder Sufentanilabbau verzögert wird. Die atemdepressive Wirkung des Fentanyls oder Sufentanils kann damit verlängert (!!!) werden.

Das Inhalationsanästhetikum sollte also nur kurzfristig zugegeben werden.

Nachinjektion von Droperidol/ Midazolam

Im Normalfall braucht Droperidol nach einer ausreichenden Initialdosis nur selten (ca. alle 4 Stunden) nachinjiziert werden. Gelegentlich wird auch die Ansicht vertreten, daß eine einmalige, hochdosierte Droperidolgabe am Anfang einer NLA ausreichend ist.
Wird anstatt Dehydrobenzperidol z. B. Midazolam verwendet, so empfiehlt sich meist eine Repetitionsdosis von ca. 2–5 mg alle 1–2 Stunden.

Narkoseausleitung bei einer Neuroleptanästhesie

Während bei einer Inhalationsanästhesie die Spontanatmung des Patienten bereits vor Op.-Ende angestrebt werden sollte, empfiehlt es sich bei einer NLA, die kontrollierte Beatmung des Patienten erst unmittelbar vor dem Op.-Ende zu beenden und durch eine Hypoventilation einen Anstieg des CO_2-Wertes und damit die Spontanatmung des Patienten zu provozieren.

Erst bei der letzten Hautnaht wird das Lachgas abgeschaltet. Zur Vermeidung einer Diffusionshypoxie (s. S. 32) durch das nun sehr schnell abflutende Lachgas muß für mindestens 3 Minuten mit reinem Sauerstoff (ca. 6 Liter O_2/Minute) beatmet werden.

Besteht kein Überhang von Fentanyl/Sufentanil oder eines Muskelrelaxans, so wird der Patient bald beginnen, spontan zu atmen. Da die analgetische Wirkung des Fentanyls/Sufentanils meist noch einige Zeit nachwirkt, tolerieren die nun spontan atmenden und wach werdenden Patienten den Tubus normalerweise relativ gut.

Fentanyl-/Sufentanilüberhang?

Besteht bei dem Patienten ein Opioidüberhang, so wird er nur verzögert anfangen, spontan zu atmen. Wird er aufgefordert, tief durchzuatmen, so tut er dies (= **Kommandoatmung**). Läßt man ihn jedoch in Ruhe, so „vergißt" er das Atmen.

Der Atemtypus ist durch eine ganz langsame Atemfrequenz bei relativ großem Atemzugvolumen gekennzeichnet. Die Pupillen des Patienten sind noch sehr eng (stecknadelkopfgroße Pupillen, s. S. 9). Der Patient verneint, Schmerzen zu haben. Er liegt ruhig da und kommt Aufforderungen, wie z.B. Anheben des Kopfes, nach. Er fühlt sich jedoch durch den Tubus nicht gestört.

Der Patient sollte mit einem Opioidantagonisten, z.B. Naloxon (s. S. 51), antagonisiert werden.
Da Naloxon eine deutlich kürzere Wirkdauer als das zu antagonisierende Fentanyl oder Sufentanil hat, besteht die Gefahr einer erneuten Atemdepression sobald die Wirkung des Naloxons nachläßt. Aus diesem Grunde sind „antagonisierte" Patienten besonders sorgfältig für mindestens zwei Stunden im Aufwachraum zu überwachen.

Relaxansüberhang?

Besteht bei einem Patienten ein Überhang an Muskelrelaxanzien, so bietet sich meist folgendes Bild: Der Atemtypus des Patienten ist eher schnell, die Atemzüge sind sehr flach. Der Patient versucht krampfhaft, nach Luft zu ringen und ist unruhig.
Ein eventueller Relaxansüberhang kann mit Hilfe der Relaxometrie objektiviert werden (s. S. 66).

Der Aufforderung, tief durchzuatmen, kann ein noch anrelaxierter Patient kaum nachkommen. Bei der Aufforderung, die Augen zu öffnen, versucht er typischerweise auch mit Hilfe der Stirnmuskulatur die Lider zu heben. Die Stirn wirft sich in Falten, die Augen können aber nur andeutungsweise geöffnet werden. Auch anderen Aufforderungen, wie Hochheben des Kopfes, Öffnen des Mundes oder Drücken der Hand, kann der Patient nur andeutungsweise nachkommen.

Bei dem Patienten sollte die Wirkung der nichtdepolarisierenden Muskelrelaxanzien z.B. mit Pyridostigmin oder Neostigmin (in Kombination mit Atropin) antagonisiert werden (s. S. 61).

Da Pyridostigmin eine längere Wirkdauer als z.B. das häufig verwendete Vecuronium (Norcuron) hat, besteht hier nicht die Gefahr einer erneuten Zunahme des Relaxierungsgrades. Voraussetzung sowohl für die Antagonisierung eines Fentanyl-/Sufentanil- als auch eines Muskelrelaxansüberhangs ist eine bereits zurückgekehrte, wenn auch minimale Spontanatmung des Patienten!

Extubation

s. S. 108
Nach der Extubation wird der Patient zum kräftigen Durchatmen aufgefordert, während ihm über eine leicht vors Gesicht gehaltene Maske weiter Sauerstoff zugeführt wird. Nach der Extubation ist wiederholt zu überprüfen, daß die Spontanatmung des Patienten ausreichend ist. Nach Fentanyl-/Sufentanilverabreichung kommt es öfters vor, daß die noch intubierten Patienten, bedingt durch den schmerzhaften Reiz des Tubus, gut durchatmen. Wird ihnen der Tubus, das heißt der Schmerzreiz genommen, so hören sie nach der Extubation auf zu atmen! Stets muß überprüft werden, ob die Patienten auch genügend durchatmen, wenn sie nicht dazu aufgefordert werden (!!).
Ablegen des Patienten vom Op.-Tisch (s. S. 109).

Nachteile einer Neuroleptanästhesie

- Manchmal ist die durch Lachgas und Droperidol bewirkte Bewußtlosigkeit unzureichend, und die Patienten können sich unter Umständen daran erinnern, was während einer bestimmten Operationsphase gesprochen wurde.
- Durch Droperidol können, vor allem bei nicht erkanntem Volumenmangel, unter Umständen drastische Blutdruckabfälle ausgelöst werden.
- Manchmal treten die Anzeichen einer zu flachen Narkoseführung auf, die trotz hoher Fentanyldosen nicht zu beherrschen sind.
- Die schlechte Steuerbarkeit der intravenös zu verabreichenden Medikamente (s. S. 38) hat häufiger einen postoperativen Fentanyl-/Sufentanil- oder Relaxansüberhang zur Folge.
- Postoperativ müssen die Patienten wegen der oft hohen Fentanyl-/Sufentanildosen wesentlich länger im Aufwachraum überwacht werden.

Totale intravenöse Anästhesie (TIVA)

Bei einer totalen intravenösen Anästhesie (TIVA) wird auf volatile Anästhetika und auch auf Lachgas verzichtet (da jedoch relativ selten Kontraindikationen gegen Lachgas bestehen, wird dennoch häufig Lachgas zugesetzt = IVA).
Für eine TIVA werden **Sauerstoff**, ein **Hypnotikum** (zumeist Propofol; ggf. über Spritzenpumpe, z. B. 3–6 mg/kgKG/h) ein **Muskelrelaxans** und ein **Opioid** (öfters Sufentanil über Spritzenpumpe, z. B. 0,015–0,025 µg/kgKG/min = 1(–1,5) µg/kgKG/h oder z. B. intermittierende Fentanyl- oder Sufentanilboli) kombiniert.
Bei Curettagen oder sonstigen kurzen Eingriffen wird oft eine IVA (unter Verwendung von Lachgas) durchgeführt. Es wird hier meist Alfentanil (0,5–1,0 mg) mit Disoprivan (initial 1,5–2,5 mg/kgKG; Repetitionsboli à ca. 20–30 mg) kombiniert.

Narkose unter Verwendung einer Kehlkopfmaske

Allgemeine Bemerkungen

Eine Narkose unter Verwendung einer Kehlkopfmaske (Larynxmaske) ist dadurch ausgezeichnet, daß der Patient anstatt eines Endotrachealtubus (s. Intubationsnarkose, S. 102) eine Kehlkopfmaske erhält. Über die Kehlkopfmaske kann der Patient entweder spontan atmen, oder manuell (s. S. 98) bzw. maschinell mittels Beatmungsgerät (s. S. 99) beatmet werden. Eine Narkose unter Verwendung einer Kehlkopfmaske verbietet sich bei nicht nüchternen Patienten, da die Kehlkopfmaske keinen sicheren Schutz vor einer Aspiration darstellt. Auch bei Operationen, bei denen das Peritoneum oder die Pleura eröffnet wird sowie bei Operationen im Bereich des Mund-Nasen-Rachenraumes ist auf eine Larynxmaske zu verzichten (vgl. auch S. 202).

Vorbereitungen für eine Narkose unter Verwendung einer Kehlkopfmaske

- Überprüfung des Narkosegerätes (s. S. 22)
- Überprüfung des Narkosewagens auf Vollständigkeit (s. S. 23)
- Vorbereitung des Narkosewagens (s. S. 24)
- Aufziehen der Medikamente (s. S. 24)
- Vorbereitung des Patienten auf die Narkose (s. S. 24)
- Vorbereitung der Larynxmaske (s. S. 91)

Einleitung einer Narkose unter Verwendung einer Kehlkopfmaske

- Präoxygenierung (s. S. 100)
- Einleitungshypnotikum:
  Als Einleitungshypnotikum wird zumeist Propofol verwendet, da es die laryngealen Reflexe stärker dämpft als andere Hypnotika.
- Maskenbeatmung (s. S. 100):
  Nach Narkoseeinleitung mittels intravenöser Injektion eines Hypnotikums (normalerweise Propofol) wird der Patient kurzfristig über eine Gesichtsmaske beatmet.
- Einführen der Larynxmaske (s. S. 90)
- Eine vorherige Gabe eines Muskelrelaxans ist nicht notwendig
- Blocken der Larynxmaske
- Überprüfen der Larynxmaske auf Dichtigkeit
- Fixierung der Larynxmaske
- Einstellen von O_2 und N_2O am Rotameter (s. S. 103)
- Einstellen des Inhalationsanästhetikums (s. S. 103)
- Blutdruck- und Herzfrequenzkontrolle (s. S. 104)
- Gegebenenfalls Vollrelaxierung (s. S. 104)
- Transport in den Operationssaal (s. S. 104)
- Lagerung der Patienten (s. S. 104)

Aufrechterhaltung und Ausleitung einer Narkose unter Verwendung einer Larynxmaske

Das Vorgehen entspricht großteils dem bei der Aufrechterhaltung bzw. Narkoseausleitung einer ITN mit einem ver-

dampfbaren Inhalationsanästhetikum (s. S. 105) bzw. bei der Kombination eines verdampfbaren Inhalationsanästhetikums mit einem Opioid (s. S. 109). Es sei daher auf die entsprechenden Kapitel verwiesen.
Während allerdings bei endotracheal intubierten Patienten fast immer eine kontrollierte maschinelle Beatmung vorgenommen wird, wird bei einer Narkose unter Verwendung einer Larynxmaske sehr häufig eine Spontanatmung des Patienten angestrebt. Bei der kontrollierten maschinellen Beatmung ist die Larynxmaske häufiger undicht. Da eine Spontanatmung aber nicht über längere Zeiträume erwünscht ist (Gefahr von Atelektasen) werden nur selten Larynxmasken verwendet, wenn die Operation länger als 1–2 Stunden dauert.

► Extubation:
  Bei Patienten mit eingelegter Larynxmaske wird normalerweise erst extubiert, wenn der Patient aus der Narkose erwacht und auf Aufforderung den Mund öffnet. Erst nach (nicht vor!) Entfernen der Larynxmaske wird der Mund- und Rachenraum abgesaugt. Weder vor noch beim Entfernen der Larynxmaske wird (im Unterschied zum intubierten Patienten) endotracheal abgesaugt.

Perioperative Infusions- und Transfusionstherapie

Für die perioperative Flüssigkeitstherapie stehen je nach Bedarf verschiedene Infusions- und Transfusionslösungen zur Verfügung.

Infusionen

Kristalloide Lösungen

Kristalloide sind kristallisierbare Substanzen. Zu den kristalloiden Lösungen werden Elektrolytlösungen sowie niederprozentige Glukoselösungen (z.B. Glukose 5%) gezählt. Kristalloide Lösungen können ungehindert durch Zellmembranen diffundieren.

Nach der Infusion diffundiert daher der überwiegende Teil (fast 80%) aus dem Gefäßsystem in die Gewebe ab. Je nachdem, wie hoch der Elektrolytgehalt einer Elektrolytlösung im Vergleich zum Plasma ist, wird von einer **Vollelektrolytlösung**, einer $^1/_2$- oder **$^2/_3$-Elektrolytlösung** usw. gesprochen. Wird die Osmolarität der Kristalloidlösung mit der des Plasmas, verglichen, so kann in isotone, hypotone oder hypertone Kristalloidlösungen unterschieden werden.

Isotone Lösungen haben die gleiche Osmolarität wie das Plasma, **hypotone** Lösungen haben eine geringere und **hypertone** Lösungen eine höhere Osmolarität als das Plasma (Tab. 1.7).

Kolloidale Plasmaersatzmittel

Kolloide sind große, hochmolekulare Substanzen mit einem Molekulargewicht größer als 10000. Kolloidale Lösungen sind normalerweise nicht in der Lage, durch Zellmembranen zu diffundieren. Kolloide haben die Fähigkeit, Wasser an sich zu binden. Durch diese Fähigkeit sind sie für die Aufrechterhaltung des **kolloidosmotischen Drucks** verantwortlich.

Tabelle 1.7 Osmolaritäten verschiedener Lösungen

Lösung (Plasma)	Natrium (140 mmol/l)	Kalium (4 mmol/l)	Osmolarität (300 mosmol)	Sonstiges/l
Glukose 5%	–	–	hypoton	Glukose 50 g
NaCl 0,9%	154	–	isoton	–
Sterofundin	140	4	isoton	Laktat 45 mmol
Normofundin	100	–	hyperton	Acetat 38 mmol Glukose 50 g
Ringerlaktat	130	4	isoton	Laktat 28 mmol

Einige Kolloide haben eine größere Wasserbindungsfähigkeit als die Plasmaeiweiße und ziehen dadurch noch Wasser aus dem Gewebe und binden es an sich. Die intravasale Volumenzunahme ist daher nach Infusion solcher Kolloide größer als das eigentlich zugeführte Volumen. Es kommt also durch diese Kolloide zu einer Volumenexpansion. Diese Substanzen werden daher als **Plasmaexpander** bezeichnet.
Kolloide werden verabreicht, um Plasmaverluste zu ersetzen. Sie werden daher auch als **Plasmaersatzmittel** bezeichnet. Bei den kolloidalen Plasmaersatzmitteln kann zwischen Plasmaersatzmitteln, die künstlich hergestellt werden, und Plasmaersatzmitteln, die aus menschlichem Plasma gewonnen werden, unterschieden werden.

Künstliche kolloidale Plasmaersatzmittel

Die künstlichen Plasmaersatzmittel ermöglichen einen vorübergehenden Ersatz der körpereigenen Plasmaproteine, bis diese nach einem Verlust wieder neu synthetisiert sind. Sie übernehmen die onkotische Aktivität der Plasmaproteine, das heißt die Funktion, Wasser an sich zu binden. Sie können aber keine sonstigen biologischen Funktionen der Plasmaproteine, z.B. die Transportfunktion für viele körpereigene und körperfremde Substanzen übernehmen.

Die wichtigsten künstlichen kolloidalen Plasmaersatzmittel sind:

Stärkepräparate – Hydroxyäthylstärke (= HÄS) (z.B. HÄS-steril 10%)

Stärkepräparate werden aus der z.B. in Mais, Getreide und Reis enthaltenen Stärke hergestellt. Damit das körpereigene Enzym Alpha-Amylase, das für die Stärkespaltung verantwortlich ist, dieses Molekül nicht abbauen kann, wird es durch eine bestimmte chemische Umwandlung, eine sogenannte Hydroxyäthylierung, stabilisiert. Das entstehende Molekül ist die **Hydroxyäthylstärke (HÄS).** Die Wasserbindungsfähigkeit der HÄS ist hoch. HÄS ist ein Plasmaexpander (s.o.). Die Plasmahalbwertszeit beträgt ca. 12 Stunden. HÄS-Moleküle werden größtenteils über die Nieren wieder ausgeschieden, teilweise auch im Körper gespalten. Bei HÄS kommt es durch einen sogenannten „coating“-Effekt zu einer Beeinflussung der Gerinnung. Unter einem „coating-Effekt“ wird die Tatsache verstanden, daß die Thrombozyten, die Gefäße und sonstige Zellelemente mit einem dünnen HÄS-Mantel (englisch: coat = Mantel) überzogen werden. Hierdurch wird die für die Blutgerinnung wichtige Freisetzung von Gewebsfaktoren und das Zusammenballen von Thrombozyten behindert. Es kommt dadurch zu einer Verschlechterung der Blutgerinnung. Die Höchstdosis von HÄS beträgt ca. 30 ml/kgKG/Tag. Bei Stärkepräparaten können sehr selten anaphylaktoide Reaktionen auftreten.

Gelatinepräparate (z. B. Gelifundol, Haemaccel)

> Gelatinepräparate werden aus Abbauprodukten des in Knochen, Sehnen usw. enthaltenen Kollagens hergestellt. Das mittlere Molekulargewicht liegt bei ca. 30000. Die Plasmahalbwertszeit beträgt ca. 3 Stunden. Ihre Fähigkeit zur Wasserbindung ist deutlich geringer als bei HÄS (s. o.) und den Dextranen (s. u.).

Die Gelatinepräparate werden fast ausschließlich über die Nieren ausgeschieden. Durch ihre Fähigkeit, Wasser an sich zu binden, kommt es während ihrer raschen Ausscheidung über die Nieren zu einer vermehrten Urinausscheidung, einer sogenannten osmotischen Diurese. Auch nach Gelatinepräparaten können sehr selten Unverträglichkeitsreaktionen auftreten, die jedoch erst nach Infusion größerer Mengen zu erwarten sind.

Dextranpräparate (z. B. Macrodex 6%)

> Dextranmoleküle sind aus Zuckermolekülen aufgebaute Riesenmoleküle. Für die Anästhesie wichtig sind Dextranpräparate mit einem mittleren Molekulargewicht von 60000 (Dextran 60). Die Dextranpräparate zeichnen sich durch eine hohe onkotische Aktivität aus. Ihre Wasserbindungsfähigkeit ist größer als die der Plasmaproteine. Dextrane sind also Plasmaexpander (s. o.).

Dextrane führen zu einer Beeinträchtigung der Blutgerinnung. Ursache ist ebenfalls ein sogenannter **„coating“-Effekt (s. o.).** Aus diesem Grunde sollte eine Höchstdosis für Dextranpräparate von ca. 15–20 ml/kgKG/Tag (ca. 1,5 l beim Erwachsenen) nicht überschritten werden. Die Plasmahalbwertszeit des Dextrans 60000 beträgt ca. 6–8 Stunden. Dextrane werden vor allem über die Niere wieder ausgeschieden. In sehr seltenen Fällen kann es bereits nach wenigen Millilitern eines Dextranpräparates zu schweren **anaphylaktoiden Reaktionen** kommen. Die Ursache sind echte Antigen-Antikörper-Reaktionen. Durch die vorherige Gabe von Promit (20 ml) sollen diese Allergien vermeidbar sein. Promit ist ein monovalentes Hapten-Dextran. Es bindet sich an eventuell vorhandene Antikörper und kann diese blockieren und damit die Antigen-Antikörper-Reaktionen verhindern. Dextranpräparate werden aufgrund dieser möglichen allergischen Nebenwirkungen inzwischen nur noch selten in der Anästhesie eingesetzt.

Körpereigene kolloidale Plasmaersatzmittel

Die wichtigsten körpereigenen kolloidalen Plasmaersatzmittel sind:

Humanalbumin

Humanalbuminlösungen werden aus gemischten Spenderplasmen gewonnen. Sie bestehen zu ca. 95% aus Albumin. Durch eine spezielle Hitzebehandlung sind Humanalbuminlösungen hepatitissicher. Humanalbuminlösungen sind als 5%ige und 20%ige Lösungen im Handel. Das 20%ige Präparat wird zu den Plasmaexpandern gerechnet (s. o.) und hat eine Plasmahalbwertszeit von ca. 19 Tagen. Humanalbumin kann universell, das heißt unabhängig von der Blutgruppe des Empfängers, verabreicht werden.

Pasteurisierte Plasmaproteinlösung
(= PPL)

Die pasteurisierte Plasmaproteinlösung entspricht weitgehend den Humanalbuminpräparaten. Sie unterscheidet sich lediglich in ihrer geringeren Reinheit. Der Albuminanteil beträgt nur ca. 85%. Neben Albumin sind noch andere Serumproteine enthalten. PPL wird als 3,5%ige Lösung angeboten. PPL ist hepatitissicher und universell anwendbar.

Serumeiweiß-Konserven (= SEK)

Serumeiweiß-Konserven entsprechen in ihrer Zusammensetzung weitgehend der normalen Zusammensetzung des menschlichen Serums. Neben Albumin sind z.B. auch die Immunglobuline darin enthalten. Der Eiweißgehalt der Serumeiweiß-Konserven beträgt 5%. SEK sind hepatitissicher und universell einsetzbar.

Transfusionen

Warmblut

Warmblut ist bis zu 4 Stunden altes, ungekühltes Blut. Es zeichnet sich durch das Fehlen von lagerungsbedingten Alterungsschäden aus. Die Gerinnungsfaktoren sind noch erhalten. Ebenso entsprechen die Thrombozyten in Funktion und Zahl noch fast dem Nativblut.

Der Nachteil ist jedoch die erhöhte Gefahr einer Infektionsübertragung (z.B. Übertragung von Lues, Malaria, Borreliose, da diese kälteempfindlichen Erreger noch vital sind) sowie vermehrte fieberhafte Reaktionen nach der Transfusion. **Hepatitis-Gefahr! AIDS-Gefahr** [AIDS = aquired immuno deficiency syndrom (= erworbenes Immunschwäche-Syndrom)]! Warmblut wird nicht mit den üblichen 10- bis 40-µm-Blutfiltern, sondern mit großporigen ca. 200-µm-Filtern transfundiert.
Warmbluttransfusionen sollten inzwischen nicht mehr durchgeführt werden.

Frischblut

Frischblut ist bis zu 72 Stunden altes Blut. Die Alterungsschäden durch Lagerung sind noch minimal. Die Gerinnungsfaktoren sind weitgehend noch erhalten. Ebenso sind die Thrombozyten in Funktion und Zahl noch ausreichend.

Nachteil ist ebenfalls die erhöhte Gefahr einer Infektionsübertragung (z.B. Übertragung von Lues). **Hepatitis-Gefahr! AIDS-Gefahr!** Es sollte nicht mit den üblichen 10- bis 40-µm-Blutfiltern, sondern mit großporigen ca. 200-µm-Filtern transfundiert werden. Frischbluttransfusionen sollten nur noch in Extremsituationen durchgeführt werden.

Vollblut

Vollblut (s. Abb. 1.78 und Tab. 1.8) kann bei Verwendung von $CPDA_1$-Stabilisator bis 35 Tage gelagert werden. Während der Lagerung nimmt die Aktivität der Gerinnungsfaktoren V und VIII ab und die Thrombozyten werden funktionsunfähig. Auch die Granulozyten (weiße Blutkörperchen) sterben ab. Vollblut enthält also im wesentlichen funktionsfähige rote Blutkörperchen und Albumin.

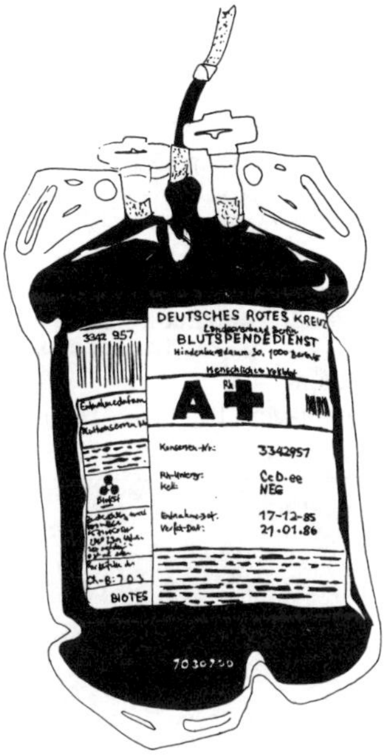

Abb. 1.78 Blutkonserve

Daneben enthält Vollblut jedoch verklumpte, abgestorbene Thrombozyten und Granulozyten, sogenannte **Mikroaggregate**, die angeschuldigt werden, für Lungenschädigungen nach Massivtransfusionen mitverantwortlich zu sein. Um diese Mikroaggregate weitgehend herauszufiltern, sollten Vollblutkonserven nur mit kleinporigen Filtern (z.B. 10 bis 40 μm) transfundiert werden. **Hepatitis-Gefahr! AIDS-Gefahr!**

Erythrozytenkonzentrat

Erythrozyten-(Ery-)Konzentrate (s. Tab. 1.8) werden durch Zentrifugieren von Vollblutkonserven hergestellt. Bei den sogenannten **buffy-coat-armen und buffy-coat-freien Ery-Konzentraten** sind die Mikroaggregate (s.o.) sowie das Plasma und der Stabilisator weitgehend entfernt. Ein Ery-Konzentrat enthält ungefähr gleich viele Erythrozyten wie eine Vollblutkonserve.

Der HK-Wert eines Ery-Konzentrats beträgt ca. 75%. Auch bei Ery-Konzentrationen sollte ein kleinporiger Filter (z.B. 10–40 μm) verwendet werden. Das **Hepatitisrisiko** ist bei einem Ery-Konzentrat gleich groß wie bei einer Vollblutkonserve. **AIDS-Gefahr!**
Sonstiges:
In lebensbedrohlichen Situationen können Ery-Konzentrate der Gruppe 0-negativ als **„Universal-Spenderblut"** ungekreuzt transfundiert werden. Als Universalblut werden Ery-Konzentrate verwendet, da hierbei – im Gegensatz zu Vollblutkonserven – das Plasma sowie die darin enthaltenen **Isoagglutinine** Anti-A und Anti-B weitgehend entfernt sind. Damit können Unverträglichkeitsreaktionen im Sinne einer Minor-Reaktion (Isoagglutinine des transfundierten Blutes schädigen Erythrozyten des Empfängers) weitgehend verhindert werden.

Gewaschene Erythrozytenkonzentrate

Durch bis zu fünfmaliges Waschen in isotoner Kochsalzlösung werden aus Ery-Konzentraten sogenannte gewaschene Ery-Konzentrate hergestellt. Hierdurch kann ein Präparat mit besonders wenig Thrombozyten, Granulozyten und Serumproteinen gewonnen werden.

Gewaschene Ery-Konzentrate kommen vor allem bei Patienten mit Thrombozyten- oder Leukozyten-Antikörpern oder bei Patienten mit einer Eiweißallergie zur

Tabelle 1.8 Unterschied zwischen einer Vollblut- und einer Erythrozytenkonserve

	Vollblut	Ery-Konzentrat
Gerinnungsfaktoren	verminderte Aktivität der Gerinnungsfaktoren V und VIII	verminderte Aktivität der Gerinnungsfaktoren V und VIII
Thrombozyten	keine funktionsfähigen Thrombozyten	keine funktionsfähigen Thrombozyten
Gehalt an Serumeiweiß	3/3	1/3 der Vollblutkonserve
Sog. Mikroaggregate (verklumpte Granulo- und Thrombozyten)	reichlich (deshalb möglichst 10–40-µm-Filter)	kaum (trotzdem 10–40-µm-Filter)
Gehalt an Aminosäuren und Ammoniak	hoch (deshalb bei Patienten mit Leberinsuffizienz: möglichst Ery-Konzentrate)	niedrig
Zitratgehalt (Zitrat ist zur Gerinnungshemmung des Konservenblutes im Stabilisator enthalten)	3/3 [bei Leberinsuffizienz kann dieses Zitrat unter Umständen nicht schnell genug abgebaut werden: Gefahr der Zitratintoxikation mit Gerinnungsstörungen! Deshalb: zusätzlich Kalziumgabe! um das Zitrat zu binden (Kalziumzitrat)]	2/3
Isoagglutinine (Anti-A, Anti-B)	100%	geringer Gehalt an Isoagglutininen, da das Plasma größtenteils abzentrifugiert ist; deshalb werden als „Universal-Spenderblut" 0-negativ-Ery-Konzentrate! verwendet
Erwärmung	Mikrowellenerwärmer, Wasserbad oder Durchlauferwärmer	nicht im Mikrowellenerwärmer! (aufgrund der hohen Viskosität kommt es zu einer unzureichenden Durchmischung und Schädigung durch lokale Überhitzung), nur im Wasserbad oder Durchlauferwärmer!
Kosten	100%	80%, also ca. 20% billiger

Anwendung. Da bei dem Waschvorgang den Erythrozyten wichtige Ionen entzogen werden, ist die Haltbarkeit der gewaschenen Ery-Konzentrate auf ca. 6 Stunden begrenzt. **Hepatitis-Gefahr! AIDS-Gefahr!**

Eigenblutkonserven

Aufgrund einer seit 1992 bestehenden Aufklärungspflicht über die Möglichkeit der präoperativen Eigenblutspende und intraoperativen Retransfusion machen zunehmend mehr Patienten von dieser Möglichkeit Gebrauch. Hierbei werden dem Patienten in den letzten ca. 4 Wochen vor der Operation eine oder jeweils im Abstand von einer Woche auch mehrere Eigenblutkonserven abgenommen. Die letzte Eigenblutspende sollte mindestens 7 Tage vor dem Operationstermin sein. Zwischen mehreren Eigenblutspenden muß der Patient nachweislich wieder ausreichend Erythrozyten gebildet haben (Hb-Kontrolle vor Abnahme, Hb größer 11,5 g/dl). Bei der Retransfusion von Eigenblut kann der Patient sich **keine Neuinfektion** mit z. B. einem Hepatitis- oder AIDS-Virus erwerben. Falls bei dem Patienten Eigen- und Fremdblut bereitliegen, muß im Falle einer Blutung immer zuerst das Eigenblut transfundiert werden.

Gefrorenes Frischplasma (= GFP)

(englisch: fresh frozen plasma = FFP)

Durch sofortiges Tiefgefrieren von Plasma kann die Aktivität der Gerinnungsfaktoren erhalten werden. Vor Gebrauch muß das FFP vorsichtig bei 37 °C im Wasserbad aufgetaut werden. FFP muß AB0-Blutgruppen-identisch transfundiert werden. Der Rhesus-Faktor braucht jedoch nicht berücksichtigt werden. Im Notfall kann als „Universalplasma" FFP der Blutgruppe AB verwendet werden (enthält keine Isoagglutinine Anti-A und Anti-B). FFP muß mit einem großporigen Filter (ca. 200 µm) transfundiert werden. **Hepatitis-Gefahr! AIDS-Gefahr!**

Thrombozytenkonzentrat

Ein Thrombozytenkonzentrat wird aus Frischblut gewonnen. Es wird empfohlen, Thrombozytenkonzentrate AB0-Blutgruppen-identisch zu übertragen. Es ist mit einem großporigen Filter (ca. 200 µm) zu transfundieren. **Hepatitis-Gefahr! AIDS-Gefahr!**

Praktisches Vorgehen bei einer Bluttransfusion

Blutabnahme

Dem Patienten wird **zur Bestimmung der Blutgruppe,** zur Durchführung der **Kreuzprobe** und des **Antikörpersuchtests** (Suche nach irregulären Antikörpern) Blut abgenommen. Auf ein korrektes Beschriften der Blutprobe, des Blutgruppenzettels und des Blutanforderungsscheines (!) ist unbedingt zu achten: Verwechslungsgefahr (!!!). Das Blut muß anschließend in die Blutbank geschickt werden.

Blutauslieferung

Die Blutbank liefert das angeforderte Blut in Kühltaschen. Falls es nicht sofort benötigt wird, muß es in einem speziellen, weitgehend erschütterungsfrei arbeitenden Kühlschrank bei 4 °C übersichtlich gelagert werden (= Kühlkette aufrechterhalten). Nicht mehr benötigte Konserven müssen umgehend wieder zur Blutbank zurückgeschickt werden.

Identitätskontrolle vor der Transfusion

Gehören der vorliegende Blutgruppen- und Kreuzprobenzettel zu diesem Patienten? Wenn ja: Stimmt die Blutgruppe auf der Konserve mit derjenigen des Patienten überein? Wenn ja: Stimmt die auf dem

Konservenetikett angegebene Konserven-Nr. mit der Konserven-Nr. auf dem Kreuzprobenzettel überein? Wenn ja: Vorbereitung der Konserve.

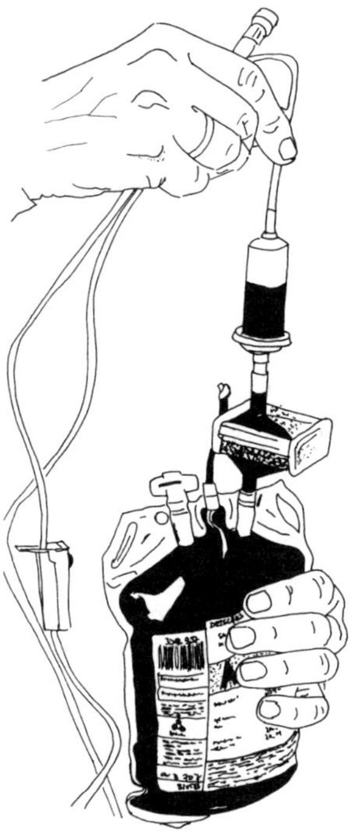

Abb. 1.79 Füllen des Transfusionsbestecks mit Blut. Durch vorsichtiges Komprimieren der Konserve wird das nach oben gehaltene Transfusionsbesteck soweit mit Blut gefüllt, bis die Tropfkammer zur Hälfte gefüllt ist. Danach werden Konserve und Transfusionsbesteck um 180° gedreht und das Transfusionsbesteck wird vollends mit Blut gefüllt.

Erwärmung der Konserve

Falls kein Durchlauferwärmer verwendet wird, muß die Konserve in einem Mikrowellengerät oder im Wasserbad aufgewärmt werden. Vollblutkonserven können im Mikrowellengerät, Wasserbad oder Durchlauferhitzer aufgewärmt werden. Ery-Konzentrate dürfen nur im Wasserbad oder im Durchlauferhitzer aufgewärmt werden, jedoch nicht im Mikrowellengerät! Wird das Blut kalt transfundiert, so droht bei einer Massivtransfusion eine Unterkühlung des Patienten. Außerdem können bei Kalttransfusionen Reaktionen mit möglicherweise vorhandenen **Kälteagglutininen** auftreten.

Anschluß des Transfusionsbestecks

Hierzu wird die Konserve so gehalten, daß die zwei Anschlußstutzen nach oben (!) zeigen. Die Verschlußkappe eines Anschlußstutzens wird abgedreht und der Dorn des Transfusionsfilters unter sterilen Bedingungen mit einer drehenden Bewegung in den Stutzen eingesteckt. Die Rollerklemme wird geöffnet, und durch leichten Druck auf die Konserve steigt das Blut durch den Filter in die Tropfkammer hoch (Abb. 1.79). Wenn die Tropfkammer zu ca. $^1/_2$ mit Blut gefüllt ist, wird die Konserve mitsamt dem Transfusionsbesteck schnell umgedreht (Abb. 1.80). Durch dieses Manöver kann ein Flüssigkeitsspiegel in der starren Tropfkammer erreicht werden.

Durchführung des „bedside“-Tests

Mit Hilfe z. B. einer Eldon- oder Medtro-Karte wird der sogenannte „bedside“-Test durchgeführt, mit dem nochmals die AB0-Gruppen des Patienten und der Konserve überprüft werden. Damit sollen Verwechslungen ausgeschlossen werden. Bei dem „bedside“-Test wird ein Tropfen Blut des Patienten beziehungsweise der Konserve in die entsprechend gekennzeichneten Antiserumschalen gegeben (s. Abb. 1.81).

Bestätigung durch den Arzt

Sind die Identitätskontrolle und das Ergebnis des „bedside“-Tests vom Arzt schriftlich als richtig bestätigt worden, kann das Blut transfundiert werden.

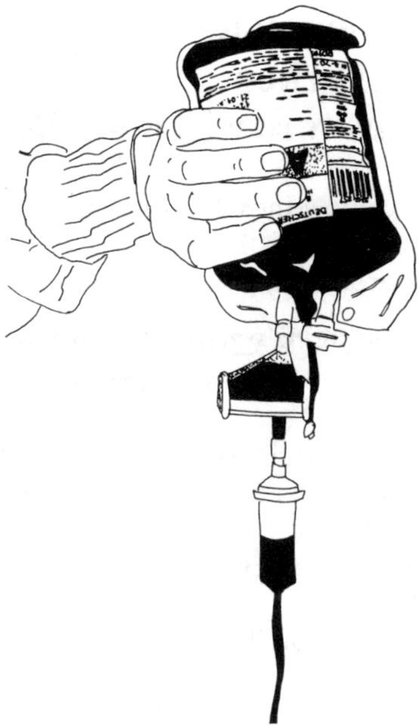

Abb. 1.80 Korrekt mit Blut gefülltes Transfusionsbesteck (Tropfkammer nur zur Hälfte gefüllt)

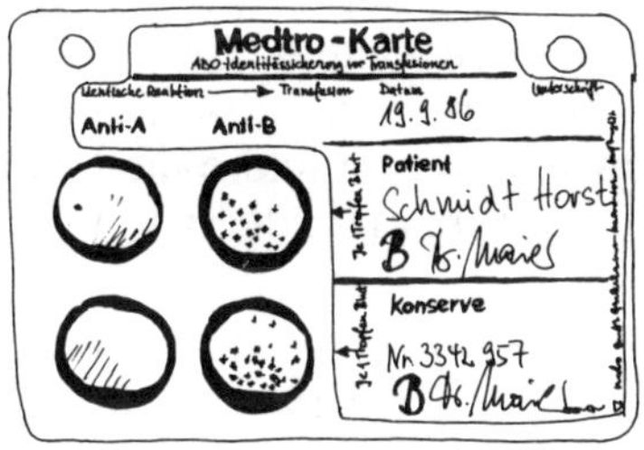

Abb. 1.81 Karte zur Durchführung eines „bedside"-Tests (Bestimmung der AB0-Blutgruppen)

Transfusion

Die Bluttransfusion ist eine ärztliche Maßnahme und muß vom verantwortlichen Arzt eingeleitet werden. Eine Transfusion sollte immer **über einen peripher-venösen Zugang** erfolgen. Die Transfusion ist auch über spezielle großlumige Dialysekatheter (z.B. Shaldon-Katheter) möglich (insbesondere im Rahmen einer Massivtransfusion). Möglichst nie(!) über einen Kavakatheter. Läuft eine Transfusion über einen Kavakatheter einige Minuten nicht mehr, weil z.B. der Katheter abgeknickt oder der Transfusionsbeutel leer ist, so kann es zu einer Thrombosierung des Kavakatheters kommen!! Außerdem kann über einen großlumigen peripher-venösen Zugang wesentlich schneller und erythrozytenschonender transfundiert werden als über einen Kavakatheter.

Biologische Probe

Nach der Transfusion weniger Milliliter wird die Infusion unterbrochen und der Patient auf die Zeichen einer Unverträglichkeitsreaktion hin überprüft (s.u.). Falls keine Auffälligkeiten sind, wird die Transfusionsgeschwindigkeit gesteigert. Vorsicht: Beim sedierten/narkotisierten Patienten können selbst schwere Transfusionsreaktionen verdeckt sein.

Dokumentation

Beginn und Ende der Transfusion, Konserven-Nr., Chargen-Nr. und Ergebnis des „bedside"-Tests müssen dokumentiert werden.

Sonstiges

- **Nie(!)** Medikamente in eine Konserve injizieren
- Leere Transfusionsbeutel 24 Stunden aufbewahren. Im Falle einer Unverträglichkeit sind serologische Nachuntersuchungen wichtig.

Abweichungen von dem beschriebenen Vorgehen sind nur in Notsituationen erlaubt. Hier kann von der Blutbank unter Umständen ungekreuztes, aber blutgruppengleiches(!) Blut angefordert werden. Die Bestimmung der Blutgruppe dauert nur wenige Minuten(!), die Kreuzprobe dagegen ca. 45 Minuten. Nach der oben beschriebenen Identitätsprobe und des „bedside“-Tests kann dann dieses ungekreuzte Blut transfundiert werden. Inzwischen führt die Blutbank die Kreuzprobe durch und gibt die Konserve im Nachhinein frei. Nur in lebensbedrohlichen Fällen kann das nicht-blutgruppengleiche „Universalblut“ einer 0-negativen Erythrozytenkonserve transfundiert werden.

Gefahren einer Bluttransfusion

Die Transfusion von Blut oder Blutkomponenten erfordert aufgrund der zahlreichen Komplikationsmöglichkeiten eine sehr strenge Indikationsstellung. Mögliche Gefahren einer Bluttransfusion sind:

- ▶ Transfusionszwischenfall (Hämolyse durch Blutunverträglichkeit, zumeist durch Verwechslungen bedingt!!! Kunstfehler!!!)
- ▶ Übertragung von Hepatitis (Non-A/Non-B-Hepatitis und Hepatitis B, C)
- ▶ Übertragung von AIDS (Häufigkeit ca. 1:1000000)
- ▶ Übertragung einer Lues (= Syphilis) bei Konserven, die weniger als 3 Tage gelagert sind, also bei Warm- und Frischblut
- ▶ Transfusion einer Konserve, die mit infektiösen Keimen verunreinigt ist
- ▶ Fieberreaktionen durch fiebererzeugende Gifte (= Pyrogene) aus abgestorbenen Bakterien
- ▶ Übertransfusion mit Lungenödem
- ▶ Anaphylaktoide Reaktion auf das in der Konserve enthaltene Eiweiß

Anzeichen eines hämolytischen Transfusionszwischenfalls

Die Ursache eines hämolytischen Transfusionszwischenfalls ist fast immer ein Nichtübereinstimmen im AB0-System.

Symptome beim wachen Patienten:

- ▶ Brennen im Bereich der zuführenden Vene
- ▶ Juckreiz, Gesichtsrötung, Kopfschmerz
- ▶ Fieber
- ▶ Schüttelfrost
- ▶ Kreuzschmerzen
- ▶ Tachykardie
- ▶ Blutdruckabfall
- ▶ Tachypnoe
- ▶ In sehr schweren Fällen Vollbild des anaphylaktoiden Schocks mit Kreislaufzusammenbruch

Symptome beim narkotisierten Patienten:

Die Erkennung eines Transfusionszwischenfalls ist beim narkotisierten Patienten relativ schwierig und daher meist erst verzögert durch folgende Symptome möglich:

- ▶ Hämoglobinurie und Oligurie (nur erkennbar, falls der Patient einen Dauerkatheter hat)
- ▶ Ungeklärter Blutdruckabfall
- ▶ Ungeklärte diffuse Blutung im Operationsgebiet
- ▶ Fieber
- ▶ Unter Umständen Auftreten eines Bronchospasmus

Therapie eines Transfusionszwischenfalls

Schon bei Verdacht (!):

- ▶ Sofort Abbruch der Transfusion

- Behandlung des drohenden Nierenversagens durch Erzwingung einer gesteigerten Diurese mittels
  - Volumenzufuhr
  - eventuell Furosemid (Lasix)
  - eventuell Mannitol (= osmotisches Diuretikum)
  - eventuell Dopamin in Nierendosis zur Verbesserung der Nierendurchblutung (ca. 3 μg/kgKG/min, s. S. 276)
- Alkalisierung des Urins durch intravenöse Gabe von Natriumbikarbonat
- eventuell Gabe von Glukokortikoiden
- Therapie einer Hypotension mit Volumengabe und Katecholaminen
- Notfalls Austauschtransfusion (bei sehr schwierigen Fällen)
- Blutbank informieren:
  Die Konserve sowie frisch entnommenes Blut des Patienten müssen in die Blutbank zur Überprüfung der Blutgruppe, der Kreuzprobe und des Antikörpersuchtests geschickt werden.
- Laborbestimmungen:
  Kalium, freies Hämoglobin, Hb im Blut und im Urin, großer Gerinnungsstatus, Bilirubin, LDH, Haptoglobin
- Genaue Dokumentation des Transfusionszwischenfalls
- Postoperative Verlegung des Patienten auf die Intensivstation

Allgemeine Bemerkungen zur perioperativen Flüssigkeitstherapie

Die Empfehlungen für den perioperativen Flüssigkeitsbedarf sind zum Teil recht unterschiedlich, sowohl was die Menge als auch was die Art der zuzuführenden Flüssigkeit betrifft.

Die im folgenden angegebenen Werte sind daher als grobe Richtlinien gedacht und müssen oft entsprechend des Krankheitsbildes modifiziert werden.

Bei der Berechnung der perioperativen Flüssigkeitstherapie sollte zwischen Basis-, Verlust- und Nachholbedarf unterschieden werden:

Basis- oder Erhaltungsbedarf

Es werden folgende Richtwerte angegeben:

- Erwachsener: 70 kgKG
  1,5 ml/kgKG/Stunde
- Schulkind: 14 J./50 kgKG
  2,0 ml/kgKG/Stunde
  6 J./20 kgKG
  3,5 ml/kgKG/Stunde
- Kleinkind: 5 J./20 kgKG
  3,5 ml/kgKG/Stunde
  2 J./13 kgKG
  4,0 ml/kgKG/Stunde
- Säugling 1 J./10 kgKG
  5,0 ml/kgKG/Stunde
  ab 5. Lebenstag
  5,5 ml/kgKG/Stunde
  1., 2., 3., 4. Lebenstag
  2,5, –3, –3,5, –4,5 ml/kgKG/Stunde

Intraoperativer Verlustbedarf

Der intraoperative Verlustbedarf ergibt sich vor allem aus der Verdunstung über Wundflächen (z.B. eröffnetes Abdomen) und durch Sequestration (= Absonderung) von Flüssigkeit in das durch die Operation geschädigte ödematöse Gewebe.

Diese Flüssigkeitsverluste durch Sequestration in den „dritten Raum“ sind nur sehr schwer abzuschätzen.

Es werden folgende Richtwerte angegeben:

- Mäßige Gewebstraumatisierung (z. B. Tonsillektomie, Herniotomie): 1–4 ml/kgKG/Stunde
- Mittlere Gewebstraumatisierung (z. B. Gallenoperation, Appendektomie, Thoraxoperationen): 5–7 ml/kgKG/Stunde
- Ausgeprägte Gewebstraumatisierung (z. B. große Bauchoperationen): 8–10(–15) ml/kgKG/Stunde
  Bei Operationen mit minimaler Gewebstraumatisierung wie Operationen am Auge, mikrochirurgische Eingriffe am Ohr, Extremitätenoperationen in Blutleere usw. kann der intraoperative Verlustbedarf oft vernachlässigt werden.
  Zum intraoperativen Verlustbedarf können zusätzlich noch Blutverluste sowie Verluste über Drainagen und Sonden hinzukommen.

Nachhol- oder Korrekturbedarf

Der Nachholbedarf ergibt sich aus dem Zeitraum der Flüssigkeitskarenz sowie aus zusätzlichen vorbestehenden Flüssigkeitsmängeln, z. B. durch präoperatives Erbrechen, Durchfall, Sondenableitung usw.

Bei einem Erwachsenen (70 kgKG) ist präoperativ zumeist von einer mindestens 6stündigen Flüssigkeitskarenz auszugehen. Das heißt, der Erwachsene hat bei einem Basisbedarf von 1,5 ml/kgKG/Stunde nach 6 Stunden einen Nachholbedarf von mindestens $1{,}5 \times 70 \times 6 = 630$ ml. Dieser Nachholbedarf aufgrund der Flüssigkeitskarenz sollte bei Erwachsenen innerhalb der ersten Operationsstunde ausgeglichen werden (s. Tab. 1.9).
Kinder unter 2 Jahren dürfen ca. 4 Stunden, Kinder über 2 Jahre ca. 6 Stunden vor Narkosebeginn nochmals mit klarer Flüssigkeit gefüttert werden. Hiermit kann das präoperative Flüssigkeitsdefizit möglichst gering gehalten werden. Diese Vier- bzw. Sechs-Stunden-Grenze sollte möglichst nicht wesentlich überschritten werden, da bei Säuglingen und Kleinkindern sehr schnell eine Entgleisung des Wasser-Elektrolyt-Haushaltes droht. Der Nachholbedarf aufgrund der präoperativen Flüssigkeitskarenz sollte bei Kindern zu ca. 50% in der ersten Operationsstunde, zu je 25% in der 2. und 3. Operationsstunde bzw. postoperativ ausgeglichen werden (s. Tab. 1.9).
Während die Nüchternheit in bezug auf feste und dickflüssige Nahrung weiterhin streng gefordert wird, gibt es neuere Studien, die belegen, daß klare Flüssigkeiten bis zu ca. 3 Stunden vor Narkosebeginn verabreicht werden können, ohne daß Volumen und pH-Wert des Magensaftvolumens negativ beeinflußt werden.

Ziel der perioperativen Flüssigkeitstherapie ist es, den Flüssigkeitsbedarf **adäquat** zu ersetzen.

Die Volumenzufuhr sollte, einerseits an den errechneten Bedarfsmengen orientiert werden, andererseits sollte sie auch an den Kreislaufparametern Herzfrequenz, Blutdruck, am zentralen Venendruck, am Durstempfinden des Patienten, an der Feuchtigkeit seiner Schleimhäute sowie an der eventuell über einen Dauerkatheter gemessenen Urinausscheidung, die beim Erwachsenen mindestens 1 ml/kgKG/Stunde und beim Säugling und Kleinkind mindestens 2 ml/kgKG/Stunde betragen sollte, orientiert werden.

Zur perioperativen Flüssigkeitstherapie eignen sich:

- Kristalloide Lösungen (s. S. 119)
  - Glukose 5%:
    Glukose 5% ist für den Basisbedarf sowie den Ausgleich eines Nachhol-

Tabelle 1.9 Nachholbedarf aufgrund der präoperativen Flüssigkeitskarenz

Patient		Nüchternheit	Nachholbedarf	Ausgleich in der 1. Operationsstunde	
Erwachsener:	70 kgKG	> 6 Std.	630 ml	100% =	630 ml
Schulkind:	14 J./50 kgKG	6 Std.	600 ml	100% =	600 ml
	6 J./20 kgKG	6 Std.	420 ml	50% =	210 ml
Kleinkind:	5 J./20 kgKG	6 Std.	420 ml	50% =	210 ml
	2 J./13 kgKG	4 Std.	208 ml	50% =	104 ml
Säugling:	1 J./10 kgKG	4 Std.	200 ml	50% =	100 ml
	ab 5. Lebenstag/ 3 kgKG	4 Std.	66 ml	50% =	33 ml
	1.–4. Lebenstag/ 3 kgKG	4 Std.	24–54 ml	50% =	12–27 ml

bedarfs aufgrund der Flüssigkeitskarenz besonders geeignet. Diese Substitution sollte bereits vor Narkoseeinleitung begonnen werden.

- Vollelektrolytlösungen: Vollelektrolytlösungen sind für den intraoperativen Verlustbedarf sowie für einen Nachholbedarf aufgrund von Erbrechen oder Durchfall besonders geeignet.

Besteht ein Nachholbedarf aufgrund einer Blutung, eines Erbrechens oder Durchfalls usw., so sollten diese Verluste möglichst bereits vor Narkosebeginn ausgeglichen werden (s. Tab. 1.10 und 1.11).

- ► Künstliche oder körpereigene Kolloide (s. S. 119)
- ► Blut oder Blutkomponenten (s. S. 122)

Ersatz von Blutverlusten

Bei Abfall des Hb-Wertes auf ca. 8(–10) g/dl und einem Abfall des HK-Wertes auf ca. 25(–30)% ist mit einem grenzwertigen **Mangel an Sauerstoffträgern,** also an Erythrozyten zu rechnen. Diese Situation wird erreicht, wenn ca. 25% des Blutvolumens beim Erwachsenen, also 1,25 Liter, verlorengehen.
Damit es bei einem Blutverlust zu einem therapiebedürftigen **Mangel an Plasmaeiweißen** kommt, also zu einer grenzwertigen Abnahme des kolloidosmotischen Drucks durch Albuminmangel, müssen dagegen bereits 40–50% des Blutvolumens verlorengehen.
Für die Aufrechterhaltung der plasmatischen Gerinnung reichen sogar nur 40% der Konzentration an **Gerinnungsfaktoren** aus. Das heißt, erst bei Blutverlusten von 60% sind normalerweise Störungen der plasmatischen Gerinnung zu erwarten.
Bezüglich der **Thrombozyten** ist aufgrund von großen, mobilisierbaren Thrombozytenreserven normalerweise erst nach einem Blutverlust von ca. 85% mit einer Blutgerinnungsstörung aufgrund eines Thrombozytenmangels zu rechnen.

An diesen Werten orientiert sich die sogenannte **Blutkomponententherapie.** Nach diesem inzwischen anerkannten Therapieverfahren sollten nur diejenigen Blutbestandteile ersetzt werden, an denen der Patient einen therapiebedürftigen Mangel hat.
Kleinere Blutverluste, bei denen noch kein kritischer Mangel an Sauerstoffträgern anzunehmen ist, sollten mit künstlichen Plasmaersatzmitteln wie z. B. Hydroxyäthylstärke oder Dextranen volumengleich ersetzt werden. Bei einem stärkeren Blutverlust mit einem Mangel an

Tabelle 1.10 Beispiele für die perioperative Infusionsmenge beim Erwachsenen

Operation	Flüssigkeitsmenge	Flüssigkeit für einen Erwachsenen (70 kg) in der ersten Operationsstunde
Geringe Gewebstraumatisierung	3 ml/kgKG/Stunde für Sequestration ins Gewebe und Verdunstung	210 ml
	+ 1,5 ml/kgKG/Stunde Basisbedarf	105 ml
	+ Nachholbedarf (6stündige Flüssigkeitskarenz, beim Erwachsenen 100% in der ersten Operationsstunde ersetzen)	630 ml
		945 ml
	+ aktueller Verlustbedarf (z. B. Blutung)	
Mittlere Gewebstraumatisierung	6 ml/kgKG/Stunde für Sequestration ins Gewebe und Verdunstung	420 ml
	+ 1,5 ml/kgKG/Stunde Basisbedarf	105 ml
	+ Nachholbedarf (6stündige Flüssigkeitskarenz, beim Erwachsenen 100% in der ersten Operationsstunde ersetzen)	630 ml
		1155 ml
	+ aktueller Verlustbedarf (z. B. Blutung)	
Ausgeprägte Gewebstraumatisierung	10 ml/kgKG/Stunde für Sequestration ins Gewebe und Verdunstung	700 ml
	+ 1,5 ml/kgKG/Stunde Basisbedarf	105 ml
	+ Nachholbedarf (6stündige Flüssigkeitskarenz, beim Erwachsenen 100% in der ersten Operationsstunde ersetzen)	630 ml
		1435 ml
	+ aktueller Verlust (z. B. Blutung)	

Sauerstoffträgern, also bei einem Abfall des Hb-Wertes unter ca. 8(–10) g/dl und einem Abfall des HK-Wertes knapp unter ca. 25(–30)%, sollten Erythrozyten transfundiert werden. Mittel der Wahl hierzu sind Ery-Konzentrate; Vollblutkonserven, die zusätzlich noch Plasmaeiweiße enthalten, sind nicht indiziert.

Bei stärkeren Blutverlusten mit Mangel an Sauerstoffträgern und Mangel an Plasmaproteinen sollten Erythrozyten in Form von Ery-Konzentraten und Plasmaproteine in Form von z. B. Serumeiweißkonzentrat oder Humanalbumin verabreicht werden. Es können auch Vollblutkonserven verabreicht werden, die neben den Erythrozyten noch Plasmaeiweiße enthalten.

Bei massiven Blutverlusten mit Mangel an Erythrozyten, Plasmaeiweißen und einem zusätzlichen Mangel an Gerinnungsfaktoren sind, neben Erythrozyten und Plasmaeiweißen, zusätzlich noch Gerinnungsfaktoren in Form von frisch gefrorenem Plasma (fresh frozen plasma = FFP) zu verabreichen. Bei Massivtransfusionen empfiehlt es sich, nach jeder 4. bis 6. Blutkonserve eine FFP zu verabreichen.

Bei extremen Blutverlusten, bei denen außerdem noch ein Thrombozytenmangel anzunehmen ist, müssen neben Ery-Konzentrat, Proteinlösungen und Gerinnungsfaktoren in Form von FFP auch Thrombozytenkonzentrate verabreicht werden. Anstelle dieser vier verschiedenen Faktoren kann (falls verfügbar) Warm- oder

Tabelle 1.11 Beispiele für die perioperative Infusionsmenge im Kindesalter

Operation	Flüssigkeitsmenge	Flüssigkeit für die 1. Operationsstunde	bzw. eine Operationsdauer von 30 Minuten
Säugling, 2 Monate, 4 kgKG			
Leistenhernie (Operationszeit: 30 min)	2 ml/kgKG/Stunde für Sequestration ins Gewebe und Verdunstung	8 ml	4 ml
	+ 5,5 ml/kgKG/Stunde Basisbedarf	22 ml	11 ml
	+ Nachholbedarf (4 Std. Flüssigkeitskarenz, beim Kind 50% in der ersten Operationsstunde ersetzen)	44 ml	22 ml
		74 ml	37 ml
	+ aktueller Verlust (z. B. Blutung)		
Säugling, 1 Jahr, 10 kgKG			
Leistenhernie (Operationszeit: 30 min)	2 ml/kgKG/Stunde für Sequestration ins Gewebe und Verdunstung	20 ml	10 ml
	+ 5,0 ml/kgKG/Stunde Basisbedarf	50 ml	25 ml
	+ Nachholbedarf (4 Std. Flüssigkeitskarenz, beim Kind 50% in der ersten Operationsstunde ersetzen)	100 ml	50 ml
		170 ml	85 ml
	+ aktueller Verlustbedarf (z. B. Blutung)		
Kleinkind, 5 Jahre, 20 kgKG			
Appendektomie	6 ml/kgKG/Stunde für Sequestration ins Gewebe und Verdunstung	120 ml	60 ml
	+ 3,5 ml/kgKG/Stunde Basisbedarf	70 ml	35 ml
	+ Nachholbedarf (6 Std. Flüssigkeitskarenz, beim Kind 50% in der ersten Operationsstunde ersetzen)	210 ml	105 ml
		400 ml	200 ml
	+ aktueller Verlustbedarf (z. B. Blutung)		

Frischblut transfundiert werden, das alle benötigten Faktoren enthält.

Um den Hb-Wert um 1 g% anzuheben, werden ca. 3 ml Ery-Konzentrat/kgKG (oder 6 ml Vollblut/kgKG) benötigt, vorausgesetzt, daß kein weiterer Blutverlust auftritt. Bei einem 70 kg schweren Patienten bedeutet dies, daß ca. eine Ery-Konzentrat (oder eine Vollblutkonserve) benötigt wird, um den Hb-Wert um ein g% anzuheben.

Dokumentation in der Anästhesie

Die wahrheitsgetreue, zeitgerechte und dokumentensichere Protokollierung in der Anästhesie beginnt normalerweise mit der präoperativen Visite und endet mit der Entlassung des Patienten aus dem Aufwachraum. Hierfür werden vorgedruckte Narkoseprotokolle verwendet, die leider von Klinik zu Klinik meist unterschiedlich gestaltet sind. Das **Narkoseprotokoll** dient einerseits dem Anästhesisten als Gedächtnisstütze, andererseits hat es juristische Bedeutung und ist insbesondere im Falle eines Narkosezwischenfalls als Beweisstück zu betrachten; daneben ist es Grundlage für die spätere Weiterbehandlung des Patienten. Außerdem kann es für die Leistungserfassung und Qualitätskontrolle sowie für wissenschaftlich-statistische Auswertungen verwendet werden. Die Dokumentation wird vom Anästhesisten und/oder von der Anästhesieschwester vorgenommen. Für die Richtigkeit der Dokumentation bürgt der verantwortliche Anästhesist mit seiner Unterschrift auf dem Narkoseprotokoll.

Die üblichen Narkoseprotokolle sind zweigeteilt. In einem Teil werden die Personalien des Patienten, die aktuelle Diagnose, der durchzuführende Eingriff, die Namen der hierbei Beteiligten sowie die Vorerkrankungen des Patienten, vorherige Operationen und Narkosen, aktuelle Medikamente usw. sowie die verordnete Prämedikation notiert. Im anderen Teil werden die während des Eingriffs erhobenen **Meßwerte** sowie die vorgenommenen **anästhesiologischen Maßnahmen** dokumentiert. Dazu gehören insbesondere:

- Dokumentation aller verabreichten Medikamente:
  Hierzu zählen auch die per inhalationem zugeführten Gase sowie die dampfförmigen Inhalationsanästhetika.
- Dokumentation aller gemessenen biologischen Größen:
  Je nach Operation sind mehr oder weniger viele biologische Größen zu erheben. Je schneller sich eine biologische Größe verändern kann, desto engmaschiger muß deren Kontrolle und Dokumentation durchgeführt werden. Als Minimum ist bei jeglichem Eingriff die Kontrolle der Vitalfunktionen Atmung und Kreislauf zu dokumentieren. Der Kreislauf wird im Normalfall mit Hilfe der **Riva-Rocci-Methode** oder der oszillometrischen Methode (z.B. mit dem Dinamap-Gerät) anhand des systolischen und diastolischen Blutdrucks sowie anhand der Herzfrequenz kontrolliert. Es ist eine 5minütige Kontrolle und Dokumentation zu fordern. Bei beatmeten Patienten müssen alle für die Beatmungseinstellung maßgeblichen Größen wie Atemfrequenz, Atemzugvolumen, Atemminutenvolumen, Beatmungsdrücke, Beginn und Ende der Beatmung usw. dokumentiert werden.
- Dokumentation der Flüssigkeitszufuhr:
  Bezeichnung und Menge der infundierten oder transfundierten Flüssigkeiten ist zu protokollieren. Bei Blut oder Blutkomponenten ist zusätzlich die entsprechende Konserven- und Chargennummer zu notieren.
- Dokumentation aller Flüssigkeitsverluste,
  insbesondere Urinausscheidung, Verluste über Drainagen, Sonden, Blutungen usw.
- Dokumentation aller Gefäßpunktionen
  unter Angabe des Punktionsortes sowie des dazu verwendeten Punktionsmaterials
- Dokumentation aller sonstigen invasiven Maßnahmen
  wie Intubation, Extubation, Legen eines Dauerkatheters, Legen einer Temperatursonde, Lagerung des Patienten (z.B. Rückenlage, Steinschnittlage oder ähnliches)
- Dokumentation aller Komplikationen wie Herzrhythmusstörungen, Erbrechen, Laryngospasmus usw.
- Dokumentation aller eventuell zusätzlich erhobenen Größen wie

  - Körpertemperatur
  - zentraler Venendruck
  - Überwachung der Atemgaskonzentrationen (Messung der inspiratorischen Sauerstoffkonzentration, endexspiratorische CO_2-Messung usw.)
- ▶ Dokumentation von Beginn und Ende des operativen Eingriffs
- ▶ Eine abschließende Bilanz der ein- und ausgeführten Flüssigkeiten
- ▶ Eventuelle Verordnungen für die postoperative Nachbehandlung auf der Station

  Von besonderen Vorkommnissen, wie z.B. einer Reanimation, einem Transfusionszwischenfall oder dem Ausbrechen eines Zahns bei der Intubation, empfiehlt es sich, zusätzlich noch ein gesondertes ausführliches Protokoll anzufertigen.

  Das Original des Narkoseprotokolls bleibt im Besitz des entsprechenden Anästhesie-Instituts, der Durchschlag kommt zu der Patientenakte.

Reinigung, Desinfektion und Sterilisation von Narkosegeräten und Narkosezubehör

Allgemeine Bemerkungen

Bereits nach kurzfristigem Gebrauch von Narkosegeräten ist von deren Verunreinigung mit infektiösen Keimen auszugehen.

Um eine Keimübertragung auf den nächsten Patienten durch infektiöse Geräte zu vermeiden, kommt einer sachgerechten Reinigung, Desinfektion oder Sterilisation des benützten Narkosezubehörs eine große Bedeutung zu. Da die einzelnen Anästhesiegeräte aus zum Teil recht unterschiedlichem Material hergestellt werden, ist hierzu jedoch kein einheitliches Verfahren möglich. Auch die Frage, ob für ein bestimmtes Zubehör eine Desinfektion oder eine Sterilisation nötig ist, ist nicht immer eindeutig zu beantworten.

Reinigung

Möglichst unmittelbar nach der Benützung müssen verunreinigte Geräte in eine Desinfektionslösung (möglichst mit zusätzlicher Reinigungswirkung) eingelegt werden. In dieser Lösung werden die Geräte später in einen „unreinen" Geräteraum gebracht; hier erfolgt eine manuelle oder maschinelle Reinigung. Bei der manuellen Reinigung werden die Geräte zuerst unter fließendem Leitungswasser abgewaschen und anschließend mit einer schonenden Bürste mechanisch gereinigt. Nachdem die Geräte abgetropft oder getrocknet sind, können sie dem gewünschten Desinfektions- oder Sterilisationsverfahren zugeführt werden.

Diese mechanische Reinigung ist Voraussetzung für eine sichere Wirkung der nachfolgenden Desinfektion oder Sterilisation. Im Bereich von nicht entfernten und eingetrockneten Sekret- oder Blutrückständen ist keine sichere Desinfektionswirkung zu garantieren!

Desinfektion

„Des-Infektion" bedeutet soviel wie Ent-Keimung, Ent-Seuchung. Bei einer Desinfektion werden alle Mikroorganismen (mit Ausnahme der Sporen) entfernt, abgetötet oder in ihrer Infektiosität gehemmt.

Ein des-infizierter Gegenstand kann also nicht mehr infizieren. Eine Desinfektion kann durch chemische Desinfektionsmittel, durch Hitze oder durch Strahlen erzielt werden.

Händedesinfektion

Eine regelmäßige Desinfektion der Hände, z.B. mit hochprozentigen Alkoholen, gehört zu den Selbstverständlichkeiten eines hygienischen Verhaltens.

Wischdesinfektion

Geräte wie das Narkosegerät, der Narkosewagen und ähnliches müssen täglich einer Wischdesinfektion unterzogen werden. Nach einer vorausgehenden mechanischen Reinigung ist mit einem geeigneten Desinfektionsmittel (z.B. Meliseptol) eine Wischdesinfektion vorzunehmen; hierbei müssen die vorgeschriebenen Einwirkzeiten genau beachtet werden.

Desinfektion mit dem Eintauchverfahren

Die Eintauch-Desinfektion war die früher übliche Desinfektionsmethode, sie wird heute zum Teil noch in kleineren Krankenhäusern durchgeführt. Bei Beachtung der vorher notwendigen Reinigung (s.o.), dem notwendigen Abtropfenlassen der gereinigten Geräte, bei Beachtung der korrekten Einwirkzeit sowie der richtigen Konzentration des Desinfektionsmittels garantiert das Einlegen von Narkosezubehör in eine Desinfektionslösung (z.B. Gigasept) eine ausreichende Desinfektion. Bei Unachtsamkeit kann jedoch mit diesem Verfahren leicht eine unzureichende Desinfektion auftreten, wenn z.B. in Schläuchen oder Beatmungsbeuteln Luftblasen verbleiben, die eine Befeuchtung und damit Einwirkung auf die gesamte Oberfläche verhindern. Auf ein korrektes, luftblasenfreies Einlegen ist daher zu achten. Ebenso müssen Gegenstände, die eventuell an der Oberfläche schwimmen und teilweise aus der Flüssigkeit ragen, z.B. durch ein aufgelegtes Gitter völlig in die Flüssigkeit eingetaucht werden.
Nach der Eintauch-Desinfektion müssen die Geräte in einem desinfizierten Spülbecken einer ausgiebigen Nachspülung mit nachweislich keimfreiem Leitungswasser unterzogen werden. Anschließend ist eine Trocknung der Gegenstände nötig. Für Faltenschläuche und ähnliches eignet sich ein Gebläse mit steriler Warmluft, für Kleinzubehör eignet sich eine Trocknung im Wärmeschrank.

Desinfektion mit Spülautomaten

Die Desinfektion mit dem Eintauchverfahren ist sehr personalaufwendig. Aus Rationalisierungsgründen wurden daher spülmaschinenartige Geräte entwickelt, die durch Heißwasserspülungen und die Anwendung von Desinfektionsmitteln einen **thermochemischen Reinigungs- und Desinfektionsvorgang** garantieren. Hierzu zählt z.B. der sogenannte Desinfektor von

Miele, der das Narkosezubehör von ca. 5 Narkosen aufnehmen kann und dessen Reinigungs- und Desinfektionsprogramm 35 Minuten dauert. Zu den thermochemischen Reinigungs- und Desinfektionsautomaten gehört auch der wesentlich größere sogenannte Purfactor von Dräger (Abb. 1.82), in dessen Programm auch eine Trocknungsphase integriert ist. Sein gesamtes Programm dauert ca. 2,5 Stunden.

Eine Desinfektion mit dem Eintauchverfahren oder mit Spülautomaten eignet sich für Anästhesiezubehör, das zwar desinfiziert werden muß, bei dem aber eine sterile Lagerung nicht nötig erscheint. Hierzu zählen z.B. Faltenschläuche, Beatmungsbeutel, Gesichtsmasken sowie Y- und Winkelstücke, außerdem Guedel- und Wendl-Tuben und ähnliches.

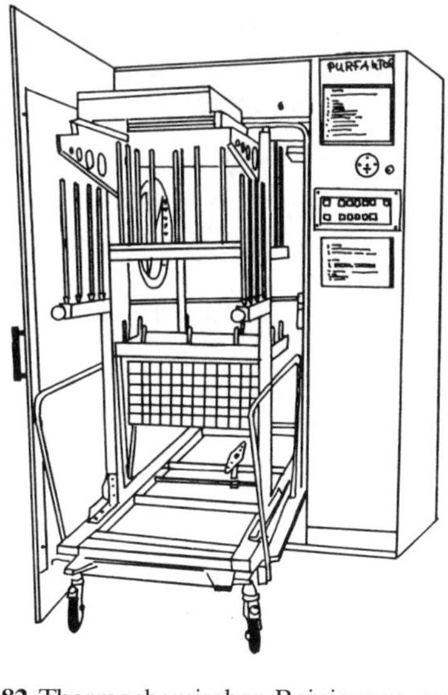

Abb. 1.82 Thermochemischer Reinigungs- und Desinfektionsautomat (Purfactor)

Sterilisation

Unter Sterilisation wird das Abtöten sämtlicher Mikroorganismen verstanden. Eine Sterilisation kann z.B. durch Hitzeeinwirkung, durch Chemikalien und durch Bestrahlung erzielt werden.

Sterilisation durch Hitze

Die Sterilisation durch Hitzeeinwirkung ist die einfachste Sterilisationsmethode und sollte immer angewandt werden, wenn das zu sterilisierende Material hitzebeständig ist. Prinzipiell muß bei der Hitzesterilisation zwischen Sterilisation mit trockener Hitze und Sterilisation mit feuchter Hitze unterschieden werden.

Die **Sterilisation mit trockener Hitze** hat weitgehend an praktischer Bedeutung verloren. Bei diesem Verfahren wird athmosphärische Luft in einem Heißluftsterilisator auf 180 °C erhitzt. Die Sterilisationsdauer beträgt 30 Minuten. Hierfür sind Metall- und Glasteile geeignet, thermolabile Materialien wie Kunststoffe und Gummi sind nicht geeignet.

Bei der üblichen **Sterilisation mit feuchter Hitze** wird unter Überdruck stehender, gesättigter und luftfreier Wasserdampf in sogenannten Dampfdrucktöpfen (= **Autoklaven**) verwendet. Bei einem Überdruck von 1 atü (atü = Atmosphärenüberdruck) kocht das Wasser bei 120 °C, bei einem Überdruck von 2 atü kocht das Wasser im Autoklaven bei 134 °C. Dampf von 120 °C muß ca. 20 Minuten, 134 °C heißer Dampf muß ca. 5 Minuten auf das zu sterilisierende Material einwirken, um eine sichere Sterilisation zu garantieren. Geeignet für die Dampfsterilisation sind Metallteile, Glas- sowie verschiedene Gummi- und Plastikmaterialien und Textilien. Durch die Dampfsterilisation (= Autoklavierung) kommt es jedoch zu einem beschleunigten Alterungsprozeß von Gummiteilen.

Die Autoklavierung ist die sicherste und billigste Sterilisationsmethode für Anästhesiezubehör. Die zu sterilisierenden Geräte können vorher in spezielle Sterilisationstüten eingeschweißt und darin anschließend steril gelagert werden.

Gassterilisation mit Äthylenoxyd (z. B. mit der Sterivit-Anlage)

Äthylenoxyd liegt bei Raumtemperatur als explosionsfähiges und hochgiftiges Gas vor. Es eignet sich zur Sterilisation von Geräten, die nicht hitzebeständig sind. Die zu sterilisierenden Teile müssen vorher gereinigt werden und trokken (!) sein.

Außerdem können sie vorher in spezielle Sterilisationstüten eingeschweißt werden. Vor allem bei den aus mehreren Latexschichten bestehenden Woodbridge-Tuben kann es durch das eindringende Äthylenoxydgas zur Abhebung von Latexschichten und zur Blasenbildung kommen. Diese Materialschäden können später während des Gebrauchs unter Umständen ernsthafte Probleme heraufbeschwören (s. S. 89). Aufgrund der hohen Giftigkeit des Äthylenoxyds ist nach der Desinfektion auf eine ausreichend lange „Entgasung" der sterilisierten Geräte zu achten. Die Sterilisation mit Äthylenoxyd sollte nur durchgeführt werden, wenn keine andere Sterilisationsmethode verfügbar ist.

Sterilisation durch Strahlen

Die Sterilisation mit ionisierenden Strahlen wird vor allem zur Sterilisation von pharmazeutischen Produkten verwendet.

Die Produkte können in der endgültigen Verpackung bestrahlt werden. Da es hierbei kaum zu einer Erwärmung des Sterilisationsgutes kommt, kann dieses Verfahren auch für sämtliche hitzeempfindlichen Produkte verwendet werden.

Teil 2
Lokal- und Regionalanästhesie

Allgemeine Bemerkungen

Bei einer **Allgemeinanästhesie** sind sämtliche Empfindungen und damit auch die Schmerzwahrnehmung im Gehirn vorübergehend ausgeschaltet.
Bei der **Lokal- und Regionalanästhesie** dagegen wird versucht, die Schmerzleitung aus einem bestimmten Körpergebiet zum Gehirn zu verhindern, indem die entsprechenden peripheren Nerven reversibel blockiert werden. Die Empfindungswahrnehmungen aus anderen Körperregionen sind dabei unbeeinflußt; das heißt, der Patient ist wach und kann adäquat reagieren.

Wirkungsweise der Lokalanästhetika

Die Impulsweiterleitung in einer Nervenzelle erfolgt durch Depolarisation der Nervenzellmembran. Bei einer Depolarisation kommt es zum Eintritt von Natriumionen in die Zelle und zum Austritt von Kaliumionen aus der Zelle.

Lokalanästhetika sind Medikamente, die den für die Depolarisation notwendigen Natriumioneneinstrom in die Nervenzelle verhindern. Sie blockieren die Natriumkanäle. Lokalanästhetika erzeugen also eine Membranstabilisierung und verhindern damit die Depolarisation und Impulsweiterleitung im Nerven.
Lokalanästhetika werden normalerweise in die unmittelbare Nähe von peripheren Nerven injiziert.

Durch Diffusion dringen sie vollends in diese Nerven ein, bewirken eine Membranstabilisierung und blockieren damit die Impulsweiterleitung in diesen Nerven.

Teilweise diffundieren die Lokalanästhetika auch in die Blutbahn und werden dadurch zum Gehirn und zum Herzen transportiert, wo sie unter Umständen Nebenwirkungen entfalten können (s. u.).

Nebenwirkungen der Lokalanästhetika

Toxische Nebenwirkungen der Lokalanästhetika

Die Lokalanästhetika üben ihre membranstabilisierende Wirkung nicht nur an peripheren Nerven aus, sondern sie können prinzipiell an allen erregbaren Zellen, also auch im Gehirn und am

Reizleitungssystem des Herzens wirken, wenn sie dort in genügend hoher Konzentration anfluten.

Am Gehirn und am Herzen können daher auch Nebenwirkungen der Lokalanästhetika auftreten, falls, unbeabsichtigt hohe toxische Blutkonzentrationen erreicht werden.
Dies ist möglich bei:

- Einer versehentlichen **intravasalen Injektion**
- Einer Überschreitung der Maximaldosis (= **absolute Überdosierung**)
- Einer zu schnellen Resorption (= **relative Überdosierung**)

Toxische Nebenwirkungen der Lokalanästhetika am Gehirn

Bei toxisch hohen Blutkonzentrationen eines Lokalanästhetikums wird dieses auch an den erregbaren Strukturen des Gehirns anfluten und dort ebenfalls eine, allerdings unerwünschte, Membranstabilisierung erzeugen.
Normalerweise stehen im ZNS hemmende und erregende Neurone im Gleichgewicht.

Die hemmenden Neurone werden durch Lokalanästhetika früher blokkiert, so daß es bei ansteigenden toxischen Blutspiegeln zuerst zur Ausschaltung dieser hemmenden Neurone kommt.

Damit überwiegen die erregbaren Neurone, und es wird somit verständlich, daß es zuerst zu Erregungszuständen, Unruhe, Muskelzuckungen, metallischem Geschmack, Schwindel, Seh-, Hör- sowie Sprachstörungen und Krämpfen kommt.

Bei noch höheren toxischen Blutkonzentrationen kommt es zur Dämpfung auch der erregenden zerebralen Strukturen, also zur allgemeinen Dämpfung des Gehirns mit Bewußtlosigkeit, zentraler Atemdepression, zentraler Kreislaufdepression mit Blutdruck- und Herzfrequenzabfall.

Therapie einer Intoxikation mit zerebraler Übererregbarkeit:

- Ein Benzodiazepin wie Diazepam (5–10 mg intravenös) oder Midazolam bzw. ein
- Barbiturat (z.B. Thiopental ca. 1–2 mg/kgKG intravenös), ist bei leichten Intoxikationen mit zerebralen Erregungszuständen das Mittel der Wahl. Hiermit wird die zerebrale Krampfschwelle erhöht, und zerebrale Erregungszustände sowie Krämpfe können unterdrückt werden.
- Hyperventilation: Der Patient sollte zum tiefen Durchatmen (= hyperventilieren) aufgefordert werden. Durch eine Hyperventilation kommt es zum **Abfall des CO_2**-Wertes im Blut, wodurch die zerebrale Krampfschwelle gegenüber Lokalanästhetika erhöht wird. Bei schweren Intoxikationen mit einer zerebralen Depression muß der Patient beatmet werden, wobei ebenfalls eine Hyperventilation anzustreben ist. Läßt sich ein Patient aufgrund von zerebralen Krämpfen nicht beatmen, so kann eine Relaxation mit z.B. Succinylcholin notwendig werden.
- Sauerstoffverabreichung
- Intubation, künstliche Beatmung und kreislaufstabilisierende Maßnahmen können bei einer schweren Intoxikation mit Bewußtlosigkeit, Atem- und Herz-Kreislauf-Depression notwendig werden.

Toxische Nebenwirkungen der Lokalanästhetika am Herzen

Treten versehentlich sehr hohe toxische Blutkonzentrationen eines Lokalanästhetikums auf, so wird das Lokalanästhetikum auch am Reizleitungssystem des Herzens anfluten und dort ebenfalls eine, allerdings unerwünschte, Membranstabilisierung erzeugen. Eine Dämpfung des Reizleitungssystems äußert sich vor allem in einer Bradykardie, in AV-Blockierungen, unter Umständen bis hin zum Herzstillstand, in einer Abnahme der Herzkraft sowie in einem Blutdruckabfall.
Einige Lokalanästhetika – z.B. Lidocain – können bewußt intravenös gegeben werden, um deren membranstabilisierende Wirkung am Herzen auszunützen. Damit können Herzrhythmusstörungen, wie z.B. ventrikuläre Extrasystolen, therapiert werden.

Therapie einer schweren Intoxikation mit Herz-Kreislauf-Depression:

Die Therapie erfolgt symptomatisch; in Frage kommen:

- Atropin (z.B. 0,5 mg intravenös) bei Bradykardie
- Orciprenalin (Alupent) (z.B. wiederholt 0,1-mg-Dosen) zur Beschleunigung der Herzfrequenz und Stärkung der Herzkraft
- Zusätzlich stets Sauerstoffverabreichung und gegebenenfalls künstliche Beatmung
- Bei Hypotonie Volumengabe und vasokonstringierende (= gefäßverengende) Medikamente wie Akrinor, Arterenol oder Adrenalin (s. S. 276)
- Unter Umständen kardiopulmonale Reanimation bei einem Herz-Kreislauf-Stillstand (s. S. 397)

Tabelle 2.1 Dosierung, Anschlagzeit und Wirkungsdauer häufig verwendeter Lokalanästhetika

Freiname	Handelsname	Maximale Einzeldosis ohne/mit Adrenalin in mg/kgKG beim Erwachsenen		Anschlagszeit	Wirkungsdauer in Stunden
Lokalanästhetika vom Amid-Typ					
Lidocain	Xylocain	3 mg/kgKG 200 mg/E	7 mg/kgKG 500 mg/E	S	1,5–2,5
Mepivacain	Meaverin Scandicain	4 mg/kgKG 300 mg/E	7 mg/kgKG 500 mg/E	S	2 –4
Prilocain	Xylonest	6 mg/kgKG 400 mg/E	8,5 mg/kgKG 600 mg/E	S	2 –4
Bupivacain	Carbostesin, Bupivacain	2 mg/kgKG 150 mg/E	2 mg/kgKG 150 mg/E	M	3 –8
Etidocain	Duranest	4 mg/kgKG 300 mg/E	4 mg/kgKG 300 mg/E	S	3 –8
Lokalanästhetika vom Ester-Typ					
Procain	Novocain	500 mg/E	600 mg/E	L	0,5–1
Tetracain	Pantocain	100 mg		L	3 –8

S = schnell, M = mittel, L = langsam

Anaphylaktoide Nebenwirkungen der Lokalanästhetika

Eine weitere mögliche Nebenwirkung der Lokalanästhetika ist eine anaphylaktoide Reaktion, die sich z.B. als Urtikaria (= Quaddelbildung), als Asthmaanfall, als Blutdruckabfall oder gar als anaphylaktoider Schock äußern kann. Dies ist vor allem bei den älteren Lokalanästhetika vom Ester-Typ bekannt. Bei den neuen Lokalanästhetikaverbindungen vom Amid-Typ (s. Tab. 2.1) sind allergische Reaktionen extrem selten. Die Therapie und Prophylaxe allergischer und pseudoallergischer Reaktionen wird ausführlich auf den Seiten 191ff. beschrieben.

Sonstige Nebenwirkungen der Lokalanästhetika

Den Lokalanästhetika kann **Adrenalin** (s. S. 276) im Verhältnis 1:200000 zugesetzt werden, wodurch eine **lokale Vasokonstriktion** erreicht wird. Ein Milliliter einer adrenalinhaltigen Lokalanästhetikalösung enthält 5 µg Adrenalin. Damit können die Resorption verzögert, die Wirkungsdauer verlängert und toxische Nebenwirkungen vermindert werden. Mögliche Gefahren sind jedoch Blutdruck- und Herzfrequenzanstiege, falls es dennoch zur Resorption des adrenalinhaltigen Lokalanästhetikums kommen sollte. Kontraindiziert ist die Anwendung eines Adrenalinzusatzes in Gebieten mit Endarterien wie Finger, Ohr, Nase und Penis, wo es durch die Vasokonstriktion zu Nekrosen aufgrund einer Mangeldurchblutung kommen könnte.

Verschiedene Formen der Lokal- und Regionalanästhesie

Das Ziel der Lokal- und Regionalanästhesie, nämlich die Unterbrechung der Schmerzleitung von der Körperperipherie zum Gehirn, kann auf verschiedenen Ebenen vorgenommen werden:

Lokalanästhesien:
(siehe Abb. 2.1)

- Oberflächenanästhesie (= Schleimhautanästhesie) (1)
- Infiltrationsanästhesie (2)

Regional- oder Leitungsanästhesien:
(siehe Abb. 2.1)

- Nervenblockade (3)
- Plexusanästhesie (4)

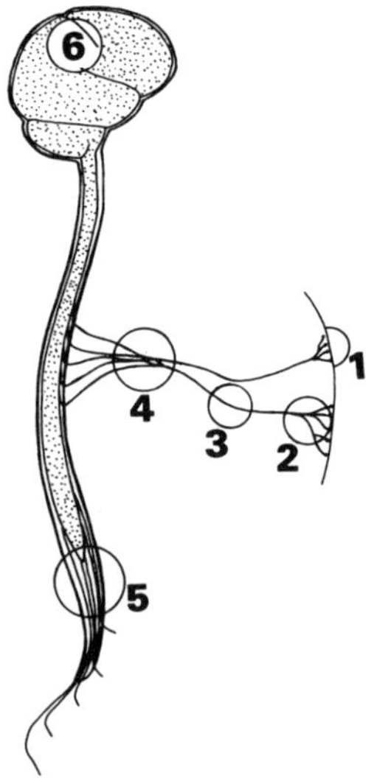

Abb. 2.1 Lokal- und Regionalanästhesieverfahren: 1 = Schleimhautanästhesie, 2 = Infiltrationsanästhesie, 3 = Nervenblockade, 4 = Plexusanästhesie, 5 = rückenmarksnahe Leitungsanästhesie (6 = Vollnarkose).

- Rückenmarksnahe Leistungsanästhesien (5)
  - Spinalanästhesie
  - Periduralanästhesie
- (Allgemeinnarkose = Vollnarkose = totale, zentrale Narkose) (6)

Lokalanästhesie

Oberflächenanästhesie (= Schleimhautanästhesie)

Bei der Oberflächenanästhesie wird ein Schleimhautareal mit einem Lokalanästhetikum besprüht oder bepinselt. Hierdurch werden die in der Schleimhaut liegenden kleinsten sensiblen Nervenendigungen blockiert.

Beispiel:

- Einspritzen eines Lokalanästhetikumhaltigen Gleitmittels in die männliche Harnröhre vor deren Katheterisierung

Medikamente:

- Lidocain 2–4%
- Mepivacain 2%
  Inzwischen liegt mit der EMLA-Creme eine Lokalanästhetikamischung vor, die bei ausreichend langer Einwirkzeit auch durch die intakte Haut dringen und diese anästhesieren kann. Die EMLA-Creme wird insbesondere in der Kinderanästhesie zur schmerzlosen Anlage eines peripher-venösen Zuganges beim wachen Kind verwendet (s. S. 216)

Infiltrationsanästhesie

Bei der Infiltrationsanästhesie wird das Lokalanästhetikum intradermal, subkutan oder intramuskulär injiziert, wodurch die dort liegenden sensiblen Nervenendigungen blockiert werden. Dies ist eine gebräuchliche Methode in der sogenannten **„kleinen Chirurgie“**, um z. B. eine zu versorgende Wunde zu umspritzen.

Beispiel:

- Wundnaht

Medikamente:

- Lidocain 0,5–1,0%
- Mepivacain 0,5–1,0%
- Bupivacain 0,25–0,5%
- Prilocain 0,5–1,0%
- Etidocain 0,5%
  Bei der Infiltrationsanästhesie wird häufig ein Lokalanästhetikum mit Adrenalinzusatz verwendet (s. S. 142).

Leitungs- oder Regionalanästhesie

Allgemeine Bemerkungen

Bei einer Leitungs- oder Regionalanästhesie wird das Lokalanästhetikum in die Nähe eines peripheren Nerven injiziert und diffundiert dann selbständig vollends in den Nerv. Nervenfasern werden um so leichter durch eine Lokalanästhetikum blockiert, je dünner sie sind und je stärker der Myelinisierungsgrad ist. Die einzelnen Fasertypen (vgl. Tab. 2.2) werden normalerweise bei einer Spinal- und Periduralanästhesie) in folgender Reichenfolge blockiert: B, C, A-delta, A-gamma, A-beta, A-alpha

Tabelle 2.2 Klassifizierung der Nervenfasertypen sowie ihre Blockierbarkeit durch Lokalanästhetika

Fasertyp	Durchmesser (µm)	myeliniziert	Blockierbarkeit durch Lokalanästhetika	Funktion
A-Fasern				
alpha	12–20	ja	+	Motorik
beta	5–12	ja	++	Druck, Berührung
gamma	3–6	ja	+++	Muskelspindeln
delta	2–5	ja	++++	Temperatur und gut lokalisierbarer Erstschmerz
B-Fasern	< 3	ja	++++++	präganglionäre sympathische Fasern
C-Fasern	0,3 · 1,2	nein	+++++	schlecht lokalisierbarer Zweitschmerz

(Gefäßweitstellung, Schmerzreduktion, vermindertes Temperaturempfinden, vermindertes Druck- und Berührungsempfinden, Einschränkung der Motorik). Die B-Fasern werden vor den dünneren C-Fasern blockiert, da sie im Vergleich zu den C-Fasern myelinisiert sind. Myelinisierte Fasern sind leichter blokkierbar als nicht myelinisierte Fasern.

Zuerst werden die B-Fasern (präganglionäre sympathische Fasern) blockiert. Durch Blockade dieser sympathischen Fasern kommt es zur Gefäßweitstellung, was als Rötung, Wärmegefühl oder deutliches Hervortreten der venösen Gefäße im ausgeschalteten Gebiet erkennbar ist. Folge dieser Gefäßweitstellung kann ein Blutdruckabfall sein, vor allem wenn große Gebiete des Körpers ausgeschaltet werden, wie zum Beispiel bei der Spinal- oder Periduralanästhesie (s. S. 148). Zuletzt werden die **dicksten Fasern** eines Nerven, die für die Bewegung zuständigen motorischen Fasern, ausgeschaltet.

Vorbereitungen zur Leitungsanästhesie

Die anästhesiologische Überwachung bei der Leitungsanästhesie muß die gleiche sein **wie bei einer Vollnarkose**, das heißt, es muß gefordert werden:

- EKG-Ableitung
- peripher-venöser Zugang und Infusionstherapie (s. S. 129)
- Blutdruckmessung
- Sauerstoffgabe (z. B. 2 l/min über eine Nasensonde)
- Narkosegerät und Intubationsbesteck müssen bereitstehen
- Medikamente (z. B. Atropin, Alupent, Adrenalin, Akrinor, Diazepam, Thiopental, Succinylcholin) müssen griffbereit sein.

  Prinzipiell muß eine Leitungsanästhesie unter den gleichen Sterilitätsbedingungen wie eine Operation vorgenommen werden. Es sind also sterile Handschuhe, ein Mundschutz sowie eine Kopfhaube zu tragen. Nach mehrmaliger Desinfektion der Punktionsstelle wird diese steril abgedeckt.

  Des weiteren ist bei den rückenmarknahen Leitungsanästhesien (Spinalanästhesie [s. S. 148] und Periduralanästhesie [s. S. 156]) sowie bei den Plexusblockaden (s. S. 146) eine vorherige **Kontrolle der Blutgerinnung** sinnvoll. Der Quick sollte nicht unter ca. 55%, die PTT nicht länger als ca. 45 Sekunden und die Thrombozytenzahl nicht niedriger als ca. 100000 sein. Nach Gabe von niedermolekularem (fraktioniertem) Heparin zur Thromboseprophylaxe sollte vor einer rückenmarksnahen Punktion ein 12stündiges Sicherheitsintervall eingehalten werden. Nach Gabe von nicht-fraktioniertem (konventionellem) Heparin wird ein Sicherheitsintervall von 2–3 Stunden empfohlen. Auch bei Einnahme von Thrombozytenaggregationshemmern (z.B. Azetylsalizylsäure) in den letzten 3–4 Tagen wurde eine rückenmarksnahe Regionalanästhesie zum Teil abgelehnt. Inzwischen wird die Einnahme von Thrombozytenaggregationshemmern z.T. nicht mehr als Kontraindikation angesehen. Gerinnungsstörungen aufgrund von niedermolekularem, fraktioniertem Heparin oder z.B. Azetylsalizylsäurepräparaten können durch die üblichen Gerinnungstests nicht erfaßt werden. In diesen Fällen wurde z.T. die sogenannte **subaquale** (unter Wasser gemessene) **Blutungszeit** als Globaltest empfohlen. Gemessen wird die Zeitspanne, bis der ausfließende Blutfaden abreißt (Normalwert: bis 300 Sekunden). Diese Methode ist jedoch sehr fehlerbehaftet und wird in ihrer Aussagekraft inzwischen angezweifelt.

Nervenblockade

Unter einer Nervenblockade wird die vorübergehende Ausschaltung eines bestimmten peripheren Nerven durch ein Lokalanästhetikum verstanden.

Beispiele:

- Ausschaltung des N. alveolaris inferior durch den Zahnarzt:
  Hierdurch wird eine Unterkieferseite betäubt.
- Nervenblockade nach Oberst:
  Hierbei werden die vier Nerven, die jeweils einen Finger versorgen, an der Fingerbasis (Abb. 2.2) mit Lokalanästhetikum umspritzt. Von einer Punktionsstelle aus werden 3 Nerven betäubt (1, 2 und 3 in Abb. 2.3). Für den vierten Nerv muß ein zweites Mal punktiert werden (4 in Abb. 2.3). Pro Nerv werden ca. 0,5–1 ml Lokalanästhetikum injiziert.

Medikamente für eine Nervenblockade:

- Lidocain 1–1,5%
- Mepivacain 1–1,5%
- Prilocain 1%

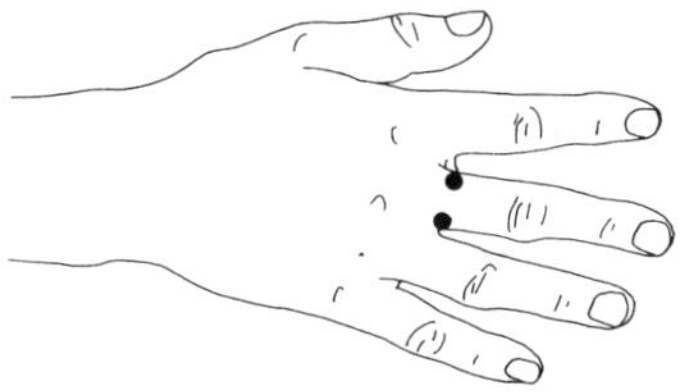

Abb. 2.2 An der Fingerbasis markierte Punktionsorte bei Durchführung einer Oberst-Nervenblockade

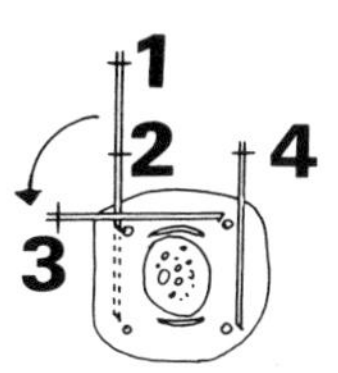

Abb. 2.3 Punktionstechnisches Vorgehen bei der Oberst-Nervenblockade (genaues Vorgehen siehe Text)

- Bupivacain 0,25–0,5%
- Etidocain 0,5–1,0%

Plexusanästhesie

Jeder Arm wird von einem Nervenplexus, dem Plexus brachialis versorgt. Der Plexus brachialis kann im Halsbereich sowie unmittelbar oberhalb des Schlüsselbeins oder in der Achselhöhle ausgeschaltet werden. Die häufigste und komplikationsärmste Methode ist die Blockade des Plexus brachialis in der Achselhöhle: die **axillare Blockade des Plexus brachialis.** Hierdurch ist eine Schmerzausschaltung an der Hand, am Unterarm und teilweise am Oberarm möglich.

Material:

- Einmalrasierer zur Rasur der Achselhöhle
- Desinfektionsspray und sterile Kompressen
- Sterile Handschuhe, Mütze, Mundschutz
- Steriles Lochtuch
- Sterile 2-ml-Spritze, eine 26-G-Stahlkanüle und z.B. Lidocain 1% für die Lokalanästhesie der Haut
- Spezielle Punktionskanüle, z.B. „Immobile Nadel" (s.u.)
- 30–40 ml Lokalanästhetikum für die Plexusblockade sowie 3–4 sterile 10-ml-Spritzen
- Eventuell einen Nervenstimulator (s.u.)
- Steriles Verbandsmaterial für die Punktionsstelle

Vorgehen:

Im Bereich der Axilla verlaufen die Nerven des Plexus brachialis, nämlich der N. radialis, der N. medianus und der N. ulnaris, unmittelbar neben der A. axillaris. Beim Aufsuchen dieser Nerven stellt deshalb der Verlauf der A. axillaris die Orientierungshilfe dar.

Der auf dem Rücken liegende Patient abduziert den Oberarm ca. 90–100 Grad

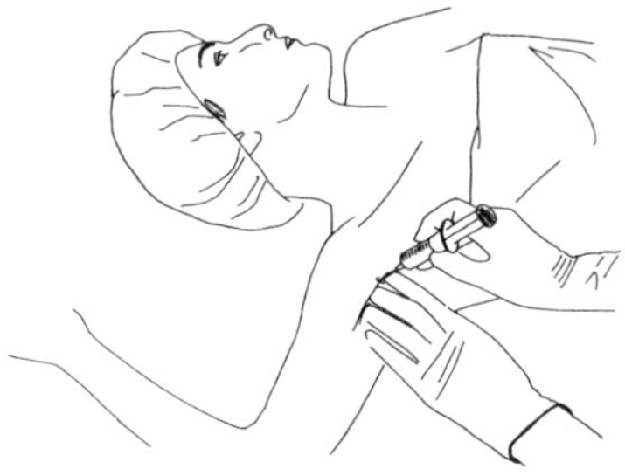

Abb. 2.4 Blockade des Plexus axillaris mittels einer auf eine 10-ml-Spritze aufgesetzten Stahlkanüle (nicht mehr üblich)

(Abb. 2.4). Nach sorgfältiger Rasur und mehrmaliger Desinfektion der Achselhöhle wird ein steriles Lochtuch über die Punktionsstelle geklebt. Am Oberarm, möglichst tief in der Axilla, wird die A. axillaris palpiert. In dieser Armposition liegt der N. radialis hinter und etwas oberhalb der A. axillaris, der N. ulnaris liegt hinter und etwas unterhalb der Arterie, der N. medianus liegt vor der A. axillaris. Die A. axillaris sowie die drei sie umgebenden Nerven werden von einer Faszienscheide umgeben. Direkt über der Arterie wird die voraussichtliche Punktionsstelle der Haut mit einer Hautquaddel betäubt. Früher wurde die axillare Blockade meist folgendermaßen durchgeführt: Mit einer normalen Stahlkanüle wurde unmittelbar kranial der A. axillaris in verschiedene Richtungen punktiert, bis mit der Kanülenspitze z.B. der Nervus radialis mechanisch irritiert wurde. War dies der Fall, so gab der Patient ein elektrisierendes Gefühl, sogenannte **Parästhesien** im Versorgungsbereich des N. radialis an. Die Kanüle wurde nun minimal zurückgezogen und das Lokalanästhetikum injiziert (s. Abb. 2.4). Ähnlich wurde der Nervus medianus aufgesucht. Nach erneuter Punktion unterhalb der A. axillaris wurde auf dieselbe Weise der N. ulnaris aufgesucht und blockiert.

Durch dieses Auslösen von Parästhesien kann es jedoch zu Nervenverletzungen mit bleibenden Nervenschäden kommen.

Deshalb wird inzwischen versucht, das Auslösen von Parästhesien zu vermeiden. Hierzu empfiehlt es sich, z.B. eine sogenannte **„Immobile Nadel"** zu verwenden. Dies ist eine spezielle, etwas stumpfere Kanüle, die über ein kurzes Schlauchstück mit der Injektionsspritze verbunden wird (s. Abb. 2.5). Durch den stumpfen Anschliff kann meist einen Klick beim Durchstechen der Gefäß-Nerven-Scheide erfaßt werden.

Wichtig ist, daß das Lokalanästhetikum sicher innerhalb dieser Gefäß-Nerven-Scheide injiziert wird. Dann genügt meist ein einziges Depot, um alle drei Nerven auszuschalten, da sich das Lokalanästhetikum nur innerhalb der Gefäß-Nerven-Scheide ausbreiten kann.

Es kann eventuell auch zweimal die Faszienscheide, nämlich oberhalb und unterhalb der A. axillaris punktiert und das Lokalanästhetikum entsprechend der Lage der Nerven zur Arterie injiziert werden.

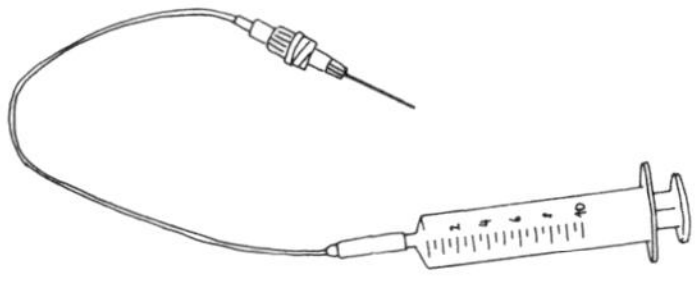

Abb. 2.5 „Immobile Nadel" (Kurzschliffkanüle mit kurzem Verbindungsschlauch)

Da die Kanüle durch eine Perfusorleitung von der Spritze getrennt ist, braucht bei Manipulationen an der Spritze keine Verlagerung der Punktionskanüle befürchtet werden (Abb. 2.6).

Zum Aufsuchen des Plexus brachialis kann auch ein sogenannter **Nervenstimulator** verwendet werden (Abb. 2.7). Die hierzu benötigte spezielle Punktionskanüle ist über ein Kabel mit dem Nervenstimulator verbunden, an dem ein Reizstrom bestimmter Stärke und bestimmter Frequenz eingestellt werden kann. Ein zweites Kabel muß an eine aufgeklebte EKG-Elektrode angeschlossen werden. Ist die Spitze der Punktionskanüle in der Nähe des aufzusuchenden Nerven, so wird durch diesen Reizstrom eine Muskelkontraktion ausgelöst.

Initial wird mit einer Stromstärke von ca. 2 mA (milli-Ampere) stimuliert. Bei mo-

Abb. 2.6 Blockade des Plexus axillaris mit einer „Immobilen Nadel"

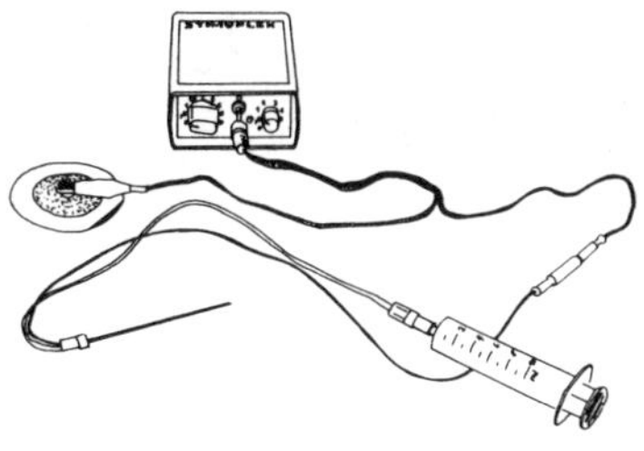

Abb. 2.7 Nervenstimulationsgerät mit angeschlossener Kanüle

torischen Reizantworten wird die Stromstärke soweit reduziert, bis die Zuckungen gerade verschwinden. Die Kanüle wird weiter vorgeschoben, bis jetzt bereits bei geringer Stromstärke Zuckungen auftreten. Dieses Vorgehen wird gegebenenfalls mehrfach wiederholt.
Die Kanülenposition ist vermutlich korrekt plaziert, wenn bereits mit einer Stromstärke von ca. 0,2–0,5 mA **Zuckungen im Bereich der Hand** auslösbar sind. Das Lokalanästhetikum kann nun injiziert werden.
Bei der elektrischen Stimulation des N. radialis kommt es zur Streckung von Fingern, Hand und Ellenbogengelenk sowie zur Pronation der Hand. Bei der Stimulation des N. medianus kommt es zur Beugung der Hand. Eine Stimulation des N. ulnaris führt zur Beugung des dritten bis fünften Fingers. Kommt es zur Beugung im Ellenbogengelenk und zur Pronation der Hand, dann wurde der N. musculocutaneus stimuliert. Der N. musculocutaneus versorgt die Haut im Bereich der radialen Unterarmseite. Der N. musculocutaneus verläßt die Gefäßnervenscheide bereits tief in der Axilla. Wird er stimuliert, liegt die Kanüle nicht in der Gefäßnervenscheide. Um auch den N. musculocutaneus zu blockieren, sollte eine axilläre Blockade möglichst tief in der Axilla durchgeführt werden.
Nach der Injektion des Lokalanästhetikums wird die Punktionsstelle mit sterilem Verbandsmaterial bedeckt.

> Bis die Blockade des Plexus brachialis komplett ist, vergehen mindestens ca. 20 Minuten.

Medikamente:

- Prilocain 1–1,5%, 30–40 ml
- Mepivacain 1%, 30 ml
- Bupivacain 0,5–0,25%, 30–40 ml
- Etidocain 0,5–1%, 30–40 ml

Komplikationen:

- Nervenverletzungen
- Hämatombildung nach versehentlicher Punktion der A. axillaris. Da die Ausbreitung des Hämatoms durch die Gefäß-Nerven-Scheide behindert ist, kann es durch das Hämatom innerhalb der Gefäß-Nerven-Scheide zu einer Kompression und einer Druckschädigung der dort verlaufenden Nerven kommen. 5 Minuten komprimieren!

Kontraindikationen:

- Allergie gegen Lokalanästhetika
- Gerinnungsstörungen (s. S. 145)
- Eventuell vorbestehende Nervenschädigungen
- Entzündliche Hautveränderungen im Punktionsbereich
- Entzündliche Veränderungen der Lymphgefäße (= Lymphangitis) oder Lymphknoten (= Lymphadenitis) am entsprechenden Arm. Dies ist häufig der Fall bei einer eitrigen Entzündung des Fingerbettes (= Panaritium). Entzündliche Lymphknotenvergrößerungen in der Axilla müssen stets vorher(!) ausgeschlossen werden.
- Ein nicht kooperativer Patient

Rückenmarknahe Leitungsanästhesien

Spinalanästhesie

> **Definition:**
> Unter einer Spinalanästhesie wird das Einbringen eines Lokalanästhetikums in den Spinalraum verstanden. Hierdurch kann eine Schmerzausschaltung an der unteren Körperhälfte erzielt werden.

Anatomie:

Das Rückenmark endet normalerweise auf der Höhe des ersten bis zweiten Lendenwirbels (= L 1/L 2) (Abb. 2.8). Unterhalb davon befindet sich in dem von der Dura umgebenen Spinalraum nur noch die aus Nervenfasern bestehende Cauda equina (wörtlich übersetzt: „Pferdeschweif"). Spinalpunktionen dürfen daher nur unterhalb von L 2 durchgeführt werden, damit das Rückenmark nicht versehentlich verletzt wird. Die Fasern der Cauda equina weichen dagegen einer eindringenden Kanüle leicht aus. Die häufigste Punktionsstelle ist zwischen dem dritten und vierten Lendenwirbel (= L 3/L 4). Bei der **Punktion des Spinalkanals** dringt die Kanüle durch folgende Strukturen (Abb. 2.9):

1 = Haut

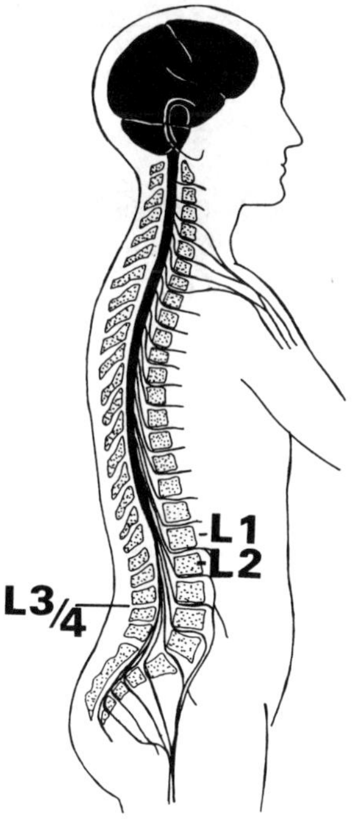

Abb. 2.8 Lage des Rückenmarks im Spinalkanal (Ende des Rückenmarks bei L1/L2; übliche Punktionshöhe L3/L4)

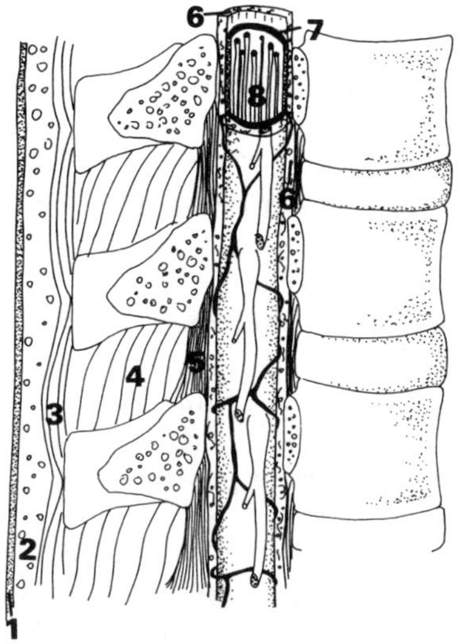

Abb. 2.9 Lendenwirbelsäule
1 = Haut, 2 = subkutanes Fettgewebe, 3 = Ligamentum supraspinale, 4 = Ligamentum interspinale, 5 = Ligamentum flavum, 6 = Periduralraum, 7 = Dura, 8 = Spinalraum mit Cauda equina

2 = subkutanes Fettgewebe
3 = Ligamentum supraspinale (Band, das von Dornfortsatzspitze zu Dornfortsatzspitze zieht)
4 = Ligamentum interspinale (Band, das sich zwischen den Dornfortsätzen befindet)
5 = Ligamentum flavum (= gelbes, elastisches, aber sehr festes, derbes Band)
6 = Periduralraum (besteht aus lockerem Bindegewebe, Fettgewebe sowie reichlich Venengeflechten und ist nur einige Millimeter breit)
7 = Dura (= harte Hirnhaut)
8 = Spinalraum (mit Liquor und Cauda equina)

Material:

- Sterile Handschuhe, Mundschutz und Kopfhaube
- Desinfektionslösung
- Lokalanästhetikum für die lokale Betäubung der Punktionsstelle

- Lokalanästhetikum für die Spinalanästhesie
- Spinal-Set, das meist alle weiteren Utensilien enthält:
  - Gefäß für die Desinfektionslösung
  - Sterile Tupfer und Kompressen
  - Stieltupfer
  - Steriles Lochtuch
  - 2-ml-Spritze für die Lokalanästhesie
  - 5-ml-Spritze für die Spinalanästhesie
  - Stahlkanülen zum Aufziehen der Medikamente und zur lokalen Betäubung der Punktionsstelle, außerdem eine dickere Führungskanüle (s. u.) für die dünne Spinalkanüle
  - Spinalkanüle (z. B. 24 oder 25 G)
- Steriles Verbandmaterial für die Punktionsstelle

Technik:

Eine Spinalpunktion kann am sitzenden (Abb. 2.10) oder am liegenden (Abb. 2.11) Patienten vorgenommen werden. Der Patient muß hierbei einen Rundrücken, einen sogenannten „Katzenbuckel", machen.

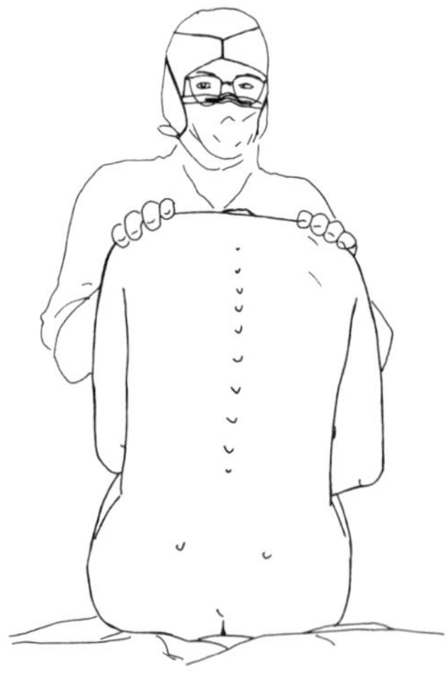

Abb. 2.10 Sitzende Lagerung zum Anlegen einer rückenmarksnahen Leitungsanästhesie

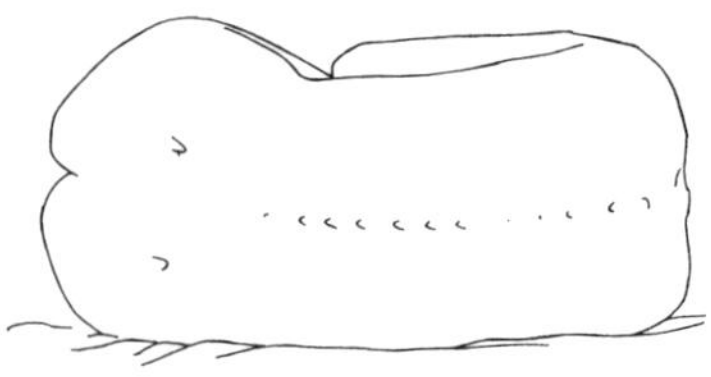

Abb. 2.11 Seitenlagerung zur Anlage einer rückenmarksnahen Leitungsanästhesie

Hierzu muß er das Kinn auf die Brust nehmen und bei der Punktion im Liegen die Beine an den Bauch anziehen. Bei der Punktion im Sitzen muß der am Bettrand sitzende Patient die Beine auf eine Fußbank stellen. Durch diesen Rundrücken vergrößern sich die Abstände zwischen den Dornfortsätzen, was die Punktion zwischen den Dornfortsätzen hindurch in den Spinalraum wesentlich erleichtert.

Die Punktion am sitzenden Patienten ist technisch einfacher. Der Patient muß jedoch hierbei unbedingt von einer Hilfsperson festgehalten werden, da Patienten aufgrund einer vasovagalen Synkope oder eines plötzlichen Blutdruckabfalls nach Injektion des Lokalanästhetikums unvermittelt kollabieren und vom Bett fallen könnten!

Die beabsichtigte Punktionsstelle muß aufgesucht werden. Als Orientierungsmarke gilt die Verbindungslinie der Beckenkämme, die die Wirbelsäule auf Höhe des Dornfortsatzes des vierten Lendenwirbels schneidet. Bei Auflegen der flachen Hände auf die Beckenkämme treffen sich die Daumen in der Höhe des Dornfortsatzes von L 4 (Abb. 2.12). Zumeist wird zwischen L 3/L 4 punktiert. Die beabsichtigte Punktionsstelle kann nun z. B. durch einen längeren und kräftigen Druck mit dem Fingernagel markiert werden, damit sie auch nach der Desinfektion noch erkennbar ist.

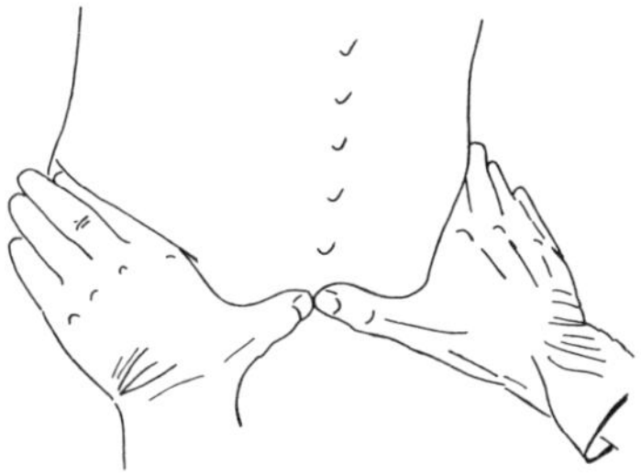

Abb. 2.12 Aufsuchen des Zwischenraumes zwischen dem 3. und 4. Lendenwirbel. Die flachen Handflächen liegen auf den Beckenkämmen auf

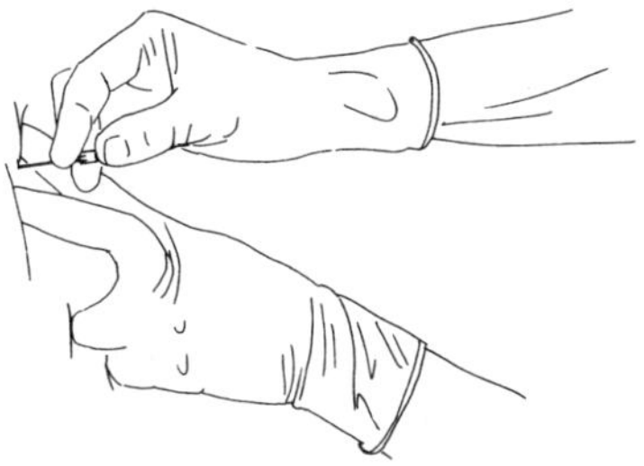

Abb. 2.14 Einstechen einer Führungskanüle

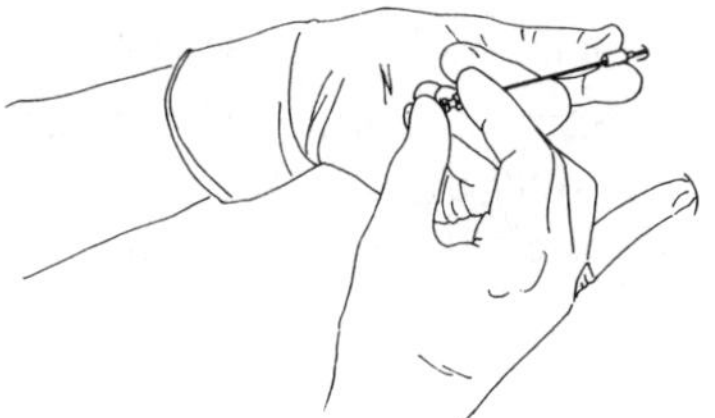

Abb. 2.15 Einführung der Spinalkanüle durch die Führungskanüle

Vorgehen:

Nach mehrmaliger großflächiger Desinfektion der Punktionsstelle wird diese mit einem sterilen Lochtuch abgeklebt. Normalerweise wird zwischen dem Dornfortsatz des dritten und vierten Lendenwirbelkörpers (L 3/L 4) mit einem Lokalanästhetikum (z.B. Lidocain 1%) eine Hautquaddel gesetzt, außerdem werden die tiefer liegenden Bandstrukturen betäubt (Abb. 2.13). Es empfiehlt sich nun, durch die Hautquaddel eine dicke **Führungskanüle** bis ins Lig. interspinale einzustechen (Abb. 2.14). Durch diese Führungskanüle wird eine möglichst dünne Spinalkanüle (z.B. 25 G) eingeführt (Abb. 2.15). Bei Verwendung einer Führungskanüle kommt die Spinalkanüle gar nicht in Kontakt mit der Haut und verbiegt sich nicht so leicht. Die Stichrichtung der Spinalkanüle sollte horizontal bis leicht nach kranial verlaufen. Da die Bindegewebsfasern der zu durchstechenden Dura von kranial nach kaudal verlaufen, empfiehlt es sich, den Anschliff der Spinalkanüle nach lateral zu halten. Hierdurch werden die Bindegewebsfasern der Dura auseinandergedrängt. Wird der Kanülenanschliff nach kranial oder kaudal gerichtet, so werden diese Bindegewebsfasern der Dura durchtrennt, und es entsteht ein größeres Loch in der Dura. Durch Entfernen des Mandrins aus der Spinalkanüle kann geprüft werden, ob bereits Liquor abtropft, das heißt, ob die Kanülenspitze im Spinalraum liegt. Falls nein, so muß der Mandrin wieder eingeführt und die Kanüle etwas weiter vorgeschoben werden. Kommt es beim Vorstechen zum Knochenkontakt, so muß die Stichrichtung der Spinalkanüle korrigiert werden. Häufig kann die Duraperforation

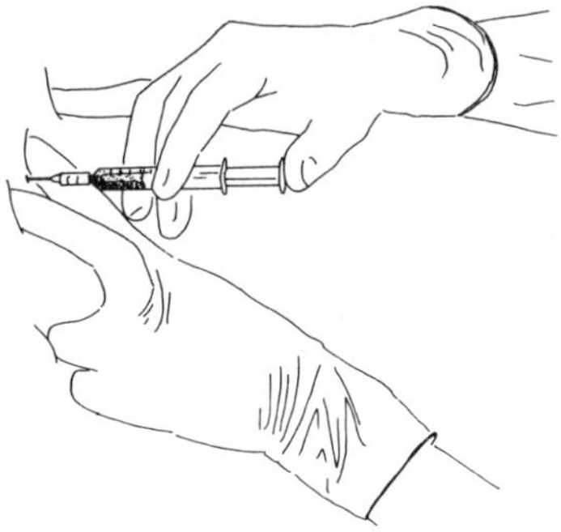

Abb. 2.13 Durchführung einer Lokalanästhesie

als zarter Klick empfunden werden. Nach der Entfernung des Mandrins tropft nun langsam Liquor ab (Abb. 2.16 und 2.17). Die Kanüle wird um 90 Grad gedreht. Manchmal sind die ersten Liquortropfen blutig gefärbt, wenn versehentlich ein Gefäß perforiert wurde. Beim Abtropfen des Liquors werden die Tropfen jedoch bald klar.

Es darf erst injiziert werden (Abb. 2.18), wenn klarer Liquor kommt. Vor der Injektion des Lokalanästhetikums wird mit der Spritze etwas Liquor aspiriert, um sich nochmals von der richtigen Lage der Kanüle zu überzeugen. Aspirierter Liquor ist in der mit Lokalanästhetikum gefüllten Spritze an einer Schlierenbildung erkennbar.

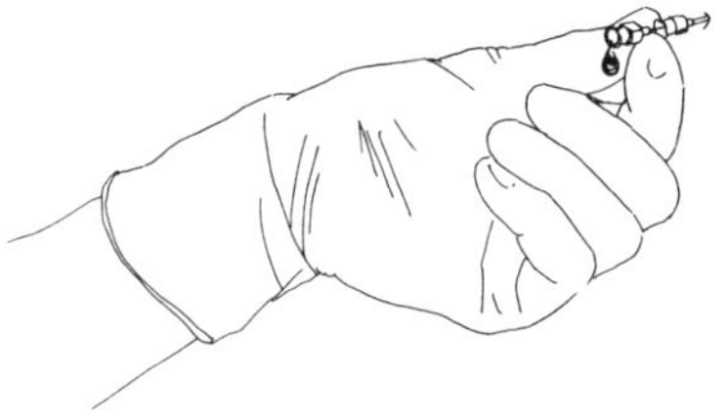

Abb. 2.16 Erfolgreiche Spinalpunktion: Abtropfen von Liquor cerebrospinalis

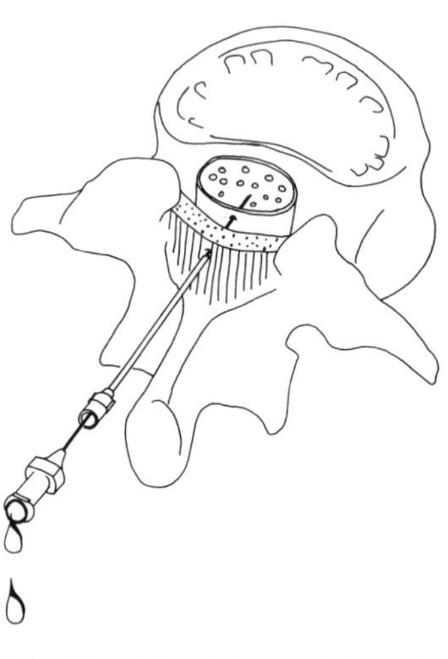

Abb. 2.17 Erfolgreiche Spinalpunktion: richtig plazierte Spinalkanüle

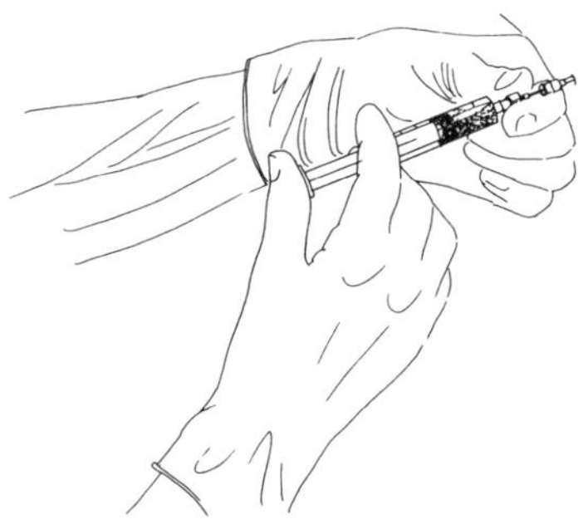

Abb. 2.18 Injektion von Lokalanästhetikum über die Spinalkanüle

Nach Entfernen der Kanüle muß die Punktionsstelle mit sterilem Verbandsmaterial abgedeckt werden.

Medikamente für die Spinalanästhesie:

- ▶ 2–4 ml Bupivacain 0,5% isobar oder hyperbar (s. u.)
- ▶ 1–2 ml Lidocain 5% hyperbar (s. u.)
- ▶ 1–2 ml Mepivacain 4% hyperbar (s. u.)

Die **hyperbaren Medikamente** sind schwerer als Liquor, das heißt, sie sinken im Liquorraum nach unten ab. Bei Punktion in Seitenlage und langsamer Injektion sinkt also ein hyperbares Lokalanästhetikum nach unten und betäubt das untenliegende Bein stärker und schneller.

Wird der Patient also auf die kranke Seite gelagert und wird ein hyperbares Lokalanästhetikum verwendet, so kann gezielt nur das kranke Bein betäubt werden. – Bei langsamer Injektion eines hyperbaren Lokalanästhetikums am sitzenden Patienten sinkt das Lokalanästhetikum nach unten ab und betäubt nur die unteren, also die sakral gelegenen Nerven. Dadurch werden nur der Anal-, der Damm- und der Genitalbereich sowie die Oberschenkelinnenseite betäubt, also die Bereiche, mit denen ein Reiter im Sattel sitzt. Diese Form der Spinalanästhesie wird deshalb als **Sattelblock** bezeichnet und eignet sich z. B. bei Eingriffen am Anus oder am Genitale. Hierzu werden ca. 0,5–1 ml Lokalanästhetikum benötigt. Nach der Injektion muß der Patient ca. 5 Minuten sitzen bleiben.

Isobare Lokalanästhetika sind gleichschwer wie Liquor. Die oben beschriebenen Manipulationen können daher mit ihnen nicht durchgeführt werden. Zumeist werden isobare Lokalanästhetika verwendet.

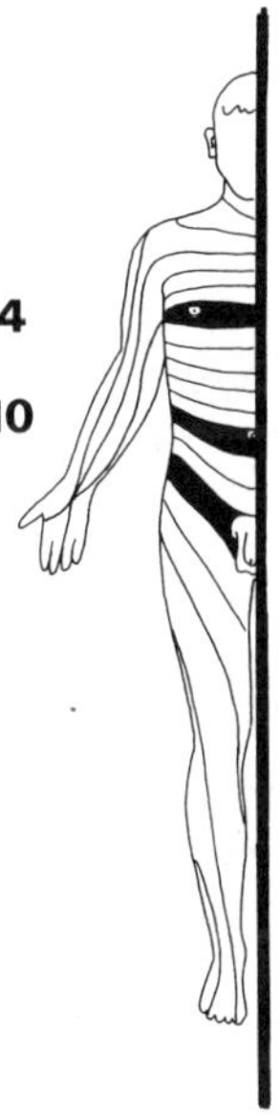

Abb. 2.19 Dermatome (Brustwarze: Th 4, Nabel: Th 10, Leiste: L 1)

Ausbreitung der Spinalanästhesie:

Die Höhe der Ausbreitung einer Spinalanästhesie läßt sich nicht genau vorhersagen. Sie ist von vielen Faktoren abhängig, zum Beispiel:

- Vom Volumen des injizierten Lokalanästhetikums
- Vom spezifischen Gewicht des Lokalanästhetikums (hyper- oder isobar)
- Von der Lagerung des Patienten bei und nach der Injektion
- Von der Höhe des Punktionsortes
- Von der Injektionsgeschwindigkeit (je schneller die Injektion, desto stärkere Turbulenzen treten auf und desto weiter wird das Lokalanästhetikum nach oben gewirbelt)
- Von der Liquormenge des Patienten

Angestrebt wird meist eine Ausbreitung der Analgesie bis ungefähr Nabelhöhe (= Th 10, s. Abb. 2.19).

Die Wirkung der Spinalanästhesie beginnt fast unmittelbar. Die **dünnen Sympathikusfasern** (s. S. 144) werden als erste blockiert. Da sie unter anderem für den Gefäßtonus verantwortlich sind, kommt es durch ihre Ausschaltung zu einer Vasodilatation, zu einer Rötung und einem Wärmegefühl in der betreffenden Region. Oft geben die Patienten noch während der Injektion ein beginnendes Wärmegefühl in den Beinen an.

Folge dieser Vasodilatation ist meist ein Blutdruckabfall, der sehr schnell auftreten und unter Umständen bedrohlich sein kann. Je höher die Spinalanästhesie aufsteigt, desto stärker ist der Blutdruckabfall. Es sollten deshalb bereits vor(!) einer Spinalanästhesie ungefähr 500 ml Flüssigkeit infundiert werden.

Therapie eines übermäßigen Blutdruckabfalls nach Anlegen einer Spinalanästhesie:

- Infusion beschleunigen bzw. Austausch gegen einen Plasmaexpander (z. B. HÄS, s. S. 120)
- Vasopressorgabe (z. B. Akrinor)

▶ Beine hochlagern (= Autotransfusion)
▶ Sauerstoffgabe

Nach spätestens 10 Minuten sind normalerweise alle Empfindungsqualitäten einschließlich der Motorik vollständig ausgeschaltet, und die Spinalanästhesie breitet sich nicht mehr weiter aus. Steigt die Sympathikusblockade über das Brustwarzenniveau (= Th 4, s. Abb. 2.19), so kann es zu einer Blockierung der aus diesen Segmenten kommenden sympathischen Fasern des Herzens kommen; das heißt, die parasympathische (Vagus-)Wirkung auf das Herz überwiegt nun, und es tritt eine Bradykardie auf. Der eintretende Frequenzabfall kann z. B. mit Atropin (0,25–0,5 mg intravenös) oder Alupent (wiederholt 0,1 mg intravenös) therapiert werden.

Austesten der Ausbreitung einer Spinalanästhesie:

Hierzu eignet sich am besten ein äther- oder alkoholgetränkter Tupfer oder ein Eiswürfel. Die Patienten empfinden im betäubten Gebiet kein Kältegefühl mehr. Bei Ausbreitung der Spinalanästhesie z. B. bis zum Nabel (= Th 10, s. Abb. 2.19) empfinden die Patienten oberhalb des Nabels einen normalen Kältereiz, im betäubten Gebiet unterhalb des Nabels geben sie eher ein Wärmegefühl bei Berührung mit dem Kältereiz an. Das Austesten der Spinalanästhesie durch Schmerzreize wie z. B. Kneifen, Nadelstiche und ähnliches sollte möglichst vermieden werden.

Indikationen für eine Spinalanästhesie:

▶ Operationen an der unteren Körperhälfte

Komplikationen einer Spinalanästhesie:

▶ „Postspinaler Kopfschmerz":
Durch das in die Dura gestochene Loch kann Liquor aus dem Spinalraum in den Periduralraum abfließen. Durch diesen **Liquorverlust** kann es eventuell zu geringfügigen **Verlagerungen des Gehirns und des Rückenmarks mit Zug an den Hirnhäuten** kommen. Dadurch können starke, meist Analgetika-unempfindliche Kopfschmerzen auftreten. Je höher der Liquordruck, desto mehr Liquor wird abfließen und desto stärker wird der Kopfschmerz sein. Beim stehenden Patienten ist der Liquordruck im Bereich der Punktionsstelle besonders hoch. Hierdurch ist ein manchmal starker Kopfschmerz zu erklären, der auftritt, sobald sich der Patient erhebt. Durch vorbeugendes Flachliegen während der ersten 24 Stunden nach einer Spinalanästhesie können postspinale Kopfschmerzen allerdings nicht verhindert, sondern deren Auftreten kann dadurch höchstens hinausgezögert werden. Die Häufigkeit eines postspinalen Kopfschmerzes soll bei jungen Patienten höher sein. Durch Verwendung einer möglichst dünnen Spinalkanüle (z. B. 24, 25, 26 oder 27 Gauge) oder einer sogenannten Whitacre- oder Sprotte-Kanüle (spitz zulaufende Kanüle mit seitlichem Loch; bleistiftspitzenartige Kanülenspitze; Pencil-Point-Kanüle) kann die Inzidenz postspinaler Kopfschmerzen vermindert werden. Im Falle eines therapieresistenten, mehr als 4–5 Tage anhaltenden, schweren postspinalen Kopfschmerzes, sollte als Therapie ein sogenannter **periduraler Blut-patch (Blutplombe)** durchgeführt werden. Hierzu werden dem Patienten unter sterilen Bedingungen 5–10 ml Eigenblut abgenommen. Im Wirbelzwischenraum der ursprünglichen Spinalpunktion beziehungsweise ein Segment darüber oder darunter wird mit der Periduraltechnik (vgl. S. 156) der Periduralraum aufgesucht und das Eigenblut injiziert. Das Blut gerinnt und ver-

schließt damit das Loch in der Dura. Zumeist stellt sich innerhalb 1 Stunde eine sehr schnelle Besserung der Symptomatik ein.

- Blutdruckabfall
  durch die **schnell einsetzende Sympathikusblockade.** Insbesondere bei Patienten mit Koronar- oder Zerebralsklerose, bei denen nur eine geringe Toleranz gegenüber Blutdruckabfällen besteht, muß ein drastischer Blutdruckabfall unbedingt vermieden werden (Volumengabe, evtl. Akrinor).
- Hirnnervenstörungen:
  Durch den Liquorverlust kann es zu geringfügigen Verlagerungen des ZNS und damit zu Zug an Hirnnerven, insbesondere am VI. Hirnnerv, dem Nervus abducens, mit vorübergehenden Sehstörungen (Doppelbildern) kommen.
- Rückenmarkverletzungen
  bei zu hoher Punktion
- „Hohe Spinalanästhesie":
  Bei zu hohem Aufsteigen der Spinalanästhesie kann es zur Hemmung der interkostalen Atemmuskulatur, zur Hemmung des Herzsympathikus mit Bradykardie und zu einem ausgeprägten Blutdruckabfall kommen.
- Bakterielle Infektion mit Meningitis bei unsterilem Arbeiten
- Peridurales Hämatom:
  Nach einem oft unvermeidbaren Durchstechen eines der zahlreichen venösen Gefäße des Periduralraums kann es bei bestehenden Gerinnungsstörungen zur Ausbildung eines Hämatoms im Periduralraum kommen. Im Extremfall kann es hierdurch zur Kompression des Rückenmarks bis hin zur **Querschnittssymptomatik** kommen. Deshalb ist eine vorherige Kontrolle der Blutgerinnung (Quick, PTT, Thrombozyten sinnvoll, sowie eine detaillierte Anamnese bezüglich eventueller Gerinnungsstörungen notwendig.
- Sonstiges,
  z. B. eine **vasovagale Synkope** beim Anlegen der Spinalanästhesie

Kontraindikationen für eine Spinalanästhesie:

- Ablehnung durch den Patienten
- Allergie gegen Lokalanästhetika
- Lokale Infektionen in der Nähe der Punktionsstelle
- Systemische bakterielle Infektionen (Sepsis)
- ZNS-Erkrankungen
- Kopfschmerzanamnese (z. B. Migräne)
- Volumenmangel (z. B. Schock)
- Gerinnungsstörungen (Quick?, PTT?, Thrombozyten?)
- Verdacht auf einen erhöhten intrakraniellen Druck
- Eventuell bei anatomischen Veränderungen der Lendenwirbelsäule
- Ein nicht kooperativer Patient
- Jugendliche aufgrund der häufigeren postspinalen Kopfschmerzen?

Katheterspinalanästhesie:

Seit einigen Jahren stehen sehr dünne, gewebefreundliche Spinalkatheter zur Verfügung. Hiermit ist aufgrund der **Möglichkeit zur Nachinjektion** eine kontinuierliche Spinalanästhesie möglich. Da das Lokalanästhetikum hierbei fraktioniert verabreicht werden kann, können Blutdruckabfälle weitgehend verhindert werden und es kann dadurch das gewünschte sensible Niveau sehr genau eingestellt werden. Bei längerer Liegedauer ist jedoch die Gefahr einer Liquorinfektion zu beachten. Nach neueren Studien sollte im Rahmen einer kontinuierlichen Spinalanästhesie auf hyperbares Lidocain verzichtet werden.

Periduralanästhesie (= PDA)

Definition:
Unter einer Periduralanästhesie wird das Einbringen eines Lokalanästhetikums in den Periduralraum zur Schmerzausschaltung verstanden.

Anatomie:

Nach dem Durchstechen der Haut, des subkutanen Fettgewebes, des Lig. supraspinale und des Lig. interspinale trifft die Kanüle auf das Lig. flavum (vgl. Abb. 2.9). Direkt nach dem derben, festen Lig. flavum (= gelbes Band) kommt der lockere Periduralraum. Der Periduralraum enthält zartes Fett- und Bindegewebe sowie Venengeflechte. Im Bereich von L 3/L 4 ist der Periduralraum ca. 4–5 mm breit. Danach kommt die Dura und dann der Spinalraum (vgl. Abb. 2.9). Dieser schmale Periduralraum muß mit der Kanülenspitze blind aufgefunden werden!

Bei einer korrekt durchgeführten Periduralanästhesie (PDA) wird die Nadelspitze nur bis in den Periduralraum vorgeschoben, die Dura wird also nicht verletzt. Deshalb kann eine PDA theoretisch auf jeder Höhe der Wirbelsäule durchgeführt werden. Im Normalfall wird jedoch bei einer PDA wie bei einer Spinalanästhesie bei L 3/L 4 punktiert.

Falls dennoch eine versehentliche Durapunktion auftreten sollte, ist nun keine Rückenmarkverletzung zu befürchten, da das Rückenmark bei L 1/L 2 endet (s. S. 149). Wird dagegen eine **thorakale PDA** vorgenommen, so verlangt dies größte Vorsicht und Erfahrung. Wird der Periduralraum nicht erfaßt und die Periduralkanüle weiter vorgeschoben, so droht eine Rückenmarkverletzung (!!!).

Die PDA ist im Vergleich zur Spinalanästhesie technisch wesentlich schwieriger. Korrekt durchgeführt, hat sie jedoch zahlreiche Vorteile.

Material:

- Sterile Handschuhe, Mundschutz und Kopfhaube
- Desinfektionslösung
- Ampulle mit 10 ml NaCl 0,9%
- Periduralkatheter, Bakterienfilter und Adapter (s. S. 158)
- Lokalanästhetikum für die lokale Betäubung der Punktionsstelle, z.B. 1 Ampulle mit 5 ml Lidocain 1%
- Lokalanästhetikum für die Periduralanästhesie, z.B. 1 Ampulle mit 20 ml Bupivacain 0,5%
- Peridural-Set, das meist alle weiteren Utensilien enthält:
  - Gefäß für die Desinfektionslösung
  - Sterile Tupfer und Kompressen
  - Stieltupfer
  - Steriles Lochtuch
  - 2-ml-Spritze für die Lokalanästhesie
  - Leichtgängige 10-ml-(Glas-)Spritze zum „Aufsuchen“ des Periduralraumes mittels Widerstandsverlust-Methode (s. u.)
  - Stahlkanülen zum Aufziehen der Medikamente und zur lokalen Betäubung
  - Spezielle Periduralkanüle (= sog. Tuohy-Kanüle, s. Abb. 2.20)
- Steriles Verbandmaterial für die Punktionsstelle und Pflaster zur Fixierung des PDA-Katheters

Technik:

Am sitzenden oder liegenden Patienten: Der Patient muß einen Katzenbuckel machen (vgl. Abb. 2.10 und 2.11).

Vorgehen:

- Aufsuchen und Markieren der üblichen Punktionsstelle bei L 3/L 4 (vgl. Abb. 2.12)
- Desinfektion der Punktionsstelle
- Steriles Lochtuch aufkleben
- Lokale Betäubung der Haut und der tieferen Bandstrukturen (vgl. Abb. 2.13)

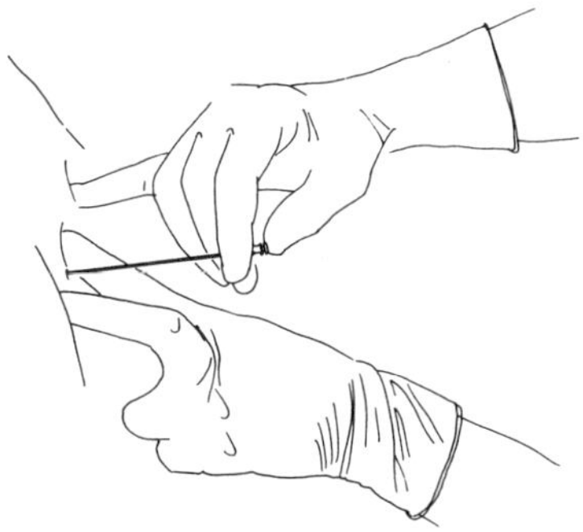

Abb. 2.21 Einführung der Periduralkanüle

Nun wird die Periduralkanüle (= **Tuohy-Kanüle**, s. Abb. 2.20) bis ins Ligamentum interspinale (Abb. 2.21) vorgeschoben. Der Anschliff der Tuohy-Kanüle sollte nach lateral zeigen. So werden, falls es versehentlich zu einer Duraperforation kommen sollte, die von kranial nach kaudal verlaufenden Bindegewebsfasern der Dura nicht durchtrennt, sondern auseinandergedrängt. Nach Entfernen des Mandrins wird auf die Tuohy-Kanüle eine leichtgängige (Glas-)Spritze aufgesetzt, die mit NaCl 0,9% gefüllt ist. Mit der rechten Hand wird die NaCl-gefüllte Spritze unter Stempeldruck langsam Millimeter um Millimeter vorgeschoben. Die linke Hand wird am Rücken abgestützt und hält die Tuohy-Kanüle fest, damit bei plötzlichen Bewegungen des Patienten die Kanüle nicht unkontrolliert vordringen kann (Abb. 2.22).

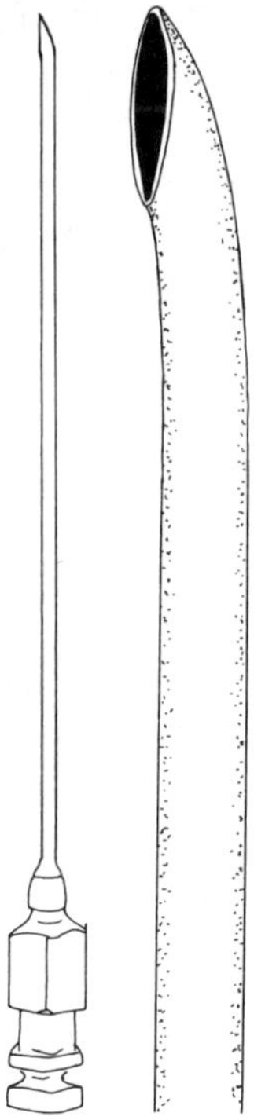

Abb. 2.20 Periduralkanüle (Tuohy-Kanüle)

Das Wesentliche beim Vorschieben der Tuohy-Kanüle ist, den Moment zu erfassen, in dem die Kanülenspitze den Periduralraum erreicht. Es wird hierzu normalerweise die sogenannte **„Widerstandsverlust-Methode“**, bei der die

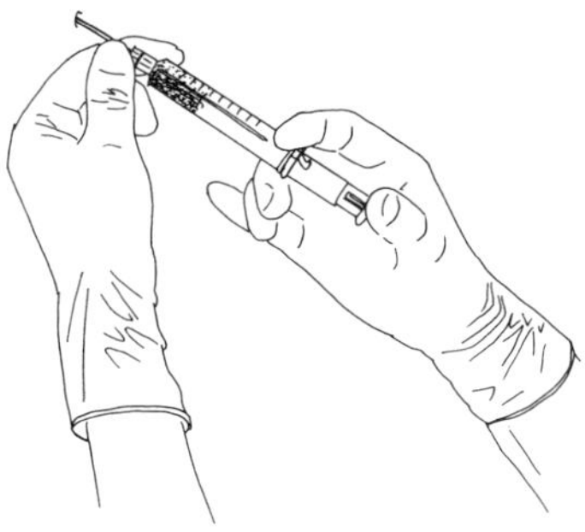

Abb. 2.22 Aufsuchen des Widerstandsverlustes. Vorschieben der Kanüle unter Stempeldruck.

Spritze unter Stempeldruck langsam Millimeter um Millimeter vorgeschoben wird, verwendet.

Solange sich die Nadelspitze in dem derben, festen Lig. flavum befindet, besteht ein hoher Injektionswiderstand. Es läßt sich keine Kochsalzlösung injizieren. In dem Moment, wenn die Kanülenspitze beim langsamen Vorschieben aus dem Lig. flavum in den lockeren Periduralraum eintritt, ist plötzlich dieser hohe Injektionswiderstand verschwunden. Das Kochsalz läßt sich leicht injizieren und dehnt den Periduralraum auf. Die Kanüle darf nicht weiter vorgeschoben werden. Die Tuohy-Kanüle wird um 90 Grad gedreht, so daß der Schliff nach oben kommt. Nun kann durch die Tuohy-Kanüle der Periduralkatheter vorsichtig eingeführt werden (Abb. 2.23, 2.24, 2.25), über den später wiederholt Nachinjektionen möglich sind. Die Katheterspitze sollte ca. 3–5 cm tief im Periduralraum liegen. Nach Plazieren des Katheters wird die Tuohy-Kanüle über den Katheter herausgezogen und auf das Katheterende ein Adapter sowie ein Bakterienfilter aufgeschraubt.

Treten irgendwelche Probleme auf, so darf niemals der Katheter durch die liegende Kanüle wieder herausgezogen werden, da hierbei ein Abscheren des Katheters mit Verbleib im Periduralraum droht (!!). Es muß also immer zuerst die Kanüle und danach eventuell der Katheter entfernt werden.

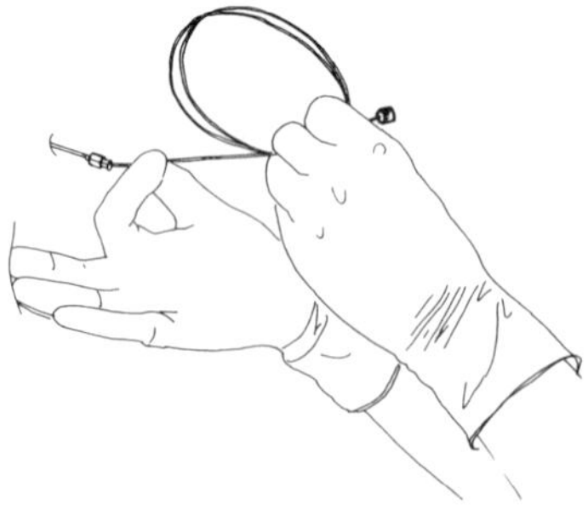

Abb. 2.23 Einführen des Periduralkatheters in die Periduralkanüle

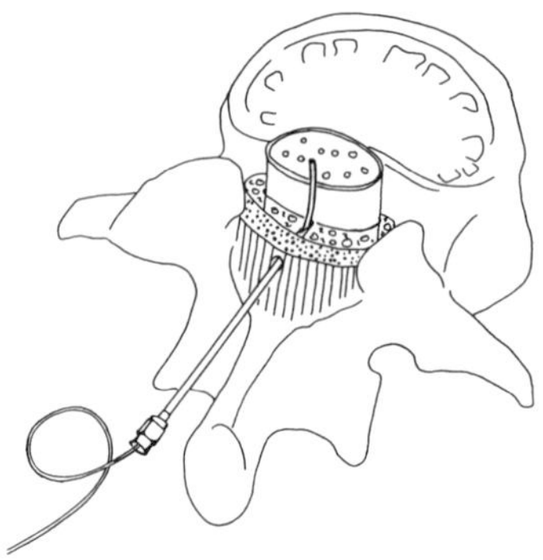

Abb. 2.24 Richtig plazierter Periduralkatheter

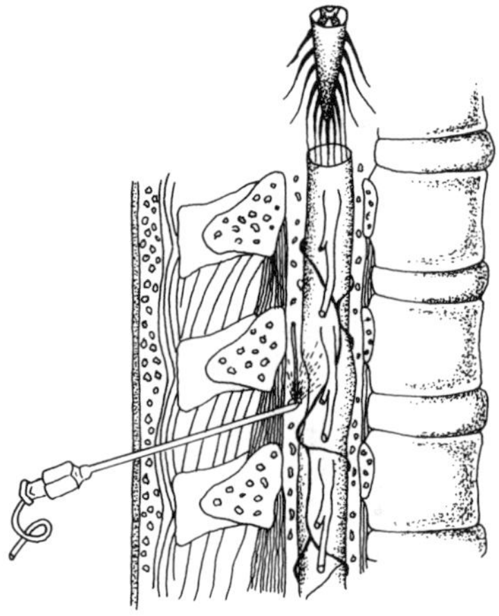

Abb. 2.25 Einführen des Periduralkatheters über die Tuohy-Nadel in den Periduralraum. Der Periduralraum ist durch das zuvor injizierte Lokalanästhetikum aufgedehnt.

Zum Ausschluß einer intraspinalen oder intravasalen Lage der Katheterspitze wird aspiriert. Kann kein Liquor oder Blut aspiriert werden, so wird eine „Testdosis“ von ca. 3 ml Lokalanästhetikum gespritzt.

Liegt der Katheter dennoch im Spinalraum, so treten sehr schnell die Zeichen einer Spinalanästhesie auf (s. S. 153). Liegt der Katheter korrekt, so wird sich das Empfinden an den unteren Extremitäten innerhalb von 5 Minuten kaum verändern. Erst jetzt darf die Hauptdosis von z.B. 12 ml (s.u.) gespritzt werden. Es empfiehlt sich stets, das Lokalanästhetikum über den Periduralkatheter in mehreren Teilportionen (fraktioniert) zu injizieren. Bis zur vollständigen Ausbreitung der PDA vergehen meist ca. 20 Minuten.

Ausbreitung der Periduralanästhesie:

Die Ausbreitung der PDA hängt vor allem vom Volumen des injizierten Lokalanästhetikums ab. Je mehr Lokalanästhetikum injiziert wurde, desto höher wird die Betäubung nach kranial steigen.

Meistens wird ein Aufsteigen der PDA bis ungefähr Nabelhöhe, also bis zu Th 10 (vgl. Abb. 2.19) angestrebt. Es müssen also die Segmente Th 10–Th 12, L 1–L 5 sowie meistens S 1 und S 2, also 10 Segmente, betäubt werden. Bei 20jährigen werden ca. 1,5 ml Lokalanästhetikum benötigt, um ein Segment auszuschalten, insgesamt also ca. 15 ml. Mit zunehmendem Alter genügt ein immer geringeres Volumen, um die gleiche Ausbreitung der PDA nach kranial zu erreichen; bei 40jährigen werden ca. 1,2 ml, bei 60jährigen ca. 1 ml und bei 80jährigen ca. 0,7 ml pro auszuschaltendem Segment benötigt.
Bei Verwendung von niederprozentigen Lösungen, z.B. Bupivacain 0,25%, werden nur die dünnen Nervenfasern, also die sympathischen Fasern, die für das Wärme-Kälte-Empfinden sowie die für die Schmerzleitung zuständigen Fasern ausgeschaltet (s. S. 144).

Bei Schmerzzuständen (z.B. Karzinomschmerzen oder während der Geburt) kann mit einem **niederprozentigen Lokalanästhetikum** gezielt eine Schmerzausschaltung erreicht werden, während die Motorik (= dicke Nervenfasern) noch erhalten ist.

Der Karzinompatient kann also mit seinem „Schmerzkatheter“ noch die Beine bewegen, die Gebärende kann trotz des „Schmerzkatheters“ noch auf Aufforderung durch eine aktive Bauchpresse die Geburt unterstützen. Auch bei arteriosklerotischen Durchblutungsstörungen oder z. B. nach einer Gefäßoperation kann durch niederprozentige Lokalanästhetika über einen PDA-Katheter eine Sympathikusblockade mit einer Verbesserung der Durchblutung und eine Analgesie erzielt werden, während die Motorik erhalten bleibt.

Durch eine Sympathikusblockade kommt es auch zur Stimulierung der Darmtätigkeit.

Der Darm wird sowohl vom Sympathikus als auch vom Parasympathikus beeinflußt. Der Parasympathikus stimuliert, der Sympathikus hemmt die Darmtätigkeit. Wird der Sympathikus durch eine PDA blokkiert, so überwiegt nun der stimulierende Effekt des Parasympathikus. Dies kann bei Patienten mit einem chronischen Ileus (z.B. nach großen Bauchoperationen) ausgenützt werden. Wird hier zur Stimulierung der Darmtätigkeit eine PDA angelegt, so reicht ebenfalls das 0,25%ige Bupivacain aus. Bei einem Patienten mit einem akuten Ileus stellt jedoch der in der Regel bestehende Volumenmangel eine relative Kontraindikation dar.

Durch **höherprozentige Lokalanästhetikalösungen,** z. B. Bupivacain 0,5%, werden auch die dickeren Fasern, also das Druck-Berührungs-Empfinden sowie die motorischen Nerven blockiert.

Für Operationen müssen daher hochprozentige Lösungen verwendet werden, um auch eine Muskelerschlaffung zu erzielen.

Häufig benützte Medikamente für die PDA:

- Ca. 15 ml Bupivacain 0,5% für Operationen bei 20jährigen
- Ca. 15 ml Prilocain 2% für Operationen bei 20jährigen
- Ca. 15 ml Bupivacain 0,25% ausschließlich zur Schmerztherapie oder zur Verbesserung der Durchblutung
- Lidocain 1–2%
- Mepivacain 1,5–2%
- Etidocain 1%

Beim Bupivacain gibt es auch **CO_2**-haltige Präparate, die eine schnellere Penetration in die Nerven aufweisen, wodurch der Wirkungsbeginn beschleunigt wird. CO_2-haltige Präparate dürfen aber nicht über einen Bakterienfilter injiziert werden, da hierdurch das CO_2 verlorengeht. In den letzten Jahren wurde auch empfohlen, bei bestimmten Lokalanästhetika etwas Natrium-Bicarbonat zuzumischen, wodurch die Diffusionsgeschwindigkeit des Lokalanästhetikums erhöht werden kann.
Bei **chronischen Schmerzzuständen** wird häufiger der PDA-Katheter 2–3mal pro Tag mit 2–4 mg Morphin (Verdünnung mit NaCl 0,9% auf 10 ml) angespritzt. Die Blockierung der Schmerzen erfolgt hierbei durch die Bindung des Morphins an Opioidrezeptoren im Rückenmark (s. S. 50). Im Rahmen der perioperativen Schmerztherapie kann auch ein Lokalanästhetikum in Kombination mit einem Opioid (z. B. 0,1–0,2 mg Fentanyl; 10–50 μg Sufentanil; 0,15 mg Buprenorphin) über den PDA-Katheter verabreicht werden.

Bei der periduralen Gabe von Opioiden kann es jedoch sehr selten zu einer **Atemdepression** kommen, die tückischerweise erst 6–16 Stunden nach Opioidinjektion auftreten kann (!!).

Dies ist dann der Fall, wenn das in den Liquorraum diffundierte Opioid über die Liquorzirkulation bis in den Hirnstamm zum Atemzentrum mittransportiert wurde. Diese Gefahr ist bei gut wasserlöslichen Opioiden wie Morphin größer (da sie längere Zeit im wässrigen Liquor verbleiben) als bei fettlöslichen Opioiden wie z. B. Buprenorphin, Fentanyl oder Sufentanil. Neben dieser **„verzögerten" Atemdepression** kann es eventuell innerhalb der ersten 60 Minuten nach Applikation zu einer **„frühen" Atemdepression** kommen. Diese ist durch eine schnelle systemische Resorption bedingt und bei gut fettlöslichen Opioiden wie dem Fentanyl, Sufentanil oder Buprenorphin eher gegeben.

Die thorakale PDA (= PDA im Bereich der Brustwirbelsäule):

Eine thorakale PDA kann z. B. bei thorakalen Operationen oder nach Rippenserienfrakturen angelegt werden, damit diese pneumoniegefährdeten Patienten postoperativ gut durchatmen und schmerzfrei abhusten können.

Hierbei sollte die Katheterspitze ungefähr in der Mitte der auszuschaltenden Segmente liegen. Bei einer thorakalen PDA muß wegen des Verlaufs der Wirbelkörperdornfortsätze steil nach kranial gestochen werden.

Eine thorakale PDA ist nur dem erfahrenen Anästhesisten vorbehalten. Bei einer versehentlichen Duraperforation droht eine Rückenmarkverletzung (!!!).

Als Medikament für eine thorakale PDA zur Schmerztherapie eignet sich z. B. Bupivacain 0,25%. Empfohlen werden ca. 0,5 ml pro auszuschaltendem Segment. Der thorakale PDA-Katheter kann auch 2–3mal pro Tag z. B. mit 2–3 mg Morphin oder 0,1 mg Buprenorphin (s. S. 299, Verdünnung mit NaCl 0,9% auf 10 ml) angespritzt werden. Es ist wiederum auf eine „frühe" oder eine unter Umständen erst nach Stunden eintretende „verzögerte" Atemdepression zu achten (s. S. 160). Der Vorteil von Morphin oder Buprenorphin ist, daß es zu keinem Blutdruckabfall und zu keiner Bradykardie wie nach Verwendung eines Lokalanästhetikums kommt, da weder der Gefäß- noch der Herzsympathikus ausgeschaltet werden. Es wird eine reine Analgesie erzielt.

Sonstiges:

Der den Außenknöchel versorgende Nerv (L 5/S 1, vgl. Abb. 2.19) ist der dickste Nerv des Plexus lumbosacralis, und häufig vermag bei der PDA das Lokalanästhetikum diesen Nerv nicht vollständig zu durchdringen. Deshalb kann bei der PDA im Bereich des Außenknöchels eine fleckförmige Schmerzempfindlichkeit erhalten bleiben. Dies kann insbesondere bei einer Außenbandnaht am oberen Sprunggelenk manchmal Probleme bereiten.

Therapie eines übermäßigen Blutdruckabfalls bei einer PDA:

- Infusion beschleunigen bzw. Austausch gegen einen Plasmaexpander (z. B. HÄS, s. S. 120)
- Vasopressorgabe (z. B. Akrinor)
- Beine hochlagern (= Autotransfusion)
- Sauerstoffgabe

Da die Wirkung der PDA wesentlich langsamer einsetzt als bei der Spinalanästhesie, tritt auch der Blutdruckabfall hierbei sehr langsam ein und kann normalerweise problemlos abgefangen werden. Trotzdem sollten bereits vor Beginn der PDA ca. 500 ml Flüssigkeit infundiert werden.

Austesten der Ausbreitung einer PDA:

- Mit einem alkohol- oder äthergetränkten Tupfer oder einem Eiswürfel (s. S. 154)

Indikationen für eine PDA:

- Operationen vor allem an der unteren Körperhälfte
- Zur ausschließlichen Schmerzbekämpfung („Schmerzkatheter", z. B. zur schmerzlosen vaginalen Entbindung)
- Zur Verbesserung der Durchblutung (Durchblutungsstörungen der Beine oder nach Gefäßoperationen an den Beinen)
- Stimulierung der Darmtätigkeit bei Patienten mit einem chronischen Ileus (z. B. nach großen bauchchirurgischen Operationen)

Komplikationen einer PDA:

- Blutdruckabfall
  durch die Sympathikusblockade bei Injektion eines Lokalanästhetikums. Wird über den PDA-Katheter ein Opioid wie Fentanyl, Buprenorphin oder Morphin gespritzt, so tritt keine Sympathikusblockade und damit kein Blutdruckabfall auf.
- Bakterielle Infektion
  bei nicht aseptischem Vorgehen
- Versehentliche Duraperforation,
  die meist von starken postspinalen Kopfschmerzen gefolgt ist (s. S. 154)
- Katheterabscherung
  bei dem streng verbotenen Zurückziehen des Katheters durch die liegende Kanüle

- **Versehentliche intravenöse Katheterlage**
  mit toxischen Nebenwirkungen bei intravenöser Injektion. Um eine intravasale Katheterlage weitgehend ausschließen zu können, wird von manchen Anästhesisten eine adrenalinhaltige Testdosis verwendet. Bei intravasaler Injektion dieser Testdosis kommt es zumeist zu erkennbarer Tachykardie und Blutdrucksteigerung.
- „Massive PDA"
  durch zu hohes Aufsteigen des Lokalanästhetikums aufgrund einer Überdosierung oder aufgrund einer sehr schnellen Injektion
- Epidurales Hämatom
  bei Gerinnungsstörungen und Verletzung einer Vene im Periduralraum (s. S. 149). Im Extremfall kann dies zur Kompression des Rückenmarks und zur Querschnittssymptomatik führen. Gerinnungskontrolle!
- Rückenmarkverletzungen
  bei versehentlicher Duraperforation und Punktion oberhalb von L 2 (vgl. Abb. 2.8)
- Sonstiges,
  z. B. Kollabieren beim Legen der PDA

Kontraindikationen für eine PDA:

Die für eine PDA geltenden Kontraindikationen entsprechen weitgehend denen für die Spinalanästhesie (s. S. 155). Jugendliche Patienten sowie eine Kopfschmerzanamnese sind jedoch keine Kontraindikationen der PDA, da es bei korrekter Durchführung zu keinem „postspinalen Kopfschmerz" kommen kann.

Intravenöse Regionalanästhesie

Die intravenöse Regionalanästhesie (IVRA) wurde bereits 1908 von dem Kieler Chirurgen August Bier beschrieben (englisch: Bier's block).

Vorgehen:

Am Oberarm, Oberschenkel oder eventuell am Unterschenkel wird eine spezielle, zweikammerige Blutdruckmanschette um die mit Watteband abgepolsterte Extremität gelegt. Es ist auf die richtige Plazierung der Manschette zu achten. Die als proximal (körpernah) und distal (körperfern) bezeichneten Manschettenkammern müssen korrekt zum Liegen kommen.

Nach Anlage einer peripher-venösen Verweilkanüle an der Hand bzw. am Fuß (sowie Plazierung einer zweiten Kanüle an dem nicht zu operierenden Arm für die Infusionstherapie) wird die Extremität von peripher nach zentral mit einer elastischen Gummibinde (Esmarch-Binde) ausgewickelt, um das Gefäßsystem blutleer zu machen. Ist verletzungs- bzw. schmerzbedingt ein Auswickeln der Extremität nicht möglich, so ist die Extremität für ca. 5 Minuten lediglich nach oben zu halten und vorsichtig auszustreichen, um eine Blutarmut zu erzielen. Nun wird die proximal (körpernah) gelegene Manschette auf ca. 100–150 mm Hg über den systolischen arteriellen Blutdruck aufgepumpt. Anschließend wird die elastische Binde wieder entfernt und das blutleere Gefäßsystem über den venösen Zugang mit Lokalanästhetikum gefüllt. Die Wirkung ist wohl dadurch zu erklären, daß das Lokalanästhetikum aus dem Gefäßsystem ins umgebende Gewebe diffundiert und die dort gelegenen peripheren Nervenendigungen blockiert. Die Wirkung wäre also einer Infiltrationsanästhesie ähnlich. Es verbleiben lediglich ca. 25–30% des Lokalanästhetikums im entleerten Gefäßbett. Der Rest diffundiert ins Gewebe über.

Mit diesem Verfahren kann eine erfolgssichere und schnell (innerhalb von 5–10 Minuten) einsetzende Anästhesie erzielt werden. Die Operationszeit sollte ca. 90 Minuten möglichst nicht überschreiten.

Falls nach einiger Zeit ein Druckgefühl im Manschettenbereich auftritt, kann nun die distale (körperferne) Manschette ebenfalls geblockt werden. Da diese sich im nun bereits anästhesierten Bereich befindet, wird sie besser toleriert. Von der proximalen Manschette kann dann der Druck abgelassen werden.

Nachteile des Verfahrens sind, daß kurz nach Öffnen der Blutleere und beginnender Rezirkulation Motorik und Sensibilität innerhalb von 5–10 Minuten zurückkehren und damit sehr schnell die postoperativen Schmerzen einsetzen. Eine Blutstillung und ein Wundverschluß nach Öffnen der Blutleere sind nicht möglich (was z.B. bei einer Dupytren-Operation notwendig ist). Die Operation muß also in Blutleere abgeschlossen werden.

Das Risiko dieser Methode besteht darin, daß bei einem verfrühten Öffnen der Manschette das sich noch intravasal befindliche Lokalanästhetikum plötzlich in die systemische Zirkulation eingeschwemmt wird und es möglicherweise zu toxischen Nebenwirkungen der Lokalanästhetika kommt. Daher darf die Manschette frühestens nach 20–30 Minuten abgelassen werden.

Bei Verwendung moderner Geräte wird die Gefahr eines ungewollten Druckverlustes in der Manschette mit Einschwemmung des Lokalanästhetikums weitgehend ausgeschlossen. Moderne Geräte werden an die zentrale Druckluftleitung angeschlossen und pumpen bei einer eventuellen Undichtigkeit automatisch nach und halten den eingestellten Manschettendruck konstant. Es empfiehlt sich am Ende der Operation stets ein intermittierendes Öffnen der Blutsperre durch kurzfristiges Ablassen des Drucks und anschließend erneutes Blocken auf den suprasystolischen Ausgangswert (ca. 10-Sekunden-Intervall). Moderne Geräte verfügen hierfür über einen speziellen Ablaßknopf; wird dieser gedrückt, entleert sich die Manschette, wird er losgelassen, wird automatisch wieder der Ausgangsdruck hergestellt. Wird der Druck dagegen langsam zunehmend abgelassen, so droht bei Druckabfall unter den systolischen Druck ein arterieller Bluteinstrom bei noch gedrosseltem venösem Ausfluß. Dadurch können Nachblutungen im Operationsgebiet begünstigt werden.

Intravenöse Regionalanästhesie am Arm:

Die intravenöse Regionalanästhesie ist z.B. bei einer Ganglienoperation, Metallentfernung oder geschlossenen Reposition einer Radiusfraktur gut geeignet. Bei Anlegen einer Oberarmmanschette werden ca. 0,5–0,6 ml/kg KG Prilocain 0,5% benötigt.

Intravenöse Regionalanästhesie am Bein:

Die intravenöse Regionalanästhesie wird nur relativ selten an der unteren Extremität angewandt. Indikationen sind hier v. a. bei Eingriffen am distalen Unterschenkel und am Fuß gegeben. Bei Anlage einer Unterschenkelmanschette werden ca. 40–60 ml, bei einer Oberschenkelmanschette ca. 1 ml/kg KG an Lokalanästhetikum (normalerweise Prilocain 0,5%) benötigt.

Bei Anwendung am Unterschenkel ist darauf zu achten, daß die Manschette

mindestens 6 cm unterhalb des Fibulaköpfchens oder in der Mitte des Unterschenkels plaziert wird, um eine Druckschädigung des Nervus peroneus zu verhindern. Die Manschette kann auch am Oberschenkel plaziert werden, was von den Patienten allerdings öfters als unangenehmer empfunden wird als eine Plazierung am Unterschenkel.
Je distaler die Manschette angelegt wird, desto geringer ist das benötigte Volumen an Lokalanästhetikum.

Bei ca. 25–30% der Patienten sind bei einer intravenösen Regionalanästhesie Schmerzen durch die Manschette, sogenannte **Tourniquet-Schmerzen**, zu erwarten. Sie treten bei zunehmender Dauer der Blutsperre häufiger auf und können evtl. zu einem Blutdruckanstieg führen. Die Ursache des Tourniquet-Schmerzes ist unklar. Es handelt sich jedoch vermutlich um keinen Ischämieschmerz. Möglicherweise liegt ein nicht sicher blockiertes Druckempfinden vor. Dieser Tourniquet-Schmerz limitiert die Anwendungsdauer der intravenösen Regionalanästhesie.

Um das blutleere Gefäßsystem ausreichend mit Lokalanästhetikum zu füllen, werden relativ große Volumina benötigt. Aufgrund seiner großen therapeutischen Breite stellt Prilocain (0,25-) 0,5 (-1,0)% das Lokalanästhetikum der Wahl dar. Adrenalinhaltige Lokalanästhetika dürfen nicht verwendet werden. Bei Verwendung größerer Mengen an Prilocain können höhere Konzentrationen an Methämoglobin auftreten. Mittel der zweiten Wahl sind Lidocain und Meaverin. Deren empfohlene Konzentrationen liegen ebenfalls zwischen 0,25 und 1%.
Insbesondere bei ambulanten Eingriffen wird dieses Verfahren relativ häufig eingesetzt.

Kontraindikationen für eine intravenöse Regionalanästhesie:

- Herzrhythmusstörungen (v. a. bradykarder Art oder höhergradige Blockbilder)
- Gefäßerkrankungen (arterielle Durchblutungsstörung, Thrombophlebitis)
- Neuropathien
- Epilepsie (keine absolute Kontraindikation)
- Sichelzellanämie

Teil 3
Spezielle Narkosevorbereitungen

Legen eines zentralen Venenkatheters

Allgemeine Bemerkungen

Ein zentraler Venenkatheter (= **Kavakatheter**) ist ein über eine große Vene eingeführter Katheter, dessen Spitze bis in die klappenfreie V. cava kurz vor deren Einmündung in den rechten Vorhof vorgeschoben wird.

Prinzipiell kann ein Kavakatheter über die V. cava inferior (Punktionsstelle: V. femoralis) oder über die V. cava superior (Punktionsstellen: V. jugularis interna, V. jugularis externa, V. subclavia oder Armvene in der Ellenbeuge) eingeführt werden. Da der Zugang über die V. cava inferior aufgrund von Thrombosen, Thrombophlebitiden und septischen Problemen mit einer wesentlich höheren Komplikationsrate behaftet ist, wird nur noch der Zugang über die V. cava superior gewählt.

Indikationen für einen zentralen Venenkatheter

- Messung des **z**entral**v**enösen **D**rucks (= **ZVD**)
  (z. B. bei voraussichtlich blutreichen Operationen oder bei grenzwertiger Herzleistung), Beurteilung des ZVD (s. S. 180)
- Parenterale Ernährung
  mit Zufuhr hochosmolarer und hochkalorischer Lösungen
- Zufuhr stark venenreizender Medikamente
  z. B. Zytostatika, Katecholamine (s. S. 274)
- Falls das Legen eines peripher-venösen Zugangs nicht gelingt,
  was z. B. in Schocksituationen möglich ist

Material

- Desinfektionsspray
- Mehrere sterile Kompressen
- Steriles Lochtuch
- Kavakatheter, z. B. Certodyn-Katheter (Fa. Braun Melsungen) oder Stericor-Katheter (Fa. Sterimed)
- Sterile Handschuhe, Mundschutz, Kopfhaube
- Lokalanästhetikum, z. B. Lidocain 1%ig
- Physiologische Kochsalzlösung
- Sterile 5-ml- und 10-ml-Spritze (zum Aufziehen des Lokalanästhetikums und der physiologischen Kochsalzlösung)
- Sterile Stahlkanülen (zum Aufziehen des Lokalanästhetikums, der physiolo-

gischen Kochsalzlösung, zum Anlegen einer Lokalanästhesie sowie zur eventuellen Vorpunktion einer zentral gelegenen Vene)

Vorbereitung

- EKG anschließen, da beim Vorschieben des Katheters Herzrhythmusstörungen auftreten können
- Peripher-venösen Zugang legen, da während der Punktion therapiebedürftige Komplikationen auftreten können
- Mehrmalige Desinfektion der Punktionsstelle
- Steriles Lochtuch aufkleben
- Sterile Punktion und Vorschieben des Katheters

Punktionsorte (Abb. 3.1)

Es wird zwischen **peripher-venösen** (in der Ellenbeuge = 1) und **zentral-venösen Punktionsorten** (V. jugularis interna = 2, V. jugularis externa = 3 und V. subclavia = 4) unterschieden. Bei allen Zugangswegen sollte möglichst rechtsseitig punktiert werden, um einen kurzen, intravasalen Katheterverlauf zu erhalten.

Periphervenöse Punktion in der Ellenbeuge (Abb. 3.2)

Lagerung:
Rückenlagerung, leicht ausgelagerter Arm. Venenstauung mit einer Blutdruckmanschette.

Vorteil:
Die Punktion in der Ellenbeuge gelingt meist leicht.

Gefahren:
Das Vorschieben des Venenkatheters ist aufgrund von **Venenklappen** oft erschwert. Durch Außenrotation oder Abspreizen des Armes sowie Drehen des Kopfes lassen sich Hindernisse beim Verschieben oft überwinden. Die V. basilica, die an der

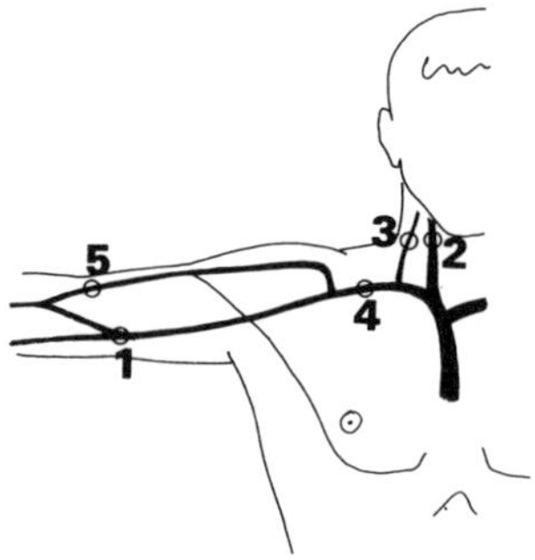

Abb. 3.1 Punktionsorte für die Anlage eines zentralen Venenkatheters:
1 = Vena basilica, 2 = Vena jugularis interna, 3 = Vena jugularis externa, 4 = Vena subclavia, 5 = Vena cephalica

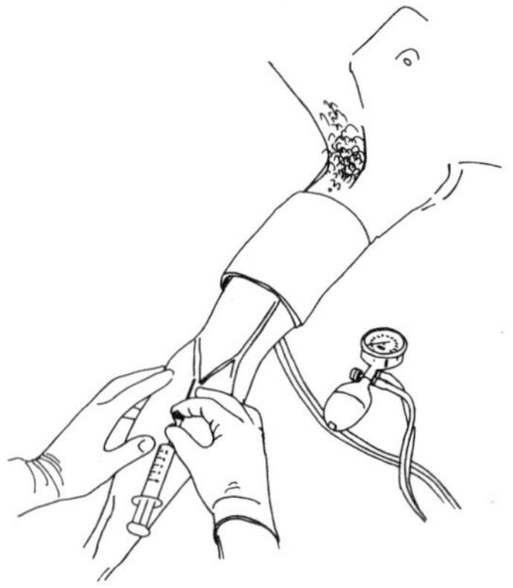

Abb. 3.2 Punktion der Vena basilica in der Ellenbeuge zur Anlage eines zentralen Venenkatheters

Ellenbeugeinnenseite verläuft (1 in Abb. 3.1), sollte stets der V. cephalica (5 in Abb. 3.1), die an der Ellenbeugeaußenseite verläuft, vorgezogen werden. Die V. cephalica (Ellenbeugeaußenseite) sollte nur ausnahmsweise punktiert werden, da sie im Bereich der Schulter fast rechtwinklig in die V. axillaris einmündet (vgl. Abb. 3.1). Dadurch treten oft unüberwindbare Probleme beim Vorschieben des Katheters auf. Katheterfehllagen sind bei der peripher-venösen Punktion häufig. Bei Armbewegungen können **Lageveränderungen** der Katheterspitze um bis zu 15 cm(!) auftreten. Liegt der Katheter mehrere Tage, so drohen aufgrund des engen Venenlumens relativ schnell **Thrombosen** und **Thrombophlebitiden** der Armvenen.

Kontraindikationen:

- Entzündliche Hautveränderungen im Punktionsbereich
- Voraussichtlich langfristige parenterale Ernährung

Zentralvenöse Punktionsorte

Punktion der V. jugularis interna
(Abb. 3.3)

Lagerung:

Durch Oberkörpertieflage sowie durch Einstellen eines PEEP (s. S. 21) bei beatmeten Patienten kann eine bessere Venenfüllung erzielt und damit die Punktion erleichtert werden. Außerdem kann hierdurch der Gefahr einer Luftembolie während der Punktion vorgebeugt werden. Der Kopf des Patienten sollte etwas zur Gegenseite gedreht werden. Der Katheter muß durchschnittlich 15–18 cm tief eingeführt werden.

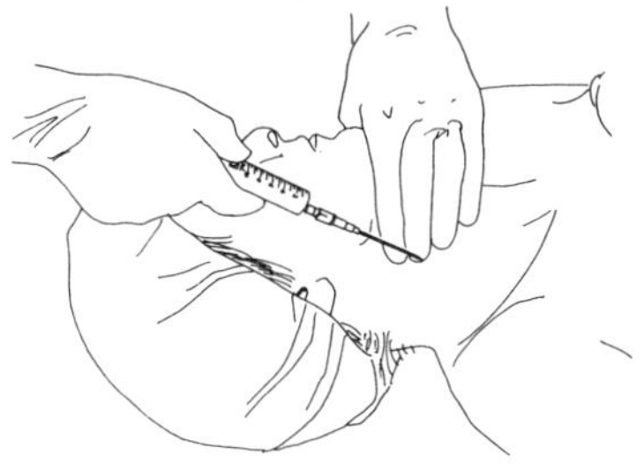

Abb. 3.3 Punktion der Vena jugularis interna

Vorteile:

Die Gefahr eines Pneumo- oder Hämatothorax ist sehr gering. Thrombosen und Thrombophlebitiden sind eindeutig seltener als bei den anderen Punktionsorten. Die Punktion kann jedoch unter Umständen schwierig sein.

Gefahren:

- Versehentliche Punktion der unmittelbar medial verlaufenden A. carotis in ca. 1% (3–5 Minuten komprimieren!)
- Luftembolie
- Pneumo- oder Hämatothorax
- Verletzung des Plexus brachialis
- Verletzung des Halssympathikus (mit sogenanntem Horner-Syndrom)
- Bei Patienten mit erhöhtem intrakraniellem Druck (z.B. SHT) sind eine Oberkörpertieflage sowie ein PEEP zu vermeiden (s. S. 243). Außerdem besteht die Gefahr, daß es bei einer versehentlichen arteriellen Punktion zu einem Hämatom mit Kompression der Vena jugularis interna und Drosselung des venösen Abflusses aus dem Gehirn kommt. Es empfiehlt sich z.B. die Punktion der Vena jugularis externa oder der Vena subclavia (s.u.).

Kontraindikationen:

- Gerinnungsstörungen (Quick?, PTT?, Thrombozyten?)
- Entzündliche Hautveränderungen im Punktionsbereich
- Starke Schilddrüsenvergrößerung (große Struma)

Punktion der V. subclavia
(Abb. 3.4)

Vorteile:

Durch eine bindegewebige Verspannung wird das Lumen der V. subclavia immer, auch im hypovolämischen Schock, offen gehalten. Zur Punktion ist also eine Oberkörpertieflagerung nicht prinzipiell notwendig. Daher wird die V.-subclavia-Punktion bei Patienten mit Schädel-Hirn-Verletzungen, bei denen eine Kopftieflagerung vermieden werden muß (s. S. 242), oft vorgezogen. Zur Verhinderung einer eventuellen Luftembolie bei der Punktion empfiehlt sich dennoch, sofern erlaubt, eine Oberkörpertieflage.

Gefahren:

- Pneumothorax (!!):
  Wegen der relativ großen Gefahr eines Pneumothorax darf bei erfolgloser Punktion nicht auf der anderen Seite ebenfalls punktiert werden!
- Hämatothorax
- Punktion der lateral verlaufenden A. subclavia (3–5 Minuten komprimieren!)
- Verletzung des Plexus brachialis
- Luftembolie
- Bei linksseitiger Punktion kann der Ductus thoracicus verletzt werden.

Kontraindikationen:

- Gerinnungsstörungen
- Entzündliche Hautveränderungen im Punktionsbereich
- Frakturen des Schultergürtels (veränderte Anatomie!)
- Schweres Lungenemphysem (erhöhte Gefahr eines Pneumothorax)

Punktion der V. jugularis externa
(Abb. 3.5)

Vorteile:

- Punktion meist einfach und komplikationslos bei leichter Kopftieflage. Inzwischen oft als zentraler Punktionsort der ersten Wahl bezeichnet.

Gefahren:

Das Vorschieben des Katheters ist oft schwierig, da die V. jugularis externa fast rechtwinklig in die V. subclavia einmündet (vgl. Abb. 3.1). Bei Verwendung der inzwischen verfügbaren Katheter mit J-förmiger Spitze läßt sich der Katheter auch über die V. jugularis externa meist richtig plazieren.

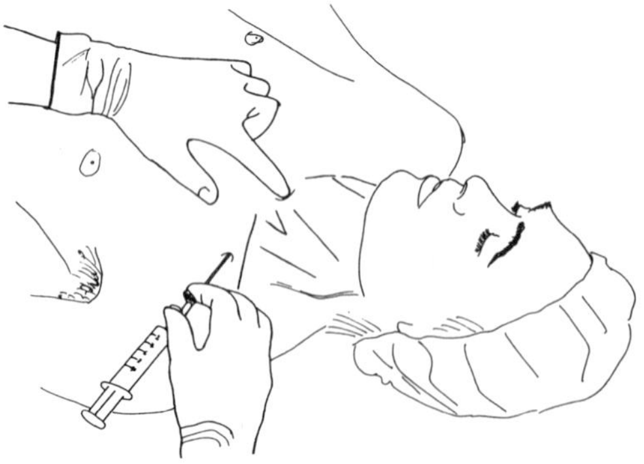

Abb. 3.4 Punktion der Vena subclavia

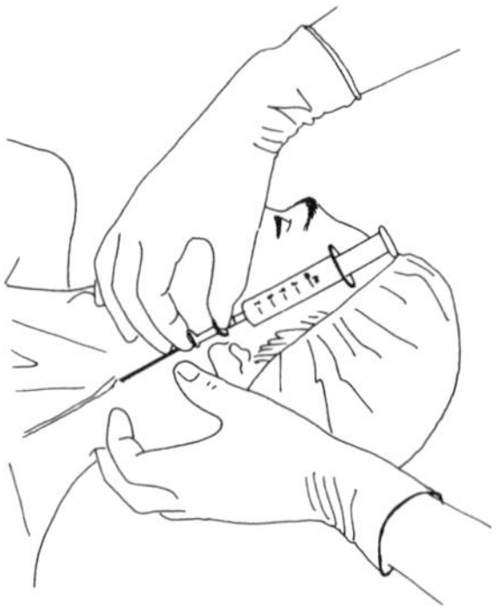

Abb. 3.5 Punktion der Vena jugularis externa

Lagekontrolle des zentralen Venenkatheters

Die Spitze des Kavakatheters sollte in der V. cava superior ca. 2 cm vor deren Einmündung in den rechten Vorhof liegen (= ca. 4 cm unterhalb des Sternoklavikulargelenks). Durch Auflegen des herausgezogenen Mandrins entlang des ungefähren Katheterverlaufs kann die Lage der Katheterspitze in etwa abgeschätzt werden.

Infusionsprobe:

Wird eine angeschlossene Infusion unter Herzniveau gehalten, so muß Blut in den Katheter zurücklaufen (= **intraVASALE Lage**). Fängt die Infusion wieder an zu tropfen, wenn die Infusionsflasche 10–20 cm über Herzniveau gehalten wird, so spricht dies für eine korrekte **intraVENÖSE Lage** des Katheters. Bei versehentlich intraarterieller Lage würde das Blut weiter in die Infusion hochsteigen. Die Tropfgeschwindigkeit der Infusion muß außerdem atemabhängig sein. Stets muß sich aus dem Katheter leicht Blut aspirieren lassen.

Röntgen-Thorax:

Nach jeder, auch nach einer erfolglosen zentralvenösen Punktion ist eine Röntgenaufnahme des Thorax eventuell sinnvoll. Es sind folgende Fragen zu klären:

- ▶ Verlauf des Kavakatheters (z. B. Schlingenbildung)?
- ▶ Lage der Katheterspitze?
- ▶ Pneumo-Hämatothorax?

Inzwischen stehen auch zentrale **Venenkatheter mit integriertem EKG-Lagekontroll-System** zur Verfügung. Diese Katheter enthalten einen stromleitenden Führungsdraht, über den ein intrakardiales EKG abgeleitet werden kann (z. B. Certodyn-Katheter). Hierzu wird ein steriles Verbindungskabel einerseits mit einer Kontaktbuchse am distalen Ende des Führungsdrahts und andererseits mit einem speziellen EKG-Patienten-Kabel verbunden. Dieses spezielle Patienten-EKG-Kabel muß dann vom externen auf den intrakardialen Ableitungsmodus umgeschaltet werden. Wird das EKG-Kabel unter intrakardialer Ableitung vorgeschoben, so kommt es zu einer starken P-Wellen-Vergrößerung, sobald sich die Katheterspitze dem Sinusknoten nähert. Anschließend muß der Katheter wieder zurückgezogen werden, bis die P-Zacke wieder ihre normale Größe erreicht (vgl. Abb. 3.6). Nun muß der Katheter weitere 2–3 cm zurückgezogen werden, um die richtige Position zu erreichen. Nun kann das Patienten-EKG-Kabel wieder auf externe Ableitung umgeschaltet werden. Bei Verwendung solcher Kava-Katheter kann eventuell (problemlose Punktion, P-Zakkenüberhöhung nach üblicher Einführtiefe nachweisbar) auf eine anschließend röntgenologische Lagekontrolle verzichtet werden.

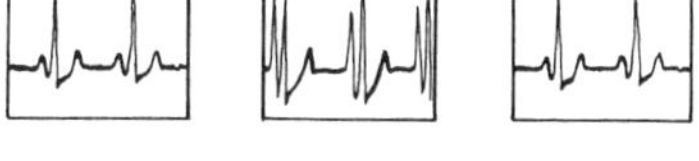

Abb. 3.6 Intrakardiale EKG-Abteilung über einen (stromleitenden) zentralen Venenkatheter.
Links: Normales EKG
Mitte: Überhöhte P-Zacke; die Spitze des zentralen Venenkatheters liegt im Bereich des Sinusknotens.
Rechts: Der zentrale Venenkatheter wurde zurückgezogen, bis sich die EKG-Kurve wieder normalisierte.

Die blutige arterielle Druckmessung

Indikationen für eine blutige arterielle Druckmessung

Eine blutige arterielle Druckmessung sollte durchgeführt werden:

- Wenn eine **engmaschige Kontrolle des arteriellen Blutdrucks** erforderlich ist, z.B. bei Patienten im Schock, bei Durchführung einer kontrollierten Hypotension (s. S. 248), bei großen Herz-Thorax- oder Gefäßoperationen, bei Operationen mit voraussichtlich großen Blutverlusten, bei Patienten, die durch intraoperative Blutdruckschwankungen besonders gefährdet sind, z.B. bei der Operation eines zerebralen Aneurysmas, oder bei Patienten mit schwerer Koronarsklerose, einem frischen Herzinfarkt usw.
- Wenn eine **engmaschige Kontrolle der arteriellen Blutgase** erforderlich ist: z.B. bei der kontrollierten Hyperventilation (s. S. 247) usw.

Ort der blutigen arteriellen Druckmessung

Eine blutige arterielle Druckmessung sollte vorzugsweise in der Arteria radialis vorgenommen werden. Nur ausnahmsweise sollte die Messung in der A. femoralis, der A. dorsalis pedis, der A. brachialis oder der A. temporalis erfolgen.

Der Allen-Test

Vor der Punktion der A. radialis sollte der sogenannte Allen-Test durchgeführt werden (die Aussagekraft des Allen-Tests wird allerdings z.T. auch angezweifelt). Der Allen-Test beruht auf der Tatsache, daß die Hohlhand sowohl von der A. radialis als auch von der A. ulnaris versorgt wird.

Geprüft werden soll, ob die A. ulnaris notfalls alleine ausreicht, um die Hohlhand genügend mit Blut zu versorgen.

Hierzu werden am Handgelenk die Aa. radialis und ulnaris des Patienten abgedrückt. Der Patient wird aufgefordert, die Faust rhythmisch zu öffnen und zu schließen (Abb. 3.7a und b). Innerhalb kurzer Zeit wird die Hohlhand aufgrund der Mangeldurchblutung blaß und fahl. Wird nun plötzlich die A. ulnaris wieder freigegeben, während die A. radialis weiterhin komprimiert bleibt (Abb. 3.8), so kommt es nur dann relativ rasch zur normalen Rötung der Hohlhand, wenn die Blutversorgung der Hohlhand durch die A. ulnaris ausreicht. Kommt es zur Rötung der Hohlhand innerhalb von 10 Sekunden, so

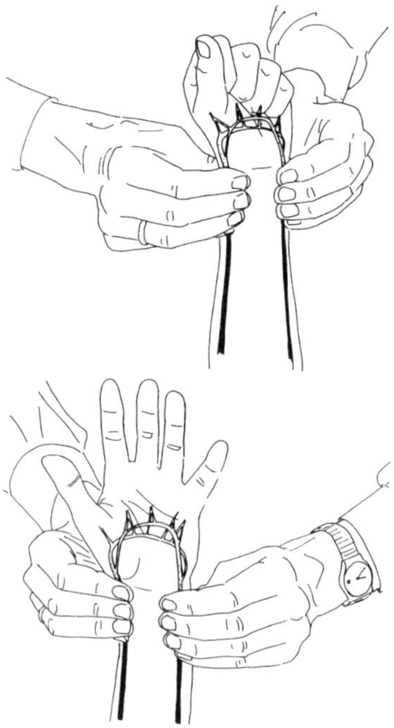

Abb. 3.7 a, b Durchführung des Allen-Tests. Unter kontinuierlichem Komprimieren der Arteria radialis und der Arteria ulnaris wird der Patient gebeten, rhythmisch die Hand zu öffnen und zu schließen.

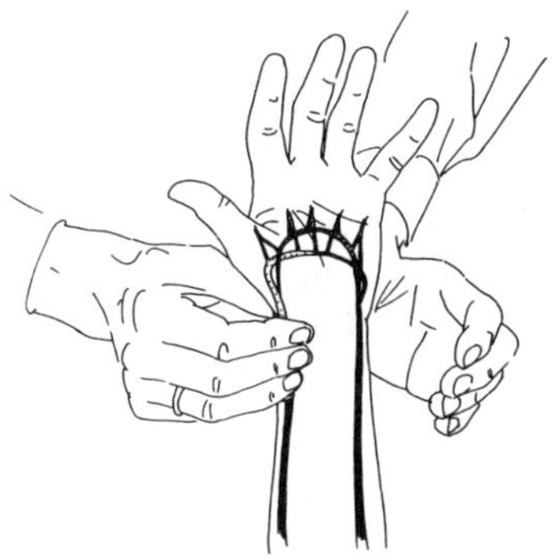

Abb. 3.8 Durchführung des Allen-Tests. Bei weiterhin komprimierter Arteria radialis wird die Arteria ulnaris freigegeben und die wiedereinsetzende Durchblutung der Hand beobachtet.

kann die A. radialis kanüliert werden. Auch im Falle einer vorübergehenden Thrombosierung der A. radialis braucht nun nicht mit einer Mangeldurchblutung der Hohlhand gerechnet werden.

Material für die arterielle Druckmessung

- Desinfektionsspray und sterile Tupfer
- 2-ml-Spritze mit z.B. Lidocain 1% und 26-G-Stahlkanüle für die lokale Betäubung
- 20-G-Teflonkanüle für Erwachsene, 22-G-Teflonkanüle für Kinder (z.B. Abbocath-Kanülen, s. Abb. 3.11)
- Zwei schmale und zwei breite Pflasterstreifen zum Fixieren des arteriellen Zugangs
- (Rotes) Klebeschild mit der Aufschrift: „**ARTERIE** – keine Injektion"
- Drei (rote) Dreiwegehähne
- „Arterienverlängerung" (= ca. 10 cm langer Druckschlauch, s. 1 in Abb. 3.13)
- 2-ml-Spritze (mit NaCl 0,9% gefüllt) zum Durchspülen des Zugangs nach erfolgreicher Punktion
- Starrer Druckschlauch
- Druckwandler (= Transducer) mit Dom (s. Abb. 3.9)
- Monitor mit „Druckeinschub"
- Für eine kontinuierliche Spülvorrichtung des arteriellen Zugangs wird ein sogenanntes Mikrospülsystem benötigt, außerdem als Spülflüssigkeit 500 ml NaCl 0,9%, die mit 5000 IE Heparin versetzt wurden. Da diese Spülflüssigkeit unter Druck gesetzt werden muß, wird noch ein Druckbeutel benötigt.
- Für eine intermittierende manuelle Durchspülung des arteriellen Zugangs wird eine mit 0,9%igem NaCl gefüllte 10-ml-Spritze benötigt.

Vorbereitung einer arteriellen Druckmessung

Für die kontinuierliche Druckmessung werden inzwischen zumeist fertig zusammengebaute Einweg-Druckwandler verwendet. Bei diesen Einweg-Druckwandlern ist bereits ein Mikrospülsystem eingebaut. Deren Vorbereitung ist relativ einfach und wenig zeitaufwendig. Dieses Einweg-Druckelement sowie die bereits konnektierten Verbindungsschläuche brauchen lediglich mit Nacl 0,9% durchgespült und einerseits an die arterielle Kanüle und andererseits an den Druckmonitor angeschlossen und noch kalibriert

Abb. 3.9 Elektromechanischer Druckwandler

werden. (Kalibration s. S. 174). Nun ist eine Druckmessung möglich. Die zunehmend seltener verwendeten Mehrweg-Druckaufnehmer müssen vor Gebrauch zeitaufwendig zusammengebaut werden (vgl. Abb. 3.9). Bei der Vorbereitung eines Mehrweg-Druckaufnehmers wird folgendermaßen vorgegangen:

- Benetzen der Membran des Druckaufnehmers mit Aqua ad injectabilia und Aufschrauben eines sterilen Doms (vgl. Abb. 3.9)
- Aufschrauben eines Dreiwegehahns auf jeden der zwei Zugänge des Doms (1 und 2 in Abb. 3.10). Anschluß einer starren Druckleitung (3 in Abb. 3.10) an einen der zwei Dreiwegehähne
- Absolut luftblasenfreies Füllen des Doms und der angeschlossenen starren Druckleitung
- Für eine **kontinuierliche Spülung der Arterie** mit einem Mikrospülsystem muß an die mit 5000 IE Heparin versetzte 0,9%ige NaCl-Lösung das Mikrospülsystem angeschlossen werden. Das Spülelement (4 in Abb. 3.10) wird zwischen Dreiwegehahn und arterieller Druckleitung eingebaut. Die Spülflüssigkeit wird mit einem Druckbeutel unter einen Druck von 250–300 mmHg gesetzt (5 in Abb. 3.10). Das Mikrospülsystem garantiert eine kontinuierliche Spülung mit 4 ml/Stunde. Bei Bedarf kann auch eine Schnellspülung betätigt werden (z.B. nach einer Blutentnahme aus dem arteriellen Zugang).
- Für eine **intermittierende manuelle Durchspülung des arteriellen Zugangs** muß die mit 0,9%iger NaCl gefüllte 10-ml-Spritze auf den zwischen Dom und arterieller Druckleitung eingebauten Dreiwegehahn aufgesteckt werden (2 in Abb. 3.10).
- Anschluß der mit NaCl 0,9% gefüllten 2-ml-Spritze über einen (roten) Dreiwegehahn an die „Arterienverlängerung“ (= ca. 10 cm langer Druckschlauch) und luftblasenfreies Füllen dieser „Arterienverlängerung“.

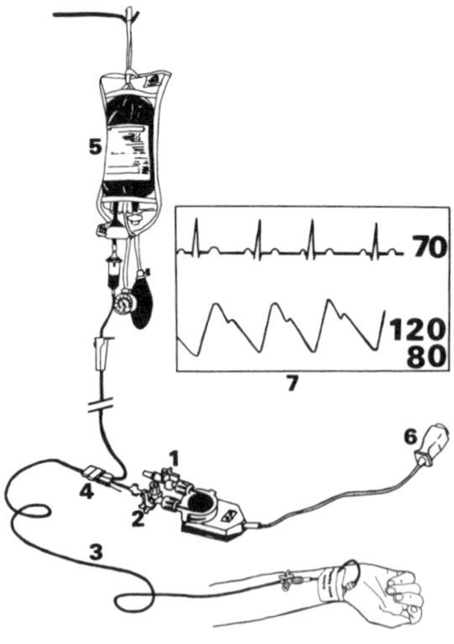

Abb. 3.10 Vorrichtung zur blutig-arteriellen Druckmessung mit angeschlossenem Mikrospülsystem

Punktion der A. radialis und Anschluß der Druckmessung

Wenn immer möglich, sollte die arterielle Druckmessung bereits vor Narkoseeinleitung beim noch wachen Patienten vorgenommen werden. Denn hiermit ist die fortlaufende Blutdruckkontrolle während der Narkoseeinleitung, einem der gefahrenträchtigsten Momente jeder Narkose, möglich. Außerdem kann noch eine Blutprobe für die Bestimmung einer arteriellen Blutgasanalyse (= **BGA**) vor Narkoseeinleitung, also unter Spontanatmung, abgenommen werden.

Für die Punktion sollte die Hand im Handgelenk über eine Tuchrolle nach dorsal überstreckt und in dieser Lagerung (am besten mittels Pflasterstreifen) fixiert werden. Nach mehrmaliger Desinfektion, dem Anlegen einer Lokalanästhesie beim wachen Patienten und eventueller Vorpunktion der Haut mit einer Stahlkanüle wird bei Erwachsenen vorzugsweise mit einer 20-G-Teflonkanüle in einem Winkel von ca. 30 Grad die Arterie im Bereich des Handgelenks punktiert. Hierbei wird mit dem Zeige- und dem Ringfinger der anderen Hand der Arterienverlauf ertastet (Abb. 3.11). Nach erfolgreicher Punktion der Arterie wird der Teflonkatheter über den festzuhaltenden Stahlmandrin vorgeschoben. Nach Komprimierung der Arterie an der Kanülenspitze wird der Mandrin entfernt und die Arterienverlängerung mit dem Dreiwegehahn und der 2-ml-NaCl-Spritze bzw. der Verbindungsschlauch zum Einweg-Druckwandler aufgeschraubt. Nachdem die Arterie mit der 2-ml-NaCl-Spritze bzw. über das bereits konnektierte Einweg-Druckwandler-System durchgespült ist, wird sie penibel, z. B. wie in Abb. 3.12 und 3.13 gezeigt, fixiert. Durch diese zwischen der intraarteriellen Kanüle und einem Dreiwegehahn eingebaute „**Arterienverlängerung**“ braucht z. B. beim Blutabnehmen aus dem arteriellen Zugang am Dreiwegehahn kein Wackeln, Abknicken oder Verrutschen der intraarteriellen Verweilkanüle befürchtet werden.

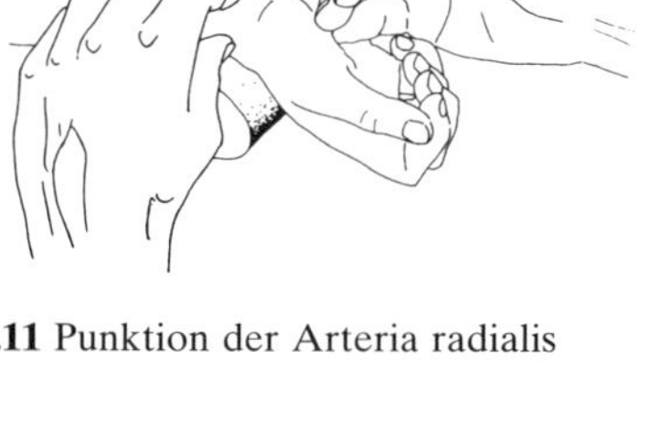

Abb. 3.11 Punktion der Arteria radialis

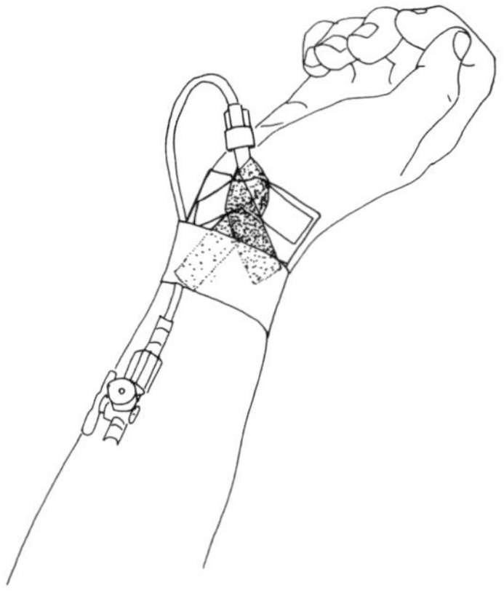

Abb. 3.12 Fixierte intraarterielle Kanüle

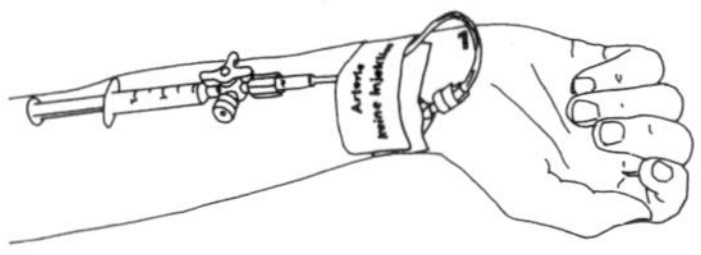

Abb. 3.13 Markierung der intraarteriellen Kanüle durch entsprechenden Aufkleber

Absolut zwingend ist das Kenntlichmachen des Zugangs als **ARTERIE**, z. B. durch Aufkleben von vorgedruckten Klebeschildern oder deutliche Beschriftung eines aufgeklebten Pflasterstreifens. Bei Verwechslung mit einem venösen Zugang und Injektion von z. B. Thiopental droht der Verlust der Hand (!!).

Über die starre Druckleitung wird der Dreiwegehahn nun an den elektromechanischen Druckwandler, der den mechanischen Druck in ein elektrisches Signal umwandelt, angeschlossen. Das Kabel des Druckwandlers (vgl. 6 in Abb. 3.10) ist in den Druckeinschub eines geeigneten Gerätes einzustecken, der das Signal des Druckwandlers verstärkt und auf einem Monitor digital als Zahlenwert und analog als Druckkurve anzeigt (vgl. 7 in Abb. 3.10).

Druckmessung

Nullpunktabgleich

Der Dreiwegehahn zwischen Druckleitung und Druckwandler (vgl. 2 in Abb. 3.10) wird so gestellt, daß die Verbindung Druckleitung–Druckwandler unterbrochen und der Druckwandler zur Atmosphäre hin geöffnet ist. Der andere Dreiwegehahn (vgl. 1 in Abb. 3.10) bleibt zum Druckwandler hin stets geschlossen. Auf das Druckelement wirkt nun der atmosphärische Luftdruck. Dieser wird als Bezugspunkt gleich Null gesetzt. Nach Drücken der entsprechenden Nulltaste am Monitor muß die angezeigte Linie mit der Null-Linie des Monitors übereinstimmen; eventuell muß eine Nullpunktnachjustierung vorgenommen werden.

Kalibrierung

Mit der Kalibrierung (englisch: calibration = Eichung) wird kontrolliert, ob ein definierter Druck immer einen bestimmten Kurvenausschlag ergibt, z. B. muß ein Druck von 100 mmHg immer einen 5 cm hohen Ausschlag ergeben. Nach Drücken der entsprechenden Kalibrierungstaste muß eine Eichzacke definierter Höhe erscheinen; gegebenenfalls muß nachjustiert werden. Während der Kalibrierung muß der Druckwandler zur Atmosphäre hin offen sein. Bei modernen Monitorgeräten genügt es, nach Öffnen des Druckwandlers zur Atmosphäre, lediglich den Kalibrationsknopf zu drücken. Es werden dann die Nullpunktgleichung und die Kalibration automatisch durchgeführt. Eine eventuelle Nachjustierung entfällt.
Nach dem Nullpunktabgleich und der Kalibrierung des Gerätes wird die Verbindung Druckleitung–Druckwandler wieder freigegeben. Der Druckwandler muß noch auf Höhe des rechten Vorhofs (ca. Mitte des Thoraxdurchmessers beim liegenden Patienten) angebracht werden. Nun kann der aktuelle Druck am Monitor abgelesen werden.
Anschließend sollte nochmals sorgfältig überprüft werden, ob alle Schraubverbindungen der Druckleitung fest angezogen sind, damit eine versehentliche Lösung mit einer drohenden Entblutung nicht möglich ist.

Probleme bei der arteriellen Druckmessung

- Abgerundeter, sogenannter gedämpfter Kurvenverlauf:
  Ursache sind meist Luftblasen oder ein Blutkoagel im System oder eine ungünstige Lagerung des kanülierten Arms.
- Falsch-hohe oder falsch-niedrige Druckanzeige,
  wenn der Druckwandler anstatt auf Herzniveau unterhalb oder oberhalb davon angebracht ist. Dies ist vor allem zu beachten, wenn der Druckwandler z. B. am Infusionsständer befestigt ist. Wird zu einem späteren Zeitpunkt von den Operateuren eine Verstellung der Operations-Tischhöhe gewünscht, so muß unbedingt die Höhe des Druckwandlers nachjustiert werden!

Komplikationen der blutigen arteriellen Druckmessung

- Thrombosierung und Embolisierung der kanülierten Arterie.
  Insbesondere bei langzeitiger blutiger Druckmessung ist die wiederholte manuelle Spülung der Arterie mit 2–3 ml NaCl 0,9% nicht ausreichend. Zur

Verminderung der Thrombosegefahr sollte ein kontinuierliches Mikrospülsystem verwendet werden (s. S. 172, Abb. 3.10).
- Hämatombildung im Punktionsbereich, vor allem bei Fehlpunktionen oder nach Entfernen der arteriellen Kanüle; mindestens 3 Minuten komprimieren!
- Infektionen
- Arteriovenöse Fistel
- Durchblutungsstörungen mit z. B. Nekrosen von Fingern
- Versehentliche intraarterielle Medikamenteninjektion
- Arterielle Entblutung bei unbemerkter Diskonnektion in der arteriellen Druckleitung

Der Pulmonalarterien-katheter

Definition
Ein Pulmonalarterienkatheter (= Pulmonaliskatheter, Swan-Ganz-Katheter, Einschwemmkatheter) ist ein meist 4lumiger Katheter, dessen Spitze über das venöse System und durch das rechte Herz bis in einen Ast der A. pulmonalis eingeführt wird.

Mit Hilfe eines Pulmonaliskatheters können das **H**erz**m**inuten**v**olumen (= **HMV**; englisch: cardiac output), der Druck in der Pulmonalarterie sowie der sogenannte pulmonal-kapilläre Verschlußdruck (**p**ulmo-**c**apillary **w**edge-**p**ressure = **PCWP**, kurz **Wedge-Druck** genannt) sowie der ZVD gemessen werden. Werden diese Daten sowie die Körpergröße, das Körpergewicht, die aktuelle Herzfrequenz und der arterielle Blutdruck in ein entsprechendes Computerprogramm eingegeben, so können der Gefäßwiderstand im Lungenkreislauf, der Gefäßwiderstand im großen Kreislauf, der Herzindex (= HMV/Körperoberfläche) und die Schlagarbeit des linken und des rechten Ventrikels errechnet werden. Dieses errechnete „hämodynamische Profil" ist bei Risikopatienten Voraussetzung für eine differenzierte Katecholamin-, Vasodilatantien- und Volumentherapie.

Indikationen für einen Pulmonaliskatheter

- Septischer Schock
- Kardiovaskuläre Risikopatienten (z. B. bei kürzlich durchgemachtem Herzinfarkt oder in der Herzchirurgie; s. S. 270)
- Multiples Organversagen
- Lungenversagen
- Massive Volumenumsätze (z. B. Schwerstverbrannte)
- Längerfristige Therapie mit Katecholaminen (z. B. Noradrenalin und Adrenalin, s. S. 274)

Aufbau eines Pulmonaliskatheters (Abb. 3.14)

Ballonzuleitung (1):

Sie dient zum Aufblasen (= blocken, wedgen) des kurz vor der Katheterspitze befindlichen Ballons (1 b). Der Ballon wird mit 1 bis 1,5 ml Luft aufgeblasen.

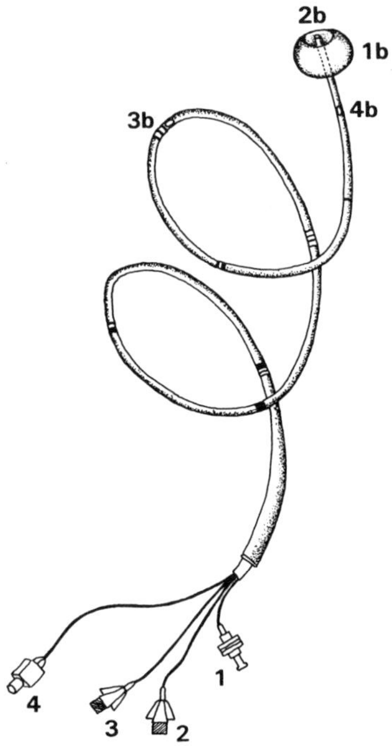

Abb. 3.14 Pulmonalarterienkatheter: 1 = Ballonzuleitung, 2 = distaler Schenkel, 3 = proximaler Schenkel, 4 = Thermistorzuleitung (nähere Beschreibung siehe Text).

Distaler Schenkel (2):

Der distale Schenkel (häufig gelber Anschluß) endet an der Katheterspitze (2b) und dient zur Messung des Drucks in der Pulmonalarterie sowie des pulmonal-kapillären Verschlußdrucks (**p**ulmo-**c**apillary **w**edge-**p**ressure = PCWP, Wedge-Druck, s.u.) und zur Entnahme von gemischt-venösem Blut (s.u.).

Proximaler Schenkel (3):

Der proximale Schenkel (häufig blauer Anschluß) endet 30 cm vor der Katheterspitze (3b) und kommt kurz vor dem rechten Herzen zu liegen; über ihn kann der ZVD gemessen werden. Außerdem wird über diesen proximalen Schenkel die meist eisgekühlte 0,9%ige NaCl-Lösung zur Messung des HMV injiziert.

Thermistorzuleitung (4):

Sie dient zur Verbindung des kurz vor der Katheterspitze befindlichen Temperaturfühlers (= Thermistor; 4b) mit einem HMV-Gerät (= „cardic output"-Monitor). Daneben verfügen manche Pulmonaliskatheter über einen weiteren Schenkel (häufig weißer Anschluß), der unmittelbar neben dem proximalen Schenkel endet. Er wird meist zur herznahen Applikation von Medikamenten, insbesondere von Katecholaminen, verwendet.

Material und Vorbereitung

Material:

- Kopfhaube, Mundschutz, sterile Handschuhe, steriler Kittel
- Hautdesinfektionsspray
- Steriles Lochtuch
- 4 sterile Stoffabdecktücher (ca. 100 × 100 cm) zum großflächigen Abdecken
- Lokalanästhetikum (z.B. Lidocain 1%)
- Physiologische Kochsalzlösung
- Sterile 5-ml- und 10-ml-Spritze (zum Aufziehen des Lokalanästhetikums und der physiologischen Kochsalzlösung)
- Sterile Stahlkanülen (zum Aufziehen des Lokalanästhetikums, der physiologischen Kochsalzlösung, zum Anlegen der Lokalanästhesie sowie eventuell zum Vorpunktieren einer zentralvenösen Vene)
- Mehrere sterile Kompressen
- 1 steriles, spitzes Skalpell
- 3 Dreiwegehähne (für einen 4lumigen Pulmonaliskatheter)
- 1 Pulmonaliskatheter (Größe beim Erwachsenen: 7,5 Charr.)

- Introducer-Set (s. u., Größe beim Erwachsenen: 9 (evtl. 8,5 Charr.)
- Nahtmaterial, Nadelhalter und sterile Schere zum Fixieren des plazierten Katheters

Vorbereitung der Druckmessung:
Falls keine fertigen Einweg-Druckaufnehmer verwendet werden, muß ein Mehrweg-Druckaufnehmer vorbereitet und zusammengebaut werden.

- Benetzen der Membran des Druckaufnehmers und Aufschrauben eines sterilen Doms (s. S. 171, Abb. 3.9)
- Aufschrauben eines Dreiwegehahns auf jeden der zwei Zugänge des Doms und Anschluß einer starren Druckleitung an jeden der zwei Dreiwegehähne; absolut luftfreies Füllen dieses Systems.
- Für eine kontinuierliche Spülung der Druckleitung mit einem Mikrospülsystem muß jeweils zwischen dem Dreiwegehahn und der Druckleitung ein Mikrospülelement eingebaut werden.
- Nullpunktabgleich (s. S. 174)
- Kalibrierung (s. S. 174)

Einführen eines Pulmonaliskatheters

Ein Pulmonaliskatheter wird vorzugsweise über die rechte V. jugularis interna eingeführt. Prinzipiell kommen jedoch alle für einen Kavakatheter möglichen Punktionsorte (s. S. 166) in Frage. Ein Pulmonaliskatheter wird nach der **Seldinger-Technik** ins venöse Gefäßsystem eingeführt. Hierzu wird die ausgewählte Vene mit einer Stahlkanüle punktiert. Nach der erfolgreichen Punktion wird durch die Stahlkanüle ein flexibler Stahldraht (= **Seldinger-Draht**) eingeführt. Nun wird bei liegenbleibendem Seldinger-Draht die ursprüngliche Punktionskanüle entfernt und neben dem Seldinger-Draht mit einem spitzen Skalpell eine Stichinzision vorgenommen, damit eine großlumige Einführungskanüle (= **Introducer**) über den Seldinger-Draht in die Vene vorgeschoben werden kann. Zuvor wird durch den großlumigen Introducer ein sogenannter **Dilatator** gesteckt. Dieser Dilatator ragt etliche Zentimeter aus dem großlumigen Introducer heraus und weist eine sich verjüngende Spitze auf. Dilatator und Introducer werden gemeinsam über den Seldinger-Draht vorgeschoben. Die sich verjüngende Spitze des Dilatators dehnt beim Vorschieben den Punktionskanal auf und ermöglicht dadurch das Einführen des großlumigen Introducers. Danach werden der Seldinger-Draht und der Dilatator entfernt, und der Pulmonaliskatheter kann über den Introducer eingeführt werden.

Vorher muß der Pulmonaliskatheter jedoch noch auf Funktionstüchtigkeit überprüft werden: Nachdem der Ballon des Pulmonaliskatheters versuchsweise mit Luft aufgeblasen und auf Dichtigkeit geprüft wurde, müssen alle Schenkel des Pulmonaliskatheters mit 0,9%iger NaCl-Lösung durchgespült und mit einem Dreiwegehahn verschlossen werden. Der distale sowie der proximale Schenkel des Pulmonaliskatheters werden jeweils über eine der vorbereiteten Druckleitungen (s. o.) an den Dom eines Druckwandlers angeschlossen. Die beiden Dreiwegehähne am Dom werden so eingestellt, daß die Verbindung Dom – distaler Schenkel freigegeben, die Verbindung Dom – proximaler Schenkel verschlossen ist. Dann wird der an der Katheterspitze herrschende Druck registriert.

Nun wird der Katheter unter kontinuierlicher Kontrolle der Druckkurve über den Introducer in die V. jugularis interna vorgeschoben. Nachdem die Katheterspitze ca. 15 cm eingeführt ist, wird der unmittelbar hinter der Katheterspitze befindliche Ballon mit 1–1,5 ml Luft aufgeblasen und der Katheter langsam vorgeschoben. Der aufgeblasene Ballon, und damit die Katheterspitze, wird mit dem Blutstrom über die V. cava nach 20–30 cm in den rechten Vorhof, nach 30–45 cm in den rechten Ventrikel und nach 45–50 cm in die A. pulmonalis „eingeschwemmt“. Der Pulmonaliskatheter wird deshalb zum Teil auch als **„Einschwemmkatheter“** bezeichnet. Da sich die A. pulmonalis in immer kleiner werdende Äste aufzweigt, bleibt der aufgeblasene Ballon meist nach 50–60 cm in einem kleineren Ast dieser Arterie stecken.

Während der Pulmonaliskatheter bis in die A. pulmonalis „eingeschwemmt“ wird, muß über den distalen Schenkel kontinuierlich der an der Katheterspitze herrschende Druck registriert werden.

Dabei ergibt sich eine charakteristische Kurve (Abb. 3.15):

- 1 in Abb. 3.15: Befindet sich die Katheterspitze in der V. cava, so kann eine typische, **atemverschiebliche ZVD-Kurve** abgelesen werden. Der normale Druckbereich in der V. cava beträgt 1–5 mmHg.
- 2 in Abb. 3.15: Wenn die Katheterspitze in den rechten Ventrikel eingeschwemmt wird, verändert sich die Druckkurve eindrucksvoll. Während der Systole des rechten Herzens läßt sich ein Druck von ca. 25 (± 8) mmHg, während der Diastole des rechten Herzens ein Druck von ca. 4 (± 3) mmHg ableiten.
- 3 in Abb. 3.15: Wird die Katheterspitze weiter durch die Pulmonalklappe bis in die A. pulmonalis geschwemmt, ändert sich die Druckkurve erneut. Der systolische Druck bleibt mit 25 (± 8) mmHg gleich. In der A. pulmonalis herrscht jedoch ein diastolischer Druck von ca. 9 (± 4) mmHg, so daß der Druck jetzt nicht mehr so weit wie bei der Ventrikelkurve abfällt.
- 4 in Abb. 3.15: Wird die Spitze des Pulmonaliskatheters soweit vorgeschoben, bis der aufgeblasene Ballon an der Katheterspitze einen Ast der A. pulmonalis total verschließt, verschwinden plötzlich diese Druckschwankungen zwischen 25 und 9 mmHg. Der Druck fällt auf durchschnittlich 9 (± 4) mmHg ab. Die Kurve zeigt nur noch minimale Druckschwankungen. Hinter der verschlossenen Pulmonalarterie findet jetzt keine Durchblutung mehr statt. Der nun an der Katheterspitze gemessene Druck entspricht dem im Lungenkapillarsystem herrschenden Druck. Dieser wird als pulmonal-kapillärer Verschlußdruck (= **p**ulmo-**c**apillary **w**edge-**p**ressure = **PCWP** oder kurz: **Wedge-Druck**) bezeichnet (s. u.).
- 3 in Abb. 3.15: Wird nun der an der Katheterspitze befindliche Ballon wieder entleert (= entblockt), so wird der hinter der Katheterspitze befindliche Pulmonalarterienast wieder durchblutet. Es läßt sich jetzt wieder die für die A. pulmonalis typische Druckkurve ableiten. Durch Aufblasen (= blocken, wedgen) des Ballons kann wiederholt der Wedge-Druck gemessen werden.

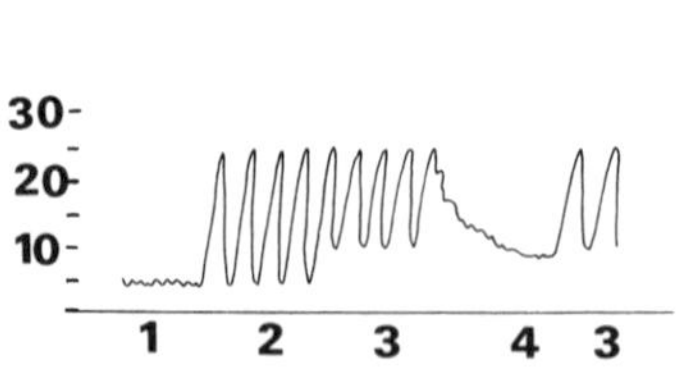

Abb. 3.15 Über den Pulmonalarterienkatheter abgeleitete Druckkurve beim Einschwemmen des Katheters:
1 = zentraler Venendruck, 2 = Druck im rechten Ventrikel, 3 = Druck in der Arteria pulmonalis, 4 = pulmonalkapillärer Verschlußdruck.

Der Pulmonaliskatheter darf immer nur für ganz kurze Zeit in Wedge-Position sein; ist er versehentlich längere Zeit in dieser Position, so droht ein Infarkt der hinter der Katheterspitze gelegenen Lungengebiete, die jetzt nicht durchblutet sind (!!). Um dies zu vermeiden, muß die Druckkurve der Pulmonalarterie stets auf dem Monitor dargestellt sein, damit eine versehentliche Wedge-Position des Katheters sofort erkannt wird.

Außer diesem distalen Schenkel zur Messung des Wedge-Drucks und des Drucks der A. pulmonalis verfügt ein Pulmonaliskatheter noch über einen proximalen Schenkel (häufig blauer Anschluß), der 30 cm vor der Katheterspitze mündet. Diese Öffnung kommt normalerweise kurz vor dem rechten Herzen zu liegen und erlaubt die **Messung des ZVD.** Hierzu wird die Verbindung Dom–distaler Schenkel verschlossen und die Verbindung Dom–proximaler Schenkel freigegeben. Nach dem Messen des ZVD müssen die beiden Dreiwegehähne wieder so eingestellt werden, daß nur die Verbindung Dom–distaler Schenkel freigegeben ist. Auf dem Monitor muß normalerweise immer der pulmonalarterielle Druck (3 in Abb. 3.15) angezeigt werden. Der ZVD wird nur kurzfristig gemessen.

Zur **Bestimmung des Herzminutenvolumens** wird über den proximalen Schenkel ein definiertes Volumen (z. B. 10 ml) einer meist eisgekühlten NaCl-Lösung möglichst schnell (weniger als 5 Sekunden) injiziert. Diese meist eiskalte 0,9%ige NaCl-Lösung wird mit dem Blutstrom durch den rechten Vorhof und durch den rechten Ventrikel in die A. pulmonalis transportiert. Auf diesem Weg wird die Injektionslösung erwärmt und verdünnt. Kurz vor der Spitze des Pulmonaliskatheters befindet sich ein Temperaturfühler (= Thermistor, vgl. 4b in Abb. 3.14), mit dem Temperaturschwankungen in der A. pulmonalis registriert werden können. Die Thermistorzuleitung (vgl. 4 in Abb. 3.14) wird an einen Computer angeschlossen, der anhand des Injektionszeitpunktes und der Temperaturänderungen am Thermistor das Herzminutenvolumen errechnen kann; das Gerät wird deshalb als HMV-Gerät oder meist als **„cardiac output"-Monitor** bezeichnet. Dieses Verfahren zur Bestimmung des HMV beruht auf der **Kälteverdünnungsmethode** (= **Thermodilutionsmethode**).

Inzwischen sind auch Pulmonaliskatheter-Modelle verfügbar, die eine kontinuierliche Messung des Herzminutenvolumens erlauben **(continuous cardiac output)**. In deren distalem Ende ist zusätzlich eine Heizspirale eingebaut.

Interpretation der über einen Pulmonaliskatheter gemessenen Werte

Die gemischt-venöse Sättigung

Über den distalen Schenkel des Pulmonaliskatheters kann gemischt-venöses Blut aus der A. pulmonalis entnommen werden. Dieses Blut wird als gemischt-venös bezeichnet, da in der A. pulmonalis Blut aus der V. cava inferior (= Blut aus der unteren Körperhälfte) und Blut aus der V. cava superior (= Blut aus der oberen Körperhälfte) gemischt ist. Aus einem Kavakatheter, dessen Spitze in der V. cava superior liegt, wird zentralvenöses Blut entnommen. Es repräsentiert nur das Blut aus der oberen Körperhälfte. Gemischtvenöses Blut wird vor allem abgenommen, um die gemischt-venöse Sättigung zu messen. Der Normalwert beträgt ca. 75%. Fällt die gemischt-venöse Sättigung ab, so hat dies (bei konstantem Hb-Wert, kon-

stanter arterieller Sättigung und gleichbleibendem Sauerstoffverbrauch) seinen Grund in einer vermehrten Ausschöpfung des Blutes aufgrund eines niedrigen Herzminutenvolumens. Bei der Abnahme einer gemischt-venösen Blutprobe muß das Blut langsam aspiriert werden. Wird zu schnell aspiriert, so kann unter Umständen bereits oxygeniertes Blut aus dem Lungenkapillargebiet angesaugt werden, was eine falsch-hohe Sauerstoffsättigung ergibt.
Inzwischen gibt es bereits Pulmonaliskathetermodelle, die eine kontinuierliche Messung der gemischtvenösen Sättigung an der Katheterspitze ermöglichen, ohne daß hierzu eine Blutprobe entnommen werden muß **(Reflektionsspektrophotometrie).**

Das HMV (= cardiac output)

Das HMV des Erwachsenen beträgt normalerweise 4–8 l/min; erniedrigt ist es bei einer Herzinsuffizienz und im Volumenmangelschock, meist erhöht ist es im septischen Schock.

Der Herzindex

Er wird errechnet, indem das HMV durch die Größe der Körperoberfläche des Patienten geteilt wird (HMV/Körperoberfläche). Der Normalwert liegt bei 2,5–4 l/min × m^2.

Der Wedge-Druck

Der Wedge-Druck entspricht weitgehend dem Druck im linken Vorhof. Unter der Voraussetzung, daß das Blut während der Diastole ungehindert vom linken Vorhof in den linken Ventrikel fließen kann, daß also keine Stenose der Mitralklappe besteht (s. S. 273), entspricht der Druck vor dem linken Herzen annähernd dem linksventrikulären enddiastolischen Füllungsdruck (s. S. 271). Dieser ist ein Maß für die Leistungsfähigkeit des linken Ventrikels. Mit Hilfe des Wedge-Drucks kann also die Leistungsfähigkeit des linken Ventrikels beurteilt werden.

Der ZVD

Der ZVD entspricht weitgehend dem Druck im rechten Vorhof. Er wird jedoch auch durch die Atmung/Beatmung, durch einen PEEP (s. S. 21), durch die Körperlage sowie durch den Kontraktionszustand und den Füllungszustand des venösen Gefäßsystems beeinflußt. Deshalb kann der ZVD nur mit Vorbehalt dem rechtsventrikulären enddiastolischen Druck und damit der rechtsventrikulären Leistungsfähigkeit gleichgesetzt werden.

Der Gefäßwiderstand im großen Kreislauf (systemic vascular resistance = SVR)

Er wird mit Hilfe eines Computers (aus dem arteriellen Mitteldruck, dem ZVD und dem HMV) errechnet. Er fällt ab bei einer Sepsis und bei Gabe von gefäßerweiternden Medikamenten (= Vasodilatantien, z.B. Natrium Nitroprussid oder Nitroglycerin, s. S. 278) und wird erhöht z.B. durch die Gabe von gefäßverengenden Medikamenten, z.B. Noradrenalin (s. S. 276). Der Normalwert beträgt 900–1500 dyn × sec × cm^{-5}.

Der Gefäßwiderstand im Lungenkreislauf (pulmonal vascular resistance = PVR)

Er wird mit Hilfe eines Computerprogrammes (aus dem arteriellen Mitteldruck, dem Wedge-Druck und dem HMV) errechnet. Er ist erhöht z.B. bei einer Lungenembolie. Der Normalwert beträgt 90–150 dyn × sec × cm^{-5}.

Der Druck in der Pulmonalarterie (pulmonary artery pressure = PAP)

Der pulmonalarterielle Druck wird über den distalen Schenkel des Pulmonaliskatheters gemessen. Er ist erhöht z. B. bei einer Lungenembolie. Der Normalwert für den Mitteldruck in der Pulmonalarterie beträgt 9–19 mmHg.

Veränderung der Kreislaufparameter bei Herzinsuffizienz, Volumenmangel und Sepsis

Rechtsherzinsuffizienz

Der rechte Ventrikel ist nicht mehr in der Lage, das ihm angebotene Blutvolumen adäquat wegzupumpen. Das Blut staut sich vor dem rechten Herzen. Klinische Zeichen sind z. B. gestaute Halsvenen und prätibiale Ödeme. Der ZVD ist erhöht, das HMV erniedrigt, die Herzfrequenz kompensatorisch erhöht.

Linksherzinsuffizienz

Der linke Ventrikel ist nicht mehr in der Lage, das ihm angebotene Blutvolumen adäquat wegzupumpen. Das Blut staut sich vor dem linken Herzen. Unter Umständen kann sich das Blut bis in die Lungen zurückstauen und zum Lungenödem führen. Der über den Pulmonaliskatheter meßbare Wedge-Druck entspricht weitgehend dem Druck im linken Vorhof und ist damit erhöht. Das HMV ist erniedrigt, die Herzfrequenz ist kompensatorisch erhöht.

Insuffizienz des rechten und des linken Herzens (= biventrikuläre Herzinsuffizienz)

ZVD und Wedge-Druck sind erhöht. Das HMV ist erniedrigt, die Herzfrequenz ist kompensatorisch erhöht.

Volumenmangel

Der ZVD, der Wedge-Druck, das HMV und der Blutdruck sind erniedrigt. Die Herzfrequenz ist kompensatorisch erhöht.

Sepsis

Während einer Sepsis ist das Gefäßsystem durch Bakterientoxine weitgestellt. Der Gefäßwiderstand im großen Kreislauf ist deutlich erniedrigt. Folge der Gefäßweitstellung ist ein relativer Volumenmangel mit niedrigem ZVD und niedrigem Wedge-Druck. Das HMV und die Herzfrequenz sind kompensatorisch erhöht.

Gefahren eines Pulmonaliskatheters

- Herzrhythmusstörungen beim Einführen des Pulmonaliskatheters
- Ruptur eines Pulmonalarterienastes bei zu starkem Blocken des Ballons
- Lungeninfarkt bei versehentlicher, längerdauernder Wedge-Position des Katheters
- Verletzungen der Herzklappen des rechten Herzens und der Papillarmuskeln
- Erhöhte Thrombosegefahr aufgrund des dicken Katheterlumens
- Infektionsgefahr
- Knotenbildung des Katheters im Herzen, vor allem bei zu schnellem Vorschieben

► Komplikationen der Gefäßpunktion (Pneumo-/Hämatothorax, arterielle Punktion, s. S. 167). Aus diesem Grunde muß nach dem Legen eines Pulmonaliskatheters (auch nach einem vergeblichen Versuch) stets eine Röntgenaufnahme des Thorax durchgeführt werden!

Teil 4
Häufige Narkoseprobleme

Der nicht nüchterne Patient

Allgemeine Bemerkungen

Für eine geplante Operation wird beim Erwachsenen normalerweise eine Nahrungskarenz von mindestens sechs Stunden gefordert (s. S. 6). In den letzten Jahren erschienen jedoch einige Publikationen, die die Gabe von klarer Flüssigkeit bis zu ca. 3 Stunden vor Narkosebeginn befürworten (s. S. 6). Liegt der Zeitpunkt der letzten Nahrungsaufnahme weniger als sechs Stunden zurück oder ist der Zeitpunkt der letzten Nahrungsaufnahme nicht bekannt, so ist der Patient als nicht nüchtern zu betrachten. Auch jeder Notfallpatient ist als nicht nüchtern zu betrachten, da hier eine gestörte Magen-Darm-Tätigkeit anzunehmen ist. Außerdem gelten prinzipiell als nicht nüchtern:

- Patienten mit einem Ileus (daher der Name „Ileuseinleitung“, s. u.)
- Patientinnen ab dem zweiten Drittel der Schwangerschaft
- Patienten nach einem Unfall (verzögerte Magenentleerung durch starke Schmerzen und Schock)
- Patienten mit einer Peritonitis
- Patienten mit Blutungen im Nasen-, Rachen- und Ösophagusbereich (Verschlucken von Blut) und Patienten mit Magenblutungen
- Patienten mit einer Magenausgangsstenose, einem Ösophagusdivertikel oder einer Hiatushernie

Bei einem nicht nüchternen Patienten besteht während einer Allgemeinnarkose die große Gefahr einer Regurgitation (passives Zurücklaufen von Mageninhalt entlang eines Druckgradienten zwischen Magen und Pharynx) oder eines Erbrechens (aktiver, reflektorischer Vorgang). Ist der narkotisierte Patient hierbei nicht intubiert, so droht, da die Schutzreflexe bei einer Allgemeinnarkose ausgeschaltet sind, ein Eindringen von Mageninhalt in das Tracheobronchialsystem (= Aspiration, s. S. 185).

Narkoseführung bei nicht nüchternen Patienten

Wenn irgend möglich, ist eine Lokal- oder Regionalanästhesie vorzuziehen, da hierbei die Schutzreflexe stets erhalten sind. Falls eine Vollnarkose nicht vermeidbar ist, muß (!!) eine Intubationsnarkose durchgeführt werden (= Sicherung der Luftwege gegen eine Aspiration, s. S. 72). Eine Maskennarkose (s. S. 99) sowie eine Narkose unter Verwendung einer Larynxmaske verbieten sich (!!).

Narkoseeinleitung bei nicht nüchternen Patienten (= sogenannte „Ileuseinleitung“)

Die Aspirationsgefahr ist am größten bei der Narkoseeinleitung. Mit Beginn der Narkose fallen die Schutzreflexe aus, die Luftwege müssen aber erst noch durch die Intubation gesichert werden. Um in diesem Zeitraum die Gefahr eines Erbrechens oder einer Regurgitation zu vermindern, wird eine spezielle Einleitungsform, eine sogenannte „Ileuseinleitung“ gewählt.

Es hat sich folgendes Vorgehen bewährt:

- Legen einer großlumigen Magensonde und Absaugen des Mageninhaltes. Eine komplette Magenentleerung ist damit jedoch nicht garantiert. Meist wird empfohlen, unmittelbar vor der Narkoseeinleitung die Magensonde wieder zu entfernen, da sie als Leitschiene für eine mögliche Regurgitation während der Narkoseeinleitung dienen könnte. (Manchmal wird auch empfohlen, die abgeleitete Magensonde zur Intubation zu belassen.)
- Lagerung:
  den Oberkörper ca. 30 Grad hochlagern, um eine Regurgitation zu vermeiden.
- Eingeschaltete, funktionsgeprüfte Absaugvorrichtung griffbereit legen
- Präoxygenierung (s. S. 100)
- Präcurarisierung (s. S. 102)
- Einleitungshypnotikum (s. S. 100)
- Keine Maskenbeatmung (!!!):
  Bei Maskenbeatmung kann Luft in den Magen eingeblasen und eine Regurgitation provoziert werden (!).
- Succinylcholin
  sofort nach dem Einleitungshypnotikum spritzen. Obwohl die routinemäßige Gabe von Succinylcholin in den letzten Jahren wegen möglicher Nebenwirkungen (maligne Hyperthermie; Rhabdomyolyse s. S. 65) zunehmend abgelehnt wird, stellt die Ileuseinleitung noch eine klare Indikation für Succinylcholin dar. Der sehr schnelle Wirkungseintritt des Succinylcholins überwiegt hier die möglichen Nebenwirkungen.
- Sellik-Handgriff:
  Ein Helfer drückt vom Bewußtseinsverlust bis kurz nach der Intubation auf den Ringknorpel. Durch dieses „Nach-Hinten-Drücken“ des Ringknorpels wird der Ösophagus zwischen Ringknorpel und HWS komprimiert, dadurch kann eine passive Regurgitation verhindert werden. Dieser Sellik-Handgriff muß jedoch während eines aktiven Erbrechens unterlassen werden, da hierbei unter Umständen eine Ösophagusruptur drohen kann.
- Blitzintubation (= crush intubation)
- Sofortiges Blocken des Tubus:
  Unmittelbar nach der gelungenen Intubation muß der Tubus schnell und sicher geblockt werden. Diese erste Blockung erfolgt bei einer Ileuseinleitung nicht wie normalerweise nach Gehör (s. S. 85), sondern so schnell wie möglich, da der Patient eventuell kurz nach der Intubation regurgitieren oder erbrechen könnte. Zu einem späteren Zeitpunkt kann dann die Blockung des Tubus nochmals nach Gehör neu vorgenommen werden.
- Lagekontrolle des Tubus (s. S. 86)
  Nach der Intubation kann die Narkose als Neuroleptanästhesie (s. S. 111), (T)IVA (s. S. 117) oder als Inhalationsanästhesie (s. S. 102) weitergeführt werden. Falls die Magensonde zur Intubation wieder entfernt wurde, muß erneut eine Magensonde gelegt und abgeleitet werden. Da während der

Narkoseausleitung ebenfalls ein Erbrechen oder eine Regurgitation droht, darf die Extubation erst durchgeführt werden, wenn die Schutzreflexe wieder voll zurückgekehrt sind und der Patient den Tubus fast „aushustet".

Die Aspiration

Unter einer Aspiration wird das Eindringen von Fremdkörpern in das Tracheobronchialsystem verstanden.

Häufig handelt es sich um die Aspiration von erbrochenem oder regurgitiertem Magen-Darm-Inhalt. Bei einer Aspiration von Magen-Darm-Inhalt drohen eine Epithelschädigung des Bronchialsystems mit Schleimhautödem, spastischer Bronchitis, eine Schädigung des Alveolarepithels und ein Lungenödem. Folgen sind eine Tachypnoe, Zyanose, Hypoxämie, Tachykardie und Hypotonie. Weitere mögliche Probleme sind Lungenatelektasen, eine Lungenentzündung sowie Lungenabszesse.

Therapie:

- Sofortige Intubation
- 100% Sauerstoff
- PEEP (s. S. 21)
- Bronchialtoilette:
  Aspirierte Flüssigkeiten müssen umgehend abgesaugt werden, eventuell unter mehrmaliger Spülung mit kleinen Mengen physiologischer Kochsalzlösung (5–10 ml) falls es sich um halbfestes Material handelt. Wurde reine Magensäure aspiriert, dann sollte auf eine Spülung verzichtet werden, damit hierdurch nicht eine weitere Ausbreitung in die Lungenperipherie provoziert wird. Es empfiehlt sich stets eine gezielte Absaugung mit dem Bronchoskop. Größere feste Partikel müssen auf jeden Fall bronchoskopisch entfernt werden, um die Ausbildung von Atelektasen distal des Fremdkörpers zu verhindern.
- Steroidtherapie
  wird normalerweise abgelehnt
- Antibiotikatherapie:
  Eine prophylaktische Antibiotikatherapie wird heute abgelehnt. Erst beim Auftreten von Sekundärinfektionen werden Antibiotika entsprechend dem Bronchialabstrich und dessen Austestung verordnet. Nur bei Aspiration von infiziertem Material (z. B. fäkulentem Material oder Eiter aus einem Peritonsillarabszeß) muß eine sofortige Antibiotikatherapie begonnen werden.
- Euphyllin
  bei spastischer Bronchitis
- Verlegung auf eine Intensivstation,
  auch wenn es dem Patienten relativ gut geht. Pulmonale Probleme können unter Umständen erst nach einigen Stunden auftreten.
- Arterielle Blutgasanalysen
  sind engmaschig durchzuführen. Eine entsprechende Korrektur der inspiratorischen Sauerstoffkonzentration und des PEEP-Niveaus (s. S. 21) können notwendig werden.
- Röntgenaufnahmen des Thorax
  sind wiederholt durchzuführen.

Die maligne Hyperthermie (= MH)

Allgemeine Bemerkungen

Bei der malignen Hyperthermie handelt es sich um eine sehr seltene, aber gefürchtete Narkosekomplikation. Die Häufigkeit bei Jugendlichen und Kindern beträgt 1/15 000, bei Erwachsenen 1/50 000. Bei Kindern unter 2 Jahren und bei alten Patienten ist die MH sehr selten. Die Neigung zur malignen Hyperthermie ist vererblich (Familienanamnese?!).

Die Ursache liegt in einer noch nicht ganz geklärten Störung der Skelettmuskulatur. Durch eine plötzlich ausgelöste Störung im Kalziumhaushalt der Muskulatur kommt es zu einer Muskelrigidität und zu einer exzessiven Stoffwechselsteigerung in der Muskulatur mit enormer Wärmeproduktion.

Während die Mortalität vor 20 Jahren noch bei ca. 75% lag, konnte sie durch neue Therapiemöglichkeiten drastisch reduziert werden. Bei frühzeitiger Diagnosestellung und Therapie sollte die Mortalität inzwischen nahezu Null sein.

Hinweise auf eine maligne Hyperthermie

- Tachykardie und tachykarde Rhythmusstörungen
- Muskelrigidität:
  Die Muskelrigidität fällt meist als eine ungenügende Muskelerschlaffung nach Gaben von Succinylcholin bei der Intubation auf (Frühzeichen). Zuerst fällt meist eine Erschlaffung der Unterkiefermuskulatur auf (Kieferklemme). Wird wegen anscheinend ungenügender Wirkung Succinylcholin nachinjiziert, dann kommt es meist zu einer weiteren Verstärkung der Muskelsteifheit.
- Hypoxämie/Zyanose
- Metabolische und respiratorische Azidose (pH-Abfall):
  Durch die massive Stoffwechselsteigerung in der Muskulatur kommt es zu einer exzessiven CO_2-Produktion. Bei relaxierten und volumenkonstant beatmeten Patienten kommt es zu einem enormen Anstieg des arteriellen CO_2-Wertes. Bei spontan atmenden Patienten kommt es zu einer auffälligen Steigerung von Atemzugvolumen und Atemfrequenz. Die CO_2-Absorber sind bald erschöpft und verfärben sich schnell. Außerdem kommt es zur Ausbildung einer metabolischen Azidose. Ursache ist eine Gewebshypoxie mit beginnender anaerober Glykolyse und Laktatbildung.
- Fieber bis über 42 °C:
  Fieber ist nicht die Ursache der MH, sondern die Folge des erhöhten Muskelstoffwechsels bei der MH. Daher ist der Fieberanstieg kein Früh- sondern ein **Spätsymptom** der MH. Je höher der Fieberanstieg ist, desto schlechter ist die Prognose.
- Hyperkaliämie:
  Durch eine Störung der Muskelzellmembranen wird Kalium aus den Muskelzellen freigesetzt.
- Labiler Blutdruck
- Myoglobinämie, Myoglobinurie
- Anstieg der Kreatinkinase (CK)
- Oligurie

Mögliche auslösende Faktoren für eine MH

- Verdampfbare Inhalationsanästhetika (Halothan!, Enfluran, Isofluran, Sevofluran, Desfluran, Äther)
- Succinylcholin
- Streß

Therapie einer malignen Hyperthermie

- Entscheidend ist die frühe Diagnosestellung!
- Sofort Zufuhr möglicher auslösender Faktoren unterbrechen
- 100% Sauerstoff
- Sofort Erhöhung des Atemminutenvolumens auf ca. den 3fachen Ausgangswert (Frischgasfluß für Sauerstoff auf 15 l/min erhöhen um den Anteil der Rückatmung zu minimieren; s. S. 14). Es sind ein normaler arterieller CO_2-Wert und eine normale arterielle Sauerstoffsättigung anzustreben.
- Dantrolen intravenös
  Dosierung: 2,5 mg/kgKG intravenös als Schnellinfusion. Innerhalb von 30 min nach Infusionsbeginn ist ein Wirkungsbeginn zu erwarten. Falls innerhalb von 30 min keine eindeutige Wirkung erkennbar ist, ist unverzüglich die Dosis von 2,5 mg/kgKG (ggf. mehrfach) zu wiederholen, bis zu einer Gesamtdosis von 10 mg/kgKG intravenös; Dantrolen greift in den Kalziumhaushalt ein.
- pH-Korrektur
  durch Steigerung der Ventilation (bis ca. Vervierfachung) und Gabe von Natriumbikarbonat (initial 1,5 mmol/kgKG)
- Austausch aller Gummiteile
  durch ganz neue Gummiteile, die noch nicht mit Inhalationsanästhetika in Berührung gekommen sind
- Massive Kühlung des Patienten
  bis ca. 38 °C (Eispackung, kalte Infusionen, Eiswasserspülung des Magens, der Blase und des Rektums)
- Legen eines Blasenkatheters
- Einleitung einer forcierten Diurese, falls durch das im Dantrolen enthaltene Mannit (osmotisches Diuretikum) keine Ausscheidung von 1,5 ml/kgKG/h erreicht wird, kommen ein gesteigertes Volumenangebot sowie eine Lasix-Gabe in Betracht.
- Mehrere intravenöse Zugänge sowie eine intraarterielle Kanüle plazieren
- Fortführung der Dantroleninfusion mit 1 mg/kgKG alle 6 Stunden über zwei bis drei Tage, um ein Wiederauftreten der Symptome zu verhindern
- Engmaschige Laborbestimmungen:
  Plasma: K, CK, GOT, GPT, Blutzukker, Gerinnungsstatus, Laktat, BGA. Im Serum und Urin: Myoglobin
- Intensivmedizinische Überwachung

Anästhesie bei bekannter Neigung zur MH

Es ist auf eine tiefe präoperative Anxiolyse und Sedierung des Patienten zu achten, um den möglichen Auslösemechanismus „Streß“ zu vermeiden! Hierzu eignet sich zum Beispiel Midazolam. Es scheint ausreichend, Dantrolen in Bereitschaft zu haben (zum Teil wird noch eine präoperative intravenöse Dantrolen-Therapie empfohlen: 2,5 mg/kgKG Dantrolen 45 Minuten vor Narkosebeginn als Infusion über 20 Minuten). Der Patient muß noch nie benützte Beatmungsschläuche und ein frisches Narkosegerät ohne Verdampfer für ein Inhalationsanästhetikum erhalten. Er wird vorsorglich auf einer Kühlmatte gelagert. An zusätzlichen Überwachungsmaßnahmen sind mindestens notwendig: kontinuierliche endexspiratorische CO_2-Messung, Pulsoximetrie, kontinuierliche Temperaturmessung, wiederholte arterielle BGA, Bestimmung der CK-Aktivität prä-, intra- und postoperativ. Postoperativ sollte der Patient für 24 Stunden auf einer anästhesiologisch betreuten Intensivstation überwacht werden.
Erlaubte Medikamente:

- Barbiturate
- Opioide
- Nichtdepolarisierende Relaxanzien wie Atracurium, Pancuronium, Vecuronium
- Lachgas
- Droperidol
- Tranquilizer (z.B. Diazepam, s. S. 7)
- Lokalanästhetika vom Amid- und Ester-Typ (vgl. Tab. 2.1)
- Ketamin
- Propofol
- Katecholamine, Digitalis und Vasodilatanzien können, falls notwendig, eingesetzt werden.
- Eine Antagonisierung von Opioiden oder nichtdepolarisierenden Muskelrelaxanzien ist möglich.

Der Laryngospasmus

Definition
Unter einem echten Laryngospasmus wird ein Krampfzustand der gesamten Kehlkopfmuskulatur verstanden. Neben den Stimmbändern verschließen sich auch die sogenannten Taschenfalten (= falsche Stimmbänder) und die sogenannten aryepiglottischen Falten.

Der Kehlkopfeingang ist zumeist ganz verschlossen und jegliche Atmung unmöglich. Ein Laryngospasmus ist oft nur schwer zu durchbrechen, und es kann schnell eine akute Hypoxie entstehen.
Bei einem **Glottiskrampf** (Stimmritzenkrampf) sind dagegen nur die echten Stimmbänder teilweise oder ganz verschlossen. Der Glottiskrampf ist meist nur inkomplett und läßt sich leichter überwinden. Im klinischen Sprachgebrauch werden allerdings unkorrekterweise die Begriffe Laryngospasmus und Glottiskrampf oft gleichgesetzt.
Bei einem plötzlichen inspiratorischen Stridor – der selten akut bedrohlich ist – legen sich meist die echten Stimmbänder aneinander und behindern dadurch die Einatmung.

Zeichen eines Laryngospasmus

Beim meist kompletten Verschluß des Kehlkopfeingangs ist keine Luftströmung möglich. Der Patient versucht normalerweise verzweifelt, das Atemhindernis zu überwinden, was an den krampfhaften Thorax- und Bauchbewegungen erkennbar wird. Bei der vergeblichen Inspiration kommt es zur Senkung des Brustkorbs und zur Vorwölbung des Bauches, also zu einer paradoxen Atembewegung (= **Schaukelatmung**). Ein Laryngospasmus geht meist mit Atemnot, Sauerstoffmangel und Zyanose einher. Löst er sich nicht innerhalb weniger Minuten oder kann er nicht durchbrochen werden, so droht der Tod durch Sauerstoffmangel. Insbesondere bei Kleinkindern entsteht sehr schnell eine kritische Situation (s. S. 208).

Mögliche Ursachen eines Laryngospasmus:

- Ein Laryngospasmus kann vor allem nach der Extubation auftreten, wenn der Kehlkopfeingang durch Sekret, Blut oder sonstige Fremdkörper gereizt wird.
- Auch ein Intubationsversuch oder das Einführen eines Guedel-Tubus bei zu oberflächlicher Narkose oder eine Extubation während des Exzitationsstadiums (s. S. 93) können einen Laryngospasmus hervorrufen.

- Des weiteren tritt manchmal während einer Maskennarkose ein Laryngospasmus auf, wenn sehr schmerzhafte Manipulationen in zu oberflächlicher Narkose vorgenommen werden.
- Auch bei zu schneller Erhöhung der Konzentration des Inhalationsanästhetikums bei einer Maskennarkose kann es zum Auslösen eines Laryngospasmus kommen.

Therapie eines Laryngospasmus

Der Versuch, durch eine Maskenbeatmung mit hohem Beatmungsdruck zu beatmen, mag bei einem Glottiskrampf meist gelingen. Bei einem echten Laryngospasmus ist dies nicht(!) möglich. Hier besteht lediglich die große Gefahr, das Beatmungsgemisch in den Magen zu blasen. Dem Patienten sollte die Maske mit einem hohen Sauerstofffluß nur dicht vors Gesicht gehalten werden. Auch der zumeist unkluge und vergebliche Versuch, sofort einen Tubus durch den spastischen Kehlkopf zu zwängen, sollte vermieden werden. Hierdurch können schwere Verletzungen des Kehlkopfes gesetzt werden. Der manchmal empfohlene Versuch, den Laryngospasmus mit Atropin intravenös zu durchbrechen, ist ebenfalls nicht erfolgreich.

Die einfachste Maßnahme, um einen Laryngospasmus zu durchbrechen ist, den auslösenden Stimulus, also den irritierenden Fremdkörper (z.B. Guedel-Tubus) am Kehlkopfeingang zu entfernen oder die schmerzhafte Manipulation in zu flacher Maskennarkose zu unterbrechen.

Durch die energische Anwendung des **Esmarch-Handgriffs** (Überstreckung des Kopfes und Subluxation des Unterkiefers nach vorne; s. S. 293) kann es gelingen, den Laryngospasmus zu durchbrechen.

Kommt es bei der Narkoseeinleitung zu einem Laryngospasmus, so kann durch eine Vertiefung des Narkosestadiums mit einem intravenösen Hypnotikum der Reflex zentral im Gehirn durchbrochen werden. Beim Auftreten eines Laryngospasmus bei der Narkoseausleitung ist es besser, (frühzeitig!) den Reflex peripher durch die Gabe einer geringen Dosis von Succinylcholin (z.B. 20 mg beim Erwachsenen) zu blockieren. Der Patient muß dann kurzfristig mit der Maske beatmet werden. Nach einer Relaxation mit Succinylcholin kann der Patient gegebenenfalls auch intubiert werden.

Zumeist läßt sich der Laryngospasmus durch die beschriebenen Maßnahmen beheben. Durch einen Laryngospasmus entsteht manchmal eine hochdramatische Situation, die z.B. das Einstechen mehrerer großlumiger Stahlkanülen durch das Ligamentum cricothyroideum (s. S. 204) oder eine Notkoniotomie (s. S. 203) notwendig macht.

Prophylaxe eines Laryngospasmus

Durch korrektes Vorgehen kann ein Laryngospasmus meistens vermieden werden. Vor der Extubation ist der Mund-Rachen-Raum von Blut und Sekreten sorgfältig zu reinigen. Bei Operationen im Mund-Rachen-Bereich oder sonstigem Verdacht auf Fremdkörper im Rachenraum sollte immer eine Absaugung unter laryngoskopischer Sicht durcheführt werden. Eine Extubation im sogenannten Exzitationsstadium muß vermieden werden. Ebenso ist das Einlegen eines Guedel-Tubus oder die Intubation in zu flacher Narkose zu unterlassen.

Singultus (= Schluckauf)

Intraoperativ kann es manchmal zu einem hartnäckigen Singultus kommen.

Therapie:

- Vertiefung der Narkose
- Mäßige Hyperventilation
- Legen einer Magensonde
- 10 mg Psyquil (= Triflupromazin, gehört zu den Neuroleptika, s. S. 8) oder 25 mg Promethazin (s. S. 8) intravenös
- gegebenenfalls Relaxation

Rhythmusstörungen (= Arrhythmien)

Manchmal treten während einer Narkose Herzrhythmusstörungen auf. Zumeist handelt es sich hierbei um ventrikuläre Extrasystolen.

> **Ventrikuläre Extrasystolen** zeichnen sich dadurch aus, daß der QRS-Komplex des EKG verfrüht einfällt, stark deformiert (also völlig anders aussieht als die anderen QRS-Komplexe) und von einer kompensatorischen Pause gefolgt ist.

Ursachen für ventrikuläre Extrasystolen:

- Zu flache Narkose:
  Ventrikuläre Extrasystolen treten häufig bei der Intubation in zu flacher Narkose auf. Die Narkose muß rasch vertieft werden. Auch bei der Narkoseausleitung treten manchmal ventrikuläre Extrasystolen auf, wenn der noch intubierte Patient den Tubus als sehr schmerzvoll empfindet.
- Elektrolytstörungen:
  Es muß vor allem an einen Kaliummangel gedacht werden, der bei Patienten, die mit Diuretika behandelt sind, häufig anzutreffen ist. Digitalisierte Patienten reagieren auf einen Kaliummangel besonders empfindlich. Außerdem ist zu beachten, daß durch eine Hyperventilation (= respiratorische Alkalose) der Kaliumwert abfällt. Kalium muß in Form von Kaliumchlorid intravenös substituiert werden. Nur im Ausnahmefall darf Kaliumchlorid über einen peripher-venösen Zugang verabreicht werden (venenreizend und schmerzhaft!). Es sollten nicht mehr als 20 mmol/Stunde verabreicht werden. Es können gegebenenfalls auch 1–3 Ampullen Tromcardin intravenös verabreicht werden (enthält Kalium und Magnesium).
- Katecholamingabe oder Katecholaminausschüttung:
  Von den verdampfbaren Inhalationsanästhetika sensibilisiert vor allem Halothan das Herz gegen Katecholamine (s. S. 32). Werden während einer Halothannarkose Katecholamine verabreicht (z. B. adrenalinhaltige Lokalanästhetika in der HNO/Kieferchirurgie, s. S. 255), oder werden bei zu flacher Narkose durch den Streß Katecholamine von der Nebennierenrinde abgegeben, so treten leicht Rhythmusstörungen auf. Prophylaxe: Eine zu flache Narkose sollte ebenso vermieden werden wie Halothan in Kombination mit Katecholaminen.
- Herzmuskelschädigungen
- Hypoxie
- Hyperkapnie
- Digitalisüberdosierung

Wenn ventrikuläre Extrasystolen häufiger als 5mal pro Minute auftreten und nicht kausal therapierbar sind (z. B. durch Vertiefung der Narkose) oder hämodynamische Probleme bereiten, so ist meist Lidocain intravenös (1 mg/kgKG initial; ggf. anschließend eine kontinuierliche intravenöse Infusion) das Mittel der Wahl. Treten ventrikuläre Extrasystolen als Folge einer Digitalisüberdosierung auf, so sollte zunächst versucht werden, die Kalium-Konzentration in den hochnormalen Bereich (4,5–5,0 mmol/l) anzuheben. Sollen diese ventrikulären Extrasystolen schnell therapiert werden, dann ist Phenytoin das Mittel der Wahl (bis zu 5 mg/kg KG langsam i.v.).

Hypotonie

Ursachen einer Hypotonie sind fast immer in einer Überdosierung von Medikamenten (z.B. von verdampfbaren Inhalationsanästhetika, Thiopental, Droperidol usw.) oder in einem nicht adäquat therapierten Volumenmangel zu sehen. Auch beim Anlegen von rückenmarknahen Leitungsanästhesien kommt es häufig zu einem Blutdruckabfall.

Selten tritt während der Narkose eine kardiale Dekompensation auf, die eine Unterstützung der Herz-Kreislauf-Funktion mit Katecholaminen (s. S. 274) notwendig macht. Ursache ist zumeist eine übermäßige Infusionstherapie bei Patienten mit vorbestehender Herzinsuffizienz. Manchmal kann auch eine allergische Reaktion die Ursache eines plötzlichen Blutdruckabfalls sein.

Hypertonie

Ursache einer Hypertonie in der perioperativen Phase ist meist ein schmerzbedingter Blutdruckanstieg bei zu flacher Narkoseführung oder eine unzureichende postoperative Schmerzmedikation (s. S. 298).

Die Therapie besteht in einer Vertiefung der Narkose oder einer adäquaten postoperativen Analgesie. Auch bei einer Überdosierung von Medikamenten wie Katecholaminen (s. S. 274), Akrinor (s. S. 113) oder Euphyllin (s. S. 185) kann ein übermäßiger Blutdruckanstieg auftreten. Des weiteren kann es bei der Antagonisierung eines postoperativen Opioidüberhangs zu einem plötzlichen Blutdruckanstieg kommen (s. S. 51). Diese Medikamente müssen entsprechend vorsichtig dosiert werden. Manchmal kann es sich aber auch um einen Patienten mit einem schlecht eingestellten Bluthochdruck handeln. Die Therapie wird auf S. 296 beschrieben.

Unverträglichkeitsreaktionen (anaphylaktoide Reaktionen)

Allgemeine Bemerkungen

Unter einer **Allergie** werden immunologische Reaktionen verstanden, die durch Kontakt mit solchen körperfremden Substanzen ausgelöst werden, gegen die eine vorausgegangene Sensibilisierung besteht.

Unter einer **Anaphylaxie** wird die Maximalvariante einer allergischen Reaktion verstanden. Unter dem Begriff **Pseudoallergie** werden dagegen Unverträglichkeitsreaktionen verstanden, die klinisch einer allergischen Reaktion gleichen, denen jedoch keine immunologische Reaktion zugrunde liegt. Eine pseudoallergische Reaktion kann bereits beim Erstkontakt mit einer bestimmten Substanz auftreten, während bei einer echten allergischen Reaktion immer eine Sensibilisierung vorausgehen muß. Klinisch sind allergische und pseudoallergische Reaktionen nicht zu unterscheiden. Allergische und pseudoallergische Reaktionen werden unter dem Oberbegriff **anaphylaktoide Reaktionen** zusammengefaßt. Sowohl bei den allergischen als auch bei den pseudoallergischen Reaktionen kommt es zur Freisetzung einer großen Anzahl von Mediatoren (chemischen Überträgerstoffen). Einer der bedeutendsten Mediatoren ist das **Histamin**. Histamin wird insbesondere aus Mastzellen sowie basophilen Leukozyten freigesetzt. Histamin übt seine Wirkungen über spezifische H_1- und H_2-Rezeptoren aus. H_1-Rezeptoren vermitteln eine Gefäßweitstellung (Vasodilatation) mit Zunahme der Gefäßdurchlässigkeit (Permeabilität) sowie eine Bronchokonstriktion und eine Konstriktion im Bereich des Magen-Darm-Traktes. H_2-Rezeptoren vermitteln Tachykardie, Herzrhythmusstörungen, Steigerung der Magensaftproduktion sowie eine verzögert auftretende und länger andauernde Vasodilatation mit Steigerung der Gefäßpermeabilität. Für die H_2-vermittelte Vasodilatation und Zunahme der Gefäßpermeabilität (kapilläres Leck) sind allerdings relativ hohe Histaminkonzentrationen notwendig.

Einteilung des Schweregrades von anaphylaktoiden Reaktionen

Anaphylaktoide Reaktionen können in verschiedene Schweregrade unterteilt werden (Tab. 4.1). Die Stadieneinteilung gibt aber keineswegs die Reihenfolge des Auftretens der einzelnen Symptome wieder. Es kann auch initial ein Kreislaufstillstand und erst nach erfolgreicher Therapie können dann z. B. Hautquaddeln (Urtikaria) auftreten.

Häufigkeit anaphylaktoider Reaktionen

In ca. 1–5% aller Narkosen kommt es zu einer klinisch nachweisbaren anaphylaktoiden Reaktion unterschiedlichster Ausprägung. Bei ca. 1:5000 bis 1:25 000 Narkosen kommt es zu einer schweren anaphylaktoiden Reaktion. Lediglich bei ca. 30% der Fälle liegt eine immunologisch vermittelte Allergie zugrunde. Die häufigste Ursache für eine anaphylaktoide Reaktion bei Erwachsenen sind Muskelrelaxanzien. Weitere wichtige Auslöser sind Knochenzement, Latex, Röntgenkontrastmittel, Antibiotika und Protamin.

Muskelrelaxanzien sind in 60–80% der Fälle die Ursache für eine anaphylaktoide Reaktion während der Narkose.

In ca. 85% der Fälle handelt es sich um Frauen. Eine Sensibilisierung gegen Muskelrelaxanzien tritt deshalb vor allem bei Frauen auf, da Muskelrelaxanzien quarternäre Ammoniumverbindungen darstellen. Quarternäre Ammoniumverbindungen sind auch in Kosmetika, industriellen Lösungsmitteln und Chemikalien weit verbreitet, wodurch es bei Frauen relativ oft zu einer Sensibilisierung kommt.

Tabelle 4.1 Stadieneinteilung und Symptomatik anaphylaktoider Reaktionen

	Stadium	Symptomatik
0	Lokal (am Ort des Kontakts mit dem Auslöser)	Lokal begrenzte kutane Reaktion
1	Leichte Allgemeinreaktion	Disseminierte kutane Reaktion (z. B. Flush, generalisierte Urtikaria, Pruritus) Schleimhautreaktion (z. B. Nase, Konjunktiven) Allgemeinreaktionen) (z. B. Unruhe, Kopfschmerz)
2	Ausgeprägte Allgemeinreaktion	Kreislaufdysregulation (Blutdruck, Pulsveränderung) Luftnot (leichte Dyspnoe, beginnender Bronchospasmus) Stuhl- bzw. Urindrang
3	Lebensbedrohliche Allgemeinreaktion	Schock (schwere Hypotension, Blässe) Bronchospasmus mit bedrohlicher Dyspnoe Bewußtseinseintrübung/-verlust ggf. mit Stuhl- bzw. Urinabgang
4	Vitales Organversagen	Atem-/Kreislaufstillstand

Vermeidung anaphylaktoider Reaktionen

Um anaphylaktoide Reaktionen zu vermeiden, ist eine angstfreie Atmosphäre sowie die langsame Injektion möglichst verdünnter Medikamentenlösungen zu empfehlen. Medikamente, die selten zu einer anaphylaktoiden Reaktion führen, sind z. B.:

- Inhalationsanästhetika
- Etomidat
- Propofol
- Ketamin
- Midazolam
- Fentanyl/Alfentanil/Sufentanil
- Bupivacain ohne Adrenalin

Therapie einer anaphylaktoiden Reaktion

Bei Auftreten einer anaphylaktoiden Reaktion muß – falls noch möglich – die weitere Zufuhr des auslösenden Präparates sofort gestoppt werden. Zur Therapie einer anaphylaktoiden Reaktion haben sich nur wenige Medikamente bzw. Maßnahmen bewährt:

Stadium 0/I: Therapie normalerweise nicht notwendig. Lediglich bei subjektiven Beschwerden kann eine H_1-/H_2-Blockade durchgeführt werden.

Stadium II: Sauerstoffgabe, Volumengabe, H_1-/H_2-Blockade, eine pulmonale Komponente kann mit Beta-2–Mimetika gebessert werden. Wird ein fortschreitendes Geschehen vermutet, kann ein Glukokortikoid verabreicht werden.

Stadium III: Volumengabe, Katecholamine, bei pulmonaler

Komponente sollten Beta-2-Mimetika und Kortikosteroide verwendet werden. Wird ein fortschreitendes Geschehen vermutet, zusätzlich H_1-/H_2-Blockade.

Stadium IV: Vorgehen nach den Richtlinien für die kardiopulmonale Reanimation.

Volumengabe:

Da Elektrolytlösungen zum großen Teil innerhalb kurzer Zeit aus dem Intravasalraum ins Gewebe diffundieren, haben sie einen relativ geringen Volumeneffekt und sind bei anaphylaktoid bedingter Kreislaufdepression schlecht zur Volumensubstitution geeignet. In dieser Situation ist außerdem die Gefäßpermeabilität deutlich gesteigert. Volumenersatzmittel der Wahl ist HÄS. Die Volumenzufuhr hat bei deutlicher Kreislaufreaktion großzügig zu erfolgen, oft sind 2000–3000 ml innerhalb kurzer Zeit notwendig. Gelingt bereits initial eine großzügige Volumenzufuhr, so ist eine medikamentöse Therapie oft nicht notwendig.

Katecholamine:

Katecholamine sind indiziert, wenn eine stärkere Kreislaufproblematik und/oder Bronchokonstriktion vorliegen. Das Katecholamin der ersten Wahl ist Adrenalin. Adrenalin bewirkt eine Stimulation der Alpha-Rezeptoren mit Vasokonstriktion. Über eine Stimulation der Beta-2-Rezeptoren führt es zu Tachykardie und Bronchodilatation. Ein großer Vorteil des Adrenalins ist darin zu sehen, daß es meist sofort verfügbar ist. Außerdem kann es sowohl intravenös als auch z.B. endotracheal verabreicht werden, falls kein intravenöser Zugang verfügbar ist.

Für die intravenöse Therapie empfiehlt es sich, 1 mg Adrenalin auf 10 ml mit NaCl 0,9% zu verdünnen und beim Erwachsenen 0,1 mg (= 1 ml dieser Verdünnung) im Abstand von ca. einer Minute ggf. bis zum Erfolg zu repetieren. Einzeldosen von 0,1 mg Adrenalin beim Erwachsenen entsprechen einer Dosierung von ca. 1–2 µg/kg KG. Liegt ein Kreislaufzusammenbruch vor, so empfehlen sich höhere Einzeldosen von 2–5 µg/kg KG. Als Maximaldosis wird meist 1 mg empfohlen.

Für die endotracheale/endobronchiale Gabe sollten zwei- bis dreifach höhere Boli verabreicht werden. Ist eine kontinuierliche Adrenalinzufuhr notwendig, dann empfiehlt sich eine Infusion von 0,1–0,3 µg/kg KG/min.

Falls sich innerhalb von ca. 10 Minuten keine ausreichende Kreislaufstabilisierung mit Adrenalin erzielen läßt, bietet sich vor allem das alpha-stimulierend wirkende **Noradrenalin** an. Es empfiehlt sich ggf. die wiederholte Gabe von 0,05–0,1 mg (= 0,5–1 ml) einer verdünnten Lösung (1 mg auf 10 ml NaCl 0,9%) im 1-Minuten-Abstand.

Beta-2-Mimetika:

Zur Therapie pulmonaler Reaktionen bieten sich auch Beta-2-Mimetika, wie Terbutalin, Fenoterol und Salbutamol, als Dosieraerosol an.

Antihistaminika:

Die Domäne der Antihistaminika liegt in der Prophylaxe allergischer Reaktionen (s.u.) sowie in der Therapie kutaner Reaktionen. Es liegen inzwischen auch erste Berichte vor, daß eine schwere akute anaphylaktoide Reaktion durch die Gabe eines H_1- und H_2-Antagonisten positiv beeinflußt werden kann. Diese Therapie scheint insbesondere dann gerechtfertigt, wenn die Gabe von Katecholaminen und Volumen nicht innerhalb kurzer Zeit zur Kreislaufstabilisierung führt. In diesem Fall kann eventuell eine anhaltende Histaminfreisetzung vorliegen.

Glukokortikoide:

Die Wirkungen der Glukokortikoide können in **spezifische** und **unspezifische Wirkungen** unterteilt werden. Unter den spezifischen Wirkungen wird der Einfluß der Glukokortikoide auf die Produktion verschiedener Zellproteine verstanden. Diese spezifischen Zellantworten, die an die veränderte Neusynthese von Proteinen gebunden sind, können frühestens nach 1–2 Stunden wirksam werden. Unter unspezifischen Wirkungen der Glukokortikoide werden deren allgemein membranstabilisierende Wirkungen verstanden. Diese können bereits nach 10–30 Minuten wirksam werden. Indikationen für Glukokortikoide werden im Rahmen anaphylaktoider Reaktionen vor allem bei kutanen und pulmonalen Problemen gesehen. Im Rahmen langsam schlimmer werdender Haut- und Schleimhautsymptome im Stadium I hat sich die Gabe von 50–125 mg Prednisolonäquivalent als sinnvoll erwiesen. Bei pulmonalen Reaktionen kann durch eine Kortikoidgabe die Wirkung der zusätzlich verabreichten Beta-Mimetika verstärkt werden. Im Stadium II reichen meist 50–150 mg Prednisolonäquivalent aus.

Kortikosteroide bieten sich auch für die Rezidivprophylaxe an. Beispielsweise kann es nach Kontrastmittelunverträglichkeiten oder nach anaphylaktoiden Reaktionen nach einem Insektenstich zu einer zweiten, verspätet auftretenden Symptomverschlimmerung kommen. Hier erscheint eine Rezidivprophylaxe mit z. B. dreimal 40–125 mg Prednisolonäquivalent (über 24 Stunden) sinnvoll.

Theophyllin:

Theophyllin hat bei der Therapie anaphylaktoider Reaktionen mit bronchopulmonaler Konstriktion nur einen engen Indikationsbereich. Theophyllin wirkt deutlich schwächer bronchodilatatorisch als Beta-2–Mimetika und sollte nur dann zum Einsatz kommen, wenn eine Resistenz gegen Beta-2–Mimetika und Glukokortikoide vorliegt.

Die Dosierung für Theophyllin beträgt initial 5 mg/kg KG. Gegebenenfalls ist eine anschließende Dosierung von 0,5–1,0 mg/kgKG/h möglich (optimaler Plasmaspiegel: 8 µg/ml; toxische Grenze: 20 µg/ml).

Kalzium:

Kalzium hat keinen nachweisbar positiven Effekt bei anaphylaktoiden Reaktionen.

Prophylaxe anaphylaktoider Reaktionen (H_1-/H_2-Blockade)

Eventuell bekannte Unverträglichkeiten sind zu erfragen. Sind anaphylaktoide Zwischenfälle anamnestisch bekannt, das auslösende Agens aber unbekannt, dann sollte diskutiert werden, ob ein Lokal- oder ein Regionalanästhesieverfahren mit einem Amidlokalanästhetikum möglich ist. Hierbei sind allergische Reaktionen extrem selten.

Wird eine Allgemeinnarkose durchgeführt, dann sollten Medikamente mit geringem anaphylaktoidem Risiko verwendet werden. Wichtig ist auch die langsame Injektion möglichst unverdünnter Medikamentenlösungen. Da Angst und Streß anaphylaktoide Reaktionen begünstigen, ist auf eine entsprechende Prämedikation zu achten.

Es konnte gezeigt werden, daß eine Vorbehandlung mit H_1- und H_2-Rezeptorantagonisten eine Histaminfreisetzung vermindern oder verhindern kann. Die Prophylaxe mit H_1- plus H_2-Rezeptorenantagonisten ist sowohl bei erwarteten allergischen als auch pseudoallergischen Reaktionen sinnvoll.

Als Prophylaxe wird der H_1-Blocker Dimetinden (Fenistil) in einer Dosierung von 0,1 mg/kgKG sowie der H_2-Blocker Cimetidin (Tagamet) in einer Dosierung von 5 mg/kgKG ca. 15 Minuten vor Narkoseeinleitung über mindestens 5 Minuten empfohlen (eine Ampulle = 200 mg Tagamet, eine Ampulle = 4 mg Fenistil).

Auch zur Kombination von Dimetinden (Fenistil) plus Ranitidin (1 mg/kgKG) oder Tavegil (Clemastin: 0,05 mg/kgKG) plus Tagamet liegen erste positive Ergebnisse vor.

Für folgende Risikogruppen wird z.B. meist eine Vorbehandlung mit H_1- und H_2-Blockern empfohlen:

- Patienten, die eine Überempfindlichkeit gegen i.v.-applizierte Medikamente oder Röntgenkontrastmittel aufweisen
- Patienten, die eine Neigung zu anaphylaktoiden Reaktionen in der Anamnese haben, wie z.B. Heuschnupfen, Asthma, Nahrungsmittelallergie
- Patienten, bei denen eine Implantation von Knochenzement (Palacos) vorgenommen wird
- Patienten, die bei einem Bandscheibenvorfall Chymopapain zur Chemonukleolyse erhalten (chemische Auflösung eines Bandscheibenvorfalls durch Injektion von Chymopapain in die Bandscheibe)

Vorgehen bei (un-)erwarteten Intubationsproblemen

Allgemeine Bemerkungen

Zirka 30% der anästhesiebedingten Todesfälle sind darauf zurückzuführen, daß ein Offenhalten der Atemwege und eine suffiziente Ventilation nicht gelingen. Bei ca. 1–18% der Patienten sind mehrfache Intubationsversuche notwendig, und bei 0,05–0,35% der Patienten gelingt die endotracheale Intubation nicht. Bei 0,0001–0,02% der Patienten ist weder die endotracheale Intubation noch die Maskennarkose möglich („can't ventilate, can't intubate").

Von einer schwierigen Intubation wird meist dann gesprochen, wenn zur Intubation:

- Hilfsmittel eingesetzt werden müssen
- Mehr als drei Intubationsversuche notwendig sind
- Ein erfahrener Arzt unterstützend hinzugezogen werden muß
- Die Intubation von einem erfahrenen Anästhesisten als schwierig eingeschätzt wird

Bei Intubationsproblemen läßt sich zumeist die Glottis nicht oder nur unzureichend mit dem Laryngoskop einstellen. Die Einstellbarkeit der Glottis mit Hilfe des Laryngoskops kann (nach Cormack) in Grad I bis IV unterteilt werden (vgl. Abb. 4.1).

Grad I: Die gesamte Larynxöffnung ist einsehbar.
Grad II: Lediglich der hintere Anteil der Larynxöffnung ist erkennbar.
Grad III: Lediglich die Epiglottis ist erkennbar.
Grad IV: Weder Larynxeingang noch Epiglottis sind sichtbar. Es ist lediglich der Zungengrund erkennbar.

Bei Intubationsschwierigkeiten muß unterschieden werden zwischen **erwarteten** und **unerwarteten Intubationsproblemen**.

Sind Intubationsschwierigkeiten zu erwarten?

Um beurteilen zu können, ob möglicherweise Schwierigkeiten bei der endotrachealen Intubation zu erwarten sind, bieten sich folgende Beurteilungskriterien an:

- Beurteilung der Zungengröße in Relation zum Pharynx
- Überstreckbarkeit im Atlanto-Okzipitalgelenk
- Größe des Mandibularraumes
- (Beurteilung des Zahnstatus)

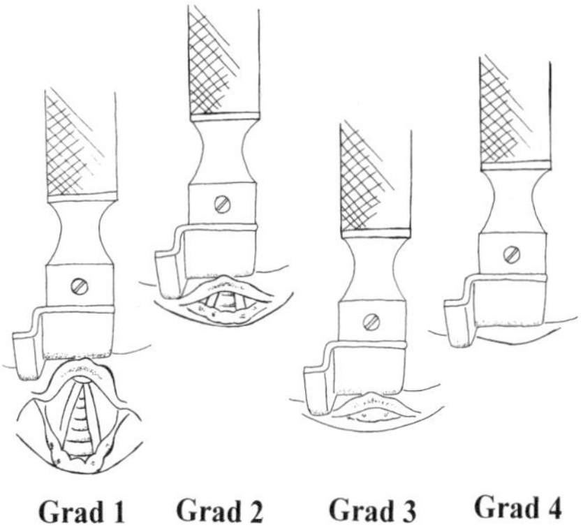

Abb. 4.1 Sicht auf die Glottis bei laryngoskopischer Einstellung

Beurteilung der Zungengröße in Relation zum Pharynx:

Von Mallampati wurde vorgeschlagen, die Zungengröße im Verhältnis zur Mundhöhle zu beurteilen. Hierbei wird der aufrecht sitzende Patient, dessen Kopf in neutraler Position ist, gebeten, seinen Mund soweit wie möglich zu öffnen und die Zunge möglichst weit herauszustrekken. Die Patienten sollten beim Beurteilen des **„Mallampati-Zeichens"** nicht zum „A"-Sagen aufgefordert werden. Nun wird beurteilt, welche Pharynxstrukturen sichtbar sind.

Bei Patienten mit Mallampati Grad I (Abb. 4.2) läßt sich laryngoskopisch in 99–100% der Fälle die Glottis voll einstellen (Grad I nach Cormack). Bei Patienten mit Mallampati-Zeichen Grad IV (Abb. 4.2) ist in nahezu 100% der Fälle lediglich die Epiglottis (Grad III nach Cormack) oder lediglich der Zungengrund (Grad IV nach Cormack) erkennbar. Bei Patienten mit einem Mallampati-Zeichen Grad II oder III (Abb. 4.2) kann die Einstellbarkeit der Glottis sehr unterschiedlich sein.

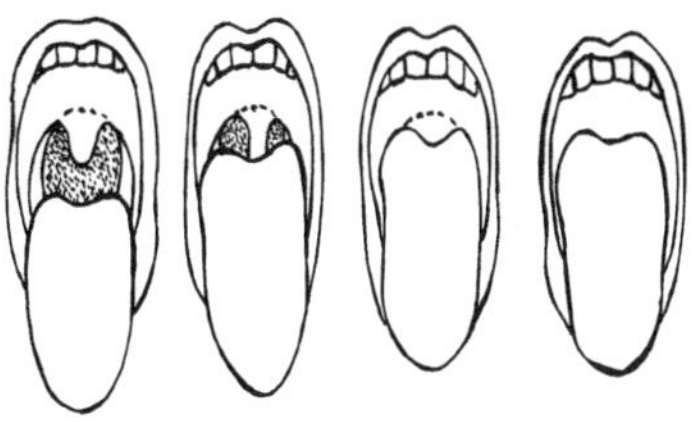

Abb. 4.2 Mallampati I bis IV

Überstreckbarkeit im Atlanto-Okzipitalgelenk:

Der aufrecht sitzende Patient mit geradeaus gerichtetem Kopf (horizontale Okklusionsfläche der oberen Zahnreihe) wird gebeten, den Kopf im Atlantookzipitalgelenk zu überstrecken (Schnüffelposition). Normalerweise ist eine Überstreckung um ungefähr 35° möglich. Ist eine Überstrekkung im Atlantookzipitalgelenk gut möglich, so können Mund, Pharynx und Larynx leicht in eine gemeinsame Achse (Schnüffelposition) gebracht werden.

Größe des Mandibularraumes:

Der Mandibularraum (der Raum vor dem Larynx) kann in Form des Abstandes zwischen Kinn und Zungenbein oder des Abstandes zwischen Kinn und Kieferwinkel abgeschätzt werden. Je größer dieser Mandibularraum ist, desto besser kann der Pharynx mit Hilfe des Laryngoskops eingestellt werden. Ist beim Erwachsenen der Abstand zwischen Kinn und Zungenbein größer als 6 cm oder der Abstand zwischen Kinn und Unterkieferwinkel größer als 9 cm, dann läßt sich der Rachen mit Hilfe des Mallampati-Zeichens gut einsehen, und die laryngoskopische Einstellbarkeit des Kehlkopfeinganges ist meist relativ einfach.
Mallampati-Zeichen, Überstreckbarkeit im Atlanto-Okzipitalgelenk und Beurteilung der Größe des Mandibularraumes sind schnell und leicht durchführbar. Sie können zur präoperativen Beurteilung der Leichtigkeit der endotrachealen Intubation empfohlen werden. Werden alle drei Kriterien berücksichtigt, so kann relativ sicher der zu erwartende Schwierigkeitsgrad einer endotrachealen Intubation abgeschätzt werden.

Zahnstatus:

Zusätzlich ist es wichtig, den Zahnstatus des Patienten zu beurteilen. Vor allem instabile Frontzähne können die Intubation deutlich erschweren.

Vorgehen bei erwarteten Intubationsproblemen

Falls abzusehen ist, daß die endotracheale Intubation (oder die Maskenbeatmung) schwierig sein wird, dann sollte die endotracheale Intubation beim wachen, noch spontan (!) atmenden Patienten durchgeführt werden. Es kommen v. a. folgende Möglichkeiten am spontan atmenden Patienten in Frage:

- ► Fiberoptische Intubation
- ► Laryngoskopischer Intubationsversuch unter Schleimhautanästhesie, Sedierung und Analgesie
- ► Laryngoskopischer Intubationsversuch in tiefer Inhalationsanästhesie

Die fiberbronchoskopische Intubation stellt das Vorgehen der Wahl dar.

Fiberoptische Intubation:

Die wichtigsten Indikationen für eine fiberbronchoskopische Intubation sind:

- ► Erwartete Intubationsschwierigkeiten
- ► Die Halswirbelsäule darf nicht überstreckt werden
- ► Üben der Technik

Die fiberoptische Intubation kann vorzugsweise nasotracheal, aber auch orotracheal durchgeführt werden. Der Erfolg der fiberoptischen Intubation hängt v. a. davon ab, daß deren Notwendigkeit frühzeitig erkannt wird und daß entsprechende Vorbereitungen getroffen werden.

Wird die fiberoptische Intubation allerdings erst dann erwogen, nachdem mehrfache frustrane konventionelle Intubationsversuche durchgeführt wurden (und die Schleimhaut des Rachens bereits blutet), dann ist die Erfolgsrate sehr gering. Inzwischen stehen auch sehr dünne flexible Fiberbronchoskope zur Verfügung, die selbst durch 2,5–3,0er Endotrachealtuben eingeführt werden können. Es empfiehlt sich die Verwendung der in Tab. 4.2 dargestellten Tuben bzw. Fiberbronchoskope. Entscheidende Maßnahme bei der Vorbereitung eines Patienten zur Wachintubation ist die Lokalanästhesie. Wird diese sorgfältig durchgeführt, so reicht sie oft alleine aus, damit der Patient diese Maßnahme toleriert. Zur Analgesierung der Nasenschleimhaut eignet sich Lidocain 4%. Alternativ wird in letzter Zeit häufiger die Betäubung mit Kokainlösung (5–10%; 0,5 ml je Nasenöffnung) empfohlen. Kokain ist das einzige vasokonstringierende Lokalanästhetikum. Außerdem sollte eine schleimhautabschwellende Lösung (z.B. Nasivin) in die Nase gegeben werden. Zusätzlich zur Schleimhautanästhesie sind eine entsprechende psychologische Patientenführung, die Aufrechterhaltung einer suffizienten Spontanatmung und Oxygenierung und ggf. eine bedarfsadaptierte Sedierung und Analgesie wichtig.

Nasale fiberoptische Intubation:

Nach entsprechender Vorbereitung des wachen Patienten wird ein mit Gleitmittel versehener nasotrachealer Tubus ca. 15–17 cm durch die Nase bis in den oberen Rachenbereich (Hyperpharynx) vorgeschoben. Nun wird (nach Entfernung des Tubusadapters) das Fiberbronchoskop über den bis in den Hyperpharynx vorgeschobenen nasalen Tubus eingeführt. Über den Biopsiekanal des flexiblen Fiberbronchoskops sollte nun der Kehlkopfeingang mit Lidocain betäubt werden. Hierbei hat es sich bewährt, einen Periduralkatheter über den Biopsiekanal einzuführen und über diesen (unter fiberoptischer Sicht) das Lokalanästhetikum mit Hilfe einer 2-ml-Spritze an die gewünschten Stellen zu plazieren.

Das Fiberbronchoskop sollte stets so gehalten werden, daß ausgelöste Bewegungen der flexiblen Fiberbronchoskopspitze nach ventral bzw. dorsal gerichtet sind. Während der fiberoptischen Intubation sollte nicht über den Biopsiekanal abgesaugt werden, da hierdurch die

Tabelle 4.2 Die maximalen Fiberbronchoskopdurchmesser, die gerade noch durch die entsprechenden Endotrachealtuben einführbar sind

Patient	Tubusgröße Innendurchmesser (mm)	Fiberbronchoskop Außendurchmesser (mm)
Erwachsene	6,0–7,5	5,0; 4,0
Kinder	4,5–5,5 4,0	4,0 3,7
Säuglinge	3,0–3,5	2,7
Neugeborene	2,5–3,0	2,2 (kein Arbeitskanal)

Objektivlinse meist verlegt wird. Es sollte ggf. über einen zusätzlichen, oral eingeführten Katheter abgesaugt werden.

Um während der fiberbronchoskopischen Intubation zusätzlich Sauerstoff zu verabreichen, bietet sich die Sauerstoffinsufflation über den Absaugkanal des Fiberbronchoskops an. Um das anschließende Einführen des Fiberbronchoskops in die Trachea zu erleichtern (vgl. Abb. 4.3), sollte der Patient mehrfach zum tiefen Durchatmen aufgefordert werden. Dadurch öffnet sich die Glottis weit. Nachdem das Fiberbronchoskop erfolgreich durch die Glottis vorgeschoben und die Trachealspangen und die Karina sicher identifiziert wurden, wird der nasotracheale Tubus über das (nun als Führungsschiene dienende) Fiberbronchoskop in die Trachea vorgeschoben. Wenn sichergestellt ist, daß der Tubus richtig liegt (Luftströmungen am Ende des Tubus bzw.

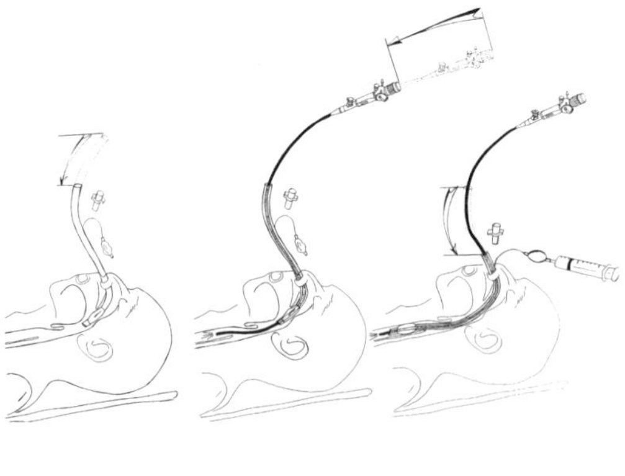

Abb. 4.3 Schematische Darstellung der nasotrachealen fiberbronchoskopischen Intubation

Bewegungen des Volumeters nach Anschluß des Narkosegerätes), wird die Allgemeinnarkose mittels intravenöser Gabe eines Induktionshypnotikums eingeleitet.

Orale fiberoptische Intubation:

Relativ selten wird eine primäre orotracheale fiberoptische Intubation vorgenommen. Nach entsprechender Lokalanästhesie des Rachens wird ein Beißschutz mittig zwischen die Zahnreihe eingeführt, um eine schwere Beschädigung des Fiberbronchoskops durch Zusammenbeißen der Zähne zu verhindern. Nach Entfernung des Adapters wird der Endotrachealtubus ganz auf das Fiberbronchoskop aufgefädelt und mit einem kurzen Pflasterstreifen am proximalen Ende des Fiberbronchoskops fixiert.

Die orale fiberbronchoskopische Intubation erfordert mehr Geschicklichkeit als die nasale fiberoptische Intubation, da beim Vorschieben vom Oro- in den Hypopharynx ein fast rechter Winkel überwunden werden muß.

Wenn das Fiberbronchoskop erfolgreich in die Trachea eingeführt wurde (s. o.), wird der Endotrachealtubus über das nun als Führungshilfe dienende Fiberbronchoskop in die Trachea vorgeschoben.
Die orale fiberoptische Intubation wird v. a. dann durchgeführt, wenn beim bereits narkotisierten Patienten eine unerwartet schwierige Intubation auftritt und sich der Patient gut über eine Gesichtsmaske beatmen läßt. Bei der Durchführung der Maskennarkose kann nun zwischen Winkelstück und Gesichtsmaske ein Spezialadapter (Mainzer Universaladapter) eingesetzt werden, der ein Einführen des Fiberbronchoskops unter Maskenbeatmung durch die Gesichtsmaske in den Mund und Rachen ermöglicht (vgl. Abb.

4.4). Zum Teil stehen auch spezielle Gesichtsmasken mit integriertem Adapter zur Verfügung (vgl. Abb. 4.5).

Laryngoskopischer Intubationsversuch unter Schleimhautanästhesie, Sedierung und Analgesie:

Bei einem Intubationsversuch am wachen Patienten ist v. a. eine gute Schleimhautanästhesie vorzunehmen. Zusätzlich haben sich zur Sedierung und Analgesie z. B. wiederholte geringe Fentanyldosen (à 0,05 mg) intravenös und wiederholte geringe Dosen eines Hypnotikums, z. B. 1,0 mg Midazolam intravenös, bewährt. Diese kleinen Dosen müssen meist mehrmals nachinjiziert werden, bis der gewünschte Zustand des Patienten (sediert, aber ansprechbar und die Intubation tolerierend) erreicht ist. Der Patient muß dabei aufgrund der atemdämpfenden Wirkung des Fentanyls immer wieder zum tiefen Durchatmen aufgefordert werden. Nun wird mit dem Laryngoskop versucht, die Glottis einzustellen. Falls dies gelingt, kann unter diesen Bedingungen auch endotracheal intubiert werden. Erst nach sicherer endotrachealer Plazierung des Tubus sollte der Patient anästhesiert werden.

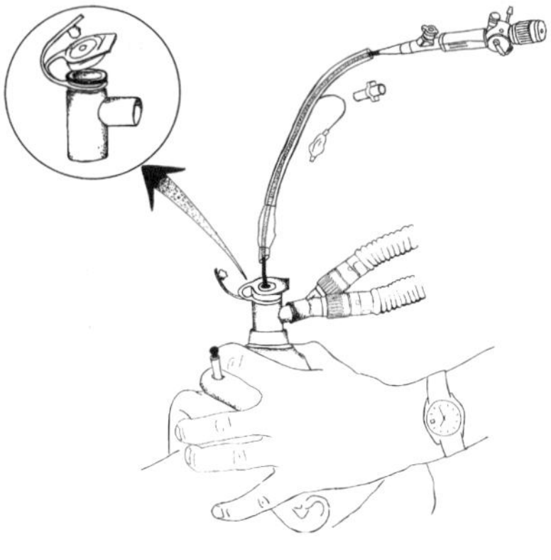

Abb. 4.4 Adapter (Mainzer Universaladapter)

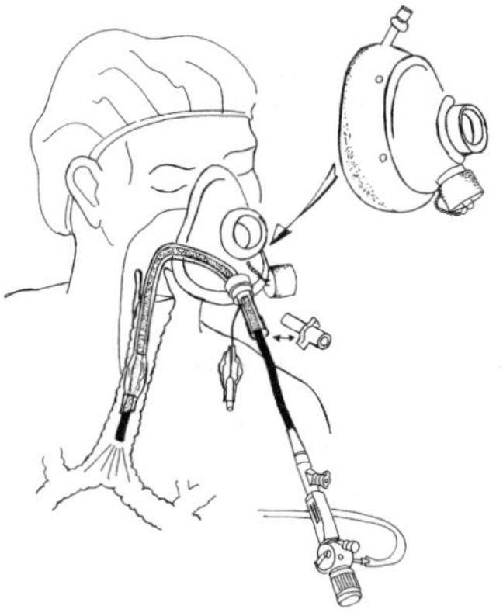

Abb. 4.5 Schematische Darstellung der orotrachealen fiberbronchoskopischen Intubation über eine spezielle Gesichtsmaske

Laryngoskopischer Intubationsversuch in tiefer Inhalationsanästhesie:

Bei einem Intubationsversuch in tiefer Inhalationsanästhesie unter erhaltener Spontanatmung wird eine Narkoseeinleitung per inhalationem (s. S. 110) vorgenommen oder dem Patienten eine geringe Dosis eines Einleitungshypnotikums gegeben, so daß er einschläft, aber die Spontanatmung erhalten bleibt. Nun wird ebenfalls ein Inhalationsanästhetikum zugesetzt, bis die gewünschte Narkosetiefe erreicht ist. Jetzt kann eine laryngoskopische Inspektion oder ein Intubationsversuch unter Sicht beim noch spontan atmenden Patienten durchgeführt werden.

Bei absehbaren großen Intubationshindernissen ist es ratsam, daß die HNO-Ärzte zuerst in Lokalanästhesie eine

Tracheostomie durchführen. Während der nachfolgenden Narkose wird der Patient über das Tracheostoma beatmet.

Unerwartete Intubationsprobleme beim bereits anästhesierten Patienten

Ein entscheidendes Problem bei Intubationsschwierigkeiten besteht häufig darin, daß frustrane Intubationsbemühungen so lange fortgeführt werden, bis es aufgrund von Schwellungen und Blutungen im Rachenraum letztlich nicht mehr möglich ist, den Patienten mittels Maske zu beatmen. Werden mehrere vergebliche Intubationsversuche durchgeführt, so ist es wichtig, zwischen den einzelnen Versuchen eine suffiziente Maskenbeatmung sicherzustellen. Wenn trotz Verbesserung der Kopflagerung und trotz Verwendung der richtigen Spatelgröße der Patient sich nicht intubieren läßt, sollte bereits nach wenigen frustranen Intubationsversuchen ein erfahrener Anästhesist zur Unterstützung zugerufen werden. Falls der operative Eingriff nicht dringend ist, bietet es sich an, den Patienten ggf. unter Maskenbeatmung fiberbronchoskopisch oral zu intubieren (s. o.), ihn wachwerden zu lassen und ihn später nach entsprechender Vorbereitung mit einer anderen Technik (z.B. primär fiberbronchoskopisch; s.o.) zu intubieren oder ihm eine Larynxmaske einzulegen, über die dann mit Hilfe eines Fiberbronchoskops ein Tubus eingeführt wird.

Über eine erfolgreich plazierte Kehlkopfmaske kann (möglichst nicht blind, sondern unter fiberoptischer Kontrolle) ein dünnerer Endotrachealtubus (der auf ein Fiberbronchoskop aufgefädelt wurde) in die Trachea eingeführt werden. Durch eine 1er-, 2er- bzw. 2,5er-Larynxmaske kann maximal ein 3,5er-, 4,5er- oder 5,0er-Tubus (ohne Blockermanschette) eingeführt werden. Durch eine 3er-, 4er- bzw. 5er-Larynxmaske kann maximal ein 6,0er-, 6,5er- bzw. ein 6,5er-Tubus (mit Blockermanschette) eingeführt werden.

Nach erfolgreicher endotrachealer Intubation kann der Cuff der Larynxmaske entblockt werden. Nachteilig bei diesem Verfahren ist, daß ein relativ kleiner Endotrachealtubus verwendet werden muß. Falls die Operation dringend ist und sich der Patient gut mit Maske ventilieren läßt, kann die Operation eventuell auch in Maskennarkose oder unter Beatmung über eine Larynxmaske durchgeführt werden.

Bei unerwarteten Intubationsschwierigkeiten bei Patienten, die sich auch mittels Gesichtsmaske nicht beatmen lassen, sollte sofort ein erfahrener Anästhesist zu Hilfe gerufen werden. Häufig läßt sich bei diesen Patienten eine Larynxmaske erfolgreich plazieren, über die dann beatmet und ggf. fiberoptisch endotracheal intubiert werden kann (s.o.).

Falls die Larynxmaske nicht erfolgreich eingeführt werden kann, bieten sich v.a. eine transtracheale Jet-Ventilation oder Koniotomie an.

Transtracheale Jet-Ventilation:

Falls ein narkotisierter Patient weder intubiert noch mittels Maske beatmet werden kann (und das Plazieren einer Larynxmaske nicht gelingt), bietet sich die transtracheale Jet-Ventilation an. Hierzu wird eine großkalibrige Verweilkanüle durch das Ligamentum cricothyreoideum eingeführt. Der Plastikteil der intravenösen Verweilkanüle wird soweit als möglich vorgeschoben, der Stahlmandrin wird entfernt. Die Punktion erfolgt in ca. 30° nach kaudal. Zur Sicherung der erfolgreichen Punktion der Trachea muß es möglich sein, 20 ml Luft über die intravenöse Verweilkanüle zu aspirieren. Es stehen hierfür auch spezielle Transtrachealkatheter (nach Ravussin) zur Verfügung, die ähnlich einer Trachealkanüle beim tracheostomierten Patienten mit einem um den Hals geschlungenen Band fixiert werden.

Für Erwachsene werden 13-G-Transtrachealkatheter, für Kinder 14-G-Transtrachealkatheter und für Babys 18-G-Transtrachealkatheter empfohlen.

An diese transtracheal plazierte Kanüle muß nun ein Jet-System angeschossen werden. Es sind hierfür Jet-Pistolen verfügbar, die an die zentrale Sauerstoff- oder Druckluftversorgung konnektiert werden und von Hand bedient werden (Manujet-III-Gerät, Abb. 4.6). Die manuelle Beatmung beispielsweise mit einem Ambu-Beutel oder einem Beatmungsbeutel des Kreissystems ist über eine solche Kanüle nicht möglich. An dem Manujet-III muß durch Betätigen eines Druckreglerknopfes noch der gewünschte Druck eingestellt werden.

Für Säuglinge ist ein Druck von < 1,0 bar, für Kinder ein Druck von 1–2,5 bar und für Erwachsene ein Druck von 2,5–4,0 bar einzustellen.

Empfehlenswert ist es, mit einem niedrigen Druck zu beginnen und diesen dann ggf. zu steigern. Da bei dieser Beatmung

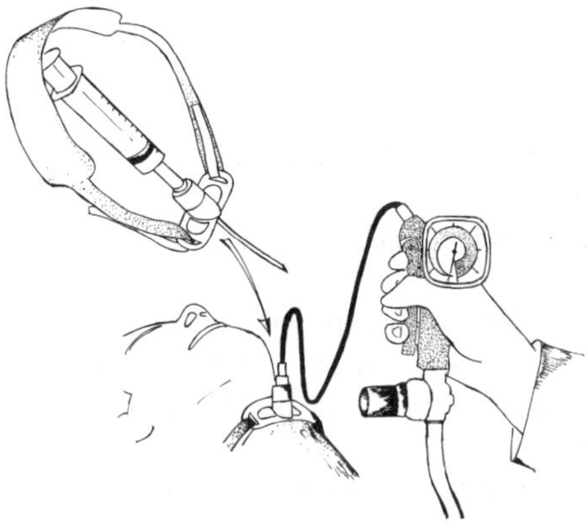

Abb. 4.6 Manujet-III

ein Teil des insufflierten Volumens über die oberen Atemwege entweicht, sind höhere Volumina pro Minute zur Beatmung notwendig. Die empfohlenen Parameter sind in Tab. 4.3 angegeben. Bei Durchführung dieser transtrachealen Jet-Ventilation muß sichergestellt werden, daß das eingeführte Gas über die Glottis und den Rachen-/Mundraum nach oben sicher entweichen kann, da ansonsten ein Barotrauma der Lunge droht!! Sehr wichtig ist es, daß die Thoraxbewegungen während der transtrachealen Jet-Beatmung beobachtet werden.

Koniotomie:

Unter einer Koniotomie wird die notfallmäßige Durchtrennung des Bandes zwischen Schild- und Ringknorpel (Ligamentum cricothyroideum; vgl. Abb. 4.7) verstanden.

Sie ist indiziert bei Erstickungsgefahr infolge einer Atemwegsverlegung oberhalb oder im Bereich der Stimmbänder, wenn

Tabelle 4.3 Wichtige Parameter zur Durchführung der transtrachealen Jet-Ventilation

Patient	Katheter (nach Ravussin)	Beatmungs-frequenz	Ausgangsdruck (bar)	Beatmungs-volumen (l/min)
Frühgeborene	18 G	40	0,5	3–3,5
Säuglinge	18 G	40	1	4–6
Kinder	14 G	20–30	2	16–21
Erwachsene	13 G	12–13	3	24–30

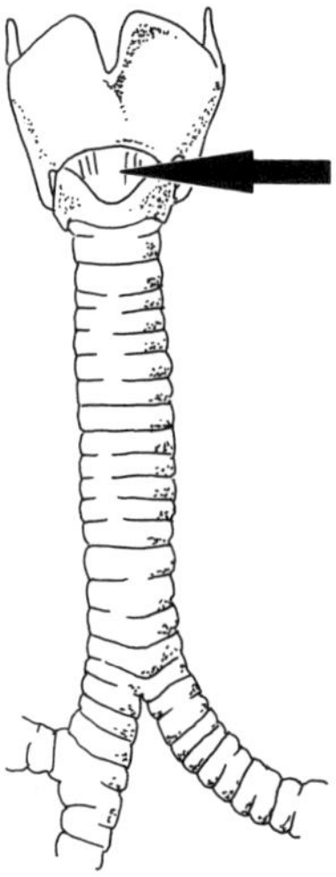

Abb. 4.7 Kehlkopf, Trachea und Hauptbronchien: → Ort der Koniotomie (Lig. cricothyroideum)

die oben beschriebenen Maßnahmen nicht gelingen. Die Haut wird hierbei längs, das Ligamentum cricothyreoideum wird quer eingeschnitten. Durch die Koniotomieöffnung kann nun eine Trachealkanüle oder ein Tubus eingeführt und der Patient beatmet werden.

Extubation von Patienten, die schwierig zu intubieren waren

Bei der Extubation von Patienten, die schwierig zu intubieren waren, sollte so vorgegangen werden, daß ggf. eine sichere Reintubation möglich ist. Hierfür bietet sich die Extubation unter Verwendung eines speziellen Katheters an (Tubenwechsel-Katheter mit Luftzufuhransatz; Firma Cook). Ein solcher Tubenwechsel-Katheter ist ein langer, relativ rigider, hohler und ca. zigarettendicker Stab, der vor der Extubation über den Endotrachealtubus bis in die Trachea vorgeschoben wird. Nun kann der Endotrachealtubus über diesen Tubenwechsel-Katheter zurückgezogen oder ganz entfernt werden. Auf das orale Ende dieses Katheters kann ein spezieller Konnektor aufgesteckt werden, so daß eine Steckverbindung mit dem Y- bzw. Winkelstück des Beatmungsgerätes (bzw. mit einem Beatmungsbeutel) möglich ist. Dadurch kann dem spontan atmenden Patienten Sauerstoff über diesen endotracheal liegenden Katheter zugeführt werden. Falls Probleme auftreten, kann ggf. erneut ein Endotrachealtubus über diesen relativ rigiden Tubenwechsel-Katheter vorgeschoben werden.

Anstatt eines solchen Tubenwechsel-Katheters kann auch ein Fiberbronchoskop verwendet werden.

Nach Einführen des Fiberbronchoskopes bis in die Trachea wird der Tubus über das Fiberbronchoskop zurückgezogen. Über den Absaugkanal des Fiberbronchoskops kann ggf. Sauerstoff direkt in die Trachea insuffliert werden. Gegebenenfalls kann bei auftretenden Problemen der Tubus über das Fiberbronchoskop wieder endotracheal vorgeschoben werden. Atmet der Patient ausreichende Zeit suffizient spontan, dann wird dieser Tubenwechsel-Katheter bzw. das Fiberbronchoskop entfernt.

Teil 5
Anästhesie – Spezieller Teil

Kinderanästhesie

Allgemeine Bemerkungen

Zwischen Kindern und Erwachsenen bestehen nicht nur hinsichtlich Größe und Gewicht (Tab. 5.1) erhebliche Unterschiede. Auch bezüglich der Anatomie, Physiologie und Pathophysiologie und der Psychologie sind zum Teil große Unterschiede zu beachten.
Daraus ergibt sich:

> Ein Kind ist keine Miniaturausgabe eines Erwachsenen!

In der Kinderanästhesie müssen folgende Altersgruppen unterschieden werden:
- Neugeborenenalter: bis zum 28. Lebenstag
- Säuglingsalter: bis zum Ende des ersten Lebensjahrs
- Kleinkindalter: vom 2.–5. Lebensjahr
- Schulkindalter: vom 6.–14. Lebensjahr

Tabelle 5.1 Richtwerte für Gewicht und Größe im Kindesalter

Alter	Gewicht	Größe
Neugeborenes	3 kgKG	50 cm
6 Monate	8 kgKG	67 cm
1 Jahr	10 kgKG	77 cm
6 Jahre	20 kgKG	117 cm
10 Jahre	30 kgKG	140 cm

Im Alter von 1–7 Jahren beträgt die jährliche Gewichtszunahme ca. 2 kg.

Anästhesiologisch wichtige Besonderheiten im Kindesalter

Besonderheiten des respiratorischen Systems

Kinder haben einen relativ großen Kopf und einen kurzen Hals. Bei der Intubation fällt eine große Zunge sowie eine überdimensionierte, sehr weiche Epiglottis auf, was die Kehlkopfeinstellung mit dem Laryngoskop erschweren kann. Häufig imponieren Wucherungen der Rachenmandeln oder der Gaumenmandeln. Der **Kehlkopf** steht beim Kind höher und weiter vorn, seine engste Stelle ist nicht wie beim Erwachsenen die Stimmritze, sondern liegt bis zum Alter von 8–10 Jahren kurz unterhalb der Stimmritze im Bereich des Ringknorpels (Cartilago cricoidea, s. S. 73). Das zarte Gewebe des Kehlkopfes und der Trachea neigt bei Traumatisierung besonders leicht zur Ödembildung.
Die **Luftröhre** ist sehr kurz und beim Neugeborenen nur ca. 4 cm, beim 5jährigen nur ca. 5 cm lang. Bei zu tiefem Einführen des Tubus droht deshalb sehr schnell eine einseitige Intubation in einen Hauptbronchus. Zumeist gleitet der Tu-

bus - wie auch beim Erwachsenen - in den rechten Hauptbronchus.
Bedingt durch einen nahezu horizontalen Rippenverlauf und eine nur schwach ausgebildete Interkostalmuskulatur kann das Kind fast nur mit dem Zwerchfell atmen. Jegliche Einschränkung der **Zwerchfellatmung**, z.B. durch eine Erhöhung des intraabdominellen Drucks, kann daher schnell zu einer unzureichenden Ventilation führen. Die **alveoläre Ventilation** pro kgKG ist im Verhältnis zum Erwachsenen 2- bis 3mal höher. Die Ursache liegt in einer entsprechend höheren Stoffwechselrate und einem 2- bis 3fach höheren Sauerstoffverbrauch. Da beim Kind die funktionelle Residualkapazität (s. S. 323) pro kgKG vergleichbar groß ist wie beim Erwachsenen, die alveoläre Ventilation und der Sauerstoffverbrauch pro kgKG und Minute aber deutlich höher sind, wird verständlich, daß es bei Ventilationsstörungen des Kindes viel schneller zu einem Sauerstoffmangel und zu einer Zyanose kommt als beim Erwachsenen.
Die **Atemfrequenz** des Neugeborenen liegt bei 40–60/min, beim Säugling bei 30–60/min, beim 3jährigen bei 30–40/min und beim 8jährigen bei ca. 20/min. Das **spontane Atemzugvolumen** von Kindern beträgt ca. 7 ml/kgKG, beim Neugeborenen also nur ca. 20 ml; davon sind $^1/_3$ (= 7 ml) Totraumventilation. Jegliche **Vergrößerung des Totraums** geht auf Kosten der alveolären Ventilation.

Bereits eine Vergrößerung des Totraums um 3 ml bedeutet, daß der Totraum jetzt 10 ml, also schon 50% des Atemzugvolumens eines Neugeborenen beträgt.

Bei Verwendung von Anästhesiezubehör, wie einer Gesichtsmaske, eines Winkel- oder Y-Stückes oder einer Meßküvette für die endexspiratorische CO_2-Messung zwischen Tubus und Winkel- bzw. Y-Stück, kommt es zwangsläufig zu einer Vergrößerung des Totraumvolumens. Es darf daher nur spezielles Kinderzubehör mit minimalem Totraum verwendet werden (s.u.). Wegen dieses unvermeidbaren Apparatetotraums empfiehlt es sich, bei der kontrollierten Beatmung die Kinder mit einem Atemhubvolumen von ca. 15 ml/kgKG und einer etwas erniedrigten Atemfrequenz (s.o.) zu beatmen.

Besonderheiten des Herz-Kreislauf-Systems

Kurz nach der Geburt kommt es zum funktionellen Verschluß der für den fetalen Kreislauf notwendigen **Kreislaufkurzschlüsse.** Das Foramen ovale (Verbindung zwischen rechtem und linkem Vorhof) und der Ductus Botalli (Verbindung zwischen Aorta und A. pulmonalis) verschließen sich.

Bei Auftreten eines Sauerstoffmangels oder einer Azidose in der Neugeborenenzeit droht eine Widerstandserhöhung im Lungenkreislauf mit Wiedereröffnen dieser fetalen Kurzschlüsse!

Hierdurch kommt es zu einer weiteren Verschlechterung der Kreislaufsituation, wodurch die Hypoxie und Azidose verstärkt werden. Ein Teufelskreislauf beginnt.
Eine Hypoxie sowie eine Azidose müssen vermieden werden!
Die Herzfrequenz des Kindes ist relativ hoch, der Blutdruck relativ niedrig (Tab. 5.2). Eine Steigerung des Herzminutenvolumens ist nur über eine Steigerung der Herzfrequenz möglich, jedoch kaum durch eine Vergrößerung des Schlagvolumens des Herzens. Bei Auftreten eines

Tabelle 5.2 Richtwerte für Herzfrequenz und Blutdruck im Kindesalter

Alter	Herzfrequenz	Blutdruck systolisch	Blutdruck diastolisch
Neugeborenes	130	75	50
3 Monate	130	80	50
1 Jahr	125	90	65
5 Jahre	100	95	50
10 Jahre	90	100	60

Sauerstoffmangels reagiert das kindliche Herz, im Gegensatz zu dem des Erwachsenen, typischerweise mit einer Frequenzverlangsamung.

Bei Auftreten einer Bradykardie ist immer zuerst an einen Sauerstoffmangel zu denken! Bei unklarer Bradykardie ist Sauerstoff die Therapie der Wahl!

Führt dies nicht sofort zum Erfolg, sollte zusätzlich Atropin intravenös (0,01–0,02 mg/kg/KG) verabreicht werden.
Durch die intravenöse Gabe von Atropin können oft Frequenzsteigerungen bis 160–190/min auftreten.
Bei Neugeborenen sind der **Hb-Wert** mit 18–20 g% und der **HK-Wert** mit 45–55% relativ hoch. Bis zum dritten Monat fallen diese Werte auf ein Minimum ab (= **Trimenonanämie**). Der Hb beträgt hier ca. 10 g%, der HK ca. 35%. In den folgenden Jahren werden die Erwachsenenwerte erreicht. Das **Blutvolumen** beträgt beim Neugeborenen ca. 8,5% des Körpergewichts und ist damit etwas höher als das Blutvolumen des Erwachsenen (ca. 7,5% des Körpergewichts).

Ein Neugeborenes mit 3 kgKG hat also nur ca. 250 ml Blut! Bereits „geringe“ Blutverluste können zu einem bedrohlichen Volumenmangel und Blutdruckabfall führen!

Besonderheiten der Temperaturregulation

Je kleiner das Kind, desto größer ist dessen Körperoberfläche bezogen auf das Körpergewicht. Hierdurch werden ein großer Wärmeverlust und eine schnelle Unterkühlung begünstigt.

Des weiteren sind Neugeborene und Kleinkinder noch nicht in der Lage, durch **Muskelzittern** Wärme zu produzieren. Eine Wärmeproduktion ist nur über eine Steigerung des Stoffwechsels möglich. Da hierbei Glykogen, Fett und Sauerstoff verstoffwechselt werden, droht eine metabolische Azidose durch die bei der Fettverstoffwechselung entstehenden Ketonkörper, eine Hypoglykämie sowie eine Hypoxie. Perioperativ ist eine Unterkühlung der Kinder unbedingt zu vermeiden! Neugeborene dürfen erst unmittelbar vor Narkoseeinleitung aus dem Inkubator genommen werden. Der Op.-Saal muß auf 26–28 °C aufgeheizt sein. Der Op.-Tisch sollte über eine beheizbare Wärmematte verfügen. Zur Ein- und Ausleitung sollte das Früh- bzw. Neugeborene in warme Tücher eingewickelt werden. Solange es aufgedeckt sein muß, sollte es unter eine Wärmelampe (Infrarotlampe) gelegt werden. Des weiteren dürfen keine kalten Infusions- oder Transfusionslösungen verwendet werden.

Bei Eingriffen, die länger als 30 Minuten dauern, sollte stets die Körpertemperatur gemessen werden, am besten mittels einer rektalen Temperatursonde. Da bei jungen Säuglingen eine Hypothermie zu einer Hypoventilation führt, sollten unterkühlte Kinder am Ende der Operation bis zur Wiedererwärmung nachbeatmet werden.

Die häufigste Ursache für eine postoperative Hypoventilation ist eine zu tiefe Körpertemperatur!

Besonderheiten des Wasser- und Elektrolythaushalts

Während beim Erwachsenen der Flüssigkeitsanteil ca. 60% des Gesamtkörpergewichts ausmacht, beträgt er beim Neugeborenen und beim Kleinkind ca. 75%. Insbesondere der extrazelluläre Flüssigkeitsanteil ist relativ hoch.

Da sich wasserlösliche intravenös applizierte Medikamente vor allem im Extrazellulärraum verteilen, benötigen Kleinkinder meist eine relativ hohe Dosierung dieser Medikamente. Eine auf das Körpergewicht bezogene Dosierung von Medikamenten ist bei Kindern nicht sehr zuverlässig. Wesentlich genauer wäre es, die Dosierung der Medikamente an der Größe des Extrazellulärraums zu orientieren, dessen Größe eng mit der Körperoberfläche korreliert. Auf diesem Prinzip, das heißt **Dosierung nach der Körperoberfläche**, beruhen die meisten pädiatrischen Dosierungsempfehlungen.

Kinder haben einen relativ hohen Basisbedarf an Flüssigkeit. Flüssigkeitsverluste werden sehr schlecht toleriert. Die **Niere des Neugeborenen** ist noch unreif. Bei Störungen des Wasserhaushalts ist sie kaum in der Lage, den Urin stärker zu konzentrieren bzw. vermehrt Wasser auszuscheiden. Des weiteren verliert sie verhältnismäßig viel Natrium, selbst bei einem bestehenden Natriummangel. Es ist also auf eine sehr genaue Bilanzierung des Wasser-Elektrolyt-Haushalts zu achten. Als Richtlinien für die intraoperative Infusionstherapie gelten die auf S. 129 angegebenen Richtwerte.

Spezielles Narkosezubehör für die Kinderanästhesie

Gesichtsmasken

In der Kinderanästhesie haben sich die sogenannten **Rendell-Baker-Masken** bewährt (Abb. 5.1). Sie passen sich optimal der kindlichen Gesichtsform an und sind im Gegensatz zu den Masken für Erwachsene (Abb. 5.2) durch einen minimalen Totraum ausgezeichnet (Abb. 5.3). Der Innenraum dieser Masken wird fast vollständig vom kindlichen Gesicht ausgefüllt.

Die Rendell-Baker-Masken liegen in vier Größen vor:

0 für Frühgeborene	= ca. 2 ml Totraum
1 für Neugeborene	= ca. 4 ml Totraum
2 für das 1.–3. Lebensjahr	= ca. 8 ml Totraum
3 für das 4.–8. Lebensjahr	= ca. 15 ml Totraum

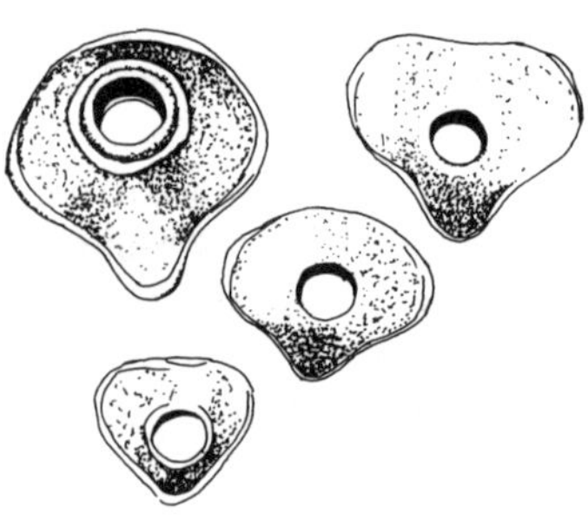

Abb. 5.1 Rendell-Baker-Masken der Größen 0, 1, 2, 3

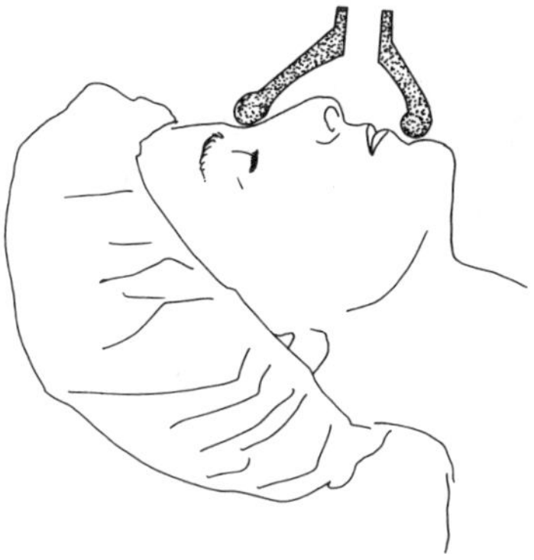

Abb. 5.2 Gesichtsmaske für Erwachsene. Beachte: großer Totraum.

Abb. 5.3 Rendell-Baker-Maske. Beachte: minimaler Totraum. Die Maske paßt sich optimal der kindlichen Gesichtsform an.

Guedel-Tuben

In der Kinderanästhesie kommen vor allem die Größen 00, 0, 1, 2 und 3 zur Anwendung.

Endotrachealtuben

Die Größen des benötigten Endotrachealtubus kann der Tabelle 5.3 entnommen werden.
Als Anhalt für die Tubusgröße kann auch dienen, daß der Tubus ungefähr die Dicke des kleinen Fingers des Kindes haben sollte. Für die Intubation muß jeweils der nächst kleinere und der nächst größere Tubus bereitgelegt werden!

Laryngoskope
(s. S. 77)

Neben dem gebogenen Laryngoskop nach MacIntosh kommt in der Kinderanästhesie noch der gerade Laryngoskopspatel (z.B. nach Miller) zur Anwendung. Für ein MacIntosh-Laryngoskop sollten in der Kinderanästhesie die Spatelgrößen 0, 1 und 2, für ein gerades Miller-Laryngoskop ebenfalls die Spatelgrößen 0, 1 und 2 vorhanden sein.

Magill-Zange
(s.S. 78)

Für die Kinderanästhesie steht eine kleine Magill-Zange zur Verfügung.

Narkosesysteme in der Kinderanästhesie

Ein Narkosesystem für Kinder unter 15 kgKG muß folgenden Anforderungen gerecht werden:
- Minimaler Totraum
- Minimaler Atemwiderstand

Während früher für Kinder unter 15 kgKG normalerweise das sogenannte Kuhn-System verwendet wurde, wird inzwischen zumeist ein modifiziertes Narkosekreissystem verwendet.

Tabelle 5.3 Richtwerte für die Tubuswahl im Kindesalter

Alter	Gewicht		Innendurchmesser	Außenumfang
Frühgeborene	unter 2,5	kgKG	2,5 mm	12 Charr.
Neugeborene	3,0	kgKG	3,0 mm	14 Charr.
6 Monate	8	kgKG	3,5 mm	16 Charr.
1 Jahr	10	kgKG	4,0 mm	18 Charr.
2–3 Jahre	13	kgKG	5,0 mm	22 Charr.
4–5 Jahre	17–19	kgKG	5,5 mm	24 Charr.
6 Jahre	22	kgKG	6,0 mm	26 Charr.
8 Jahre	28	kgKG	6,5 mm	28 Charr.

Unter 8–10 Jahren sollte immer ein ungeblockter Tubus verwendet werden.

Das Kuhn-System

Beim Kuhn-System handelt es sich um ein halboffenes System (s. S. 12), das heißt, es findet keinerlei Rückatmung statt. Die gesamte Exspirationsluft gelangt in die Absaugung beziehungsweise in den umgebenden Raum. Das Kuhn-System ist durch seine unkomplizierte Konstruktion bestechend. Durch den Verzicht auf jegliche In- und Exspirationsventile wird ein minimaler Atemwiderstand erreicht. Sein Funktionsprinzip basiert auf dem sogenannten Ayre-T-Stück (s. Abb. 5.4, 5.5 und 5.6).

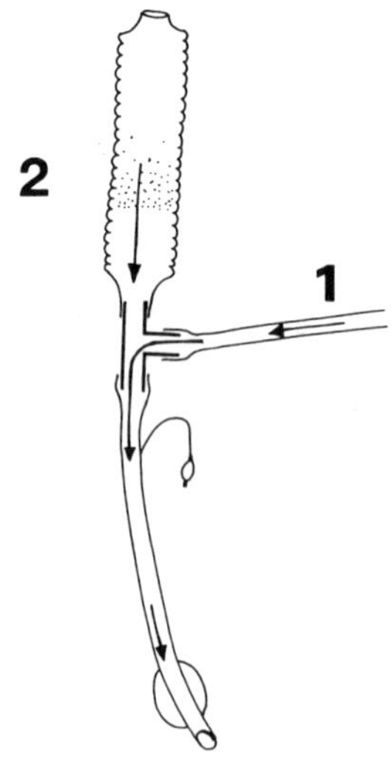

Abb. 5.4 Das Ayre-T-Stück, Einatmung.
1 = Frischgaszufuhr, 2 = Exspirationsschenkel.

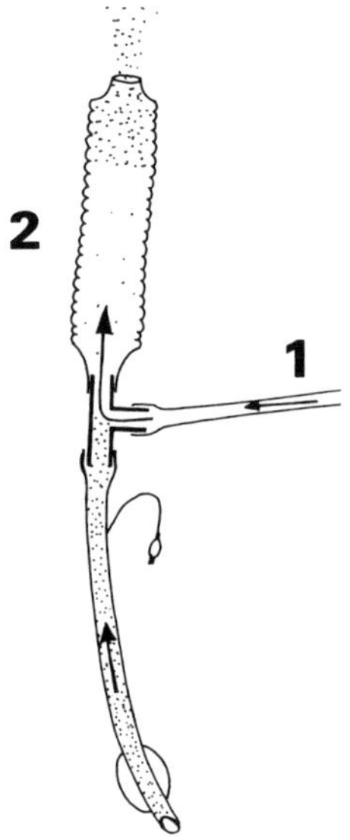

Abb. 5.5 Das Ayre-T-Stück, Ausatmung.
1 = Frischgaszufuhr, 2 = Exspirationsschenkel.

Funktionsprinzip des Ayre-T-Stücks

Einatmung (Abb. 5.4):

Bei der spontanen Einatmung über das Ayre-T-Stück wird Frischgas aus der Frischgaszufuhr (1) sowie das sich im Exspirationsschenkel (2) befindliche Frischgas angesaugt.

Ausatmung (Abb. 5.5):

Bei der Ausatmung wird das in den Exspirationsschenkel (2) ausgeatmete Gas

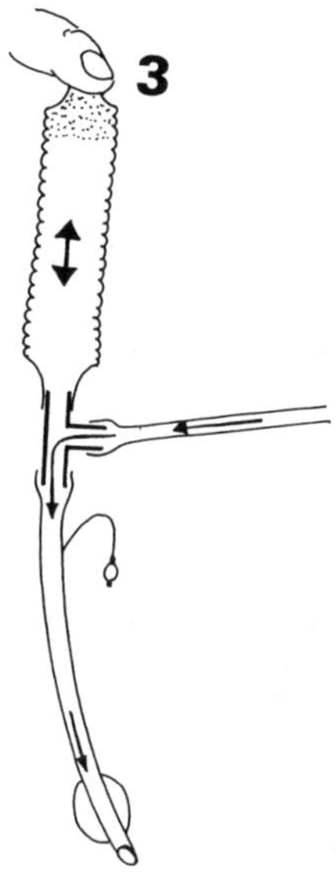

Abb. 5.6 Manuelle Beatmung mit dem Ayre-T-Stück durch intermittierenden digitalen Verschluß des Exspirationsschenkels

schnell durch den Frischgasfluß (1) ausgespült. Damit es bei der nächsten Einatmung zu keiner Rückatmung des abgeatmeten Gases aus dem Exspirationsschenkel (2) kommen kann (CO_2-Rückatmung), muß der Frischgasfluß mindestens das 2- bis 3fache des Atemminutenvolumens betragen.

Manuelle Beatmung (Abb. 5.6):
Durch intermittierenden Verschluß (3) des Exspirationsschenkels mit dem Finger kann der Patient über das Ayre-T-Stück beatmet werden. Die spontane Ausatmung erfolgt wiederum wie oben beschrieben. Mit dem Ayre-T-Stück ist also sowohl eine Spontanatmung als auch eine Beatmung möglich.

Das Kuhn-System

Das Kuhn-System ist eine Weiterentwicklung des Ayre-T-Stücks. Bei der Beatmung wird das Ausflußloch am Beutel verschlossen und der Beutel etwas komprimiert (Abb. 5.7). Während der passiven Exspiration wird das Ausflußloch wieder freigegeben (Abb. 5.8).
Nachteile des Kuhn-Systems sind, daß ein Messen der Atemvolumina (= Volumetrie) sowie ein kontinuierliches Messen des endexspiratorischen CO_2 nicht möglich sind. Außerdem bedingt der notwendige hohe Frischgasbedarf (ca. das 2- bis 3fache des Atemminutenvolumens) sowie eine fehlende Anfeuchtungsmöglichkeit große Wärme- und Feuchtigkeitsverluste über die Atmung (s. S. 12). Die Messung der Atemwegsdrücke (= Manometrie) sowie eine Absaugung der Narkosegase sind nur bei speziellen Modifikationen möglich. Das Kuhn-System wird zunehmend durch ein modifiziertes Kreissystem ersetzt.

Das Narkosekreissystem für Kinder unter 15 kgKG

Neuere Untersuchungen haben gezeigt, daß das konventionelle Narkosekreis-

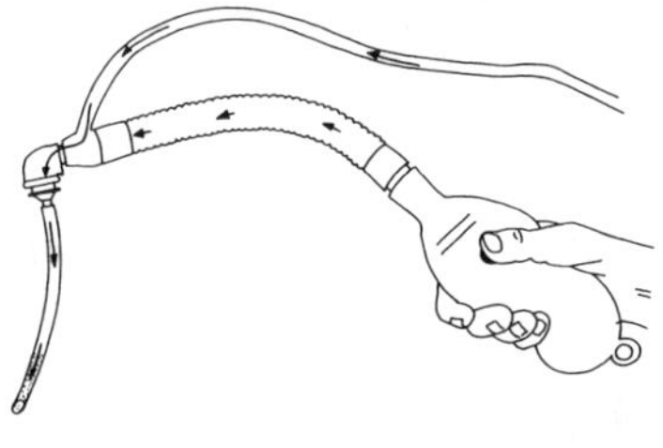

Abb. 5.7 Kuhn-System. Blähung der Lunge durch Kompression des Beatmungsbeutels

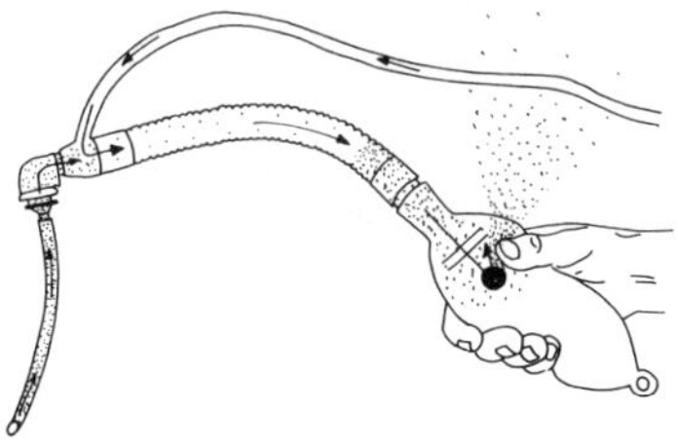

Abb. 5.8 Kuhn-System. Ausatmung durch Freigabe des Ausflußloches

system (s. S. 13) auch bei Kindern unter 15 kgKG eingesetzt werden kann, wenn bestimmte Bedingungen erfüllt werden:

- Es müssen dünnere, glattwandige Latexspiralschläuche verwendet werden.
- Es darf nur ein(!) Kalkabsorber verwendet werden.
- Es müssen spezielle Winkel- bzw. Y-Stücke mit besonders kleinem Totraum verwendet werden.
- Es müssen ein kleiner Beatmungsbeutel und ein kleiner Beatmungsbalg verwendet werden (Abb. 5.9).

Vorteile des modifizierten Kreissystems sind die Möglichkeiten zur Messung der Atemvolumina (= Volumetrie), der Atemwegswiderstände (= Manometrie) sowie der endexspiratorischen CO_2-Konzentration. Bei der CO_2-Messung im Hauptstrom, das heißt zwischen Tubus und Winkel- beziehungsweise Y-Stück, muß eine spezielle Kinderküvette mit minimalem Totraum verwendet werden. Da bei diesem modifizierten Kinderkreissystem ein relativ geringer Frischgasfluß ausreicht sowie die Möglichkeit zur Anwärmung und Befeuchtung der Atemgase besteht, sind die Wärme- und Feuchtigkeitsverluste über die Lunge im Vergleich zum Kuhnschen System wesentlich geringer. Die Beatmung über dieses Kinderkreissystem ist inzwischen zur Routinemethode geworden!

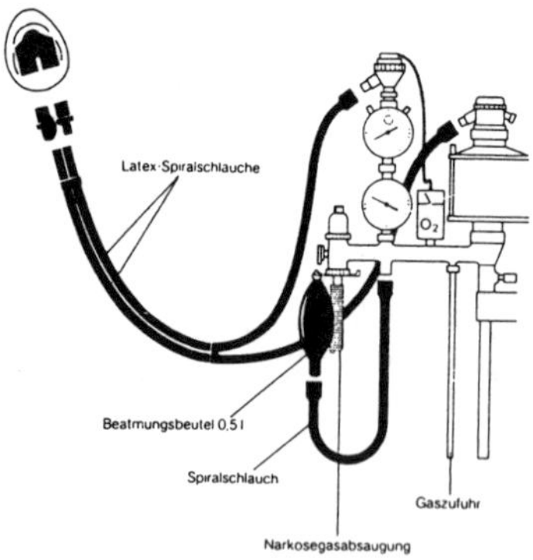

Abb. 5.9 Kinderkreissystem

Für Kinder, die schwerer als 15 kg sind, kann bedenkenlos ein übliches Erwachsenenkreissystem verwendet werden (s. S. 13).

Praktische Durchführung von Kindernarkosen

Präoperative Visite

Wenn irgend möglich, sollte die Anamnese des Kindes nicht nur aus den Akten, sondern auch durch ein Gespräch mit den Eltern erhoben werden. Bei der körperlichen Untersuchung ist besonders auf akute Infekte der Luftwege zu achten. Bei bestehendem Infekt muß ein Wahleingriff verschoben werden. Bei kürzlich durchgemachten Kinderkrankheiten sollte bei einem Wahleingriff einen Mindestabstand von 4–6 Wochen eingehalten werden. Besonders geachtet werden muß bei Kindern auch auf eventuell lockere Zähne.
Kinder unter 2 Jahren dürfen bis zu 4 Stunden, ältere Kinder bis 6 Stunden vor Narkosebeginn noch klare Flüssigkeiten zu sich nehmen (anhand neuerer Studien scheinen auch kürzere Nüchternheitsperioden vertretbar, falls dann nur noch klare Flüssigkeit verabreicht wird). Diese Karenzzeit sollte nicht wesentlich überzogen werden, damit die Kinder nicht mit einem ausgeprägten Flüssigkeitsmangel zur Operation kommen (s. S. 130). Neugeborene und Säuglinge sollten stets am Anfang des Operationsprogramms operiert werden.

Prämedikation

Intramuskuläre Prämedikation

Bei Säuglingen wird z. T. lediglich Atropin intramuskulär verabreicht. Sinnvoller scheint es, auf die intramuskuläre Gabe zugunsten einer intravenösen Atropingabe vor der Intubation zu verzichten. Ab 1 (bis 2) Jahr(en) wird z. T. die Prämedikation (s. S. 6) mit Dolantin (1 mg/kgKG), Atosil (1 mg/kgKG) und Atropin (0,02 mg/kgKG) verabreicht.

Nachteil der intramuskulären Prämedikation ist, daß sie schmerzhaft ist und die meisten Kinder große Angst davor haben; sie sollte deshalb möglichst vermieden werden.

Orale Prämedikation

Durch die geringe Menge der hierbei nötigen Flüssigkeit wird das Nüchternheitsgebot (s. S. 6, 183) nicht gebrochen. Zur oralen Prämedikation kann vorzugsweise Midazolam (0,4–0,5 mg/kgKG) verabreicht werden. Die Kinder schlafen hierbei meist nicht ein, sondern werden lediglich schläfrig und heiter-gelassen. Nach ca. 10 Minuten setzt die Wirkung ein, die ungefähr 30 Minuten anhält. Aufgrund des bitteren Geschmacks von Midazolam sollten geschmackskorrigierte Lösungen verwendet werden. So ist z. B. der Zusatz von Fanta oder Orangenaroma zu der handelsüblichen Midazolamlösung möglich.
Zur oralen Prämedikation haben sich auch Chlorprothixen [2 mg/kgKG (als Truxal-Saft 0,1 ml/kgKG)] oder Taractan-Tropfen (1 Tropfen/kgKG) ca. 1,5–2 Stunden präoperativ bewährt. Chlorprothixen hat außer seiner sedierenden Wirkung auch eine begrüßenswerte vagolytische Wirkung mit einer Herzfrequenzsteigerung. Trotzdem muß zur Intubation Atropin intravenös injiziert werden.

Großer Vorteil der oralen Prämedikation ist ihre Schmerzfreiheit bei der Applikation.

Rektale Prämedikation

Zur rektalen Prämedikation hat sich insbesondere Midazolam (s. S. 45) bewährt. Die rektale Prämedikation stellt z. Zt. wohl die häufigste Prämedikationsform bei Kindern dar. Die Medikamente für die rektale Prämedikation werden in einer Spritze aufgezogen, auf deren Konus das abgeschnittene und mit Xylocaingel eingeschmierte Ende eines Absaugkatheters aufgesetzt wird. Es stehen aber auch spezielle, auf den Spritzenkonus aufsteckbare Applikatoren zur Verfügung. Hiermit wird das Medikament rektal (kurz hinter den Analsphinkter) injiziert.

Der große Vorteil der rektalen Prämedikation liegt in der Schmerzfreiheit. Außerdem wird sie von den Kindern meist gut toleriert, da ihnen diese rektalen Maßnahmen vom Fiebermessen oder von „Fieber“- und „Schmerzzäpfchen“ her bekannt sind.

Für rektale Prämedikation mit Midazolam wird eine Dosierung von 0,5–1,0 mg/kgKG empfohlen. Es wird die für die intravenöse Injektion übliche Lösung (1 ml = 1 mg) rektal verabreicht. Die Kinder schlafen meist nicht tief ein. Nach 5–7 Minuten tritt aber ein Stimmungswandel von ängstlich-trauriger zu heiter-gelöster Stimmung auf, in der die Kinder die intravenöse Einleitung oder die Maskeneinleitung gut tolerieren.

Auf die Prämedikation kann auch (selten) zugunsten einer rektalen Narkoseeinleitung (s. u.) im Operationssaal verzichtet werden.

Narkoseeinleitung

Die Narkoseeinleitung beim Kind verlangt Zeit und Einfühlungsvermögen. Kleinere Kinder weinen oft, da sie Trennungsängste empfinden, wenn sie die Eltern verlassen müssen. Ältere Kinder haben daneben noch direkte Angst vor der Operation und der Narkose. Durch gutes Zureden, Spielenlassen, z. B. mit einem aufgeblasenen Latexhandschuh oder mit einer Spritze, können die Kinder meistens abgelenkt werden. Ganz besonders wichtig ist es, die Kinder niemals bezüglich der durchzuführenden Maßnahmen zu belügen, da sie sonst sehr schnell jegliches Vertrauen verlieren.

Die intravenöse Narkoseeinleitung

Sie ist die sicherste Einleitungsmethode und sollte bei allen Risikokindern zur Anwendung kommen. Bei den anderen Kindern ist sie wünschenswert, scheitert jedoch in der Praxis oft an der Venenpunktion beim wachen Kind. Um die Venenpunktion beim wachen Kind schmerzlos zu ermöglichen, hat sich bestens die sogenannte EMLA-Salbe (**e**ntectic **m**ixture of **l**okal **a**nesthetics; eine spezielle Mischung aus Lidocain und Prilocain) bewährt. Diese EMLA-Salbe ist in der Lage, auch die intakte Haut zu anästhesieren, während normale Lokalanästhetika lediglich die Schleimhaut betäuben können. Die EMLA-Salbe muß jedoch ca. 30–60 Minuten zuvor auf die voraussichtliche Venenpunktionsstelle aufgetragen und mit einem Okklusionsverband versehen werden.

Die rektale Narkoseeinleitung

Die rektale Narkoseeinleitung mit Methohexital (s. S. 43) war vor Einführung der rektalen oder oralen Prämedikation von Kindern relativ beliebt. Auf eine übliche Prämedikation kann hierbei verzichtet werden. (500 mg Methohexital werden in 20 ml Aqua ad injectionem aufgelöst, 1 ml = 25 mg, 1 ml pro kgKG). Empfehlenswert ist es, Methohexital kombiniert mit 0,02 mg/kgKG Atropin rektal zu verabreichen. Sobald das Kind nach ca. 6–8 Minuten eingeschlafen ist, muß es in die Seitenlage gebracht werden, um eine Verlegung der Atemwege durch die in Rükkenlage eventuell zurückfallende Zunge zu vermeiden (!). Die rektale Narkoseeinleitung verlangt eine intensive Überwachung des Kindes, da die Kinder tief „einschlafen" (bewußtlos sind). In diesem Zustand wird eine Maskennarkose problemlos toleriert. Bei manchen Kindern kommt es nach der rektalen Applikation zum Absetzen von Stuhl.
Prinzipielle **Kontraindikationen** für die rektale Narkoseeinleitung:

- Nicht nüchterne Kinder
- Ein schmerzhaftes Analleiden
- Ein Schockzustand

Zurückhaltend ist man mit der rektalen Narkoseeinleitung auch bei:

- HNO-Eingriffen wie AT und TE (s. u.)
- Kindern unter 6 Monaten (es liegen hier zu wenige Erfahrungen vor)

Für die rektale Narkoseeinleitung werden 25 mg/kgKG Methohexital verwendet. Da die Kinder postoperativ oft verzögert aufwachen, ist die rektale Einleitung mit Methohexital bei Adenotomien und Tonsillektomien zu vermeiden. Hier müssen die Kinder schnell wach werden, um Blutreste und Speichel aushusten zu können. Inzwischen wird zumeist eine rektale oder orale Prämedikation mit Midazolam (s. S. 45) vorgezogen.

Die Einleitung per inhalationem (= „Maskeneinleitung")

Voraussetzung für eine Einleitung per inhalationem ist zumeist eine sedierende Prämedikation. Nach Einstellen eines hohen Frischgasflusses (z.B.: 2 Liter Sauerstoff/4 Liter Lachgas) wird dem Kind die Maske leicht vor das Gesicht gehalten. Sobald das Kind durch das Lachgas benommen wird, kann die Maske fest aufs Gesicht gesetzt und Halothan in steigender Dosierung zugesetzt werden. Bei ängstlichen Kindern kann durch Ablenken meist dennoch per Maske eingeleitet werden. Wehrt sich ein Kind energisch gegen diese „Maskeneinleitung", so sollte zugunsten einer anderen Narkoseeinleitungsform darauf verzichtet werden. Die Einleitung per inhalationem erfolgt bei Kindern schneller als bei Erwachsenen. Grund ist vor allem die höhere alveoläre Ventilation (s. S. 29, 208) sowie das ungünstige Verhältnis von alveolärer Ventilation zu funktioneller Residualkapazität (5:1; beim Erwachsenen 1,5:1) (s. S. 323).

Zu beachten ist, daß bei älteren Säuglingen und Kleinkindern höhere Konzentrationen der verdampfbaren Inhalationsanästhetika benötigt werden; Grund hierfür ist der bei Kindern etwas erhöhte MAC-Wert (s. S. 30).

Beim Kind sollte die Maskenbeatmung folgendermaßen durchgeführt werden: Ring- und Kleinfinger liegen wie beim Erwachsenen hinter dem Unterkieferwinkel. Gleichzeitig sollte jedoch der Mund mit dem unteren Pol der Gesichtsmaske und mit dem Zeigefinger offen(!!) gehalten werden (Abb. 5.10 und 5.11).
Wenn das Kind in tiefer Inhalationsnarkose ist, wird es normalerweise das Legen

Abb. 5.10 Maskenhaltung beim Säugling

Abb. 5.11 Fingerhaltung bei der Maskenbeatmung eines Säuglings (möglichst bei geöffnetem Mund)

eines peripher-venösen Zugangs widerstandslos tolerieren. Während der Maskenbeatmung sollte das Kind stets mit einem präkordialen Stethoskop überwacht werden.

Die intramuskuläre Narkoseeinleitung

Hierzu kann z.B. Ketamin in einer Dosierung von ca. 5–6 mg/kgKG verwendet werden. Intramuskuläre Injektionen sollten jedoch bei Kindern eine seltene Ausnahme darstellen.

Venöser Zugang

Bei jeder, auch bei einer noch so kurzen Narkose muß ein venöser Zugang gelegt werden(!!!).

Der venöse Zugang muß spätestens vor Intubations- bzw. Operationsbeginn gelegt sein. Hierzu werden die Handrückenvenen bevorzugt (vgl. Abb. 1.24). Auch an der Handgelenkinnenseite (Abb. 5.12) sowie an den Füßen, insbesondere im Bereich des Innenknöchels, finden sich oft sehr gute Venen. Bei Säuglingen muß manchmal auf die Schädelvenen zurückgegriffen werden, für deren Punktion eventuell auch sogenannte **Butterfly-Stahlkanülen** benutzt werden können. Ist die Venenpunktion gelungen, so ist auf eine besonders gute Fixierung des venösen Zugangs zu achten. Soll der Zugang auch noch postoperativ liegenbleiben, so empfiehlt sich die Ruhigstellung der entsprechenden Extremität auf einer Schiene oder das Eingipsen eines Zugangs am Schädel.

Die Intubation

(s. S. 72)

Die Indikation zur Intubation sollte bei Neugeborenen und Säuglingen aufgrund der physiologischen Schwäche des respiratorischen Systems (s. S. 208) eher großzügig gestellt werden. Alle Risikokinder sollten stets intubiert werden. Teilweise wird auch empfohlen, Neugeborene und Säuglinge unter 6 Monaten prinzipiell zu intubieren.

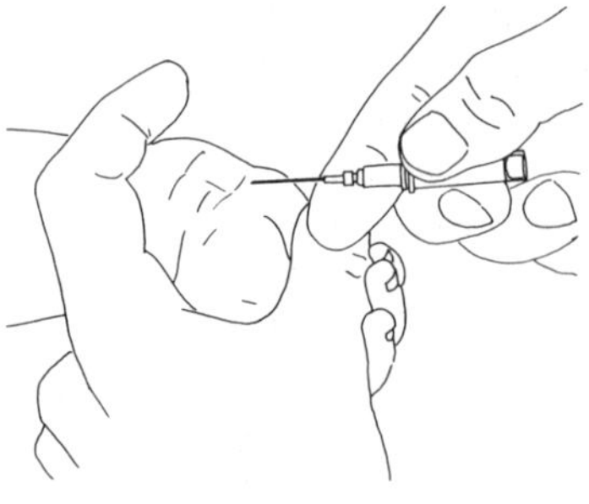

Abb. 5.12 Venenpunktion beim Kind

Bei Kindern unter 8–10 Jahren sollte ein **Tubus ohne Blockung** verwendet werden. Durch die Wahl der richtigen Tubusgröße ist eine gute Abdichtung im Bereich des Ringknorpels zu erzielen; dazu muß der größte Tubus, der gerade noch problemlos einzuführen ist, gewählt werden. Bei der Beatmung darf noch etwas Luft am Tubus vorbei entweichen. Es sollte nicht gezögert werden, einen Tubus, der nicht dicht sitzt, sofort gegen den nächstgrößeren auszutauschen. Bei der Intubation muß auf ein steriles Tubusmaterial, besonders behutsames Vorgehen sowie auf den Verzicht von Führungsstäben geachtet werden. Gegen die routinemäßige Intubation von Kindern mit Succinylcholin spricht insbesondere die Gefahr einer Rhabdomyolyse, da bei Kindern eventuell eine hierzu prädestinierende Muskelerkrankung vorliegen könnte, die aber klinisch noch nicht (sondern meist erst im späteren Lebensalter) erkennbar ist (s. S. 65). Falls Succinylcholin verwendet wird, ist eine Dosierung von ca. 1,5–2,0 mg/kgKG zu empfehlen.. Die Vorgabe eines „nichtdepolarisierenden" Muskelrelaxans ist bei Kindern unter ca. 6 Jahren nicht notwendig, da bei diesen Kindern keine Muskelfaszikulationen nach Succinylcholingabe auftreten. Bei Gabe von Succinylcholin treten jedoch bei Kindern häufiger reflektorische Bradykardien auf (s. S. 64). Deshalb sollte vorweg immer Atropin intravenös gegeben werden. Succinylcholin ist langsam und unter Kontrolle der Herzfrequenz zu injizieren.

Es hat sich bewährt, das 2%ige Succinylcholin (1 ml = 20 mg) zu verdünnen: 1 ml = 20 mg + 4 ml NaCl 0,9% = 5 ml; 1 ml dieser Lösung = 4 mg Succinylcholin.

Alternativ zur Relaxierung mit Succinylcholin für die Intubation kommt bei voraussichtlich unkomplizierter Intubation eine Vollrexalierung mit einem nichtdepolarisierenden Muskelrelaxans (z.B. Atracurium, Vecuronium) oder die Intubation des Kindes in tiefer Inhalationsnarkose in Frage.

Der Kopf des Kindes braucht zur Intubation wegen des großen Hinterhauptes nicht hochgelagert werden. Zur Fixierung des Kopfes haben sich in der Kinderanästhesie vor allem Ringe oder eine mit einem Loch versehene Schaumstoffplatte bewährt, die unter das Hinterhaupt gelegt werden. Der Kopf wird aber kaum überstreckt, es sollte möglichst in neutraler Kopfposition intubiert werden. Das Laryngoskop wird vorsichtig zwischen Daumen, Zeige- und Ringfinger der linken Hand gehalten (Abb. 5.13). Mit dem kleinen Finger der linken Hand wird gegebenenfalls auf den Kehlkopf gedrückt, um die Glottis besser einzustellen (Abb. 5.13). Auch bei Kleinkindern sollte im Regelfall eine orotracheale Intubation vorgezogen werden. Bei der nasalen Intubation droht durch den Tubus eine Keimverschleppung aus der Nase in die Trachea sowie eine Verletzung von Nasenschleimhaut und eventuell vergrößerten Rachenmandeln (Adenoide).

Bei Frühgeborenen und schwachen Neugeborenen wird bei befürchteter Intubationsschwierigkeit oder bei Aspirationsgefahr manchmal auch im Wachzustand intubiert! Erleichtert wird dies durch den erst schwach ausgebildeten Hustenreflex in dieser Altersgruppe.

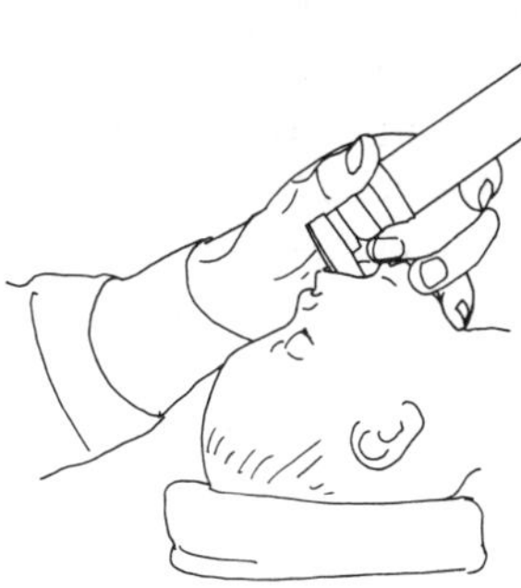

Abb. 5.13 Einstellung des Kehlkopfes beim Kind

Narkoseführung

Lediglich bei kurzen, unproblematischen Narkosen ist eine Maskennarkose zu empfehlen. Zunehmend häufiger wird auch in der Kinderanästhesie die Larynxmaske eingesetzt. Dies erfordert jedoch entsprechende Erfahrung mit dieser Methode und der Kinderanästhesie. Bei Risikokindern oder Unsicherheit des Anästhesisten sollte eine Intubationsnarkose durchgeführt werden.

Im Zweifelsfalle immer Intubation!

Die Narkoseform der Wahl ist im Kindesalter die Inhalationsnarkose, zumeist noch mit Halothan. Zunehmend häufiger wird auch Isofluran eingesetzt. Selten wird bei besonderer Indikation eine Neuroleptanästhesie durchgeführt. Diese Form der Narkose wird zum Beispiel dann gewählt, wenn der Verdacht auf einen erhöhten Hirndruck besteht oder wenn bei großen kinderchirurgischen Operationen absehbar ist, daß das Kind postoperativ nachbeatmet werden muß, oder bei Verdacht auf eine Neigung zur malignen Hyperthermie (z.B. bei unklaren Muskelerkrankungen, s. S. 185).

Intraoperatives Monitoring

- Klinische Überwachung:
  Mindestens eine Hand oder ein Fuß des Kindes sollte stets sichtbar (!!) sein. Eine eventuelle Zyanose ist am Finger- beziehungsweise Zehennagelbett relativ gut zu erkennen.

- Präkordial aufgeklebtes Stethoskop: Der Anästhesist sollte über ein Ohrstück ständige Verbindung zu einem linksthorakal aufgeklebten, sogenannten präkordialen Stethoskop haben. Mit dem Stethoskop kann sowohl die Herzfrequenz als auch die Lautstärke der Herztöne beurteilt werden. Die Lautstärke der Herztöne verändert sich bei Kleinkindern parallel zum Blutdruck. Außerdem kann natürlich das Atemgeräusch und damit eine Kontrolle des Atemhubvolumens vorgenommen werden. Ist ein präkordiales Stethoskop aus operationstechnischen Gründen nicht zu plazieren, sollte ein Ösophagusstethoskop eingeführt werden.
- Messung der Körpertemperatur: rektal oder tief ösophageal
- Blutdruckmessung: Es ist auf eine korrekte Manschettenbreite zu achten. Die Breite der Blutdruckmanschette sollte ca. $^{2}/_{3}$ der Oberarmlänge betragen. Zu breite Manschetten ergeben zu niedrige, zu schmale Manschetten zu hohe Blutdruckwerte. Die Blutdruckmessung ist der zuverlässigste Parameter für die Kreislaufüberwachung beim Kind. Der systolische Blutdruck ist ein guter Gradmesser für einen Volumenmangel. Die Blutdruckmessung nach Riva-Rocci ist jedoch insbesondere bei Säuglingen und Kleinkindern schwierig und oft unzuverlässig. Bewährt hat sich die Blutdruckmessung mit der oszillometrischen Methode (z. B. mit dem Dinamap-Gerät). Nur bei sehr kritischen Operationen mit hohen Volumenumsätzen und bei Kindern mit kardiorespiratorischem Versagen wird eine blutige arterielle Druckmessung notwendig werden.
- Messung der arteriellen Sauerstoffsättigung mittels Pulsoximetrie (s. S. 364)
- EKG-Ableitung: ist obligat
- Endexspiratorische CO_2-Messung: Da in der Kinderanästhesie häufig eine manuelle Ventilation durchgeführt wird und die üblichen Volumeter bei sehr kleinen Atemzugvolumina nicht ausreichend genau arbeiten, empfiehlt sich bei jeder Intubationsnarkose eine kontinuierliche endexspiratorische CO_2-Messung. Bei der Messung im Hauptstrom, das heißt zwischen Tubus und Y- bzw. Winkelstück, müssen spezielle Kinderküvetten mit besonders kleinem Totraumvolumen verwendet werden.
- Blutgasanalyse: Hierzu eignet sich arterialisiertes Kapillarblut z. B. aus der hyperämisierten Fingerbeere, der Ferse oder dem Ohrläppchen. Zur exakten Beurteilung des Sauerstoffpartialdrucks ist jedoch arterielles Blut notwendig.
- Blutzuckerkontrolle: vor allem bei Frühgeborenen wegen der Gefahr einer Hypoglykämie notwendig

Perioperative Infusionstherapie

Bezüglich der perioperativen Infusions- und Transfusionstherapie sei auf die ausführlichen Beschreibungen auf S. 129 verwiesen.

Als Infusionslösung hat sich bei Kindern im 1. und 2. Lebensjahr eine 2,5–5%ige Glukoselösung mit 70–100 mmol Natriumchlorid/l (!) bewährt. Damit können der Basis- und Nachholbedarf sowie die Sequestration in das traumatisierte Gewebe ersetzt werden. Bei großen Operationen (z. B. Omphalozele u. ä.) muß eine großzügige **Eiweißzufuhr** durchgeführt werden.

Blutverluste sind sehr genau zu registrieren. Blutverluste bis zu (10–) 15% sollten durch 5%iges Humanalbumin (z.B. Seretin) ersetzt werden. Bei noch größeren Blutverlusten wird eine Bluttransfusion notwendig. Die Substitution von Blut oder Humanalbumin erfolgt am besten über 10-ml-Spritzen, um eine möglichst genaue Dosierung zu garantieren.

Als Parameter für eine ausreichende intraoperative Volumensubstitution können der systolische Blutdruck, die Urinausscheidung sowie der ZVD (falls ein Kavakatheter liegt) gelten.

Extubation

Da Kinder zu einer stärkeren Speichelbildung neigen, ist der Mund vor der Extubation stets sorgfältig von Speichel freizusaugen. Bei Operationen im Nasen-Rachen-Bereich muß das Blut vor der Extubation gezielt unter laryngoskopischer Sicht abgesaugt werden. Ein endobronchiales Absaugen sollte bei der Extubation normalerweise nicht vorgenommen werden. Falls dies unbedingt notwendig erscheint, muß danach die Lunge mehrmals gebläht werden.

Auf keinen Fall darf beim Herausziehen des Tubus endotracheal abgesaugt werden. Die Gefahr der Ausbildung von Atelektasen ist hierbei sehr groß.

Säuglinge unter 3 Monaten sollten immer erst extubiert werden, wenn sie wieder richtig wach sind. Auch bei älteren Kindern empfiehlt sich die Extubation erst dann, wenn die Kehlkopfreflexe zurückgekehrt sind. Eine Extubation in tiefer Narkose sollte nur in Ausnahmefällen, z.B. bei bekanntem Asthma bronchiale oder bei Neigung zu Laryngospasmen durchgeführt werden. Eine Extubation während des Exzitationsstadiums ist zu vermeiden, da hier die große Gefahr eines Laryngospasmus besteht. Zur Extubation hat es sich bewährt, die Lunge nochmals zu blähen und den Tubus unter Blähen herauszuziehen. Hiermit wird eine Sauerstoffreserve in der Lunge geschaffen und die Kinder werden nach der Extubation zur Ausatmung gezwungen.
Postoperativ sollte das Kind in stabiler Seitenlage in ein vorgewärmtes(!) Bett gelegt werden. Die Seitengitter der Betten müssen unbedingt hochgezogen werden, damit die Kinder nicht herausfallen können, falls sie sich unruhig hin und her wälzen.
Dosierungsempfehlungen für die in der Kinderanästhesie häufig benützten Medikamente sind der Tabelle 5.4 zu entnehmen.

Anästhesie im hohen Lebensalter

Allgemeine Bemerkungen

Herz-Kreislauf-System

Bei alten Patienten liegt häufig eine arteriosklerotische Veränderung der Zerebral- und Koronararterien vor. Das Herz weist oft eine latente oder manifeste Schwäche (Insuffizienz) auf. Das Herzminutenvolumen ist vermindert, die Kreislaufzeit kann dadurch deutlich verlängert sein. Alte Patienten leiden außerdem häufig an Bluthochdruck. Das Gefäßsystem zeigt einen chronischen Volumenmangel. Da diese Patienten oft Digitalispräparate, blutdrucksenkende Medikamente sowie Diuretika einnehmen, ist auf Elektrolytverschiebungen (vor allem Kaliumman-

Tabelle 5.4 Dosierungsempfehlungen für die in der Kinderanästhesie gebräuchlichen Medikamente

Medikament	Dosierung
Adrenalin zur Reanimation (siehe auch S. 409)	Neugeborene: 0,01–0,03 mg/kgKG 1 ml = 1 mg mit 9 ml NaCl 0,9% verdünnen; davon: 0,1–0,3 ml/kgKG i.v. bzw. endotracheal Säuglinge und Kinder bis 8 J.: 0,01 ml/kgKG intravenös oder intraossär 1 ml = 1 mg mit 9 ml NaCl 0,9% verdünnen; davon: 0,1 ml/kgKG Für endotracheale Gabe 0,1 mg/kgKG = 0,1 ml/kgKG der unverdünnten Leistung. Wiederholungsdosen bei Asystolie 0,1 mg/kgKG = 0,1 ml/kgKG der unverdünnten Lösung i. v., endotracheal oder intraossär.
Atracurium	Vollrelaxierung: 0,3–0,5 mg/kgKG i. v. Wiederholungsdosis: 0,1–0,15 mg/kgKG i. v.
Atropin	0,01–0,02 mg/kgKG i. v. Folgende Verdünnung hat sich bewährt: 1 ml = 0,5 mg + 4 ml NaCl 0,9% = 5 ml 1 ml = 0,1 mg
Diazepam	0,1–0,3 mg/kgKG i. v.
Fentanyl	Initialdosierung: 0,005–0,01 mg/kgKG i. v. Wiederholungsdosis: 0,001–0,002 mg/kgKG i. v.
Ketamin	Initialdosierung: 1–3 mg/kgKG i. v. Wiederholungsdosis: 0,5 mg/kgKG i. v., oder 5–6 mg/kgKG i. m.
Lidocain	1 mg/kgKG i. v.
Methohexital	1–2 mg/kgKG i. v.
Naloxon	0,001–0,003 mg/kgKG Bei unzureichender Wirkung: Als Wiederholungsdosis ca. die Hälfte der Initialdosis Narcanti: 1 ml = 0,4 mg Narcanti Neonatal: 1 ml = 0,04 mg
Natriumbikarbonat zur Reanimation (siehe auch S. 409)	BE × $^1/_3$ × kgKG = ml Natriumbikarbonat 8,4%, Natriumbikarbonat ist bei Neugeborenen 1:1 mit Glukose 5% zu verdünnen. Bei längerem Kreislaufstillstand trotz guter Beatmung und Herzdruckmanage 1 mmol/kgKG Blindpufferung
Neostigmin	0,07 mg/kgKG i. v.
Pancuronium	Initialdosis: 0,08–0,1 mg/kgKG Wiederholungsdosis: 0,02 mg/kgKG i. v.
Pethidin	(1 mg/kgKG i. m.) 0,5 mg/kgKG i. v.
Phenobarbital	5–10 mg/kgKG i. v.

Tabelle 5.4 (Fortsetzung)

Medikament	Dosierung
Prednisolon	Im anaphylaktischen Schock: 10 mg/kgKG i. v.
Promethazin	0,5 mg/kgKG i. v. 1,0 mg/kgKG i. m.
Pyridostigmin	0,1–0,2 mg/kgKG i. v.
Succinyldicholin	1,5–2 mg/kgKG i. v. Wiederholungsdosis: 0,25 mg/kgKG i. v. Folgende Verdünnung hat sich bewährt: 1 ml 2%ige Lösung = 20 mg + 4 ml NaCl 0,9% = 5 ml in einer 5-ml-Spritze 1 ml = 4 mg (2 mg/kgKG i. m.)
Thiopental	5(–8) mg/kgKG i. v.
Vecuronium	0,08 mg/kgKG i. v.
Volumenzufuhr	Bei Hypovolämie und Schock: 3–5 ml/kgKG Humanalbumin 5%, bei Bedarf wiederholen

gel) zu achten. Die Herzfrequenz ist meist langsam und nicht selten durch Rhythmusstörungen beeinträchtigt. Das Gesamteiweiß kann vermindert sein, was bei stark an Eiweiß gebundenen intravenösen Medikamenten zu beachten ist (s. S. 38).

Atmung

Eine zunehmende Thoraxstarre im hohen Alter bedingt eine bevorzugte Bauchatmung. Häufig ist ein Altersemphysem anzutreffen. Die funktionelle Residualkapazität ist vergrößert, was ein verzögertes An- und Abfluten der Inhalationsanästhetika zur Folge hat (s. S. 29).

Präoperative Visite
(s. S. 3)

Einer der wichtigsten Punkte in der Altersanästhesie ist die gründliche Vorbereitung des alten Patienten auf Operation und Narkose. Besonderes Augenmerk ist auf die Atmung zu richten.

Die Abnahme einer präoperativen arteriellen Blutgasanalyse sollte bei jedem Verdacht auf eine ernste Lungenerkrankung oder bei der Möglichkeit einer postoperativen Nachbeatmung auf einer Intensivstation vorgenommen werden (Ausgangswert!). Besonders wichtig ist es auch, darauf zu achten, daß die Patienten bereits präoperativ eine Atemgymnastik erlernen.

Präoperativ bestehende Entgleisungen eines Diabetes mellitus, eines Hypertonus oder einer Herzinsuffizienz müssen bei einem Wahleingriff erst medikamentös gebessert werden.

Prämedikation

Es ist auf eine niedrige Dosierung der Medikamente für die Prämedikation zu achten. Oft muß weniger verordnet werden, als z.B. anhand des Körpergewichts theoretisch errechnet wird.

Narkoseführung

Wahl des Narkoseverfahrens

Prinzipiell kommen die gleichen Narkoseverfahren wie in anderen Altersgruppen zur Anwendung. Operationen an der unteren Körperhälfte, wie z.B. urologische oder traumatologische Eingriffe, werden häufig in Spinalanästhesie durchgeführt. Bei alten Patienten mit pulmonalen Problemen scheint es vorteilhaft zu sein, auf die Intubation zugunsten einer rückenmarknahen Leitungsanästhesie zu verzichten. Gute Ergebnisse lassen sich oft auch durch die Kombination einer Regionalanästhesie mit einer oberflächlichen Vollnarkose erzielen. Der endgültige Beweis, daß die Methoden der Regionalanästhesie einer Vollnarkose überlegen sind, steht allerdings noch aus.

Medikamente

Prinzipiell kommen die gleichen Medikamente wie in anderen Altersgruppen zur Anwendung. Wichtig erscheint nur eine sehr vorsichtige, bedarfsadaptierte Dosierung.

Kreislauf

Aufgrund der verlängerten Kreislaufzeit tritt die Wirkung von intravenösen Medikamenten oft wesentlich verzögert ein. Vor einem voreiligen Nachinjizieren wegen vermeintlich zu niedriger Dosierung ist zu warnen.

Besonderes Augenmerk gilt dem **Blutdruckverhalten.** Insbesondere müssen stärkere Blutdruckabfälle vermieden werden, um bei einem arteriosklerotischen Patienten keine Mangeldurchblutung insbesondere des Herzens oder des Gehirns zu riskieren. Ebenso sind übermäßige Blutdrucksteigerungen zu vermeiden, um nicht ein Platzen z.B. einer arteriosklerotischen Zerebralarterie mit Hirnblutung zu provozieren. Zur besseren Blutdrucküberwachung sollte großzügig von der arteriellen Blutdruckmessung Gebrauch gemacht werden. Sie sollte bereits vor(!) Narkoseeinleitung angeschlossen werden, da die Einleitungsphase einen besonders kritischen Moment jeder Narkose darstellt. Falls noch nicht geschehen, sollte hierbei auch eine arterielle Blutgasanalyse vor(!) der Narkoseeinleitung bestimmt werden. Die spätere Extubation sollte nicht an einer bereits vorbestehenden, aber unerkannt gebliebenen Gasaustauschstörung scheitern!

Bei Verdacht auf eine vorbestehende oder sich intraoperativ manifestierende **Herzinsuffizienz** ist auf negativ inotrope Medikamente, wie z.B. Thiopental oder Halothan, zugunsten kreislaufneutraler Medikamente, wie z.B. Etomidat und Fentanyl, zu verzichten. Zur Stärkung der Herzkraft sollte intraoperativ vorzugsweise Dobutamin (Dosierung: bis zu 15 µg/kgKG/min, s. S. 277) verabreicht werden.

Ventilation

Bei der Respiratoreinstellung sollte eine Normoventilation angestrebt werden. Eine Hyperventilation ist zu vermeiden, da hierdurch auch eine zerebrale und koronare Gefäßengstellung (s. S. 242) eintritt. Bei bereits grenzwertiger Durchblu-

tung aufgrund einer Arteriosklerose könnte dies zu einer Mangeldurchblutung führen.
Bei gewissenhafter Narkoseführung ist die intraoperative Mortalität beim alten Patienten nicht wesentlich höher als in anderen Altersgruppen.

Postoperative Nachbehandlung

Das größte Problem in der Alterschirurgie ist die postoperative Phase. Insbesondere sind hier pulmonale Probleme, wie die Ausbildung einer Pneumonie, oft nicht zu vermeiden. Ganz entscheidend ist daher die Fortsetzung der bereits präoperativ geübten Atemgymnastik sowie die möglichst frühzeitige Mobilisation des Patienten.

Anästhesie in der Geburtshilfe

Allgemeine Bemerkungen

Im Verlauf einer Schwangerschaft kommt es zu zahlreichen physiologischen Veränderungen des mütterlichen Organismus. Für den Anästhesisten sind besonders wichtig:

Veränderungen des Herz-Kreislauf-Systems

Der systolische Blutdruck bleibt weitgehend unverändert und der diastolische Blutdruck fällt während der Schwangerschaft leicht ab. Ursache ist eine Ausweitung des Kapillarbettes und eine Abnahme des peripheren Gefäßwiderstandes. Erst unter der Geburt steigt der Blutdruck wieder an. Der Venendruck bleibt in der oberen Körperhälfte weitgehend normal. In der unteren Körperhälfte ist er deutlich erhöht, da der venöse Rückfluß durch den schwangeren Uterus behindert wird. Das Herzminutenvolumen nimmt durch eine Steigerung der Herzfrequenz (um 10–12 Schläge pro Minute) sowie durch eine Zunahme des Schlagvolumens um bis zu 50% zu. Das Blutvolumen ist um ca. 30–50% erhöht. Da jedoch das Plasmavolumen stärker zunimmt als die Erythrozytenzahl, resultiert eine Blutverdünnung mit leichter Abnahme des Hb- und HK-Wertes.

Das Kava-Kompressionssyndrom

Bereits ab der 20. Schwangerschaftswoche, vor allem im letzten Drittel der Schwangerschaft kann das sogenannte Kava-Kompressionssyndrom auftreten. Ursache ist ein Zurückfallen des schwangeren Uterus in Rückenlage mit Kompression der Vena cava inferior. Die dadurch bedingte Verminderung des venösen Rückflusses verursacht einen plötzlichen Abfall des Herzminutenvolumens mit den Zeichen eines **Volumenmangelschocks.**
Die Symptome sind:
- Schwindel/Benommenheit/ Bewußtlosigkeit
- Blässe/Schwitzen/kalte Haut
- Blutdruckabfall
- Tachykardie

Die Symptome treten nur bei ca. 10% der hochschwangeren Frauen auf, da normalerweise ein ausreichender venöser Kollateralkreislauf (über paravertebrale und peridurale Venengeflechte und die V. azygos) vorhanden ist.

Durch den zurückfallenden Uterus kann es auch zu einer Kompression der Aorta kommen, wodurch die Uterusdurchblutung gedrosselt werden kann (aorto-kavales Kompressionssyndrom).

Therapie:

Sofortige Linksseitenlagerung der Patientin. Damit wird der venöse Rückfluß wieder garantiert und die Kreislaufverhältnisse normalisieren sich meist rasch.

Veränderungen der Atmung

Während der Schwangerschaft kommt es zu einer Steigerung der alveolären Ventilation um ca. 40–50%. Ursache dieser **physiologischen Hyperventilation** ist vor allem eine Zunahme des Atemzugvolumens bei kaum erhöhter Atemfrequenz (Normalwerte bei Hochschwangeren: $PaCO_2$ = 33–32 mmHg; PaO_2 = 106 mmHg). Der schwangere Uterus verdrängt das Zwerchfell nach kranial und schränkt dessen Beweglichkeit ein. Daraus resultiert ein vor allem thorakaler Atmungstyp sowie eine Abnahme der funktionellen Residualkapazität (s. S. 323).

Die Steigerung der alveolären Ventilation sowie die Abnahme der funktionellen Residualkapazität bedingen ein schnelleres An- und Abfluten der Inhalationsanästhetika (s. S. 29) und damit eine schnellere Ein- und Ausleitung einer Inhalationsnarkose bei der Schwangeren.

Veränderungen des Magen-Darm-Traktes

Der sich ausdehnende Uterus verdrängt Därme und Magen nach kranial. Hierdurch kommt es zur Kompression des Magens mit Zunahme des Mageninnendrucks. Außerdem wird der Verschlußmechanismus am Übergang vom Ösophagus in den Magen gestört. Des weiteren wird durch eine Verminderung der Magen-Darm-Aktivität die Magenentleerung verzögert. Auch Angst und Schmerz sowie eine analgetische Medikation während der Geburt verzögern die Magenentleerung zusätzlich. Hieraus ergibt sich:

Jede Schwangere ab der 12. Schwangerschaftswoche muß prinzipiell als nicht nüchtern betrachtet werden!

Physiologie der Geburt

Der **Geburtsbeginn** wird durch verschiedene hormonelle Vorgänge eingeleitet. Besonders wichtig erscheint hierbei das aus dem Hypophysenhinterlappen vermehrt freigesetzte Hormon **Oxytozin.** Es bewirkt eine Muskelkontraktion der Uterusmuskulatur und damit eine Austreibung des Kindes. Bei unzureichender Wehentätigkeit kann mit künstlichen Oxytozin-Präparaten (z.B. Syntocinon, Orasthin) die Geburt eingeleitet oder unterstützt werden (sog. **Wehentropf**).
Der Geburtsablauf wird normalerweise in drei Perioden eingeteilt:

Die Eröffnungsperiode

Sie ist definiert von den ersten regelmäßigen Wehen bis zur vollständigen Eröffnung des Muttermundes auf 10 cm.

In dieser Phase der Geburt entsteht der Schmerz vor allem durch die Dehnung des Muttermundes aufgrund des tiefertretenden kindlichen Kopfes. Da der Muttermund von sensiblen Fasern aus den Thorakalsegmenten 10, 11 und 12 sowie dem Lumbalsegment 1 (Th 10–L 1) versorgt wird (vgl. 1 in Abb. 5.14), kann durch Blockade dieser Bahnen mittels einer Periduralanästhesie (s. S. 156) der Eröffnungsschmerz gezielt ausgeschaltet werden.

Die Austreibungsperiode

Sie ist definiert von der vollständigen Eröffnung des Muttermundes bis zur Geburt des Kindes.

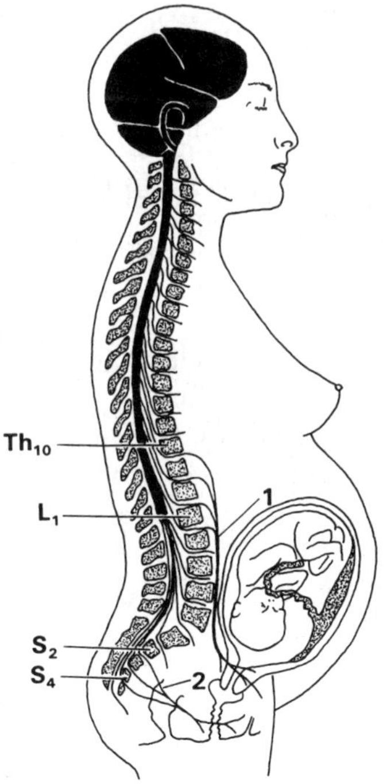

Abb. 5.14 Die schmerzleitenden Fasern aus Muttermund und Uterus (1) ziehen zu den Rückenmarksegmenten Th 10 bis L 1. Die schmerzleitenden Fasern des Damms (2) ziehen über die Nervi pudendi zu den Segmenten S 2 bis S 4.

Die Aktivität des Uterus erreicht dabei ihr Maximum. Charakteristisch für die Austreibungsperiode ist, daß die Gebärende neben den schmerzhaften Wehen einen starken Zwang zum aktiven Mitpressen verspürt. Während dieser Austreibungsperiode entsteht der Schmerz außer durch Dehnung des Muttermundes (Th 10–L 1) auch durch Dehnung der Scheide und des Dammes. Die Scheide und der Damm werden durch die Sakralsegmente 2–4 (= S 2–S 4) innerviert (vgl. 2 in Abb. 5.14). Durch die Blockade der Segmente Th 10–S 4 (vgl. Abb. 2.19) mittels einer PDA (s. S. 156) kann also der Austreibungsschmerz ausgeschaltet werden.

Die Nachgeburtsperiode

Sie ist definiert von der Geburt des Kindes bis zur Ausstoßung der Plazenta.

Während dieser Phase sowie noch einige Zeit danach besteht wegen einer **Nachblutungsgefahr aus dem Uterus** ein besonders hohes mütterliches Risiko. Um in dieser Phase atonische Uterusblutungen zu therapieren oder um ihnen vorzubeugen, wird vom Anästhesisten – auf Verlangen des Operateurs – nach einem Kaiserschnitt häufig ein Oxytozin-Präparat (Syntocinon oder Orasthin = synthetische Oxytozin-Präparate) oder gar Methylergotamin (Methergin = ein Mutterkorn-Präparat) injiziert. Diese Medikamente bewirken eine starke Uteruskontraktion und vermindern damit eine Blutung aus dem Uterus.

Narkoseführung in der Geburtshilfe

PDA zur vaginalen Entbindung

Bezüglich Anatomie, Technik, Vorgehen sowie Komplikationen und Kontraindikationen für die Periduralanästhesie (= PDA) sei auf S. 156 verwiesen. Hier sollen nur die Besonderheiten hervorgehoben werden, die bei der PDA im Kreißsaal zu beachten sind.

Vorgehen:

- Peripher-venösen Zugang legen und ca. 500 (–1000) ml kristalloide Lösung infundieren, da Schwangere oft mit einem stärkeren Blutdruckabfall nach Einsetzen der sympathischen Blockade reagieren
- Lagerung:
  Sitzend oder in Linksseitenlage
- Punktion:
  Bedingt durch die hormonellen Veränderungen während der Schwangerschaft kommt es zu einer Wassereinlagerung ins Gewebe und auch zu einer Auflockerung der Gewebs- und Bandstrukturen im Bereich der Wirbelsäule. Damit kann das Auffinden des Periduralraums mit der Widerstandsverlustmethode erschwert werden. Das Anlegen einer PDA bei einer Schwangeren sollte daher dem erfahrenen Anästhesisten vorbehalten sein.
- Lokalanästhetikum:
  Bupivacain ist das Lokalanästhetikum der Wahl, da nur ein relativ geringer Anteil von der Mutter auf das Kind übertritt. Durch Verwendung des niederprozentigen (0,25%igen!!) Bupivacain kann eine selektive Blockade nur der dünnen Nervenfasern, also der sympathischen Fasern, der Temperaturfasern und der Schmerzfasern erzielt werden (s. S. 156). Die dicken motorischen Fasern werden hierbei nicht blockiert, das heißt die Patientin kann die Geburt durch die Bauchpresse unterstützen. Da jedoch der Wehenschmerz ausgeschaltet ist, verspürt die Patientin bei einer Wehe keinen unwillkürlichen Drang zum Pressen mehr, sondern muß von der Hebamme zum Mitpressen aufgefordert werden.
- Injektion und Dosierung:
  Das Lokalanästhetikum sollte immer in einer Wehenpause injiziert werden, da es bei der Injektion während einer Wehe (durch einen Druckanstieg im Periduralraum) zu einem unkontrollierbar hohen Aufsteigen der Blockade kommen kann. Die Hauptdosis sollte möglichst in Rückenlage verabreicht werden, um eine seitengleiche Blokkade zu erzielen. Zur Vermeidung des unter einer PDA häufiger auftretenden Kava-Kompressionssyndroms (s. S. 225) sollte hierbei der Uterus nach links weggehalten werden.
  Bei 20jährigen Patienten müssen normalerweise ca. 1,5 ml Lokalanästhetikum pro auszuschaltendem Segment verabreicht werden (s. S. 160). Bei Schwangeren wird aufgrund des erhöhten Drucks im Periduralraum empfohlen, ca. ein Drittel weniger Volumen an Lokalanästhetikum zu geben, bei einer 20jährigen Frau also ca. 1,0 ml/Segment.

Zur **Ausschaltung der Eröffnungswehen** würde die Blockade der Segmente Th 10–L 1, also die Blockade von 4 Segmenten ausreichen. Im Idealfall könnten hierfür 4 ml Lokalanästhetikum genügen. Zumeist werden zur Ausschaltung der Eröffnungswehen jedoch 6–8 (–10) ml Bupivacain 0,25% (!!) benötigt. Der Grund, warum in der Praxis ein höheres als das theoretisch errechnete Volumen benötigt wird, liegt darin, daß die Katheterspitze meist bei L 2/L 3 zu liegen kommt, also nicht in der Mitte der auszuschaltenden, sondern unterhalb der zu blockierenden Segmente. Das Medikament wird sich von der Katheterspitze jedoch nicht nur nach oben zu den auszuschaltenden Segmenten hin ausbreiten, sondern auch teilweise nach unten abfließen. Daher muß das Volumen höher als die berechnete Dosis liegen.

Zur **Ausschaltung der Austreibungsschmerzen** müssen die Segmente Th 10–S 4 blockiert, also insgesamt 12 Segmente (Th 10–Th 12, L 1–L 5, S 1–S 4) ausgeschaltet werden. Hierzu werden ca. 12 ml Bupivacain 0,25% (!!) benötigt. Da hierbei insbesondere die tiefen Sakralsegmente S 2–S 4 betäubt werden müssen, empfiehlt es sich, die Hauptdosis an der sitzenden Patientin zu injizieren und sie danach ca. 5–10 Minuten sitzen zu lassen. Hierdurch kann ein Absinken des Lokalanästhetikums begünstigt werden und die tiefen Sakralsegmente werden sicherer ausgeschaltet.

Die mit Bupivacain erzielte Analgesie hält bei einer Schwangeren ca. 2 Stunden an und verlangt dann gegebenenfalls eine meist gleichvolumige Nachinjektion.

Indikationen für eine PDA:

- Wunsch einer schmerzfreien Geburt
- Mehrlingsschwangerschaften
- Diabetes mellitus (großes Kind!)
- Präeklampsie (s. S. 233)
- Beckenendlage, (ist häufig jedoch eine Indikation für einen primären Kaiserschnitt)
- Frühgeburten
- Einleitung der Geburt mit einem Wehentropf
- Herz- und Lungenerkrankungen der Mutter
- Zustände, bei denen ein starkes Pressen der Mutter vermieden werden muß (z.B. Hernien, Ablatio retinae, erhöhter intrakranieller Druck, Hirnödem usw.)

Kontraindikationen für eine PDA:

- Prinzipielle Kontraindikationen für eine PDA (s. S. 162)
- Zustand nach Kaiserschnitt:
  Bei Patientinnen, die bei einer früheren Geburt durch einen Kaiserschnitt entbunden haben, besteht die erhöhte Gefahr einer Uterusruptur an der alten Uterusnaht. Da dies unter einer PDA nur schwer zu erkennen ist, besteht eine relative Kontraindikation für eine PDA. Falls dennoch eine PDA angelegt wird, sollte zusätzlich eine **intrauterine Druckmessung (IUD)** durchgeführt werden.
- Notfallmäßiger Kaiserschnitt (= „Notsectio“):
  Hierbei geht es um Minuten, deshalb muß immer die schneller durchführbare Intubationsnarkose gewählt werden.

Nachteile einer PDA:

- Oft wird die Geburtsdauer verlängert.
- Zangen- und Saugglockenentbindungen werden häufiger.
- Die Anlage einer PDA ist bei Schwangeren schwieriger und sollte nur von einem erfahrenen Anästhesisten vorgenommen werden **(Duraperforation!!).**
- Ein eventueller übermäßiger Blutdruckabfall kann zu einer Verminderung der Uterusdurchblutung und damit zu einer Gefährdung des Kindes führen. Die Therapie eines übermäßigen Blutdruckabfalls besteht in:
  - Volumengabe

- Hochlagerung der Beine (= Autotransfusion)
- Gefäßkontrahierende Medikamente sollten möglichst vermieden werden, da sie auch am Uterus zu einer Gefäßengstellung mit Mangeldurchblutung führen können. Wenn ein gefäßkontrahierendes Medikament unvermeidbar ist, so stellt Ephedrin (10–20 mg i.v.) das Mittel der Wahl dar, da es die Uterusdurchblutung am geringsten beeinträchtigt. Ephedrin ist momentan in Deutschland nicht im Handel. Eventuell kann auch Akrinor verabreicht werden.

Geplanter Kaiserschnitt in PDA

(s. S. 156)

Lokalanästhetikum und Dosierung:

Es ist eine Blockade von Th 5 (knapp unterhalb der Brustwarze) bis S 4, also von 20 Segmenten (Th 4–Th 12, L 1–L 5, S 1–S 4) anzustreben (vgl. Abb. 2.19). Bei 20jährigen Schwangeren wird ca. 1 ml pro auszuschaltendem Segment empfohlen (s. S. 228), insgesamt ist also ein Volumen von ca. 20 ml Bupivacain notwendig. Um neben einer Analgesie auch eine Muskelerschlaffung der Bauchdecke, also eine Blockade der dicken motorischen Nervenfasern zu erreichen, wird 0,5%iges (!!) Bupivacain benötigt (s. S. 160).

Injektion:

Damit auch die tiefen Sakralsegmente betäubt werden, empfiehlt es sich, ca. die Hälfte der Dosis an der sitzenden Patientin zu injizieren. Die Patientin sollte danach ca. 5–10 Minuten sitzen bleiben. Hierdurch soll ein Absinken des Lokalanästhetikums und eine Betäubung der Sakralsegmente begünstigt werden. Danach wird die restliche Dosis in Rückenlage injiziert, wodurch vor allem die thorakalen Segmente betäubt werden sollen. In Rückenlage sollte der Uterus wiederum nach links weggedrückt werden, um das unter einer PDA häufiger auftretende Kava-Kompressionssyndrom (s. S. 225) zu vermeiden.

Geplanter Kaiserschnitt in Vollnarkose

Da eine Schwangere ab dem zweiten Drittel der Schwangerschaft stets als nicht nüchtern zu betrachten ist (s. S. 226), darf ein in Vollnarkose durchgeführter Kaiserschnitt niemals in Maskennarkose, sondern muß immer als Intubationsnarkose durchgeführt werden. Dabei muß stets eine sogenannte Ileuseinleitung (s. S. 184) vorgenommen werden.

Der Schwangeren ist zu erklären, daß die Narkose aus Rücksicht auf ihr Kind erst begonnen wird, wenn die Operateure den Bauch desinfiziert, steril abgedeckt haben und schnittbereit sind. Die Zeit zwischen Narkosebeginn und Abnabelung ihres Kindes müsse so kurz wie möglich gehalten werden.

Bei einem Kaiserschnitt (einer Sectio caesarea) hat sich folgendes **anästhesiologisches Vorgehen** bewährt:

- ► Lagerung:
  - Oberkörper hoch
    zur Verminderung der Regurgitationsgefahr und damit der Aspirationsmöglichkeit
  - ca. 20 Grad Linksseitenlage
    zur Vermeidung eines Kava-Kompressionssyndroms
- ► Absaugung:

Die funktionsgeprüfte, eingeschaltete Absaugvorrichtung muß griffbereit gelegt werden.

- ▶ Präoxygenieren (s. S. 100)
- ▶ Präcurarisierung (s. S. 102), z. B. 1 mg Vecuronium
- ▶ Einleitungshypnotikum: vorzugsweise Methohexital (1–1,5 mg/kgKG i. v.) und sofort hinterher
- ▶ Succinylcholin: 1 mg/kgKG intravenös
- ▶ Keine Maskenbeatmung (!!!)
- ▶ Sellik-Handgriff (= Krikoid-Druck, s. S. 184)
- ▶ Blitzintubation
- ▶ Sofortiges Blocken des Tubus und Lagekontrolle
- ▶ Sofortiger Beginn der operativen Entbindung: Zur Verbesserung der Operationsbedingungen wird der Operationstisch in Kopftieflage gebracht und die Linksseitenlage aufgehoben.
- ▶ $N_2O:O_2 = 1:1$: z. B. 2 Liter N_2O und 2 Liter O_2 pro Minute
- ▶ Inhalationsanästhetikum: z. B. bis 1 Vol.% Enfluran
- ▶ Gegebenenfalls Nachinjektion von Methohexital oder Succinylcholin
- ▶ Gegebenenfalls auf Wunsch des Operateurs z. B. 0,025 mg Partusisten intravenös zur Verminderung der Uteruskontraktionen. 1 Ampulle Partusisten intrapartal = 1 ml = 0,025 mg. 1 ml wird normalerweise mit 4 ml Glukose 5% (oder NaCl 0,9%) aufgezogen.
- ▶ 2–3 Minuten vor Abnabelung: 100% Sauerstoff
- ▶ Nach der Abnabelung:
  - Nachrelaxierung z. B. mit 4 mg Vecuronium. Oft kann aber auch auf eine Nachrelaxation verzichtet werden.
  - z. B. Enfluran wieder einschalten: Die Konzentration sollte jedoch möglichst niedrig gehalten werden, um nicht die Gefahr einer atonischen Nachblutung aus dem Uterus zu erhöhen. Aus diesem Grunde kann nach (!!) der Abnabelung z. B. 0,1 mg Fentanyl verabreicht werden. Dadurch kann die Konzentration des Inhalationsanästhetikums niedrig gehalten werden.
- ▶ Volumensubstitution: Die Blutverluste betragen normalerweise 500(–1000) ml und müssen durch ein Plasmaersatzmittel, z. B. HÄS steril 10%, ersetzt werden; eine Bluttransfusion ist nur sehr selten notwendig.
- ▶ Tonisierung des Uterus: Auf Wunsch des Operateurs müssen meist 3 IE Syntocinon (oder Orasthin) als Bolus intravenös und anschließend 10 IE Syntocinon (oder Orasthin) in einer Infusion verabreicht werden. Oft wird auch die Gabe von Methergin (z. B. 1 Ampulle = 0,2 mg = 1 ml) notwendig, um eine anhaltende, intensive Uteruskontraktion zu erzielen und damit eine atonische Nachblutung aus dem Uterus zu vermeiden.
- ▶ Extubation: erst wenn die Schutzreflexe wieder sicher zurückgekehrt sind, der Magen abgesaugt wurde und die Patientin den Tubus fast aushustet (s. S. 185)

Notfallmäßiger Kaiserschnitt (= „Notsectio“)

Eine Notsectio ist immer eine Indikation für eine Intubationsnarkose und verläuft prinzipiell genauso wie ein geplanter Kaiserschnitt in Intubationsnarkose (s. o.). Jedoch ist dabei ein zielgerichtetes, schnelles Arbeiten nötig. Es geht um Minuten (!!).

Eine Notsectio wird notwendig, wenn es während der Geburt plötzlich zu einer Gefährdung von Kind und/oder Mutter kommt.

Mögliche Ursachen für eine Notsectio sind:

- Nabelschnurvorfall (Minderperfusion des Kindes!)
- Schwere Eklampsie (s. S. 233)
- Tetanus uteri (Rupturgefahr des Uterus)
- Vorzeitige Plazentaablösung
- Blutende Placenta praevia:
  Bei einer Placenta praevia reicht die Plazenta untypischerweise bis in den Gebärmutterhals. Bei der Dehnung des Gebärmutterhalses kann es zu massiven Blutungen aus der Placenta praevia kommen.
- Geburtsstillstand

Unerwünschte Medikamentenwirkungen auf Uterus, Wehentätigkeit und das Kind

Substanzen mit einem niedrigen Molekulargewicht, einer guten Fettlöslichkeit und geringer Ionisierung passieren gut die Plazentaschranke, treten damit leicht in den kindlichen Kreislauf über und können zu einer Beeinträchtigung des neugeborenen Kindes führen.

Nahezu alle zentralwirkenden Medikamente, die in der Anästhesie verwendet werden, weisen diese Merkmale auf (z. B. Thiopental, Methohexital, Inhalationsanästhetika u. a.). Auch Opioide passieren leicht die Plazentarschranke. Fentanyl darf deshalb bei einer Sectio nicht vor(!) der Abnabelung des Kindes gegeben werden, da sonst mit einer Atemdepression des Neugeborenen zu rechnen ist. Muß aus irgend einem Grunde ein Opioidüberhang beim Neugeborenen antagonisiert werden, so wird Naloxon (Narcanti neonatal) (s. S. 51) in einer Initialdosierung von 0,01 mg/kgKG intravenös empfohlen, gegebenenfalls sind Wiederholungsdosen notwendig.
Lokalanästhetika können in unterschiedlichem Maße die Plazenta überschreiten.

Bupivacain zeichnet sich durch sehr niedrige Plasmaspiegel beim ungeborenen Kind aus und eignet sich daher besonders zur Anwendung in der Geburtshilfe.

Kommt es dennoch zu toxisch hohen Blutspiegeln beim ungeborenen Kind, so drohen Nebenwirkungen von seiten des Herzens (bradykarde Rhythmusstörungen, s. S. 141) und des zentralen Nervensystems (s. S. 140).

Die gebräuchlichen Muskelrelaxanzien sind wasserlöslich, von höherem Molekulargewicht und ionisiert. Sie passieren daher die Plazentarschranke kaum.

In üblichen Dosierungen können daher depolarisierende sowie nichtdepolarisierende Muskelrelaxanzien zu keiner kindlichen Muskelerschlaffung führen; sie haben auch keinen Effekt auf die Uterusmuskulatur (glatte Muskulatur!).
Verdampfbare Inhalationsanästhetika führen dosisabhängig zu einer Uteruserschlaffung bis hin zur Uterusatonie. Dies kann nach der Entbindung eine verstärkte Blutung aus dem Uterus begünstigen.

Präeklampsie und Eklampsie

Allgemeine Bemerkungen

Präeklampsie und Eklampsie sind Krankheitsbilder, die nur bei Schwangeren ab der 20. Schwangerschaftswoche auftreten können und meist innerhalb von 48 Stunden nach der Entbindung wieder verschwinden.

> Hauptsymptome einer **Präeklampsie** sind
> - Eine Hypertonie (> 140/90 mm Hg bei vorher normotensiven Schwangeren)
> - Eine Proteinurie (> 0,3 g Protein pro Liter im 24-Stunden-Urin)

Ödeme werden für die Diagnose Präeklampsie nicht mehr gefordert. Lediglich bei massiver Ödembildung (> 2 kg Gewichtszunahme pro Woche) sind sie auf eine Präeklampsie hinweisend. Von einer schweren Präeklampsie wird gesprochen, wenn mindestens eines der folgenden Symptome vorliegt:
- Blutdruck > 160/110 mm Hg
- Proteinurie > 5 g/Tap
- Zerebrale Symptome wie Kopfschmerzen, Schwindel, Sehstörungen u. ä.
- Oligurie (< 400 ml Urin pro Tag)
- Schmerzen im Oberbauch
- Lungenödem/Zyanose
- Thrombozytopenie
- HELLP-Syndrom (s. u.)

Beim Auftreten zentraler Symptome wie Kopfschmerz, Schwindel, Ohrensausen, Sehstörungen, motorische Unruhe und Hyperreflexe wird auch von einer drohenden Eklampsie gesprochen. Beim Vollbild der Eklampsie kommt es durch das Auftreten von tonisch-klonischen Krämpfen zu einem dramatischen Verlauf.

Nach einem eklamptischen Anfall sinkt die Patientin in einen vorübergehenden komatösen Zustand. Folgt ein eklamptischer Anfall auf den anderen, ohne daß die Patientin dazwischen wieder zu Bewußtsein kommt, so spricht man von einem **Status eclampticus.** Ca. 50% der eklamptischen Anfälle ereignen sich unter der Geburt, jeweils ca. 25% ereignen sich während der Schwangerschaft beziehungsweise kurz nach der Geburt.

Die **Ursache einer Präeklampsie und Eklampsie** ist noch umstritten. Eine wichtige Rolle scheint eine uteroplazentare Entwicklungsstörung mit nachfolgender Minderdurchblutung der Plazenta zu spielen. Neuerdings wird auch eine Antigen-Antikörper-Reaktion angeschuldigt, die durch eine Einschwemmung von fetalen Elementen in den mütterlichen Kreislauf ausgelöst werden soll. Viele Symptome können durch eine Störung in der Synthese von Thromboxan und Prostazyklin erklärt werden. Die Konzentration des gefäßverengenden Thromboxans ist bei präeklamptischen Schwangeren 5–7mal höher als die Konzentration des gefäßerweiternden Prostazyklins. Bei gesunden Schwangeren ist dagegen die Konzentration des gefäßerweiternden Prostazyklins ca. doppelt so hoch wie die Konzentration des gefäßverengenden Thromboxans wodurch es zu der für die normale Schwangerschaft typischen Gefäßweitstellung mit leichtem Blutdruckabfall kommt.

Selbst bei den leichten Formen einer Präeklampsie ist die kindliche Mortalität erhöht. Die Ursache ist vor allem eine plazentare Mangeldurchblutung. Bei schweren Formen der Präeklampsie kann die kindliche Mortalität bis 30% betragen. Beim Auftreten von eklamptischen Anfällen besteht daneben auch eine Gefahr für das Leben der Mutter (10–15% Letalität).

Im Mittelpunkt des Krankheitsbildes steht ein generalisierter Gefäßspasmus, der sowohl die Hypertonie als auch lokale Gefäßspasmen in den verschiedensten Organen mit entsprechenden funktionellen Veränderungen auszulösen vermag.

Das **zentrale Nervensystem** (ZNS)
kann durch intravasale Fibrin- und Thrombozytenablagerungen, durch petechiale Hirnblutungen und Nekrosen geschädigt werden. Hierdurch kann ein eklamptischer Anfall ausgelöst werden. Während eines eklamptischen Anfalls kann es zu Hypoxie, Aspiration und Azidose kommen. Vor allem bei der Intubation kann eventuell ein massiver Blutdruckanstieg auftreten, der unter Umständen sogar zu einer Hirnblutung führen kann.

Das **Herz-Kreislauf-System**
ist durch einen meist erhöhten peripheren Gefäßwiderstand und ein erhöhtes Herzminutenvolumen gekennzeichnet. Unter Umständen kann ein Herzversagen mit Lungenödem auftreten. Die Patientinnen reagieren sehr empfindlich auf Katecholamine.. Das intravasale Volumen ist reduziert (relative Hypovolämie), was sich oft an einem erhöhten Hb- (> 14 g%) und HK-Wert (> 40%) zeigt.

Die **uteroplazentare Durchblutung**
ist deutlich reduziert, was eine Mangeldurchblutung des Kindes bedeutet.

Die **Lunge**
neigt zum interstitiellen Lungenödem. Ursache ist der erniedrigte Eiweißgehalt mit einem Abfall des kolloidosmotischen Drucks sowie eine erhöhte Kapillarpermeabilität. Bei einem eklamptischen Anfall besteht außerdem die Gefahr einer Aspiration mit nachfolgenden Lungenkomplikationen.

Die **Blutgerinnung**
kann gestört sein, häufiger besteht ein Thrombozytenmangel.

Die **Niere**
wird schlechter durchblutet, was sich in einer Abnahme der Urinproduktion bis hin zum anurischen Nierenversagen manifestieren kann. Bei abnehmender Harnausscheidung sollte nicht versucht werden, mittels Furosemid (Lasix) und Mannit (= Osmodiuretikum) eine Diuresesteigerung zu erzwingen, da das intravasale Volumen bereits vermindert ist. Es ist eine vorsichtige Volumengabe notwendig. Zur Kontrolle der Urinausscheidung muß ein Dauerkatheter gelegt werden.

Die **Leber**
wird vermindert durchblutet, was sich in einem Anstieg der Leberenzyme bis hin zum Leberversagen äußern kann. Stehen die Lebersymptomatik und die Gerinnungsproblematik ganz im Vordergrund, liegt ein **HELLP-Syndrom** vor. HELLP ist die Abkürzung für **H**emolysis (Hämolyse: LDH > 600 IE, freies Hämoglobin erhöht, Haptoglobin erniedrigt, Bilirubin erhöht) **e**levated **l**iver enzymes (erhöhte Leberwerte: SGOT und SGPT erhöht) und **l**ow **p**latelet count (niedrige Thrombozytenzahl).

Allgemeine Therapieprinzipien bei der Präeklampsie und Eklampsie

Die einzige kausale Therapie der Präeklampsie ist die Entbindung. Man wird deshalb meist eine vorzeitige Entbindung zwischen der 36. und 38. Schwangerschaftswoche anstreben.

Beim Vollbild der Eklampsie wird teilweise eine sofortige Entbindung durch einen Kaiserschnitt notwendig. In letzter Zeit neigt man eher dazu, einen Status eclampticus medikamentös zu durchbrechen und 24–48 Stunden nach dem letzten eklamptischen Anfall die Geburt durch einen Wehentropf (s. S. 226) einzuleiten. Ist der Status eclampticus nicht zu durchbrechen oder ist die Patientin länger als 24 Stunden komatös oder tritt eine Anurie ein, so muß umgehend ein Kaiserschnitt durchgeführt werden.

Als allgemeine Therapieprinzipien werden blutdrucksenkende Medikamente, vorsichtige Volumengabe, strenge Bettruhe und eine Abschirmung gegenüber Umweltreizen verordnet.

Zur Blutdrucksenkung wird vor allem Dihydralazin (Nepresol ca. 5 mg/h; 50 mg/ 50 ml in Spritzenpumpe) eingesetzt, neuerdings ist hierfür auch Urapidil (Ebrantil) zugelassen. Der Blutdruck sollte langsam auf einen diastolischen Wert von ca. 90–100 mmHg gesenkt werden. Ein abruptes Absenken kann zu einer weiteren Gefährdung der uteroplazentaren Durchblutung führen. Die Patientin sollte möglichst in Seitenlage liegen. In Rückenlage behindert der schwangere Uterus die Blutströmung in der Aorta, in der V. cava inferior sowie in den Nierengefäßen (s. S. 225).

Bei einer drohenden Eklampsie wird versucht, die Erregbarkeit des ZNS durch Magnesiumsulfat-Gabe zu erniedrigen.

Als Initialdosis empfehlen sich 4 g intravenös über ca. 10–15 Minuten. Anschließend wird ca. 1 g Magnesiumsulfat/Stunde per Spritzenpumpe verabreicht. Unter dieser Therapie muß der Patellarsehnenreflex noch auslösbar bleiben. Als Antidot muß Kalzium griffbereit sein. Da Magnesium über die Nieren ausgeschieden wird, muß es bei eingeschränkter Nierenfunktion vorsichtig dosiert werden. Bei einer Überdosierung droht eine periphere Atemlähmung und eventuell ein Herzstillstand. Bei der Gabe höherer Magnesiumdosen muß eine Wirkungsverstärkung und Wirkungsverlängerung der Muskelrelaxanzien beachtet werden.

Ein eklamptischer Anfall muß umgehend mit einem kurz wirksamen Barbiturat (z.B. Thiopental) oder z.B. mit Diazepam durchbrochen werden. Wichtig ist stets die Verabreichung von Sauerstoff.

Läßt sich ein Status eclampticus nicht durchbrechen, so muß die Patientin sofort intubiert, relaxiert, kontrolliert beatmet und auf eine Intensivstation verlegt werden.

Anästhesiologische Probleme bei der Präeklampsie und Eklampsie

An präoperativer Diagnostik sind Blutdruck, Eiweißausscheidung im Urin, Blutbild, Elektrolyte, Kreatinin und Harnstoff, Gesamteiweiß, Transaminasen, LDH und Bilirubin, der Gerinnungsstatus einschließlich den Thrombozyten sowie eine arterielle Blutgasanalyse erforderlich.

Durch die generalisierte **Vasokonstriktion und Ödembildung** ist bei diesen Patientinnen meist mit einem intravasalen Volumenmangel und einer Verschiebung des Elektrolythaushaltes zu rechnen. Die meist vorbehandelte **Hypertonie** schränkt die hämodynamische Kompensation ein.

Bei der Narkoseeinleitung droht daher ein stärkerer Blutdruckabfall. Auf eine ausreichende Volumensubstitution mit Normalisierung des zentralen Venendrucks (ZVD) ist sowohl vor einer Vollnarkose als auch vor Anlage einer PDA zu achten. Folge der **Proteinurie** ist meist ein erniedrigter Albuminspiegel. Bei den zumeist stark an Albumin gebundenen intravenös verabreichten Narkosemedikamenten führt dies allerdings noch zu keinen klinisch relevanten Veränderungen.

Die **kontinuierliche PDA** wird seit vielen Jahren **als Therapie** bei der drohenden Eklampsie durchgeführt. Hierdurch kann der Blutdruck graduell gesenkt und die uteroplazentare Durchblutung gesteigert werden. Zur Schmerztherapie während der vaginalen Geburt ist bei diesen Patientinnen die PDA die Methode der Wahl. Vor der Durchführung einer PDA muß stets eine bei diesem Krankheitsbild häufigere Blutgerinnungsstörung ausgeschlossen werden! Außerdem ist auf eine ausreichende Volumengabe zu achten. Eine akute Senkung des Blutdrucks muß auf alle Fälle vermieden werden. Eine Spinalanästhesie zur Durchführung einer Sectio caesarea ist aufgrund eines eventuell schnell auftretenden stärkeren Blutdruckabfalles nicht geeignet. Bei Vorliegen eines HELLP-Syndroms (s. S. 234) verbietet sich eine Spinal- oder Periduralanästhesie.

Muß bei eklamptischen Patienten ein **Kaiserschnitt** in Vollnarkose durchgeführt werden, dann müssen sowohl starke Blutdruckabfälle als auch weitere Blutdruckanstiege vermieden werden. Eine engmaschige, möglichst blutig-arterielle Druckmessung (s. S. 169) ist angezeigt. Zur Therapie eines eventuell massiven Blutdruckanstiegs unter der Intubation sollte ein gut steuerbares Antihypertensivum (z.B. Nitroglycerin 1:100 verdünnt) bereitliegen.Da auch die oberen Luftwege oft ödematös geschwollen sind, ist meist ein kleinerer Tubus notwendig. Muskelrelaxanzien sind vorsichtig zu dosieren, da sowohl verabreichtes Magnesiumsulfat als auch Diazepam die Wirkung von nichtdepolarisierenden Muskelrelaxanzien verstärken; gegebenenfalls ist die Gabe von Kalzium oder eine Nachbeatmung nötig.

Anästhesie in der Gynäkologie

Allgemeine Bemerkungen

Lagerung:

Die meisten gynäkologischen Operationen werden in der Steinschnittlagerung (Abb. 5.15) durchgeführt.

Gynäkologische Operationen

Ausschabung (= Curettage)

Die zumeist nur ca. 10 Minuten dauernde Operation wird normalerweise in **Maskennarkose** (s. S. 99) durchgeführt. Durch

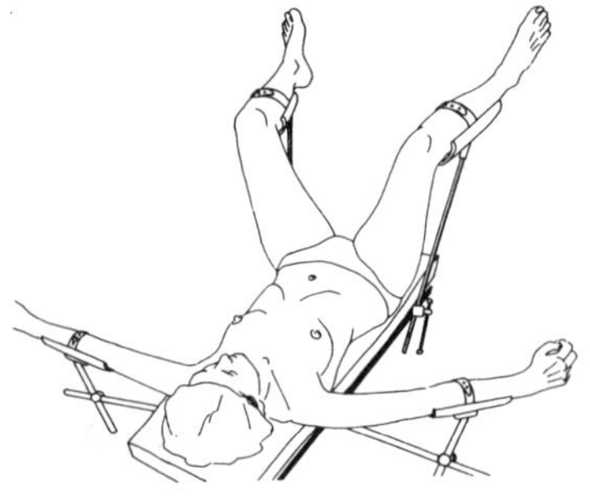

Abb. 5.15 Steinschnittlagerung

die starke sensible Versorgung der Dammregion und des Gebärmutterhalses kann es bei einer zu flachen Narkoseführung leicht zum Auslösen von vegetativen Reflexen wie Laryngospasmus (s. S. 188) oder Singultus (s. S. 180) kommen.

Singultus und Husten der Patientin müssen unbedingt vermieden werden, um nicht eine versehentliche Uterusperforation bei der Ausschabung zu riskieren. Inzwischen wird in vielen Kliniken eine Kombination aus fraktionierten Propofoldosen (initial 1,5–2,5 mg/kgKG, Nachinjektionen à ca. 20–30 mg, Alfentanil (z. B. 0,5–1,0 mg), Sauerstoff und Lachgas für diese Kurznarkosen verwendet und auf die Gabe eines volatilen Anästhetikums meist ganz verzichtet (vgl. TIVA, S. 177)

Bei einer Ausschabung nach einem Spätabort müssen großlumige peripher-venöse Zugänge gelegt werden, da es unter Umständen zu erheblichen Blutungen kommen kann. Blutkonserven müssen bereitgestellt sein und die Patientin muß intubiert werden.

Abdominale Uterusexstirpation (= Hysterektomie)

Ein solcher Eingriff wird stets in **Intubationsnarkose** durchgeführt.

Laparoskopie (= Bauchspiegelung)

Eine **Intubation** und eine kontrollierte Beatmung sind zwingend. Um die Bauchspiegelung besser durchführen zu können, wird die Bauchhöhle nach Einstechen eines Trokars zuerst mit CO_2 aufgeblasen. Außerdem muß die Patientin in eine extreme Kopftieflage gebracht werden. Da ein Teil des eingeblasenen CO_2 resorbiert wird und zum anderen die extreme Kopftieflage die Beatmung behindert, droht ein Anstieg des CO_2-Gehalts im Blut. Zur genauen Ventilationskontrolle empfiehlt sich die endexspiratorische CO_2-Messung (siehe auch minimal invasive Chirurgie S. 263).

Extrauteringravidität (= EU)

Da es hierbei unter Umständen zu starken Blutungen kommen kann, müssen mehrere großlumige peripher-venöse Zugänge gelegt werden, außerdem muß Blut bereitgestellt sein. Die Operation muß in **Intubationsnarkose** durchgeführt werden.

Anästhesie in der Urologie

Allgemeine Bemerkungen

Häufig sind in der Urologie alte Patienten mit entsprechenden Nebenerkrankungen zu operieren (s. S. 221). Die Eingriffe werden oft in einer **rückenmarknahen Leitungsanästhesie,** insbesondere einer Spinalanästhesie durchgeführt (s. S. 148).

Urologische Operationen

Nierenoperationen

Lagerung:

Seitliche Lagerung mit extremer Abknikkung des Operationstisches (= **Nierenlagerung,** s. Abb. 5.16).

Durch diese Nierenlagerung kommt es zur Beeinträchtigung der Lungendurchblutung (= Perfusion) und der Lungenbelüftung (= Ventilation).

Die untere Lunge ist zwar gut durchblutet (perfundiert), aber schlecht belüftet (ventiliert). Die obere Lunge dagegen ist schlecht perfundiert, aber gut ventiliert. Es wird von **Störungen des Ventilations-Perfusions-Verhältnisses gesprochen.** In Lungenbezirken, die gut durchblutet, aber schlecht belüftet werden, fließt das Blut durch das Lungenkapillargebiet, ohne daß es ausreichend mit Sauerstoff aufgesättigt wird. Folge dieser Ventilations-Perfusions-Störungen ist also, daß ein Teil des Blutes vom rechten Herzen durch die Lunge zum linken Herzen fließt, ohne daß es ausreichend mit Sauerstoff gesättigt wird. Dieses Phänomen wird als **Rechts-Links-Shunt** bezeichnet und bedingt eine entsprechende Verminderung des Sauerstoffgehaltes im arteriellen Blut.

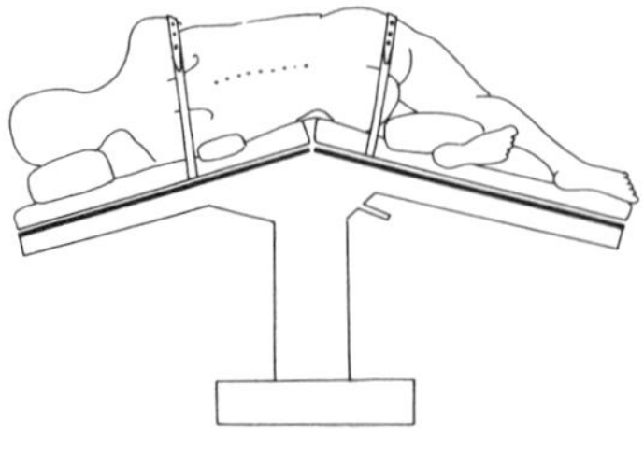

Abb. 5.16 Lagerung für Nierenoperationen

Außerdem neigt die untere Lunge durch die schlechte Belüftung zum Kollabieren der Alveolen, das heißt zur Ausbildung von Atelektasen, wodurch ein Rechts-Links-Shunt noch verstärkt wird. Durch diese Lagerung werden auch die Bewegungen des Zwerchfells deutlich eingeschränkt. Des weiteren kann bei dieser „Nierenlagerung" unter Umständen die V. cava inferior komprimiert werden, wodurch der venöse Rückstrom zum Herzen behindert ist. Folge davon kann ein deutlicher Blutdruckabfall sein.

Narkoseführung:

Die beschriebenen Ventilationsprobleme machen immer eine **Intubationsnarkose** notwendig, um eine möglichst gute Ventilation zu garantieren. Aus den erwähnten Gründen sollen in dieser Lagerung ca. 50% Sauerstoff eingeschaltet werden. Ein **PEEP** kann bei dieser Lagerung zu einer Verbesserung, unter Umständen aber auch zu einer Verschlechterung der Oxygenierung führen. Der Grund für eine eventuelle PEEP-bedingte Verschlechterung der Oxygenierung wäre darin zu sehen, daß sich der PEEP vor allem auf die leichter dehnbare oben liegende Lunge auswirkt, weniger aber auf die schlechter dehnbare und minder ventilierte unten liegende Lunge. Dadurch können die vorbestehenden Ventilations–Perfusions-Störungen unter Umständen sogar verstärkt werden. Der Erfolg eines PEEPs ist daher anhand einer arteriellen Blutgasanalyse zu überprüfen. Vor der Extubation muß der Patient erst in Rückenlage gebracht und die Lunge mehrmals manuell gebläht werden, um eventuelle Atelektasen wieder aufzudehnen.

Mögliche operative Komplikationen:

Neben einer Verletzung von großen venösen Gefäßen mit der Gefahr einer akuten Blutung oder einer Luftembolie kann auch eine Verletzung von großen arteriellen Gefäßen auftreten. Des weiteren kommt es manchmal zu einer Verletzung der Pleurahöhle. Wird hierbei keine Pleuradrainage eingelegt, sondern nach manuellem Blähen der Lungen die Pleurahöhle wieder verschlossen, so muß die Narkose ohne (!) Lachgas zu Ende geführt werden (s. S. 32).

Transurethrale Resektion eines Blasentumors (= TUR-Blase)

Lagerung:

Steinschnittlagerung (vgl. Abb. 5.15)

Narkoseführung:

Es bieten sich eine rückenmarknahe Leitungsanästhesie, insbesondere eine Spinalanästhesie an (s. S. 148). Gegebenenfalls kann zusätzlich zu einer rückenmarksnahen Regionalanästhesie noch ein 3-in-1-Block angelegt werden. Hierbei werden in der Leiste von einer Punktionsstelle aus drei Nerven (N. femoralis, N. obturatorius, N. cutaneus femoralis lateralis) blockiert. Hierdurch kann der sogenannte **Obturatoriusreflex** unterdrückt werden, der bei der Elektroresektion eines Blasentumors an der lateralen Blasenwand ausgelöst werden kann und zu störenden Zuckungen des Beines (Adduktion des Beines) führen kann. Hierfür werden meist ca. 30 ml Prilocain 1% verwendet.

Mögliche operative Komplikationen:

Eine eventuelle **Blasenperforation** äußert sich bei einer rückenmarknahen Leitungsanästhesie meist in plötzlichen Bauchschmerzen, in gespanntem Abdomen, in Übelkeit, Blässe und Hypotonie. Bei beatmeten Patienten äußert sich eine Perforation meist nur in einem Anstieg des Beatmungsdruckes.

Transurethrale Resektion der Prostata (= TUR-Prostata)

Lagerung:

Steinschnittlagerung (vgl. Abb. 5.15)

Narkoseführung:

Es bieten sich eine rückenmarknahe Leitungsanästhesie, insbesondere eine Spinalanästhesie an (s. S. 148). Falls eine Vollnarkose durchgeführt wird, sollte bei der Extubation sowie postoperativ ein kräftiges Husten und Pressen des Patienten vermieden werden, da hierdurch eine verstärkte Nachblutung begünstigt werden kann.

Mögliche operative Komplikationen:

- Sogenanntes TUR-Prostatasyndrom: Während der transurethralen Resektion der Prostata mit der Elektroschlinge muß das Operationsfeld laufend mit einer nicht stromleitenden, daher elektrolytfreien Spülflüssigkeit klargespült werden. Da elektrolytfreies, destilliertes Wasser hypoton ist und bei einer Einschwemmung ins Gefäßsystem großteils nach intrazellulär (auch in die Erythrozyten) abdiffundieren würde, käme es zu einem Platzen der Erythrozyten, zu einer Hämolyse. Daher wird der elektrolytfreien Spülflüssigkeit ein hochmolekularer Zucker (z.B. 20 g/L Mannit, 20 g/L Sorbit; Osmolarität: 329 mOsmol zugesetzt). Dadurch ist die Spülflüssigkeit nahezu isoton, eine Hämolyse kann somit vermieden werden. Da bei der Elektroresektion der Prostata zahlreiche Venen der Prostatakapsel unvermeidbar eröffnet werden, droht ein

Einschwemmen der Spülflüssigkeit durch diese eröffneten Venen in den Kreislauf. Kommt es zur Einschwemmung großer Mengen von Spülflüssigkeit, so kann es zur Kreislaufüberladung mit einem Lungenödem kommen. Da die Spülflüssigkeit elektrolytfrei ist, kommt es bei größeren Einschwemmungen durch den Verdünnungseffekt zu einer Erniedrigung des Natriumgehalts im Blut. Folge dieser **Verdünnungshyponatriämie** kann ein Hirnödem mit Unruhe, Verwirrtheit und Brechreiz sein. Außerdem kann es auch zu einer metabolischen Azidose kommen. Von einer schweren Verdünnungshyponatriämie wird gesprochen, wenn der Natriumwert auf bis 120 mmol oder weniger abgesunken ist. Es empfiehlt sich beispielsweise eine 30minütige Elektrolytbestimmung.

Prophylaxe: Zurückhaltende Infusionstherapie. Es sollten jedoch ausschließlich Vollelektrolytlösungen eingesetzt werden. Hypotone Lösungen wie Glukose 5% sind kontraindiziert!

Therapie: Lasix 20–40 mg intravenös. Bei schwerer Hyponatriämie: 5%ige NaCl-Lösung intravenös.

$(\text{Natrium}_{\text{soll}} - \text{Natrium}_{\text{ist}}) \times \text{kgKG} \times 0{,}2 = \text{mVal des Natriumdefizits}$

- Perforation der Prostatakapsel:
  Eine versehentliche Perforation der Prostatakapsel äußert sich bei einer rückenmarknahen Leitungsanästhesie zumeist in plötzlichen Bauchschmerzen, in gespannten Bauchdecken, in Übelkeit und Blutdruckabfall. Bei beatmeten Patienten äußert sich eine Perforation meist nur in einer Erhöhung des Beatmungsdrucks.
- Sepsis:
  Bei Operationen an einem infizierten harnableitenden System kann es durch die operative Manipulation zum Einschwemmen von gramnegativen Bakterien mit einem meist in der frühen postoperativen Phase beginnenden septischen (Endotoxin-)Schock kommen. Bei einem postoperativen Zittern und einem Fieberanstieg nach urologischen Operationen muß unbedingt an eine beginnende Sepsis gedacht werden!
- Größere Blutverluste:
  Wegen der permanenten Spülung des Operationsfeldes mit Spülflüssigkeit ist die verlorene Blutmenge oft sehr schwer abzuschätzen.
- Nachblutung:
  Eventuell mit einer Blasentamponade (= Ausfüllung der Blase mit Blutgerinnseln)
- Blutgerinnungsstörungen:
  Das Prostatagewebe enthält reichlich Substanzen, die die Fibrinolyse steigern. Bei Einschwemmung dieser Substanzen in den Kreislauf kann es über eine gesteigerte Fibrinolyse zu einer verstärkten Blutungsneigung kommen. Die Therapie besteht in der Gabe von Fibrinolysehemmern (z.B. Ugurol i.v.).

Nierenentnahme beim hirntoten Patienten (= Spendernephrektomie)

Absolute Voraussetzung für eine Organentnahme ist ein nachgewiesener und schriftlich bestätigter Hirntod des Patienten, also ein irreversibler Ausfall aller (!) Hirnfunktionen. Daneben muß ein Organspenderpaß des Hirntoten oder die Einwilligung der Angehörigen vorliegen. Sind keine Angehörigen bekannt, so ist die Einwilligung der Staatsanwaltschaft notwendig.

Da mit dem Ausfall aller zerebraler Funktionen auch die zentrale Kreislaufregulation versagt, müssen diese Patienten unter Volumen- und Katecholamingabe (z.B. Dopamin, Dobutamin, s. S. 276) kreislaufstabil gehalten werden. Die Diurese sollte nicht unter 100 ml/Stunde abfallen. Die Beatmung erfolgt während der Explantation immer mit 100% Sauerstoff. Es ist eine Normoventilation anzustreben. Die Gabe von Narkosemedikamenten ist bei einem Toten (!) nicht notwendig.
In Absprache mit den Operateuren werden Heparin (ca. 100 IE/kgKG) sowie 100 mg Phenoxybenzamin (Dibenzyclin) verabreicht. Phenoxybenzamin ist ein starker Alphablocker (s. S. 51) und erzeugt eine Vasodilatation mit entsprechendem Blutdruckabfall, der mit Volumengabe aufzufangen ist.
Nach der Organentnahme wird der Tote extubiert. Bis auf zentralvenöse Katheter sollten alle Zugänge entfernt werden.
Als Todeszeitpunkt gilt der Zeitpunkt der Hirntodfeststellung.

Nierentransplantation

Da Patienten, bei denen eine Transplantation vorgenommen werden soll, meist seit vielen Jahren nierenkrank und dialysepflichtig sind, liegen oft folgende Befunde vor:

- Hypertonus
- Schwere, chronische Anämie
- Störungen des Wasser-, Elektrolyt- und Säure-Basen-Haushaltes
- Gerinnungsstörungen
- Diabetes mellitus, der eine perioperative Blutzuckerkontrolle notwendig macht.
- Deutlich reduzierter Allgemeinzustand
- Häufig eine koronare Herzerkrankung oder eine latente Herzinsuffizienz
- Eiweißmangel

Innerhalb der letzten 24 Stunden vor der Operation werden die Patienten dialysiert. Die Elektrolytwerte sowie die Blutgerinnungswerte und der Säure-Basen-Haushalt müssen nach der Dialyse nochmals kontrolliert werden.

Narkoseführung:
Peripher-venöse Zugänge sowie die Blutdruckmanschette dürfen nicht am Shunt-Arm angelegt werden! Der Shunt-Arm muß gut gepolstert und geschützt werden!

> Da die Patienten bei einer Organtransplantation immunsupressiv behandelt werden (mit Prednisolon und Cyclosporin A), sind sie besonders infektionsgefährdet. Aus diesem Grunde ist bei allen Injektionen, Infusionen, Zugängen usw. auf ein absolut steriles Vorgehen zu achten!

Als Anästhesieverfahren wird meist eine Inhalationsanästhesie einer Neuroleptanästhesie vorgezogen. Zumeist wird hierbei dem Isofluran der Vorzug gegeben, da bei der Metabolisierung von Enfluran nierentoxische Fluoridionen entstehen. Die Intubation sollte unter einer Vollrelaxierung mit einem nichtdepolarisierenden Muskelrelaxans durchgeführt werden, dafür bietet sich vor allem Atracurium (oder Vecuronium) an (s. S. 59). Nichtdepolarisierende Muskelrelaxanzien müssen vorsichtig dosiert werden. Zur Intubation kann bei normalen Kaliumwerten unter Umständen auch Succinylcholin verwendet werden.
Vor Perfusionsfreigabe der angeschlossenen Niere wird die Gabe von 125 ml Mannit 15% empfohlen. Der ZVD sollte bis dahin auf ca. 10 cmH_2O angehoben sein. Die Patienten kommen oft mit einem Volumenmangel zur Operation. Zur Steige-

rung der Diurese wird zumeist auch Dopamin in Nierendosis (1–3 μg/kgKG/min) sowie manchmal zusätzlich Furosemid verabreicht.

Da die Patienten an ihre chronische Anämie gut adaptiert sind, sollte eine Transfusion nur zurückhaltend durchgeführt werden. Gegebenenfalls ist die Gabe von Erythrozytenkonzentraten notwendig. Als kristalloide Lösung empfiehlt sich z.B. das kaliumfreie Normofundin (s. S. 120). Als zusätzliche Überwachungsmaßnahmen sind ein zentralvenöser Katheter (s. S. 165) sowie ein Dauerkatheter unverzichtbar. Eine arterielle Druckmessung sollte nur im Ausnahmefall vorgenommen werden (zukünftiger Shunt an diesem Arm?).

Anästhesie in der Neurochirurgie

Allgemeine Bemerkungen

Die Hirndurchblutung

Durch eine **Autoregulation des zerebralen Gefäßsystems** kann die Hirndurchblutung im Bereich eines arteriellen Mitteldrucks von ca. 60–150 mmHg nahezu konstant gehalten werden. Damit ist die Hirndurchblutung beim Gesunden fast unabhängig vom arteriellen Blutdruck. Verändert wird die Hirndurchblutung vor allem durch den arteriellen CO_2-Partialdruck ($PaCO_2$).

Eine Hypoventilation mit Anstieg des $PaCO_2$ führt zu einer zerebralen Gefäßweitstellung (= Vasodilatation) mit Zunahme der Hirndurchblutung. Eine Hyperventilation mit einem Abfall des $PaCO_2$ führt zu einer zerebralen Gefäßengstellung (= Vasokonstriktion) mit Abnahme der Hirndurchblutung.

Der intrakranielle Druck (= „Hirndruck“)

Er entspricht dem intrakraniellen Liquordruck und kann mit einem in einen Hirnventrikel gelegten Katheter (= Ventrikelkatheter), einer vorzugsweise im Hirngewebe liegenden (und optisch arbeitenden) Drucksonde (Camino-Sonde) oder mittels einer epiduralen Drucksonde gemessen werden.

Der intrakranielle Druck beträgt normalerweise im Liegen 10–15 mmHg. Da das Gehirn von dem unnachgiebigen, knöchernen Schädel umgeben ist, hat es fast keine Möglichkeit, sich bei krankhaften Prozessen (Ödem, Tumor, Hämatom) auszudehnen. Bereits eine geringe Volumenzunahme des Schädelinhaltes kann bei einem erhöhten intrakraniellen Druck zu einem exponentiellen Anstieg des Hirndrucks führen (vgl. Abb. 5.17).

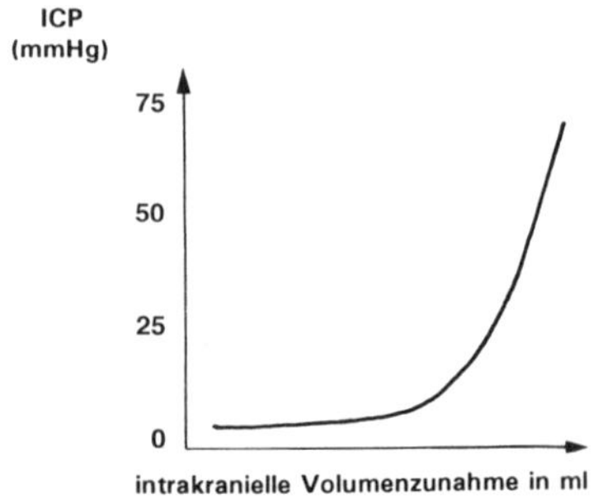

Abb. 5.17 Druckvolumenkurve des Gehirns

Erhöhung des intrakraniellen Drucks

Eine Erhöhung des intrakraniellen Drucks ist möglich, wenn der Schädelinhalt, also das Hirnvolumen, das zerebrale Blutvolumen oder das zerebrale Liquorvolumen zunimmt.

- Eine Zunahme des Hirnvolumens ist möglich bei:
  - Einem Hirnödem und einem Hirntumor
- Eine Zunahme des zerebralen Blutvolumens ist möglich bei:
  - Einer zerebralen Vasodilatation aufgrund
    einer Hypoventilation (s. S. 242), der Anwendung von Inhalationsanästhetika wie Halothan, Enfluran, Isofluran, Lachgas (s. S. 31 ff.) oder der Anwendung von Vasodilatanzien wie z. B. Nitroglycerin (s. u.) und ähnlichem
  - Einer Behinderung des venösen Rückflusses aus dem Gehirn bei einer Kopftieflagerung, bei Husten oder Pressen infolge zu flacher Narkose, bei einem PEEP (s. S. 21) oder seitlich gedrehtem Kopf und bei Faszikulationen nach Succinylcholingabe
  - Einer intrakraniellen Blutung,
    z. B. einer epiduralen, subduralen oder intraparenchymatösen Blutung
- Eine Zunahme des intrakraniellen Liquorvolumens ist möglich bei:
  - Einem Hydrozephalus aufgrund einer gesteigerten Liquorproduktion, einer gestörten Liquorresorption oder einer Liquorzirkulationsstörung
- Sonstiges:
  Ketanest sowie eine Hypoxie führen ebenfalls zu einer Hirndrucksteigerung.

Senkung des intrakraniellen Drucks

Eine Senkung des intrakraniellen Drucks ist dagegen möglich, wenn das zerebrale Blutvolumen, das Hirnvolumen oder das zerebrale Liquorvolumen abnimmt.

- Eine Verminderung des intrakraniellen Blutvolumens ist möglich durch:
  - Eine zerebrale Vasokonstriktion aufgrund einer kontrollierten Hyperventilation (s. S. 247), Barbituratgabe und Hypothermie
  - Eine Verbesserung des venösen Rückflusses aus dem Gehirn aufgrund einer Oberkörperhochlagerung von ca. 30 Grad und einem geradeausblickend gelagerten Kopf, einer tiefen Narkoseführung und dem Vermeiden von Husten und Pressen
  - Eine operative Ausräumung einer intrakraniellen Blutung
- Eine Reduktion des Hirnvolumens ist möglich durch:
  - Osmodiuretika wie Mannit und Sorbit, die dem Gehirn Wasser entziehen
  - Steroide, die ein Hirnödem vermindern sollen;
    erfolgversprechend sind Steroide beim peritumorösen Ödem. Beim Hirnödem nach SHT sind sie vermutlich wirkungslos.
- Eine Verminderung des intrakraniellen Liquorvolumens ist möglich durch:
  - Eine Liquordrainage mittels eines Ventrikelkatheters

Gefahren eines erhöhten intrakraniellen Drucks

Bei einer Verletzung des Gehirns (z. B. einem Hirnödem) ist die Autoregulation des zerebralen Gefäßsystems (s. S. 242) gestört. Damit wird die Hirndurchblutung direkt abhängig vom sogenannten zerebralen Perfusionsdruck.

Der **zerebrale Perfusionsdruck** (**c**erebral **p**erfusion **p**ressure = CPP) ist abhängig vom arteriellen Mitteldruck (**m**ean **a**rterial **p**ressure = MAP) und vom Hirndruck (**i**ntra**c**ranial **p**ressure = ICP). Es gilt die Beziehung CPP = MAP–ICP.

Eine Erhöhung des intrakraniellen Drucks bewirkt eine Verminderung des zerebralen Perfusionsdrucks (CPP) und damit eine Verminderung der Hirndurchblutung, unter Umständen bis zur Mangeldurchblutung. Ist der intrakranielle Druck (ICP) im Extremfall gleich dem arteriellen Mitteldruck (MAP), so findet keine Hirndurchblutung mehr statt (CPP = MAP–ICP).

Durch einen hohen intrakraniellen Druck kann es außerdem zu einer Druckschädigung des Gehirns, unter Umständen auch zur **druckbedingten Verlagerung von Hirnteilen** kommen. Möglich ist z.B. eine Herniation (Hineinpressen) von Teilen des Temporallappens in den Tentoriumschlitz (vgl. Abb. 5.18). Hierdurch kommt es zu einer Kompression („Einklemmung") des Mittelhirns mit Ausbildung einer einseitig weiten Pupille auf der Seite der Einklemmung, da hierbei auch der Nervus oculomotorius gequetscht wird. Wird diese Situation nicht erkannt oder unzureichend therapiert und steigt der Hirndruck weiter an, so können auch Teile der Kleinhirntonsillen ins Foramen magnum occipitale hineingepreßt werden und eine Kompression des unteren Hirnstamms verursachen. Dadurch kann es zu beidseits weiten Pupillen und durch Kompression des Kreislaufzentrums zum sogenannten **Cushing-Reflex** kommen. Der Cushing-Reflex ist gekennzeichnet durch einen plötzlichen Blutdruckanstieg und einen Abfall der Herzfrequenz.

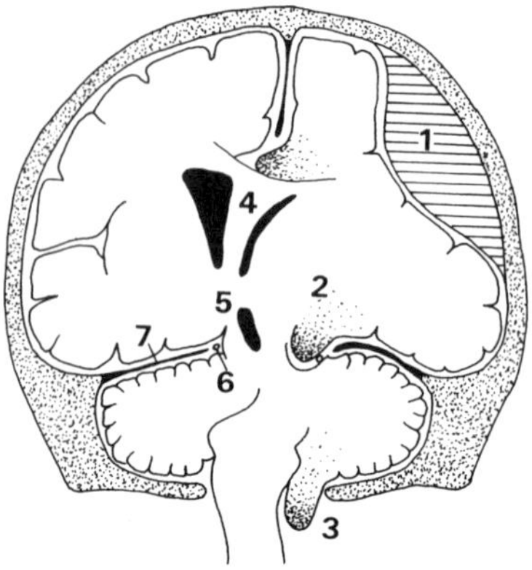

Abb. 5.18 Querschnitt durch den Schädel eines Patienten mit epiduralem Hämatom. Aufgrund des Hämatoms droht die Verlagerung von Hirnanteilen mit eventueller Hirnschädigung.
1 = epidurales Hämatom, 2 = Einklemmung am Tentoriumschlitz, 3 = Einklemmung ins Foramen occipitale magnum, 4 = verlagerte Seitenventrikel, 5 = 4. Hirnventrikel, 6 = Nervus oculomotorius, 7 = Tentorium.

Die Entwicklung einer weiten und lichtstarren Pupille stellt eine lebensgefährliche Situation dar und zwingt zum sofortigen Handeln. Der Hirndruck muß sofort gesenkt werden. Es geht um Minuten (!!!).

Therapie:

- Oberkörper ca. 30 Grad hochlagern
- Intubation und sofortiger Beginn einer Hyperventilation (s. S. 242)
- Sofort Barbiturat intravenös (z.B. wiederholt 250 mg Thiopental)
- Eventuell Osmodiuretikum (Mannit, Sorbit), das dem Gehirn Wasser entzieht. Nach Osmodiuretika kommt es zu einem initialen Abfall des Hirndrucks. Danach kann es jedoch unter Umständen zu einem überschießenden Hirndruckanstieg kommen **(Rebound-Effekt);** deshalb werden sie vielerorts

nur als Ultima ratio eingesetzt. Die Ursache für einen eventuellen Rebound-Effekt ist darin zu sehen, daß die Osmodiuretika bei einer Schädigung der Blut-Hirn-Schranke eventuell auch ins Gehirngewebe gelangen. Sie können nun Wasser aus dem Gefäßsystem ins Gehirn nachziehen und daher zu einem sekundären Anstieg des intrakraniellen Drucks führen.

- Weitere Maßnahmen zur Senkung eines erhöhten intrakraniellen Drucks s. S. 243
- Sofortige Abklärung der Ursache eventuell mittels zerebralem Computertomogramm. Frage: Hirnödem oder operativ angehbare intrakranielle Blutung?
- Na, K, Hb, PaO_2 und Blutzucker normalisieren

Spezielle neurochirurgische Lagerungen (s. S. 26)

Knie-Ellenbogen-Lage (= Mekka-Lage)

Diese Lagerung (Abb. 5.19) wird oft bei Operationen an der Wirbelsäule gewählt (z.B. bei Bandscheibenoperationen). Nach Narkoseeinleitung wird der Patient auf einen anderen Operationstisch in die Knie-Ellenbogen-Lage umgelagert. Hierbei kann es zu erheblichen Blutdruckabfällen kommen, da die Kreislaufregulationsmechanismen narkosebedingt zum Teil ausgeschaltet sind. Es muß auf eine druckfreie Lagerung der zugeklebten Augen sowie des Bauches geachtet werden. Eine sichere Tubusfixierung ist notwendig, da bei versehentlicher Extubation eine Reintubation in dieser Lagerung nicht möglich ist. Für die Extubation wird der Patient zuerst wieder in die Rückenlage gebracht.

Bauchlagerung

Die Bauchlagerung wird manchmal bei Eingriffen in der hinteren Schädelgrube vorgenommen. Nach Narkoseeinleitung wird der Patient vorsichtig umgelagert. Zu achten ist auf eine gute Tubusfixierung, mögliche Blutdruckabfälle bei der Umlagerung sowie eine druckfreie Lagerung der Augen und des Bauches. Für die Extubation wird der Patient zuerst wieder in die Rückenlage gebracht.

Sitzende Lagerung

Die sitzende Lagerung (Abb. 5.20) wird vor allem bei Operationen in der hinteren

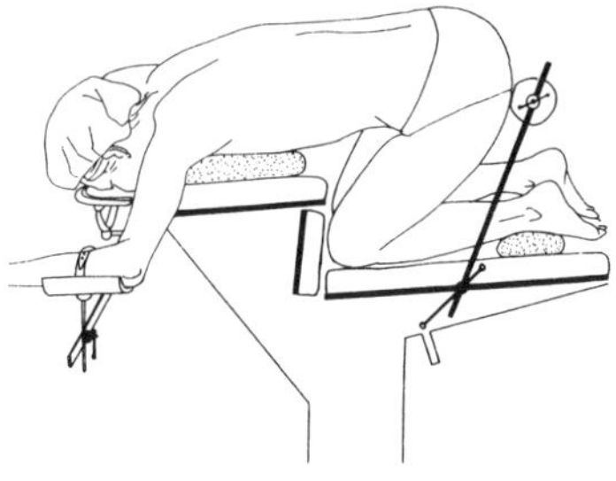

Abb. 5.19 Lagerung für Bandscheibenoperationen

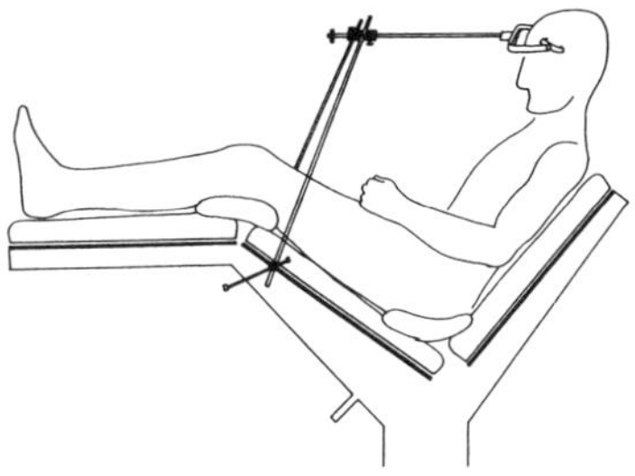

Abb. 5.20 Sitzende Lagerung für neurochirurgische Operationen in der hinteren Schädelgrube

Schädelgrube gewählt. Nach Narkoseeinleitung darf der Patient nur vorsichtig unter Blutdruckkontrolle schrittweise aufgesetzt werden. Dem hierbei drohenden Blutdruckabfall kann durch Wickeln der Beine vorgebeugt werden. Die sitzende Position ist eine der gefahrenträchtigsten Operationslagerungen, da sie das Entstehen einer Luftembolie begünstigt (s. u.).

Luftembolie bei der sitzenden Lagerung

In der sitzenden Position ist der Venendruck im Kopfbereich negativ. Beim Eröffnen von Venen kann es daher zu einem Lufteintritt in die venösen Gefäße mit der Folge einer Luftembolie kommen.

Eingetretene Luft kann sich im rechten Herzen ansammeln, wodurch die Pumpfunktion des rechten Herzens versagen kann. Passieren größere Luftmengen das rechte Herz, kann es zu einer **Verlegung der Lungenstrombahn** durch Luftblasen kommen, wodurch der Widerstand im Lungenkreislauf so stark zunehmen kann, daß das rechte Herz nicht mehr in der Lage ist, dagegen anzupumpen und unter Umständen ein akutes Rechtsherzversagen eintritt. Hat der Patient zufällig noch ein offenes Foramen ovale, dann könnte Luft aus dem rechten in den linken Vorhof übertreten und zu einer Luftembolie (paradoxe Luftembolie) im arteriellen Systemkreislauf führen. Bei einer Embolisation im Bereich der Koronaraterien bzw. des Zerebralkreislaufes kann es zu einem Herz- oder Hirninfarkt kommen. Um ein eventuell noch vorhandenes Foramen ovale (20–30%) zu erfassen, wird inzwischen eine präoperative transthorakale Echokardiographie empfohlen.

Hinweise auf eine Luftembolie:

- Präkordiale Dopplersonographie:
  Die präkordiale Dopplersonographie ist ein empfindliches Verfahren, um selbst kleine Luftblasen festzustellen. Eine Dopplersonde wird rechts parasternal im 3.–5. Interkostalraum festgeklebt. Zur Überprüfung der korrekten Lage werden einige Milliliter physiologische Kochsalzlösung schnell über einen (ausnahmsweise mit der Spitze im rechten Vorhof liegenden) Kavakatheter (s. S. 165) gespritzt. Bei korrekter Lage der Dopplersonde ist das für eine Luftembolie typische fauchende Geräusch zu hören.
- Plötzlicher Abfall des endexspiratorischen CO_2-Wertes:
  Die durch eine Luftembolie verlegten Anteile der Lungenstrombahn werden plötzlich nicht mehr durchblutet. In diesen Lungenbereichen kann daher auch kein CO_2 mehr ausgeschieden werden. Der CO_2-Partialdruck im Blut steigt an. Der CO_2-Gehalt der Ausatemluft nimmt plötzlich ab. Durch eine kontinuierliche Messung der CO_2-Konzentration in der endexspiratorischen Luft (z. B. mittels Kapnometer) kann also eine Luftembolie sofort erkannt werden. Die Alarmgrenzen der CO_2-Messung müssen stets sehr eng eingestellt sein!
- Transösophageale Echokardiographie:
  Neuerdings wird auch die transösophageale Echokardiographie (TEE) als ein sehr empfindliches Verfahren zum Nachweis eventueller Luftembolien empfohlen. Bei dieser Ultraschalldiagnostik des Herzens erfolgt die Schalleinstrahlung über einen in den Ösophagus eingeführten schlauchförmigen Schallkopf.
- Blutdruckabfall, Tachykardie, Herzrhythmusstörungen
- Zyanose

- Pulmonaliskatheter (falls vorhanden): Durch die Verlegung der Lungenstrombahn kommt es zu einem plötzlichen Anstieg des Drucks in der Pulmonalarterie (s. S. 180).

Therapie einer Luftembolie:

- Sofort den Operateur informieren, der das Gefäß zuhält, unterbindet oder, wenn es nicht auffindbar ist, das Operationsgebiet „unter Wasser setzt", um einen weiteren Lufteintritt zu verhindern
- Absaugen der Luft aus dem rechten Vorhof/Herzen: Über einen Kavakatheter, dessen Spitze bei solchen Operationen ausnahmsweise im rechten Vorhof plaziert wurde, kann versucht werden, die Luft abzusaugen. Um eine schnelle Absaugmöglichkeit zu garantieren, muß eine 20-ml-Spritze, oder besser eine Vakuumflasche, über einen geschlossenen Dreiwegehahn bereits vor Operationsbeginn an den Kavakatheter angeschlossen werden.
- Lachgas sofort abstellen und 100% Sauerstoff einschalten. Lachgas diffundiert in die embolisierten Luftblasen (s. S. 31) und führt zu deren Größenzunahme und damit zur Verschlimmerung der Symptomatik.
- PEEP einschalten: Hierdurch wird der venöse Rückfluß aus dem Gehirn reduziert; weiteren Luftembolien soll dadurch vorgebeugt werden. Die prophylaktische Anwendung eines PEEPs ist sehr umstritten.
- (Eventuelles Senken des Kopfteils des Operationstisches)
- (Eventuelle manuelle Kompression der Vv. jugularis internae)
- Eventuelle medikamentöse Unterstützung des rechten Herzens, z.B. mit einer Dobutamininfusion (s. S. 276)

Anästhesiologische Besonderheiten in der Neurochirurgie

Volumenzufuhr

Bei Gehirnoperationen ist auf eine zurückhaltende Volumenzufuhr zu achten. Blutverluste sollten durch Plasmaersatzmittel oder Blut ersetzt werden. Auf reine Glukoselösungen (z.B. Glukose 5%) muß verzichtet werden, da nach Metabolisierung der Glukose freies Wasser, also eine hypotone Lösung, übrigbleibt. Dieses diffundiert großteils ins Gewebe und kann zu einer Verstärkung eines Hirnödems führen.

Kontrollierte Hyperventilation

Bei vielen neurochirurgischen Patienten besteht bereits präoperativ ein erhöhter intrakranieller Druck. Durch die Hirnoperation kommt es meist zu einem Ödem des Gehirns mit Gefahr der weiteren postoperativen Steigerung des intrakraniellen Drucks (s. S. 243).

> Durch eine kontrollierte Hyperventilation mit einem angestrebten arteriellen $PaCO_2$-Wert von ca. 4 kPa = 30 mmHg kann eine zerebrale Vasokonstriktion (s. S. 242) mit Abnahme der Hirndurchblutung und damit des intrakraniellen Drucks (s. S. 243) erzielt werden.

Die normale Hirndurchblutung beträgt ca. 50 ml/100 g Hirngewebe pro Minute. Durch eine Änderung des $PaCO_2$ um 1 mm Hg ändert sich die Hirndurchblutung um 1 ml/100 g Hirngewebe pro Mi-

nute. Wird beispielsweise der $PaCO_2$ von normalerweise 40 auf 30 mm Hg gesenkt, dann nimmt die Hirndurchblutung von ca. 50 auf 40 ml/100 g Hirngewebe pro Minute ab. In den letzten Jahren wird eine starke Hyperventilation zunehmend kritisch beurteilt. Inzwischen wird eine Hyperventilation oft nur bis 33–35 mm Hg propagiert.
Die kontrollierte Hyperventilation wird anhand einer kontinuierlichen endexspiratorischen CO_2-Messung überwacht. Zur exakten Beurteilung der endexspiratorischen CO_2-Messung muß mehrmals eine arterielle Blutgasanalyse vorgenommen werden. Beim Vergleich des kontinuierlich angezeigten endexspiratorischen CO_2-Wertes mit dem CO_2-Wert der arteriellen Blutgasanalyse läßt sich feststellen, daß der arterielle Wert etwas höher ist. Diese alveola-arterielle CO_2-Partialdruckdifferenz (A-a-DCO_2) ist bei gleichbleibender Lungenfunktion konstant. Je schlechter die Lungenfunktion ist, desto größer ist dieser Differenzbetrag. Der genaue arterielle CO_2-Wert ist also immer um diesen Differenzbetrag höher als der aktuell angezeigte endexspiratorische CO_2-Wert.

Kontrollierte Hypotension

Durch eine vorübergehende, medikamentös erzielte Blutdrucksenkung (= kontrollierte Hypotension) bis auf einen minimalen arteriellen Mitteldruck von ca. 50 mmHg kann folgendes erreicht werden:
- ▶ Bei voraussichtlich sehr blutreichen Operationen kann der Blutverlust reduziert werden (z. B. gefäßreiche Hirntumoren).
- ▶ Durch Verminderung der Blutungen im Operationsgebiet können bessere Operationsbedingungen geschaffen werden. Dies ist vor allem wichtig bei mikrochirurgischen Operationen (z. B. mikrochirurgische Eingriffe am Gehirn oder Mittelohr).
- ▶ Die Rupturgefahr eines Aneurysmas einer Hirnarterie kann während der operativen Freilegung vermindert werden.

Medikamente für die kontrollierte Hypotension:

Nitroglycerin (Trinitrosan, Nitro Pohl infus)

Nitroglycerin wirkt vor allem auf die venösen Kapazitätsgefäße dilatierend.

Vorteile:

Keine Toxizität, gute Steuerbarkeit, kurze Plasmahalbwertszeit

Nachteile:

Auch die intrakraniellen venösen Gefäße werden weitgestellt mit der Gefahr, daß ein bereits erhöhter intrakranieller Druck weiter ansteigt (s. S. 243). Bei neurochirurgischen Patienten mit Verdacht auf einen erhöhten intrakraniellen Druck darf Nitroglycerin deshalb erst nach Eröffnung der Dura eingesetzt werden.
In ca. 20% ist die blutdrucksenkende Wirkung des Nitroglycerins jedoch nicht ausreichend.

Lösung:

Z. B. 1 Stechampulle Nitro Pohl infus = 50 mg/50 ml in einer Perfusorspritze aufziehen

Dosierung:

Nach Wirkung, bis zu 10(–15) ml/Stunde über einen Perfusor

Nitroprussid-Natrium = NPN (Nipride, nipruss)

Nitroprussid wird nur relativ selten eingesetzt. Es sollte jedoch für kritische Situationen (z.B. Aneurysmaruptur) stets aufgezogen griffbereit sein. NPN wirkt vor allem auf die arteriellen, zum Teil auch auf die venösen Gefäße dilatierend.

Vorteile:

Die Wirkung setzt sofort ein und ist nach Absetzen sofort wieder beendet. Es kann jede beliebige Blutdrucksenkung erzielt werden. Die Dosierung muß streng nach Wirkung erfolgen!

Nachteile:

- Reflektorische Tachykardie,
  die unter Umständen die Gabe eines β-Blockers notwendig macht
- Weitstellung auch der intrakraniellen Gefäße.
  Bei neurochirurgischen Patienten mit einem erhöhten intrakraniellen Druck darf NPN erst nach Eröffnen der Dura eingesetzt werden, um einen weiteren Anstieg des intrakraniellen Drucks zu vermeiden (s. S. 243).
- Tachyphylaxie.
  Unter Umständen tritt eine sehr schnelle „Gewöhnung" an das Medikament (= Tachyphylaxie) auf. Für die gleiche Wirkung werden immer höhere Dosen benötigt.
- Toxizität.
  Beim Abbau von NPN wird Zyanid freigesetzt. Bei hoher Zyanidkonzentration wird die Sauerstoffverwertung im Gewebe blockiert. Es kommt daher zur anaeroben Glykolyse mit Ausbildung einer metabolischen Azidose (Abfall von pH-Wert und Standardbikarbonat). Durch Zusatz von Thiosulfat kann die Zyanidtoxizität des NPN vermindert werden.
- Rebound-Effekt.
  Das heißt, bei plötzlichem Abbrechen der NPN-Infusion kann ein überschießender Blutdruckanstieg auftreten. Deshalb muß NPN immer langsam reduziert werden.

Lösung:

Nitroprussid-Natrium liegt als Trockensubstanz vor und muß aufgelöst werden. Die Lösung darf erst kurz vor Anwendung hergestellt werden, da sie nur ca. 4 Stunden haltbar ist. Aufgrund der Lichtempfindlichkeit müssen eine schwarze (oder mit Aluminiumfolie umwickelte) Perfusorspritze und Perfusorleitung benützt werden. Es hat sich folgende Lösung bewährt:

Stammlösung
= 50 mg Nipride in 2 ml Lösungsmittel
\+ 5 ml 10%ige Thiosulfatlösung
\+ 43 ml Glukose 5%.
= 50 ml in Perfusorspritze (1 ml = 1 mg).

Dosierung:

Streng nach Wirkung: 0,5–10(–15) µg/kgKG/min. Maximale Gesamtdosis: 1,5 mg/kgKG innerhalb von 2–3 Stunden.

Inhalationsanästhetika

Im Prinzip kann mit einem Inhalationsanästhetikum jede gewünschte Blutdrucksenkung eingestellt werden. Hierzu wären jedoch zum Teil sehr hohe Konzentrationen mit entsprechenden Nebenwirkungen notwendig. Inhalationsanästhetika werden heute nur noch in Kombination mit Nitroglycerin (oder Nitroprussid-Natrium) eingesetzt. Bei neurochirurgischen Patienten mit Verdacht auf einen erhöhten Hirndruck dürfen Inhalationsanästhetika nur nach Eröffnen der Dura eingesetzt werden, da sie eine zerebrale Vasodilatation mit der Gefahr einer Steigerung des intrakraniellen Drucks verursachen

(s. S. 243). Vorzugsweise wird hierzu Isofluran verwendet, da es von den verdampfbaren Inhalationsanästhetika den intrakraniellen Druck am wenigsten steigert. Außerdem führt Isofluran zu einer deutlichen Verminderung des Hirnstoffwechsels. Zunehmend häufiger wird allerdings auf die Gabe eines volatilen Anästhetikums verzichtet und eine totale intravenöse Anästhesie (s. S. 117) unter Verabreichung von Propofol und Sufentanil über eine Spritzenpumpe durchgeführt.

Durchführung der kontrollierten Hypotension:

Es hat sich folgendes Vorgehen bewährt: Mittel der ersten Wahl ist Trinitrosan (s. o.). Falls die Hypotension unzureichend sein sollte, wird zusätzlich bis 1 Vol.% Isofluran zugegeben oder notfalls auf NPN übergewechselt. Bei Durchführung einer totalen intravenösen Anästhesie (s. S. 117) unter Gabe von Propofol mittels Spritzenpumpe gelingt mittels Trinitrosan meist eine ausreichende Blutdrucksenkung.

Überwachungsmaßnahmen:

- Kontinuierliche blutig-arterielle Druckmessung (s. S. 169)
- Regelmäßige Messung des ZVD
- EKG
- Kontrolle der Körpertemperatur
- Kontrolle der Urinausscheidung: Empfehlenswert ist die Verabreichung von Dopamin in „Nierendosis" zur Verbesserung der Nierendurchblutung (bis 3 µg/kgKG/min, s. S. 276).
- Laborkontrollen: Regelmäßig arterielle Blutgasanalysen, Säure-Basen-Haushalt, Hb, HK
- Während der Hypotension müssen mindestens 50% Sauerstoff verabreicht werden.
- Langsames Ausschleichen der blutdrucksenkenden Medikamente

Kontraindikationen:

- Koronare oder zerebrale Durchblutungsstörungen
- Anämie
- Niereninsuffizienz
- Hypertonus

Überwachungsmaßnahmen bei intrakraniellen Eingriffen

- Arterielle Blutdruckmessung (s. S. 169)
- Kavakatheter (s. S. 165): Bei Gefahr einer Luftembolie muß die Spitze des Kavakatheters ausnahmsweise im rechten Vorhof plaziert werden. Über einen Dreiwegehahn muß eine 20-ml-Spritze oder besser eine Vakuumflasche für ein eventuelles schnelles Absaugen von Luft aus dem rechten Herzen angebracht werden (s. S. 247).
- Kontinuierliche Temperaturmessung über eine rektale oder ösophageale Temperatursonde. Der Gefahr der Auskühlung sollte durch eine Wolldecke/Aluminiumfolie/Wärmematte vorgebeugt werden.
- Dauerkatheter
- Ultraschall-Dopplersonographie oder transösophageale Echokardiographie bei Luftemboliegefahr (s. S. 246)
- EKG mit akustischem Signal: Bei Operationen am Hirnstamm können plötzliche Rhythmusstörungen, insbesondere Bradykardien, auftreten. Diese müssen sofort dem Operateur mitgeteilt werden.
- Kontinuierliche endexspiratorische CO_2-Messung (s. S. 248)
- Relaxometrie: Während intrakranieller Eingriffe ist es wichtig, daß sich der Patient sicher nicht bewegt. Aus diesem Grunde ist eine tiefe Relaxation sowie eine Über-

wachung des Relaxationsgrades mittels Relaxometrie (s. S. 66) angezeigt.

- Laborbestimmungen:
  Arterielle Blutgasanalysen, Na, K, Blutzucker, bei Bedarf BB, Gerinnung. Bei unklarer Polyurie: BZ, Urinzucker und spezifisches Gewicht des Urins zur Unterscheidung zwischen „Zuckerdiurese" und Diabetes insipidus.
  Eine **Zuckerdiurese** entsteht normalerweise, wenn der Blutzuckerspiegel über 180 mg% ansteigt. Dann wird Zucker über den Urin ausgeschieden (Glukosurie). Da Zucker Wasser an sich bindet, kommt es zur vermehrten Urinausscheidung (osmotische Diurese). Es läßt sich Zucker im Urin nachweisen; Therapie: Insulingabe zur Senkung des Blutzuckers. Um die Blutzuckerkonzentration um 10 mg% zu senken, wird ca. 1 IE Alt-Insulin benötigt.
  Ein **Diabetes insipidus** kann z.B. entstehen, wenn es aufgrund einer Schädigung des Gehirns zu einer verminderten Ausschüttung des antidiuretischen Hormons (ADH) aus dem Hypophysenhinterlappen kommt. Folge ist eine massive Diurese (fast wasserklarer Urin). Ein spezifisches Gewicht von 1004 g/l oder weniger spricht für einen Diabetes insipidus; Therapie: Desmopressin (Minirin).
- Sonstiges:
  Befeuchtung der Einatmungsgase bei langen Operationen. Bei Operationen von Hirntumoren muß die bereits präoperativ begonnene Steroidtherapie weitergeführt werden (z.B. 8 mg Fortecortin alle 4 Stunden).

Allgemeine Bemerkungen zur Narkoseführung bei neurochirurgischen Operationen

Prämedikation:

Bewußtseinsgetrübte Patienten dürfen zur Prämedikation kein sedierendes oder atemdepressives Medikament erhalten. Bei Krampfneigung muß auf Neuroleptika verzichtet werden (s. S. 8).

Narkoseeinleitung:

Bei Patienten mit Verdacht auf einen erhöhten intrakraniellen Druck muß eine besonders schonende Narkoseeinleitung vorgenommen werden. Jegliche Maßnahme, die zu einer weiteren Steigerung des intrakraniellen Drucks führen kann, ist zu vermeiden (s. S. 243). Als Einleitungshypnotikum eignet sich insbesondere Thiopental (s. S. 41), da es den intrakraniellen Druck senkt. Barbiturate führen zu einer Verminderung des zerebralen Stoffwechsels. Da die Hirndurchblutung eng an den Hirnstoffwechsel gekoppelt ist, führt eine deutliche Senkung des zerebralen Stoffwechsels auch zu einer Erniedrigung der zerebralen Durchblutung. Diese Abnahme des zerebralen Blutvolumens führt zu einem Abfall des intrakraniellen Drucks.

Narkoseführung:

Bei erhöhtem intrakraniellem Druck müssen Maßnahmen zur Senkung des intrakraniellen Drucks unternommen (z.B. kontrollierte Hyperventilation, s. S. 247) werden und Maßnahmen unterlassen werden (z.B. Halothan/Enfluran/Isofluran-Gabe), die zu einer Steigerung des intrakraniellen Drucks führen können. Durchgeführt wird eine Neuroleptanästhesie oder eine totale intravenöse Anästhesie (TIVA; s. S. 117).

Narkoseausleitung:
Eine schonende Narkoseausleitung ohne Husten und Pressen ist anzustreben, um einen Anstieg des intrakraniellen Drucks und Nachblutungen zu vermeiden. Falls die Gefahr eines Hirnödems besteht, der Patient nicht ansprechbar ist, Schluckstörungen oder keine gesicherte Spontanatmung zu erwarten sind, muß der Patient intubiert auf die Intensivstation verlegt werden. In den letzten Jahren wird nach unkomplizierten Hirnoperationen häufig eine primäre Extubation noch auf dem Operationstisch angestrebt.

Neurochirurgische Operationen

Bandscheibenvorfall (= BSV)

Lagerung:
Knie-Ellenbogen-Lage (vgl. Abb. 5.19)

Extubation:
In Rückenlage schonende Extubation ohne Husten und Pressen, um Nachblutungen zu vermeiden

Mögliche operative Komplikationen:
Ein unklarer Blutdruckabfall kann Hinweis auf eine operationsbedingte Verletzung der Aorta oder der A. iliaca sein (sehr selten).

Chronische Steigerung des intrakraniellen Drucks aufgrund eines chronischen sub-/epiduralen Hämatoms oder eines chronischen Hydrozephalus

Narkoseführung:
NLA (s. S. 111) oder TIVA (s. S. 117). Bei diesen Patienten ist ein erhöhter intrakranieller Druck anzunehmen. Jegliche Maßnahme, die eine weitere Steigerung des intrakraniellen Drucks provozieren könnte, ist zu unterlassen (s. S. 243). Mindestens bis zur Eröffnung der Dura sollte der Patient kontrolliert hyperventiliert werden (s. S. 247).

Extubation:
Nach Rücksprache mit dem Operateur wird postoperativ die Extubation oder die Verlegung des intubierten Patienten auf die Intensivstation angestrebt.

Akute Steigerung des intrakraniellen Drucks aufgrund eines akuten epi-/subduralen Hämatoms, einer intrakraniellen Blutung oder eines akuten Hydrozephalus

Allgemeine Bemerkungen:
Es handelt sich um eine absolut dringliche Operationsindikation (!!), da ein stark erhöhter intrakranieller Druck mit all seinen Gefahren anzunehmen ist (s. S. 243). Es darf keine Zeit mit dem Legen eines Dauerkatheters, eines Kavakatheters usw. verlorengehen. Diese Maßnahmen dürfen erst nach der operativen Entlastung vor-

genommen werden. **Es geht um Minuten (!!).**

Narkoseführung:

NLA (s. S. 111) oder TIVA (s. S. 117). Jegliche Maßnahme, die eine Steigerung des intrakraniellen Drucks provozieren könnte, ist streng zu vermeiden (s. S. 243). Es muß auch auf Lachgas verzichtet werden (s. S. 31). Maßnahmen zur Senkung des intrakraniellen Drucks sind durchzuführen (s. S. 243). Postoperativ wird der Patient intubiert auf die Intensivstation verlegt.

Operationen an der Halswirbelsäule

Lagerung:

Rückenlagerung oder sitzende Lagerung (s. S. 245). Bei Operationen in sitzender Lagerung muß die Gefahr einer Luftembolie beachtet werden (s. S. 246).

Extubation:

Die Extubation ist nur nach Rücksprache mit dem Operateur erlaubt, da eventuell postoperativ eine ödembedingte, vorübergehende Querschnittsymptomatik mit einer Atemlähmung droht. Ist dies zu befürchten, so muß der intubierte Patient auf die Intensivstation verlegt werden.

Aneurysmaklipping

Allgemeines:

Bei zerebralen Aneurysmaoperationen droht die Gefahr, daß das Aneurysma rupturiert (platzt), vor allem beim Freipräparieren des Aneurysmas oder während eines Blutdruckanstiegs.

Einleitung:

Es muß unbedingt ein Blutdruckanstieg vermieden werden. Als Einleitungshypnotikum empfiehlt sich Thiopental wegen seiner blutdrucksenkenden Nebenwirkung. Zur Intubation empfehlen sich Fentanyl oder Sufentanil in hoher Dosierung und ein Verzicht auf Succinylcholin zugunsten einer Vollrelaxation mit einem nichtdepolarisierenden Muskelrelaxans (z. B. Pancuronium).

Narkoseführung:

Tiefe Narkose, um Blutdruckanstiege zu vermeiden. Erweiterte Überwachungsmaßnahmen (s. S. 250). Bei schwierigen Operationsbedingungen wird eine kontrollierte Hypotension (s. S. 250) durchgeführt, um die Rupturgefahr zu vermindern. Da bei Patienten mit einem zerebralen Aneurysma eine Neigung zu zerebralen Gefäßspasmen besteht, sollte nur eine mäßige Hyperventilation (s. S. 248) durchgeführt werden. Durch eine stärkere Hyperventilation besteht die Gefahr, daß ein Gefäßspasmus mit Mangeldurchblutung und Infarkt provoziert wird. Kommt es zur Aneurysmaruptur, so muß sofort eine extreme kontrollierte Hypotension durchgeführt werden, bis die Blutung im Griff ist. Postoperativ wird der nasal umintubierte Patient auf die Intensivstation verlegt.

Kraniotomien bei Hirntumoren

Narkoseführung:

Erweiterte Überwachungsmaßnahmen (s. S. 250). Kontrollierte Hyperventilation (s. S. 248). Bei gefäßreichen Tumoren eventuell kontrollierte Hypotension (s. S. 250). Postoperativ wird der intubierte Patient auf die Intensivstation verlegt (vgl. Aneurysmaklipping S. 253).

Besonderheiten:

8 mg Fortecortin alle 4 Stunden (s. S. 243) zur Therapie des perifokalen Hirnödems.

Tumoren der hinteren Schädelgrube

Lagerung:

Meist sitzende Lagerung (s. S. 245) oder Bauchlagerung.

Narkoseführung:

Gefahr einer Luftembolie (s. S. 246). Bei gefäßreichen Tumoren eventuell Durchführung einer kontrollierten Hypotension (s. S. 248). Postoperativ wird der intubierte Patient auf die Intensivstation verlegt.

Besonderheiten:

8 mg Fortecortin alle 4 Stunden (s. S. 243) zur Therapie des perifokalen Hirnödems

Hypophysentumoren

Lagerung:

Rückenlagerung, halbsitzende Lagerung oder Seitenlagerung

Tubus:

Bei transnasaler Operation muß mit einem Woodbridge-Tubus (s. S. 75) oral intubiert werden.

Narkoseführung:

Kontrollierte Hyperventilation (s. S. 248). Bei halbsitzender Lagerung: Gefahr einer Luftembolie (s. S. 246).

Besonderheiten:

Am Operationstag: 3 x 100 mg Hydrocortison in 500 ml Glukose 5% über jeweils 8 Stunden

Anästhesie in der HNO/Kieferchirurgie

Allgemeine Bemerkungen

Ungünstigerweise liegt in der HNO/Kieferchirurgie das Operationsgebiet zumeist im Bereich der Luftwege. In diesen Fällen ist zur Sicherung der Luftwege immer eine Intubationsnarkose durchzuführen.

Tubus

Zum Teil werden die flexiblen, nicht knickbaren Woodbridge-Tuben, zunehmend häufiger spezielle vorgeformte Plastik-Tuben (Abb. 5.21) verwendet. Wird bei Kindern, bei denen ein Tubus ohne Blockung verwendet werden muß (s. S. 211), im Nasen-Mund-Rachen-Raum operiert, so sollte der Rachen austamponiert werden, damit es nicht neben dem liegenden Tubus zu einer Aspiration kommen kann. Bei HNO/kieferchirurgischen Narkosen kommt es überdurchschnittlich häufig zum versehentlichen **Lösen der Steckverbindungen:** Tubus–Konnektor–

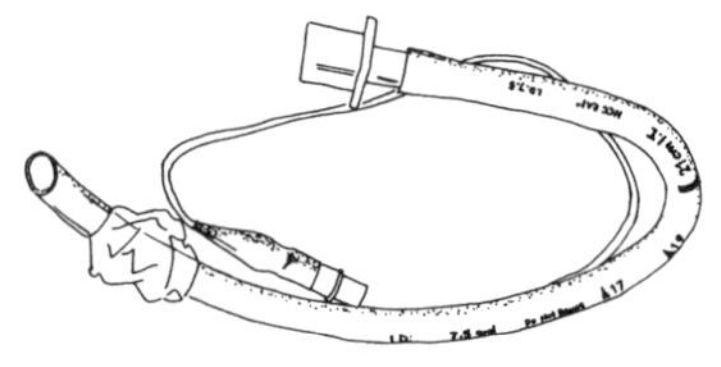

Abb. 5.21 Vorgeformter Tubus für HNO- oder kieferchirurgische Eingriffe (sogenannter RAE-Tubus)

Y-Stück – Atemschläuche. Da während der Operation diese Steckverbindungen zumeist unter den Abdecktüchern liegen und nicht einsehbar sind, sollten diese Steckverbindungen stets mit Pflasterstreifen gesichert werden. Die Pflasterstreifen sollten am Ende leicht umgeschlagen sein, damit notfalls sofort das Pflaster gefaßt und abgezogen werden kann (Abb. 5.22). Außerdem empfiehlt es sich, mittels eines linksthorakal über der Herzspitze aufgeklebten sogenannten präkordialen Stethoskops ständig Kontakt zum Patienten zu halten.

Intubation

Sehr häufig ist in der HNO/Kieferchirurgie mit Intubationsproblemen zu rechnen, z.B. bei Patienten mit einem Zungengrundkarzinom oder einem Kehlkopfkarzinom oder bei Patienten, bei denen ein Halstumor bereits operiert wurde (und nun atypische pathologisch-anatomische Verhältnisse vorliegen) oder bei Patienten mit einer Kieferklemme usw. Bei diesen Patienten ist vor der Intubation eine sehr genaue Inspektion der oberen Luftwege, notfalls unter leichter Sedierung und mit Hilfe des Laryngoskops durchzuführen. Sind Intubationsprobleme zu vermuten, so sollte ein **Intubationsversuch nur am spontan atmenden Patienten** vorgenommen werden.

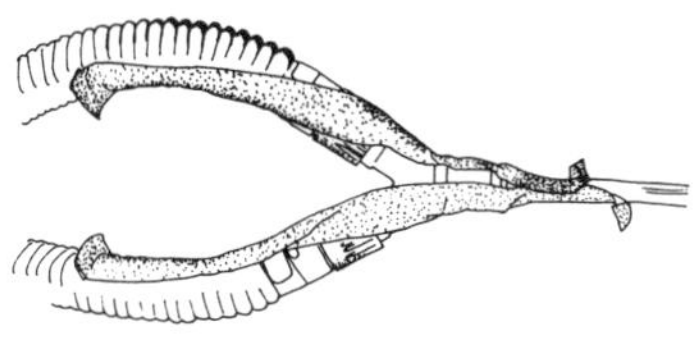

Abb. 5.22 Sicherung der Steckverbindungen zwischen Beatmungsschläuchen, Y-Stück und Tubus durch Pflasterstreifen

Narkoseführung

Häufig werden in der HNO/Kieferchirurgie adrenalinhaltige Lösungen in das Operationsgebiet eingespritzt, um eine Verminderung der Blutung anzustreben. Da es durch Katecholamingabe (z.B. adrenalinhaltige Lokalanästhetika) während einer Halothannarkose gehäuft zu Herzrhythmusstörungen (s. S. 32) kommen kann, wird deshalb in der HNO/Kieferchirurgie Halothan zugunsten von Enfluran/Isofluran oder einer Neuroleptanästhesie bzw. einer totalen intravenösen Anästhesie vermieden.

Extubation

Bei Operationen im Bereich der oberen Luftwege muß vor der Extubation immer eine Absaugung des Mund-Rachen-Raums möglichst unter laryngoskopischer(!) Sicht durchgeführt werden, um zu vermeiden, daß verbliebene Blut- oder Sekretreste oder eine zurückgelassene Rachentamponade nach der Extubation aspiriert werden oder zu einer Reizung des Kehlkopfes mit Auslösung eines Laryngospasmus (s. S. 188) führen könnten.

Die Extubation sollte immer erst vorgenommen werden, wenn die Schutzreflexe sicher zurückgekehrt sind(!).

Nach der Extubation sollte der Patient, falls möglich, in Seitenlage und leichte Kopftieflage gebracht werden, damit Blut aus dem Mund-Rachen-Raum abfließen kann.

HNO- und kieferchirurgische Operationen

Entfernung der Rachenmandeln (= Adenotomie = AT) und der Gaumenmandeln (= Tonsillektomie = TE)

AT und TE sind sehr häufige Operationen im Kindesalter. Bei den meist sonst gesunden Kindern muß gezielt nach aktuellen Infekten der oberen Luftwege und nach gelockerten Zähnen gefragt werden. Für die Intubation werden oft speziell vorgeformte Plastiktuben verwendet (RAE-Tuben; vgl. Abb. 5.21). Der Tubus sollte ausnahmsweise mittelständig an der Unterlippe fixiert werden.

Bei der AT und der TE besteht während der Operation die große Gefahr, daß der Tubus versehentlich aus der Trachea herausrutscht oder zu tief in die Trachea gleitet (= einseitige Intubation, s. S. 86).

Der Grund sind notwendige Manipulationen des Operateurs am Tubus und am Kopf des Patienten, z. B. das Einsetzen und Herausnehmen eines Mundspreizers. Außerdem wird für diese Operationen der Kopf des Kindes massiv überstreckt und abgesenkt (= „hängender Kopf"). Auch bei Änderung dieser Kopflagerung kann der Tubus verrutschen. Des weiteren kann der Tubus durch den Mundsperrer abgedrückt werden. Es empfiehlt sich daher ein präkordial festgeklebtes Stethoskop. Außerdem sollte der Patient möglichst manuell beatmet werden. Hierdurch können versehentliche Extubationen oder Diskonnektionen sofort erkannt werden. Die Extubation sollte nach den auf der Seite 255 geschilderten Kriterien erfolgen. Öfters ist bei diesen Patienten nach der Extubation mit dem Auftreten eines Glottiskrampfes oder eines Laryngospasmus zu rechnen (s. S. 188). In der postoperativen Phase muß auf mögliche Nachblutungen geachtet werden. Die Patienten sollten postoperativ aufgefordert werden, das Blut nicht zu verschlucken, sondern auszuspucken. Hierdurch ist eine bessere Kontrolle einer eventuellen Nachblutung möglich.

Muß ein Patient wegen einer Nachblutung nach einer AT oder einer TE nochmals operiert werden, so ist davon auszugehen, daß er bereits größere Mengen Blut verschluckt hat und nicht mehr nüchtern ist (!).

Es muß also eine Ileuseinleitung (!) vorgenommen werden (s. S. 184). Bei stärkeren Blutungen empfiehlt es sich, während der Intubation über einen nasal eingeführten Absaugkatheter das Blut laufend abzusaugen. Da die Patienten infolge der oft erheblichen Blutungen meist hypovolämisch sind, muß vor Narkoseeinleitung ein Plasmaersatzmittel oder gegebenenfalls Blut verabreicht werden. Auf jeden Fall müssen Blutkonserven gekreuzt werden.

Gesichts- und Kieferverletzungen

Bei schweren derartigen Verletzungen ist mit Intubationsschwierigkeiten zu rechnen. Daher sollte ein Intubationsversuch nur am spontan (!) atmenden Patienten vorgenommen werden (s. S. 198). Bei Verdacht auf einen Schädelbasisbruch darf der Patient nicht nasal intubiert werden!

Kehlkopfuntersuchung (= Laryngoskopie) und Mikrochirurgie im Kehlkopfbereich

Damit die Operateure neben dem Tubus im Bereich des Kehlkopfes noch inspizieren und operieren können, muß ein dünner Woodbridge-Tubus (beim Erwachsenen ein 5,0er bis 6,5er Tubus) verwendet werden. Auch die Anwendung der Hochfrequenz-Jet-Ventilation (= high-frequency-jet-ventilation) ist möglich.

Bei der **Hochfrequenz-Jet-Ventilation** wird das Atemgas über einen sehr dünnen Katheter in die Trachea geleitet. Dieser Katheter wird wie ein nasaler Tubus in die Trachea eingeführt. Die Atemgase können aber auch über eine dünne Kanüle (z.B. 14-G), die durch das Ligamentum cricothyroideum (s. S. 203) gestochen wird, in die Trachea geleitet werden.

Mit Hilfe eines speziellen Hochfrequenz-Jet-Ventilators werden nun kleine Gasstöße mit hoher Geschwindigkeit und sehr hoher Frequenz (bis mehrere hundert pro Minute) in das Tracheobronchialsystem geblasen. Hiermit ist bei minimalem Platzbedarf im eng begrenzten Operationsgebiet eine ausreichende Beatmung möglich. Die Hochfrequenz-Jet-Ventilation hat sich inzwischen für Laryngoskopien, Bronchoskopien und mikrochirurgische Eingriffe im Kehlkopf bewährt. Gegebenenfalls kann – wie im Falle einer nicht möglichen Intubation und nicht möglichen Beatmung empfohlen – eine transtracheale (manuelle) Jet-Ventilation durchgeführt werden.
Zur guten Einsicht des Kehlkopfes wird dieser vom Operateur oft mit einem sogenannten Stützautoskop eingestellt (Abb. 5.23). Es gibt auch spezielle Stützautoskope, die eine eingebaute Düse für die Hochfrequenz-Jet-Ventilation besitzen.

Tympanoplastik

Bei einer Tympanoplastik wird der Schallleitungsapparat im Mittelohr operativ wiederhergestellt. Da hierbei mit dem Operationsmikroskop gearbeitet wird, darf am Operationstisch nicht versehentlich gewackelt werden! Vor dem operativen Verschluß des Trommelfells muß das Lachgas abgestellt werden. Bei Verwendung von Lachgas muß mit einer Lachgasdiffusion in die luftgefüllte Paukenhöhle gerechnet werden. Falls die Ohrtrompete (Verbindung: Mittelohr – Rachenraum) nicht durchgängig sein sollte, würde es hierdurch zur Drucksteigerung im Mittelohr kommen, wodurch unter Umständen das Trommelfelltransplantat abgehoben werden könnte.

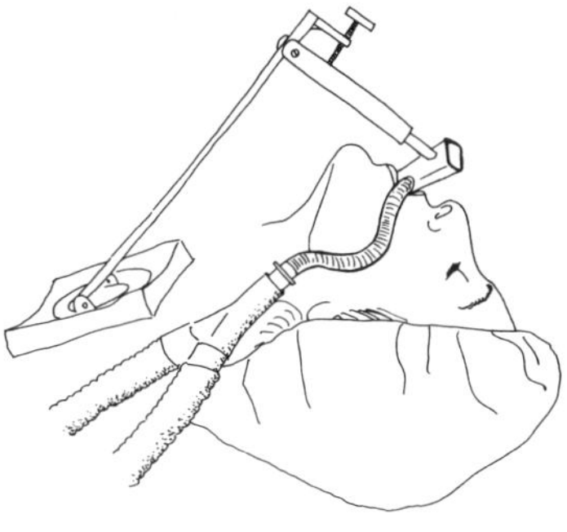

Abb. 5.23 Stützautoskopie

Parazentese (Durchstechen des Trommelfells bei Mittelohrentzündungen)

Da die Operation nur einige Minuten dauert, wird meist eine Maskennarkose durchgeführt (s. S. 199).

Halsdissektion (neck dissection)

Bei Halsdissektionen (= subtotale operative Ausräumung der Halsweichteile bei einem Karzinom im Halsbereich) handelt es sich meist um sehr lange Operationen. Die Patienten benötigen einen Kavakatheter (s. S. 165), der jedoch nicht an der Halsseite, an der operiert wird, gelegt werden darf. Oft wird auch eine arterielle Blutdruckmessung vorgenommen (s. S. 169).
Bei der Präparation am Hals im Bereich des Nervus vagus oder des Sinus caroticus kann es zum Auslösen von **bradykarden Herzrhythmusstörungen** kommen. Die Operation muß dann kurzfristig unterbrochen werden. Wird hierdurch keine sofortige Unterbrechung des Reflexes erzielt, sollten 0,5 mg Atropin intravenös verabreicht werden.
Häufig können im Verlaufe dieser vielstündigen Operationen erhebliche Blutverluste auftreten. Bei der Eröffnung größerer Venen besteht die Gefahr einer Luftembolie (s. S. 246). Zur Verringerung der Gefahr einer Luftembolie wird oft ein PEEP (s. S. 332) von ca. 5–8 cm Wassersäule eingestellt werden. Oft werden die Patienten während dieser Operation tracheostomiert. Falls nicht, so werden sie meist auf der Intensivstation nachbeatmet bis die Schwellung wieder weitgehend abgeklungen ist. Eine unmittelbar postoperative Extubation sollte nur dann vorgenommen werden, wenn der Operateur keine Schwellungsgefahr sieht. Die unmittelbar postoperative **Extubation** dieser Patienten ist oft problematisch, da postoperativ die gesamten Halsweichteile oft stark angeschwollen sind. Da eine eventuelle Reintubation erfahrungsgemäß sehr schwierig oder unmöglich sein kann, sollte eine Extubation möglichst im Beisein eines HNO-Arztes (in Koniotomie-Bereitschaft, s. S. 203) vorgenommen werden.

Entzündliche Prozesse im Mund- und Halsbereich

Bei Patienten mit einem Peritonsillarabszeß muß immer überprüft werden, ob der Patient den Mund noch genügend weit öffnen kann oder ob eventuell eine Kieferklemme vorliegt. Bei der Intubation ist darauf zu achten, daß der Abszeß nicht aufplatzt und der Patient Eiter aspiriert. Ein großer, reifer Abszeß sollte deshalb vorher abpunktiert werden. Besteht bei einem Patienten eine Kieferklemme, so kann nicht davon ausgegangen werden, daß diese durch eine Relaxierung sicher aufgehoben wird. Es muß dann eine Intubation am spontan atmenden Patienten vorgenommen werden (s. S. 198).

Anästhesie in der Augenheilkunde

Allgemeine Bemerkungen

Der Augeninnendruck

Im Auge herrscht normalerweise ein Augeninnendruck von 15 (± 5) mmHg. Eine chronische Erhöhung oder Erniedrigung des Augeninnendrucks führen zu einer Schädigung des Auges. Für den Anästhesisten besonders wichtig sind akute Änderungen des Augeninnendrucks während der Narkose.

Ist der Augapfel operativ oder traumatisch eröffnet, so kann eine plötzliche Erhöhung des Augeninnendrucks zum Herauspressen von Augeninhalt und damit zum Verlust der Sehkraft führen (!!).

Eine **Erhöhung des Augeninnendrucks** ist möglich durch: Ketamin, Succinylcholin, Hypoventilation, Hypoxie, Erhöhung des Venendrucks beim Husten, Pressen, Würgen, eine zu flache Narkose, durch Druck auf das Auge bei unvorsichtiger Maskenbeatmung während der Narkoseeinleitung oder bei lokaler Anwendung von Atropin. Eine **Senkung des Augeninnendrucks** ist möglich durch: Hypnotika, Neuroleptika, Opioide, Tranquilizer, Inhalationsanästhetika, nichtdepolarisierende Muskelrelaxanzien, Hyperventilation und eine tiefe Narkoseführung. Außerdem kann durch verschiedene Medikamente, wie z. B. Acetazolamid (Diamox) die Produktion des Augenwassers vermindert und damit der Augeninnendruck gesenkt werden. Auch durch die Gabe von Osmotherapeutika wie Mannit kann der Augeninnendruck gesenkt werden.

Der okulokardiale Reflex

Bei Druck auf den Augapfel oder bei Zug an den äußeren Augenmuskeln (insbesondere bei Schieloperationen) kann der sogenannte okulokardiale Reflex ausgelöst werden. Hierbei kommt es über eine indirekte Stimulierung des Nervus vagus zu einer Bradykardie, einer AV-Blockierung oder gar einem Herzstillstand.

Der Operateur muß sofort die Manipulationen am Auge unterbrechen. Verschwinden hierdurch die Reflexsymptome nicht umgehend, so muß Atropin (beim Erwachsenen 0,5 mg; bei Kindern 0,01–0,02 mg/kg) intravenös injiziert werden. Bei allen augenchirurgischen Operationen muß deshalb eine kontinuierliche EKG-Ableitung, möglichst mit akustischem Signal, angebracht werden. Außerdem muß Atropin stets griffbereit sein.

Prämedikation

Im Rahmen einer eventuell intramuskulären Prämedikation mit einer Kombination aus Opioid, Neuroleptikum und Atropin (s. S. 11) sollte nur dann ein Opioid (z. B. Pethidin) verabreicht werden, wenn hierfür eine klare Indikation besteht, da die Gabe eines Opioids zu Übelkeit mit Würge- und Brechreiz und damit zu einem akuten Anstieg des Augeninnendrucks führen kann. Die antiemetische Wirkung (Hemmung von Übelkeit und Brechreiz) eines Neuroleptikums ist dagegen im Rahmen der Prämedikation insbesondere auch im Hinblick auf eine postoperative Übelkeit sehr erwünscht; es sollte deshalb ausreichend hoch dosiert werden. Durch eine intramuskuläre Injektion von Atropin zur Prämedikation kann der okulokardiale Reflex nicht sicher unterdrückt werden. Inzwischen wird auch vor augenchirurgischen Operationen meist eine orale Prämedikation mit vorzugsweise Midazolam vorgenommen. Da hierbei die antiemetische Wirkung des Neuroleptikums fehlt, wird bei augenchirurgischen Eingriffen oft eine Dosis von 1,25–2,5 mg Dehydrobenzperidol zur Narkoseeinleitung empfohlen, um der nach diesen Operationen häufig auftretenden Übelkeit vorzubeugen.

Tubus

Es empfiehlt sich die Verwendung der flexiblen Woodbridge-Tuben oder speziell vorgeformter Plastik-Tuben (vgl. Abb. 5.21).

Narkoseführung

Falls eine Vollnarkose nötig ist, muß diese fast ausnahmslos in Intubationsnarkose durchgeführt werden. Hierbei ist auf eine schonende Narkoseeinleitung, -führung und -ausleitung zu achten, um einen akuten Anstieg des Augeninnendrucks zu vermeiden. Da während der Narkose die Steckverbindungen: Tubus–Konnektor–Y-Stück–Beatmungsschläuche unter den Abdecktüchern nicht einsehbar sind, sollten diese Steckverbindungen durch Pflasterstreifen gesichert werden, um einer Diskonnektion vorzubeugen (vgl. Abb. 5.22). Die Pflasterstreifen sollten jedoch am Ende umgeschlagen sein, so daß sie notfalls sofort gefaßt und abgezogen werden können. Zusätzlich empfiehlt sich noch die Überwachung der Atmung mit Hilfe eines linkspräkordialen Stethoskops. Während der Operation ist eine **Ruhigstellung des Auges** Voraussetzung für den Operationserfolg. Dies kann durch eine tiefe Inhalationsnarkose oder durch eine gute Muskelrelaxation bei einer NLA oder (T)IVA erzielt werden. Da bei augeneröffnenden Operationen Augenbewegungen sowie andere Bewegungen des Patienten unbedingt zu vermeiden sind, wird meist eine tiefe Relaxation vorgenommen. Es empfiehlt sich die Überwachung des Relaxationsgrades mit Hilfe eines Relaxometers (s. S. 66). Insbesondere postoperativ ist auf eine ausreichende Ruhigstellung und Analgesie des Patienten zu achten, um übermäßige Augenbewegungen, Husten und Pressen zu vermeiden. Die Patienten sollten mit leicht erhöhtem Oberkörper auf die Seite des nicht operierten Auges gelagert werden. Insbesondere bei Kindern ist darauf zu achten, daß sie nicht nach dem operierten Auge fassen und den Verband abreißen.

Augenchirurgische Operationen

Strabismus- (= Schiel-) Operation

Es handelt sich zumeist um ansonsten gesunde Kinder. Bei einer Schieloperation besteht durch Zug an den äußeren Augenmuskeln die erhöhte Gefahr, einen okulokardialen Reflex auszulösen (s. S. 259). Atropin muß griffbereit sein.

Perforierende Augenverletzung

Bei jeder augeneröffnenden Verletzung (und Operation) kann eine akute Steigerung des Augeninnendrucks zum Herauspressen von Augeninhalt mit Verlust der Sehkraft führen (!!). Jegliche akute Erhöhung des Augeninnendrucks ist absolut zu vermeiden (!!).

Patienten mit einer perforierenden Augenverletzung müssen notfallmäßig operiert werden, sie sind daher als nicht nüchtern zu betrachten. Es muß deshalb eine sogenannte Ileuseinleitung durchgeführt werden (s. S. 184). Allerdings darf nicht, wie sonst üblich, vorher eine Magensonde gelegt werden, da die Patienten hierbei meist würgen und pressen, wodurch ein akuter Anstieg des Augeninnendrucks mit Gefahr für die Sehkraft droht(!!). Die **Intubation** muß in tiefer Narkose durchgeführt werden. Bei der Relaxation zur Intubation muß auf Succinylcholin zugunsten eines nichtdepolarisierenden Muskelrelaxans verzichtet werden, da es nach Succinylcholin zu einem Anstieg des Augeninnendrucks kommen kann (s. S. 259). Während der **Narkose** muß bei augeneröffnenden Operationen eine tiefe Relaxation sichergestellt werden, so daß auch das auf Muskelrelaxanzien relativ unempfindliche Zwerchfell gelähmt ist und auch keine Zwerchfellkontraktionen (z.B. Schluckauf) möglich sind. Eine relaxometrische Überwachung ist empfehlenswert (s. S. 66). Bei der **Extubation** sollten Husten, Pressen und Würgen am Tubus vermieden werden. Falls z.B. bei Glaskörperentfernung (Vitrektomie) das Auge mit Gas gefüllt wird, sollte vorher das Lachgas ausgestellt werden.

Glaukom-Operation

Unter einem Glaukom (= grüner Star) wird eine chronische Erhöhung des Augeninnendrucks verstanden, die zur Erblindung des Patienten führen kann.

Ein Anstieg des Augeninnendrucks muß während der Narkose unbedingt vermieden werden.

Katarakt-Operation

Unter einem Katarakt wird eine Linsentrübung (= grauer Star) verstanden.

Bei Katarakt-Operationen muß ein Anstieg des Augeninnendrucks intra- und postoperativ unbedingt vermieden werden.

Anästhesie in der Abdominalchirurgie

Allgemeine Bemerkungen

Narkoseverfahren

Eingriffe in der Abdominalchirurgie werden in der überwiegenden Zahl in Vollnarkose durchgeführt. Oberbaucheingriffe müssen(!) in Intubationsnarkose mit kontrollierter Beatmung durchgeführt werden. Eingriffe im Unterbauch (z.B. Leistenbruchoperationen) können auch in Spinal- oder Periduralanästhesie durchgeführt werden.

Prämedikation

Prinzipiell gilt das auf den Seiten 6ff Gesagte. Je älter der Patient und je schlechter der Allgemeinzustand, desto niedriger müssen die Prämedikationsmedikamente dosiert werden. Sowohl bei alten Patienten als auch bei Patienten mit einem Oberbaucheingriff sollte auf eine bereits präoperative Atemgymnastik geachtet werden. Dies erleichtert dem Patienten wesentlich die postoperativ notwendig werdende Atemgymnastik. Wird mit postoperativen Lungenproblemen gerechnet, so sollte auf jeden Fall eine präoperative

Blutgasanalyse abgenommen werden, um einen „Ausgangswert“ zu haben.

Narkoseeinleitung

Bei sämtlichen **als „nicht nüchtern“ zu betrachtenden Patienten,** also Patienten, die z. B. einen Ileus, eine Magenausgangsstenose, eine Magenblutung oder Peritonitis haben, sowie bei Patienten, die über Brechreiz klagen, ist die große **Gefahr einer Aspiration** vor allem bei der Narkoseeinleitung zu beachten. Deshalb muß vor Einleitung, falls noch nicht vorhanden, eine Magensonde gelegt und eine sogenannte Ileuseinleitung durchgeführt werden (s. S. 184).
Bei Operationen, die voraussichtlich länger als ca. 2 Stunden dauern, muß an das Legen eines Dauerkatheters gedacht werden. Häufig ist auch das Plazieren eines Kavakatheters (meist nach Narkoseeinleitung) indiziert (Indikationen für einen Kavakatheter s. S. 165).

Narkoseführung

Die Vollnarkose kann in der Abdominalchirurgie fast immer sowohl als NLA, T(IVA) oder auch als Inhalationsnarkose durchgeführt werden. Auch bei Patienten mit einer leichten Erhöhung der Leberwerte, wie z. B. bei einer Gallenoperation (= Cholezystektomie), muß nicht unbedingt auf Inhalationsanästhetika verzichtet werden.

Eine besondere Anforderung an eine Narkose bei intraabdominellen Operationen ist eine gute Muskelerschlaffung, um dem Operateur möglichst optimale Operationsbedingungen zu schaffen. Der Verbrauch an Muskelrelaxanzien ist in der Abdominalchirurgie hoch.

Aufgrund der großen intraoperativen Wundfläche nach Eröffnen des Abdomens ist von einem **hohen Infusionsbedarf** auszugehen. Bezüglich der perioperativen Infusionstherapie sei auf die Ausführungen auf den Seiten 129 ff verwiesen. Der Blutverlust in der Abdominalchirurgie ist oft sehr schwer abzuschätzen, da große Blutmengen in die Operationstücher und Operationstupfer verlorengehen. Auch Verluste über Sonden, Drainagen oder das Absaugen von größeren Aszitesmengen müssen berücksichtigt werden.

Intraoperativ ist zu beachten, daß der Zug am Peritoneum oder an inneren Organen, insbesondere an der Mesenterialwurzel, sehr schmerzhaft ist und zur Auslösung von vegetativen Reflexen führen kann; vor allem kann hierdurch eine Vagusreizung mit Bradyarrhythmie ausgelöst werden.

Ein weiteres alltägliches Problem in der Abdominalchirurgie ist der **Wiederverschluß der Bauchdecken,** insbesondere des Peritoneums. Hierzu ist meist eine gute Muskelerschlaffung notwendig. Da beim Verschluß der Bauchdecken das baldige Ende der Operation abzusehen ist, ist bei Nachinjektion von nichtdepolarisierenden Muskelrelaxanzien aufgrund deren längerer Wirkung mit der Gefahr eines postoperativen Relaxansüberhangs zu rechnen. Daher wird dieses Vorgehen meist abgelehnt. Empfehlenswert ist der Versuch einer kurzfristigen Narkosevertiefung durch Erhöhung oder Zugabe eines Inhalationsanästhetikums sowie eine manuelle Ventilation, um die Ventilation besser der momentanen Operationssituation anpassen zu können.

Die Kunst einer guten abdominalchirurgischen Narkoseführung besteht unter anderem darin, beim Verschluß des Abdomens, insbesondere bei der Naht des

Peritoneums, eine ausreichende Narkosetiefe und eine ausreichende Relaxation zu garantieren, und kurz danach bei Operationsende einen spontanatmenden, extubationsbereiten Patienten zu haben.

Extubation

Bei nicht nüchternen Patienten darf die Extubation erst nach völliger Rückkehr der Schutzreflexe durchgeführt werden. Bei Operationen, nach denen der Patient nicht husten sollte (z.B. einer Leistenbruchoperation) ist dagegen eine frühzeitige Extubation zu empfehlen (s. S. 108).

Postoperative Nachbetreuung

Vor allem nach Oberbaucheingriffen ist postoperativ eine schmerzbedingte **Atemschonhaltung** zu beobachten. Die Patienten atmen unzureichend durch und husten kaum ab. Eine ausreichende postoperative Analgesie sowie eine intensive, bereits präoperativ erlernte Atemgymnastik sind von besonderer Wichtigkeit. Zur postoperativen Schmerztherapie hat sich die Anlage eines Periduralkatheters (s. S. 156) bewährt.

Anästhesie bei **m**inimal **i**nvasiver **C**hirurgie (MIC)

Zunehmend häufiger werden in den letzten Jahren laparoskopische Eingriffe (minimal invasive Chirurgie; „Knopflochchirurgie") durchgeführt. Neben der laparoskopischen **Cholezystektomie** wird inzwischen auch häufiger die laparoskopische **Herniotomie** oder **Appendektomie** durchgeführt. Bei laparoskopischen Eingriffen wird der Peritonealraum mit CO_2 aufgefüllt (Pneumoperitoneum). Die dadurch bedingte Steigerung des intraabdominellen Drucks führt zur Behinderung der Zwerchfellbeweglichkeit. Der Beatmungsdruck steigt an. Eine CO_2-Resorption bewirkt einen Anstieg des arteriellen CO_2-Partialdruckes. Es ist stets eine Intubationsnarkose mit kontrollierter Beatmung und kapnometrischer CO_2-Überwachung notwendig. Beim Einführen des Trokars in die Bauchhöhle kommt es in ca. 5% der Fälle zu vasovagalen Reaktionen mit v.a. einer Sinusbradykardie. Bei Operationen im Oberbauch (z.B. Cholezystektomie) wird eine Kopf-hoch-Bein-tief-Lagerung, bei Operationen im Unterbauch (z.B. Herniotomie) wird eine Kopf-tief-Bein-hoch-Lagerung vorgenommen, damit die Gedärme nicht auf das OP-Gebiet drücken. Die Erhöhung des intraabdominellen Drucks führt zu einer Behinderung des venösen Rückstroms zum Herzen (Vorlast-Erniedrigung). Außerdem kommt es durch eine Kompression der intraabdominellen Gefäße zu einer Steigerung des peripheren Gefäßwiderstandes (Nachlast-Erhöhung). Auch die vermehrte Freisetzung des gefäßverengenden Hormons Vasopressin führt zu einer Steigerung des peripheren Gefäßwiderstandes. Folge ist eine Steigerung des arteriellen Blutdruckes. Aufgrund der Vorlast-Erniedrigung und der Nachlast-Erhöhung kommt es zum Abfall des Herzminutenvolumens. Die hämodynamischen Veränderungen während eines Pneumoperitoneums können durch die Anwendung eines PEEPs noch verstärkt werden, so daß eine Beatmung mit PEEP vermieden werden sollte. Postoperativ treten nach laparoskopischen Eingriffen häufiger Übelkeit und Erbrechen auf.

Vorteile minimal-invasiver Operationstechniken sind die geringere postoperative Schmerzintensität, die schnellere

Mobilisierbarkeit der Patienten, ein kürzerer Krankenhausaufenthalt, weniger intraabdominelle Verwachsungen sowie ein schöneres kosmetisches Ergebnis (kleinere Narben).

Abdominalchirurgische Operationen

Cholezystektomie

Trotz meist leicht erhöhter Leberwerte kann für eine Cholezystektomie neben einer NLA auch eine Inhalationsnarkose, vorzugsweise mit Enfluran oder Isofluran, durchgeführt werden. Wird intraoperativ eine **Cholangiometrie** (Messung der Durchflußwiderstände im Gallengangsystem) durchgeführt, so ist zu beachten, daß Fentanyl eine Druckerhöhung im Gallengangsystem erzeugt. Mindestens 20 Minuten vor dieser Druckmessung sollte kein Fentanyl mehr gegeben werden, damit verläßliche Werte zu erhalten sind. Cholezystektomien werden inzwischen zunehmend laparoskopisch durchgeführt (siehe laparoskopische Operationen S. 263)

Operation bei Patienten mit einem Ileus

Die Gesamtmenge der täglich sezernierten Magen-Darm-Sekrete beträgt ca. 8 Liter(!). Bei Patienten mit einem Ileus (= Darmverschluß) können diese aufgrund einer Resorptionsstörung der Darmschleimhaut ins Darmlumen sezernierten Sekretmengen nicht mehr resorbiert werden. Wenn diese Sekretmengen nicht über eine Sonde abgeleitet werden, so droht das Erbrechen dieser oft riesigen Sekretmengen.

Bei einem Patienten mit Ileus ist deshalb insbesondere während der Narkoseeinleitung die Gefahr der Regurgitation mit Aspiration zu beachten(!). Außerdem ist bei einem solchen Patienten erfahrungsgemäß mit einem entsprechend ausgeprägten intravasalen Volumenmangel zu rechnen.

Vor Narkoseeinleitung muß deshalb bereits eine Volumentherapie mit möglichst isotonen Lösungen begonnen werden. Ansonsten kann es durch die Narkoseeinleitung zu einem ausgeprägten Blutdruckabfall kommen. Daneben kommt es bei einem Darmverschluß meist auch zu einer Entgleisung des Elektrolythaushaltes (Kaliummangel!) sowie des Säure-Basen-Haushaltes.

Leberchirurgie

Für die Bereitstellung einer großen Zahl von Blutkonserven sowie auf eine ausreichende Zahl von großlumigen periphervenösen Zugängen ist zu achten. Bei operativ-technischen Problemen muß stets mit einem plötzlichen **großen Blutverlust** gerechnet werden. Besondere Überwachungsmaßnahmen:

- Kavakatheter (s. S. 165)
- Arterielle Blutdruckmessung (s. S. 169)

Operationen bei Patienten mit einer Leberzirrhose

Aufgrund der Leberschädigung ist von einer Störung der Syntheseleistung der

Leber auszugehen, die insbesondere die Gerinnungsfaktoren, das Albumin sowie die Cholinesterase betrifft. Folge ist eine Gerinnungsstörung mit typischerweise niedrigem Quick-Wert.

Bei intraoperativen Blutungen ist an die großzügige Gabe von frisch gefrorenem Plasma (enthält Gerinnungsfaktoren, s. S. 125) zu denken. Durch den niedrigen Albumingehalt kann unter Umständen bei stark an Eiweiß gebundenen, intravenös verabreichten Medikamenten die Bindungskapazität des Albumins überschritten werden (s. S. 40). Dadurch ist der nicht an Albumin gebundene Anteil, der für die Wirkung entscheidend ist, erhöht. Eine entsprechend vorsichtige Dosierung und langsame Injektion von stark an Albumin gebundenen Medikamenten (z. B. Thiopental) ist zu beachten.
Eine erniedrigte Cholinesterase kann unter Umständen einen verlangsamten Abbau von Succinylcholin verursachen, was durch eine entsprechend niedrigere Dosierung zu berücksichtigen ist.

Bei Transfusion mehrerer Konserven sollte beim lebergeschädigten Patienten ausnahmsweise zusätzlich Kalzium verabreicht werden, denn die geschädigte Leber ist nicht mehr in der Lage, das im Stabilisator des konservierten Blutes enthaltene Zitrat schnell genug abzubauen.

Die dadurch eventuell auftretenden hohen Zitratkonzentrationen binden das körpereigene Kalzium, wodurch es für Gerinnungsvorgänge, für die es unabdingbar ist, nicht mehr in ausreichender Menge zur Verfügung steht. Die Folge wäre eine Verstärkung der bereits vorbestehenden Gerinnungsstörung (s. o.).

Gastrointestinale Blutungen

Eine akute gastrointestinale Blutung, die z. B. gastroskopisch nicht zu stillen ist, stellt eine absolut dringliche Operationsindikation dar. Der Blutverlust wird oft unterschätzt.

Zu beachten ist, daß bei einer akuten Blutung der Hb- und der HK-Wert keine zuverlässigen Parameter für den Blutverlust sind. Sie sind bei akuten Blutungen falsch hoch (!). Aussagekräftiger ist zumeist ein Blick in die anämische Bindehaut (Konjunktiva) des Patienten (!).

Die Bereitstellung einer ausreichenden Zahl von eventuell vorerst noch ungekreuzten Blutkonserven ist notwendig. Unter laufender Transfusion ist eine Ileuseinleitung (s. S. 184) vorzunehmen.

Kolon und Rektumoperationen

Bei der anterioren **Rektumresektion nach Dixon** werden das Colon sigmoideum und das Rektum (der Mastdarm) bis kurz vor den Analkanal entfernt. Es wird eine den Schließmuskel (die Kontinenz) erhaltende End-zu-End-Anastomose angelegt. Bei einer abdominoperinealen **Rektumexstirpation** werden das gesamte Rektum und das distale Sigma entfernt. Es wird ein Anus praeternaturalis sigmoideus angelegt.
Bei einer **Operation nach Hartmann**, die z. B. bei einer Perforation des Sigmas durchgeführt wird, werden das Colon Sigmoideum und das proximale Rektum entfernt. Das verbleibende Rektum wird blind verschlossen. Das Colon descendens

wird endständig ausgeleitet. Später kann die Darmkontinuität wiederhergestellt werden.
Bei der gleichzeitig von abdominal und perineal durchgeführten Rektumresektion bzw. Rektumexstirpation ist auf einen meist **großen Blutverlust** zu achten, der allerdings schwer abzuschätzen ist und deshalb oft unterschätzt wird. Große Mengen von Blut können in die Abdecktücher verlorengehen.
Besondere Überwachungsmaßnahmen:

- Kavakatheter (s. S. 165)
- Eventuell arterielle Druckmessung (s. S. 169)

Operationen in der Analregion (z. B. Analfissuren, Analfisteln, Hämorrhoiden u. ä.)

Als Narkoseform bieten sich die Spinalanästhesie, ein Sattelblock, eine Masken- oder Larynxmaskennarkose oder bei Operationen, die länger als 30 Minuten dauern werden, eine Intubationsnarkose oder eine Larynxmaskennarkose an. Bei zu flacher Narkoseführung kann es durch die starke sensible Versorgung dieser Region zum Auslösen von starken Schmerzreaktionen kommen. Außerdem kann es, z. B. bei der Analspreizung, zum Auslösen einer Bradykardie oder eines Laryngospasmus kommen.

Anästhesie in der Traumatologie

Notfallmäßige Eingriffe in der Traumatologie

Leicht verletzte Patienten werden häufig über die Notfallaufnahme eingeliefert. Bei der Versorgung, von Schnittwunden kommen vor allem die verschiedenen Formen der **Lokalanästhesie,** z. B. die Infiltrationsanästhesie (s. S. 143), zur Anwendung. Diese Lokalanästhesien werden vom versorgenden Operateur selbst vorgenommen. Bei größeren Operationen, wie z. B. der sofortigen Versorgung einer Fraktur am Bein oder am Arm, einer Sehnennaht an der Hand oder der Replantation eines abgetrennten Fingers, bieten sich vor allem die Methoden der **Regionalanästhesie** wie z. B. eine axillare Blockade des Plexus brachialis an. Großer Vorteil der Regionalanästhesien ist, daß die Schutzreflexe dieser als nicht nüchtern zu betrachtenden Notfallpatienten erhalten bleiben. Die große Gefahr einer Aspiration bei der Ein- und Ausleitung einer Vollnarkose dieser nicht nüchternen Patienten kann damit umgangen werden. Muß jedoch eine Intubationsnarkose durchgeführt werden, so sind die Ausführungen des Kapitels „Der nicht nüchterne Patient“ (s. S. 183) zu berücksichtigen. Bei Patienten mit Mehrfachverletzungen sei auf das Kapitel „Der polytraumatisierte Patient“ (s. S. 285) verwiesen. Bei Patienten mit Schädel-Hirn-Verletzungen und Verdacht auf einen erhöhten intrakraniellen Druck ist außerdem das Kapitel „Anästhesie in der Neurochirurgie“ (s. S. 242) zu beachten.

Geplante traumatologische Operationen

Bei den geplanten (= elektiven) Eingriffen in der Traumatologie handelt es sich vor allem um Operationen an den Extremitäten. An den Extremitäten werden oft Osteosynthesen, Metallentfernungen, Bänder- und Sehnennähte usw. durchgeführt. Hierzu eignen sich bei Operationen an den unteren Extremitäten eine Spinal- oder Periduralanästhesie (s. S. 148). Bei Operationen an den oberen Extremitäten bietet sich z. B. eine axilläre Blockade des Plexus brachialis an.

Traumatologische Operationen

Operationen im Bereich der Hüfte

Eine häufige Operation ist die Versorgung einer Oberschenkelhalsfraktur, die meist bei alten Patienten vorkommt. Es sei deshalb auch auf das Kapitel „Anästhesie im hohen Lebensalter" (s. S. 223) verwiesen. **Oberschenkelhalsfrakturen** können durch eine Nagelung (= Ender-Nagelung), durch eine winkelförmig gebogene Metallplatte (= sog. Winkelplatte), durch Verschraubung oder durch Resektion des Oberschenkelkopfes und Ersatz durch eine künstliche Oberschenkelkopf-Prothese (= Kopf-Endoprothese) operativ behandelt werden.
Bei degenerativen Veränderungen der Hüfte müssen oft eine künstliche Oberschenkelkopf-Prothese sowie eine künstliche Hüftgelenkpfanne (= Totalendoprothese = TEP) eingesetzt werden.

Für die relativ kurzdauernde operative Versorgung einer Schenkelhalsfraktur mittels Ender-Nagelung oder einer Winkelplatte hat sich vielerorts eine **Spinalanästhesie** gut bewährt. Wird zum Anlegen der Spinalanästhesie der Patient auf die kranke Seite gelegt und außerdem ein hyperbares Lokalanästhetikum verwendet (s. S. 152), so kann gezielt nur das kranke Bein anästhesiert werden. Hierdurch kann auch der nach einer Spinalanästhesie oft auftretende Blutdruckabfall vermindert werden. Wird für diese Operation eine **Periduralanästhesie** mit Katheter gewählt, dann kann durch wiederholte Nachinjektion auch eine postoperative Analgesie garantiert werden. Vor Anlage einer Spinal- oder Periduralanästhesie sollten diesen Patienten z. B. 0,05–0,15 mg Fentanyl verabreicht werden, damit sie die notwendigen Lagerungsmanöver tolerieren können.
Ist mit einem größeren Blutumsatz zu rechnen, wie z. B. beim Auswechseln einer lockeren Totalendoprothese (= **TEP-Wechsel**), so sind die alleinigen rückenmarknahen Leitungsanästhesien nicht zu empfehlen. Häufig kann hier mit der Kombination einer rückenmarknahen Leitungsanästhesie und einer zusätzlichen flachen Intubationsnarkose (z. B. 0,5 Vol.% Ethrane zur Aufrechterhaltung der Narkose) eine schonende Anästhesie durchgeführt werden. Es ist jedoch auf einen adäquaten Volumenersatz zu achten. Bei einer TEP-Operation ist zu beachten, daß oft große Blutmengen in die Abdecktücher verlorengehen können.
Um die Zahl der transfundierten Konserven zu reduzieren, empfiehlt es sich, bei blutreichen traumatologischen Operationen eine sogenannte **Autotransfusion** durchzuführen. Hierbei wird das abgesaugte Wundblut nach entsprechender vollautomatischer Aufbereitung in einem Autotransfusionsgerät retransfundiert.

Die Zahl der Fremdblutkonserven kann hiermit oft deutlich reduziert werden. Eine Autotransfusion darf jedoch niemals durchgeführt werden, wenn im Wundbereich eine Infektion besteht oder wenn im Bereich eines Karzinoms operiert wird (!). Bei voraussichtlich blutreichen Operationen wird inzwischen bei vielen Patienten eine präoperative Eigenblutspende durchgeführt. Die Patienten müssen inzwischen über diese Möglichkeit aufgeklärt werden. Falls intraoperativ Blutkonserven benötigt werden, müssen stets zuerst die Eigenblutkonserven transfundiert werden, bevor eventuell zusätzlich Fremdblut verabreicht wird.
Wird bei Hüftoperationen ein **Knochenzement** verwendet, so muß bei dessen Einbringung besonders auf hierbei mögliche, unter Umständen drastische Blutdruckabfälle geachtet werden. Die Indikation zur arteriellen Blutdruckmessung sollte hierbei großzügig gestellt werden. Zumeist wird vor Narkoseeinleitung ein H_1- und H_2-Rezeptorenblocker empfohlen (s. S. 191), da als mögliche Ursachen des Blutdruckabfalles anaphylaktoide Reaktionen auf den Knochenzement angenommen werden.

Anästhesie in der Thoraxchirurgie

Allgemeine Bemerkungen

Die meisten Eingriffe in der Thoraxchirurgie werden in Seitenlage durchgeführt. Oft wird zusätzlich noch der Operationstisch abgeknickt, ähnlich wie bei der Nierenlagerung (s. S. 283). Hierdurch sind deutliche Störungen der Lungendurchblutung und Lungenbelüftung, sogenannte Ventilations-Perfusions-Störungen (s. S. 324), zu erwarten. Folge ist ein **Rechts-Links-Shunt** (s. S. 324) mit einer entsprechenden Verminderung des Sauerstoffgehalts im arteriellen Blut. Außerdem kommt es in der unteren Lunge durch die schlechte Belüftung zu einem Kollabieren der Alveolen, das heißt zur Ausbildung von Atelektasen; hierdurch wird der Rechts-Links-Shunt noch verstärkt.

Präoperative Visite

Vor Thoraxoperationen ist auf eine ausführliche Beurteilung der Lungenfunktion anhand einer Lungenfunktionsprüfung und einer arteriellen Blutgasanalyse zu achten. Außerdem muß darauf geachtet werden, daß die Patienten bereits präoperativ die Atemgymnastik erlernen, die postoperativ enorm wichtig für sie ist.

Intubation

Bei bestimmten Operationen muß nach Rücksprache mit dem Operateur ein **Doppellumentubus,** z.B. ein Broncho-Cath oder ein Tubus nach Carlens oder White (s. S. 76), verwendet werden, mit dem eine Trennung der beiden Lungen erreicht werden kann. Auf Wunsch des Operateurs kann nun z.B. nur eine Lunge belüftet werden, während die andere kollabiert ist. Außerdem kann hierdurch wirkungsvoll verhindert werden, daß Material wie Eiter, Sekret, Blut oder Tumormassen während der Operation von der kranken in die gesunde Lungenseite verschleppt wird. Die korrekte Lage des Tubus muß auch nach Lagerung des Patienten auskultatorisch mehrmals überprüft werden (!).

Narkoseführung

Wird intraoperativ durch den Operateur eine Lunge komprimiert oder eine Lunge auf Wunsch des Operateurs gar vollständig von der Belüftung abgeschaltet (Doppellumentubus), so ist mit einer massiven Zunahme des bereits durch die Lagerung bedingten Rechts-Links-Shunts zu rechnen. Es muß deshalb auf eine entsprechend **hohe inspiratorische Sauerstoffkonzentration** sowie auf regelmäßige arterielle Blutgaskontrollen geachtet werden. Notwendig ist eine kontinuierliche Überwachung der arteriellen Sauerstoffsättigung mittels Pulsoximetrie. Es sollten stets mindestens 50% Sauerstoff im Inspirationsgemisch eingestellt werden. Oft ist vorübergehend eine manuelle Ventilation der maschinellen Beatmung vorzuziehen. Hierdurch kann die Beatmung meist besser der aktuellen Operationssituation angepaßt werden.

Bei thorakalen Eingriffen werden zumeist eine oder mehrere **Thoraxsaugdrainagen** eingelegt, über die eine eventuell aus der operierten Lunge noch entweichende Luft abgesaugt werden kann. Vor dem definitiven Verschluß des Thorax ist auf eine manuelle Blähung der Lunge zu achten. Hierdurch entfaltet sich die Lunge wieder und legt sich der Thoraxwand an. An die Thoraxdrainagen muß ein Absaugsystem angeschlossen werden; bewährt hat sich z.B. das Einmalgerät Pleur-evac (s.u.). Meist muß mit einem Sog von −15 bis −20 cm Wassersäule gesaugt werden. Wurde jedoch eine Lungenhälfte total entfernt, so darf nicht gesaugt werden, da hierdurch eine **massive Verlagerung des Mediastinums** zur resezierten Seite hin drohen würde. Folge einer starken Mediastinalverlagerung kann eine Abklemmung der herznahen Gefäße mit schweren Kreislaufproblemen sein. In diesem Falle können die Drainagen zwar über ein Pleur-evac-System abgeleitet werden (s.u.), es darf aber nicht abgesaugt werden.

Spezielle Überwachungsmaßnahmen:

- Blutige arterielle Druckmessung (s. S. 169):
  Bei Punktion der A. radialis sollte der bei der Seitenlagerung oben liegende Arm vorgezogen werden. Die arterielle Kanüle ist außer für die kontinuierliche Druckmessung auch für engmaschige Blutgasanalysen notwendig.
- Kavakatheter (s. S. 165)

Transport des Patienten auf die Intensivstation

Oft werden die Patienten am Ende der Narkose nicht extubiert. Nach Austausch eines Doppellumentubus gegen einen normalen nasotrachealen Tubus werden sie auf die Intensivstation gebracht. Während des Transports kann an der Thoraxdrainage nicht gesaugt werden.

> Es ist jedoch unbedingt zu beachten, daß beim beatmeten(!) Patienten eine Thoraxdrainage niemals(!) abgeklemmt werden darf.

Denn öfters besteht nach einer Lungenoperation eine kleine Fistel zwischen Lunge und Pleuraspalt, durch die bei maschineller Beatmung Luft in den Pleuraspalt entweicht (sog. **Fistelung**). Kann diese Luft nicht über die Thoraxdrainage aus dem Pleuraspalt nach außen entweichen, so droht über kurz oder lang ein **Spannungspneumothorax.** Deshalb muß also die Thoraxdrainage entweder steril abgedeckt werden und offen(!) bleiben oder besser, das Pleur-evac-System wird auch während des Transports angebracht, obwohl nicht gesaugt werden kann. Hiermit ist die Thoraxdrainage steril abgeschlossen. Außerdem verfügt dieses Pleurevac-System über ein sogenanntes **Wasserschloß;** das heißt, eine im Pleuraspalt befindliche Luft kann bei Überdruck über dieses Wasserschloß entweichen. Bei Unterdruck im Pleuraspalt kann jedoch keine Luft in den Pleuraspalt eintreten. Sobald als möglich sollte auf der Intensivstation wieder die Saugung angeschlossen werden.

Postoperative Nachbehandlung

Die postoperative Analgesie ist bei Thoraxeingriffen sehr wichtig, um einer schmerzbedingten Atemschonhaltung mit mangelhafter Sekretabhustung und damit einer Pneumoniegefahr vorzubeugen.

Anästhesie in der Herzchirurgie

Allgemeine Bemerkungen

Die Herzkranzgefäße (= Koronararterien)

Die Herzmuskulatur wird von zwei Koronararterien (Abb. 5.24) mit Blut versorgt. Beide, sowohl der Hauptstamm der linken (1) als auch die rechte Koronararterie (2), entspringen aus der Aortenwurzel (3), also unmittelbar oberhalb der Aortenklappe. Der Hauptstamm der linken Koronararterie teilt sich in zwei Äste (Arte-

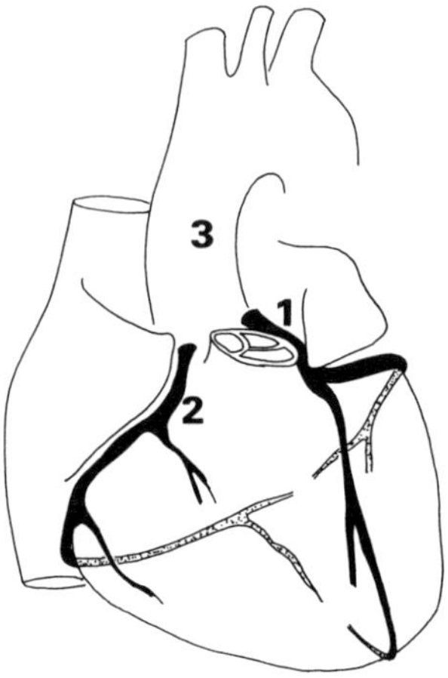

Abb. 5.24 Herzkranzgefäße.
1 = Hauptstamm der linken Koronararterie, 2 = rechte Koronararterie, 3 = Aortenwurzel.

ria circumflexa und Ramus interventricularis anterior) auf und versorgt vor allem die Muskulatur des linken Ventrikels und der Herzscheidewand. Patienten mit einer Hauptstammstenose sind besonders gefährdet. Die rechte Koronararterie verläuft um das rechte Herz zur Herzhinterwand, wo sie zur Herzspitze absteigt. Die rechte Koronararterie versorgt den größten Teil der Muskulatur des rechten Herzens.

Der Sauerstoffbedarf des Herzmuskels (= myokardialer Sauerstoffbedarf)

Die Sauerstoffausschöpfung des Koronararterienblutes beträgt ca. 70% und ist damit höher als in allen anderen Organen. Steigt der Sauerstoffbedarf der Herzmuskulatur unter Belastung an, so ist eine stärkere Sauerstoffausschöpfung des Blutes kaum noch möglich.

Ein vermehrter Antransport von Sauerstoff ist nur durch eine Zunahme der Koronardurchblutung möglich. Ein gesundes Koronarsystem kann die Durchblutung auf das 5- bis 7fache (!) der Ruhedurchblutung steigern (= **Koronarreserve**).

Der Sauerstoffbedarf des Herzmuskels wird vor allem von drei Faktoren beeinflußt, die als Hauptdeterminanten des myokardialen Sauerstoffbedarfs bezeichnet werden:

Von der Herzfrequenz:

Eine Beschleunigung der Herzfrequenz erhöht die Arbeit des Herzmuskels und damit den Sauerstoffverbrauch des Herzmuskels.

Von der Kontraktilität des Herzmuskels (= Inotropie):

Unter Kontraktilität wird die Verkürzungsgeschwindigkeit der Herzmuskulatur verstanden. Je schneller sich der Herzmuskel kontrahiert (= zusammenzieht) und je schneller damit während der Systole der Druck im Herzen ansteigt, desto höher ist der Sauerstoffbedarf des Herzmuskels.

Von der Wandspannung des Herzmuskels:

Während der Systole wird Blut in den großen Kreislauf gepumpt. In der Diastole (Füllungsphase) strömt wieder Blut aus dem kleinen Kreislauf der Lungengefäße in den linken Ventrikel. Dadurch nimmt am Ende der Diastole die Wandspannung im Ventrikel zu.

Diese Vordehnung der Ventrikelmuskulatur wird als **Vorlast** (= **preload**) bezeichnet.

Eine Steigerung der Vorlast führt also über eine Zunahme der Wandspannung des Herzmuskels zu einem vermehrten Sauerstoffbedarf. Die Vorlast des linken Ventrikels kann unter bestimmten Voraussetzungen vereinfachend mit dem enddiastolischen Druck im linken Ventrikel gleichgesetzt werden. Dieser kann jedoch nicht direkt gemessen werden. Der **linksventrikuläre enddiastolische Druck** entspricht weitgehend dem über einen Pulmonaliskatheter meßbaren pulmonal-kapillären Verschlußdruck (= **Wedge-Druck,** s. S. 178). Während der systolischen Kontraktion des Herzmuskels steigt der Druck im Ventrikel und gleichzeitig die Wandspannung des Herzmuskels. Die Kraft, die sich der Kontraktion des Herzmuskels entgegensetzt, wird als **Nachlast** (= **afterload**) bezeichnet.

Die **Nachlast** ist ein Maß für die Wandspannung, die aufgebracht werden muß, damit sich die Aortenklappe öffnet und Blut aus dem Herzen ausgeworfen werden kann.

Je höher die Nachlast, desto höher die Wandspannung und damit der Sauerstoffbedarf. Die Nachlast des linken Ventrikels hängt entscheidend vom diastolischen Aortendruck und vom linksventrikulären, enddiastolischen Volumen ab.

Die Koronardurchblutung

Die Koronardurchblutung ist vor allem von folgenden Faktoren abhängig:

Vom koronaren Perfusionsdruck:

Die Koronardurchblutung erfolgt fast ausschließlich während der Diastole. Die Kraft, die das Koronarblut durch die Herzkranzgefäße treibt, ist der diastolische arterielle Druck. Dem wirkt der im

Ventrikel herrschende enddiastolische Druck entgegen.

Der koronare Perfusionsdruck des linken Ventrikels ergibt sich also aus der Differenz des diastolischen arteriellen Drucks minus dem linksventrikulären enddiastolischen Druck.

Dem linksventrikulären enddiastolischen Druck kann der über einen Pulmonaliskatheter meßbare Wedge-Druck (s. S. 178) gleichgesetzt werden.

Vom Koronarwiderstand:

Eine Erhöhung des Koronararterienwiderstandes, z. B. aufgrund einer arteriosklerotischen Verengung der Koronararterien, behindert die Koronardurchblutung.

Von der Herzfrequenz:

Die Durchblutung der Koronararterien erfolgt fast ausschließlich in der Diastole. Bei einer Steigerung der Herzfrequenz wird vor allem die Dauer der Diastole verkürzt und damit die Dauer der Koronardurchblutung.

Häufige Herzoperationen

Die häufigsten Operationen in der Herzchirurgie sind Operationen an arteriosklerotisch verengten (= stenosierten) Koronararterien. Im Bereich einer **Gefäßstenose** ist die Durchblutung gedrosselt. Die maximal noch durch die Stenose fließende Blutmenge reicht bei Belastung nicht mehr aus, um die Herzmuskulatur hinter der Stenose mit genügend Sauerstoff zu versorgen. Folge dieser Mangeldurchblutung des Herzmuskels sind pektanginöse Beschwerden oder schlimmstenfalls ein Herzinfarkt. Da der Sauerstoffbedarf der

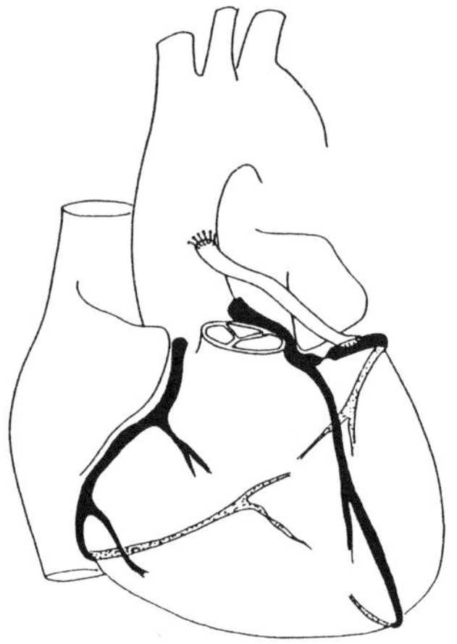

Abb. 5.25 Aortokoronarer Bypass bei Stenosierung der Arteria circumflexa

Herzmuskulatur bei einer Blutdrucksteigerung und vor allem bei einer Beschleunigung der Herzfrequenz erhöht ist (s. o.), wird verständlich, daß bei diesen Patienten stärkere Blutdruckanstiege und insbesondere Herzfrequenzsteigerungen zu vermeiden sind. Diese Stenosen der Koronararterien können operativ dadurch behandelt werden, daß mit einem autologen (= körpereigenen) Venentransplantat (meist aus der Vena saphena magna) ein künstlicher Umgehungskreislauf (= Bypass) von der Aorta zur poststenostischen Koronararterie hergestellt wird (Abb. 5.25). Diese Operation wird als **aortokoronarer Venenbypass** (= **a**orto **c**oronary **v**ein **b**ypass = **ACVB**) bezeichnet. Es kann auch eine direkte Anastomosierung zwischen der A. mammaria interna und der betroffenen Koronararterie durchgeführt werden.
Andere häufige Operationen in der Herzchirurgie sind z. B. Operationen an **veränderten Herzklappen,** insbesondere an der Aortenklappe und der Mitralklappe. Meistens müssen diese veränderten Klappen entfernt und durch Klappenprothesen ersetzt werden.

Die **Mitralklappe** ist die Herzklappe zwischen linkem Vorhof und linkem Ventrikel. Während der Diastole fließt das Blut durch die Mitralklappe aus dem linken Vorhof in den linken Ventrikel.

Bei Patienten mit einer hochgradigen Verengung der Mitralklappe (= **Mitralstenose**) kann das Blut während der Diastole nur noch ungenügend vom linken Vorhof in den linken Ventrikel einströmen. In schweren Fällen wird sich das Blut vor der Mitralklappe, also im linken Vorhof, oder bis zurück in die Lungenstrombahn stauen. Folge einer Rückstauung bis in die Lungenstrombahn ist ein Lungenödem. Kommt es bei Patienten mit einer Mitralstenose zu einer Beschleunigung der Herzfrequenz, so wird sich die Symptomatik akut verschlechtern, denn bei einer Herzfrequenzsteigerung wird vor allem die Dauer der Diastole verkürzt (s. o.). Hierdurch hat das Blut weniger Zeit, durch die enge Mitralklappe zu fließen und wird sich deshalb stärker vor dem linken Herzen anstauen. Durch eine Tachykardie können diese Patienten akut in ein Lungenödem kommen.

Die Herz-Lungen-Maschine
(Abb. 5.26)

Bei den meisten Herzoperationen muß das Herz aus operationstechnischen Gründen völlig ruhiggestellt werden. Das Herz kann also seiner Pumpfunktion vorübergehend nicht mehr nachkommen. Deshalb muß hierbei eine sogenannte **H**erz-**L**ungen-**M**aschine (**HLM**) verwendet werden, also eine Apparatur, welche die Pumpfunktion des Herzens und die Gasaustauschfunktion der Lunge übernehmen kann. Beim Anschluß an eine Herz-Lungen-Maschine wird zunächst die Aorta (oder selten die A.

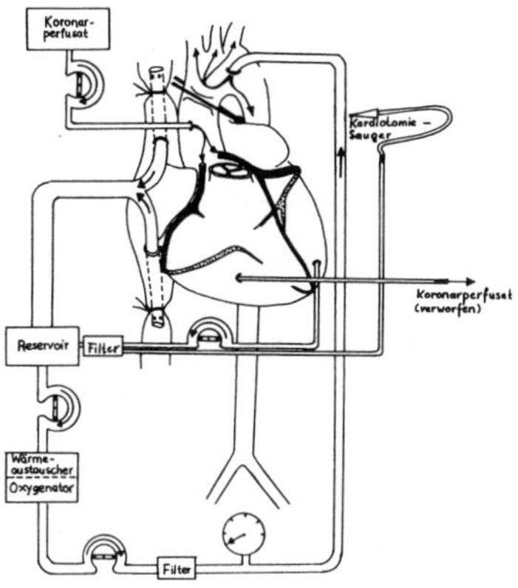

Abb. 5.26 Funktionsprinzip der Herz-Lungen-Maschine

femoralis) und dann in der Regel der rechte Vorhof kanüliert (bei manchen Operationen werden auch aus technischen Gründen die V. cava inferior und die V. cava superior) kanüliert. Das venöse Blut wird über ein Schlauchsystem in diese Herz-Lungen-Maschine geleitet. In einem sogenannten **Oxygenator** werden die Gasaustauschfunktion der Lunge, also die Oxygenierung des Blutes mit Sauerstoff, sowie die Elimination des Kohlendioxides übernommen. Eine sogenannte **Rollerpumpe** übernimmt die Funktion des Herzens und pumpt das Blut über eine Filtereinrichtung zurück in die kanülierte Aorta (oder die A. femoralis). Dieser beschriebene, außerhalb des Körpers (= extrakorporal) stattfindende Kreislauf (= Zirkulation) wird auch als **e**xtra**k**orporale **Z**irkulation (= **EKZ**) bezeichnet.

Wird das gesamte venöse Blut über die Herz-Lungen-Maschine geleitet, wird von einem **„totalen" Bypass gesprochen.**

Das Herz sowie die Lunge werden nicht mehr durchblutet. Der Patient braucht hierbei nicht beatmet zu werden. Die Beatmung würde den Operateur nur stören. Vor Beginn und nach Beendigung des „totalen" Bypasses wird für einige Minuten ein sogenannter „partieller (= teilweiser) Bypass" vorgenommen.

Bei einem **„partiellen" Bypass** wird nur ein Teil des venösen Blutes durch die Herz-Lungen-Maschine geleitet, der andere Teil wird noch vom rechten Herzen durch die Lungen zum linken Herzen gepumpt.

Während des partiellen Bypasses wird der Patient mit 100% Sauerstoff beatmet.
Da während dieser Herzoperationen die Koronararterien nicht durchblutet sein dürfen, wird die Aortenwurzel mit einer sogenannten **Aortenklemme** abgeklemmt (vgl. Abb. 5.26). Das von der HLM in die Aorta zurückgepumpte Blut kann also nicht in die Aortenwurzel und in die dort entspringenden Koronararterien fließen. Aufgrund dieser „Nichtdurchblutung" der Koronararterien droht eine ischämische Schädigung der Herzmuskulatur. Um die **Ischämietoleranz des Herzens** zu erhöhen, wird das Herz mit eisgekühlter Ringer-Laktat-Lösung oder mit eisgekühlter 0,9%iger NaCl-Lösung übergossen. Außerdem wird noch eine spezielle, ebenfalls eisgekühlte, sogenannte kardioplegische Lösung über die Aortenwurzel ins Koronarsystem gepreßt (= Koronarperfusat). Diese kardioplegische Lösung erzeugt einen schlaffen, asystolischen Zustand des Herzens (= Kardioplegie) und senkt den Stoffwechsel der Herzmuskulatur weiter. Ein Herzstillstand ist Voraussetzung dafür, daß der Operateur die mikrochirurgischen Koronaranastomosen durchführen kann.
Während der EKZ wird außerdem eine Abkühlung des Blutes auf 26–30°C vorgenommen, um den Sauerstoffbedarf des Körpers zu senken.

Katecholamine
(s. Tab. 5.5)

In der herzchirurgischen Anästhesie werden zur Herz-Kreislauf-Unterstützung sehr häufig Katecholamine eingesetzt.

Katecholamine kommen normalerweise als Überträgersubstanzen (= Transmitter) im sympathischen Nervensystem vor.

Tabelle 5.5 Wichtige Katecholamine und deren Wirkung an den Alpha-, Beta- und Dopaminrezeptoren

Katecholamin	Alpha-Rezeptoren	Beta-1-Rezeptoren	Beta-2-Rezeptoren	Dopamin-rezeptoren
Noradrenalin	+++	+	0	0
Adrenalin in niedriger Dosierung	+	+++	++	0
Adrenalin in hoher Dosierung	+++	+++	+	0
Dopamin in niedriger Dosierung	+	++	0	++
Dopamin in hoher Dosierung	++	++	0	++
Dobutamin Dobutrex	0	+++	+	0
Dopexamin (Dopacard)	0	(+)	+++	++

Zum besseren Verständnis der Katecholamine soll ihre Wirkung im sympathischen Nervensystem sowie der Aufbau des sympathischen Nervensystems kurz wiederholt werden (Abb. 5.27, s. auch S. 56). Alle sympathischen Nerven bestehen aus jeweils zwei hintereinander geschalteten Nervenzellen (= Neuronen). Das erste Neuron wird als präganglionäres Neuron, das zweite Neuron als postganglionäres Neuron bezeichnet. Die Impulsübertragung vom ersten auf das zweite Neuron erfolgt durch die Überträgersubstanz **Acetylcholin** (ACh). Die Übertragung vom zweiten Neuron auf das Erfolgsorgan, z.B. auf die Gefäßmuskulatur oder das Herz, erfolgt durch den Transmitter Noradrenalin.

Noradrenalin wird von diesen postganglionären Neuronen freigesetzt und wirkt nur lokal(!), also nur an dem von diesen sympathischen Nerven versorgten Erfolgsorgan.

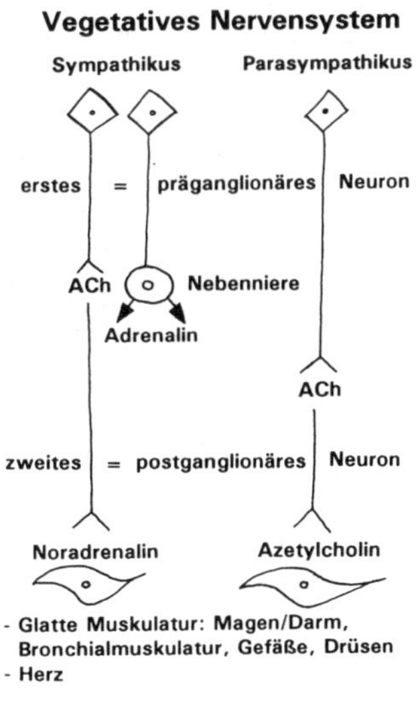

Abb. 5.27 Schematische Darstellung des sympathischen und parasympathischen Nervensystems

Zum sympathischen Nervensystem wird auch das **Nebennierenmark** gezählt. Es wird als eine Anhäufung von sympathischen, postganglionären Neuronen aufgefaßt. Bei einer Stimulierung des Sympathikus setzt daher das Nebennierenmark seine Überträgersubstanz frei. Die Überträgersubstanz des Nebennierenmarks ist jedoch nicht Noradrenalin, sondern Adrenalin. Das Nebennierenmark gibt bei Stimulation das Adrenalin ins Blut ab.

Da **Adrenalin** über das Blut zu den verschiedensten Organen transportiert wird, entfaltet es keine lokale, sondern generalisierte systemische(!) Wirkungen im gesamten Körper.

In den Nervenzellen und im Nebennierenmark wird aus der Aminosäure L-Tyrosin über mehrere Zwischenstufen **Dopamin** hergestellt. In verschiedenen Gehirnarealen, vor allem im extrapyramidalen System, wird Dopamin als Transmitter freigesetzt. In den postganglionären Nervenzellen des sympathischen Nervensystems wird Dopamin weiter zu Noradrenalin umgewandelt, welches als Transmitter freigesetzt wird. Nur im Nebennierenmark wird Noradrenalin noch weiter, nämlich bis zum Adrenalin, umgewandelt, welches dann als Transmitter ins Blut freigesetzt wird.

Dopamin, Noradrenalin und Adrenalin werden als **körpereigene** (= physiologische) **Katecholamine** bezeichnet. Diese Katecholamine wirken an den Erfolgsorganen über spezifische Rezeptoren.

Es kann zwischen Alpharezeptoren, Beta-1- und Beta-2-Rezeptoren unterschieden werden.

Alpharezeptoren

Eine Stimulation der Alpharezeptoren führt vor allem zu einer Gefäßkonstriktion und damit zu einem Anstieg des systolischen und diastolischen Blutdrucks. Inzwischen werden die Alpharezeptoren in $Alpha_1$- und $Alpha_2$-Rezeptoren unterteilt (subklassifiziert).

Beta-1-Rezeptoren

Eine Stimulierung der Beta-1-Rezeptoren führt vor allem zu einer Steigerung der Herzkraft (= positiv inotrope Wirkung) mit Zunahme des Schlagvolumens und des Herzminutenvolumens sowie zu einer Zunahme der Herzfrequenz.

Beta-2-Rezeptoren

Eine Stimulierung der Beta-2-Rezeptoren bewirkt vor allem eine Weitstellung der Bronchien sowie eine Weitstellung der Gefäße mit Blutdruckabfall. Außerdem bewirkt eine Erregung der Beta-2-Rezeptoren eine positiv inotrope Wirkung sowie eine Stimulierung des Stoffwechsels.

Dopaminrezeptoren

Eine Stimulation der Dopaminrezeptoren führt zu einer Gefäßweitstellung vor allem im Bereich der Nieren und des Darmbereichs (aber auch im Bereich der Koronar- und Hirngefäße). Inzwischen werden die Dopaminrezeptoren in Dopamin-1- und Dopamin-2-Rezeptoren subklassifiziert.

Noradrenalin (Arterenol)

Noradrenalin wirkt vor allem auf die Alpharezeptoren, das heißt, je nach Dosierung kommt es über eine starke Vasokonstriktion zu einer ausgeprägten Blutdrucksteigerung. Seine Wirkung auf die Beta-1-Rezeptoren ist deutlich schwächer als bei den anderen Katecholaminen. Eine Steigerung der Herzfrequenz bleibt zudem aus, da es aufgrund der Blutdrucksteigerung oft zu einer Reizung der Barorezeptoren mit einer reflektorischen Bradykardie kommt. Als Dosierungsempfehlung für Noradrenalin wird 0,015–0,25 µg/kgKG/min angegeben, kann jedoch im Extremfall (Sepsis) auch deutlich höher liegen. Die Dosierung muß streng nach Wirkung erfolgen.

Adrenalin (Suprarenin)

Adrenalin wirkt sowohl auf die Alpha- als auch auf die Beta-1- und Beta-2-Rezeptoren. Welche Wirkung überwiegt, hängt von der Dosierung ab. In niedrigen Konzentrationen (0,015–0,03 µg/kgKG/min) überwiegt die Beta-1- und Beta-2-Wirkung. Die Beta-1-Wirkung bewirkt eine Steigerung der Herzfrequenz und des Herzminutenvolumens mit Anstieg des systolischen Drucks, die Beta-2-Wirkung eine Gefäßdilatation vor allem in der Muskulatur mit Abnahme des diastolischen Drucks. Der arterielle Mitteldruck bleibt oft konstant. Bei mittlerer Dosierung (0,03–0,15 µg/kgKG/min) kommt es sowohl zu einer Stimulierung der Alpha- als auch der Betarezeptoren. In hoher Konzentration (0,15–0,3 µg/kgKG/min) überwiegt die vasokonstriktorische Wirkung der Alpharezeptoren mit einer Blutdrucksteigerung. Durch Stimulation der Beta-2-Rezeptoren wirkt Adrenalin auf das Bronchialsystem erweiternd. Auf den Stoffwechsel wirkt Adrenalin über die Beta-2-Erregung stimulierend und steigert den Fett- und Glykogenabbau.

Dopamin (Dopamin)

Dopamin ist die Vorstufe von Noradrenalin. Dopamin bewirkt eine Stimulierung der Alpha- und Beta-1-Rezeptoren. Daneben wirkt es an spezifischen dopaminergen Rezeptoren, die sich vor allem im

Bereich der Nierengefäße und der Darmgefäße (aber auch im Bereich der Koronar- und Hirngefäße) befinden. Vor allem in niedrigen (1–3 µg/kgKG/min), aber auch in mittleren (3–8 µg/kgKG/min) Dosierungen führt Dopamin über eine Stimulierung dieser dopaminergen Rezeptoren zu einer Steigerung der Darm- und Nierendurchblutung mit einer vermehrten Urinproduktion. Bei mittlerer Dosierung kommt es über eine zusätzliche Stimulierung der Beta-1-Rezeptoren zu einer Steigerung der Herzkraft und zu einer Zunahme des Herzminutenvolumens mit leichtem Blutdruckanstieg. Bei hoher Dosierung (über 10 µg/kgKG/min bis maximal 30 µg/kgKG/min) kommt es über eine zunehmende Stimulierung der Alpharezeptoren zu einer Vasokonstriktion (auch im Nieren- und Darmbereich) mit einer deutlichen Blutdrucksteigerung.

Dobutamin (Dobutrex)

Dobutrex ist ein synthetisches Katecholamin. Es verfügt über eine ausgeprägte Beta-1-Wirkung. Die positiv inotrope Wirkung mit Steigerung des Herzminutenvolumens steht also deutlich im Vordergrund. Die Wirkung auf die Beta-2-Rezeptoren ist nur gering. Vor allem in hohen Dosierungen kann es zu einer Vasodilatation durch Stimulierung der Beta-2-Rezeptoren kommen. Mit einer Steigerung der Herzfrequenz ist vor allem bei hohen Dosierungen zu rechnen. Als Dosierung wird die Gabe von 2 bis maximal 15 µg/kgKG/min empfohlen.

Dopexamin (Dopacard)

Dopexamin ist ein neuer Dopaminabkömmling. Er führt v.a. zu einer Stimulation der Beta-2-Rezeptoren (mit Gefäßweitstellung) und der Dopaminrezeptoren (mit verbesserter Durchblutung v. a. im Nieren- und Darmbereich). Außerdem hemmt Dopexamin die Wiederaufnahme von freigesetztem Noradrealin in die Nervenendigungen und verstärkt damit dessen Wirkung. Dopexamin führt zu einer Steigerung des Herzminutenvolumens aufgrund einer Verminderung des peripheren Widerstandes (Stimulation der Beta-2- und Dopaminrezeptoren) und einer positiv inotropen Wirkung (Beta-2-Stimulation und Hemmung der Wiederaufnahme von Noradrealin). Die Dosierung wird von 0,5 bis auf maximal ca. 6 µg/kgKG/min gesteigert. Dopexamin wird bei der schweren Herzinsuffizienz dann empfohlen, wenn andere Therapiemaßnahmen nicht ausreichend sind.

Katecholamine führen also am Herzen zu einer Steigerung der Inotropie, der Herzfrequenz und des Blutdrucks. Hierdurch wird jedoch auch der Sauerstoffbedarf des Herzmuskels erhöht (s. S. 270), und zwar unter Umständen mehr, als es der gesteigerten Herzleistung entspricht. Deshalb können bei vorgeschädigtem Koronarkreislauf durch die Anwendung von Katecholaminen unter Umständen pektanginöse Beschwerden ausgelöst werden (!).

Phosphodiesterasehemmer

Katecholamine wirken über die an den Zellmembranen sitzenden Katecholaminrezeptoren. Durch deren Stimulation wird in der Zelle zyklisches Adenosinmonophosphat (cAMP) gebildet, das über eine Erhöhung der intrazellulären Calciumkonzentration seine Wirkungen entfaltet. Zyklisches Adenosinmonophosphat wird durch das Enzym Phosphodiesterase inaktiviert. Phosphodiesterasehemmer blokkieren die Phosphodiesterase, hemmen den Abbau von cAMP und führen daher (wie Katecholamine) zu einer Konzentra-

tionssteigerung von cAMP in den Zellen. Phosphodiesterasehemmer wirken also über die gleiche Endstrecke wie die Katecholamine.
Zu den Phosphodiesterasehemmer gehören z. B. **Amrinon** (Wincoram) und **Enoximon** (Perfan). Phospodiesterasehemmer werden v. a. bei einer schweren Herzinsuffizienz mit niedrigem Herzminutenvolumen (low cardiac output syndrome) als zusätzliche Medikation empfohlen.
Amrinon (Wincoram): Initialdosis: 0,5–1,5 mg/kgKG als Bolus; Erhaltungsdosis: 5–10 µg/kgKG/min. Enoximon (Perfan): Initialdosis: 0,5 mg/kgKG als Bolus; Erhaltungsdosis: 2,5–10 µg/kgKG/min.

Vasodilatatoren

Vasodilatatoren sind gefäßerweiternde und damit blutdrucksenkende Medikamente. Sie spielen in der Herzchirurgie eine wichtige Rolle und werden zur Senkung eines erhöhten Blutdrucks sowie (in Kombination mit Katecholaminen) zur Therapie einer Herzinsuffizienz angewandt.

In der Herzchirurgie werden als Vasodilatatoren vor allem Nitroglycerin, Nifedipin, Urapidil und Nitroprussid-Natrium verwendet, da sie sich durch einen schnellen Wirkungseintritt und eine gute Steuerbarkeit auszeichnen. Zumeist werden diese Medikamente per Spritzenpumpe intravenös verabreicht.

Nitroglycerin (Trinitrosan, Nitro Pohl infus)
(s. S. 248)

Nitroglycerin wirkt vor allem auf die venösen Kapazitätsgefäße dilatierend. Das Blut „versackt" in den venösen Kapazitätsgefäßen (**venöses Pooling**), dadurch nimmt der venöse Rückstrom zum Herzen ab. Folge ist eine verminderte Füllung des Herzens in der Diastole, also eine Abnahme des enddiastolischen Füllungsdrucks und der enddiastolischen Wandspannung (Vorlast = preload, s. S. 271). Die rechts- und linksventrikulären Füllungsdrücke, also der ZVD (s. S. 180) und der Wedge-Druck (s. S. 180, 271), sinken ab. Eine Abnahme der Vorlast bedeutet eine Entlastung und damit eine Abnahme des Sauerstoffbedarfs des Herzens (s. S. 270).
Nitroglycerin wirkt auch in geringem Maße auf die arteriellen Gefäße dilatierend, wodurch der arterielle Blutdruck und damit die Nachlast (afterload, s. S. 271) abfällt. Ein Abfall der Nachlast bedeutet ebenfalls einen Abfall des myokardialen Sauerstoffbedarfes. Nach Nitroglyceringabe kommt es manchmal zu einer reflektorischen Tachykardie.
Wirkungen und Indikationen für Nitroglycerin in der Herzchirurgie:

Wirkungen:	Indikationen:
Abfall des systolischen und diastolischen Blutdrucks	Senkung eines erhöhten Blutdrucks (vgl. kontrollierte Hypotension)
Abfall des ZVD	Senkung eines erhöhten ZVD, z. B. bei Rechtsherzinsuffizienz
Abfall des Wedge-Drucks	Senkung eines erhöhten Wedge-Drucks, z. B. bei Linksherzinsuffizienz
Abnahme des Sauerstoffbedarfs des Herzens	Senkung des Sauerstoffbedarfs bei ischämischer Herzerkrankung, z. B. Koronarsklerose, Herzinfarkt

Nifedipin (Adalat)

Nifedipin hemmt die Calcium-Kanäle und vermindert dadurch den Gefäßtonus. Sowohl nach sublingualer als auch intravenöser Gabe kommt es innerhalb weniger Minuten zu einem Abfall des Blutdruckes und zu einer Dilatation der Koronararterien. Es wird zur kontrollierten Blutdrucksenkung und zur Therapie der Angina pectoris eingesetzt. Zur intravenösen Infusion kommt das Adalat pro infusione 5 mg/50 ml) zur Anwendung. Die Dosierung beträgt 0,4–1,7 mg/Stunde beim erwachsenen Patienten (= 0,1–0,4 μg/kgKG/min)

Urapidil (Ebrantil)

Urapidil bewirkt durch eine Blockade der Alpha-Rezeptoren v.a. eine Dilatation der arteriellen Gefäße und dadurch einen Blutdruckabfall. Initial werden zumeist 5–25 mg intravenös langsam als Bolus injiziert. Gegebenenfalls kann eine Wiederholungsdosis verabreicht und eventuell eine kontinuierliche Gabe von initial 2 mg/h, im Mittel 9 mg/h durchgeführt werden.

Nitroprussid-Natrium (NPN)
(s. S. 249)

NPN bewirkt eine Dilatation der Arteriolen. Der arterielle Blutdruck und damit die Nachlast des linken Ventrikels sinken. Die Herzarbeit und der myokardiale Sauerstoffbedarf werden gesenkt. NPN führt außerdem zu einer Dilatation der venösen Kapazitätsgefäße mit einem venösen Pooling (s.o.). Der Rückstrom zum Herzen sinkt, der enddiastolische Füllungsdruck und damit die enddiastolische Wandspannung und die Vorlast fallen ab. Folge ist eine weitere Verminderung des myokardialen Sauerstoffbedarfs. Die Verbesserung der Pumpfunktion bei Herzinsuffizienz beruht also auf einer mechanischen Entlastung des Herzens. Nach NPN-Gabe tritt oft eine ausgeprägte reflektorische Tachykardie auf.

Indikationen für Nitroprussid-Natrium in der Herzchirurgie:

- Senkung eines erhöhten Blutdrucks
- Senkung der linksventrikulären Nachlast und damit des linksventrikulären Sauerstoffbedarfs

Nachteile von NPN:
Ausführliche Beschreibung s. S. 249

Herstellung der Lösung:
Ausführliche Beschreibung s. S. 249

Dosierung in der Herzchirurgie:
0,3–2 μg/kgKG/min

Präoperative Visite bei herzchirurgischen Patienten

Bei der präoperativen Visite (s. S. 3) muß besondere Aufmerksamkeit der zugrundeliegenden Herzerkrankung gelten. Die vorliegenden Ergebnisse der Herzkatheteruntersuchungen, die EKG-Befunde, die Röntgen-Thorax-Bilder und der Lungenfunktionstest müssen eingehend bewertet werden.

Bei Erhebung der Anamnese ist detailliert nach den aktuellen Herzbeschwerden, der kardialen Belastbarkeit sowie nach der medikamentösen Dauertherapie zu fragen.

Da die Patienten häufig mit Digitalispräparaten, mit Diuretika und einer Hochdruckmedikation eingestellt sind, ist insbesondere auch auf die dadurch möglicherweise bedingten Störungen des Kaliumhaushalts zu achten, da der Patient sonst zu Herzrhythmusstörungen neigt. Nimmt der Patient Betablocker (Hemmung v.a. der Beta-1-Rezeptoren zur Senkung der Herzfrequenz, der Inotropie und des Blutdrucks und damit des myokardialen Sauerstoffbedarfs, s. S. 270) oder Hochdruckmedikamente ein, so dürfen diese Medikamente nicht vor der Operation abgesetzt werden. Bei plötzlichem Absetzen z.B. einer Hochdruckmedikation kann es zu unerwünschten, überschießenden Blutdruckanstiegen kommen. Auch Nitroglycerinpräparate (z.B. Nitrolingual), die die Patienten wegen ihrer pektanginösen Beschwerden einnehmen, müssen bis zum Operationstermin verabreicht werden. Dagegen muß eine eventuelle Marcumartherapie ausreichend lange vor der Operation abgesetzt werden. Ist eine Therapie mit Antikoagulantien jedoch unbedingt notwendig, so muß auf Heparin umgestellt werden. Falls vertretbar, sollten Diuretika und Digitalis 1–2 Tage vor der Operation abgesetzt werden. Eine Digitalisierung bis zum Operationstermin sollte z.B. nur bei manifester Herzinsuffizienz und bei Vorhofflimmern durchgeführt werden.

Bei der Verordnung der **Prämedikation** ist auf eine ausreichende anxiolytische und sedierende Wirkung zu achten.

Bei unzureichender Dosierung droht eine streßbedingte Herzfrequenz- und Blutdrucksteigerung in der unmittelbaren präoperativen Phase, wodurch die engen kardialen Reserven unter Umständen überschritten werden könnten(!). Insbesondere bei Patienten mit schwerer Koronarsklerose oder schwerer Mitralstenose kann dies eventuell fatale Folgen haben.
Als Schlafmedikation für die präoperative Nacht haben sich Benzodiazepine wie z.B. Flunitrazepam (Rohypnol, 1–2 mg oral, s. S. 8) bewährt. Auch zur Prämedikation hat sich der anxiolytische Effekt der Benzodiazepine bewährt. Bei Erwachsenen empfehlen sich z.B. 1–2 mg Flunitrazepam oral. Auf eine Atropingabe zur Prämedikation sollte wegen der dadurch drohenden Tachykardie verzichtet werden. Nur im Ausnahmefall, z.B. bei einer Bradykardie bei der Narkoseeinleitung, wird bei kardiochirurgischen Patienten Atropin verabreicht.

Narkoseeinleitung

Sind die Patienten, wenn sie in den Narkosevorbereitungsraum kommen, noch ängstlich-aufgeregt und haben sie eine Tachykardie sowie einen hohen Blutdruck, empfiehlt sich zuerst eine intravenöse Gabe z.B. von Diazepam, Midazolam oder Flunitrazepam zur stärkeren Anxiolyse und Sedierung. Die Dosierung muß streng nach Wirkung erfolgen. Klagt ein Patient gar über **pektanginöse Beschwerden,** muß ein Nitrospray oder eine Nitrolingual-Kapsel verabreicht werden. Zusätzlich empfiehlt sich ebenfalls eine Sedierung und Anxiolyse. **Nitroglycerin** bewirkt eine Weitstellung der venösen Kapazitätsgefäße (= venöses Pooling). Dadurch wird der venöse Rückstrom zum Herzen vermindert. Das Herz muß weniger Blut pumpen und wird entlastet. Der Sauerstoffbedarf des Herzens ist damit geringer. Nitroglycerin ist daher das Mittel der Wahl bei pektanginösen Beschwerden (s. S. 278).
Da die Narkoseeinleitung eine besonders kritische Situation darstellt, muß bereits vorher eine blutige arterielle Druckmessung angelegt werden (s. S. 169). Die Plazierung eines (u. U. mehrlumigen) zentralen Venenkatheters kann nach der Narkoseeinleitung vorgenommen werden. Er dient der herznahen Applikation von Medikamenten und zur Kontrolle des zentralen Venendrucks.
Bei besonderen Indikationen muß eventuell ein Pulmonaliskatheter eingeführt werden (s. S. 175), mit dem das Herzminutenvolumen, der Druck in der A. pulmonalis sowie der pulmonal-kapilläre Ver-

schlußdruck (= Wedge-Druck) gemessen werden können. Das Einführen eines Pulmonaliskatheters ist z. B. bei schweren Formen einer Mitralstenose angezeigt. In manchen Kliniken wird grundsätzlich ein Pulmonalarterienkatheter für alle Herzoperationen gelegt.
Werden diese Katheter vor Narkoseeinleitung gelegt, so sind bei der Narkoseeinleitung optimale Überwachungsmöglichkeiten gegeben. Außerdem können dann bereits vor Narkoseeinleitung der ZVD, das HMV sowie der Wedge-Druck gemessen werden. Diese Ausgangswerte bieten wichtige Vergleichsmöglichkeiten für intraoperativ gemessene Werte.
Als Narkoseform wird normalerweise eine (T)IVA oder modifizierte NLA (s. S. 111, 117) gewählt. Auf Droperidol wird dabei wegen seiner negativen Eigenschaften auf das Herz-Kreislauf-System meistens verzichtet. Statt dessen wird ein Benzodiazepin, wie z. B. Flunitrazepam, Midazolam oder Diazepam, verabreicht.

Alle Medikamente müssen stets sehr langsam und nach Bedarf unter Kontrolle der hämodynamischen Parameter injiziert werden (!!).

Die Narkoseeinleitung kann z. B. folgendermaßen durchgeführt werden:

- Präoxygenierung (s. S. 100)
- 0,5–2 mg Flunitrazepam intravenös, in mehreren kleinen Einzeldosen à ca. 0,3 mg, bis der Patient schläft
- 0,5–1,0 mg Fentanyl, in mehreren kleinen Einzeldosen à ca. 0,1 mg oder eine entsprechende Dosis an Sufentanil (70–140 µg; Einzeldosen à 15 µg)
- Den Patienten zum Einatmen auffordern (Kommandoatmung),
  später seine Eigenatmung mit der Maske unterstützen
- Vollrelaxierung mit z. B. Vecuronium oder Pancuronium (6–8 mg i. v.)
- Kontrollierte Maskenbeatmung mit 100% Sauerstoff
- Eventuell Lokalanästhesie der Kehlkopfschleimhaut durch Besprühen z. B. mit einem Lidocainspray
- Schonende Intubation
  Die Narkoseeinleitung ist besonders schonend mit möglichst konstantem Verhalten von Blutdruck und Herzfrequenz durchzuführen. Nach der Intubation müssen neben einem Dauerkatheter und einer Magensonde noch eine rektale und eine ösophageale Temperatursonde gelegt werden. Es ist auf ausreichende venöse Zugänge zur Volumen-Substitution zu achten.

Narkoseführung bis zum Anschluß an die Herz-Lungen-Maschine

Während dieser Narkosephase ist auf eine ausreichende Opioidgabe zu achten. 5–10 Minuten vor dem Hautschnitt sollte nochmals mindestens die zur Einleitung verabreichte Fentanyldosis nachinjiziert werden. Bis zum Hautschnitt werden meist ungefähr 1,5 mg Fentanyl oder ca. 200 µg Sufentanil verabreicht. Vor allem zum Hautschnitt, zur Sternotomie und bei der Freipräparierung der herznahen großen Gefäße ist eine tiefe Narkose erforderlich. Treten trotz ausreichender Analgesie und Narkosetiefe nicht beherrschbare Blutdrucksteigerungen auf, so muß gegebenenfalls eine kontrollierte Blutdrucksenkung (s. S. 248), z. B. mittels Vasodilatanzien wie Nitroglycerin oder einem Inhalationsanästhetikum, durchgeführt werden. Bei der Beatmung wird eine Normoventilation angestrebt. Der Patient wird meist mit 50% Sauerstoff beatmet.

Narkoseführung während der extrakorporalen Zirkulation

Die Aufrechterhaltung der Narkose wird zumeist mit Fentanyl oder Sufentanil, Vecuronium oder Pancuronium und Etomidat oder Flunitrazepam durchgeführt. Eventuell kann auch ein verdampfbares Inhalationsanästhetikum, vor allem Isofluran, über den Oxygenator der Herz-Lungen-Maschine verabreicht werden. Der Bedarf an Narkosemitteln ist individuell recht unterschiedlich und hängt auch von dem Ausmaß der Hypothermie ab.

Während der extrakorporalen Zirkulation sollten Medikamente möglichst über den venösen Schenkel der Herz-Lungen-Maschine und nicht über die zentralen Venenkatheter appliziert werden, weil dadurch der Applikationsweg sicherer ist.

Während der extrakorporalen Zirkulation müssen vor allem folgende Größen kontinuierlich überwacht werden:

Gerinnung

Um während der EKZ eine Blutgerinnung in der Herz-Lungen-Maschine zu verhindern, wird der Patient kurz vor der operativen Kanülierung der großen Gefäße (s. S. 273) initial mit ca. 300–400 IE Heparin/kgKG heparinisiert. Die ausreichende Heparinisierung kann z.B. mit Hilfe der sogenannten **a**ctivated **c**lotting **t**ime (= **ACT**) kontrolliert werden. Wird hierzu das automatische Hemochron-Gerät verwendet, so müssen 2–3 ml Blut luftblasenfrei in ein evakuiertes Spezialröhrchen injiziert werden. Danach wird die Zeitmessung des Hemochron-Gerätes gestartet, das Röhrchen ca. 5 Sekunden lang geschüttelt und anschließend in die Meßkammer des Hemochron-Gerätes gesteckt. Bei Beendigung der Messung zeigt das Gerät den entsprechenden ACT-Wert an.

Der Normalwert der ACT liegt bei ca. 80–100 Sekunden. Während der EKZ sollte ein Wert von ca. 400–600 Sekunden angestrebt werden.

Der ACT-Wert sollte ungefähr alle 30 Minuten kontrolliert und bei Abfall unter 400 Sekunden muß Heparin (ca. $^1/_3$ der Initialdosis) nachinjiziert werden. Nach Beendigung der EKZ wird das Heparin durch die Gabe von Protaminsulfat antagonisiert und ein dem Ausgangswert entsprechender ACT-Wert angestrebt. Mit ca. 100–130 IE Protaminsulfat können 100 IE Heparin antagonisiert werden.

Arterieller Druck

Während der extrakorporalen Zirkulation sollte der arterielle Perfusionsdruck zwischen 60–100 mmHg liegen.

Bei einem konstanten Perfusionszeitvolumen der Herz-Lungen-Maschine hängt der arterielle Perfusionsdruck nur vom peripheren Widerstand ab. Der periphere Gefäßwiderstand wird vor allem durch den Sympathikotonus, die Anästhesie, die Temperatur, den pH-Wert und durch vasoaktive Medikamente beeinflußt.
Ein systolischer, arterieller Blutdruck von mehr als 100 mmHg spricht bei einem normalen Perfusionszeitvolumen der Herz-Lungen-Maschine für einen hohen peripheren Gefäßwiderstand. Durch eine Vertiefung der Narkose sowie durch Vasodilatanzien, wie z.B. Nitroprussid-Natrium (s. S. 279), kann der periphere Widerstand und damit der arterielle Druck gesenkt werden. Falls der arterielle Perfusions-

druck trotz eines normalen oder erhöhten Perfusionszeitvolumens mit der Herz-Lungen-Maschine unter 60 mmHg abfällt, so scheint eine Drucksteigerung durch Vasopressoren wie Noradrenalin und/ oder eine Senkung der Körpertemperatur notwendig.

EKG

Während der Kardioplegie ist das Herz asystolisch.

Neurologie

Nach Herzoperationen mit der Herz-Lungen-Maschine kann es vor allem aufgrund einer intraoperativen zerebralen Mangeldurchblutung oder durch Luftembolisationen in den Hirnkreislauf zu zerebralen Komplikationen kommen. Sinnvoll ist daher die wiederholte Kontrolle und Dokumentation der Pupillenweite, die unter Fentanyl- oder Sufentanilgabe beidseits eng sein muß.

ZVD

Der **z**entrale **V**enen**d**ruck (= **ZVD**) sollte während der extrakorporalen Zirkulation bei Null oder unter 0 mmHg liegen.

Urinausscheidung

Die Urinproduktion sollte nicht unter 1 ml/kgKG/Stunde abfallen. Kommt es zu einer starken Hämolyse zumeist aufgrund einer mechanischen Schädigung der Erythrozyten vor allem durch das Absaugen des Blutes) mit einer Verfärbung des Urins, so sollte die Diurese mit Lasix oder einem Osmodiuretikum wie Mannit gesteigert werden.

Beatmung

Direkt nach Beginn der EKZ müssen die O_2- und CO_2-Partialdrücke, der pH-Wert sowie die Sauerstoffsättigung sowohl im arteriellen als auch im zentral- oder gemischt-venösen Blut kontrolliert werden. Der arterielle PO_2 liegt meist bei 150 bis 300 mmHg (= 20–40 kPa), der gemischt-venöse PO_2 (s. S. 179) sollte mindestens 40 mmHg (= 5,3 kPa) betragen. Eine Hyperventilation ist zu vermeiden. Der gemischt-venöse PCO_2 sollte bei ca. 40 ± 4 mmHg (= 5,3 kPa) liegen. Die arterielle Sättigung muß mindestens 95% betragen, der pH-Wert sollte im Normbereich von 7,4 ± 0,04 liegen. Eine metabolische Azidose (pH-Wert kleiner als 7,36 und Standardbikarbonat unter 22 mmol/l) ist meist Folge einer ungenügenden Perfusion!

Relaxierung

Um den für die Operation notwendigen Stillstand des Zwerchfells zu garantieren, ist auf eine ausreichende Relaxierung zu achten.

Labor

Die Elektrolyte Natrium und Kalium sowie Kalzium müssen mehrfach kontrolliert werden. Außerdem ist der HK-Wert regelmäßig zu überprüfen. Während der extrakorporalen Zirkulation liegt er meist zwischen 20–30%, er sollte jedoch nicht unter 15% abfallen. Bei einem Abfall unter diesen Wert ist eine Bluttransfusion notwendig.

Temperatur

Die Temperatur wird mittels einer ösophagealen und einer rektalen Temperatursonde überwacht. Daneben wird mit der HLM die Bluttemperatur kontrolliert.

Beendigung der extrakorporalen Zirkulation

Gegen Ende der Herzoperation wird mit der **Wiedererwärmung** des Patienten begonnen. Bei einer zu schnellen Erwärmung kann es zu einer starken Gefäßdilatation mit einem Abfall des arteriellen Drucks kommen, was den Einsatz von vasokonstringierenden Medikamenten erforderlich machen kann.
Nachdem der Operateur das Herz sorgfältig entlüftet hat, wird die Aortenklemme (vgl. Abb. 5.26) entfernt. Das aus der HLM in die Aorta gepumpte Blut strömt nun auch in die Aortenwurzel, und es kommt wieder zur Durchblutung der Koronararterien. Die sogenannte **Reperfusionsphase** beginnt. Meist stellt sich innerhalb weniger Minuten wieder ein normaler Herzrhythmus ein. Bleibt jedoch ein Kammerflimmern bestehen, muß das Herz durch direktes Auflegen von Defibrillatorelektroden mit ca. 10 Wattsekunden defibrilliert werden. Tritt wiederholt Kammerflimmern auf, so empfiehlt sich vor einer erneuten Defibrillation die Gabe von 1–2 mg/kgKG Lidocain intravenös.

> Vor dem Abgehen von der HLM sollte die Bluttemperatur auf über 34°C angehoben werden, die Blutgase, der pH-Wert sowie die Elektrolyte sollten im Normbereich liegen. Wurde während der extrakorporalen Zirkulation ein verdampfbares Inhalationsanästhetikum verwendet, so sollte es mindestens 20 Minuten vor Abgang von der HLM abgestellt werden.

Nach einer Reperfusionszeit von ca. einem Drittel der Ischämiezeit wird mit der Entwöhnung von der HLM, dem „Abgang von der Maschine“, begonnen. Die Entwöhnung beginnt mit dem schrittweisen Übergang zum **partiellen Bypass.** Im partiellen Bypass muß der Patient mit 100% Sauerstoff beatmet werden. Ist der vollständige Abgang von der HLM gelungen und sind die venöse und arterielle Kanüle entfernt, wird nach Rücksprache mit dem Operateur das Heparin mittels langsamer Protamininfusion antagonisiert (s. S. 282).
Der Abgang von der HLM kann je nach Myokardfunktion wenige Minuten bis einige Stunden dauern. Während der Entwöhnung können unter Umständen erhebliche **hämodynamische Probleme** auftauchen. Wichtig ist der direkte Blick auf das schlagende Herz. Eine gezielte Unterstützung des Kreislaufs in dieser Situation ist möglich, wenn der arterielle Druck, das Herzminutenvolumen sowie der ZVD und der Wedge-Druck bekannt sind. Mit Hilfe dieser Größen können außerdem die Gefäßwiderstände im Lungenkreislauf sowie im großen Kreislauf errechnet werden. Je nach Situation müssen die folgenden Maßnahmen getroffen werden:

- HMV niedrig,
  Blutdruck niedrig,
  ZVD niedrig,
  Wedge-Druck niedrig:
  → Dem Patienten muß Volumen zugeführt werden.
- HMV niedrig,
  Blutdruck niedrig,
  ZVD normal oder leicht erhöht,
  Wedge-Druck normal oder leicht erhöht:
  → Die Gabe von Katecholaminen (z. B. Dopamin) zur Unterstützung der Herzleistung ist notwendig.
- HMV niedrig,
  Gefäßwiderstand hoch,
  ZVD hoch,
  Wedge-Druck hoch:
  → Die Gabe von Vasodilatatoren (z. B. Nitroprussid-Natrium, s. S. 279) in Kombination mit Katecholaminen (z. B. Dopamin) ist zu empfehlen.

- HMV weitgehend normal,
  arterieller Druck weitgehend normal,
  ZVD hoch,
  Wedge-Druck hoch:
  → Die Gabe von Nitroglycerin (s. S. 278) ist zu empfehlen.
- HMV hoch,
  Blutdruck niedrig,
  Gefäßwiderstand im großen Kreislauf niedrig:
  → Die Infusion von Noradrenalin oder Phenylephrin ist indiziert.
  Bei bradykarden Rhythmusstörungen kann auch die Gabe von Atropin, Alupent oder eine Herzschrittmacherstimulation notwendig werden (Bei den Patienten werden normalerweise passagere Schrittmacherelektroden am Vorhof und am linken Ventrikel plaziert. Die elektrische Stimulation ist dann der medikamentösen Stimulation vorzuziehen).

Bleibt trotz einer differenzierten medikamentösen Therapie die Herzleistung zu niedrig (= **low cardiac output syndrome**), kann zur Unterstützung des insuffizienten Herzens über die A. femoralis ein aufblasbarer Ballon in die thorakale Aorta eingeführt werden. Abhängig vom EKG wird dieser Ballon während der frühen Diastole aufgepumpt und während der Systole entleert. Dieser Ballon pulsiert entgegengesetzt zum Herzen; das Prinzip wird deshalb als **intraaortale Ballongegenpulsation** bezeichnet. Der in der frühen Diastole aufgepumpte Ballon verhindert den schnellen Abfluß des in die Aorta ausgeworfenen Blutes und verbessert damit die koronare und zerebrale Durchblutung. Kurz vor der Systole entleert sich der Ballon schlagartig, wodurch der Druck in der Aorta plötzlich abfällt und die Nachlast (s. S. 271) und damit auch der Sauerstoffbedarf für das sich jetzt kontrahierende linke Herz reduziert wird.

Verlegung auf die Intensivstation

Postoperativ werden die Patienten gegebenenfalls auf einen nasalen Tubus umintubiert. Diese **nasale Umintubation** sollte nie bereits vor der Operation durchgeführt werden, da es bei einer nasalen Intubation leicht zu Schleimhautverletzungen in der Nase kommt, aus denen es unter der intraoperativ notwendigen Gerinnungshemmung mit Heparin stark bluten könnte. Unter kontinuierlichem Monitoring wird der Patient anschließend auf die Intensivstation transportiert. Der Patient wird weiterhin analgesiert und sediert, bis Körpertemperatur und Oxygenierung eine Entwöhnung vom Respirator zulassen. Es ist auch darauf zu achten, daß eine gute periphere Durchblutung vorliegt. Hämodynamisch instabile Patienten werden erst dann von der Beatmung entwöhnt, wenn die Katecholamin- und Vasodilatanziendosis auf ein vertretbares Maß reduziert werden konnten. In der Aufwachphase können durch Streßsituationen erhebliche Kreislaufbelastungen auftreten.

Der polytraumatisierte Patient (= der Mehrfachverletzte)

Allgemeine Bemerkungen

Unter einem Polytrauma (= einer Mehrfachverletzung) werden gleichzeitig entstandene Verletzungen mehrerer Körperteile verstanden, wobei wenigstens eine Verletzung oder die Kombination mehrerer lebensbedrohlich ist.

Ein polytraumatisierter Patient kann die unterschiedlichsten Verletzungsmuster aufweisen. Trotzdem enden die auftretenden pathophysiologischen Veränderungen immer in einem Volumenmangelschock mit all seinen Folgen. Bei Aufnahme eines Mehrfachverletzten in den Notfallbehandlungsraum bietet sich daher meist folgendes Bild:

- Hypovolämie (Volumenmangel)
- Hypotonie
- Tachykardie
- Azidose:
  Einerseits kommt es im Volumenmangelschock zu einer Störung der Mikrozirkulation mit Beginn einer anaeroben Glykolyse und einem Anfall von Milchsäure (Laktat). Hierdurch entsteht eine **metabolische Azidose.** Andererseits kommt es durch eine fast obligatorische Ventilationsstörung (z.B. durch eine schmerzbedingte Atemschonhaltung) zu einem CO_2-Anstieg, wodurch eine zusätzliche **respiratorische Azidose** entsteht. Außerdem besteht bei einem Mehrfachverletzten zusätzlich fast immer auch eine Hypoxie.
- Oligurie oder Anurie
- Eventuell Gerinnungsstörungen
- Hyperkaliämie (durch Azidose und Zerstörung von Zellen)

Ganz entscheidend für den Behandlungserfolg eines polytraumatisierten Patienten ist die **optimale Organisation und Koordination** der bei der Diagnostik und Behandlung mitwirkenden Helfer.

Diagnostik bei einem Mehrfachverletzten

Nach einer kurzen Anamneseerhebung durch Befragen des begleitenden Notarztes oder einer eventuellen Begleitperson muß sofort mit der Diagnostik und Therapie begonnen werden.

Anästhesiologische Untersuchung

Es sind die Vitalfunktionen Atmung und Herz/Kreislauf zu beurteilen.

Atmung:

- Normale Atmung?
- Unzureichende Atmung (= Ateminsuffizienz)?
- Atemstillstand (= Apnoe)?

Kreislauf:

- Normale Kreislaufverhältnisse?
- Kreislaufverhältnisse wie im Volumenmangelschock (d.h. niedriger Blutdruck und hohe Herzfrequenz)?
- Kreislaufstillstand?
  Während der Anästhesist sich sofort um die Sicherung und Stabilisierung der Atmung und des Herz-Kreislauf-Systems bemüht, wird der Patient von einem Neurochirurgen und einem Traumatologen kurz untersucht.

Neurologische Untersuchung

Bewußtsein:

- Klar orientiert (= adäquat)?
- Somnolent (= schlaftrunkener Zustand, leicht weckbar)?
- Soporös (= durch starke Reize nur kurzfristig erweckbar)?
- Komatös (= Bewußtlosigkeit)?
  Die genaue Beurteilung und Überwachung der Hirnfunktion (z.B. mittels Glasgow-Koma-Skala) sowie die Ein-

teilung des Schädel-Hirn-Traumas in unterschiedliche Schweregrade (SHT I°, II°, III°) wird im Kapitel über Intensivmedizin (Überwachung der Hirnfunktion, S. 366) beschrieben. Besteht der Verdacht auf ein **S**chädel-**H**irn-**T**rauma (= SHT), auf ein Hirnödem oder eine Hirnblutung? Sind die Pupillenreflexe normal? Daneben gehört zur orientierenden neurologischen Untersuchung noch die Frage nach einer möglichen (Hals-)Wirbelsäulenverletzung oder gar **Querschnittslähmung** sowie nach peripheren Nervenverletzungen. Kann der Patient die Beine bewegen? Hat er eine intakte Sensibilität in den Beinen? Bei einer Querschnittslähmung sind Motorik und Sensibilität in den Beinen ausgefallen. Die Beine sind warm, die Gefäße unterhalb der Querschnittshöhe weitgestellt (querschnittsbedingte Gefäßweitstellung).

Traumatologische Untersuchung

Die Frage nach Knochenbrüchen, nach einem Pneumo- oder Hämatothorax, einer intraabdominellen Blutung oder einer retroperitonealen Blutung ist zu klären. Verletzungen der Wirbelsäule sind auszuschließen. Besteht auch nur der Verdacht auf eine intraabdominelle Blutung (z.B. stumpfes Bauchtrauma, zunehmender Bauchumfang, zunehmende Bauchdeckenspannung), so muß umgehend eine Sonographie des Bauchraumes durchgeführt werden. Bei positivem Befund sind eine sofortige Laparotomie und operative Blutstillung angezeigt.

Phase 1 bis 5 in der Versorgung eines Mehrfachverletzten

Phase 1: Sicherung der Vitalfunktionen Atmung und Kreislauf

Sicherung der Vitalfunktion Atmung

- Freimachen der Atemwege:
  Beim bewußtlosen Patienten müssen gegebenenfalls Fremdkörper aus Mund und Rachen entfernt und durch Überstrecken des Kopfes ein Zurückfallen der Zunge und eine Verlegung der oberen Luftwege verhindert werden (s. S. 293).
- Sicherstellung einer ausreichenden Ventilation:
  Hierbei gilt:

> Jeder polytraumatisierte Patient wird intubiert!

Die Gründe für die Intubation sind vielfältig. Oft besteht eine Verletzung des knöchernen Thorax (z.B. Rippenserienfraktur), eine Lungenkontusion oder die Gefahr einer Aspiration (s. S. 185), da der Patient (z.B. aufgrund eines Schädel-Hirn-Traumas) bewußtlos ist. Oft haben die Patienten bereits am Unfallort erbrochenen Mageninhalt aspiriert. Außerdem haben diese Patienten meist schmerzbedingt eine deutliche Atemschonhaltung. Daneben ist aus der Erfahrung bekannt, daß aufgrund des Schockzustandes bei Mehrfachverletzten sich bald pulmonale Probleme einstellen (**Schocklunge**). Dies alles sind Gründe, den Patienten zu intubieren. Bestehen keine Kontraindikationen, z.B. ein SHT mit Verdacht auf einen

erhöhten intakraniellen Druck (s. S. 243), so sollte der Patient mit PEEP beatmet werden.
Bei der Intubation ist stets davon auszugehen, daß der Patient nicht nüchtern ist, deshalb muß eine sogenannte Ileuseinleitung (s. S. 184) durchgeführt werden. Wegen der meist besonderen Dringlichkeit zur Intubation oder dem häufigen Verdacht auf einen erhöhten intrakraniellen Druck (SHT?) muß auf das Legen einer Magensonde vor(!) Intubation verzichtet werden. Vor Narkoseeinleitung sollte aber eine adäquate Volumentherapie bereits begonnen werden, um drastische Blutdruckabfälle durch die Narkosemedikamente zu vermeiden.
Prinzipiell müssen bei Patienten im Schock die Medikamente vorsichtig dosiert werden. Außerdem muß auf blutdrucksenkende Medikamente (z. B. Droperidol, Inhalationsanästhetika u. ä.) verzichtet werden. Die Narkose wird meist mit einem Hypnotikum wie Etomidat oder Thiopental eingeleitet und mit Sauerstoff/Lachgas, Fentanyl, Vecuronium oder Pancuronium und einem Hypnotikum (z. B. Midazolam) aufrechterhalten. Bei Patienten mit starker Hypotonie kann die Intubation auch nach intravenöser Gabe von Ketanest durchgeführt werden. Hierbei bleibt ein weiterer Blutdruckabfall normalerweise aus.

Sicherung der Vitalfunktion Kreislauf

Die einzige kausale Therapie des vorliegenden Volumenmangelschocks ist die Volumengabe! Nur damit ist eine Normalisierung des Kreislaufs, eine kausale Therapie der metabolischen Azidose sowie ein Wiedereinsetzen der Urinausscheidung zu erwarten. Ebenso können einer drohenden Fettembolie sowie Gerinnungsstörungen am besten durch eine schnelle Durchbrechung des Volumenmangelschocks vorgebeugt werden. Daher gilt:

Sofortige großzügige Volumengabe!

Bei jedem Mehrfachverletzten müssen folgende Maßnahmen erfolgen:

- Sofort(!) EKG und Pulsoximeter anschließen
- Sofort(!) Blutdruck messen
- Sofort(!) mehrere, möglichst großlumige peripher-venöse Zugänge legen. Bei schlechten peripheren Venenverhältnissen sollte frühzeitig ein großlumiger Katheter (z. B. ein Shaldon-Katheter) in der V. subclavia oder V. femoralis plaziert werden.
- Sofort(!) Beginn der Volumensubstitution(!),
  auch dann, wenn der Blutdruck noch scheinbar ausreichend ist oder keine großen äußeren Blutungen erkennbar sind (innere Blutungen?!, Weichteilblutungen?!). Es handelt sich dann meist um einen durch maximale Kreislaufzentralisation gerade noch kompensierten Schockzustand, der jederzeit dekompensieren kann!
- Sofort(!) Abnahme von Kreuzblut
  zur Bestimmung der Blutgruppe und Anforderung von mindestens 6–8 vorerst noch ungekreuzten Blutkonserven. Nur in absolut lebensbedrohlichen Ausnahmefällen sollten als „Universal-Spender"-Blut 0 Rh-negative Erythrozytenkonzentrate transfundiert werden (s. S. 128). In der Regel können jedoch wenige Minuten abgewartet werden, bis die Blutgruppe festgestellt und ungekreuztes, blutgruppengleiches Blut bereitgestellt ist. Dies ist bei guter Organisation innerhalb von wenigen Minuten möglich! Bis dahin sollten vor allem Plasmaersatzmittel wie Hydroxyäthylstärke (HÄS), Gelifundol, Serum-Eiweiß-Konzentrat, Humanalbumin

und andere zur Anwendung kommen (s. S. 119). Transfusionen und Infusionen müssen mit Hilfe eines Druckbeutels vorgenommen werden.

Bei einer eventuell notwendigen Massivtransfusion ist daran zu denken, daß sowohl Vollblutkonserven als auch Erythrozytenkonzentrate keinerlei funktionsfähige Thrombozyten mehr haben und eine verminderte Aktivität der Gerinnungsfaktoren V und VIII aufweisen.

Es muß deshalb frühzeitig zusätzlich „fresh frozen plasma" (= FFP; enthält Gerinnungsfaktoren, s. S. 125) und öfters gegen Ende der operativen Blutstillung Thrombozytenkonzentrat transfundiert werden, um einer Entgleisung der Blutgerinnung vorzubeugen.

- Sofort(!) Abnahme von Laborwerten wie Na, K, Hb, HK, Quick, PTT, Thrombozyten, BZ.
- Möglichst bald sollte eine arterielle Blutdruckmessung (s. S. 169) angelegt und eine arterielle Blutgasanalyse abgenommen werden.
- Möglichst bald sollte ein Dauerkatheter
  zur Kontrolle der Urinausscheidung und damit der Suffizienz der Volumentherapie gelegt werden.
- Das Plazieren eines Kavakatheters ist wünschenswert, aber zweitrangig (s. S. 165). Bei schlechten Kreislaufverhältnissen bietet hierbei die Punktion der V. subclavia die besten Erfolgsaussichten (s. S. 168). Treten trotz ausreichender Volumenzufuhr unklare Kreislaufprobleme auf, muß stets auch an die Möglichkeit eines Spannungspneumothorax gedacht werden.

Phase 2: Lebensrettende Notoperationen

Liegen Verletzungen vor, die eine endgültige Stabilisierung der Vitalfunktionen Atmung und Kreislauf nicht erlauben, z. B. ein Pneumothorax oder eine Milzruptur, so müssen entsprechende lebensrettende Eingriffe (Thoraxdrainage bzw. Milzexstirpation) ohne jegliche Verzögerungen durchgeführt werden.

Liegen mehrere lebensbedrohliche Verletzungen vor, z. B. eine Milzruptur und ein epidurales Hämatom, so haben die kreislaufstabilisierenden Maßnahmen – falls ein gleichzeitiges Operieren von zwei Operationsteams nicht möglich ist – den Vorrang.

Denn was nützt die Ausräumung eines epiduralen Hämatoms, wenn der Patient inzwischen an seiner Milzruptur verblutet. Sofort anschließend muß dann das epidurale Hämatom entlastet werden.

Im Anschluß an diese lebensrettenden Notoperationen wird eine **ausführliche röntgenologische Diagnostik** durchgeführt. Besteht der Verdacht auf ein Schädel-Hirn-Trauma, so muß, sobald die Vitalfunktionen einigermaßen stabilisiert sind, ein kranielles Computertomogramm (= **C**ranial **C**omputerized **T**omography = **CCT**) durchgeführt werden. Die Frage nach einem therapiebedürftigen Hirnödem oder nach einer operativ angehbaren intrakraniellen Blutung muß beantwortet werden. Bereits im Zweifelsfalle müssen Manipulationen unterlassen werden, die den intrakraniellen Druck steigern könnten und Maßnahmen durchgeführt werden, die zu einem Abfall des intrakraniellen Drucks führen (vgl. dazu die ausführliche Darstellung in Kapitel „Der intrakranielle Druck" auf S. 242). Das knöcherne Skelett sowie die Lunge müssen geröntgt werden. Ergeben sich hieraus keine neuen operativen Konsequenzen, so wird der Patient auf eine operative Intensivstation zur Stabilisierung seines Zustandes verlegt.

Phase 3: Stabilisierungsphase

Alle anderen nicht unmittelbar lebensbedrohlichen Verletzungen sollten erst operiert werden, wenn sich der Zustand des Patienten durch eine entsprechende intensivmedizinische Therapie stabilisiert hat (= Stabilisierungsphase).

Phase 4: Zweite Operationsphase

Siehe Kapitel „Intensivmedizin“, S. 391.

Phase 5: Erholungsphase:

Siehe Kapitel „Intensivmedizin“, S. 391.

Teil 6
Der Aufwachraum

Allgemeine Bemerkungen

Nach Beendigung der Narkose wird der Patient vom Operationstisch in ein frisches, möglichst vorgewärmtes Bett gelegt und darin in den Aufwachraum gefahren. Der Aufwachraum sollte sich in enger räumlicher Verbindung zum Operationstrakt befinden und untersteht der Anästhesie. Im Aufwachraum werden die Patienten so lange überwacht, bis sie wach und wieder im Vollbesitz ihrer Schutzreflexe sind und eine Gefährdung durch eine narkose- oder operationsbedingte Atmungs- oder Kreislaufproblematik ausgeschlossen werden kann. Im Normalfall beläuft sich der Aufenthalt im Aufwachraum auf mindestens 30 Minuten bis höchstens ca. 3 Stunden. Anschließend werden die Patienten wieder auf ihre jeweilige Station gebracht. In problematischen Fällen sollte der Patient auf eine Intensivstation verlegt werden.

Übernahme des Patienten

Bei der Übernahme eines Patienten in den Aufwachraum muß eine „Übergabe" des Patienten stattfinden; das heißt, der für die Narkose verantwortliche Anästhesist berichtet der für den Aufwachraum zuständigen Schwester, welche Operation und welches Narkoseverfahren durchgeführt wurden, ferner welche Probleme während der Narkose aufgetreten sind. Wichtig ist auch zu berichten, an welchen Nebenerkrankungen der Patient leidet. Besonderer Erwähnung bedarf, ob bei dem Patienten z.B. Fentanyl oder ein nichtdepolarisierendes Muskelrelaxans antagonisiert werden mußte, ob der Verdacht auf einen Medikamentenüberhang besteht, was für Infusionen der Patient im Aufwachraum erhalten soll, was für eine Schmerzmedikation er bei Bedarf erhalten kann und was die Aufwachraumschwester bei diesem Patienten besonders zu beachten hat.

Nach der Übernahme des Patienten muß sich die Aufwachraumschwester selbst einen Eindruck vom Patienten verschaffen. Insbesondere muß sie den Wachheitsgrad (= die Vigilanz) des Patienten, die Effektivität seiner Spontanatmung sowie seine Kreislaufsituation und seine Hautbeschaffenheit (Zyanose, zentralisiert und kalt) kontrollieren.

Überprüfung des Wachheitsgrades

- Wach und adäquat:
  Der Patient ist wach und kommt Aufforderungen korrekt nach.

- Somnolent:
  Schlaftrunkener Zustand. Der Patient kann leicht erweckt werden. Wird er in Ruhe gelassen, so schläft er wieder ein.
- Soporös:
  Nur auf lautes Zurufen versucht sich der Patient kurz zu orientieren. Auf Schmerzreize reagiert er mit gezielten Abwehrbewegungen. Er ist aber unfähig zu jeglicher spontanen Aktivität.
- Komatös:
  Der Patient ist bewußtlos.

Überprüfung der Atmung

Die Überwachung der Atmung erfolgt klinisch und wünschenswerterweise auch apparativ-technisch mit Hilfe von Pulsoximetrie und (mittels Bioimpedanzverfahren über die EKG-Elektroden erfaßter Atemfrequenzmessung (s. S. 363; Überwachung der Atmung). Ein Opioidüberhang (z.B. Fentanyl) sowie ein Überhang an Muskelrelaxanzien sind häufige Ursachen einer unzureichenden postoperativen Spontanatmung des Patienten.

Opioidüberhang (z.B. Fentanyl oder Sufentanil)?

Die Aufwachraumschwester muß sich stets darüber informieren, wann der Patient das letzte Mal ein Opioid (z.B. Fentanyl) erhalten hat. Mit einer Atemdepression nach Fentanyl oder Sufentanil muß gerechnet werden, wenn die letzte Opioidgabe weniger als 30 Minuten zurückliegt, die letzte Fentanyl- bzw. Sufentanildosis mehr als 0,1 mg bzw. 15 μg betrug oder während der Operation eine relativ hohe Gesamtdosis an Opioid verabreicht wurde. Auf direkte Aufforderung atmen diese Patienten kurzfristig tief durch.

> Wird ein Patient mit Opioidüberhang ganz in Ruhe gelassen, so hat er eine sehr langsame Atemfrequenz mit relativ großem Atemzugvolumen oder er „vergißt" gar ganz zu atmen und „schläft" wieder ein.

Die Pupillen sind typischerweise eng (= stecknadelkopfgroße Pupillen, s. S. 367). Der Patient gibt an, keine Schmerzen zu haben. Bei Verdacht auf einen Opioidüberhang muß der verantwortliche Anästhesist informiert werden, der über eine eventuell notwendige Antagonisierung des Opioids (s. S. 50) entscheiden muß. Patienten, bei denen ein Fentanyl- oder Sufentanilüberhang antagonisiert wurde, sollten mindestens noch 2 Stunden im Aufwachraum verbleiben, denn in seltenen Fällen kann nach Wirkungsende des Antidots (= Gegenmittels) der Fentanyl- oder Sufentanilüberhang wieder manifest werden.

Relaxansüberhang?

Bei einem noch anrelaxierten Patienten ist die Kraft der Atemmuskulatur unzureichend, außerdem droht in Rückenlage die Zunge aufgrund des schlaffen Muskeltonus nach hinten zu fallen und die oberen Luftwege zu verlegen. Bei der Aufforderung, die Augen ganz zu öffnen, wird ein noch anrelaxierter Patient die Stirn runzeln, versucht also unter Mithilfe der Stirnmuskulatur die Augen zu öffnen. Der Aufforderung, die Hand zu drücken, den Kopf hochzuheben oder die Zunge herauszustrecken, kann der Patient nur andeutungsweise nachkommen.

> Der Atemtypus ist eher tachypnoisch mit kleinem Atemzugvolumen.

Zumeist sind die Patienten sehr unruhig und machen ungezielte, unkoordinierte Bewegungen.

Bei Verdacht auf einen Relaxansüberhang muß der verantwortliche Anästhesist informiert werden, der über eine eventuell notwendige Antagonisierung (s. S. 61) entscheiden muß.

Überhang an Narkosegas?

Bei Patienten mit einem Halothan-, Enfluran- oder Isofluran-Überhang kann die Bewußtseinslage von somnolent bis bewußtlos (s. o.) reichen.

Der Atemtypus ist eher tachypnoisch mit kleinem Atemzugvolumen.
Die Ausatemluft weist den typischen Halothan-, Enfluran- oder Isofluran-Geruch auf.

Bei bewußtlosen Patienten kann es in Rückenlage zu einer Verlegung der oberen Luftwege durch die zurückfallende Zunge kommen.

Verlegung der oberen Luftwege?

Bei Patienten mit Operationen im Halsbereich, wie z. B. einer Strumektomie, kann es postoperativ zu einer Einengung der oberen Luftwege und vor allem einem inspiratorischen Stridor aufgrund einer Schwellung, eines Hämatoms oder einer intraoperativen Nervenverletzung kommen. Bei einer erschwerten Atmung sind der Operateur und der Anästhesist zu informieren, gegebenenfalls muß z. B. ein Hämatom operativ ausgeräumt werden. Bei einem starken Ödem ist unter Umständen die Gabe eines abschwellenden Medikamentes notwendig (z. B. 250 mg Solu-Decortin-H i. v.). Bei bewußtlosen Patienten oder bei Patienten mit einem

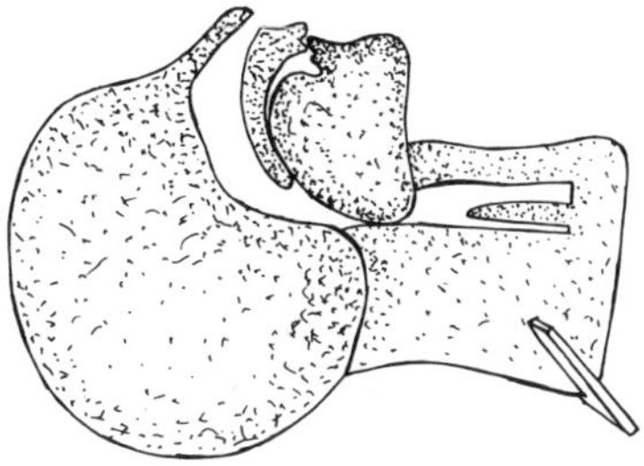

Abb. 6.1 Verlegung der oberen Luftwege durch zurückgefallene Zunge

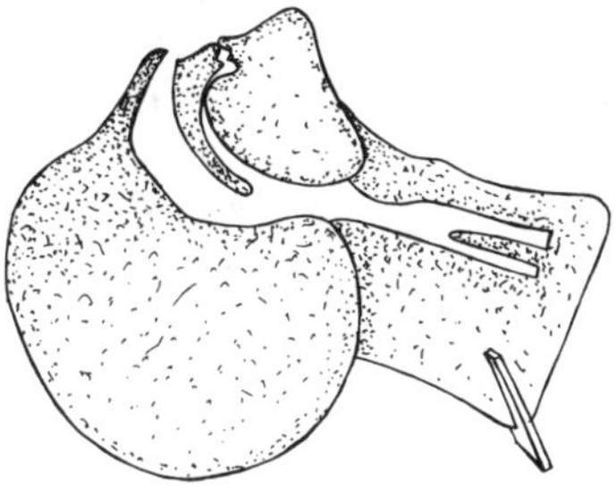

Abb. 6.2 Freie obere Luftwege bei überstrecktem Kopf

Medikamentenüberhang (z. B. Relaxansüberhang) kann es in Rückenlage zu einem Zurückfallen der Zunge und damit zu einer teilweisen oder totalen Verlegung der oberen Luftwege kommen (Abb. 6.1). Durch Anwendung des sogenannten Esmarch-Handgriffs wird die Zunge von der Rachenhinterwand abgehoben (Abb. 6.2), und der Patient kann wieder frei durchatmen.

Beim **Esmarch-Handgriff** wird mit den am Unterkieferwinkel angreifenden Zeige- und Mittelfingern der Unterkiefer hochgezogen und hierdurch gleichzeitig der Kopf überstreckt. Zusätzlich wird mit beiden Daumen durch Druck auf das Kinn der Mund geöffnet (Abb. 6.3).

Häufig ist der Esmarch-Handgriff auch wirksam, wenn die ungenügende Atmung nicht durch eine Verlegung der oberen Luftwege, sondern z. B. durch eine opioidbedingte Atemdepression verursacht ist. Da der Esmarch-Handgriff bei kräftiger Anwendung sehr unangenehm ist, führt er in diesem Falle zu einer schmerzbedingten Ventilationssteigerung. Anschließend muß dann gegebenenfalls der Opioidüberhang antagonisiert werden.

Auch durch das Einführen eines **Wendl-Tubus** (= Nasopharyngealtubus, Abb. 6.4) kann ein Offenhalten der oberen Luftwege garantiert werden. Der Wendl-Tubus muß über den unteren Nasengang, also nach dorsal (und nicht nach kranial-dorsal!) so weit vorgeschoben werden, wie es dem Abstand Nase–Ohr des Patienten entspricht. Bei korrekter Lage des Wendl-Tubus ist eine deutliche Luftströmung am Ende des Tubus zu hören. Durch eine verstellbare Ringplatte, die nach korrekter Positionierung bis an den Naseneingang vorgeschoben wird, kann der Wendl-Tubus in dieser Position fixiert werden.

Abb. 6.3 Durchführung des Esmarchschen Handgriffs

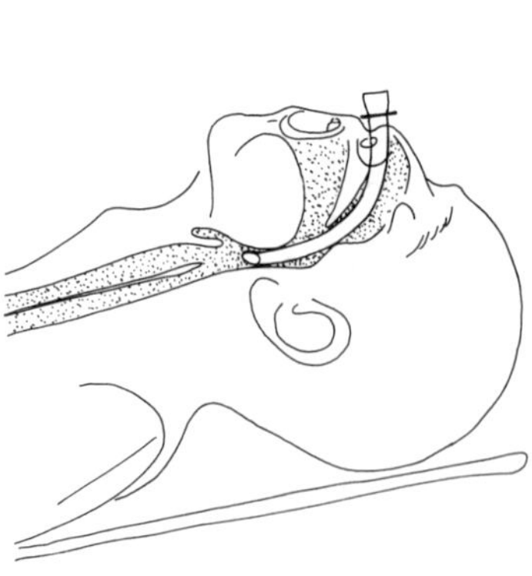

Abb. 6.4 Eingeführter Wendl-Tubus. Verstellbare Ringplatte zur Fixierung des Wendl-Tubus

Das Einführen eines **Guedel-Tubus** (s. S. 179) sollte vermieden werden, da dieser zu einer wesentlich stärkeren Reizung des Zungengrundes und der Rachenwand führt und eventuell einen Würge- und Brechreiz auslösen kann.

Sind die Schutzreflexe eines Patienten noch nicht zurückgekehrt, so sollte er, falls es die Operation erlaubt, in eine flache Seitenlage gebracht werden. Hierdurch kann einer Verlegung der oberen Luftwege durch die zurückfallende Zunge sowie einer Aspiration im Falle eines Erbrechens vorgebeugt werden.

Nach Überprüfung der Spontanatmung des Patienten erhält normalerweise jeder Patient im Aufwachraum über eine **Nasensonde** 2 Liter O_2/min. Der Sauerstoff sollte über einen Sprudler angefeuchtet werden (Abb. 6.5). Ein zu hoher Sauerstofffluß ist für den Patienten unange-

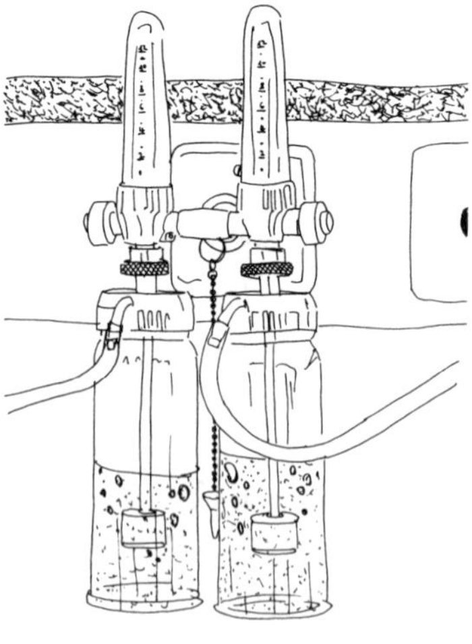

Abb. 6.5 Sauerstoffsprudler

nehm und führt sehr schnell zum Austrokknen der Luftwege. Mehr als ca. 6 Liter O_2/min über eine Nasensonde sind sinnlos (entweicht über Mund und Nase)! Die Nasensonde wird korrekterweise so weit in die Nase eingeführt, wie der Abstand Ohr–Nasolabialfalte (Nasen-Mund-Falte) des Patienten beträgt. Zu tiefes Einführen kann zum Aufblasen des Magens führen. Bei ungenügend tiefer Einführung wird ein großer Teil des Sauerstoffs wieder über die Nasenlöcher entweichen. Auf das Benützen von Schaumgummischwämmchen zum Abdichten der Nasensonde gegen das Nasenloch sollte verzichtet werden. Wiederholt wurden solche Schaumgummis versehentlich in der Nase vergessen und mußten Tage später von einem konsultierten HNO-Arzt entfernt werden. Bei **Patienten mit schweren chronischen Lungenleiden** ist bei der Sauerstoffgabe Vorsicht geboten. Diese Patienten haben sich oft an ihren pathologisch hohen CO_2-Spiegel gewöhnt, und der Atemantrieb erfolgt bei ihnen nicht mehr über einen erhöhten CO_2-Wert, sondern über ihren gleichzeitig erniedrigten O_2-Wert).

Wird Patienten mit schweren chronischen Lungenleiden Sauerstoff verabreicht, so wird ihnen der Atemantrieb genommen. Sauerstoff wirkt bei diesen Patienten also atemdepressiv! Falls die Gabe von Sauerstoff notwendig wird, ist eine engmaschige Überwachung dieser Patienten notwendig.

Kreislaufüberwachung

Die Kontrolle des Kreislaufes erfolgt idealerweise mittels oszillometrischer Blutdruckmessung (z.B. Dinamap-Gerät) oder ersatzweise anhand der auskultatorischen Blutdruckmessung. Empfehlenswert ist auch eine Überwachung der arteriellen Sauerstoffsättigung mittels Pulsoximeter. Bei kritischen Patienten sollte auch im Aufwachraum eine bereits intraoperativ vorgenommene arterielle Blutdruckmessung und ZVD-Kontrolle vorübergehend weitergeführt werden. Im folgenden sollen kurz die häufigsten Komplikationen von seiten des Kreislaufes besprochen werden.

Frequenz- und BlutdruckANSTIEG

Frequenz- und Blutdruck**anstieg** in der unmittelbaren postoperativen Phase haben ihre Ursache meist im Auftreten von Wundschmerzen und machen eine Schmerztherapie nötig (s.u.). Daneben können aber auch eine überfüllte Blase sowie eine Ventilationsstörung mit Hypoxie und Hyperkapnie einen Blutdruck- und einen Frequenzanstieg verursachen.

FrequenzANSTIEG und BlutdruckABFALL

Frequenz**anstieg** und Blutdruck**abfall** sind meist Ausdruck eines intravasalen Volumenmangels. Ursachen können eine ungenügende intraoperative Volumenzufuhr oder eine postoperative Nachblutung sein. Hinweise hierauf können neben der Frequenzsteigerung und dem Blutdruckabfall ein niedriger ZVD, eine geringe Urinproduktion von weniger als 1 ml/kgKG/Stunde, ein schnelles Vollaufen der Redonflaschen, eine Zunahme des Bauchumfangs nach Bauchoperationen, anämische Bindehäute sowie ein niedriger Hb- und HK-Wert sein. Der zuständige Anästhesist und gegebenenfalls der Operateur müssen benachrichtigt werden.

Eine Blutung in die Bauchhöhle kann mittels Ultraschalluntersuchung bestätigt oder ausgeschlossen werden! Eine Volumengabe beziehungsweise eine Re-Operation sind notwendig.

BlutdruckANSTIEG

Manchmal treten postoperative Blutdruck**anstiege** auf, bei denen keine Schmerzreaktion, keine Ventilationsstörung, keine überfüllte Blase und keine Übertransfusion oder ähnliches als Ursache in Frage kommt. Oft handelt es sich um Patienten mit bekanntem Hochdruckleiden, bei denen manchmal eine medikamentöse Blutdrucksenkung notwendig wird. Dazu eignen sich folgende Medikamente:

Nifedipin (Adalat-Kapseln)

Nifedipin ist ein Kalziumantagonist und eignet sich vor allem bei älteren Patienten zur Hochdruckbehandlung.

Darreichungsform:

Kapseln zu 5 und 10 mg

Dosierung:

Zum sofortigen Wirkungsbeginn sollten die Kapseln zerbissen werden. Die Wirksubstanz wird sublingual resorbiert. Es hat sich auch bewährt, die Kapseln mit einer Stahlkanüle anzupunktieren und unter der Zunge auszudrücken.

Nitroglycerin (z. B. Trinitrosan)

(s. S. 278)

Nitroglycerin eignet sich vor allem bei Patienten mit zusätzlicher Koronarsklerose zur Blutdrucksenkung:

Darreichungsform:

Zum Beispiel Nitrolingual Kapseln à 0,8 mg 1–2 Kapseln sublingual oder Nitrolingual Spray: 1 Sprayhub à 0,4 mg; 1–3 Sprayhübe in die Mundhöhle bei angehaltenem Atem.

Zum Beispiel Trinitrosan Injektionslösung:

1 Ampulle mit 1 ml = 5 mg. Es hat sich eine Verdünnung 1:100 bewährt. 1 ml = 5 mg wird mit 9 ml NaCl 0,9% verdünnt. 9 ml dieser Mischung werden verworfen. Der verbleibende 1 ml = 0,5 mg wird wiederum mit 9 ml NaCl 0,9% verdünnt. 1 ml enthält nun 0,05 mg Nitroglycerin.

Dosierung:

0,05–0,1 mg intravenös (= 1–2 ml dieser Verdünnung); gegebenenfalls mehrere Wiederholungsdosen.

Dihydralazin (Nepresol)

Dihydralazin bewirkt eine Tonusverminderung vor allem der Arteriolen und damit eine Blutdrucksenkung.

Nebenwirkungen:

Tachykardie

Darreichungsform:

1 Ampulle mit 25 mg

Dosierung:

$^1/_4$–$^1/_2$ Ampulle intravenös; gegebenenfalls eine Wiederholungsdosis.

Urapidil (Ebrantil)

Urapidil wirkt über eine Blockade der Alpha-Rezeptoren v. a. auf das arterielle Gefäßsystem dilatierend und bewirkt dadurch einen Blutdruckabfall.

Dosierung:

Initial werden meist 12,5 oder 25 mg intravenös verabreicht. Gegebenenfalls erfolgt nach ca. 5 Minuten eine Wiederholungsdosis.

Nebenwirkungen:
Urapidil führt zu keiner reflektorischen Tachykardie.

Diazoxid (Hypertonalum)

Diazoxid bewirkt eine Tonusveränderung vor allem der Arteriolen und damit eine Blutdrucksenkung.

Nebenwirkungen:
Tachykardie

Darreichungsform:
1 Ampulle = 20 ml = 300 mg

Dosierung:
$^{1}/_{2}$ Ampulle = 10 ml = 150 mg relativ zügig intravenös; gegebenenfalls eine Wiederholungsdosis.

β-Blocker (z.B. Acebutolol [Prent])

β-Blocker eignen sich vor allem bei jüngeren Patienten zur Hochdruckbehandlung.

Nebenwirkungen:
Kontraindiziert bei Herzinsuffizienz, bei AV-Block 2. und 3. Grades, bei obstruktiven Lungenerkrankungen (z.B. Asthma bronchiale) und bei Bradykardie, da diese Symptome durch β-Blocker verstärkt werden können

Darreichungsform von Prent:
1 Ampulle = 5 ml = 25 mg; 1 ml = 5 mg.

Dosierung:
1 ml = 5 mg; gegebenenfalls eine Wiederholungsdosis.

Sind der Wachheitszustand, die Atmung sowie die Kreislaufsituation des Patienten überprüft und als zufriedenstellend befunden, wird dem Patienten ein frisches Flügelhemd angezogen, außerdem muß er warm zugedeckt werden.

Der Arm, an dem der Zugang liegt, muß jedoch sichtbar auf(!) der Bettdecke liegen, damit eine eventuelle Diskonnektion mit Blutung aus der Kanüle sofort erkannt wird. Außerdem ist eine Zyanose zuerst an den Fingernägeln des Patienten zu erkennen.

Die Kreislaufparameter Herzfrequenz und Blutdruck müssen nun mindestens in 10- bis 15minütigem Abstand kontrolliert und im Narkoseprotokoll dokumentiert werden (s. S. 133). Gleichzeitig müssen immer auch die Atmung und der Wachheitszustand des Patienten überprüft und der Patient zum tiefen Durchatmen aufgefordert werden.
Zu den weiteren Aufgaben der Aufwachraumschwester gehört es, die angeordnete Infusionstherapie durchzuführen, regelmäßig den Verband des Patienten zu kontrollieren, um zu prüfen, ob der Verband aufgrund einer stärkeren Nachblutung durchgeblutet ist. Außerdem müssen Sonden, Drainagen und Redonflaschen korrekt abgeleitet und regelmäßig kontrolliert beziehungsweise gewechselt werden; gegebenenfalls ist der verantwortliche Anästhesist oder Operateur auf Auffälligkeiten hinzuweisen.

Postanästhetische Checkliste

Zur postoperativen Beurteilung des Patienten können auch bestimmte Checklisten verwendet werden. Im folgenden wird der modifizierte PARS (**p**ost**a**nesthetic **r**ecovery **s**core) beschrieben. Auf dieser Checkliste kann der Patient maximal 10 Punkte (Score von 10) erreichen. Hat der Patient 7 oder weniger Punkte, dann ist eine engmaschige Kontrolle notwendig. Eine Punktzahl von 8–10 wird als sichere Punktzahl bezeichnet. Normalerweise sollten Patienten vor ihrer Verlegung eine Punktzahl von 10 erreicht haben.

Tabelle 6.1 Postanästhetische Checkliste

Kriterium	Punktzahl	
Bewußtseinslage		
• Adäquate Reaktion auf Ansprache	2 Punkte	☐
• Erweckbar durch Ansprache	1 Punkt	☐
• Keine Reaktion auf Ansprache	0 Punkte	☐
Atmung		
• Auf Aufforderung tiefes Durchatmen, Husten und/oder $SaO_2 > 95\%$ bei 21% 0_2	2 Punkte	☐
• Offene Atemwege, auf Aufforderung kein tiefes Durchatmen und/oder SaO_2 90–95% bei 21% 0_2	1 Punkt	☐
• Atemwegsverlegung, Dyspnoe und/oder $SaO_2 < 90\%$ bei 21% 0_2	0 Punkte	☐
Kreislauf		
• Systolischer Blutdruck < 20% Abweichung vom Ausgangswert	2 Punkte	☐
• Systolischer Blutdruck 20–50% Abweichung vom Ausgangswert	1 Punkt	☐
• Systolischer Blutdruck > 50% Abweichung vom Ausgangswert	0 Punkte	☐
Motorik		
• 4 Extremitäten zielgerichtet bewegbar	2 Punkte	☐
• 2 Extremitäten zielgerichtet bewegbar	1 Punkt	☐
• 0 Extremitäten zielgerichtet bewegbar	0 Punkte	☐
Hautfarbe/Hauttemperatur		
• Rosig und warm	2 Punkte	☐
• Blaß, marmoriert, ikterisch und/oder kalt	1 Punkt	☐
• Zyanotisch	0 Punkte	☐
	Gesamtpunktzahl	☐

Schmerzbekämpfung

Eine der wichtigsten Aufgaben im Aufwachraum ist die Schmerzbekämpfung. Nach einer Halothan-, Enfluran-, Isofluran, Sevofluran- oder Desfluran-Narkose treten mit Erwachen des Patienten meist schon Schmerzen auf, so daß frühzeitig ein Analgetikum notwendig wird. Nach einer NLA (s. S. 111) bewirkt das hierbei verwendete Fentanyl meist noch über einige Zeit eine gewisse Analgesie.

Bedarfsadaptierte Opioiddosierung

Das Schmerzempfinden und damit auch der Opioidbedarf kann von Person zu Person zum Teil enorm schwanken. Die Verabreichung einer mittleren Erfolgsdosis kann daher beim einen Patienten unzureichend sein, beim nächsten Patienten aber eine Atemdepression verursachen. Das sicherste Vorgehen ist eine bedarfsadaptierte intravenöse Opioidtitration.

Für eine **bedarfsadaptierte intravenöse Opioidtitration** haben sich bestens Geräte zur patientenkontrollierten Analgesie (**P**atient **C**ontrolled **A**nalgesie = **PCA**) bewährt. Per Knopfdruck kann sich hierbei der Patient von einer mikroprozessorgesteuerten Infusionspumpe, die an einen intravenösen Zugang angeschlossen ist, so oft kleine intravenöse Opioidboli abverlangen, bis er sich an seinen individuellen

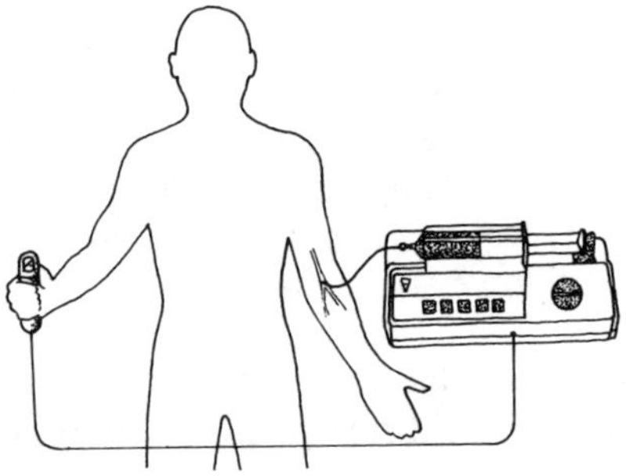

Abb. 6.6 Patientenkontrollierte Analgesie

Opioidbedarf herantitriert hat und weitgehend schmerzfrei ist (vgl. Abb. 6.6). Aus Sicherheitsgründen kann an diesen PCA-Geräten programmiert werden, wie viele Milligramm Opioid sich der Patient pro Bolus abverlangen kann und wie lange das sogenannte Sperrintervall ist, also die Zeitspanne, bis die PCA-Maschine auf einen erneuten Knopfdruck wieder mit der Abgabe eines Opioidbolus reagiert, und wie hoch zum Beispiel die Stunden- oder Vier-Stunden-Maximaldosis sein darf. Mit einem solchen PCA-Gerät kann eine sehr gute und sehr sichere postoperative Schmerzlinderung erzielt werden.

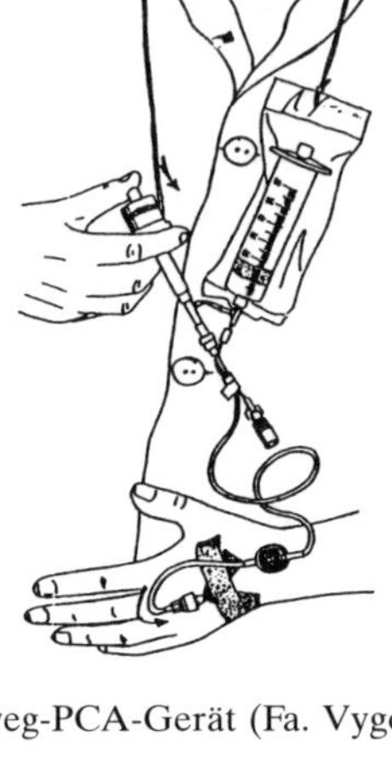

Abb. 6.7 Einweg-PCA-Gerät (Fa. Vygon)

Ein Problem ist jedoch, daß diese mikroprozessorgesteuerten PCA-Geräte relativ teuer sind (ca. 8000,00 DM). Seit kurzem stehen auch Einmal-PCA-Geräte (ca. 30,00 DM) zur Verfügung (vgl. Abb. 6.7; Vygon PCA-System). Diese **Einweg-PCA-Geräte** arbeiten rein mechanisch. Aus dem opioidhaltigen Spritzenreservoir wird über eine Präzisionskapillare mit definiertem Durchfluß Opioid angesaugt, bis das Bolusvolumen gefüllt ist. Je nach Modell sind unterschiedliche Füllzeiten möglich (z. B. 5 Min.). Durch Drücken des Arzneimittelknopfes kann das Bolusvolumen ausgedrückt und intravenös injiziert werden (vgl. Abb. 6.7).

Zur postoperativen Schmerztherapie eignen sich besonders die Analgetika vom Opioidtyp. Die Wirkungen und Nebenwirkungen dieser Analgetika werden auf S. 9 ausführlich beschrieben. Für den Aufwachraum eignen sich vor allem folgende Opioide:

Piritramid (Dipidolor)

Wirkungsdauer:

Ca. 6 Stunden

Nebenwirkungen:

Bei Überdosierung Atemdepression, relativ selten Übelkeit

Darreichungsform:

1 Ampulle = 2 ml = 15 mg

Mittlere Erfolgsdosis:

Mittlere Erfolgsdosis: $^1/_3$ bis $^1/_2$ bis $^1/_1$ Ampulle i. m. oder i. v. bei Erwachsenen (s. u.)

Buprenorphin (Temgesic)

Wirkungsdauer:

6–8 Stunden

Nebenwirkungen:

Müdigkeit/Schlaf, bei Überdosierung Atemdepression, manchmal Übelkeit. Relativ langsamer Wirkungsbeginn

Darreichungsform:

1 Ampulle = 1 ml = 0,3 mg

Mittlere Erfolgsdosis:

$^1/_2$–$^1/_1$ Ampulle intramuskulär oder intravenös bei Erwachsenen

Sonstiges:

Eine Überdosierung ist durch die üblichen Opioid-Antagonisten nicht aufhebbar!

Pentazocin (Fortral)

Wirkungsdauer:

Ca. 3 Stunden

Nebenwirkungen:

Bei Überdosierung Atemdepression, selten Übelkeit. Es kann zu Tachykardie und Blutdruckanstieg führen und ist daher bei kardialen Risikopatienten weniger geeignet.

Darreichungsform:

1 Ampulle = 1 ml = 30 mg

Mittlere Erfolgsdosis:

$^1/_2$–$^1/_1$ Ampulle intramuskulär oder intravenös bei Erwachsenen (s. u.)

Für die postoperative Schmerztherapie im Aufwachraum hat sich, falls keine PCA-Geräte zur Verfügung stehen, folgendes Vorgehen bestens bewährt: 1 Ampulle Dipidolor = 2 ml = 15 mg, werden mit NaCl 0,9% auf 10 ml verdünnt. 1 ml entspricht 1,5 mg Dipidolor. Der Anästhesist protokolliert auf dem Narkosebogen: „Dipidolor bitte nach Bedarf titrieren. Initial (z.B.) 6 mg.“ Die Aufwachraumschwester verabreicht bei Bedarf die relativ niedrige Initialdosis. Sollte diese nicht ausreichen, so kann alle 10 Minuten ca. $^1/_3$ bis $^1/_2$ der Initialdosis nachinjiziert werden, bis der Patient weitgehend schmerzfrei ist. Sollte eine zweite Ampulle Dipidolor benötigt werden, muß die Schwester vorher den zuständigen Anästhesisten informieren.

Dieses Vorgehen scheint die beste Annäherung an die Prinzipien der PCA darzustellen und erlaubt ebenfalls eine bedarfsadaptierte intravenöse Opioidtitration.

Zur postoperativen Schmerztherapie eignet sich oft auch ein Medikament aus der Gruppe der antipyretischen Analgetika, die vor allem die Bildung der Entzündungssubstanzen (z. B. Prostaglandine) im Wundgebiet hemmen. Ihr großer Vorteil besteht darin, daß sie im Gegensatz zu den Opioiden nicht (!) atemdepressiv wirken. Für den Aufwachraum haben sich vor allem folgende **antipyretischen Analgetika** bewährt:

Acetylsalicylsäure (Aspisol)

Nebenwirkungen:

Kontraindiziert bei Asthma bronchiale (u. U. Auslösung eines asthmatischen Anfalls)

Darreichungsform:

1 Stechampulle mit 500 mg Wirksubstanz sowie 5 ml Lösungsmittel

Dosierung:

0,5–1–2,0 Ampullen intravenös bei Erwachsenen

Metamizol (Novalgin)

Nebenwirkungen:

Blutdruckabfall vor allem bei schnellerer intravenöser Injektion, selten Blutbildungsstörungen und allergische Reaktionen. Es empfiehlt sich die Gabe über eine

Kurzinfusion. Metamizol ist das Analgetikum der Wahl bei ehemaligen opioidabhängigen Patienten. Eine Allergie auf Metamizol muß stets ausgeschlossen werden.

Darreichungsform:
1 Ampulle zu 2 oder 5 ml, 1 ml = 500 mg

Dosierung:
1–2 ml = 500–1000 mg intravenös bei Erwachsenen

Paracetamol (Benuron)

Nebenwirkungen:
Leberschädigung bei Überdosierung

Darreichungsform:
Suppositorien zu 125/250/500/1000 mg

Dosierung:
10–15–20 mg/kgKG 4–6 mal pro Tag. Die Maximaldosierung wird mit ca. 90 mg/kgKG pro Tag angegeben.

1. Lebensjahr:	ca. 62,5–125 mg rektal
1.–6. Lebensjahr:	ca. 250 mg rektal
Schulkinder:	ca. 500 mg rektal
Erwachsene:	ca. 1000 mg rektal

Übelkeit und Brechreiz

Ein weiteres häufig auftretendes Problem im Aufwachraum ist eine postoperative Übelkeit mit Brechreiz. Dies kann sowohl nach einer Inhalationsnarkose als auch nach einer NLA auftreten. Bei Patienten, bei denen die Schutzreflexe noch nicht sicher zurückgekehrt sind, kann Erbrechen zu einer Aspiration führen (s. S. 185). Sind die Schutzreflexe eines Patienten noch nicht zurückgekehrt, so sollte er, falls es die Operation erlaubt, in eine Seitenlage gebracht werden. Hierdurch kann einer Verlegung der oberen Luftwege durch die zurückfallende Zunge sowie einer Aspiration im Falle eines Erbrechens vorgebeugt werden. Zur **Therapie von Übelkeit und Brechreiz** eignen sich im Aufwachraum vor allem folgende Medikamente:

Droperidol (Dehydrobenzperidol)
(s. S. 51)

Darreichungsform:
1 Ampulle = 2 ml = 5 mg, 1 ml = 2,5 mg

Dosierung:
0,5–1 ml = 1,25–2,5 mg intravenös

Metoclopramid (Paspertin)

Nebenwirkungen:
Bewegungsstörungen – nicht bei Kindern unter 14 Jahren anwenden

Darreichungsform:
1 Ampulle = 2 ml = 10 mg

Dosierung:
10 mg intravenös bei Erwachsenen

Dimenhydrinat (Vomex-A)

Darreichungsform:
Suppositorien mit 40/70/150 mg

Dosierung:

Säuglinge und Kleinkinder:	40 mg
Schulkinder:	70 mg
Erwachsene:	150 mg

Triflupromazin (Psyquil)

Nebenwirkungen:
Siehe Neuroleptika, S. 8

Darreichungsform:
1 Ampulle mit 1 ml, entsprechend 10 oder 20 mg

Dosierung:

5–10 mg intravenös bei Erwachsenen

Kältegefühl

Häufig klagen Patienten im Aufwachraum über ein ausgeprägtes Kältegefühl.

Die Ursache liegt in der intraoperativen Auskühlung der Patienten aufgrund der ungenügenden Bekleidung und Bedekkung in den kalten Operationsräumen, einem Wärmeverlust über die Lungen aufgrund der kalten Atemgase (s. S. 12) sowie in einer oft medikamentös bedingten Gefäßweitstellung, was die Wärmeabgabe über die Haut noch verstärkt.

Postoperativ klagen daher viele Patienten nicht nur über ein starkes Kältegefühl, sondern es tritt oft ein **nicht kontrollierbares Kältezittern** auf. Durch dieses Kältezittern kann es zu einem mehrfach erhöhten Sauerstoffbedarf kommen, was insbesondere bei koronarsklerotischen Patienten vermieden werden muß (s. S. 272). Die Therapie besteht neben der Vorbeugung, das heißt einem guten intraoperativen Abdecken der Patienten, vor allem in einem Vorwärmen der Betten und eventuell im Gebrauch von heizbaren Wärmedecken im Aufwachraum. Außerdem muß über eine Nasensonde O_2 zugeführt werden. In besonderen Fällen kann versucht werden, z.B. mit Pethidin (oder Lonidin) dieses Zittern zu blockieren.

Pethidin (Dolantin)
(s. S. 9)

Hauptwirkung:

Analgetikum vom Opioidtyp

Nebenwirkungen:

Eventuell Atemdepression, häufiger Übelkeit!

Darreichungsform:

1 Ampulle = 1 ml, 1 ml = 50 mg

Mittlere Erfolgsdosis:

12,5–25–50 mg intravenös; gegebenenfalls eine Wiederholungsdosis
In neueren Studien konnte auch gezeigt werden, daß sich das (sympathikolytisch wirkende) Antihypertensivum Clonidin (Catapresan, in einer Dosis von 75–150 μg) ebenfalls zur Therapie des Kältezitterns (Shivering) eignet.
Intraoperativ stark unterkühlte Patienten werden meist intubiert in den Aufwachraum gebracht, wo sie so lange nachbeatmet und gewärmt werden, bis die Temperatur wieder ausreichend (bis ca. 36°C) angestiegen ist. Zur Sedierung und Analgesie bieten sich hierfür z.B. Midazolam und Fentanyl an.

Unruhe

Fällt ein Patient im Aufwachraum durch besondere Unruhe auf, so muß unbedingt nach der Ursache gesucht werden. Als Gründe kommen vor allem in Frage:

- Schmerzen (s. S. 298)
- Durchlaufen eines Exzitationsstadiums nach einer Inhalationsnarkose
- Eine überfüllte Blase aufgrund einer postoperativ häufig auftretenden Blasenentleerungsstörung. Der Patient muß katheterisiert werden, falls eine spontane Blasenentleerung nicht möglich ist.
- Pulmonale Probleme:

- Hypoxie und Hyperkapnie z.B. aufgrund eines Relaxansüberhangs oder einer Verlegung der oberen Luftwege
- Beginnendes Lungenödem aufgrund einer Überinfusion oder Übertransfusion oder durch eine kardiale Dekompensation
- Pneumothorax, z.B. aufgrund einer Pleuraverletzung bei einer Fehlpunktion für einen zentralvenösen Katheter (s. S. 165) oder aufgrund eines Spontanpneumothorax unter maschineller Beatmung

Kinder sind postoperativ meist sehr unruhig. Damit ein Sturz aus dem Bett sicher verhindert werden kann, müssen Kleinkinder in einem Gitterbett gelagert werden, es ist darauf zu achten, daß die Gitter stets hochgezogen sind! Bei größeren Kindern hat es sich bewährt, die Bettdecke quer zu legen und rechts und links unter die Matratze zu stecken. Dies verhindert das Wegstrampeln der Decke und bietet einen gewissen Schutz vor einem Sturz aus dem Bett; gegebenenfalls sind Gitter an das Bett anzubringen.
In seltenen Fällen kann eine postoperative Unruhe oder Verwirrung auch durch ein sogenanntes **z**entrales **a**nticholinerges **S**yndrom (**ZAS**) bedingt sein (s. S. 53). Es kann durch zahlreiche Medikamente ausgelöst werden. Die Therapie besteht in der langsamen intravenösen Gabe von 1–2 mg Physostigmin (Anticholium).

Rückenmarknahe Leitungsanästhesien

Bei Patienten, die eine rückenmarknahe Leitungsanästhesie, also eine Spinalanästhesie oder eine PDA hatten, muß im Aufwachraum mehrmals die Höhe der Blockade kontrolliert werden. Dies kann am besten mit einem Äthertupfer oder Eiswürfel erfolgen (s. S. 154). Im noch betäubten Gebiet hat der Patient kein Kälteempfinden. Vor der Verlegung muß die Höhe der Blockade eindeutig rückläufig sein und mindestens unterhalb von Th 10 (= Nabelhöhe, vgl. Abb. 2.19) sein.

Verlegung des Patienten auf die Allgemeinstation

Damit ein Patient aus der Überwachung des Aufwachraumes entlassen werden kann, muß folgendes erfüllt sein:

- Der Patient muß wach sein.
- Die Schutzreflexe müssen sicher vorhanden sein.
- Die Spontanatmung muß zufriedenstellend sein.
- Der Kreislauf muß stabil sein.

Die beabsichtigte Verlegung eines Patienten auf die Normalstation muß vom verantwortlichen Anästhesisten bestätigt werden. Der Zeitpunkt der Verlegung auf die Normalstation sollte im Narkoseprotokoll vermerkt werden. Anschließend kann eine Schwester derjenigen Station, auf der der Patient normalerweise liegt, informiert werden, daß der Patient im Aufwachraum abgeholt werden kann. Bei der Übergabe an die Schwester der Station muß die Aufwachraumschwester intraoperative und postoperative Probleme des Patienten mitteilen. Außerdem müssen Anordnungen für die folgende Zeit weitergegeben werden, z.B. daß der Patient ab jetzt alle 8 Stunden ein Antibiotikum erhalten muß.

Teil 7
Intensivmedizin

Allgemeine Bemerkungen zur Intensivmedizin

Unter einer **Intensivstation** wird eine spezielle Betteneinheit für die intensive Diagnostik und **Therapie** lebensbedrohlich oder kritisch erkrankter Patienten verstanden. Hierzu gehören z. B. Patienten mit akutem Herzinfarkt, Polytrauma, schweren akuten Blutungen, Vergiftungen, Verbrennungen, Schädelhirntrauma, bedrohlichen Atmungsstörungen oder Schock.
Eine **Hauptaufgabe der Intensivmedizin** ist neben der Wiederherstellung beziehungsweise Erhaltung der bedrohten Vitalfunktionen das exakte **Überwachen** (Monitoring) des Patienten. Auf Intensivstationen wird außerdem ein weit über das normale Maß hinausgehender **pflegerischer Aufwand** betrieben. Intensivmedizinische Maßnahmen können daher unterteilt werden in
- Intensivtherapie
- Intensivüberwachung und
- Intensivpflege.

Die empfohlene Anzahl an Intensivbetten wird mit ungefähr 5% der Gesamtbettenzahl eines Krankenhauses angegeben. Eine Intensivstation sollte etwa fünf bis zwölf Betten umfassen.
Eine Intensivstation sollte nicht nur durch einen hohen apparativen Standard, sondern auch durch qualifiziertes ärztliches und pflegerisches Personal ausgezeichnet sein.
Der Tätigkeits- und auch der Verantwortungsbereich von Ärzten und Pflegepersonal einer Intensivstation überschneiden sich deutlich und machen daher eine gute Zusammenarbeit notwendig.
Zu den wichtigsten **ärztlichen Aufgaben** gehören:
- Klinische und apparative Überwachung des Patienten
- Verordnung von Medikamenten
- Erstellung eines Ernährungsplanes
- Durchführung bzw. Organisation von diagnostischen und therapeutischen Maßnahmen
- Überwachung der fachgerechten Ausführung ärztlicher Anordnungen
- Dokumentation
- Teilnahme an Stationsvisiten

Zu den wichtigsten **Aufgaben des Pflegepersonals** gehören
- Überwachung des Patienten
- Kontrolle der Überwachungsgeräte
- Allgemeine und spezielle pflegerische Maßnahmen am Intensivpatienten
- Fachgerechte Lagerung des Patienten
- Inhalationstherapie
- Durchführung von enteraler und parenteraler Ernährung
- Erkennung und sachgerechte Beseitigung von Gerätestörungen
- Bereitstellung und Funktionsprüfung von Geräten
- Vorbereitungen von und Assistenz bei ärztlichen Tätigkeiten

- ▶ Dokumentation
- ▶ Teilnahme an Stationsvisiten

Obwohl bei schwerkranken Intensivpatienten eine Vielzahl von Organfunktionen apparativ überwacht werden, darf sich das Interesse von Ärzten und Pflegepersonal nicht nur auf die Kontrolle von Überwachungsgeräten und Laborwerten beschränken. Unverzichtbar ist eine engmaschige klinische Überwachung der Patienten.
Die Arbeit auf einer Intensivpflegestation bedeutet sowohl für Ärzte als auch für das Pflegepersonal eine große körperliche und seelische Belastung. Da das Pflegepersonal zumeist einen engeren Kontakt zum Patienten hat als der Arzt, scheint dessen seelische Belastung besonders hoch zu sein.

Pflege des Intensivpatienten

Allgemeine Bemerkungen

Die Körperpflege stellt ein menschliches Grundbedürfnis dar, dem der Intensivpatient jedoch nicht selbst nachkommen kann. Die Durchführung einer sachgerechten Körperpflege ist eine wichtige Aufgabe des Pflegepersonals. Ziel hierbei ist es nicht nur, die Haut zu reinigen, sondern auch ihre Schutzfunktion aufrechtzuerhalten und damit das Risiko von Infektionskrankheiten zu minimieren.

Stets ist darauf zu achten, daß der Patient während der pflegerischen Maßnahmen nicht gefährdet wird und daß weder liegende Katheter noch Drainagen versehentlich dislozieren. Mögliche Lagerungseinschränkungen (z. B. wegen eventueller Frakturen) sind zu beachten. Bei einer Seitenlagerung des Patienten muß verhindert werden, daß der Patient aus dem Bett fällt. Werden während der Körperpflege irgendwelche Besonderheiten erkannt, so müssen diese dem betreuenden Arzt mitgeteilt und dokumentiert werden. Entsprechende hygienische Maßnahmen sind zu beachten (vgl. S. 311).
Vor der Durchführung pflegerischer Maßnahmen muß der Patient in leicht verständlichen Worten über die geplanten Maßnahmen informiert werden. Wichtig ist, daß der Patient während pflegerischer Maßnahmen keine Schmerzen erleidet. Gegebenenfalls muß – z. B. vor der Durchführung einer notwendigen Lagerungsmaßnahme – ein Schmerzmittel verabreicht werden.

Hautpflege

Starke Verunreinigungen durch Kot, Urin, Blut oder Sekret müssen stets umgehend entfernt werden, um eine Schädigung der Haut oder z. B. eine Pilzbesiedelung zu vermeiden. Auch feuchte Verbände sind sofort zu wechseln. Normalerweise sollte zweimal pro Tag eine Ganzkörperwäsche durchgeführt werden. Anstatt Seife sollte hierzu eine hautfreundliche Waschlotion eingesetzt werden. Bei fieberhaften Patienten kann für die Hautwaschung lauwarmes Wasser verwendet werden. Anschließend muß die Haut gut getrocknet werden, insbesondere in Hautfalten. Trockene Haut sollte anschließend mit einer Creme oder einer Lotion gepflegt werden. Wird ein Patient während der Körperwäsche an den Bettrand gesetzt oder auf die Seite gelagert, so sollte hierbei stets der Rücken mit Franzbranntwein eingerieben und abgeklopft werden, um die Hautdurchblutung zu verbessern. Da Franzbanntwein allerdings die Haut stark austrocknet, wird er in einigen Kliniken zunehmend seltener eingesetzt.

Haarpflege

Mindestens zweimal pro Woche sollten bei dem Patienten auch die Haare gewaschen werden. Für liegende Patienten können spezielle Haarwaschbehälter benutzt werden, um ein Naßwerden des Bettes zu vermeiden. Bei jeder Ganzkörperpflege sollten auch die Haare gekämmt werden.

Augenpflege

Es sollte geklärt werden, ob der Patient z.B. Kontaktlinsen oder eine Augenprothese trägt. Insbesondere bei verunfallten Patienten kann dies gegebenenfalls übersehen werden. Da bei tiefsedierten oder komatösen Patienten die Reinigungsfunktion des normalen Lidschlages ausgeschaltet ist, sind die Augen durch Austrocknen, Verunreinigungen, Hornhautulzerationen und Infektionen bedroht. Zur Reinigung der Augen werden die Augenlider gespreizt, und über dem geöffneten Auge ist ein kochsalzgetränkter Tupfer auszudrücken. Das danach wieder verschlossene Auge sollte vom äußeren Augenwinkel zur Nasenwurzel hin ausgewischt werden. Eventuelle Rückstände alter Augensalbe sind zu entfernen. Nach Durchführung der Augenpflege sollte in den unteren Bindehautsack neue Augensalbe (Bepanthen) eingebracht werden. Hierzu ist das untere Augenlid mit dem Zeigefinger etwas nach unten zu ziehen. Bei nicht vollständig geschlossenen Augen müssen die Augenlider gegebenenfalls mit einem Pflasterstreifen verschlossen werden. Die Augenpflege sollte einmal pro Schicht unter sterilen Bedingungen erfolgen. Ein eventuell vorhandenes Glasauge sollte einmal pro Tag entfernt und (genauso wie die Augenhöhle) mit physiologischer Kochsalzlösung gereinigt werden.

Mundpflege

Beim Intensivpatienten ist mehrmals pro Tag eine sorgfältige Mundpflege durchzuführen um z.B. einer Pilzbildung oder einer Entzündung der Ohrspeicheldrüse vorzubeugen. Eventuelle Sekrete müssen aus dem Mund-Rachen-Bereich mit einem sterilen Absaugkatheter abgesaugt werden. Danach werden Zungenober- und -unterfläche, Gaumen sowie Wangentaschen sorgfältig ausgewischt. Hierzu wird ein Tupfer verwendet, der mittels Zange gefaßt und mit einer Reinigungslösung (z.B. Kamillosan) befeuchtet wurde. Die Mundhöhle muß mit Hilfe eines Spatels und einer Lampe inspiziert werden. Auf eventuelle Veränderungen, wie z.B. eine Pilzinfektion durch den Pilz Candida albicans (Soor), auf schmerzhafte, bis linsengroße Schleimhautdefekte mit festhaftenden Belägen und zentralem Defekt (Aphten) und eine generalisierte Entzündung und Schwellung der Mundschleimhaut (Stomatitis) ist zu achten. Die für eine Candida-Infektion typischen grauweißen, fleckigen Schleimhautbeläge sind leicht zu erkennen. Daneben ist auf eine Entzündung der Mundschleimhaut, auf Ulzerationen oder eine manchmal auftretende Entzündung der Ohrspeicheldrüse zu achten. Eine Ohrspeicheldrüsenentzündung (Parotitis) führt zu einer Schwel-

lung vor dem Ohr, zu einer Einschränkung der Kieferbeweglichkeit und zu Schmerzen.
Trockene Lippen sind einzufetten. Bei oral intubierten Patienten ist einmal pro Schicht die Tubusfixierung zu lösen, Pflasterrückstände sind zu entfernen, und der Tubus ist im anderen Mundwinkel erneut sorgfältig zu fixieren (Cave: Dislokation des Tubus). Eventuell sind auch die Zähne des Patienten zu putzen (es darf jedoch keine Blutungsneigung vorliegen).

Nasenpflege

Nach vorsichtigem Absaugen von Nasensekreten durch den unteren Nasengang mittels eines sterilen Katheters sind die Naseneingänge mit in Panthenol getränkten Tupfern zu reinigen. Falls der Patient nasal intubiert ist oder über eine Magensonde verfügt, müssen die entsprechenden Pflaster vorsichtig entfernt werden. Zur Beseitigung eventueller Klebstoffrückstände kann Wundbenzin verwendet werden. Anschließend ist wieder eine sorgfältige Fixierung vorzunehmen. Es ist streng darauf zu achten, daß der Endotrachealtubus beziehungsweise eine eventuell vorhandene Magensonde nicht dislozieren. Es ist zu kontrollieren und dokumentieren, wie tief der Endotrachealtubus und die Magensonde eingeführt sind. Auffälligkeiten wie eine durch den Endotrachealtubus bedingte Drucknekrose sind dem Arzt mitzuteilen. Die Nasenpflege sollte mindestens dreimal pro Tag durchgeführt werden.

Ohrenpflege

Auch eine sorgfältige und regelmäßige Reinigung der Ohrmuscheln und des äußeren Gehörganges ist wichtig. Bei Patienten mit einem Schädel-Hirn-Trauma ist nach eventuellen Blut- oder Liquorspuren im Ohr zu suchen.

Lagerung des Intensivpatienten

Auf Intensivstationen werden spezielle Betten verwendet. Ein **Intensivpflegebett** sollte nicht nur komfortabel für den Patienten sein, sondern auch pflegerische sowie diagnostische und therapeutische Maßnahmen am Patienten erleichtern. Wichtig sind insbesondere vielfältige Verstellungsmöglichkeiten wie Kopf-tief-Bein-hoch-Lagerung (Schocklagerung, Trendelenburg-Lagerung) oder getrennte Beweglichkeit des Kopf- und Beinteils. Wichtig ist auch eine Höhenverstellbarkeit des Bettes. Bei bestimmten Indikationen, wie im Falle eines querschnittsgelähmten Patienten oder eines Verbrennungspatienten, werden Spezialbetten eingesetzt.

Rückenlagerung

Bei einem auf dem Rücken gelagerten Patienten sollte unter den Kopf ein Kopfkissen gelegt werden. Die Arme sind leicht abzuspreizen, eine direkte Anlagerung an den Körper ist zu vermeiden. Die Unterarme sollten in ein Kissen gebettet werden. Der Arm ist im Ellenbogengelenk leicht zu beugen. Die Hände sollten nicht unter Herzniveau liegen, da sie sonst bald anschwellen. Die gering gespreizten Beine sind ähnlich zu lagern. Die Unterschenkel sollten auf einer zusammengefalteten Decke gebettet werden, und es ist darauf zu achten, daß die Knie leicht gebeugt sind. Knie und Fersen müssen druckfrei gelagert sein (Abb. 7.1). Hat der Patient z.B. eine Pilzinfektion in der Leiste, dann können die Beine auch in einer sogenannten „Froschposition" gelagert werden. Zwischen Fußbrett und Fußsohle des Patienten sollte ein Kissen gelegt werden, so daß der Fuß etwa rechtwinkelig zum Unterschenkel steht, um die Ausbildung eines sogenannten **Spitzfußes** (Spitzfußprophylaxe) zu verhindern. Bei neurochirurgischen Patienten sollte keine Spitzfußprophylaxe durchgeführt werden (s. S. 370).

Seitenlagerung

Soll beispielsweise eine Rechtsseitenlagerung durchgeführt werden, so muß der noch auf dem Rücken liegende Patient zuerst etwas zur linken Bettseite verlagert werden. Bei der anschließenden Durchführung der Seitenlagerung muß der Patient dann in der Mitte des Bettes zu Liegen kommen. Nachdem das später oben liegende linke Bein über das rechte Bein nach vorne gelagert wurde, wird der Oberkörper in Rechtsseitenlagerung gebracht. Um ein Zurückrollen des Patienten zu verhindern, ist der Rücken mit einem Kissen abzustützen. Damit der Patient nicht auf dem unten liegenden rechten Arm ruht, ist die unten liegende Schulter nach vorne zu ziehen, und der rechte Oberarm ist etwas vom Körper abzuspreizen. Das Ellenbogengelenk sollte gebeugt und der Unterarm auf einem Kissen gelagert werden. Der oben liegende Arm ist im Ellenbogengelenk ebenfalls leicht zu beugen. Um einen **Haut-auf-Haut-Kontakt** zu vermeiden, muß zwischen Körper und oben liegendem Arm ein Kissen eingelegt werden.

Das unten liegende, nur leicht gebeugte Bein sollte etwas nach hinten verlagert werden. Dadurch kann ein Zurückrollen des Patienten verhindert werden. Das oben liegende Bein wird bei deutlich gebeugtem Kniegelenk etwas nach vorne gelagert. Dadurch kann der Patient nicht nach vorne rollen. Um einen Haut-auf-Haut-Kontakt zu vermeiden, muß zwischen Knie und Unterschenkel ein Kissen eingebracht werden. Die Füße sollten möglichst wiederum in eine etwa 90°-Stellung gebracht werden (Spitzfußprophylaxe). Der Außenknöchel des unten liegenden Beines sollte frei gelagert sein. Hierzu kann ein kleines Lagerungskissen unter den distalen Unterschenkel geschoben werden.

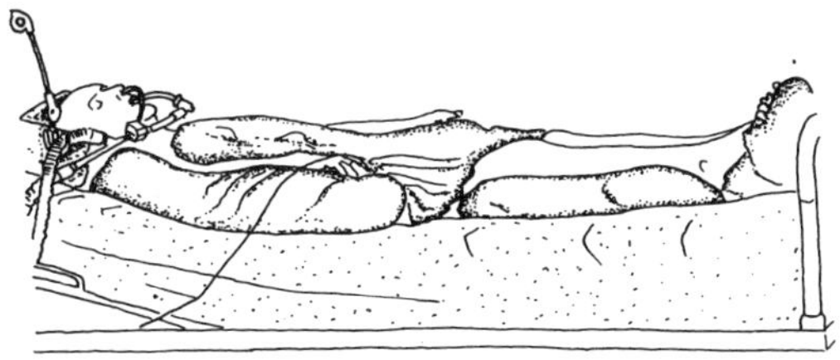

Abb. 7.1 Rückenlagerung eines bewußtlosen Intensivpatienten

Wechsel der Bettwäsche

Zumindest einmal pro Tag, möglichst jedoch einmal pro Tagesschicht, sollte die Bettwäsche vollständig gewechselt werden. Es bietet sich an, dies im Zusammenhang mit der Ganzkörperpflege vorzunehmen. Hierbei ist sorgfältig darauf zu achten, daß weder der Endotrachealtubus, noch intravenöse oder arterielle Katheter, Thoraxdrainagen, der Blasenkatheter oder sonstige Schläuche dislozieren. Für den Wechsel der Bettwäsche und die dafür notwendigen Lagerungsmanöver sind zwei Personen notwendig.

Prophylaktische Maßnahmen

Der Intensivpatient ist durch eine Reihe von Komplikationsmöglichkeiten gefährdet. Daher sind vorbeugende (prophylaktische) Maßnahmen wichtig wie zum Beispiel:

- Dekubitusprophylaxe
- Infektionsprophylaxe
- Thromboseprophylaxe
- Streßulkusprophylaxe
- Kontrakturprophylaxe
- Prophylaxe lagebedingter pulmonaler Probleme

Dekubitusprophylaxe

Bei längerfristigem stärkerem Druck auf bestimmte Hautpartien droht (eventuell schon innerhalb weniger Stunden) aufgrund einer Komprimierung der ernährenden Haut- und Unterhautgefäße eine Minderdurchblutung mit Gewebsschädigung (Dekubitus oder „Wundliegen").

Ein Dekubitus droht insbesondere bei immobilisierten, stark sedierten oder komatösen Intensivpatienten. Auch Patienten, denen hohe Dosen an Katecholaminen (v.a. Noradrenalin) verabreicht werden, neigen aufgrund der dadurch bedingten Vasokonstriktion (mit Mikrozirkulationsstörungen) zu Dekubitalulzera. Besonders gefährdet sind Fersen, Fußknöchel, Kreuzbein, Ellenbogen und Hinterkopf.
Um stärkeren Druck auf bestimmte Körperteile und damit Druckschäden zu verhindern, müssen zur **Druckentlastung** eventuelle Hilfsmittel wie spezielle Matratzen (Dekubitusmatratze), Kissen, Wasserkissen, Luftringe oder ähnliches eingesetzt werden.

Eine Haut-auf-Haut-Lagerung sollte vermieden werden. Fersen, Knöchel, Ellenbogen und ähnliche Knochenvorsprünge sind frei zu lagern.

Zeichen eines Dekubitus sind:

- Anfängliche Hautrötung, die nach Druckentlastung nicht sofort verschwindet (Grad I)
- Anschließend Riß- und Blasenbildung (Grad II)
- Nekrose von Haut, Muskeln und Faszien (Grad III)
- Eventuell Bildung einer Osteomyelitis (Grad IV)

Entscheidend ist die Dekubitusprophylaxe durch Druckentlastung, häufigen Lagewechsel, Vermeidung feuchter und schmutziger Hautstellen und Anregung der Hautdurchblutung durch beispielsweise Abklopfen, Einreiben mit Franzbranntwein oder Bindegewebsmassage sowie die Verwendung von speziellen Matratzen (z.B. Noppenmatratzen).
Liegt bereits ein Dekubitus vor, müssen die entsprechenden Hautpartien druckentlastet werden und der Patient gegebenenfalls in einem Spezialbett (Clinitronbett) gelagert werden. Die Kreislaufsituation sowie die Hautdurchblutung müssen optimiert werden. Bei tiefen, nicht infizierten **Dekubitalulzera** ist unter sterilen Bedingungen eine Wundreinigung mit Pinzette und Schere durchzuführen, falls eine enzymatische Wundreinigung (mit z.B. Varidase, Leukase, Fibrolan) nicht ausreichend ist. Die Dekubituswunde ist mit physiologischer Kochsalzlösung zu spülen. Die Wunde ist anschließend mit einem dünnen, porösen Wundverband (der mit NaCl 0,9% feucht zu halten ist) abzudecken. Bei infizierten Dekubitalul-

zera ist ein Wundabstrich zu entnehmen, die Wunde mit NaCl 0,9% zu spülen, eine Desinfektion (z.B. mit Braunol 2000) vorzunehmen und ein aseptischer, dünner, poröser Wundverband mit Betaisodonasalbe oder -gaze aufzubringen. Es ist eine leichte Fixierung mit Fixomull sinnvoll. Nach Abklingen der Lokalinfektion kann wie bei nicht infizierten Dekubitalulzera vorgegangen werden (s.o.). Sorgfältig ist darauf zu achten, daß Dekubitalulzera vor der Einwirkung von Stuhl, Urin oder anderen Sekreten geschützt werden. Es sind wiederholt Wundabstriche abzunehmen.

Infektionsprophylaxe

Allgemeine Bemerkungen

Intensivpatienten sind normalerweise aufgrund ihrer schweren Erkrankungen geschwächt, weisen eine verminderte Immunabwehr sowie zahlreiche Wunden und künstlich geschaffene Eintrittspforten (z.B. Katheter) auf. Dadurch sind sie gefährdet, im Krankenhaus zusätzlich eine Infektion (nosokomiale Infektion) zu erwerben (Häufigkeit: ca. 27%). **Nosokomiale Infektionen** äußern sich vor allem in Harnwegs-, Atemwegs- und Wundinfektionen oder einer Sepsis (vgl. S. 392).
Nosokomiale Infektionen werden begünstigt durch Diabetes mellitus, Therapie mit Steroiden oder Zytostatika, Karzinomerkrankungen, Mangelernährung, Verbrennungen, ausgedehnte Operationen oder schwere Verletzungen, sehr junges oder sehr hohes Alter (Frühgeborene, Greise).
Um die Gefahr nosokomialer Infektionen zu minimieren, müssen von allen patientenbetreuenden Personen entsprechende hygienische Regeln beachtet werden.

Nosokomiale Infektionen sind in den letzten Jahren vor allem durch **gramnegative Bakterien** (z.B. Escherichia coli, Klebsiella, Pseudomonas) bedingt. Ein besonderes Problem von nosokomialen Infektionen besteht darin, daß es sich hierbei häufig um Bakterienstämme handelt, die gegen mehrere Antibiotika resistent sind. Ursache einer solchen **(Multi-)Resistenz** ist die häufige Anwendung von Antibiotika, wodurch es zur Selektion von antibiotikaresistenten Keimen kommt. Patienten, die mit einem multiresistenten Keim (z.B. Pseudomonas) infiziert sind, müssen isoliert werden und sind unter strengsten hygienischen Maßnahmen zu pflegen, um eine Keimübertragung auf andere Patienten zu verhindern.
Die eine nosokomiale Infektion verursachenden Bakterien stammen meist (zu 40–50%) aus dem Gastrointestinaltrakt des Patienten. Eine weitere wichtige **Infektionsquelle** für nosokomiale Infektionen ist die mit unphysiologischen Bakterien besiedelte Haut. Führen Bakterien, die vom Patienten selbst stammen, zu einer Infektion, dann wird von einer **Autoinfektion** gesprochen. Häufig kommt es zur Übertragung von Infektionskeimen von einem Patienten auf einen anderen. Ursache für eine solche **Kreuzinfektion** sind vor allem unsaubere Hände von Pflegepersonen und Ärzten, Stethoskope und z.B. Ultraschallgeräte. Die Besiedlung mit Keimen aufgrund eines Kontakts mit unsterilen Gegenständen (unsterilem Instrumentarium oder nichtdesinfizierten Händen) wird als **Kontamination** bezeichnet.
Die überwiegende Mehrzahl nosokomialer Infektionen wird durch unsterile Hände von Pflegepersonal und Ärzten verursacht. Eine Übertragung von nosokomialen Infektionen über die Luft **(aerogene Infektion)** ist dagegen selten. Nosokomiale Krankheitserreger treten vor allem entlang von Blasenkathetern, En-

dotrachealtuben, zentral-venösen und arteriellen Kathetern in den Körper ein.

Hygienische Maßnahmen

Um Kreuzinfektionen und Kontaminationen zu verhindern, ist es von entscheidender Wichtigkeit, daß Pflegepersonal und Ärzte eine wiederholte, hygienische **Händedesinfektion** durchführen. Sie sollte vor und nach jeder Maßnahme vorgenommen werden, bei der die Gefahr einer Kontamination der Hände besteht. Eine wichtige Maßnahme zur Prävention von Kontaminationen besteht darin, Einmalhandschuhe zu tragen. Um eine Kontamination der Arbeitskleidung zu vermeiden, ist insbesondere bei pflegerischen Maßnahmen (z.B. Ganzkörperwäsche oder Säubern des Patienten nach Einkoten und ähnlichem) eine Plastik-Einmalschürze zu tragen.

> Um das Risiko einer Kreuzinfektion zu minimieren, sollten auf Intensivstationen möglichst Artikel für den Einmalgebrauch verwendet werden. Jeder Patient benötigt eine eigene apparative Ausstattung (Absaugvorrichtung, Stethoskop, Blutdruckmanschette usw.).

Infizierte Wunden sollten mit physiologischer Kochsalzlösung gereinigt und danach mit Polyvidon desinfiziert werden. Anschließend sind Wunden mit einer Kompresse steril zu bedecken und zu verkleben. Dadurch soll einer Verunreinigung sauberer Wunden vorgebeugt beziehungsweise bei infizierten Wunden soll eine davon ausgehende Verunreinigung der Umgebung ausgeschlossen werden. Nicht infizierte oder auch operativ versorgte Wunden können jedoch schon einige Stunden postoperativ zumeist offen versorgt werden. Die Wunden sind dann beispielsweise mit Braunovidon Salbe zu versehen. Wichtig ist eine tägliche Inspektion der Wunde auf mögliche **Zeichen einer Infektion:**

- bildet sich eine Nekrose aus,
- kommt es zu Rötung,
- Schwellung,
- Hämatombildung oder
- Sekretion aus der Wunde?

Besonders ist darauf zu achten, daß die Wunde stets trocken ist. Feuchte Verbände sind zu erneuern.

Thromboseprophylaxe

Bedingt durch Immobilisation sind Intensivpatienten einem erhöhten Thromboserisiko ausgesetzt. Routinemäßig wird eine Low-dose-Heparinisierung (3×5.000 IE Heparin/Tag s.c.) durchgeführt. Antithrombosestrümpfe sollten angelegt werden (Ausnahme: arterielle Verschlußerkrankung und eventuell hohes Fieber). Sobald als möglich ist eine Lagerung bzw. eine Mobilisierung der Patienten anzustreben.

Streßulkusprophylaxe

> Da Intensivpatienten einer oft langfristigen Streßsituation ausgesetzt sind, besteht die erhöhte Gefahr von gastrointestinalen Streßulzera. Ursache ist eine streßbedingte Minderdurchblutung der oberflächlichen Schleimhaut. Bei ca. 20% der Intensivpatienten kommt es zu oberflächlichen Schleimhautschäden mit okkulten Blutungen. Bei ca. 5% der Intensivpatienten treten hierdurch starke Blutungen auf. Der Streßulkusprophylaxe kommt daher große Bedeutung zu.

Um Streßulzera vorzubeugen, stehen folgende Möglichkeiten zur Verfügung:

- enterale Ernährung
- Anhebung des pH-Wertes des Magensaftes
- Aufrechterhaltung der schleimhautschützenden Schleimbarriere
- Aufrechterhaltung der Schleimhautdurchblutung

Sinnvoll ist die intermittierend (z. B. dreistündlich mit Lackmuspapier) durchgeführte oder die kontinuierliche Messung des Magen-pH-Wertes. Es sollte normalerweise ein pH-Wert von > 3,0 angestrebt werden. Es ist allerdings zu beachten, daß eine Anhebung des pH-Wertes auf > 4,0 zu einer unzureichenden Abtötung von Bakterien im Magen mit bakteriellem Wachstum führen kann. Hierdurch werden nach neueren Erkenntnissen Lungenentzündungen (aufgrund manchmal unbemerkt stattfindender Regurgitation und Aspiration von Magensaft) und eine Sepsis begünstigt.

Enterale Ernährung

Die enterale Nahrungszufuhr neutralisiert die Magensäure und verbessert die schützende Schleimschicht. Durch einen möglichst frühzeitigen enteralen Nahrungsaufbau (eventuell nur 8 x 30 ml Tee) läßt sich eine meist bessere Streßulkusprophylaxe als mit Medikamenten erzielen (s. S. 355).

Anhebung des pH-Wertes des Magensaftes

Durch die Gabe eines H_2-Blockers wie Cimetidin (Tagamet; z. B. 1–2 x 400 mg/Tag) oder Ranitidin (Zantic; z. B. 1 x 150 mg/Tag), der die Salzsäureproduktion hemmt, oder die Gabe eines Antazidums (z. B. Maaloxan = Magnesium-Aluminiumhydroxid), das die vorhandene Magensäure neutralisiert, kann die Häufigkeit von Blutungen deutlich gesenkt werden. Die Dosisfindung ist bei den Antazida relativ schwierig und ist an wiederholten Messungen des pH-Wertes zu orientieren. Häufig wird auch Pirenzepin (Gastrozepin) eingesetzt (Muskarin-Rezeptorenblocker, Anticholinergikum). Entscheidend für eine Ulkusprophylaxe sind auch die Aufrechterhaltung einer ausreichenden Schleimhautdurchblutung (durch Vermeiden von Hypotension und vasokonstringierenden Medikamenten, z. B. Katecholaminen) sowie eine gute Analgesie und Sedierung der Patienten.

Aufrechterhaltung der schleimhautschützenden Barriere

Die wichtigste Substanz hierfür ist Sucralfat (Ulcogant). Sucralfat (3–4 x 1,0 g/Tag) ist billig und nebenwirkungsarm. Einzige relevante Nebenwirkung ist eine Phosphatverarmung. Während einer Therapie mit Sucralfat braucht der pH-Wert des Magensaftes nicht kontrolliert werden.

Kontrakturprophylaxe

Um immobilisationsbedingten Gelenkkontrakturen vorzubeugen, sollten Gelenke mindestens zweimal pro Tag funktionsgerecht durchbewegt werden.

Prophylaxe lagebedingter pulmonaler Probleme

Eine längerfristige gleichbleibende Körperhaltung begünstigt die Entstehung von Lungenproblemen wie Atelektasen und Pneumonie. Bei fehlendem Lagerungswechsel werden die unten liegenden Lungenpartien gut perfundiert, aber schlecht ventiliert; in den oben liegenden Lungenpartien ist dieses sogenannte **Ventilations-Perfusions-Verhältnis** umgekehrt. In den abhängigen Lungenpartien kann es zur Ansammlung von Bronchialsekret kommen. Durch wiederholte Lagerungswechsel wird aufgrund der Schwerkraftwirkung die Drainage von Bronchialsekret begünstigt. Wundliegen und Lungenprobleme können durch entsprechende Lagerungsmanöver (Wechsel von Rückenlage, Linksseitenlage, Rückenlage, Rechtsseitenlage; eventuell Bauchlage) verhindert werden. Ideal wäre ein ein- bis zweistündlicher Lagerungswechsel.

Sobald als möglich sollte der (eventuell sogar noch intubierte) Patient häufig an den Bettrand beziehungsweise in einen Sessel gesetzt werden.

Katheter, Sonden und Drainagen

Magensonde

Um bei Magen-Darm-Atonie, Ileus, Peritonitis, Pankreatitis oder einer Blutung im Gastrointestinalbereich Mageninhalt abzuleiten, oder um eine enterale Ernährung durchführen zu können, wird bei Intensivpatienten zumeist eine Sonde durch die Nase in den Magen eingeführt.

Hierzu empfiehlt es sich, den Oberkörper des Patienten hoch zu lagern sowie den Kopf leicht nach vorne zu beugen. Vor dem Einführen der Magensonde wird die notwendige Einführtiefe durch Auflegen der Sonde auf den Patienten ungefähr abgeschätzt. Nachdem das Ende der Magensonde mit einem (ein Lokalanästhetikum enthaltenden) Gleitmittel versehen wurde, wird die Magensonde durch den unteren Nasengang (also nicht nach kranial, sondern nach dorsal) vorgeschoben. Der wache Patient sollte zum Schlucken aufgefordert werden. Beim sedierten oder komatösen Patienten muß die Magensonde blind vorgeschoben werden. Gegebenenfalls kann mit Zeige- und Mittelfinger der linken Hand über den Zungengrund tief in den Rachen gefaßt werden und die Magensonde mit diesen beiden Fingern stabilisiert beziehungsweise dirigiert werden. In schwierigen Fällen kann eine direkte Laryngoskopie (s. S. 80) und die Zuhilfenahme einer Magill-Zange (s. S. 78) notwendig werden.

Bei einer richtig plazierten Magensonde kann nun mittels Magenspritze Luft (z. B. 30–50 ml) in den Magen geblasen und anschließend wieder abgesaugt werden. Ist die insufflierte Luft nicht mehr abzusaugen, so liegt die Spitze der Magensonde vermutlich noch im Ösophagus. Läßt sich (unendlich) viel Luft absaugen, so spricht dies für eine endotracheale Lage der Magensonde.

Stets ist eine endotracheale Lage der Magensonde auszuschließen.

Zusätzlich sollte die richtige Lage der Magensonde auskultatorisch überprüft werden, indem über dem Magen abgehört wird, während mittels Magenspritze Luft insuffliert und wieder abgesaugt wird. Vor der Gabe enteraler Ernährungslösungen sollte die korrekte Lage der Magensäure auf einer Röntgenthoraxaufnahme (die bei intubierten Patienten häufiger angefertigt wird) dargestellt werden.

Die richtig plazierte Magensonde wird mittels Pflasterstreifen am Nasenrücken fixiert (s. Abb. 7.3). Die Pflasterfixierung sollte täglich erneuert werden (vgl. S. 308).

Blasenkatheter

Um bei Intensivpatienten eine genaue Flüssigkeitsbilanzierung durchführen zu können, muß die Urinausscheidung gemessen werden. Hierzu wird normalerweise ein Blasenkatheter durch die Harnröhre (transurethral) eingeführt. Zunehmend häufiger wird (insbesondere bei Männern) auch eine suprapubische Punktion der Harnblase vorgenommen.

Transurethrale Blasenkatheterisierung

Für die transurethrale Katheterisierung werden normalerweise steril verpackte, komplette Katheterisierungssets verwendet. Zusätzlich werden noch benötigt:

- Entsprechende Katheter (Männer: 16–18 Charrière, Frauen: 14–16 Charrière)
- Desinfektionsmittel für Schleimhäute (z. B. Polyvidon-Jod, Braunol)
- Mit Aqua dest. gefüllte 10-ml-Spritze
- Lokalanästhetikumhaltiges Gleitmittel (Instillagel)
- Geschlossenes Urinableitungssystem
- Urinauffangschale
- Sterile Handschuhe

Bei dem auf dem Rücken liegenden Patienten wird unter das Gesäß ein Tuch (z. B. Moltex) gelegt. Der Genitalbereich wird mit einem Schlitztuch abgedeckt.
Bei **Männern** wird nach Zurückstreifen der Vorhaut die Eichel (Glans penis) mindestens dreimal mit vorher in Desinfektionslösung getauchten Tupfern sorgfältig gereinigt. Während mit der linken Hand der Penis festzuhalten ist, wird dann mit der rechten Hand ein lokalanästhetikumhaltiges Gleitmittel in die Harnröhre instilliert. Nun wird mit der rechten Hand mittels Pinzette der angereichte sterile Katheter in die Harnröhre eingeführt. Hierbei ist der Penisschaft anzuheben. Der Katheter muß sich stets problemlos einführen lassen. Unzartes Vorschieben ist unbedingt zu vermeiden. Bei erfolgreicher Blasenkatheterisierung fließt normalerweise Urin ab. Der Katheterballon wird mit Aqua dest. geblockt, und der Katheter wird danach vorsichtig soweit zurückgezogen, bis Widerstand auftritt, das heißt der aufgeblasene Katheterballon vor dem Blasenausgang liegt. Stets ist darauf zu achten, daß die Vorhaut wieder zurückgestreift wird, um das Auftreten einer Paraphimose im Falle einer Vorhautverengung zu vermeiden.
Bei **Frauen** ist eine entsprechende mehrmalige Desinfektion von großen und kleinen Schamlippen sowie des Urethraeinganges vorzunehmen. An den Blasenkatheter ist ein geschlossenes Urinableitungssystem anzuschließen. Es ist stets darauf zu achten, daß der Blasenkatheter zugfrei ist.
Entscheidendes Risiko bei der transurethralen Katheterisierung ist die **Infektionsgefahr.** Sie erfordert daher ein streng aseptisches Vorgehen. Um der großen Gefahr einer späteren, aufsteigenden Infektion vorzubeugen, sind Diskonnektionen des Blasenkatheters vom Urinableitungssystem zu unterlassen.

Vor eventuellen Lagerungsmanövern des Patienten ist das Urinableitungssystem abzuklemmen (falls es über kein Rückschlagventil verfügt), ein Zurückfließen von Urin aus dem Sammelbeutel in die Blase ist unbedingt zu vermeiden.

Nach den Umlagerungsmanövern muß der Urinableitungsschlauch wieder geöffnet werden! Falls es zu einer unbeabsichtigten Diskonnektion des Dauerkatheters (DK) kommt, muß das Katheterende desinfiziert und ein neues Urinableitungssystem angeschlossen werden. Bei eventuellen Verunreinigungen der Glans penis durch Kot oder sonstige Sekrete ist eine sorgfältige Reinigung der Kathetereintrittsstelle vorzunehmen. Die Kathetereintrittsstelle ist mindestens zweimal pro Tag zu reinigen.

Suprapubische Blasenkatheterisierung

Für die suprapubische Blasenkatheterisierung stehen sterile Einmalsets (Cystofix, Fa. Braun Melsungen) zur Verfügung. Nach entsprechender Desinfektion und Lokalanästhesie der voraussichtlichen Punktionsstelle erfolgt die transkutane Punktion der Blase (2 cm oberhalb der Symphysenmitte, 10–20° zur Senkrechten nach kaudal). Die Punktion darf nur bei voller Blase durchgeführt werden. Gegebenenfalls muß die Blase über einen zuvor transurethral eingeführten Blasenkatheter mit steriler Kochsalzlösung gefüllt werden.

Nach erfolgreicher Punktion und Entfernung der Punktionskanüle müssen der Katheter sicher an der Haut festgenäht und die Punktionsstelle steril verklebt werden. Da suprapubische Katheter ein relativ dünnes Volumen aufweisen, können sie leicht verlegt werden.

Die **Vorteile** der suprapubischen Punktion sind darin zu sehen, daß die Gefahr einer im Krankenhaus erworbenen (nosokomialen) Infektion sowie das Risiko von Harnröhren-, Hoden-, Nebenhoden- oder Prostataentzündung oder die Gefahr einer Harnröhrenstriktur geringer ist.

Da bei einer suprapubischen Fehlpunktion Bauchorgane verletzt werden können, ist eine suprapubische Punktion stets vom Arzt durchzuführen.

Eine der häufigsten Ursachen für eine plötzliche **Anurie** ist ein verstopfter Urinkatheter! Der Katheter muß in diesem Falle unter sterilen Bedingungen mit physiologischer Kochsalzlösung durchgespült werden.

Zentraler Venenkatheter

(s. S. 165)

Bei Intensivpatienten wird häufig ein zentraler Venenkatheter plaziert, um den zentralen Venendruck zu bestimmen, eine parenterale Ernährung durchzuführen und/oder um Medikamente (beispielsweise Katecholamine) langfristig zu verabreichen. Eine parenterale Ernährung über eine peripher-venöse Verweilkanüle ist nicht sinnvoll, falls höher osmolare Lösungen (± 900 mosmol) verabreicht werden sollen. Sie würden zu einer Schädigung der dünnen peripheren Venen führen. Bei der Infusion über einen zentral liegenden Kavakatheter können Venenreizungen vermieden werden, da es in großen Venen zu einer guten Vermischung der Infusionslösung mit dem Blut kommt.

Um eine Infektion der Kathetereintrittsstelle eines Kavakatheters, Pulmonalarterienkatheters oder einer blutigen arteriellen Druckmessung zu verhindern, ist diese täglich mit einer antiseptischen Lösung zu reinigen. Anschließend ist ein steriler und trockener Verband anzulegen. Um Katheterinfektionen vorzubeugen, werden die angeschlossenen Infusionssysteme bzw. die zu den Meßfühlern führenden Schläuche meistens einmal pro Tag gewechselt werden. Ein unnötiges Manipulieren an diesen Kathetern ist zu vermeiden. Nicht venenreizende Medikamente sollten nicht über zentrale Venenkatheter, sondern möglichst über einen peripher-venösen Zugang verabreicht werden. Infusionslösungen für die künstliche intravenöse Ernährung sollten über einen Bakterienfilter verabreicht werden (Fettemulsionen dürfen jedoch nicht über Bakterienfilter verabreicht werden, da sie zum Verschluß der Filter führen).

Blutige arterielle Druckmessung

(s. S. 169)

Pulmonalarterienkatheter

(s. S. 175)

Thoraxdrainage

Befinden sich im Pleuraspalt
- Luft (Pneumothorax),
- Blut (Hämatothorax),
- Transsudat (zell- und eiweißarmes Sekret, spezifisches Gewicht < 1016; Eiweißgehalt < 30 g/L, z. B. Pleuraerguß),
- Exsudat (entzündlich bedingtes, trübes Sekret, spezifisches Gewicht > 1016; Eiweißgehalt > 30 g/L, z. B. Pleuraempyem) oder
- versehentlich über einen fehlplazierten zentralen Venenkatheter infundierte Flüssigkeiten (Infusionsthorax)

so muß normalerweise eine Thoraxdrainage plaziert werden.

Ursachen für einen Pneumothorax sind beispielsweise Fehlpunktionen mit Pleuraverletzung bei Anlage eines zentralen Venenkatheters (vgl. S. 167) oder spontane oder traumatische Lungenverletzungen.

> Bildet sich im Bereich der Verletzungsstelle ein **Ventilmechanismus** aus, das heißt Luft kann aus der Lunge in den Pleuraspalt aus-, aber nicht mehr zurücktreten, so entwickelt sich ein ständig größerwerdender Pneumothorax (**Spannungspneumothorax**).

Die Gefahr eines Spannungspneumothoraxes ist insbesondere bei künstlich beatmeten Patienten mit einer Lungenverletzung sehr groß. Ein Spannungspneumothorax führt zur Kompression der verletzten Lunge und letztlich zur Verdrängung des Mediastinums zur Gegenseite mit Kompression großer venöser Gefäße und damit Drosselung des venösen Rückflusses mit Kreislaufproblemen. Ein **Spannungspneumothorax** kann **klinisch** festgestellt werden anhand von
- hypersonorem Klopfschall
- einseitig fehlenden Atemgeräuschen
- einseitigen Thoraxexkursionen
- Oxygenierungsproblemen
- Kreislaufproblemen

Es ist eine sofortige Entlastung angezeigt. Hierzu wird unter sterilen Bedingungen eine großlumige Thoraxdrainage mit Trokar in den Pleuraspalt eingeführt (normalerweise bei Männern 32 Charrière, bei Frauen 28 Charrière). In Notsituationen kann auch eine dicklumige peripher-venöse Verweilkanüle eingestochen werden. Beim **Einführen einer Thoraxdrainage** ist zu beachten, daß am Unterrand jeder Rippe eine Arterie und Vene verlaufen. Punktionstechnisch wird so vorgegangen, daß der entsprechende Interkostalraum palpatorisch aufgesucht und ungefähr rechtwinklig auf die darunter liegende Rippe punktiert wird. Nach Knochenkontakt wird das Ende der Thoraxdrainage nach kaudal gesenkt und in leicht kranialer Richtung weiter vorgeschoben, so daß die Thoraxdrainage am oberen Rand der Rippe vorbeigleitet (zur Minimierung der Verletzungsgefahr der Lunge sollte der Zugangsweg möglichst stumpf mit Klemme und Finger vorpräpariert werden).

Im Falle eines Pneumothorax wird die Thoraxdrainage normalerweise im 2. Interkostalraum in der Medioklavikularlinie eingeführt. Es wird in Richtung Schulter punktiert. Soll Flüssigkeit aus dem Interpleuralraum abgelassen werden, so wird normalerweise in der mittleren Axillarlinie im 4. Interkostalraum punktiert.

Luft oben, Wasser unten ablassen.

Muß Flüssigkeit drainiert werden, so sollte der Oberkörper des Patienten zur Punktion angehoben werden, so daß sich die Flüssigkeit unten (im Punktionsbereich) ansammelt und die Gefahr einer punktionsbedingten Lungenverletzung minimiert wird. Die Spitze der Thoraxdrainage sollte nach dorsal (wo sich die Flüssigkeit beim liegenden Patienten ansammelt) vorgeschoben werden. Nach erfolgreicher Punktion wird ein entsprechendes, steriles Drainagesystem angeschlossen (vgl. Abb. 7.2).

Als Thoraxdrainagesystem wird zumeist ein sogenanntes Pleur-Evac-System verwendet (vgl. auch S. 269).

Bei dem **Pleur-Evac-System** handelt es sich um ein Einwegdrainagesystem mit einer oder zwei Sammelkammern für abgesaugte Flüssigkeiten.

Der an diese Auffangkammern (weiß) angeschlossene Schlauch wird mit der

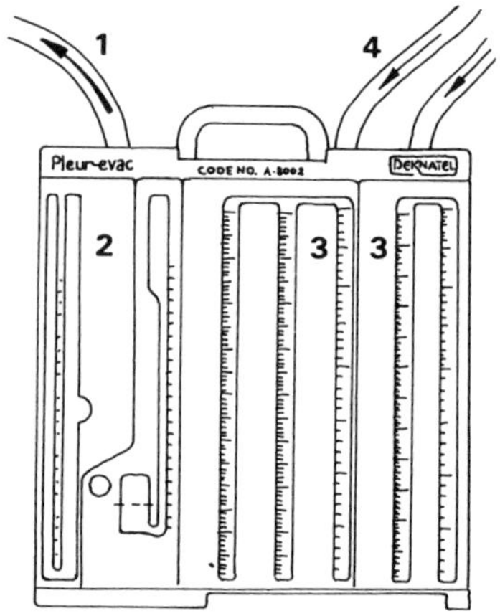

Abb. 7.2 Thoraxdrainagesystem (Pleur-Evac-System).
1 = Saugschlauch, 2 = Saugkammer, 3 = Auffangkammer, 4 = Thoraxdrainage.

Thoraxdrainage verbunden. Der zweite Schlauch dieses Ableitesystems wird mit dem Vakuum verbunden. Zuvor muß bei dem Pleur-Evac-System das sogenannte **Wasserschloß** (rot) bis zur entsprechenden Markierung aufgefüllt werden. Vorteil des Wasserschlosses ist, daß beispielsweise Luft über die Thoraxdrainage entweichen, aber nicht mehr in den Patienten zurückströmen kann, selbst wenn an der Thoraxdrainage nicht gesaugt wird. An das Thoraxdrainagesystem wird normalerweise ein Dauersog von ca. −20 cm H_2O angeschlossen. Hierzu muß die Saugkontrollkammer (blau) bis zur 20-cm-Marke mit Aqua dest. aufgefüllt werden (vgl. Abb. 7.2).

Um ein **Verstopfen der Thoraxdrainage** durch Koagel zu verhindern, muß der ableitende „Schlauch intermittierend" ausgemolken werden. Die Punktionsstelle muß täglich gereinigt, inspiziert, desinfiziert und neu verbunden werden.

Die abgesaugte Flüssigkeitsmenge ist wiederholt zu überprüfen und zu dokumentieren. Zweimal pro Woche ist eine Probe zur bakteriologischen Kontrolle aus der

abgesaugten Flüssigkeit zu entnehmen, falls der Patient Fieber mit unklarer Ursache hat.
Soll ein beatmeter Patient mit Thoraxdrainage transportiert werden, so darf die Thoraxdrainage nicht abgeklemmt werden. Bei Abklemmung besteht die Gefahr eines Spannungspneumothorax (s. S. 269).

Antibiotikatherapie

Antibiotika sind neben herzkreislaufwirksamen Medikamenten die am häufigsten auf der Intensivstation eingesetzten Medikamente. Die wichtigsten Antibiotikagruppen sind:

- **Aminoglykoside** (z. B. Gentamycin [Tobramycin]). Wirkspektrum: gramnegative aerobe Bakterien (auch Pseudomonas aeruginosa), Enterokokken. Nebenwirkungen: Schädigung der Nierentubuli, Schädigung des VIII. Hirnnerven (Plasmaspiegelbestimmungen sind sinnvoll).
- **Cephalosporine** (z. B. Ceftazidim [Fortum]). Cephalosporine werden in Präparate der 1. 2. und 3. Generation unterteilt. Sie weisen eine relativ geringe Toxizität auf.
- **Imipenem** (Zienam). Imipenem weist von allen Antibiotika das breiteste Wirkspektrum auf. Es erfaßt anaerobe sowie die meisten grampositiven und gramnegativen aeroben Bakterien.
- **Vancomycin** (Vancomycin): Wirkt gut gegen grampositive Kokken, auch gegen multiresistene Staphylococcus anreus (MRSA). Nebenwirkungen: Schädigung des Gehöres, Allergie, Verminderung der neutrophilen Granulozyten (Neutropenie).
- **Clindamycin** (Sobelin): Wird v.a. gegen aneaerobe Bakterien eingesetzt. Bei Auftreten von Durchfall sollte die Therapie abgesetzt werden.
- **Trimetoprim-Sulfamethoxazol** (z. B. Cotrim): Wird v. a. bei AIDS-Patienten oder anderen immungeschwächten Patienten eingesetzt, falls eine Pneumonie durch Pneumocystis-carinii-Erreger auftritt.
- **Amphotericin B** (Amphotericin B): Ist das wirksamste Präparat bei schweren Pilzinfektionen. Eine langsame Dosissteigerung und langsame Infusion (über ca. 1 Stunde) sind wichtig. Nebenwirkungen: Fieber, Venenreizung, Nierenschädigung.

> Antibiotika sollten nur in indizierten Fällen verabreicht werden. Der unkritische Einsatz von Antibiotika fördert die Entwicklung multiresistenter Keime.

Sinnvoll ist stets der Versuch, den Krankheitserreger mikrobiologisch vor(!) Gabe der ersten Antibiotikadosis nachzuweisen (Erreger?) sowie dessen Empfindlichkeit auf bestimmte Antibiotika (Resistenz?) auszutesten. Bei vielen Antibiotika ist es sinnvoll, die Therapie durch wiederholte Bestimmung der Plasmaspiegel zu überwachen, um Unter- oder Überdosierungen zu vermeiden. Bei schweren Infektionen werden meist zwei oder drei Antibiotika kombiniert.
Bei einer Niereninsuffizienz ist die Dosierung der meisten Antibiotika zu reduzieren.

Bakteriologische Untersuchungen

Um eine eventuelle bakterielle Besiedlung des Patienten nachzuweisen oder auszuschließen, werden wiederholt folgende Proben entnommen und zur Untersuchung in ein Hygiene-Institut geschickt:

- Urin
- Stuhl (bei Durchfällen)
- Blut (bei Fieber)
- Sekret
- Liquor
- Trachealsekret
- Wundabstriche

Bei der Entnahme von Trachealsekret wird zwischen Absaugschlauch und Absaugvorrichtung ein steriles Auffangröhrchen geschaltet (s. Abb. 7.3).
Nach Entfernung eines zentralen Katheters ist dessen Spitze zur bakteriologischen Untersuchung einzuschicken.
Wird bei einem Patienten eine Antibiotikatherapie begonnen, so sollten entsprechende Proben noch vor Therapiebeginn entnommen werden. Es ist darauf zu achten, daß die Proben sowie der sorgfältig ausgefüllte Begleitschein möglichst schnell ins Labor gebracht werden.
Bei der **Entnahme von Blutproben** zur bakteriologischen Untersuchung (Blutkulturen) müssen eine sorgfältige Hautdesinfektion und eine Einmalpunktion

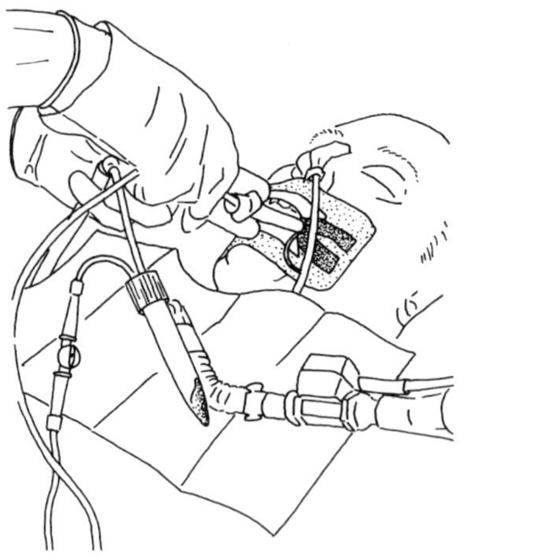

Abb. 7.3 Entnahme von Trachealsekret zur bakteriologischen Untersuchung

vorgenommen werden. Das Blut muß zu Beginn eines Fieberschubes abgenommen werden. Die Abnahme von Blutproben zur Anlage von Blutkulturen über bereits liegende Katheter ist nicht erlaubt. Aus Sterilitätsgründen muß neu punktiert werden. Es sind jeweils 10 ml Blut sowohl in eine aerobe als auch in eine anaerobe Blutkulturflasche mit Nährlösung einzubringen. Das Blut darf nicht abkühlen, daher müssen die Blutkulturflaschen entweder sofort ins Labor transportiert oder vorübergehend im Brutschrank bei Körpertemperatur aufbewahrt werden.
Normalerweise werden Proben zur bakteriologischen Kontrolle zweimal pro Woche entnommen. Bei entsprechender Indikation muß dies gegebenenfalls häufiger durchgeführt werden.

Beatmungstherapie

Physiologie/Pathophysiologie der Atmung

Die Luft-Blut-Schranke

Aufgabe der Atmung ist der Gasaustausch des Organismus mit der Umgebung. Sauerstoff wird als lebensnotwendiges Substrat über die Lungen in den Organismus aufgenommen und Kohlendioxid wird als Abfallprodukt des Stoffwechsels abgeatmet.

Die **Arteria pulmonalis** (welche aus dem rechten Herzen kommt und sauerstoffarmes Blut enthält) teilt sich entsprechend dem Bronchialbaum in immer kleinere Gefäße auf. Die Kapillaren liegen geflechtartig unmittelbar den Alveolen auf.

Die aneinander grenzenden Kapillar- und Alveolarmembranen bilden die sogenannte Luft-Blut-Schranke.

Der in die Alveolen eingeatmete Sauerstoff diffundiert durch die Luft-Blut-Schranke in die in den Kapillaren fließenden Erythrozyten. In den Erythrozyten bindet sich der Sauerstoff an das Hämoglobin. Das sauerstoffbeladene Blut fließt dann über die Venae pulmonales zum linken Herzen.
Zwischen den Alveolarendothelzellen gibt es vereinzelt sogenannte große Alveolarzellen. Diese sind die Produzenten eines **Antiatelektasefaktors** (des sogenannten **Surfactants**).

Der Surfactant kleidet die Alveolen als eine dünne Schicht aus, erniedrigt deren Oberflächenspannung und vermindert deren Tendenz, zu kollabieren.

Ein Mangel an Surfactant spielt z. B. beim Atemnotsyndrom des Frühgeborenen eine große Rolle.

Atemmechanik

Der knöcherne Thorax funktioniert nach dem Prinzip einer Saug-Druck-Pumpe. Bei der aktiven **Einatmung** (= Inspiration) werden die schräg nach ventrokaudal verlaufenden Rippen durch die äußeren Interkostalmuskeln angehoben. Der dorsoventrale Durchmesser des Thoraxes nimmt zu (**thorakale Atmung**). Gleichzeitig kontrahiert sich das Zwerchfell und bewegt sich nach kaudal. Die kraniokaudale Ausdehnung der Lunge nimmt zu (**Bauchatmung**). Die Lunge folgt dieser Volumenzunahme des Thoraxraumes. Hierdurch entsteht ein Unterdruck in der Lunge und Luft strömt in die Lungen. Bei körperlicher Anstrengung können vor allem die Halsmuskeln, die Brustmuskeln und die Schultermuskeln als zusätzliche Atemhilfsmuskeln zur Einatmung benutzt werden.
Die **Ausatmung** (= Exspiration) erfolgt normalerweise passiv aufgrund der elastischen Rückstellkräfte von Lunge und Thorax sowie der Erschlaffung des Zwerchfelles. Bei erschwerter Ausatmung können die inneren Interkostalmuskeln sowie die Bauchmuskeln die Rippen kraftvoll nach unten ziehen. Gleichzeitig wird meist der Oberkörper gebeugt, wodurch die Baucheingeweide und damit auch das Zwerchfell nach kranial gedrückt und eine forcierte Ausatmung unterstützt wird.
Aufgrund der elastischen Eigenschaft des Lungengewebes und der Oberflächenspannung der Alveolen tendiert die Lunge zum Kollabieren. Im Pleuraspalt herrscht daher ein Negativdruck von ca. – 4 cmH_2O.

Compliance der Lunge

Die Compliance der Lunge ist ein Maß für die elastische Dehnbarkeit der Lunge. Sie ist definiert als Volumenänderung pro Druckänderung.

Bei einem Atemzug von ca. 600 ml sinkt der Druck im Pleuraspalt um ca. 3 cmH_2O. Die Volumenänderung pro Druckänderung beträgt damit 0,6 l/3 cmH_2O, also normalerweise ca. 0,2 l/cmH_2O. Bei vielen Lungenerkrankungen, z. B. einer Pneumonie, einem Lungenödem oder einer Fibrose ist das Lungengewebe nicht mehr so elastisch, die Lunge folgt nur schwer der Vergrößerung des knöchernen Thorax. Bei der Inspiration entsteht ein größerer Negativdruck im

Pleuraspalt. Die elastische Dehnbarkeit, die Compliance, ist vermindert.

Die leicht meßbare Vitalkapazität (Summe aus Atemzugvolumen, in- und exspiratorischem Reservevolumen; S. 323) ist ein Parameter für die Compliance.

Resistance

Die Resistance ist ein Maß für die nichtelastischen (= viskösen) Widerstände, die sowohl bei der Inspiration als auch bei der Exspiration zu überwinden sind.

Sie setzen sich zum größeren Teil (ca. 80–90%) aus den Strömungswiderständen in den Luftwegen (bedingt durch Turbulenzen, die vor allem bei schnellem Gasfluß an den Aufzweigungen des Trachealbaumes entstehen) und zum kleineren Teil (10–20%) aus nichtelastischen Gewebswiderständen zusammen. Die Resistance ist insbesondere bei asthmatischen Erkrankungen, bei Trachealstenosen, Sekretansammlung in den Luftwegen und ähnlichem erhöht.

Die Resistance kann mit dem Atemstoßtest nach Tiffeneau (= 1-Sekunden-Kapazität oder FEV_1 = **F**orciertes **E**xspiratorisches **V**olumen in **1** Sekunde) gemessen werden. Der Normalwert beträgt ca. 75–85% der Vitalkapazität (= 3–3,5 l/s).

Atemarbeit

Bei der aktiven Einatmung müssen die elastischen und die viskösen Widerstände überwunden werden. Die Ausatmung erfolgt passiv, da die elastischen Rückstellkräfte die viskösen Widerstände übertreffen. Bei Lungenerkrankungen mit einer Erniedrigung der Compliance oder Erhöhung der Resistance kann die Atemarbeit enorm zunehmen. Im Extremfall droht die körperliche Erschöpfung.

Eine drohende Erschöpfung durch erhöhte Atemarbeit kann, trotz normaler Blutgase, eine Intubationsindikation darstellen.

Lungenvolumina

Die meisten Lungenvolumina können mit Hilfe eines Blasebalgs (= Spirometers) gemessen werden. Sie hängen von Alter, Geschlecht, Körpergröße, Körperlage, Körperbau und anderen Faktoren ab.

Das **Atemzugvolumen**
ist dasjenige Luftvolumen, das bei einem normalen Atemzug spontan ventiliert wird. Das **spontane** Atemzugvolumen (AZV) beträgt in allen Lebensaltern ca. 7 bis 8 ml/kgKG. Beim Erwachsenen sind dies ca. 500 ml. Etwa ein Drittel des Atemzugvolumens ist Totraumvolumen, lediglich zwei Drittel des Atemzugvolumens nehmen an der alveolären Ventilation (also am Gasaustausch) teil (vgl. S. 330).

Während bei Spontanatmung definitionsgemäß von Atem**zug**volumen gesprochen wird, wird bei der Beatmung eines Patienten von Atem**hub**volumen gesprochen.

Das **inspiratorische Reservevolumen**
ist dasjenige Luftvolumen, das nach einer normalen Einatmung zusätzlich noch maximal eingeatmet werden kann. Beim Erwachsenen sind dies ca. 3,0 Liter.

Das **exspiratorische Reservevolumen**
ist dasjenige Luftvolumen, das nach einer normalen Ausatmung noch maximal ausgeatmet werden kann. Beim Erwachsenen sind dies ca. 1,3 Liter.

Das **Residualvolumen**
ist dasjenige Luftvolumen, das nach einer maximalen Ausatmung noch in der Lunge verbleibt. Beim Erwachsenen sind dies ca. 1,2 Liter.

Die **funktionelle Residualkapazität (FRC)**
stellt die Summe aus exspiratorischem Reservevolumen und Residualvolumen dar. Beim Erwachsenen sind dies ca. 2,5 Liter. Die funktionelle Residualkapazität ist eine für den Anästhesisten und Intensivmediziner besonders wichtige Größe. Die FRC übernimmt eine Art Pufferfunktion. Das Volumen eines Atemzuges/-hubes verteilt sich zuerst in der FRC.

Die **Vitalkapazität**
ist die Summe aus exspiratorischem Reservevolumen, inspiratorischem Reservevolumen und Atemzugvolumen. Beim Erwachsenen sind dies ca. 4,5 Liter. Die Vitalkapazität ist vermindert bei einer Erniedrigung der Compliance.

Die **Totalkapazität**
entspricht der Summe aus Vitalkapazität und Residualvolumen. Beim Erwachsenen sind dies ca. 6,0 Liter.

Die **Atemfrequenz**
ist altersabhängig. Sie beträgt beim Frühgeborenen ca. 60/min, beim reifen Neugeborenen in Ruhe ca. 40–50/min, beim sechs Monate alten Säugling ca. 30/min, beim Einjährigen ca. 25/min, beim Sechsjährigen ca. 20/min und beim Erwachsenen ca. 12–16/min.

Das **Atemminutenvolumen**
ergibt sich durch Multiplikation des Atemzug/-hubvolumens mit der Atemfrequenz. Der 70 kg schwere Patient hat ein **spontanes** Atemminutenvolumen von 0,5 l/Atemzug × 15 Atemzüge/min = 7,5 l/min. Ein Neugeborenes mit 3 kg Körpergewicht hat ein **spontanes** Atemminutenvolumen von 21 ml × 50 Atemzüge/min = 1050 ml/min.

Sauerstoffkaskade

Der Luftdruck beträgt auf Meereshöhe ungefähr 760 mmHg (101,3 kPa). Luft besteht zu ca. 79% aus Stickstoff und zu ca. 20,9% aus Sauerstoff. Die Konzentrationen der anderen noch vorhandenen Gase sind mit 0,1% vernachlässigbar niedrig. Der Sauerstoffdruck macht damit ca. 21% von 760 mmHg = 159 mmHg (21,2 kPa) aus. Dies wird als Teil- oder als **Partialdruck des Sauerstoffes** bezeichnet. Da die eingeatmete Luft in den Luftwegen maximal angefeuchtet wird, entsteht dadurch ein zusätzlicher **Wasserdampfdruck** von 47 mmHg (6,3 kPa). Der Gesamtdruck der Gase in den Atemwegen bleibt konstant. Der Sauerstoffpartialdruck in den zuleitenden Strukturen macht daher nur noch 21% von (760 mmHg – 47 mmHg) = 149 mmHg (19,8 kPa) aus. Im Bereich der Alveolen befindet sich auch das aus den Lungenkapillaren in die Lunge abdiffundierte Kohlendioxid. Zur Errechnung des Sauerstoffpartialdruckes in den Alveolen muß der dort vorhandene **Kohlendioxidpartialdruck** noch subtrahiert werden. Der Kohlendioxidpartialdruck in den Alveolen ist nahezu identisch mit dem Kohlendioxidpartialdruck im arteriellen Blut, also ca. 40 mmHg (5,3 kPa).

Der Sauerstoffpartialdruck in den Alveolen beträgt damit näherungsweise (760–47) × 21% – P_aCO_2 = 109 mmHg (14,5 kPa).

Aus dieser Formel wird auch ersichtlich, warum z. B. ein hypoxischer Patient mit einer Lungenentzündung hyperventiliert. Durch eine Hyperventilation fällt der P_aCO_2-Wert von 40 mmHg (5,3 kPa) auf z. B. 30 mmHg (4,0 kPa) ab. Der alveoläre Sauerstoffpartialdruck $(760-47) \times 21\% - P_aCO_2 = 149-30$ beträgt jetzt 119 mmHg (15,9 kPa) anstatt 109 mmHg (14,5 kPa).

Je höher der Sauerstoffpartialdruck in der **A**lveole ist (P_AO_2) ist, desto höher ist der **a**rterielle Sauerstoffpartialdruck (P_aO_2).

Beim lungengesunden Patienten ist der **ar**terielle Sauerstoffpartialdruck (P_AO_2) bei Atmung von Raumluft nur wenige mmHg niedriger als der **A**lveoläre Sauerstoffpartialdruck (P_AO_2) und liegt damit bei 100 mmHg. Bei Atmung von 100% Sauerstoff beträgt die **D**ifferenz zwischen **A**lveolärem und **a**rteriellem **PO**$_2$ (= $AaDO_2$) ca. 25 bis 60 mm Hg (3,3–8,0 kPa). Bei einer pulmonalen Insuffizienz ist diese $AaDO_2$ wesentlich höher und ein guter Gradmesser für das Ausmaß der pulmonalen Insuffizienz. (s. S. 327)

Sauerstoffdiffusionskapazität

Die Sauerstoffdiffusionskapazität besagt, wieviel Sauerstoff pro Zeiteinheit durch die Luft-Blut-Schranke diffundiert.

Normalerweise beträgt die Sauerstoffdiffusionskapazität ca. 4 ml/kgKG/Minute, also ca. 250 bis 300 ml/min beim Erwachsenen.
Die Diffusionskapazität für Sauerstoff nimmt bei einer Verringerung der Diffusionsfläche (z. B. Resektion eines Lungenflügels), einer Verlängerung der Diffusionsstrecke (Ödem der alveolokapillären Membran bei einem Lungenödem) und einer Verringerung des Partialdruckgefälles (erniedrigte F_iO_2) ab.

Ventilations-Perfusions-Verhältnis

Wie effektiv der Gasaustausch in der Lunge ist, hängt nicht nur von der alveolären Ventilation und der Diffusionskapazität, sondern auch noch von der Durchblutung (Perfusion) der Alveolen ab.

Normalerweise sind Ventilation und Perfusion gut aufeinander abgestimmt. Es wird von einem normalen Ventilations-Perfusions-Verhältnis gesprochen. In Lungengebieten, die gut durchblutet, aber schlecht belüftet sind, fließt das Blut durch die Lungenkapillaren, ohne daß es ausreichend mit Sauerstoff aufgesättigt wurde. Folge eines solchen Ventilations-Perfusions-Verhältnisses ist, daß ein Teil des Blutes vom rechten Herzen durch die Lunge zum linken Herzen fließt, ohne daß es ausreichend mit Sauerstoff aufgesättigt wurde. Dieses Phänomen wird als **Rechts-Links-Shunt** bezeichnet und bedingt eine entsprechende Verminderung des Sauerstoffgehaltes im arteriellen Blut. Die Therapie besteht hierbei nicht in der (fast erfolglosen) Erhöhung der inspiratorischen Sauerstoffkonzentration, sondern in der Beseitigung des Rechts-Links-Shuntes z. B. durch Einschalten eines PEEPs (s. S. 21, 332).

Die inspiratorische Sauerstoffkonzentration wird oft als F_iO_2 (= **F**raction of **i**nspired **O**xygen) bezeichnet. 70% inspiratorische Sauerstoffkonzentration entsprechen einer F_iO_2 von 0,7.

Sauerstofftransport im Blut

Der über die Lungen aufgenommene Sauerstoff wird durch das Blut zu den verschiedenen Organen transportiert. Im Blut wird der Sauerstoff zum größten Teil an das Hämoglobin gebunden transportiert. 1 g Hämoglobin kann bei Vollsättigung 1,34 ml Sauerstoff transportieren (= **Hüfner-Zahl**). Normalerweise ist das Hämoglobin des arteriellen Blutes zu ca. 97–99% mit Sauerstoff gesättigt.

Der Gehalt des chemisch an das Hämoglobin gebundenen Sauerstoffes in 100 ml arteriellem Blut bei einem Hb von 15 g% beträgt damit: 15 × 1,34 × 0,97 = 19,5 ml O_2/100 ml Blut.

Daß die Sauerstoffsättigung des Hämoglobins nicht 100% beträgt, hat seinen Grund darin, daß immer ca. 2–4% des **H**erz**m**inuten**v**olumens (HMV) über physiologische Rechts-Links-Shunts die Oxygenierung umgehen.

Der Sauerstoff ist zu einem verschwindend kleinen Teil auch physikalisch im Blut gelöst (genauso wie Sauerstoff in Quellwasser gelöst ist). Der **physikalisch gelöste Sauerstoff** ist abhängig vom Sauerstoffpartialdruck im Blut. Pro 1 mmHg (0,13 kPa) P_aO_2 werden 0,003 ml O_2 gelöst. Im arteriellen Blut beträgt der P_aO_2 bei Atmung von Raumluft normalerweise ca. 100 mmHg (13,3 kPa). Damit beträgt der physikalisch gelöste Sauerstoff 100 × 0,003 = 0,3 ml O_2/100 ml Blut. Der gesamte Sauerstoffgehalt des Blutes errechnet sich also aus dem physikalisch gelösten und dem ca. 60–65mal größeren Anteil des chemisch an das Hämoglobin gebundenen Sauerstoffanteils.

Insgesamt ergibt sich: physikalisch gelöster Sauerstoff (0,3 ml O_2/100 ml) plus chemisch gebundener Sauerstoff (19,5 ml/100 ml O_2) = ca. 19,8 ml O_2/100 ml Blut, also ca. 20 Vol%.

Wird ein lungengesunder Patient anstatt mit einer F_iO_2 von 0,21 mit einer F_iO_2 von 1,0 beatmet, so beträgt der P_aO_2 anstatt ungefähr 100 mmHg ca. 650 mm Hg (86,6 kPa). Während der chemisch an das Hämoglobin gebundene Sauerstoff nicht mehr gesteigert werden kann, da bereits bei einer F_iO_2 von 0,21 beim lungengesunden Patienten eine maximale Sättigung von 97–99% vorliegt, nimmt hierbei nur der physikalisch gelöste Sauerstoffanteil zu. Er beträgt nun 0,003 × 650 = 1,95 ml/100 ml Blut.

Der gesamte Sauerstoffgehalt bei einer F_iO_2 von 1,0 beträgt also beim lungengesunden Patienten 19,5 + 1,95 = 21,45 Vol% anstatt 19,8 Vol% bei Atmung von Raumluft (s. oben).

Damit wird deutlich, daß bei einer Vollsättigung des Hämoglobins bei ca. 97–99% der Sauerstoffgehalt im Blut nur noch über den physikalisch gelösten Sauerstoffanteil gesteigert werden kann. Dieser Effekt ist jedoch verschwindend klein und hat normalerweise keine Vorteile.

Respiratorische Insuffizienz

Hypoxämie/Hypoxie

Hypoxämie ist definiert als **Sauerstoffmangel** im Blut, Hypoxie als Sauerstoffmangel im Gewebe. Eine Hypoxämie führt sehr schnell zu einer Hypoxie.

Eine Hypoxie versucht der Körper über eine Stimulierung des Sympathikus zu kompensieren. Es kommt dabei anfänglich zu Tachykardie, Steigerung des Herz-Minuten-Volumens und Blutdruckanstieg mit dem Ziel, die Organdurchblutung zu verbessern. Außerdem tritt eine Hyperventilation auf. Zeichen der ungenügenden zerebralen und peripheren Oxygenierung sind Unruhe, Verwirrtheit, Zyanose. Bei längerbestehender, schwerer Hypoxämie kommt es zu den Zeichen der Organinsuffizienz wie Bradykardie, Blutdruckabfall, Rhythmusstörungen und Schläfrigkeit.

Hyperkapnie/Hypokapnie

Eine zu hohe alveoläre Ventilation (Hyperventilation) führt zum vermehrten Abatmen von CO_2 und damit zu einem Abfall des arteriellen Kohlendioxidpartialdruckes (P_aCO_2) (Hypokapnie). Eine zu geringe alveoläre Ventilation (Hypoventilation) führt zu einem Anstieg des P_aCO_2 (Hyperkapnie).

Zeichen der Hypoventilation:

- Schwitzen
- Tachykardie
- Herzrhythmusstörungen
- Blutdruckanstieg
- In extremen Fällen „CO_2-Narkose" mit Somnolenz und Bewußtlosigkeit

Indikationen zur Beatmung

Eine Indikation zur Beatmung besteht, wenn bei Spontanatmung eine ausreichende Sauerstoffaufnahme über die Lungen und/oder eine ausreichende Kohlendioxidabatmung nicht mehr gewährleistet sind (s. Tab. 7.1).

Ist nur der P_aO_2 zu niedrig, so wird von einer **Partialinsuffizienz gesprochen.** Ist der P_aO_2 zu niedrig und gleichzeitig der P_aCO_2 zu hoch, so wird von einer **Globalinsuffizienz gesprochen.**

Die Entscheidung zur Beatmung muß individuell gestellt werden. Sie läßt sich nur schwer schematisieren, auch wenn es klinische und laborchemische Grenzwerte gibt, bei deren Überschreitung die **Intubation indiziert** erscheint (s. Tab. 7.1). Im allgemeinen ist die Trendentwicklung für die Entscheidung wichtiger als das Abweichen einzelner Werte von der Norm.

Therapeutische Beatmung

Der Grund für eine therapeutische Beatmung ist meist eine respiratorische Insuffizienz (Partial- oder Globalinsuffizienz).

Deren Ursachen können sein:

- Zentrale Atemlähmung
  z.B. aufgrund einer Depression des Atemzentrums durch Medikamente (Barbiturate, Opioide, Gifte), einer Schädigung des Atemzentrums im Rahmen eines **S**chädel-**H**irn-**T**raumas (SHT) oder eines Hirntumors
- Periphere Atemlähmung
  z.B. aufgrund einer hohen Querschnittslähmung oder der Wirkung von Muskelrelaxanzien
- Pulmonale Insuffizienz
  z.B. wegen Lungenödem, Pneumonie, Atelektasen, Lungenkontusion, Lungenembolie oder ähnlichem
- Gestörte Atemmechanik
  z.B. durch Rippenserienfraktur, Sternumfraktur
- Enorme Zunahme der Atemarbeit

Tabelle 7.1 Richtwerte für die Intubation

	Normalwerte	Indikation zur Intubation
Atemfrequenz/min	12–16	>35
P_aO_2	75–100 mmHg (10–13,3 kPa)	<60 mmHg (<8 kPa) trotz Sauerstoffgabe
P_aCO_2	35–45 mmHg (4,6–6 kPa)	>60 mmHg (>8 kPa)
Totraum/Atemzug	25–40%	>60%
Vitalkapazität	65–75 ml/kgKG	<10–15 ml/kg
A_aDO_2 bei 100%	25–60 mmHg (3,3–7,9 kPa)	>400 mmHg (>36,6 kPa)
Atemminutenvolumen in Ruhe	5–8 l/min	>10 l/min

z. B. bei stark erhöhter Resistance oder stark erniedrigter Compliance mit drohender Erschöpfung

Prophylaktische Beatmung

Wird eine Beatmung durchgeführt, obwohl im Moment (noch) keine respiratorische Insuffizienz vorliegt, so handelt es sich um eine prophylaktische Beatmung.

Eine prophylaktische Beatmung ist beispielsweise indiziert:

- Bei bewußtlosen Patienten, um einer möglichen Aspiration vorzubeugen, da hierbei die Schutzreflexe ausgeschaltet sind
- Nach einer schweren Aspiration sollte prophylaktisch beatmet werden, da sich hierbei innerhalb kurzer Zeit eine pulmonale Insuffizienz einstellen wird.
- Bei einem prolongierten Schock
- Bei einer Sepsis
- Bei einer großflächigen Verbrennung
- Bei gewünschter Verminderung der kardiopulmonalen Belastung, z. B. während der Wiedererwärmung eines ausgekühlten koronarsklerotischen Patienten nach einer langen Operation. Durch das Kältezittern eines unterkühlten Patienten kann es zu einem enormen Anstieg des Sauerstoffverbrauches kommen. Bei einem koronarsklerotischen Patienten mit bereits grenzwertiger Sauerstoffversorgung des Myokardes könnte hierdurch eine Myokardischämie verursacht werden.

Auswahl des Beatmungsweges

Eine längerfristige Beatmung kann über
1. einen Endotrachealtubus oder über
2. ein Tracheostoma erfolgen.

Während früher die Frage **Tracheostomie** oder **Langzeitintubation** heftig umstritten war, geht die heutige Tendenz eindeutig zur Langzeitintubation.

Langzeitintubation

Bei der Langzeitintubation wurde oft folgendes Vorgehen gewählt:
Eine orotracheale Intubation wurde meist nicht länger als 24 Stunden vorgenommen, dann wurde eine nasotracheale Intubation angestrebt. In den letzten Jahren zeigte sich, daß der orale Tubus problemlos auch längerfristig belassen werden

kann, was in einigen Kliniken auch durchgeführt wird.

Die **nasotracheale Intubation** hat gegenüber der orotrachealen Intubation folgende **Vorteile:**

- Bessere Fixierungsmöglichkeit des Tubus
- Wird vom Patienten langfristig besser toleriert
- Gute Mundpflege möglich (viele Säuglinge können z. B. trotz nasalem Tubus trinken)

Die **nasotracheale Intubation** hat gegenüber der orotrachealen Intubation jedoch folgende **Nachteile:**

- Die nasotracheale Intubation ist technisch wesentlich schwieriger durchzuführen
- Bei der Nasenpassage droht eine Kontamination des Tubus
- Entzündungen der Nasennebenhöhlen sind häufiger
- Oft ist ein englumigerer Tubus nötig
- Knorpelschädigungen der Nasenscheidewand können auftreten
- Die endotracheale Absaugung ist schwieriger

Tracheostomie

Selten wird die Tracheostomie der endotrachealen Intubation vorgezogen. **Indikationen** für eine Tracheostomie sind:

- Verletzungen des Kehlkopfes
- Erkrankungen, Verletzungen oder Tumore der oberen Luftwege, die eine Intubation unmöglich machen
- Eine frontobasale Schädelfraktur, die eine (langfristige) nasotracheale Intubation verbietet (Infektionsgefahr)
- Kehlkopf- bzw. Tracheallläsionen nach Langzeitintubation
- Manchmal wird eine Tracheostomie auch dann angelegt, wenn absehbar ist, daß der ansonsten stabile Patient noch für längere Zeit nicht extubiert werden kann. Eine Verlegung solcher Patienten in ein kleineres Krankenhaus ist oft nur dann möglich, wenn ein (pflegeleichteres) Tracheostoma angelegt ist.

Die Tracheostomie wird normalerweise als geplanter Eingriff im Operationssaal vorgenommen. Notfallmäßige Tracheotomien bei Erstickungsgefahr werden nicht mehr durchgeführt. In diesen Fällen ist die Koniotomie oder die transtracheale Jet-Ventilation das Verfahren der Wahl (s. S. 202 f).

Vom Operateur wird die Trachealkanüle (mit einem high volume, low pressure cuff, s. S. 73) eingesetzt und fixiert. Nach normalerweise 48 Stunden wird zum ersten Mal die Trachealkanüle gewechselt. Den ersten Wechsel sollte ein Arzt der HNO-Abteilung vornehmen. Falls sich der Tracheostomiekanal noch nicht vollständig ausgebildet hat, kann das Einsetzen der neuen Kanüle sehr schwierig bis unmöglich sein! Es müssen stets ein Trachealspreizer (zur eventuell notwendigen Aufdehnung des Tracheostomas) sowie ein Intubationsbesteck und eine Beatmungsmöglichkeit griffbereit sein. Eventuell ist es auch sinnvoll, die Trachealkanüle über einen zuvor (als Leitschiene) eingeführten dünnen Katheter (z. B. Absaugkatheter) vorzuschieben. Später wird die Kanüle ca. 2mal pro Woche gewechselt.

Falls ein Patient spontan atmet und keine Aspirationsgefahr besteht, kann die Trachealkanüle entblockt werden. Vor dem Entblocken sind Mund und Rachen und unmittelbar nach dem Entblocken die Trachea sorgfältig abzusaugen. Zum Essen und Trinken muß die Kanüle jedoch vorübergehend geblockt werden.

Pflege des Tracheostomas

Das Tracheostoma muß normalerweise 1mal pro Schicht gepflegt werden, je nach Sekretion und Hautverhältnissen gegebenenfalls häufiger oder seltener. Hierbei wird der alte Tracheostomaverband entfernt, die Haut gereinigt und getrocknet und eine neue sterile Schlitzkompresse zwischen Haut und Abschlußplatte der Trachealkanüle eingebracht. Danach wird die Trachealkanüle mit einem Fixierband um den Hals befestigt.

Bronchialtoilette

Beim intubierten oder tracheostomierten Patienten ist je nach den Bedürfnissen des Patienten eine mehr oder weniger häufige Bronchialtoilette notwendig. Mittels Auskultation (grobblasige Rasselgeräusche? s. S. 363) kann am besten festgestellt werden, wann wieder ein endobronchiales Absaugen nötig ist. Die **endobronchiale Absaugung** muß unter sterilen Bedingungen durchgeführt werden. Jeder Patient benötigt sein eigenes Absaugegerät. Es sind ein Mundschutz, sterile Handschuhe und ein steriler Absaugkatheter zu benutzen. Vor dem Absaugemanöver wird dem Patienten für einige Minuten reiner Sauerstoff verabreicht, falls die F_iO_2 mehr als 0,5 beträgt.

Während der **Absaugkatheter** eingeführt wird, darf bei üblichen Kathetern nicht (!) gesaugt werden Es gibt inzwischen allerdings auch Absaugkatheter, die unter Sog eingeführt werden (AERO-JET-Katheter, Fa. Sherwood Medical). Der Absaugkatheter, dessen Durchmesser höchstens 50% des Tubusinnendurchmessers betragen darf, wird bis zum Auftreten eines Widerstandes eingeführt. Nun wird der Katheter einen Zentimeter zurückgezogen, mit dem Finger das Y-Ventil bzw. der Fingertip verschlossen und der Katheter unter Sog langsam herausgezogen (Erwachsene 0,4 bar, Kinder 0,2 bar Sog). Inzwischen gibt es auch geschlossene Systeme zur endotrachealen Absaugung (z.B. TRACH CARE, Fa. Kendall). Der Absaugkatheter befindet sich in einer Schutzhülle. Das T-Stück dieses Systems wird zwischen Endotrachealtubus und Y-Stück der Beatmungsschläuche konnektiert. Dieser Absaugschlauch kann nun wiederholt aus seiner Umhüllung endotracheal eingeführt und wieder in seine sterile Umhüllung zurückgezogen werden. Dieser Katheter kann wiederholt über den Tubus eingeführt werden, ohne daß die Beatmung unterbrochen werden muß. Diese geschlossenen Absaugsysteme können jeweils für 24 Stunden verwendet werden.

Das Absaugemanöver sollte nicht länger als 10–15 Sekunden dauern. Insbesondere bei schwerkranken Patienten mit einer hohen F_iO_2 (s. S. 323) kann es bei längeren Absaugemanövern zu schweren Hypoxämien (s. S. 325) und auch Bradykardien kommen.

Zum Absaugen der linken Lunge wird empfohlen, den Kopf des (nasal intubierten) Patienten nach rechts zu drehen, zum Absaugen der rechten Lunge wird empfohlen, den Kopf nach links zu drehen. Der Nutzen dieses Manövers scheint jedoch nicht sicher belegt. Nach dem Absaugemanöver empfiehlt sich ein mehrmaliges kräftiges Blähen der Lunge mit 100% O_2. Anschließend wird der Patient wieder an den Respirator angeschlossen und kurz danach wieder die übliche Sauerstoffkonzentration eingestellt.

Das Bronchialsekret sollte regelmäßig bakteriell untersucht werden (s. S. 319).

Langzeitbeatmung

Beatmungsparameter

Die eingestellten Beatmungsparameter müssen in regelmäßigen Abständen, sowie bei einer Verstellung von Parametern in einem Beatmungsprotokoll schriftlich dokumentiert werden. Wird eine computergestützte Dokumentation vorgenommen, dann ist es sinnvoll, daß die Beatmungsparameter direkt in den Dokumentationscomputer (ähnlich wie auch die hämodynamischen Parameter) eingespeist werden.

Inspiratorische Sauerstoffkonzentration

Es ist wichtig, eine unnütz hohe Sauerstoffkonzentration (F_iO_2, s. S. 323) zu vermeiden. Anzustreben ist eine normale Sauerstoffsättigung von ca. 97–99% und ein P_aO_2, der etwas oberhalb des Normalwertes liegt (ca. 13–14 kPa). Die Gefahren einer zu hohen F_iO_2 werden auf S. 343 beschrieben.

Atemhubvolumen

Bei der Spontanatmung ist ca. $^1/_3$ des Atemzugvolumens (AZV) **Totraumventilation** (anatomischer Totraum der zuleitenden Atemwege: Mund, Nase, Rachen, Trachea und Bronchien). Beim Erwachsenen sind dies $^1/_3$ von 500 ml und damit ca. 150 ml Totraum. Die restlichen $^2/_3$ = 350 ml des AZV entsprechen der alveolären Ventilation, die für den Gasaustausch entscheidend ist. Würde ein Patient bei gleichem AMV mit einer erhöhten Atemfrequenz, dafür aber mit nur 300 ml pro Atemhub beatmen, würde die Totraumventilation von 150 ml bereits 50% des Atemhubvolumens betragen.
Entscheidend ist jedoch die alveoläre Ventilation. Um diese zu vergrößern, wird bei der künstlichen Beatmung des Erwachsenen mit normaler Compliance mit einem etwas über dem spontanen Atemzugvolumen von ca. 7 ml/kgKG liegenden Atemhubvolumen von ca. 8(–12 ml/kgKG und mit einer etwas unter der normalen Atemfrequenz von 12–16/min liegenden Atemfrequenz von ca. 10/min beatmet.
Durch dieses Beatmungsmuster kann die prozentuale Totraumventilation verringert und es kann Atelektasen vorgebeugt werden. Zusätzlich sollte die Lunge in regelmäßigen Abständen (z.B. 1 pro 100 Atemzüge) durch ein übergroßes Atemhubvolumen **(Seufzer)** kräftig gebläht werden. An vielen Beatmungsmaschinen können die Frequenz und das Volumen dieser Seufzer eingestellt werden.

> Bei der Ausbildung z.B. einer schweren Pneumonie nimmt die Compliance der Lunge ab. Bei Beatmung mit einem konstanten Beatmungsvolumen werden die Beatmungsdrücke daher höher.

Da zu **hohe Beatmungsdrücke** die Gefahr einer druckbedingten Lungenschädigung (z.B. Pneumothorax) beinhalten (sogenanntes Barotrauma), wird versucht, den Beatmungsdruck möglichst nicht zu hoch ansteigen zu lassen. Durch folgende Methoden kann der Beatmungsdruck vermindert werden:

- Erniedrigung des Atemhubvolumens (ca. 6 ml/kgKG) bei gleichzeitiger Erhöhung der Atemfrequenz
- Verlängerung der Inspirationszeit (s.u.)
- Verminderung des Flows (s.u.)

Flow

> Unter Flow wird die Geschwindigkeit, mit der das Atemhubvolumen in den Patienten geblasen wird, verstanden.

Dieser Flow kann an manchen Beatmungsgeräten direkt eingestellt werden (dieser Flow darf nicht mit dem Frischgasflow am Narkosegerät verwechselt werden; s. S. 20). An anderen Respiratoren muß der **Flow** aus der Inspirationszeit und dem Atemhubvolumen **errechnet** werden. Wird ein Patient z.B. mit einem Atemhubvolumen von 700 ml und einer Atemfrequenz von 10/min beatmet, so dauert ein Atemzyklus 6 Sekunden. Beträgt das I:E Verhältnis Inspiration zu Expiration 1:2, so dauert die Inspiration 2 Sekunden, das heißt, der Patient erhält ein Atemvolumen von 700 ml/2 s. Wird dies auf eine Minute extrapoliert, so würde der Patient in 60 Sekunden mit 21 000 ml (= 21 l/min) beatmet, also mit einem Flow von 21 l/min. Bei einem I:E-Verhältnis von 1:2 steht also für die Inspiration lediglich 1/3 des Atemzyklus zur Verfügung. Damit der Patient ausreichend beatmet wird, muß der Flow unter diesen Bedingungen also mindestens dem 3fachen Wert des Atemminutenvolumens entsprechen. Der Flow wird meist bei ca. 30 l/min eingestellt. Bei Wahl eines sehr **hohen Flows** kommt es an den Aufzweigungen des Bronchialsystems zu stärkeren Turbulenzen, und der Beatmungs(spitzen)druck steigt an. Hierdurch wird auch eine ungleichmäßige Belüftung der verschiedenen Lungenabschnitte begünstigt. Durch **Erniedrigung des Flows** entstehen weniger Turbulenzen und der Beatmungsdruck sinkt. Die Luftverteilung erfolgt bei niedrigem Flow gleichmäßiger in den verschiedenen Lungenbereichen. Bei der Wahl eines zu niedrigen Flows wird jedoch unter Umständen das eingestellte AMV nicht mehr erreicht.

Inspirations- zu Expirationszeit = I:E

Das normale Atemzeitverhältnis **I**nspiration : **E**xspiration (I:E) beträgt beim Erwachsenen 1:2, beim Säugling und Kind 1:1. Bei der Beatmung eines lungengesunden Patienten wird das normale Atemzeitverhältnis gewählt. Mit zunehmender Lungenschädigung nimmt die Compliance der Lunge ab (s. S. 321), und der Beatmungsdruck steigt an. Durch **Verlängerung der Inspirationszeit** kann der Beatmungsdruck gesenkt werden sowie auch eine bessere Oxygenierung des Patienten, das heißt ein Anstieg des P_aO_2, erzielt werden.

Je schlechter die Lungenfunktion und je höher der Beatmungsdruck ist, desto länger kann die Inspirationszeit gewählt werden.

Unter Umständen kann das normale Atemzeitverhältnis von 1:2 verändert werden in 1:1, 2:1, 3:1, im Extremfall bis 4:1. Da nun die Inspirationsphase länger als die Exspirationsphase ist, wird von einem **umgekehrten Atemzeitverhältnis** oder von **„inversed ratio“**-Beatmung gesprochen.
Bei vielen Beatmungsgeräten können die Dauer der Inspiration sowie die Dauer einer Inspirationspause in Prozent des Atemzyklus eingestellt werden.

Während der **Inspirationspause** wird das in den Patienten geblasene Volumen noch für einen kurzen Zeitpunkt im Patienten zurückgehalten. Erst danach fängt die Exspiration an.

Während einer volumenkontrollierten Beatmung zeigt der **Beatmungsdruck** einen charakteristischen **Kurvenverlauf** (Abb. 7.4):

- 1 in Abbildung 7.4 = Spitzendruck: Während der Inspiration erreicht der Beatmungsdruck aufgrund von Turbulenzen sein Maximum.
- 2 in Abbildung 7.4 = Plateaudruck:

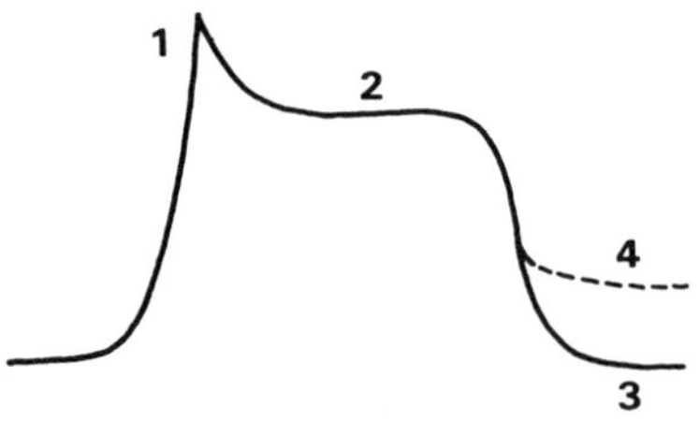

Abb. 7.4 Typische Beatmungsdruckkurve.
1 = Spitzendruck, 2 = Plateaudruck, 3 = endexspiratorischer Druck von Null, 4 = positiver endexspiratorischer Druck (PEEP).

Während der inspiratorischen Pause fällt er auf einen etwas niedrigeren Plateau-Druck ab.

- 3 in Abbildung 7.4 = endexspiratorischer Druck:
  Während der Exspiration fällt der Druck auf Null oder
- 4 in Abbildung 7.4 = positiver endexspiratorischer Druck:
  Der Druck fällt während der Exspiration nur bis auf einen eingestellten positiven endexspiratorischen Druck (PEEP) ab (s. u).

Inspirationszeit und Inspirationspause werden zusammen als die **Inspirationsdauer** bezeichnet.

25% Inspiration und 10% inspiratorische Pause bedeuten, daß die gesamte Inspirationsphase 35% des kompletten Atemzyklus dauert, dies entspricht einem Atemzeitverhältnis I:E von 35%:65% = 1:1,9.

Arbeitsdruck

Der an vielen Respiratoren einstellbare Arbeitsdruck gibt an, welchen Druck der Respirator maximal aufbringen kann.

Der Arbeitsdruck sollte normalerweise 30–40 cmH_2O über dem notwendigen Beatmungsdruck liegen, d.h. im Normalfall bei ca. 60–70 cmH_2O.

Wird der Druck zu niedrig gewählt, existiert keine ausreichende Druckreserve, und bei steigendem Beatmungsdruck würde das Gerät nicht mehr volumenkonstant arbeiten. Über eine Reduktion des Arbeitsdruckes auf z.B. 40 cmH_2O kann eine Art Druckbegrenzung eingestellt werden.

PEEP

PEEP (= **p**ositive **e**nd**e**xspiratory **p**ressure = positiver endexspiratorischer Druck) bedeutet, daß der Beatmungsdruck am Ende der Ausatmung nicht wie normalerweise auf Null, sondern nur bis auf einen eingestellten positiven Druck abfällt.

Ein eventueller PEEP wird meistens zwischen 5 und 15 cmH_2O eingestellt.

Ziel eines PEEP ist die Verbesserung des arteriellen P_aO_2-Wertes und damit die Erniedrigung der F_iO_2.

Erreicht wird dies dadurch, daß mit Hilfe des PEEPs die funktionelle Residualkapazität (FRC) (s. S. 323) vergrößert wird, Atelektasen aufgebläht werden und dadurch Rechts-Links-Shunts vermindert werden. Besteht kein Rechts-Links-Shunt, so kann durch den PEEP keine Verbesserung der Oxygenierung erzielt werden.
Bei einem **Patienten mit Lungenödem** ist das Einschalten eines relativ hohen PEEPs aus verschiedenen Gründen sinnvoll. Durch einen PEEP wird der venöse Rückfluß zum rechten Herzen behindert (s. S. 335). Dies hat eine ähnliche Wirkung wie ein Aderlaß und entlastet das Herz.

Des weiteren wird durch den erhöhten mechanischen Druck in den Alveolen das aus den Kapillaren ins Lungengewebe ausgepreßte Lungenödem wieder zurückgedrängt bzw. in der Entstehung behindert.

Beatmungsgeräte

Die Unterteilung der zahlreichen Respiratoren erfolgt am besten nach ihrem Steuerungsprinzip. Es gibt allerdings noch zahlreiche andere Einteilungskriterien.

Steuerung

Wie weiß der Respirator, daß er die Einatmung nun abbrechen und mit der Ausatmung beginnen soll? Der Umschaltmechanismus von der Inspiration in die Exspiration wird als Steuerung bezeichnet. Dieser Mechanismus kann

- volumengesteuert,
- druckgesteuert,
- zeitgesteuert oder
- flowgesteuert sein.

Volumensteuerung

Nach Abgabe eines einstellbaren Beatmungsvolumens schaltet der Respirator in die Ausatmung.

Die volumengesteuerten Geräte sind in der Intensivmedizin sehr beliebt. Bei einer Diskonnektion oder bei einem Leck im Schlauchsystem wird der Patient allerdings nicht richtig beatmet. Obwohl der Patient hierbei zu wenig oder kein Atemhubvolumen erhalten hat, schaltet das Gerät nach Abgabe des eingestellten Volumens in die Ausatmung um.

Bei diesen Geräten muß das Atemminutenvolumen immer im Ausatemschenkel gemessen werden. Bei der Messung im Inspirationsschenkel würde ein Leck zwischen Volumeter und Patient nicht erfaßt werden.

Eine Änderung der Compliance von Lunge oder Thorax hat fast keinen Einfluß auf das Beatmungsvolumen. Volumengesteuerte Geräte beatmen nahezu volumenkonstant. Allerdings kann bei einer Verschlechterung der Compliance der Beatmungsdruck stark ansteigen (Gefahr des **Barotraumas**). Daher sollten bei solchen Beatmungsgeräten die Druckgrenzen genau eingestellt werden.

Drucksteuerung

Bei Erreichen eines einstellbaren Drukkes schaltet der Respirator in die Ausatmung.

Solange die Compliance konstant ist, kann mit diesen Geräten volumenkonstant beatmet werden. Vermindert sich jedoch die Compliance, weil der Patient z. B. nicht mehr relaxiert ist, wach wird, verspannt ist oder gegen die Maschine atmet, so wird der Beatmungsdruck, bei dem in die Exspiration umgeschaltet wird, schon erreicht, bevor das nötige Atemhubvolumen in den Patienten geblasen ist. Damit nimmt das Atemminutenvolumen ab, die Atemfrequenz steigt an. Sobald sich also die Compliance der Lunge oder des Thoraxes oder die Resistance ändert, muß das Gerät neu eingestellt werden.

Druckgesteuerte Geräte können also eine Änderung des Atemwiderstandes nicht kompensieren.

Deshalb sollten solche Geräte immer in Kombination mit einem Kapnometer (s.

S. 364) betrieben werden, damit eine Änderung des AMVs am Kapnometer erkannt werden kann. Außerdem sollten die Grenzwerte für das Atemminutenvolumen genau eingestellt werden. Ein anderer Nachteil dieser druckgesteuerten Geräte besteht darin, daß mit ihnen meist kein endinspiratorisches Plateau (s. S. 332) und oft auch kein PEEP eingestellt werden kann.

Zeitsteuerung

Nach Ablauf eines einstellbaren Zeitintervalles schaltet der Respirator in die Ausatmung.

Viele der modernen Respiratoren sind zeitgesteuert.

Flowsteuerung

Der flowgesteuerte Respirator schaltet von der Inspiration auf die Exspiration, wenn ein bestimmter Minimalflow (s. S. 330) unterschritten wird.

Begrenzung

Wenn ein volumengesteuertes Beatmungsgerät einem Patienten das eingestellte Beatmungsvolumen von z. B. 800 ml einbläst, aber der Patient gerade hustet oder ausatmet, so kann es unter Umständen zu einem enormen Druck im Bronchialsystem kommen, da das volumengesteuerte Gerät rücksichtslos die eingestellten 800 ml Hubvolumen abgibt. Es ist nun möglich, eine Druckbegrenzung einzuschalten.

Eine **Druckbegrenzung** von 30 cmH_2O bedeutet, daß das volumengesteuerte Gerät mit 800 ml Atemzugvolumen beatmet, solange der Beatmungsdruck unter 30 cmH_2O bleibt.

Wird hierbei jedoch ein Beatmungsdruck von 30 cmH_2O überschritten, so schaltet das Gerät schon früher in die Exspiration. Es handelt sich damit um ein volumengesteuertes, druckbegrenztes Beatmungsmuster.

Es gibt folgende prinzipielle Begrenzungsmöglichkeiten:

- Volumenbegrenzung
- Druckbegrenzung
- Zeitbegrenzung
- Flowbegrenzung

Die beiden wichtigsten Begrenzungsprinzipien sind die Volumen- und die Druckbegrenzung. Es können in einem Respirator auch gleichzeitig z. B. eine Druck- und eine Volumenbegrenzung vorhanden sein. Diejenige Begrenzung, die zuerst erreicht wird, beendet die Inspiration.

Zuordnung von häufig verwendeten Respiratoren

Viele der modernen Respiratoren sind Mischformen bezüglich Steuerung und Begrenzung.

- **EVITA (Fa. Dräger)**
  zeit- oder druckgesteuert, volumen-, zeit- oder druckbegrenzt
- **Servo-Ventilator 900/900 B/900 C (Siemens):**
  zeitgesteuert, druck- oder volumenbegrenzt. Seit 1991 steht der neue Servo-Ventilator 300 zur Verfügung.
- **Bennett 7200:**
  zeit- oder druckgesteuert, volumen-, zeit- oder druckbegrenzt

Formen der maschinellen Beatmung

Kontrollierte Beatmung

Atemfrequenz und Atemhubvolumen werden vorbestimmt und können vom Patienten nicht beeinflußt werden.

Diese Beatmungsform setzt voraus, daß der Patient nicht mehr spontan atmet. Der Patient muß also zumindest sediert, im Extremfall relaxiert sein. Die kontrollierte Beatmung wird intraoperativ und bei pulmonal und kardiovaskulär schwerstkranken Intensivpatienten durchgeführt. Da der Patient intermittierend mit Überdruck beatmet wird, wird von einer **IPPV-(i**ntermittent **p**ositive **p**ressure **v**entilation)Beatmung gesprochen.
Die kontrollierte Beatmung kann allerdings eine Reihe von Nachteilen bzw. Nebenwirkungen haben. Beim spontanatmenden Patienten entsteht während der Einatmung ein Unterdruck in der Lunge. Der Druck in der Lunge und im Pleuraspalt fällt ab. Luft wird angesaugt. Gleichzeitig wird der venöse Rückfluß in die großen intrathorakalen Gefäße erleichtert. Außerdem wird durch das sich nach unten bewegende Zwerchfell der Druck im Bauchraum erhöht, und das Blut aus dem Bauchraum wird ausgepreßt. Es wird von einem **Saug-Pump-Mechanismus** gesprochen. Bei der Ausatmung steigt der Druck in der Lunge und im Pleuraspalt an, die Luft wird ausgepreßt.

Beim beatmeten Patienten sind die Druckverhältnisse umgekehrt. Während der Einatmung steigt der Druck in der Lunge und im Pleuraspalt an. Während der Ausatmung fällt der Druck in der Lunge und im Pleuraspalt ab.

Durch die Erhöhung des intrathorakalen Druckes bei der maschinellen Einatmung nimmt auch der Druck im rechten Vorhof zu. Der venöse Rückfluß zum Herzen ist gedrosselt. Dies ist um so gravierender, je höher die Beatmungsdrücke und je höher das PEEP-Niveau sind. Die **Drosselung des venösen Rückflusses zum Herzen** bewirkt:

- Anstieg des **z**entralen **V**enen**d**ruckes (ZVD)
- Anstieg eines bereits erhöhten intrakraniellen Drucks
- Verminderung der Nierendurchblutung und der Urinausscheidung
- Verminderung der Leberdurchblutung
- Abfall des Herzminutenvolumens (HMV)
- Abfall des arteriellen Blutdruckes
- Wasserretention:
  Dies ist als Kompensationsmechanismus des Körpers zu verstehen, wodurch der verminderte venöse Rückstrom zum Herzen ausgeglichen werden soll.
- Verminderung der Leberdurchblutung, wodurch es zu einem Anstieg der Transaminasen und des Bilirubins kommen kann
- Rechtsherzbelastung:
  Vor allem bei hohen Beatmungsdrükken kann es zur Kompression der Lungenkapillaren mit einer Druckerhöhung im Lungenkreislauf und damit zu einer Rechtsherzbelastung kommen.
- Erhöhte Gefahr eines Barotraumas (s. S. 342)

Assistierte Beatmung

Der Patient versucht selbst zu atmen und erzeugt dadurch bei der Einatmung einen Negativdruck. Wird hierbei ein einstellbarer Negativdruck unterschritten, so beginnt der Respirator mit der Inspiration.

Diese Schwelle, bei deren Unterschreiten der Respirator sich einschaltet, wird als **Triggerschwelle** bezeichnet, der Vorgang als Triggern der Maschine. Die Triggerschwelle wird meist ca. 2–4 cm H_2O unterhalb des endexspiratorischen Druckes eingestellt, das heißt 2–4 cmH_2O unterhalb des PEEP-Wertes, oder 2–4 cmH_2O unterhalb des Nullwertes. Wird diese Triggerschwelle versehentlich über dem endexspiratorischen Druck eingestellt, so triggert sich die Maschine selbst. Bevor der Druck bis auf den endexspiratorischen Druck abgefallen ist, ist die Triggerschwelle schon unterschritten und die Maschine beginnt bereits mit der Inspiration. Der Patient wird dadurch fälschlicherweise stark hyperventiliert.
Bei der assistierten Beatmung muß der Patient eine relativ große inspiratorische Arbeit aufbringen, was insbesondere bei kritisch kranken Patienten zu einer schnellen Ermüdung der Atemmuskulatur führen kann. Daher wird die assistierte Beatmung nur noch für eine kurzfristige postoperative Nachbeatmung empfohlen.
Bei der assistierten Beatmung sollte eine relativ niedrige Mindestfrequenz eingeschaltet werden. Triggert der Patient das Gerät über einen bestimmten Zeitraum nicht, dann beginnt das Beatmungsgerät mit einem maschinellen Beatmungshub (= kontrolliert-assistierte Beatmung).

IMV

IMV ist die Abkürzung für **i**ntermittend **m**andatory **v**entilation, was oft mit intermittierender maschineller Ventilation übersetzt wird.

Der Respirator arbeitet mit einer niedrigen Beatmungsfrequenz (z.B. 7/min), dazwischen kann der Patient beliebig selbst atmen. Es wechseln also maschinelle Atemhübe mit Phasen der Spontanatmung. Es kann jedoch sein, daß der Patient gerade ausatmen will, die Maschine ihm aber den jetzt fälligen Atemhub aufzwingt.

SIMV

SIMV ist die Abkürzung für **s**ynchronized **i**ntermittend **m**andatory **v**entilation, was oft mit synchronisierter intermittierender maschineller Beatmung übersetzt wird.

SIMV ist eine logische Weiterentwicklung der IMV. Hierbei können die intermittierenden maschinellen Atemhübe an die Spontanatmung des Patienten angepaßt werden. Damit es nicht wie bei der IMV vorkommen kann, daß der Patient gerade ausatmen will, die Maschine aber in dem Moment mit dem Atemhub beginnt, wurde bei der SIMV vor jedem maschinellen Atemhub ein gewisser Zeitraum, ein sogenanntes **Erwartungsfenster** eingebaut. Innerhalb dieses Zeitraumes kann der Patient den maschinellen Atemhub triggern und damit an seine Atmung anpassen. Triggert er die Maschine in diesem Erwartungsfenster nicht, so beginnt der Atemhub nach Ablauf des Erwartungsfensters. Bei SIMV wechseln ebenfalls maschinelle Atemhübe mit Phasen der Spontanatmung. IMV und SIMV werden im Rahmen der Entwöhnung vom Respirator sowie bei Patienten eingesetzt, bei denen eine kontrollierte Beatmung (IPPV) nicht gelingt (weil der Patient immer dazwischen atmet).

Querflöte

Beim spontanatmenden, intubierten Patienten wird auf den Tubus ein T-Stück aufgesetzt. Über den einen Schenkel des T-Stückes wird dem Patienten Inspirationsluft mit so hohem(!) Flow zugeführt, daß am offenen Ende des T-Stücks während der Inspiration noch ein Luftstrom zu fühlen ist. (Abb. 7.5). Über den anderen Schenkel des T-Stükkes atmet der Patient in die Umgebung aus.

Wird der Frischgasflow zu niedrig gewählt, so ist es bei einer tiefen Einatmung möglich, daß er nicht ausreicht und der Patient zusätzlich Luft aus dem offenen Ausatmungsschenkel des T-Stückes ansaugt. Damit ist die im Inspirationsschenkel gemessene F_iO_2 falsch hoch, da es zur Zumischung von Raumluft (21% O_2) kommt.

Eine längerfristige Atmung über das T-Stück ist zu vermeiden, da hierdurch Atelektasen und eine Abnahme der funktionellen Residualkapazität (FRC) begünstigt werden. Bei Säuglingen und Kleinkindern verbietet sich die T-Stück-Atmung, da sie besonders anfällig für solche Veränderungen sind. Bei ihnen muß statt dessen eine sogenannte CPAP-Atmung durchgeführt werden.

CPAP

CPAP bedeutet **c**ontinuous **p**ositive **a**irway **p**ressure und wird mit kontinuierlichem positivem Atemwegsdruck übersetzt.

Ähnlich wie bei der Querflöte wird dem spontanatmenden, intubierten Patienten über ein auf den Tubus aufgesetztes T-Stück über einen Inspirationsschlauch ein Inspirationsgemisch mit hohem(!) Flow zugeführt. Im Unterschied zur Querflöte ist am anderen Schenkel des T-Stücks noch ein Ausatmungsschlauch angebracht, dessen Ende ursprünglich z.B. 5–10 cm unter Wasser geführt wurde (Abb. 7.6). Hierdurch besteht in dem System kontinuierlich, also während In- und Exspiration, ein positiver Druck von 5–10 cmH_2O. Wichtig hierbei ist ein hoher Frischgasflow, damit der Patient selbst bei einem besonders tiefen Atemzug nicht einen negativen Druck erzeugen und damit Luft beziehungsweise Wasser über den Exspirationsschenkel ansaugen kann. Aus diesem Grunde wird in den Inspirationsschenkel im Nebenschluß noch ein großvolumiger Reservoirbeutel angeschlossen,

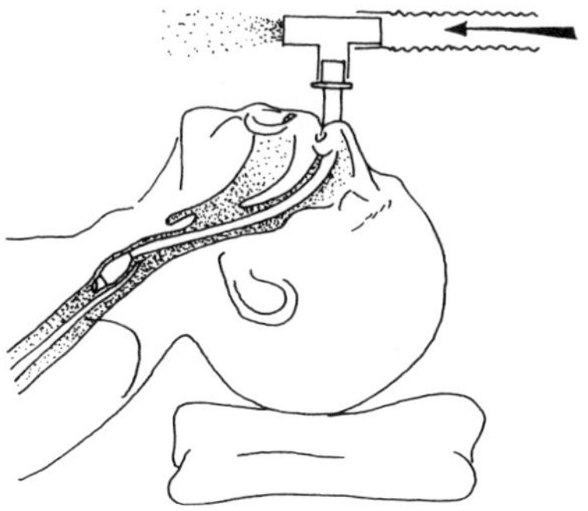

Abb. 7.5 „Querflöte“ beim spontan atmenden, nasotracheal intubierten Patienten. Beachte: Frischgaszufuhr mit hohem Fluß.

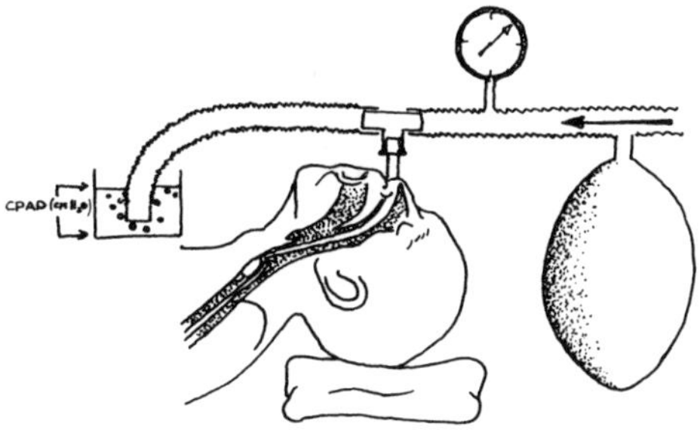

Abb. 7.6 CPAP-System beim spontan atmenden Patienten. Frischgaszufuhr mit hohem Fluß. Im Inspirationsschenkel sind Reservoirbeutel und Manometer eingebaut. Der Exspirationsschenkel wird entweder unter Wasser getaucht (Eintauchtiefe = Höhe des CPAP in cmH_2O; historisch) oder es wird ein entsprechendes CPAP-Ventil angeschlossen.

der dies sicher vermeidet. Des weiteren befindet sich noch ein Manometer im System, um die Höhe des CPAPs ablesen zu können. CPAP ist eine beliebte Beatmungsform vor allem auf neonatologischen Intensivstationen. Die Indikationen und Nebenwirkungen von CPAP entsprechen denen des PEEPs (s. S. 332). Heute wird der Ausatemschlauch nicht mehr unter Wasser geleitet, sondern es wird an den Ausatemschlauch ein entsprechendes PEEP-Ventil angeschlossen, das die gleiche Funktion erfüllt.
Bei einer CPAP-Atmung mit 5 cmH_2O ist die Atemarbeit ca. 20%(–40%) niedriger als bei einer Atmung über ein T-Stück.

Assistierte Spontanatmung

Die bei der kontrollierten Beatmung auftretenden Nebenwirkungen (z.B. hämodynamische Nebenwirkungen, Inaktivitätsatrophie der Atemmuskulatur u.ä; s. S. 343) können dadurch minimiert werden, daß versucht wird, die Spontanatmung soweit als möglich zu erhalten und sie gegebenenfalls maschinell zu unterstützen. Es sollte also möglichst eine Form der assistierten Spontanatmung durchgeführt werden.
Es haben sich folgende Formen der assistierten Spontanatmung bewährt:
- BIPAP (biphasic positive airway pressure)
- APRV (airway pressure release ventilation)
- Druckunterstützte Spontanatmung (ASB, IPS, PSV)

BIPAP (**b**iphasic **p**ositive **a**irway **p**ressure)

Bei BIPAP werden Spontanatmung und maschinelle Unterstützung in einer voneinander unabhängigen Form überlagert.
Bei BIPAP atmet der Patient über das Gerät CPAP (z.B. EVITA, Fa. Dräger). Das Gerät schaltet gleichzeitig zwischen zwei verschiedenen CPAP-Niveaus hin und her. Die Höhe des CPAP-Niveaus sowie die Umschaltfrequenz können eingestellt werden.
Die Druckdifferenz zwischen den beiden CPAP-Niveaus sowie die Umschaltfrequenz bestimmen den maschinellen Anteil an der Atmung. Sind die Phasen mit hohem CPAP-Niveau länger als diesjenigen mit niedrigem CPAP-Niveau, dann wird von **inversed BIPAP** gesprochen. Der klinische Stellenwert von BIPAP ist noch nicht endgültig geklärt.

ARPV (**a**irway **p**ressure **r**elease **v**entilation)

Bei ARPV werden (wie bei BIPAP) Spontanatmung und maschinelle Unterstützung in einer voneinander unabhängigen Form überlagert.
Bei ARPV atmet der Patient über ein CPAP-System spontan. In diesem CPAP-System wird mit einer wählbaren Frequenz für jeweils 1,5 Sekunden das CPAP-Niveau (durch Öffnen eines Exspirationsventiles) abgesenkt. Nach Ende dieses 1,5sekündigen Intervalls steigt das CPAP-Niveau sehr schnell wieder an, da es sich um ein CPAP-System mit sehr hohem Flow (ca. 100 l/min) handelt. ARPV scheint zu einer nur geringen Beeinträchtigung der Hämodynamik zu führen. Der klinische Stellenwert von ARPV ist noch nicht endgültig geklärt.

Druckunterstützte Spontanatmung

Mit modernen Beatmungsgeräten kann eine druckunterstützte Spontanatmung (ein **i**nspiratorischer **A**ssist, IA) durchgeführt werden. Andere Bezeichnungen für druckunterstützte Spontanatmung oder inspiratorischer Assist sind:
- ASB (**a**ssisted **s**pontaneons **b**reathing)
- IPS (**i**nspiratory **p**ressure **s**upport

- ► PSV (**p**ressure **s**upport **v**entilation)
- ► IHS (**i**nspiratory **h**elp **s**ystem)

Bei der druckunterstützten Spontanatmung führt eine spontane Einatmung zur Triggerung der Beatmungsmaschine. Die Einatmung wird dann durch einen hohen, zusätzlichen Gasfluß unterstützt, bis ein einstellbarer Atemwegsdruck erreicht ist oder der Inspirationsflow auf 25% seines zuvor erreichten Maximalwertes abgefallen ist. Eine druckunterstützte Spontanatmung läßt sich als eine assistierte, flowgesteuerte Beatmung beschreiben. Durch eine geringe Druckunterstützung (ca. 3–5 cm H_20) kann die durch das Beatmungsgerät und den Tubus bedingte Atemarbeit, durch eine hohe Druckunterstützung (ca. 25–30 cm H_20) kann die gesamte Atemarbeit des Patienten abgenommen werden. Unter einer druckunterstützten Spontanatmung nimmt die spontane Atemfrequenz ab, das Atemzugvolumen nimmt zu und der Sauerstoffverbrauch für die Atemarbeit nimmt ab. Diese Beatmungsform kann während der Entwöhnung eines Patienten von der maschinellen Beatmung sowie auch als primäre Beatmungsform durchgeführt werden.

Anfeuchtung der Einatmungsluft

Normalerweise wird die Einatmungsluft im Bereich der oberen Luftwege erwärmt und angefeuchtet. Dies ist wichtig, damit das Flimmerepithel des Bronchialsystems normal funktionieren und Staubpartikel abtransportieren kann. Fällt die Luftfeuchtigkeit unter ca. 70%, so droht das Tracheobronchialsekret einzudicken und zu verborken.

Bei einem intubierten Patienten ist die Anfeuchtungs- und Erwärmungsfunktion der oberen Luftwege ausgeschaltet.

Deshalb ist es zwingend erforderlich, das Inspirationsgemisch anzufeuchten. Außerdem ist auf eine gleichzeitige Erwärmung zu achten. Selbst wenn die kalten, aus der zentralen Gasversorgung kommenden Gase zu 100% mit Feuchtigkeit beladen werden, ist dies ungenügend. Denn die Fähigkeit, Feuchtigkeit aufzunehmen, ist stark von der Temperatur abhängig. Je wärmer die Luft, desto mehr Feuchtigkeit kann sie aufnehmen.

Eine bei ca. 20°C zu 100% mit Wasserdampf gesättigte Luft ist nach Erwärmung auf 37°C nur noch zu 30% mit Sauerstoff gesättigt! Ganz wichtig ist also die Anfeuchtung **und** Erwärmung der Inspirationsluft.

Zur Anfeuchtung gibt es Verdampfer (Wärmebefeuchter) und Vernebler (Kaltbefeuchter). Sehr häufig kommen bei langzeitintubierten Patienten **Pass-over-Verdampfer** (z.B. der Benett-Kaskadenverdampfer) zum Einsatz. Hierbei strömt die Inspirationsluft durch erwärmtes, steriles Wasser und wird dabei erwärmt und mit Feuchtigkeit beladen.

Anpassung des Beatmungsgerätes an den Patienten

Bei der maschinellen Beatmung tritt häufig das Problem auf, daß der Patient gegen die Beatmungsmaschine ankämpft. Bevor der Patient nun sediert oder gar relaxiert wird, damit er nicht mehr gegen den Respirator ankämpft, müssen stets folgende Fragen beantwortet sein:

- Auskultation?
  Die Lunge des Patienten muß auskultiert werden, ob nicht ein Pneumothorax, eine Tubusdislokation (einseitige Intubation, oder versehentliche Extubation) Ursache für die Beatmungsproblematik ist.
- Fehlerhafte Respiratoreinstellung?
  Sehr oft ist das Beatmungsgerät falsch eingestellt. Das Beatmungsmuster muß optimiert werden. Das Beatmungsgerät muß dem Patienten und nicht der Patient dem Beatmungsgerät angepaßt werden!
- Schmerzen?
  Es muß geklärt werden, ob der Patient stärkere Schmerzen und deshalb Beatmungsprobleme hat.
- Sedierung?
  Erst wenn die obigen Punkte ausgeschlossen sind, darf ein Patient zur Beatmung stärker sediert werden.
- Relaxierung?
  Eine Relaxierung sollte nur in verzweifelter Situation zur Langzeitbeatmung durchgeführt werden, wenn z. B. anders eine ausreichende Beatmung nicht mehr möglich ist.

Sedierung des beatmeten Patienten

> Bei optimaler Respiratoreinstellung und adäquater Analgosedierung toleriert ein Patient die Beatmung in einem Zustand, in dem er vor sich hindöst, aber erweckbar und dann orientiert und kooperativ ist. Bei der endotrachealen Absaugung sollte ein heftiger Hustenreflex auslösbar sein.

Neugeborene benötigen bei optimaler Respiratoreinstellung oft gar keine Sedierung.

Häufig wird zur Analgosedierung eine Kombination aus einem Opioid (Fentanyl, Sufentanil, Alfentanil) in Kombination mit einem Neuroleptikum (Dehydrobenzperidol) oder einem Benzodiazepin (Midazolam, Flunitrazepam) eingesetzt. Meistens wird inzwischen eine Mischung aus Fentanyl (0,05–0,4 mg/h) bzw. Sufentanil (35–50 µg/h) und Midazolam (Dormicum; 2–8 mg/h) oder Fentanyl bzw. Sufentanil und Flunitrazepam (Rohypnol; 0,3–1,5 mg/h) eingesetzt. Sufentanil scheint sich aufgrund einer stärkeren sedierenden Komponente besonders gut zur Analgosedierung zu eignen. Aufgrund seiner stärker sedierenden Komponente scheint die zusätzlich notwendige Dosis an Benzodiazepinen oder Dehydrobenzperidol geringer zu sein. Oft kommt auch die Kombination Fentanyl und Droperidol (2,5–15 mg/h) zur Anwendung. Fentanyl und Droperidol werden hierbei oft auch in einer Mischspritze aufgezogen:2 mg = 40 ml Fentanyl und 25 mg = 10 ml Droperidol, 1 ml = 0,04 mg Fentanyl und 0,5 mg Droperidol. Diese beiden Medikamente werden auch zur Durchführung einer **N**euroleptanästhesie (= **NLA**) verwendet (vgl. S. 111), weshalb oft auch von einem NLA-Perfusior gesprochen wird. Dieser **NLA-Perfusor** wird initial meist auf ca. 3–6 ml/h eingestellt. Die Dosisanpassung erfolgt streng nach Wirkung. Daneben wird v. a. für eine kurz- oder mittellange Analogsedierung auch (Disoprivan; 100–200 mg/h) in Kombination mit Fentanyl, Sufentanil oder Alfentanil eingesetzt. Vereinzelt kommt auch Ketamin (Ketanest; 30–60 mg/h) in Kombination mit einem Benzodiazepin zum Einsatz. Zur Analgesie bietet sich in vielen Fällen auch eine Periduralanästhesie an (vgl. S. 156).

Nach einer langfristigen Sedierung muß darauf Wert gelegt werden, daß die Sedierung stets langsam reduziert wird. Bei zu schneller Reduktion kann es zu Entzugssymptomen, Delir, Unruhe oder zerebralen Krampfanfällen kommen.

Die **Ursache** ist folgende: Durch z.B. Benzodiazepine wird die Erregbarkeit des Gehirns vermindert. Der Körper versucht, dem entgegenzuregeln und die Aktivität wieder zu steigern. Werden nun plötzlich die sedierenden und dämpfenden Medikamente abgesetzt, so überwiegt der Kompensationsmechanismus und bedingt Unruhe und unter Umständen zerebrale Krampfanfälle.

Komplikationen bei Langzeitbeatmung

Bei Patienten mit endotrachealer Langzeitintubation sollte ca. alle 10 Tage eine Tracheoskopie durchgeführt werden. Lassen sich hierbei Schädigungen der Trachea feststellen, so sollte mit einem besonders schonenden Tubus, z.B. einem Kamen-Wilkinson-Tubus (s. S. 76), intubiert werden. Bei Kehlkopfschädigungen bzw. stark geschädigter Trachea (freiliegende Trachealspangen) sollte der Patient tracheostomiert werden.

Bei **tracheostomierten** und langzeitbeatmeten Patienten drohen:

- Fehllage der Trachealkanüle:
  Vor allem beim ersten Wechseln der Kanüle kann es vorkommen, daß die Kanüle nicht durch den Tracheostomiekanal bis in die Trachea, sondern subkutan vorgeschoben wird.
- Druckulzera in der Trachea:
  Ursache ist oft ein zu starkes Blocken der Kanülenmanschette. Beim Blocken der Trachealkanüle gilt das gleiche wie beim Endotrachealtubus: Blocken nach Gehör (s. S. 85). Durch Scheuerbewegungen der Trachealkanüle oder durch Druckschädigungen vor allem am Kanülenende kann es zu Ulzera oder gar Gefäßverletzungen mit unter Umständen erheblichen Blutungen kommen. Dies ist vor allem bei Verwendung von Metallkanülen der Fall, die jedoch nur bei Patienten verwendet werden, die für immer mit einer Trachealkanüle leben müssen.
- Ösophagotracheale Fistel:
  Drucknekrosen und Ulzera können unter Umständen zu einer ösophagotrachealen Fistel führen. Dies ist vor allem bei der Verwendung von Metallkanülen der Fall.
- Verlegung (Verborkung) des Kanülenlumens

Im Rahmen einer **Langzeitbeatmung** über ein Tracheostoma beziehungsweise über einen Endotrachealtubus treten häufiger folgende Probleme auf:

Infektionen

Langzeitbeatmete Patienten sind der großen Gefahr einer **bronchopulmonalen Infektion** ausgesetzt. Die normale Reinigungsfunktion des Flimmerepithels ist durch den Tubus unterbrochen. Das Abhusten von Sekret ist behindert, da der für ein kräftiges Husten notwendige Glottisverschluß nicht mehr möglich ist. Damit werden die Patienten von einer regelmäßigen **Bronchialtoilette,** dem endobronchialen Absaugen, abhängig. Häufig handelt es sich außerdem um infektgeschwächte Patienten. Beim regelmäßigen endobronchialen Absaugen sind genauso wie beim Wechseln von Endotrachealtuben oder Trachealkanülen strenge aseptische Bedingungen zu fordern. Bei einer pulmonalen Infektion sollte eine Antibiotikatherapie von den **Antibiogrammen** abhängig gemacht werden, die aus den regelmäßig entnommenen Bronchialabstrichen gewonnen werden.

Die prophylaktische Gabe eines Antibiotikums bei beatmeten Patienten ist abzulehnen.

Die **Befeuchtertöpfe**, die zur Anwärmung der Inspirationsluft verwendet werden, stellen einen guten Nährboden für Bakterien dar. Die Befeuchtertöpfe dürfen daher erst unmittelbar vor Gebrauch mit sterilem Wasser gefüllt und müssen spätestens alle 48 Stunden gewechselt werden. Der sich in den Beatmungsschläuchen niederschlagende Wasserdampf ist als infiziert zu betrachten, und es ist nicht erlaubt, das in den Schläuchen befindliche Kondenswasser zurück in den Verdampfertopf zu leiten.

Streß

Insbesondere bei ungenügender Sedierung und Analgesierung kann es zu einer **Ulzeration** im Gastrointestinaltrakt, unter Umständen mit starker Blutung oder Perforation, kommen. Es ist deshalb regelmäßig der Magen-pH zu messen. Bei niedrigem (saurem) Magen-pH ist eine Pufferung zu fordern oder eine Therapie mit H_2-Blockern (z.B. Ranitidin) durchzuführen (vgl. S. 313). Mit der enteralen Gabe von Nahrung sollte so früh wie möglich begonnen werden.

Gefahren eines PEEPs

Die durch die maschinelle Beatmung ausgelöste negative Beeinflussung der Hämodynamik (s. S. 335) wird durch das Einschalten eines PEEPs noch verstärkt.

Durch das Einstellen eines PEEPs nimmt der P_aO_2 des arteriellen Blutes und damit der Sauerstoffgehalt des Blutes (s. S. 325) zu. Der Sauerstoffgehalt multipliziert mit dem HMV ergibt die **Sauerstofftransportkapazität** des Blutes, die letztlich entscheidende Größe, die besagt, wieviel Sauerstoff pro Zeiteinheit dem Gewebe zur Verfügung gestellt wird. Mit steigendem PEEP-Niveau kommt es jedoch zu einer Reduktion des HMV und der Sauerstofftransportkapazität.

Bei hohen PEEP-Niveaus kann nun die Abnahme des HMV den positiven Effekt durch die PEEP-bedingte Erhöhung des P_aO_2 überschreiten, das heißt: Die Sauerstofftransportkapazität ist aufgrund des stark erniedrigten HMVs vermindert, obwohl der P_aO_2 erhöht ist.

Es gilt nun, denjenigen PEEP einzustellen, mit dem die größte Sauerstofftransportkapazität erreicht werden kann (= **best-PEEP**). Der wohl geeignetste Parameter für die Ermittlung des best-PEEP ist die gemischt-venöse Sättigung (vgl. S. 179) bzw. die Berechnung von Sauerstoffangebot und Sauerstoffausschöpfung. Bei einem niedrigen P_aO_2 oder bei einem erniedrigten HMV nimmt die Ausschöpfung des Blutes im Gewebe zu, und damit fällt die gemischt-venöse Sättigung ab. Sind das HMV und der P_aO_2 hoch, so ist die gemischt-venöse Sättigung ebenfalls hoch.

Der best-PEEP ist also dann eingestellt, wenn die gemischt-venöse Sättigung am höchsten ist.

Barotrauma

Die Gefahr einer druckbedingten Lungenschädigung (Barotrauma), z.B. eines

Pneumothorax, besteht insbesondere bei alten Patienten, bei pulmonalen Vorerkrankungen (Emphysem) oder bei Lungeninfektionen mit einer Schwächung des Lungengewebes (Pneumonie).

Atrophie der Atemmuskulatur:

Bei einer Langzeitbeatmung kann es zu einer Inaktivitätsatrophie der Atemmuskulatur kommen.

Sekretstau:

Durch Eintrocknen der Bronchialsekrete bei ungenügender Befeuchtung und unzureichender Bronchialtoilette kann es zu einem Sekretstau und unter Umständen zu einer Verlegung des Tubus oder des Tracheostomas kommen.

Schleimhautverbrennungen

Die Temperatur des Inspirationsgemisches sollte ca. 3°C unter der Körpertemperatur liegen.

Auch auf eine korrekte Temperatureinstellung ist unbedingt zu achten. Die Temperatur des Inspirationsgemisches sollte möglichst patientennah, z.B. kurz vor dem Winkelstück gemessen und mittels eines Servoregulationsmechanismus auf die eingestellte Temperatur geregelt werden. Das Aufwärmen eines unterkühlten oder das Kühlen eines fieberhaften Patienten durch Verstellen der Temperatur des Inspirationsgemisches ist nicht zulässig.

Schäden bei chronischer Sauerstoffanwendung

Bei hohen inspiratorischen Sauerstoffkonzentrationen kann es zu Lungenschädigungen kommen. Werden bei einer Langzeitbeatmung mehr als ca. 40–50% Sauerstoff verabreicht, so drohen eine Schädigung von Flimmerepithelien, Surfactant und Alveolarepithelien. Bei Beatmung mit 100% Sauerstoff kommt es in schlecht belüfteten Arealen nach Resorption des Sauerstoffes zu Atelektasen, da der normalerweise verbleibende, die Alveolen dann noch offenhaltende Stickstoff fehlt. Folge ist eine Zunahme des Rechts-Links-Shuntes.

Bei der Beatmung mit einer F_iO_2 von 1,0 ist schon innerhalb von 24 Stunden mit Lungenschädigungen zu rechnen. Die F_iO_2 soll so niedrig wie möglich gehalten werden.

Retrolentale Fibroplasie

Während der ersten ca. 46 postkonzeptionellen Wochen ist die noch unreife Netzhaut (Retina) sehr empfindlich. Beispielsweise durch eine zu hohe arterielle Sauerstoffspannung, aber auch durch eine Azidose (z.B. im Rahmen einer Sepsis) oder andere Störungen der Homöostase kann das Krankheitsbild der retrolentalen Fibroplasie ausgelöst werden, das unter Umständen zu irreversiblen Sehstörungen, im Extremfall bis zur Erblindung des Kindes führen kann. Gefährdet sind vor allem Früh- und Neugeborene. Unnötig hohe arterielle Sauerstoffspannungen sind daher in dieser Altersgruppe zu vermeiden.

Entwöhnung (weaning) des langzeitbeatmeten Patienten

Die Entwöhnung eines langzeitbeatmeten Patienten von der Beatmungsmaschine stellt oft ein großes Problem dar. Auf der einen Seite sollte die Entwöhnung so bald als möglich beginnen, um z.B. eine Schwächung der Atemmuskulatur durch Inaktivierung zu verhindern. Andererseits führt eine zu frühzeitige oder zu schnelle Entwöhnung oft zu einem Abbrechen des Entwöhnungsversuchs oder zu einer Reintubation des Patienten. Bei ca. 20% der Patienten mit einer Langzeitbeatmung muß mit Entwöhnungsproblemen gerechnet werden. Bei Patienten mit einer chronisch-obstruktiven Lungenerkrankung (COLD; vgl. S. 376) treten in ca. 50% der Fälle Entwöhnungsprobleme auf. Grundvoraussetzungen für eine erfolgreiche Entwöhnung sind:

- Ein ausgeglichener Säure-Basen-Haushalt,
  damit der Patient nicht z. B. eine metabolische Azidose durch eine Hyperventilation auszugleichen versucht
- Fieber sollte nicht bestehen,
  weil dies einen höheren Stoffwechsel und damit eine gesteigerte Ventilation bedeuten würde.
- Die Herz-Kreislauf-Funktion muß stabil sein.
  Auch stabile Kreislaufverhältnisse unter laufender Katecholamininfusion erlauben einen Entwöhnungsversuch.

Dagegen spielt die Bewußtseinslage des Patienten für den Beginn der Entwöhnung **keine** Rolle, d. h.:

> Auch bewußtlose Patienten können von der Beatmung entwöhnt werden. Allerdings erfolgt die Extubation erst nach Rückkehr der Schutzreflexe.

Ist abzusehen, daß diese über längere Zeit nicht oder überhaupt nicht mehr zurückkehren werden, so bietet sich die Anlage eines Tracheostomas und die Verlegung dieser pflegebedürftigen Patienten mit dem Tracheostoma an. Bei der Entwöhnung sollte der Tag-Nacht-Rhythmus beachtet werden, das heißt, es sollte nicht nachts mit dem Entwöhnungsversuch begonnen werden.

> Bei Beginn eines Entwöhnungsversuchs sollte das Atemminutenvolumen unter 10 l/min liegen, die F_iO_2 sollte möglichst nicht über 0,4 und der PEEP sollte unter ca. 10 cmH_2O sein.

Schrittweise Entwöhnung

Falls es die apparative Ausstattung erlaubt, empfiehlt sich nach einer Langzeitbeatmung z. B. folgender Stufenplan für die Entwöhnung des Patienten:

1. kontrollierte Beatmung
2. Reduktion der F_iO_2 möglichst auf 0,5 oder weniger
3. Verkürzung des Atemzeitverhältnisses [schrittweise von 4:1 auf 1:2 (siehe inversed ratio S. 331)]
4. Förderung der Spontanatmung durch Anpassung der Sedierung und Analgesierung
5. Anstreben einer unterstützten Spontanatmung:
   - kontrollierte/assistierte Beatmung
   - SIMV (langsame Reduktion der maschinellen Hübe, der Patient muß immer mehr Atemarbeit selbst übernehmen; s. S. 336)
   - ASB (langsame Druckreduktion; s. S. 338)
   - Querflöte/CPAP
6. Weitere Reduktion der F_iO_2
7. Extubation, falls $F_iO_2 \leq 0,4$, PEEP/CPAP $\leq 5\, cmH_2O$ und Schutzreflexe vorhanden sind

Konventionelle Entwöhnung

In unkomplizierten Fällen kann oft auch folgendermaßen vorgegangen werden:
Der zunehmend spontanatmende Patient wird vom Respirator abgenommen und soll über die **Querflöte** atmen. Die bei der Querflöte eingestellte inspiratorische Sauerstoffkonzentration sollte ca. 10–20% höher als vorher unter Beatmungsbedin-

gungen sein. Während dieser Spontanatmungsversuche sollte der Oberkörper des Patienten um ca. 20–40° aufgerichtet sein, was die Spontanatmung wesentlich erleichtert. Diese Spontanatmungsversuche sollten anfangs ca. alle 30 Minuten für nur ca. 5 Minuten durchgeführt werden. Die Entwöhnungsphasen können, falls der Patient damit keine Probleme hat, länger und häufiger durchgeführt werden.
Anstatt mit der Querflöte kann auch eine CPAP-Atmung durchgeführt werden. Kann der Patient einige Stunden problemlos über die Querflöte atmen, wird er extubiert.

Überwachung während der Entwöhnung

Während der Entwöhnung muß die Atmung klinisch (s. S. 362) und apparativ (s. S. 363) besonders engmaschig überwacht werden.

Extubation

Der Patient ist über die geplante Extubation aufzuklären. Vor der Extubation ist immer ein sorgfältiges Absaugen des Rachens, gegebenenfalls unter laryngoskopischer Sicht, erforderlich.

> Die **Extubation** sollte nur am ausreichend spontanatmenden Patienten mit zurückgekehrten Schutzreflexen vorgenommen werden.

Vor der Extubation darf der Patient mindestens 6 Stunden keine enterale Ernährung mehr bekommen. Bei der Extubation müssen alle Utensilien für eine eventuelle Reintubation (s. S. 80) griffbereit sein. Bei der Extubation kann es auch zum Erbrechen des Patienten kommen. Die Magensonde sollte vor der Extubation abgeleitet werden. Sind hierbei die Schutzreflexe noch nicht zurückgekehrt, so droht eine Aspiration (s. S. 185).

Überwachung nach der Extubation

Auch nach der erfolgreichen Extubation müssen die Patienten noch einige Tage sorgfältig klinisch und apparativ überwacht werden. Insbesondere ein **Sekretstau** durch ungenügendes Abhusten, ein Eintrocknen der Sekrete, vor allem falls der Patient Sauerstoff über eine Nasensonde appliziert bekommt, oder eine körperliche Erschöpfung sind mögliche Probleme. Auf eine konsequente physikalische Therapie (z. B. Atemgymnastik, Klopf- und Vibrationsmassage), auf IPPB-Training sowie auf eine psychologische Führung des Patienten ist in dieser Phase großen Wert zu legen.

Säure-Basen-Haushalt/ Blutgasanalyse

Allgemeine Bemerkungen

Für den ungestörten Ablauf vieler Funktionen im Organismus (z. B. biochemische Stoffwechselprozesse oder elektrophysiologische Prozesse an erregbaren Membranen usw.) muß eine Reihe von Bedingungen erfüllt sein. Eine dieser Bedingungen ist die Aufrechterhaltung eines möglichst konstanten pH-Wertes (und damit der Wasserstoffionenkonzentration; pH-Wert = negativ dekadischer Logarithmus der H^+-Ionenkonzentration).

Grundlagen

Säure

> Säuren sind Substanzen, die in wäßriger Lösung Wasserstoffionen (H^+) abgeben.

Eine der wichtigsten Säuren des Körpers ist die Kohlensäure (H_2CO_3). Sie bildet sich aus Kohlendioxid (CO_2) und Wasser (H_2O). Die Kohlensäure kann als schwächere Säure Wasserstoffionen abgeben.

H_2CO_3	$\rightarrow$	H^+	+	HCO_3^-
(Kohlensäure)		(Wasserstoffion)		(Bikarbonat)

Basen

Basen sind Substanzen, die in wäßriger Lösung Wasserstoffionen (H^+) aufnehmen.

Eine der wichtigsten Basen im Körper ist das Bikarbonat.

$$HCO_3^- + H^+ \rightarrow H_2CO_3$$

(Bikarbonat)

pH-Wert

Der pH-Wert ist ein Maß für die H^+-Ionenkonzentration (negativ genommener 10er-Logarithmus der H^+-Ionenkonzentration). Der Normalwert für den pH-Wert beträgt:
7,4 ± 0,04 (7,36–7,44).

Der pH-Wert wird durch die fortlaufend im Stoffwechsel entstehenden Säuren und Basen gefährdet. Es droht entweder eine zu hohe Wasserstoffionenkonzentration (**Azidose,** Abfall des pH-Wertes unter 7,36) oder eine zu niedrige Wasserstoffionenkonzentration (**Alkalose,** Anstieg des pH-Wertes über 7,44). Beide Störungen beeinträchtigen gleichermaßen die Funktion der Organe.

Azidose:
pH < 7,36
(hohe H^+-Ionenkonzentration)

Alkalose:
pH ± 7,44
(niedrige H^+-Ionenkonzentration)

Herkunft der Wasserstoffionen

Die meisten Säuren entstehen im Stoffwechsel, ein Teil stammt aus der Nahrung. Aus dem Abbau der Kohlenhydrate gehen große Mengen Kohlendioxid (CO_2) hervor (ca. 20000 mmol/Tag). Unter körperlicher Arbeit kann sogar bis zu zehnmal mehr CO_2 entstehen. Dies führt zu einer Verschiebung des Säure-Basen-Milieus zur sauren Seite.

$$CO_2 + H_2O \rightleftharpoons H_2CO_3 \rightleftharpoons H^+ + HCO_3^-$$

Die Kohlensäure wird als sogenannte **flüchtige Säure** über die Lungen ausgeatmet. Daneben entstehen geringe Mengen an **nicht flüchtigen (fixen) Säuren** (ca. 40–60 mmol H^+ pro Tag). Diese müssen über die Nieren ausgeschieden werden. Zum Teil werden auch mit der Nahrung saure Substanzen, also H^+-Ionen, zugeführt. Ebenso werden bei körperlicher Arbeit in den Muskelzellen saure Stoffwechselprodukte, insbesondere Milchsäure (Laktat), freigesetzt.

Regulation des Säure-Basen-Haushaltes

Der Organismus verfügt über Kompensationsmechanismen, um eventuellen Störungen entgegenzuwirken und den pH-Wert konstant zu halten. Zu diesen Kompensationsmechanismen gehören Puffersysteme, Lungen und Nieren.

Puffersysteme im Intra- und Extrazellularraum

Bei einem Überangebot an Säuren und Basen treten zunächst die Kompensationsvorgänge der Pufferung in Funktion.

> Als **Puffer** werden Substanzgruppen bezeichnet, die saure oder basische Valenzen abfangen, chemisch binden und dadurch stärkere pH-Änderungen verhindern können.
> **Puffersubstanzen** sind Lösungen, deren pH-Wert (Wasserstoffionenkonzentration) sich bei Zugabe einer Säure oder Base nicht wesentlich ändert.
> Puffer bestehen aus dem Gemisch einer schwachen Säure mit einem ihrer Salze oder aus dem Gemisch einer schwachen Base mit einem ihrer Salze.

Werden dem Puffergemisch H^+-Ionen zugeführt, so bindet der Puffer diese Ionen. Werden hingegen Basen hinzugefügt, so setzt der Puffer H^+-Ionen frei. Auf diese Weise bleibt der pH-Wert weitgehend konstant.
Dem Körper stehen mehrere solcher Puffersysteme zur Verfügung:

- Kohlensäure-Bikarbonat-Puffersystem
- Hämoglobin-Puffersystem
- Protein-Puffersystem
- Phosphat-Puffersystem

Die Pufferkapazität des Blutes wird zu gleichen Teilen von den Bikarbonatpuffern und den Nichtbikarbonatpuffern abgedeckt. Der Hämoglobinpuffer hat einen Anteil von 80% an den Nichtbikarbonatpuffern.
Von den Puffersystemen im Plasma ist der Kohlensäure-Bikarbonat-Puffer von großer klinischer Bedeutung, da er sich durch die Laboranalyse leicht erfassen läßt. Er wird überwacht durch die Bestimmung des Standardbikarbonats.

Regulationsorgan Lunge

Der weitaus größte Anteil der Säureausscheidung erfolgt durch Abgabe von flüchtigem CO_2 über die Lungen. Das als Endprodukt des Stoffwechsels in den Zellen reichlich anfallende CO_2 diffundiert ins Blut und wird über die Lunge abgeatmet.

> Ein Anstieg des CO_2-Partialdruckes im Blut beziehungsweise ein pH-Abfall aufgrund der dabei vermehrt gebildeten Kohlensäure stimuliert das Atemzentrum und bewirkt eine Zunahme der Atemfrequenz und Atemtiefe. Dies führt zu einer vermehrten CO_2-Abgabe über die Lunge.

Sinkt die CO_2-Konzentration durch vermehrte Atmung hingegen ab, so steigt der pH-Wert an, die Wasserstoffionenkonzentration nimmt ab. Diese Veränderungen werden anhand der folgenden Gleichung nochmals deutlich:

> $CO_2 + H_2O \rightleftharpoons H_2CO_3 \rightleftharpoons H^+ + HCO_3^-$
> Während Puffersysteme sofort wirken, beginnt der Kompensationsmechanismus über die Lunge erst nach einigen Minuten. Die Regulationsmechanismen der Niere sind komplex. Sie sind erst Stunden bis Tage nach Beginn der Störung voll ausgebildet.

Regulationsorgan Niere

Die Regulationen durch Ausscheidung saurer oder basischer Stoffwechselpro-

dukte durch die Niere kommen erst langsam zur Wirkung. Sie sind deshalb besonders für **chronische Störungen des Säure-Basen-Haushaltes** von Bedeutung. Durch die verschiedensten chemischen und biologischen Austauschvorgänge an der Tubuluszelle kommt es bei einem Überangebot an sauren Substanzen zu einem vermehrten Ausscheiden von H^+-Ionen durch die Nieren. Mit dieser Ausscheidung von H^+-Ionen ist die Niere gleichzeitig in der Lage, die für den Körper notwendigen Basen (insbesondere Bikarbonat) zurückzuhalten.
Über die Nieren können also mehr oder weniger H^+-Ionen ausgeschieden bzw. mehr oder weniger Bikarbonat rückresorbiert werden.

Störungen des Säure-Basen-Haushaltes

Wenn die geschilderten Kompensationsmöglichkeiten nicht mehr ausreichen, um das Angebot an sauren oder basischen Substanzen abzufangen, verschiebt sich das Milieu: Es wird sauer oder alkalisch. Verschiebt sich das Milieu zur sauren Seite, so wird von **Azidose** (pH < 7,36) gesprochen.
Verschiebt sich das Milieu zur basischen Seite (pH > 7,44), so wird von **Alkalose** gesprochen.
Von **dekompensierten Störungen** wird gesprochen, wenn der pH-Wert außerhalb des Normbereiches liegt. Reichen die Kompensationsmöglichkeiten des Organismus noch aus, um einen noch normalen pH-Wert aufrechtzuerhalten, so handelt es sich um **kompensierte Störungen** des Säure-Basen-Haushaltes.
Je nach der zugrundeliegenden Ursache können respiratorische und nichtrespiratorische (= metabolische) Störungen des Säure-Basen-Haushaltes unterschieden werden. Diese Trennung ist wegen der verschiedenen therapeutischen Konsequenzen von Bedeutung. Mögliche Störungen des Säure-Basen-Haushaltes sind:
- Respiratorische Azidose
- Respiratorische Alkalose
- Metabolische Azidose
- Metabolische Alkalose

Respiratorische und metabolische Störungen können auch kombiniert auftreten. Die Differenzierung der verschiedenen Störungen des Säure-Basen-Haushaltes ist am besten anhand einer arteriellen Blutgasanalyse (BGA) möglich.

Normwerte für die **Blutgasanalyse** sind:

Arterielle BGA:
- pH: 7,4
- pCO_2: 40 mmHg = 5,3 kPa
- pO_2: 97 mmHg = 13 kPa
- O_2-Sättigung: 97–99%
- Standardbikarbonat: 21–25 mmol/l
- Basenabweichung (Base Excess): ±3 mmol/l

kPa × 7,5 = mmHg; mmHg/7,5 = kPa

Der pO_2 ist altersabhängig:
- 20 Jahre: 97 mmHg = 13,0 kPa
- 40 Jahre: 92 mmHg = 12,2 kPa
- 60 Jahre: 83 mmHg = 11,3 kPa
- 80 Jahre: 75 mmHg = 10,0 kPa
- 100 Jahre: 66 mmHg = 8,8 kPa
  (vgl. S. 352)

Gemischt-venöse BGA:
- pH: 7,38
- pCO_2: 46 mmHg = 6,1 kPa
- pO_2: 40 mmHg = 5,3 kPa
- O_2-Sättigung: 75%
- Standardbikarbonat: 24–28 mmol/l
- Basenabweichung: Base Excess 0–4 mmol/l

Respiratorische Azidose

Bei der respiratorischen Azidose handelt es sich um einen erhöhten pCO_2-Wert aufgrund einer verminderten CO_2-Abatmung über die Lungen **(Hypoventilation).**

Ursachen:

Die wichtigsten Ursachen der respiratorischen Azidose sind
- Verlegung der Atemwege
- Zentrale Atemdepression
- Lungenerkrankungen
- Verletzungen/Erkrankungen der Thoraxwand
- Neurologische Erkrankungen
- Neuromuskuläre Erkrankungen

Typische BGA-Veränderungen:
pH: < 7,36
pCO_2: > 45 mmHg = 6 kPa

Kompensation:

Chronische respiratorische Störungen versucht der Körper metabolisch zu kompensieren. Hier spielt die Niere die wichtigste Rolle. Sie steigert die H^+-Ionenausscheidung mit dem Urin und fördert die Bikarbonatbildung. Hierdurch wird der pH-Abfall kompensiert, allerdings nicht vollständig.
BGA nach Kompensation:
pH: fast normal
pCO_2: > 45 mmHg = 6 kPa
Standardbikarbonat > 25 mmol/l
(Normbereich 21–25 mmol/l)

Therapie:

Akute respiratorische Azidosen müssen respiratorisch (!) behandelt werden, durch Steigerung der Ventilation, assistierte oder kontrollierte Beatmung.

Respiratorische Alkalose

Respiratorische Alkalose bedeutet einen erniedrigten pCO_2 aufgrund einer gesteigerten CO_2-Ausscheidung der Lunge (**Hyperventilation**).

Ursachen:
- Hyperventilation (psychisch bedingte Hyperventilation), kontrollierte Hyperventilation z. B. bei Patienten mit Schädel-Hirn-Trauma
- Falsche Einstellung des Respirators
- Angst
- Aufregung
- Salizylsäurevergiftung

Typische BGA-Veränderungen:
pH: > 7,44
pCO_2: < 35 mmHg = 4,7 kPa

Kompensationsmechanismus:

Länger anhaltende respiratorische Alkalosen werden metabolisch kompensiert. Die Nieren scheiden vermehrt Bikarbonat mit dem Urin aus.
BGA nach Kompensation:
pH: fast normal
pCO_2: < 35 mmHg = 4,7 kPa
Standardbikarbonat: < 21 mmol/l

Therapie:

Die Behandlung richtet sich nach der zugrundeliegenden Ursache.

Metabolisch bedingte Störungen

Alle nichtrespiratorisch bedingten Abweichungen der Wasserstoffionenkonzentration vom Normalbereich werden als metabolische Störungen bezeichnet.

Es wird zwischen metabolischer **Azidose** und metabolischer **Alkalose** unterschieden.

Zur Beurteilung der metabolischen Parameter sind das Standardbikarbonat und der Basenüberschuß (**B**ase **E**xcess, BE) geeignet.

Standardbikarbonat

Die Bikarbonatkonzentration aufgrund der Gleichung:
$CO_2 + H_2O \rightleftharpoons H_2CO_3 \rightleftharpoons HCO_3^- + H^+$
wird auch von dem CO_2, also dem respiratorischen Parameter beeinflußt.

Um den respiratorischen Einfluß (des pCO_2) auf die Bikarbonatkonzentration auszuschalten, wird das Plasmabikarbonat bei einem definierten pCO_2 von 40 mmHg (5,3 kPa), bei 37 °C und bei Vollsättigung des Hämoglobins gemessen. Es wird dann von Standardbikarbonat gesprochen.

Das Standardbikarbonat ist weitgehend unbeeinflußt vom respiratorischen Parameter pCO_2 und stellt einen reinen metabolischen Parameter dar.

Base Excess (BE)

Ein wesentlich besserer Parameter für nicht respiratorische, also metabolische Störungen des Säure-Basen-Haushaltes ist der Base Excess (BE). Damit wird der gesamte Basenüberschuß oder Basenmangel erfaßt.

Der BE ist diejenige Menge von Säuren oder Basen in mmol/l, die zum Rücktitrieren auf einen ph-Wert von 7,40 bei einem pCO_2 von 40 mmHg (5,3 kPa) und einer Temperatur von 37 °C erforderlich ist. Der BE wird nicht vom pCO_2 beeinflußt.

Ein Überschuß an Basen wird als **positiver BE** bezeichnet, ein Mangel an Basen als **negativer BE** (sprachlich richtig wäre die Bezeichnung negative Basenabweichung).

Metabolische Azidose

Eine metabolische Azidose bedeutet einen Mangel an Bikarbonat und einen negativen BE.

Ursachen:

Anhäufung nicht flüchtiger Säuren durch
- Schock
  [vermehrte Milchsäureproduktion (Laktatbildung) aufgrund von anaerober Glykolyse]
- diabetische Ketoazidose
- Hungerazidose

Verlust von Bikarbonat durch
- Verlust von Pankreassaft
- Durchfälle
- Dünndarmdrainage

Typische BGA-Veränderungen:
pH: < 7,36
Base Excess: < –3 mmol/l
Standardbikarbonat: < 21 mmol/l

Kompensationsmechanismus:

Metabolische Störungen versucht der Körper respiratorisch zu kompensieren. Es wird vermehrt CO_2 über die Lungen ausgeschieden. Eine Vollkompensation gelingt allerdings meist nicht.
BGA nach Kompensation:
pH: fast normal
Standardbikarbonat: < 21 mmol/l
Base Excess: < –3 mmol/l
pCO_2: < 35 mmHg = 4,7 kPa

Therapie:

Metabolische Azidosen müssen grundsätzlich metabolisch kompensiert werden, nicht respiratorisch. Hierzu eignen sich neben einer kausalen Therapie (z. B. Therapie des Schocks) intravenös zugeführte Puffersubstanzen. Die wichtigsten sind Natriumbikarbonat 8,4% (und TRIS-Puffer [THAM] 0,3%).

Berechnung des Bikarbonat-Bedarfs:
BE × 0,3 × kgKG
= ml 8,4%iges Natriumbikarbonat

(Berechnung des Bedarfs an TRIS-Puffer:
BE × kgKG
= ml 0,3 millimolarer TRIS-Puffer)

Normalerweise wird die Hälfte der errechneten Puffersubstanz infundiert, danach eine arterielle Blutgasanalyse durchgeführt. Puffersubstanz der ersten Wahl ist Natriumbikarbonat. Bei einer **Hypernatriämie** ist jedoch Natriumbikarbonat kontraindiziert, weil damit große Mengen Natrium zugeführt werden. Es sollte dann TRIS-Puffer verwendet werden (natriumfrei).
TRIS kann, v. a. bei schneller Infusion, zu einem Abfall des PCO_2 mit einer **Atemdepression** führen. Es ist daher bei Patienten mit einer Ateminsuffizienz abzulehnen. Kontraindiziert ist TRIS-Puffer auch bei einer Oligurie und Anurie.

Metabolische Alkalose

Eine metabolische Alkalose bedeutet einen Überschuß an Bikarbonat und einen positiven Base Excess (+BE).

Ursachen:

Verlust von Wasserstoffionen, z. B. durch
- Verlust von saurem Magensaft (Erbrechen, Magensonde)
- Diuretikagabe. Eine längerdauernde forcierte Diurese führt zu einem renalen Kalium- und Chloridverlust. Der renal bedingte Kaliummangel fördert die H^+-Ausscheidung über die Nieren. Die renale Cl-Ausscheidung führt (um die elektrische Neutralität zu wahren) zu einer vermehrten Rückresorption von HCO_3^-. Folge ist eine metabolische Alkalose.
- Übereifrige Pufferung

Typische BGA-Veränderungen:
pH: > 7,44
Standardbikarbonat: > 25 mmol/l
Base Excess: > + 3 mmol/l

Kompensation:

Der Organismus versucht respiratorisch zu kompensieren. Es wird weniger CO_2 ausgeatmet (Hypoventilation). Eine Vollkompensation wird gewöhnlich nicht erreicht.
BGA nach Kompensation:
pH: fast normal
Standardbikarbonat: > 25
Base Excess: > 3 mmol/l
pCO_2: > 45 mmHg = 6 kPa

Therapie:

Metabolische Alkalosen werden metabolisch korrigiert, nicht respiratorisch. Liegt eine diuretikabedingte Alkalose vor, dann bietet sich die Gabe von KCl und NaCl an, um den auslösenden K^+- und Cl^--Mangel auszugleichen. Erst sehr schwere metabolische Alkalosen (pH-Wert über 7,55) müssen durch die Gabe von verdünnter (0,1 molarer) Salzsäure (HCl) korrigiert werden. Säurebedarf in mmol/l = BE x 0,3 x kgKG. (0,1 molare HCl enthält 100 mmol/l). HCl muß über einen zentralvenösen Zugang verabreicht werden.

Abnahme und Aufbereitung der Blutprobe für eine Blutgasanalyse

Die Blutgasanalyse als invasives Verfahren ist nur punktuell möglich. Punktionsort der Wahl ist die Arteria radialis.

Bei **Kindern** kann stellvertretend arterialisiertes Kapillarblut, z. B. aus der hyperämisierten Fingerbeere, Ferse oder dem Ohrläppchen verwendet werden. Zuverlässige Ergebnisse sind bei einer kapillären BGA nur zu erwarten, wenn das Blut ohne übermäßiges Pressen der Ferse oder des Fingers leicht in die Kapillare eintritt und keine Kreislaufstörung sowie Hypothermie vorliegen.
Wird bei einem **Neugeborenen** eine arterielle BGA abgenommen, so ist die Arteria radialis rechts Punktionsort der Wahl. Aus der rechten Arteria radialis läßt sich Blut aus dem präduktalen Bereich gewinnen, was von Bedeutung ist, falls der Ductus arteriosus (D. Botalli) noch offen sein sollte und ein Rechts-Links-Shunt besteht. Für den Bereich des Kopfes (Gehirn/Auge) ist die präduktale P_aO_2-Spannung von Bedeutung.

Bei der Abnahme einer BGA ist zu beachten, daß ein Schreien des Kindes zu einem schnellen Abfall des PO_2-Wertes führt und eine unter solchen Bedingungen abgenommene Probe mit Vorbehalt zu interpretieren ist.

Anhand einer Blutgasanalyse können die Oxygenierung, die Ventilation und der Säure-Basen-Haushalt überprüft werden.

Für das Neugeborene wird ein P_aO_2 zwischen 60 bis 100 mmHg (8,0–13,3 kPa) empfohlen, für den Erwachsenen ein P_aO_2 knapp über 100 mmHg (s. Tab. 7.2).

Eine zuverlässige Beurteilung der Blutgase pO_2 und pCO_2 ist nur im arteriellen oder arterialisierten Blut möglich. Aus zentral- und gemischt-venösem Blut bestimmte BGAs sind speziellen Fragestellungen vorbehalten (s. S. 179). Metabolische Parameter des Säure-Basen-Haushaltes können dagegen auch im venösen Blut bestimmt werden.

Zur **Abnahme der Blutgasanalyse** wird am besten eine 2-ml-Plastik-(Glas-)-Spritze benutzt. Als Antikoagulans wird Heparin zugesetzt. Es stehen auch spezielle, bereits heparinisierte Spritzen zur Verfügung. Andere Antikoagulanzien verfälschen die Ergebnisse der BGA und sind nicht erlaubt. Der pH-Wert von Heparin ist sauer (7,0). Darum darf nicht zuviel davon in der Spritze sein. Normalerweise wird etwas Heparin in die Spritze aufgezogen und anschließend das gesamte Volumen wieder herausgespritzt. Der im

Tabelle 7.2 P_aO_2-Werte (in Abhängigkeit vom Alter)

Alter	P_aO_2 unter Atmung von Raumluft	
3 bis 5 Stunden	ca. 60 mmHg	8,0 kPa
6 bis 24 Stunden	ca. 68 mmHg	9,1 kPa
25 bis 48 Stunden	ca. 73 mmHg	9,7 kPa
3 bis 4 Tage	ca. 78 mmHg	10,4 kPa
5 bis 10 Tage	ca. 80 mmHg	10,7 kPa
11 bis 40 Tage	ca. 78 mmHg	10,4 kPa
1 bis 10 Monate	ca. 85 mmHg	11,3 kPa
1 bis 8 Jahre	ca. 90 mmHg	12,0 kPa
10 bis 20 Jahre	ca. 96 mmHg	12,8 kPa
40 Jahre	ca. 92 mmHg	12,3 kPa
60 Jahre	ca. 83 mmHg	11,1 kPa
80 Jahre	ca. 75 mmHg	9,5 kPa

Spritzenkonus verbleibende Anteil genügt zur Gerinnungshemmung.
Bevorzugte **Punktionsorte** für die Abnahme einer arteriellen Blutprobe sind:

- Arteria radialis
- Arteria femoralis
- (Ausweichmöglichkeiten: Arteria dorsalis pedis)

Arteria radialis

Die Arteria radialis am Handgelenk ist die sicherste und am leichtesten zugängliche Punktionsstelle. Das Gefäß liegt oberflächlich, größere benachbarte Venen fehlen. Außerdem besteht zumeist ein ausreichender Kollateralkreislauf über die Arteria ulnaris.
Der Arm muß sorgfältig gelagert und im Handgelenk überstreckt werden. Nach mehrmaliger Desinfektion ist beim wachen Patienten möglichst eine Lokalanästhesie vor der Punktion durchzuführen. Zur Punktion eignet sich z.B. eine 22-Gauge-Stahlkanüle.
Nach Abnahme der Blutgasanalyse muß die Luft sofort aus der Spritze entfernt und die Spritze luftdicht verschlossen werden. Die Punktionsstelle ist mehrere Minuten sorgfältig zu komprimieren, damit kein Hämatom auftritt.

Arteria femoralis

Der Punktionsort liegt knapp unterhalb des Leistenbandes. Hier verlaufen von **i**nnen nach außen: die **V**ena femoralis, die **A**rteria femoralis und der **N**ervus femoralis („Eselsbrücke“: IVAN). Die Kanüle wird senkrecht zur Haut eingestochen.
Komplikationen einer arteriellen Punktion können sein:

- Gefäßspasmus
- Intravasale Gerinnselbildung
- Hämatom

Arterialisiertes Kapillarblut

Bei Neugeborenen und Kleinkindern liefert die Analyse von arterialisiertem Kapillarblut ausreichend genaue Werte, wenn die Durchblutung im Punktionsbereich gut ist. Bei Zentralisation ist dieses Verfahren hingegen unzulässig.
Es sollte ein stark kapillarisiertes Gefäßbett wie Ferse, Ohrläppchen, Fingerbeere oder Großzehe für die Punktion gewählt werden. Nach Erwärmung, Hyperämisieren mit Salbe oder kräftigem Reiben der voraussichtlichen Punktionsstelle sollte ein tiefer Einstich in das hyperämisierte Gebiet mit einer Lanzette vorgenommen werden. Das Blut muß frei austreten. Das Gewebe darf nicht stärker gequetscht werden. Nun ist eine heparinisierte Kapillare an den Blutstropfen zu führen. Das Blut muß leicht in die waagrecht gehaltene Kapillare fließen. Es ist darauf zu achten, daß keine Luftblasen in die Kapillare eintreten.

Gemischtvenöse Blutgasanalyse

Eine gemischtvenöse Blutgasanalyse ist nur aus dem Blut der Arteria pulmonalis möglich, denn hier befindet sich ein repräsentatives Mischblut aus dem Gesamtkörper (gemischtes Blut aus Vena cava superior und Vena cava inferior).

Zentralvenöse Blutgasanalyse

Zentralvenöses Blut wird aus einer zentralen Vene, also zumeist aus der Vena cava superior oder dem rechten Vorhof (über einen Kava-Katheter) abgenommen. Das zentralvenöse Blut repräsentiert normalerweise nur das Blut aus der oberen Körperhälfte, nicht das Blut des Gesamtkörpers.

Periphervenöse Blutgasanalyse

Blutgasanalysen aus periphervenösem Blut sind in keiner Weise für die pO_2- und pCO_2-Bestimmung geeignet. Das Ergebnis ist zu stark abhängig von der lokalen Perfusion.

Aufbewahrung beziehungsweise Verarbeitung der Probe

Das entnommene Blut stellt nach wie vor ein lebendes Gewebe dar, das Sauerstoff verbraucht und CO_2 produziert.

Nach der Entnahme sollte das Blut sofort analysiert werden. Ist dies nicht möglich, so muß die Stoffwechselaktivität des entnommenen Blutes durch Lagerung bei 4 °C gesenkt werden. Bei dieser Temperatur kann das Blut ohne wesentliche Veränderungen ca. eine bis zwei Stunden aufbewahrt werden. Es ist darauf zu achten, daß keine Luftblasen in der Spritze sind. Viele kleine Luftblasen sind ungünstiger als eine größere Luftblase (größere Oberfläche).

Temperaturkontrolle

Die meisten Blutgasanalysatoren liefern Werte für eine normale Körpertemperatur von 37 °C. Bei Unterkühlung oder Fieber sollte die aktuelle Körpertemperatur dem Labor mitgeteilt werden beziehungsweise am Blutgasanalysengerät eingestellt werden. Zum Teil wird allerdings keine Temperaturkorrektur vorgenommen.

Künstliche Ernährung

Da Intensivpatienten zumeist sediert oder komatös sind, können sie sich nicht selbst ernähren. Es muß entweder eine **parenterale Ernährung** (intravenöse Ernährung unter Umgehung des Gastrointestinaltraktes) oder eine totale **enterale Ernährung** (über den Gastrointestinaltrakt) durchgeführt werden. Die totale parenterale Ernährung sollte sobald als möglich verlassen und zumindest zusätzlich eine enterale Ernährung, also eine **enterale/parenterale Ernährung** durchgeführt werden. Anzustreben ist – sobald eine ausreichende Darmfunktion vorhanden ist – die reine enterale Ernährung.
Das Gleichgewicht zwischen aufbauenden (anabolen) und abbauenden (katabolen) Stoffwechselprozessen ist z.B. nach schweren Verletzungen und großen Operationen zugunsten einer katabolen Stoffwechsellage verschoben. Es wird von einem sogenannten **Postaggressionssyndrom** gesprochen. Ursache ist unter anderem eine erhöhte Konzentration an Katecholaminen (z.B. Adrenalin). Aufgrund des hierbei gesteigerten Metabolismus (Hypermetabolismus) ist vor allem ein **vermehrter Eiweißabbau** zu befürchten. Eiweiße werden abgebaut und (neben Kohlenhydraten und Fetten) als Energielieferanten verbrannt. Da beim Abbau von Aminosäuren Harnstoff anfällt, ist im Katabolismus die Harnstoffkonzentration im Blut erhöht (Normalwert: 2,5–6,7 mmol/l bzw. 15–40 mg/dl).

Wichtiges Ziel der künstlichen Ernährung ist, das Ausmaß der Katabolie im Postaggressionsstoffwechsel zu minimieren. Ein erhöhter Eiweißabbau könnte zu verzögerter Wundheilung und verminderter Infektabwehr aufgrund eines Mangels an Immunglobulinen führen.

Bei der künstlichen Ernährung müssen die notwendigen Bausteine Kohlenhydrate, Fette, Eiweiße, Wasser, Elektrolyte, Vitamine und Spurenelemente verabreicht werden. Die einzelnen Bausteine müssen in adäquater Menge verabreicht werden (vgl. Tab. 7.3).

Der Energiebedarf beim Intensivpatienten liegt in der Größenordnung von 30–40 kcal/kgKG/Tag.
Der Energiebedarf des Menschen in Ruhe beträgt ca. 25 kcal/kgKG pro Tag. Je nach Aktivität, Streßsituation oder Fieber liegt der tatsächliche Energiebedarf mehr oder weniger über dem Ruheenergieumsatz von 25 kcal/kgKG/Tag. Bei geringer Aktivität bzw. geringer Streßsituation beträgt der Energiebedarf 1,2 x Ruheenergieumsatz. Bei mittlerer bzw. starker Streßsituation ist der 1,4- bzw. 1,6fache Ruheenergieumsatz notwendig. Außerdem steigt der Energiebedarf pro Grad Fieber um ca. 10% des Ruheenergiebedarfs an.

Enterale Ernährung

Die enterale Ernährung ist nicht nur physiologischer als die parenterale Ernährung, sie ist auch komplikationsärmer, billiger und einfacher. Initial ist ggf. eine enterale Ernährung über eine Magen- oder Duodenalsonde notwendig. Hierfür hat sich die Verwendung industriell hergestellter Sondennahrung bewährt. Den industriell hergestellten Sondennahrungen müssen meist noch Vitamine und Elektrolyte zugesetzt werden, da deren Gehalt unzureichend ist.
Über die Magensonde sollten als Einzelportionen 30 bis maximal 300 ml verabreicht werden. Zuvor ist jeweils das Magensekret abzusaugen.

Der Restmageninhalt ist ein Parameter für die Magen-Darm-Aktivität (falls vor Gabe der nächsten enteralen Portion beim Erwachsenen mehr als ca. 100 ml aus dem Magen abgesaugt werden können, dann sollte keine neue Sondenkost verabreicht werden).

Tabelle 7.3 Beispiel für einen Infusionsplan zur totalen parenteralen Ernährung bei einem 70 kg schweren Patienten

Zeit	Infusionslösung	ml	K^+ [mmol]	Na^+ [mmol]	Cl^- [mmol]	Zusätze	kcal
5^{00}–17^{00}	Glukose 50%	450	35	40	35	+40 ml Inzolen +20 ml Natrium-Glycerophosphat	900
17^{00}–5^{00}	Glukose 50%	450	35	40	35	+ 5 ml Mapnorbin 20% +10 ml Kalziumglukonicum 10%	900
5^{00}–17^{00}	ASL 10%	350					
17^{00}–5^{00}	ASL 10%	350					
5^{00}–17^{00}	Lipofundin 20%	250				+ 5 ml Vitalipid adult (5 kcal)	450
17^{00}–5^{00}	Lipofundin 20%	250				+ 5 ml Vitalipid adult (5 kcal)	450

Bei Duodenalsonden sollten maximal 80 ml pro Portion verabreicht werden. Wenn möglich, ist eine kontinuierliche Gabe mittels Pumpe (z. B. Flexiflo, Fa. Abboth) durchzuführen. Nach der Verabreichung eines Nahrungsbolus sollte die Sonde mit etwas Tee klargespült werden.
Komplikationen der Sondenernährung können „stille" Aspiration, Durchfall und Sondenfehllage (z. B. im Tracheobronchialsystem) sein.

Totale parenterale Ernährung

Ist wegen unzureichender Magen-Darm-Funktion eine totale parenterale Ernährung notwendig, so müssen die Bausteine der Ernährung, also

- Kohlenhydrate,
- Fette,
- Eiweiße (in Form von Aminosäurelösungen),
- Flüssigkeit,
- Elektrolyte,
- Vitamine und
- Spurenelemente

in einem ausgewogenen Verhältnis und einer bedarfsadaptierten Menge verabreicht werden. Mit der totalen parenteralen Ernährung sollte 1–2 Tage nach der Operation bzw. dem Trauma begonnen werden. Bei schwerstkranken Patienten und nach großen Operationen muß zumeist eine vorübergehende totale parenterale Ernährung durchgeführt werden bis sich die Darmfunktion wieder zu normalisieren beginnt.
Um stärkere Schwankungen in der Infusionsgeschwindigkeit parenteraler Ernährungslösungen zu verhindern, sind diese über eine Infusionspumpe zu verabreichen.

> Eine parenterale Ernährung macht eine 2- bis 6stündige Kontrolle des Blutzuckers und Urinzuckers sowie eine 6- bis 12stündige Kontrolle der Elektrolyte sowie eine einmalige Kontrolle pro Tag von Harnstoff/Kreatinin notwendig.

Kohlenhydrate

50–70% der benötigten Energie sollten in Form von Kohlenhydraten verabreicht werden. Kohlenhydrate werden normalerweise in Form von Glukose zugeführt. (Glukoseaustauschstoffe wie Fruktose, Xylit und Sorbit werden nur noch sehr selten eingesetzt). Der Glukosebedarf liegt normalerweise bei ca. 4–6 g/kgKG/Tag. Die Anfangsdosis wird mit 1,5–2,0 g/kgKG/Tag angegeben. Die Dosis kann um 1 g/kgKG/Tag bis zu einer Maximaldosis von 6(–10)g/kgKG/Tag gesteigert werden.

> 1 g Kohlenhydrate liefert 4,0 kcal = 17 kJ.

Glukose wird meist in Form hochprozentiger (bis 70%iger) Glukoselösungen verabreicht. Da höherprozentige Glukoselösungen (> 10%) deutlich hyperton sind (Glukose 70%: 3500 mOsmol; Glukose 10%: 500 mOsmol), dürfen sie nur über einen zentralen Venenkatheter verabreicht werden (s. S 165). Glukose wird (zusammen mit Kalium) in die Zellen aufgenommen. Hierfür ist Insulin notwendig. Besteht ein Insulinmangel (Diabetes mellitus) oder ist die Wirkung von Insulin vermindert (Insulinresistenz), was im Rahmen des Postaggressionsstoffwechsels häufiger der Fall ist, dann wird weniger Glukose in die Zellen aufgenommen. Es droht ein Anstieg der Blutzuckerkonzentration (eine Hyperglykämie). Bei Gabe von Glukoselösungen ist die Blutzuckerkonzentration regelmäßig zu bestimmen.

Insbesondere bei Beginn einer totalen parenteralen Ernährung kann eine Glukoseverwertungsstörung mit Hyperglykämie auftreten, so daß anfangs meist eine reduzierte Glukosezufuhr sinnvoll ist. Bei Anstieg der Blutzuckerkonzentration über ca. 200 mg/dl und bei Auftreten einer Glukosurie ist die Glukosezufuhr zu reduzieren. Intravenöse Altinsulingaben sollten möglichst vermieden werden, da Insulin die Fettfreisetzung aus körpereigenen Reserven behindert. Bleibt die Blutzuckerkonzentration trotz Reduktion der Glukosezufuhr über 250 mg/dl dann kann Altinsulin (bis 4 IE/h) zugeführt werden. Eine übermäßige Glukosezufuhr kann zu einer Leberverfettung führen, da überschüssige Glukose zu Fettsäuren umgewandelt wird. Bei einer vermehrten Glukoseaufnahme in die Zellen wird auch vermehrt Kalium und Phosphat in die Zellen aufgenommen, so daß es öfters zu einem Kalium- und Phosphatmangel kommen kann (Normalwert für Phosphat: 0,8–1,6 mmol/l).

Fette

Normalerweise werden ca. 1–1,5–(2) g/kgKG/Tag oder 30–50% des gesamten Kalorienbedarfs in Form von 10- oder 20%igen Fettlösungen verabreicht (z.B. Lipofundin). Inzwischen werden Fettemulsionen der zweiten Generation empfohlen, die ein Gemisch aus mittelkettigen und langkettigen Triglyceriden darstellen (Lipofundin MCT). Am zweiten postoperativen Tag werden meist nur 0,5 g/kgKG/d verabreicht. Die Dosis sollte höchstens um 0,25–0,5 g/kgKG jeden Tag bis zu einer Maximaldosis von 1,5–(2) g/kgKG/Tag gesteigert werden. Fette weisen einen sehr hohen Energiewert auf.

1 g Fett liefert 9,0 kcal = ca. 38 kJ.

Fette sind aufgrund ihrer Wasserunlöslichkeit nicht osmotisch aktiv (ca. 260 mOsmol), führen zu keiner Venenreizung und könnten auch über eine dünne periphere Vene verabreicht werden. Fettemulsionen sollten möglichst nicht mit Glukose- oder Aminosäurelösungen über einen gemeinsamen Zugang verabreicht werden. Bei einer ungenügenden Verstoffwechselung der zugeführten Fettlösungen droht eine Hyperlipidämie mit Anstieg des Triglyceridwertes (Normalwert: 0,4–2,3 mmol/L). Bevor die Fettzufuhr gesteigert wird, sollte die Triglyceridkonzentration kontrolliert werden. Kontraindikationen für eine Fettzufuhr sind Hypertriglyceridämie (> 300 mg/dl bzw. 3,1 mmol/l).

Täglich sollten fettlösliche Vitamine (Vitalipid) verabreicht werden (vgl. Tab. 7.3).

Eiweiße (Aminosäuren)

Eiweiße haben zwar einen Brennwert von 4,0 kcal/g (= ca. 17 kJ), sollten jedoch nicht mit dem Ziel verabreicht werden, als Energieträger zu dienen. Sie sind für den Baustoffwechsel gedacht.

Tabelle 7.4 Basisbedarf pro Tag

H_2O:	30	ml/kgKG
kcal:	30	/kgKG
Aminosäure:	1–2	g/kgKG
Na^+:	1,0–1,5	mmol/kgKG
K^+:	1,0–1,5	mmol/kgKG
Cl^-:	1,0–2,0	mmol/kgKG
Ca^{++}:	0,1	mmol/kgKG
PO_4^{3-}	0,2	mmol/kgKG
Mg^{++}:	0,15	mmol/kgKG
Verteilung der Kalorienträger:		
Glukose:	4–6	g/kgKG
Fett:	1–2	g/kgKG

Eiweiße sollten daher immer zusammen mit Energieträgern in Form von Kohlenhydraten und/oder Fettinfusionen verabreicht werden. Eiweiße werden im Rahmen der parenteralen Ernährung in Form von (meist 10%igen) Aminosäurelösungen in einer Dosierung von 1–2 g/kgKG/Tag verabreicht, um einen Abbau körpereigener Eiweiße (katabole Stoffwechselsituation) zu vermeiden (Aminosäurelösung, z.B. ASL 10%). Die Anfangsdosis beträgt 0,5–1,0 g/kgKG/Tag. Die Dosis kann um bis zu 0,5 g/kgKG/Tag bis 2,0 g/kgKG/Tag gesteigert werden. Aminosäurelösungen sind hyperosmolar und sind daher über einen zentralen Venenkatheter zu verabreichen. Bei Vorliegen einer Niereninsuffizienz oder schwerer Leberschädigung werden zum Teil modifizierte Aminosäurelösungen verwendet (z.B. Aminosteril N-Hepa 8%).

Flüssigkeit, Elektrolyte, Vitamine und Spurenelemente

Der Flüssigkeitsbedarf beträgt 30(–40) ml/kgKG/Tag. Damit wird beispielsweise auch die Perspiratio (Flüssigkeitsverlust über Haut und Atmung) ersetzt. Die Perspiratio wird mit 10–12 ml/kgKG/Tag und pro Grad Fieber (> 37,5 °C) mit zusätzlich 2 ml/kgKG/Tag angenommen. Bei intubierten Patienten mit Anfeuchtung des Inspirationsgemisches wird die Perspiratio lediglich mit 50% veranschlagt.

Der Natriumbedarf beträgt 1,0–1,5 mmol/kgKG/Tag, der Kaliumbedarf 1,0–1,5 mmol/kgKG/Tag und der Chloridbedarf 1–2 mmol/kgKG/Tag (vgl. Tab. 7.4). Auch Phosphat (Natriumglycerophosphat); 20 ml enthalten 20 mmol Phosphat und 40 mmol Natrium; eventuell Gabe von Kalium-Phosphat; 30 ml enthalten 18 mmol Phosphat und 30 mmol Kalium), Kalzium (Kalziumglukonat; z.B. 10–20 ml Kalziumglukonat 20%; 10 ml enthalten 4,5 mmol) oder Kalziumchlorid 10% (10 ml Kalziumchlorid 7,35% enthalten 5 mmol Kalzium) und Magnesium (Magnorbin 20%, 20 ml enthalten 10 mmol Magnesium) sind zu ersetzen (vgl. Tab. 7.4). Der Vitaminbedarf kann mit Multivitaminpräparaten gedeckt werden. Wasserlösliche Vitamine (z.B. 1 Ampulle Polybion [2 ml] pro Tag = Vitamin-B-Komplex) sollten bereits ab dem ersten Tag verabreicht werden. Zusätzlich 100 mg Vitamin C pro Tag und zweimal pro Woche 2 mg Folsäure (1 Ampulle = 2 ml Folsan). Alternativ kann auch ein Kombinationspräparat, z.B. Soluvit verabreicht werden, das alle wasserlöslichen Vitamine enthält; täglich 1 Ampulle (lichtempfindliches Medikament). Fettlösliche Vitamine (Vitamine A, K, D, E; z.B. 1 Ampulle Vitalipid adult bzw. infantibus = 10 ml pro Tag) sollten ab dem 3.–5. Tag verabreicht werden, der Bedarf an Spurenelementen (z.B. Eisen, Zink, Kupfer, Chrom, Fluor, Jod, Kobalt, Mangan) kann mit z.B. Inzolen (0,5 [-1,0] ml/kgKG/Tag) oder Addel N (1 Ampulle = 10 ml pro Tag; nur für Erwachsene) gedeckt werden. Elektrolyte, Vitaminlösungen und Spurenelemente können den Glukoselösungen zugesetzt werden. Fettlösliche Vitamine (z.B. Vitalipid adult oder infantibus) sind den Fettlösungen zuzusetzen. Zu beachten ist allerdings, daß Inzolen bzw. Addel N nicht in magnesium- oder kaliumphosphathaltige Infusionslösungen zugesetzt werden darf. Ansonsten kommt es zu Ausfällungen oder Verfärbungen. Kaliumphosphat bzw. Natriumglycerophosphat darf kalzium- und magnesiumhaltigen Lösungen nicht zugesetzt werden.

Überwachung des Intensivpatienten

Allgemeine Bemerkungen

Beim Intensivpatienten werden sämtliche relevanten Organsysteme, vor allem Herz-Kreislauf-Funktion, Atmung, Säure-Basen-Haushalt, Wasser-Elektrolyt-Haushalt und Blutgerinnung klinisch, apparativ und gegebenenfalls laborchemisch überwacht.

Je stärker eine Organfunktion beeinträchtigt ist, desto intensiver und engmaschiger muß die Überwachung sein.

Neben der kontinuierlichen klinischen Überwachung, die von Pflege- und Ärztepersonal vorzunehmen ist, muß mindestens dreimal pro Tag vom Arzt eine ausführliche körperliche Untersuchung vorgenommen werden. Die apparative Überwachung von Organfunktionen wird als **Monitoring** bezeichnet.

Überwachung der Herz-Kreislauf-Funktion

Da bei Intensivpatienten häufig eine Beeinträchtigung des Herzens (z.B. Herzinsuffizienz) und der Kreislaufsituation (Sepsis oder starke Blutung) vorliegt, ist die Überwachung der Herz-Kreislauf-Funktion von größter Wichtigkeit. Neben der klinischen Überwachung (Hautfarbe, Kapillardurchblutung, Rekapillisierungszeit) ist insbesondere die apparative Überwachung von EKG, arteriellem Blutdruck und zentralem Venendruck (ggf. pulmonalarteriellem Druck und pulmonalkapillärem Verschlußdruck) wichtig.

Überwachung des EKG

Bei jedem Intensivpatienten wird routinemäßig eine EKG-Überwachung durchgeführt. Erkannt werden können damit:

- Die Herzfrequenz (Tachykardie? Bradykardie?)
- Der Herzrhythmus (supraventrikuläre, ventrikuläre Extrasystolen? Vorhofflimmern bzw. -flattern?)
- Eine verminderte Koronardurchblutung (Myokardischämie? ST-Streckensenkung?)
- Ein akuter Herzinfarkt (ST-Streckenhebung?)
- Ein Kammerflattern
- Ein Kammerflimmern
- Eine Asystolie

Bei der **EKG-Ableitung** werden die während der Depolarisation und Repolarisation der Herzmuskulatur auftretenden Ströme über Hautelektroden gemessen. In Abbildung 7.7 B ist eine normale EKG-Ableitung dargestellt. Die positive P-Zacke repräsentiert die elektrische Erregung der Vorhöfe. Die positive R-Zacke entspricht der Erregung der Ventrikel. Während der ST-Strecke bleiben die Ventrikel depolarisiert, und die positive T-Zacke entspricht der Repolarisierung der Ventrikel. Vor der R-Zacke befindet sich die kleine negative Q-Zacke, die bei Vorliegen eines alten Herzinfarktes zumeist vergrößert ist. Nach der R-Zacke tritt die kleine negative S-Zacke auf. Q-, R- und S-Zacken werden zusammen als **QRS-Komplex** bezeichnet. Die Bezeichnung dieser Zacken stellt eine willkürlich entnommene Reihe aus dem Alphabet (P, Q, R, S, T, U) dar (Abb. 7.7 A).

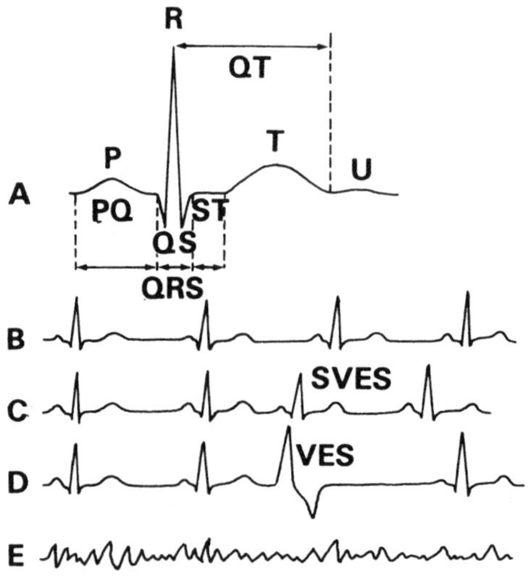

Abb. 7.7 Darstellung einer normalen EKG-Kurve. A = Nomenklatur der EKG-Kurve, B = normale EKG-Ableitung, C = supraventrikuläre Extrasystole (SVES), D = ventrikuläre Extrasystole (VES), E = Kammerflimmern.

Häufige Veränderungen des Herzrhythmus

Sinustachykardie

EKG-Kurve mit **erhöhter Frequenz** über 100 Schlägen pro Minute. **Ursächlich** kommen

- Fieber,
- Schmerz,
- Streß,
- Atropingabe oder beispielsweise
- Adrenalingabe (Suprarenin)

in Frage.

Sinusbradykardie

EKG-Kurve mit **erniedrigter Frequenz** unter 60 Schlägen pro Minute. Mögliche **Ursachen** können

- vagale Reizung,
- Digitalisintoxikation, Überdosierung von Beta-Blockern
- Überdosierung von Noradrenalin (Arterenol) (die zu einem extremen Blutdruckanstieg mit reflektorischer Bradykardie führt, s. S. 276),
- Cushing-Reflex (starke Steigerung des intrakraniellen Drucks mit Blutdruckanstieg und reflektorischer Bradykardie, s. S. 244),
- Herzinfarkt

oder ähnliches sein.

Die **Behandlung** besteht nach Möglichkeit in einer kausalen Therapie der zugrundeliegenden Ursache z.B. Unterbrechung eines vagalen Reizes (z.B. operativer Zug an den äußeren Augenmuskeln mit Auslösung eines okulokardialen Reflexes; s. S. 260). Ist dies nicht möglich, so muß – falls die Herz-Kreislauf-Funktion beeinträchtigt ist – eine symptomatische Behandlung (Atropin, Orciprenalin, Schrittmacheranlage, Isoptingabe, Beta-Blockergabe o.ä.) durchgeführt werden.

Extrasystolen

Bei einer Extrasystole handelt es sich um eine verfrüht auftretende elektrische Erregung des Herzens. Je nachdem, von welcher Stelle der Herzmuskulatur der elektrische Reiz ausgeht, wird von einer **supraventrikulären** oder **ventrikulären Extrasystole** gesprochen.

Eine **supraventrikuläre Extrasystole** hat ihren Ursprung im Bereich der Vorhöfe (oder des AV-Knotens), das heißt in der Nähe des Sinusknotens. Der QRS-Komplex ist bei einer supraventrikulären Extrasystole daher gleich konfiguriert wie bei einer normalen Sinuserregung. Normalerweise sind lediglich die P-Zacke beziehungsweise der Abstand zwischen P- und Q-Zacke verändert (vgl. Abb. 7.7C). Eine **ventrikuläre Extrasystole** nimmt ihren Ursprung im Bereich der Ventrikel.

Der QRS-Komplex ist typischerweise extrem verformt (vgl. Abb. 7.7D). Nach einer ventrikulären Extrasystole tritt der nächste QRS-Komplex etwas verzögert auf (**kompensatorische Pause**). Wechseln ventrikuläre Extrasystolen mit jeweils einem normalen QRS-Komplex, so wird von einem **Bigeminus** gesprochen. Sind die ventrikulären Extrasystolen unterschiedlich deformiert, so bedeutet dies, daß sie von unterschiedlichen Arealen im Bereich der Ventrikel entspringen (**multifokale Extrasystolen**). Lediglich gehäufte Extrasystolen sind therapiebedürftig. Hierfür kann z. B. Lidocain verwendet werden. Nach einem initialen Bolus (1 mg/kgKG) muß aufgrund der kurzen Wirkdauer des Medikamentes in der Regel eine kontinuierliche Infusion durchgeführt werden. In letzter Zeit kommt zur Behandlung ventrikulärer Herzrhythmusstörungen auch vermehrt Ajmalin (Gilurytmal) zum Einsatz.

Kammerflimmern

Die EKG-Grundlinie sieht wellenförmig und verzittert aus, es sind keine QRS-Komplexe zu erkennen (vgl. Abb. 7.7E). Das Herz steht funktionell still, innerhalb weniger Sekunden tritt eine Bewußtlosigkeit auf. Der Patient ist pulslos.

Die **Behandlung** besteht in einer sofortigen Defibrillation beziehungsweise mechanischen und medikamentösen Reanimation.

Moderne **EKG-Geräte** verfügen über die Möglichkeit, den auf dem Monitor angezeigten EKG-Streifen „einzufrieren" oder eventuell auszudrucken, um so akute Veränderungen zu dokumentieren. Inzwischen werden zumeist **Multifunktionsgeräte** eingesetzt, mit denen nicht nur das EKG, sondern beispielsweise auch arterieller Blutdruck, Körpertemperatur, arterielle Sauerstoffsättigung, endexspiratorische CO_2-Kurve (Kapnogramm) und andere Parameter zumeist als Kurve und als digitaler Wert angezeigt werden (vgl. Abb. 7.8). Sämtliche Alarme des Monitors müssen sinnvoll eingeschaltet sein!

Überwachung des arteriellen Blutdrucks

Bei schwerkranken Patienten reicht die auskultatorische Messung des arteriellen Blutdrucks nach **R**iva-**R**occi (RR) nicht aus. Normalerweise wird bei Intensivpatienten eine kontinuierliche blutig-arterielle Druckmessung vorgenommen (vgl. S. 169). Um ein Verstopfen des intraarteriellen Katheters zu verhindern, wird bei Intensivpatienten stets eine kontinuierliche Druckspülung des arteriellen Zugangs durchgeführt (s. S. 172).

Die Aussagekraft des arteriellen Blutdrucks ist jedoch beschränkt. Entschei-

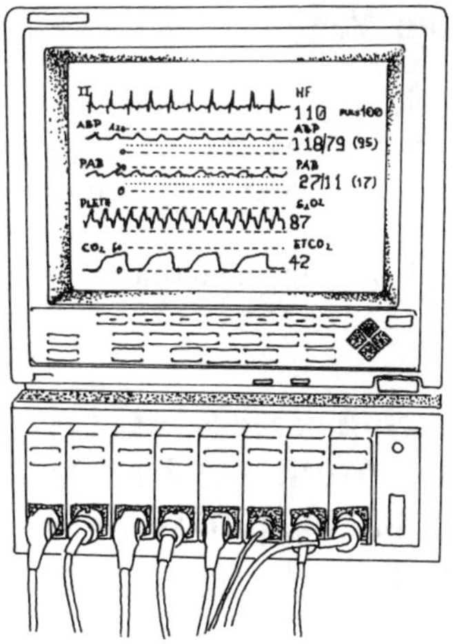

Abb. 7.8 Modernes Multifunktionsgerät zur Überwachung von Intensivpatienten. Darstellung von Herzfrequenz, arteriellem Blutdruck, pulmonalarteriellem Druck, arterieller Sauerstoffsättigung und endexspiratorischem CO_2.

dender Parameter ist der Blutfluß zu den Organen.

Es ist beispielsweise denkbar, daß der Blutdruck weitgehend normal ist, obwohl der Blutfluß (das Herzzeitvolumen) deutlich erniedrigt ist, da ein sehr hoher totaler peripherer Gefäßwiderstand (bei einem Volumenmangel mit peripherer Vasokonstriktion) vorliegt. In diesem Falle wäre die Organdurchblutung eventuell trotz scheinbar normalem Blutdruck unzureichend.

Es gilt die Beziehung:
MAP = HMV × TPR
MAP = mittlerer arterieller Druck, **M**ean **A**rterial **P**ressure;
HMV = **H**erz**m**inuten**v**olumen;
TPR = totaler peripherer Widerstand, **T**otal **P**eripheral **R**esistance.

Überwachung/Messung des zentralen Venendrucks

Die Plazierung eines Kavakatheters (s. S. 165) sowie Messung des zentralen Venendrucks und Interpretation der erhobenen Werte (s. S. 180) sind in den entsprechenden Kapiteln nachzulesen.

Überwachung/Messung des pulmonalarteriellen Drucks und des pulmonalkapillären Verschlußdrucks

Die Plazierung eines Pulmonalarterienkatheters (s. S. 175) sowie die Interpretation der damit gewonnenen Werte (s. S. 179) werden in den entsprechenden Kapiteln beschrieben.

Überwachung der Atmung/ Beatmung

Klinische Überwachung der Atmung

Inspektion

Mittels Inspektion können die **Atembewegungen** beurteilt werden. Sind Atembewegungen überhaupt vorhanden oder wird der Patient im Moment gar nicht beatmet, z.B. aufgrund eines apparativen Fehlers? Falls die Atembewegungen vorhanden sind:

- Sind sie normal, oder schleppt eine Seite des Thorax beim spontanatmenden Patienten nach?
  Ursache könnten Schmerzen aufgrund von Rippenfrakturen, einer Pleuritis oder einer einseitigen Pneumonie sein.
- Hat der spontanatmende Patient eine **paradoxe Atmung**?
  Während sich der Thorax hebt, senkt sich hierbei der Bauch und umgekehrt. Grund ist meist eine Rippenserienfraktur oder eine partielle Verlegung der oberen Luftwege, z.B. durch die beim bewußtlosen Patienten zurückgefallene Zunge.
- Wie ist die Oxygenierung des Patienten?
  Insbesondere am Nagelbett ist eine **Zyanose** frühzeitig zu erkennen. Mindestens eine Hand des Patienten sollte daher stets aufgedeckt liegen. Ist eine Zyanose erkennbar, so handelt es sich allerdings bereits um eine ausgeprägte Hypoxämie. Eine Zyanose ist normalerweise erst bei einer arteriellen Sättigung von ca. 80% zu erkennen, das entspricht beim Erwachsenen einem P_aO_2 von ca. 50 mmHg (6,6 kPa).

Palpation (= Tastuntersuchung)

Durch Auflegen der flachen Hände auf jeweils eine Thoraxflanke kann die Seitengleichheit der Atembewegungen abgeschätzt werden. Bei einem **Hautemphysem** kann ein typisches Schneeballknirschen getastet werden. Ursache kann ein Bronchialeinriß sein. Stets muß dann ein Pneumothorax ausgeschlossen werden.

Perkussion (= Untersuchung durch Beklopfen der Körperoberfläche)

Bei der Perkussion können vor allem Seitendifferenzen zwischen rechter und linker Lunge erkannt werden. Ein einseitiger dumpfer Klopfschall (wie beim Perkutieren der Oberschenkel = **Schenkelschall**) spricht für einen Erguß, einen Hämatothorax oder eine schwere Pneumonie. Ein hypersonorer Klopfschall (wie beim Beklopfen einer leeren Schachtel = **Schachtelschall**) spricht für einen Pneumothorax.

Auskultation (= Abhorchen)

Über der normalen Lunge ist ein sogenanntes **Vesikuläratmen** zu hören, das als Entfaltungsknistern der Alveolen zu interpretieren ist. Bei krankhaften Prozessen sind häufig sogenannte **R**assel**g**eräusche (meist nur als **RG** bezeichnet), zu auskultieren.

Trockene RG werden auch als Giemen und Brummen bezeichnet. Sie entstehen durch zähes Sekret in den großen Luftwegen und sind z.B. typisch für eine Bronchitis oder für den intubierten Patienten, der wieder endobronchial abgesaugt werden muß.

Feuchte Rasselgeräusche sind wesentlich schwieriger zu auskultieren und hören sich an, als wenn mit einem Strohhalm in ein volles Wasserglas geblasen wird. Feuchte RG entstehen, wenn die kleinen Luftwege mit Flüssigkeit gefüllt sind und die Luft hindurchgeblasen wird.

Befindet sich Flüssigkeit in den Alveolen, so entstehen kleine Luftblasen, es wird dann von **feinblasigen RG gesprochen.** Sie sind typisch für ein Lungenödem oder eine Pneumonie.

Mittelblasige RG entstehen in den kleineren, **grobblasige RG** in den größeren Bronchien.

Ein anderes wichtiges Krankheitsmerkmal sind abgeschwächte oder fehlende Atemgeräusche. Sie sprechen für einen Erguß oder einen Hämatothorax. Häufig läßt sich ein **abgeschwächtes Atemgeräusch** beim sitzenden Patienten nur über den unteren Lungenpartien, beim liegenden Patienten nur an der Flanke und vor allem auf dem Rücken feststellen. Die Flüssigkeit, die für die Dämpfung meist verantwortlich ist, folgt den Gesetzen der Schwerkraft.

Eine weitere Ursache für ein abgeschwächtes Atemgeräusch kann eine Atelektase sein.

Apparative Überwachung der Atmung

Atemfrequenzmonitor

Der elektrische Widerstand zwischen den auf dem Thorax aufgeklebten EKG-Elektroden ändert sich während In- und Exspiration. Diese Tatsache kann zur Messung der Atemexkursionen genutzt werden (**Impedanzpneumographie**). Verschiedene EKG-Geräte sind hierzu in der Lage und zeigen auf dem Monitor neben dem EKG die Atemexkursionen und die Atemfrequenz an.

Manometrie

Der Beatmungsdruck ist ein guter Parameter, um Veränderungen der Lungencompliance und -resistance (s. S. 321) und um Diskonnektionen zu erkennen.

O_2-Konzentration

Respiratoren verfügen über einen Sauerstoffmixer, an dem die inspiratorische Sauerstoffkonzentration stufenlos eingestellt werden kann.

Volumetrie

An den meisten Respiratoren kann das eingestellte Atemhubvolumen und die AF, oft auch das AMV direkt abgelesen werden. Zur exakten Ventilationsüberwachung sind jedoch die endexspiratorische CO_2-Messung (s. u.) und die Blutgasanalyse (s. S. 345) notwendig.

Alarmeinstellungen

Stets müssen alle am Respirator verfügbaren Alarmeinstellungen sinnvoll eingeschaltet sein. Die wichtigsten sind Unter- und Obergrenze für AMV, F_iO_2 und Beatmungsdruck.

Die Untergrenze für den Beatmungsdruck muß so eingestellt werden, daß sie während der Inspiration überschritten und während der Exspiration unterschritten wird. Diese Alarmgrenze ist der entscheidende Diskonnektionsalarm!

Endexspiratorische CO_2-Messung

Die endexspiratorische CO_2-Messung (Kapnometrie) ist neben der punktuellen Blutgasanalyse die zuverlässigste Möglichkeit zur Ventilationskontrolle. Sie ermöglicht eine kontinuierliche, nichtinvasive Überwachung der Ventilation. Ein physiologisches Ventilations-/Perfusions-Verhältnis vorausgesetzt, beträgt die Differenz zwischen P_aCO_2 und dem endexspiratorisch gemessenen CO_2 wenige mmHg. Bei konstanten Störungen des Ventilations-/Perfusions-Verhältnisses kann anhand einer arteriellen Kontrollmessung ermittelt werden, um welchen Betrag der P_aCO_2 höher als der endexspiratorisch gemessene Wert liegt. Aus dem aktuellen endexspiratorischen CO_2-Wert kann damit der arterielle CO_2 errechnet werden.

Die endexspiratorische CO_2-Messung ist zwingend erforderlich, wenn eine kontrollierte Hyperventilation (z. B. SHT) durchgeführt werden muß (s. S. 247).
Inzwischen sind auch Geräte zur kontinuierlichen arteriellen Blutgasanalyse verfügbar. Hierbei wird durch eine Kanüle, die zur arteriellen Druckmessung angelegt wurde, eine spezielle dünne Sonde eingeführt.

Pulsoximetrie

Die Pulsoximetrie ist ein nichtinvasives und einfach zu handhabendes Verfahren, um kontinuierlich die arterielle Sauerstoffsättigung des Hämoglobins zu bestimmen.

Hierzu wird ein Klippsensor z. B. an einem Finger oder an einem Ohrläppchen festgeklemmt.
Die pulsoximetrisch gemessenen Sättigungswerte stimmen sowohl im Kindesalter als auch beim Erwachsenen sehr gut mit den mittels einer arteriellen BGA (an einem CO-Oxymeter) gemessenen Sättigungswerten überein. Die Ansprechzeit ist sehr kurz, so daß akute Störungen der Oxygenierung sofort erkannt werden.

Liegen jedoch hohe Konzentrationen von **Kohlenmonoxidhämoglobin** (HbCO, z. B. durch eine Rauchvergiftung) vor, so mißt das Pulsoximeter einen falsch hohen Sättigungswert.

Während eine Hypoxämie mit dem Pulsoximeter sofort und zuverlässig erkannt werden kann, ist die Erkennung eines zu hohen Sauerstoffpartialdruckes nicht möglich.

Bei einer arteriellen Sättigung von ca. 97–99% kann (aufgrund der S-förmigen Sauerstoffdissoziationskurve) nicht erkannt werden, ob der P_aO_2 100 mmHg (13,3 kPa) oder z. B. 500 mmHg (66,6 kPa) beträgt (vgl. Abb. 7.9).
Bei Früh- und Neugeborenen wird empfohlen, eine Sättigung von ca. 95% anzustreben, womit ein P_aO_2 über 100 mmHg (13,3 kPa) und damit die Gefahr einer retrolentalen Fibroplasie vermieden werden kann.

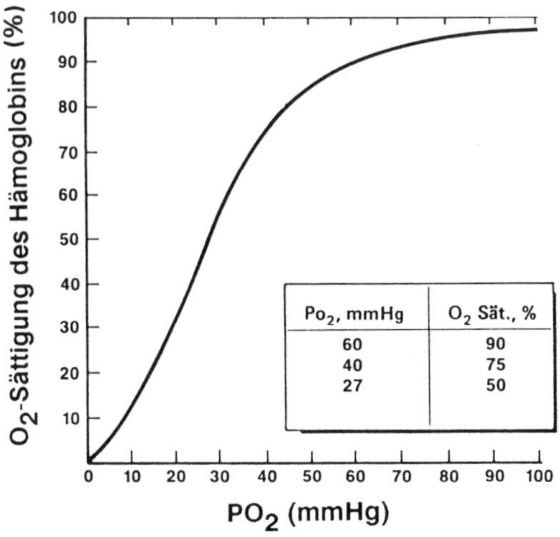

Abb. 7.9 Normale Sauerstoffdissoziationskurve

Transkutane Sauerstoffmessung

Mit Hilfe der transkutanen Sauerstoffmessung kann kontinuierlich die Sauerstoffspannung in der Haut gemessen werden.

Liegen keine Kreislaufstörungen oder Hautabnormalitäten vor, so besteht eine enge Korrelation zwischen der Sauerstoffspannung in der Haut und dem P_aO_2. Die transkutane PO_2-Messung hat sich auf neonatologischen Intensivstationen bewährt, nicht jedoch in der Erwachsenenmedizin. Wird der Sensor im Bereich der rechten Schulter plaziert, so kann die präduktale Sauerstoffspannung erfaßt werden.

Die Meßgenauigkeit der transkutanen Sauerstoffspannung ist jedoch sehr stark von der Hautdurchblutung beeinflußt.

Bei Hypothermie, bei Hypovolämie, bei einer Abnahme des HMVs, auch schon bei Druck auf die Elektrode oder bei Veränderungen der Haut ist die Sauerstoffspannung in der Haut wesentlich niedriger als der arterielle P_aO_2. Die transkutane PO_2-Messung spiegelt in diesen Fällen die Güte der Hautdurchblutung wider. Nachteile sind das zeitaufwendige Anbringen und Kalibrieren der Elektroden sowie die ca. 10minütige Stabilisierungsdauer. Außerdem müssen die Elektroden spätestens alle 4 Stunden gewechselt und neu kalibriert werden, damit es durch die auf 43–44 °C beheizte Elektrode nicht zu Hautverbrennungen kommt.

Transkutane Kohlendioxidmessung

Die Meßgenauigkeit der transkutanen CO_2-Messung ist weit weniger von der Hautdurchblutung abhängig als die transkutane PO_2-Messung und liefert auch im Schock bei relativ schlechter Hautdurchblutung noch akzeptable Werte.

Nachteil der Methode ist das zeitaufwendige Anbringen und Kalibrieren des Sensors. Außerdem ist die Anschlagzeit relativ träge (bis 60 s), weshalb akute Ventilationsstörungen unter Umständen nicht rechtzeitig erkannt werden können. Die Methode ist der Kapnometrie (s. S. 364) unterlegen. Es sind auch kombinierte Sensoren zur transkutanen O_2- und CO_2-Messung verfügbar.

Überwachung des Säure-Basen-Haushalts und der Blutgase

Die Abnahme von Blutproben zur Bestimmung des Säure-Basen-Haushalts und der Blutgase sowie die Interpretation der entsprechenden Resultate sind auf den Seiten 345 ff ausführlich dargestellt.

Überwachung der Hirnfunktion

Bei Intensivpatienten liegt oft eine Störung der Hirnfunktion vor. Meist handelt es sich um Patienten mit einer Schädelhirnverletzung.

Charakteristisches Merkmal einer Gehirnverletzung ist die Bewußtseinseintrübung.

Das Ausmaß der Bewußtseinseintrübung ist ein Maß für die Schwere der Gehirnverletzung. Es wird zwischen einem Schädel-Hirn-Trauma I. II. und III. Grades (SHT I–III°) unterschieden.

SHT I°:

- Bewußtlosigkeit bis 1 Stunde
- Retrograde Amnesie (Erinnerungslosigkeit für das Unfallereignis)
- Vegetative Störungen
- Keine Substanzschäden des Gehirns
- Neurologische Störungen klingen innerhalb von 4 Tagen ab
- Keine Spätschäden

SHT II°:

- Bewußtlosigkeit 1–24 Stunden
- Substanzschäden
- Neurologische Störungen klingen innerhalb von 3 Wochen ab
- Selten Spätschäden

SHT III°:

- Bewußtlosigkeit 1–7 Tag oder
- Hirnstammschädigung und Bewußtlosigkeit länger als 6 Stunden
- Neurologische Störungen länger als 3 Wochen
- Häufig Spätschäden.

Hirnschädigungen sind meist im Bereich der Gewalteinwirkung auf den Schädel (**Coup**) und oft auch an der gegenüberliegenden Stelle (**Contre-Coup**)nachweisbar. Die wiederholte Beurteilung und Dokumentation des Bewußtseinszustandes ist eine der wichtigsten Überwachungsmaßnahmen eines schädelhirnverletzten Patienten. Eine Veränderung der Bewußtseinslage ist der beste Indikator für eine Verbesserung beziehungsweise Verschlechterung der Gehirnfunktion. Eine plötzliche klinische Verschlechterung legt den Verdacht auf eine Erhöhung des intrakraniellen Drucks, z.B. aufgrund einer Zunahme eines Hirnödems oder aufgrund eines epiduralen, subduralen oder intrazerebralen Hämatoms nahe.

Da der Bewußtseinsgrad mit apparativen Überwachungsmaßnahmen nicht sicher erkannt werden kann, kommt der engmaschigen klinischen Überwachung der Patienten besondere Bedeutung zu.

Vor allem dem intensiv mit dem Patienten beschäftigten Pflegepersonal fällt die entscheidende Aufgabe zu, Veränderungen sofort zu erkennen und dem zuständigen Arzt mitzuteilen.
Zur Beurteilung der Bewußtseinslage hat sich die **Glasgow-Koma-Skala** (**G**lasgow **C**oma **S**cale = **GCS**) bewährt. Hier werden drei Kategorien beurteilt: Augen öffnen, verbale Antwort und motorische Reaktion. Diese drei Kriterien werden nach einem definierten Punkteschlüssel bewertet (s. Tab. 7.5). Die erreichbare Punktezahl bewegt sich zwischen mindestens drei und maximal 15 Punkten. Da schädelhirnverletzte Patienten oft intubiert und kontrolliert beatmet werden, kann in diesen Fällen die verbale Antwort nicht bewertet werden.
Neben der Beurteilung der Bewußtseinslage ist auch die regelmäßige **Überprüfung der Pupillomotorik** von entscheidender Bedeutung:
- Reagieren die Pupillen auf Licht?
- Sind sie beidseits gleich eng (isokor) oder unterschiedlich weit (anisokor)?
- Sind die Pupillen entrundet?

Ganz wichtig ist auch hier die Verlaufsbeurteilung und deren Dokumentation. Plötzliches Weiterwerden einer Pupille legt immer den Verdacht auf eine intrakranielle Drucksteigerung aufgrund einer gleichseitigen intrakraniellen Blutung nahe und verlangt eine sofortige Drucksenkung und Abklärung der Ursache mittels kraniellen Computer-Tomogramms (Senkung des intrakraniellen Drucks, s. S. 243).

Um die Pupillomotorik stets beurteilen zu können, dürfen diesen Patienten keine Augentropfen verabreicht werden, die die Pupillomotorik beeinflussen. Außerdem ist nur klare Augensalbe zu verwenden.

Des weiteren ist die Überwachung von Atemmuster, Herzfrequenz und Blutdruckverhalten (Cushing-Reflex? Glasgow-Coma-Scale [= GCS] s. o.) wichtig. Falls der Kornealreflex, das heißt der reflektorische Lidschluß beim Berühren der Kornea mit einem sterilen Tupfer ausgefallen ist, so ist die Kornea durch Austrocknen, Ulzerationen und Infektionen gefährdet. In diesen Fällen muß eine sorgfältige Augenpflege durchgeführt werden (s. S. 307).

Tabelle 7.5 Glasgow-Koma-Skala zur Beurteilung des Bewußtseinsgrades (Glasgow-Coma-Scale = GCS)

Glasgow-Koma-Skala	
Augen öffnen	Punkte
spontan	4
auf Ansprache	3
auf Schmerz	2
nicht	1
Beste motorische Reaktion	
kommt Aufforderungen nach	6
gezielte Abwehr auf Schmerz	5
ungezielte Abwehr auf Schmerz	4
beugt auf Schmerz	3
streckt auf Schmerz	2
keine	1
Verbale Antwort	
orientiert	5
verwirrt	4
unangemessene Worte	3
unverständliche Geräusche	2
keine	1

Um schädelhirntraumatisierte Patienten optimal überwachen und therapieren zu können, ist eine engmaschige klinisch-neurologische Überwachung und ein ausgedehntes apparatives Monitoring notwendig.

Klinisch-neurologische Überwachung

Hierbei sind insbesondere die Beurteilung des Bewußtseinszustands (s. S. 367) und der Pupillomotorik (s. S. 367) entscheidend. Wichtig ist auch die **motorische Reaktion auf Schmerzreiz.** Anhand der motorischen Reaktion auf einen künstlich gesetzten Schmerzreiz (z. B. starkes Kneifen) können Rückschlüsse auf eine eventuelle zerebrale Schädigung geschlossen werden. Ausbleibende motorische Reaktionen sprechen für schwere Hirnstammschädigung, schweres Koma oder schwere Intoxikation. Muskeleigenreflexe sind in diesem Fall nicht auslösbar, der Muskeltonus ist schlaff. Beugemechanismen (vor allem Beugung im Ellenbogengelenk) sprechen für eine Schädigung der großen Hemisphären. Streckmechanismen an Beinen und Armen mit Innenrotation weisen auf eine Schädigung des Mittelhirns hin. Bei gezielter Abwehr versucht der Patient, den Schmerzstimulus gezielt zu entfernen. Bewegt sich der Patient auf Aufforderung, so bedeutet dies, daß er bei Bewußtsein ist.

Rigor

Rigor ist charakteristisch für eine Schädigung des extrapyramidal-motorischen Systems. Bei passiver Bewegung liegt ein gleichmäßiger, „wächsener" Widerstand (oft mit Zahnradphänomen) vor. Ursache ist eine die Agonisten und Antagonisten betreffende erhöhte Grundspannung der Skelettmuskulatur.

Spastik

Spastik ist durch einen federnden Dehnungswiderstand gekennzeichnet. Ursächlich kommt vor allem eine Schädigung der Pyramidenbahn in Frage. Bei passiver Überdehnung kann dieser Widerstand eventuell plötzlich völlig zusammenbrechen. Zusätzlich liegen gesteigerte und pathologische Reflexmuster vor.

Nackensteifigkeit

Tritt bei einem Patienten Nackensteifigkeit (oft in Kombination mit Fieber) auf, muß an eine Meningitis oder eine subarachnoidale Blutung gedacht werden. Zur Prüfung auf Nackensteifigkeit wird versucht, den Kopf des Patienten anzuheben (bei Verdacht auf eine Halswirbelsäulenverletzung ist dies jedoch nicht erlaubt). Gegebenenfalls ist eine entsprechende Antibiotikatherapie durchzuführen.

Apparatives Monitoring

Arterielle Blutdruckmessung

Der arterielle Mitteldruck sollte im Normbereich, also bei etwa 90 mmHg, liegen. Ein plötzlicher Blutdruckanstieg, eventuell in Kombination mit Herzrhythmusstörungen oder Bradykardie, kann Zeichen eines Cushing-Reflexes sein und erfordert eine sofortige Therapie (s. S. 244).

Herzfrequenz

Eine plötzliche Bradykardie mit Blutdruckanstieg läßt einen Cushing-Reflex vermuten (s. S. 244).

Messung des zentralen Venendrucks

Siehe Abschnitt „Legen eines zentralen Venenkatheters“ auf S. 165 ff.

Regelmäßige Kontrolle der arteriellen Blutgaswerte

Siehe Abschnitt „Die blutige arterielle Druckmessung“ auf S. 169 ff.

Kontrolle der Beatmungsparameter

Zumeist wird bei Verdacht auf einen erhöhten intrakraniellen Druck eine kontrollierte Hyperventilation durchgeführt (s. S. 247). Innerhalb weniger Stunden scheint es jedoch hierbei zu Adaptationsvorgängen zu kommen, so daß nach neueren Erkenntnissen eine längerfristige kontrollierte Hyperventilation die Chancen des Patienten vermutlich nicht verbessert.

Beurteilung der Blutzuckerkonzentration

Durch regelmäßige Bestimmung von Blutzucker- und Urinzuckerkonzentration können Hyperglykämie und Glukosurie mit einer vermehrten Diurese (Zuckerdiurese) erkannt und durch Insulingaben oder Reduktion der Glukoseinfusionen therapiert werden (vgl. S. 357). Größere Schwankungen der Blutzuckerkonzentration sind insbesondere bei Verdacht auf einen erhöhten intrakraniellen Druck unerwünscht.

Messung des intrakraniellen Drucks

Werte bis 15 mmHg werden als normal, bis 30 mmHg als erhöht und über 30 mmHg als stark erhöht bezeichnet. Intrakranielle Drücke von mehr als 20 mmHg sollten therapeutisch angegangen werden.

Aus der Differenz des mittleren arteriellen Drucks (MAP) und des intrakraniellen Drucks (ICP) kann der zerebrale Perfusionsdruck errechnet werden:
CPP = MAP − ICP
(s. S. 244)

Kurzfristige ICP-Anstiege, z.B. während des Hustenaktes, sind physiologisch. Entscheidend ist der rasche Rückgang auf den Ausgangswert. Bei bereits vorbestehendem hohen ICP kann jedoch durch den Hustenakt eine kritische ICP-Steigerung, eventuell mit Einklemmung (s. S. 244), provoziert werden. In kritischen Fällen ist deshalb z.B. vor der endotrachealen Absaugung die Gabe eines Barbiturates (z.B. Thiopental) gerechtfertigt.

Zur **Messung des intrakraniellen Drucks** eignen sich:

- Ventrikelkatheter.
  Nach Anlegen eines frontalen Bohrlochs wird ein Katheter in den ersten oder zweiten Hirnventrikel (Seitenventrikel) eingeführt. Über einen Ventrikelkatheter kann der Liquordruck im Seitenventrikel gemessen werden, gegebenenfalls kann Liquor abgelassen beziehungsweise zu Untersuchungszwecken entnommen werden. Die Gefahr besteht vor allem darin, daß diese Katheter leicht verlegt oder infiziert werden können.
- Epidurale Drucksonde.
  Nach Anlegen eines frontalen Bohrlochs wird ein Druckaufnehmer zwischen Knochen und harter Hirnhaut eingesetzt. Da die Dura intakt bleibt, ist das Infektionsrisiko relativ gering. Häufig kommt es jedoch bei diesem Meßverfahren zu Fehlmessungen, die eventuell zu nichtindizierten therapeutischen Maßnahmen veranlassen.
- Intraparenchymatöse Messung (Camino-Sonde).

Hierbei wird eine optisch arbeitende Drucksonde ca. 4 cm tief in das Hirngewebe eingeführt. Diese Sonden messen sehr genau. Komplikationen scheinen relativ selten zu sein.

Kapnometrische Überwachung

Siehe kontrollierte Hyperventilation, S. 247

Kontrolle des pH-Wertes des Magensaftes

Siehe S. 312

Kontrolle der Urinausscheidung

Die übermäßige Ausscheidung eines wasserklaren Urins läßt einen Diabetes insipidus vermuten. Ursache ist meist eine verletzungsbedingte Verminderung der zerebralen Sekretion des **a**nti**d**iuretischen **H**ormons (ADH). Das spezifische Uringewicht liegt hierbei unter 1004 g/l. Oftmals limitieren sich solche Phasen eines Diabetes insipidus von selbst. In diesen Fällen ist es wichtig, die Flüssigkeits- und Elektrolytverluste zu ersetzen. Dauert ein Diabetes insipidus längere Zeit an, dann sollte ein dem ADH (antidiuretisches Hormon) verwandtes Hormon (z. B. Desmopressin [Minirin] oder Argipressin [Pitressin]) appliziert werden.

Weitere Überwachungsmaßnahmen

Außerdem ist darauf zu achten, daß die Natrium- und Kalium-Plasmakonzentrationen im Normbereich liegen. Die Körpertemperatur sollte nicht erhöht sein, der Hämatokritwert sollte etwa bei 30–35% liegen. Wichtig ist auch eine schonende Pflege des Patienten.

Bei erhöhtem intrakraniellen Druck sollte der Patient nur auf dem Rücken gelagert werden. Der Oberkörper ist zur Optimierung des venösen Blutabflusses aus dem Gehirn leicht (bis ca. 30°) anzuheben. Der Kopf muß in Neutralstellung gelagert werden. Insbesondere beim Betten oder beim endotrachealen Absaugen des Patienten kann es zu erheblichen intrakraniellen Drucksteigerungen kommen. Häufig empfiehlt es sich, vor solchen Maßnahmen prophylaktisch z. B. Fentanyl oder ein Barbiturat zu injizieren, um eine Streßreaktion zu vermindern. Bezüglich der Lagerung dieser Patienten ist zu beachten, daß keine Spitzfußprophylaxe durchgeführt werden soll, da durch das Anbringen eines Fußbrettes Streckmuster begünstigt werden.

Therapie eines erhöhten intrakraniellen Drucks (ICP)

Eine operativ angehbare intrakranielle Raumforderung muß stets ausgeschlossen werden. An intensivmedizinischen Möglichkeiten zur Bekämpfung eines pathologisch erhöhten ICP stehen folgende Maßnahmen zur Diskussion:

- Lagerung des Patienten (s. S. 243)
- Kontrollierte Hyperventilation (s. S. 247)
- Medikamentöse ICP-Senkung
- Barbiturate/Barbituratkoma: Barbiturate vermindern den zerebralen Stoffwechsel und die Hirndurchblutung. Dadurch kann der intrakranielle Druck erniedrigt werden. Zur akuten Senkung des intrakraniellen Drucks wird zumeist das schnell- und kurzwirksame Thiopental (s. S. 41) verabreicht. Zur Durchführung eines länger dauernden Barbituratkomas kann Pentobarbital (Nembutal) verabreicht werden (Initialdosis: ca. 20 mg/kgKG; danach: dreimal 10 mg/kgKG/Tag). Bei

Durchführung eines Barbituratkomas sollte eine gleichzeitige kontinuierliche EEG-Überwachung vorgenommen werden. Die Barbituratdosierung kann sinnvollerweise soweit gesteigert werden, bis die im EEG nachweisliche Hirnaktivität weitgehend zum Erliegen kommt **(burst supression).** Eine weitere Erhöhung der Barbituratdosis ist sinnlos.

- Kreislaufstabilisierung
- Osmodiuretika (s. S. 243)
- Liquordrainage (s. S. 243)
- Kortikosteroide (s. S. 243)
- Hypothermie:
  Durch eine künstliche Senkung der Körpertemperatur können Hirnstoffwechsel sowie intrakranieller Druck gesenkt werden. Der ICP-senkende Effekt wird jedoch zum Teil als relativ gering bezeichnet. Beginnt die Hypothermie bereits vor oder während des Eintritts der Hirnschädigung, kann ein sicherer hirnprotektiver Effekt erzielt werden. Bei Beginn der Hypothermie nach Eintritt der Hirnschädigung ist dieser Effekt eher umstritten. Zur Senkung der Körpertemperatur mittels Kühlmatte oder Eispackungen (z.B. auf 32°C) müssen die körpereigenen Gegenregulationsmechanismen massiv „geblockt" werden (z.B. mit einem **lytischen Cocktail:** 50 mg Pethidin, 50 mg Promethazin und 0,9 mg Hydergin langsam i.v.). Bei Patienten mit Schädel-Hirn-Trauma wird anstatt Promethazin oft 50 mg Promazin (Protactyl) verwendet, da es einen geringeren Einfluß auf den intrakraniellen Druck haben soll. Es ist ein fortlaufendes, intensives Monitoring von
  - Herz-Kreislauf,
  - Beatmungsparametern,
  - Blutgasen,
  - Nierenfunktion,
  - Stoffwechsel,
  - Elektrolythaushalt,
  - Blutgerinnung und
  - zerebraler Funktion

  zu fordern, um drohende Entgleisungen (z.B. Alkalose, Hypokaliämie) vermeiden zu können. Bei Beendigung der Hypothermie muß die Wiedererwärmung sehr langsam erfolgen.

Überwachung der gastrointestinalen Funktion

Es sind eine sorgfältige

- Inspektion (Umfangsänderung?),
- Perkussion (luftgefüllte Darmschlingen, Meteorismus?),
- Palpation (Abwehrspannung? Aszites?) und
- Auskultation (Darmgeräusche?)

durchzuführen (vgl. auch Streßulkusprophylaxe, S. 312).

Laborchemische Überwachung

Je nach zugrundeliegender Erkrankung sind eventuell die in Tabelle 7.6 aufgeführten Parameter beziehungsweise Blutgase (vgl. S. 352) oder der Säure-Basen-Haushalt (vgl. S. 348) zu kontrollieren.

Tabelle 7.6: Häufig bestimmte Laborwerte (Normalwerte)

Parameter	Normalwerte	Veränderungen
Leukozyten	4000–10000/mm³	erhöht bei Infektionen
Thrombozyten	150000–300000/mm³	erniedrigt bei starken Blutungen, Schock, Sepsis
Kalium	3,5–5 mmol/l	erhöht bei Niereninsuffizienz, Azidose, erniedrigt bei Alkalose, Diuretikatherapie, Hypothermie
Quickwert	70–100%	erniedrigt bei Marcumar-Therapie
PTT (**p**artielle **T**hromboplastinzei**t**)	23–38 sec	verlängert bei Heparin-Therapie. Bei Vollheparinisierung wird der 2- bis 3fache Wert angestrebt
Fibrinspaltprodukte	< 10 mg/l	erhöht bei Verbrauchskoagulopathie
Laktat	1–1,8 mmol/l	erhöht bei Gewebshypoxie, Schock
Kreatinin	< 110 µmol/l, < 1,2 mg/dl	erhöht bei Niereninsuffizienz
Harnstoff	2,5–6,7 mmol/l bzw. 15–40 mg/dl	erhöht bei Katabolie und Niereninsuffizienz
Lipase	< 140 U/l	erhöht bei Pankreatitis
Alpha-Amylase	40–180 U/l	erhöht bei Pankreatitis
CK (Kreatinkinase)	< 70 U/l	erhöht bei Herzinfarkt und Muskeltrauma
CK-MB (herzspezifische Kreatinkinase)	normalerweise nicht im Blut	erhöht bei Herzinfarkt
HBDH ($SLDH_1$)	50–140 U/l	erhöht bei akutem Myokardinfarkt
Gesamteiweiß	6,5–8,5 g/l	vermindert bei Katabolie, nephrotischem Syndrom
indirektes Bilirubin	< 12,7 µmol/l, 0,8 mg/dl	erhöht bei Hämolyse
direktes Bilirubin	< 5,1 µmol/l, < 0,3 mg/dl	erhöht bei Gallenwegsverschlüssen, schwerer Leberschädigung
alkalische Phosphatase	60–170 U/l	erhöht bei Gallenwegsverschlüssen

Spezielle Krankheitsbilder

Akutes Lungenversagen (ARDS)

Nach unterschiedlichsten Schädigungen der Lunge kann es zu einem akuten Lungenversagen **A**dult **R**espiratory **D**istress **S**yndrome = **ARDS**) kommen. Ein ARDS kann Folge von

- Aspiration,
- Polytrauma,
- Sepsis,
- Schock,
- schwerer Pneumonie,
- Ileus
- Fettembolie, Fruchtwasserembolie,
- Pankreatitis

oder anderen Ursachen sein.

Die zugrundeliegende Störung führt zu einer Aktivierung des körpereigenen Komplementsystems. Dies führt dazu, daß sich Granulozyten im Bereich der Lungenkapillaren anheften. Aus diesen Granulozyten werden toxische Substanzen freigesetzt, die zu einer Kapillarschädigung und einer Steigerung der Kapillarpermeabilität im Bereich der Lunge führen. Dadurch kommt es zu einem Übertritt von Plasma in das Lungeninterstitium, es entwickelt sich zuerst ein Ödem des Lungenparenchyms **(interstitielles Lungenödem)** und danach ein **intraalveoläres Lungenödem.**

Bei längerfristigem Bestehen dieser primär reversiblen Lungenveränderungen kommt es zu fibrotischen Veränderungen des Lungenparenchyms. Die Dehnbarkeit der Lunge (Compliance) und die funktionelle Residualkapazität nehmen ab, die Produktion des Surfactants ist gestört, es entwickeln sich Atelektasen. Das Ventilations-Perfusions-Verhältnis wird negativ beeinflußt, es kommt zur Ausbildung von Rechts-Links-Shunts (s. S. 238, 324, 332). Der Pulmonalarteriendruck ist erhöht. Das Krankheitsbild kann innerhalb von Tagen bis Wochen zum Tode führen. Neben Tachypnoe und Dyspnoe fallen deutlich gesteigerte Atemarbeit, Tachykardie und Hypoxämie auf. In der späteren Krankheitsphase tritt eine zusätzliche Hyperkapnie auf.

Bei einem akuten Lungenversagen (z.B. aufgrund einer schweren Aspiration) kann der Röntgenbefund in der Anfangsphase relativ unauffällig sein und in deutlichem Kontrast zu einer ausgeprägten klinischen Symptomatik stehen. Im Spätstadium der Erkrankung zeigt sich **röntgenologisch** oft eine milchig-weiße Verschattung der Lunge.

Therapeutisch ist beim ARDS eine maschinelle Beatmung mit PEEP durchzuführen. Die inspiratorische Sauerstoffkonzentration sollte so niedrig wie möglich gewählt werden. Bei Erhöhung der inspiratorischen Sauerstoffkonzentration nimmt der PaO_2 nur geringgradig zu (vgl. S. 325). Die optimale Einstellung des Beatmungsgerätes ist schwierig und muß anhand der zahlreich durchgeführten Blutgasanalysen wiederholt korrigiert werden. Aufgrund der abnehmenden Compliance werden meist relativ hohe Beatmungsdrücke mit der erhöhten Gefahr eines Barotraumas notwendig. Um die Drücke möglichst gering zu halten, werden ARDS-Patienten häufig leicht hypoventiliert, da für die Verabreichung kleinerer Atemhubvolumina auch nur geringere Beatmungsdrücke erforderlich sind. Es wird von einer **permissiven Hyperkapnie** gesprochen (Anstieg des P_aCO_2 auf 8–10 kPa). Durch intermittierende Bauchlagerung des Patienten kann eventuell die Oxygenierung verbessert werden.

Um **das bestehende Lungenödem zu vermindern,** ist eine sorgfältige und leicht negative Flüssigkeitsbilanz durchzuführen. Eine Flüssigkeitssubstitution sollte möglichst mit kolloidalen Flüssigkeiten durchgeführt werden, da Elektrolytlösungen in höherem Prozentsatz ins Gewebe und damit auch in das Lungengewebe abdiffundieren. Der Hb-Wert sollte stets größer als 12 g/dl gehalten werden, um bei der verminderten Oxygenierung einen ausreichenden arteriellen Sauerstoffgehalt des Blutes (s. S. 325) aufrecht zu erhalten.

Falls alle konservativen Beatmungsmethoden nicht den gewünschten Erfolg bringen, bleibt als letzte Möglichkeit noch, ein extrakorporales Lungenersatzverfahren anzuwenden (z.B. ECMO [**ex**tra**c**orporal **m**embran **o**xygenation]). Die hohe Letalität des ARDS kann jedoch auch hierdurch nicht entscheidend verbessert werden.

Bei einer akuten weiteren pulmonalen Verschlechterung muß stets an ein Barotrauma (Pneumothorax) gedacht werden. In einigen Kliniken wird prophylaktisch eine Thoraxdrainage gelegt. Die Letalität des ARDS beträgt ca. 50%.

Aspirationssyndrom

Wie stark die nach einer Aspiration von Magensekret/Mageninhalt auftretende Lungenschädigung ist, hängt sehr stark vom pH-Wert und Volumen des aspirierten Magensekrets ab. Als kritische Grenze werden ein pH-Wert unter 2,5 und ein Volumen von über 0,4 ml/kg (ca. 25 ml beim erwachsenen Patienten) angegeben. Patienten mit einem Aspirationssyndrom **(Mendelson-Syndrom)** werden zumeist auf der Intensivstation vorübergehend beatmet. Ziel der **symptomatischen Therapie** ist die Normalisierung der arteriellen Blutgase. Folge des Aspirationssyndroms kann eine schwere Bronchopneumonie oder ein ARDS sein. Die Behandlungsprinzipien sind in den Kapiteln „Die Aspiration" (s. S. 185) und „Akutes Lungenversagen" (ARDS) (s. S. 372) beschrieben. Oft tritt bei diesen Patienten eine Kreislaufinsuffizienz auf und macht eine entsprechende Volumen- bzw. Katecholaminzufuhr notwendig.

Lungenödem

> Bei einem schweren Lungenödem kommt es zur Flüssigkeitsansammlung in Lungeninterstitium, Alveolen und kleinen Luftwegen. Folge ist eine Störung des Gasaustausches mit Abfall des arteriellen PO_2-Drucks.

Anfangs tritt eine kompensatorische Hyperventilation mit Abfall des arteriellen CO_2-Partialdrucks auf (s. S. 349). Im Spätstadium droht die Erschöpfung des Patienten mit Anstieg des CO_2-Partialdrucks. Die wichtigsten **Ursachen** eines Lungenödems sind:

- Ein erhöhter Druck in den Lungenkapillaren (z. B. Linksherzinsuffizienz; s. S. 181)
- Mitralstenose, Flüssigkeitsüberladung
- Eine gesteigerte Membranpermeabilität mit vermehrter Sequestration von Plasma ins Lungeninterstitium (z. B. aufgrund von Bakterien, Viren, Toxinen, Aspirationssyndrom, ARDS)
- Ein erniedrigter kolloidosmotischer Druck im Blut (s. S. 119, 243)

Folge der Flüssigkeitsansammlung in interstitiellem Lungengewebe, Lungenparenchym und Alveolen sind Abnahme der Lungen-Compliance, Zunahme von Diffusionsstrecke und Rechts-Links-Shunt (s. S. 324). Das **klinische Bild** ist gekennzeichnet durch:

- Tachypnoe
- Dyspnoe
- Tachykardie
- feuchte Rasselgeräusche
- Zyanose

Röntgenologisch läßt sich initial vor allem eine milchige („schmetterlingsförmige") Verschattung im Bereich der Lungenwurzeln (Lungenhili) nachweisen.
Therapeutisch stehen bei Linksherzinsuffizienz

- Verabreichung von Sauerstoff,
- Steigerung der Diurese mittels Diuretika,
- Hochlagerung des Oberkörpers und Gabe von Nitroglyzerin (zur Verringerung des venösen Rückflusses) sowie
- Sedierung mit einem Opioid

im Vordergrund. In schweren Fällen wird eine endotracheale Intubation und maschinelle Beatmung mit PEEP notwendig.

Lungenentzündung

Eine Lungenentzündung (Pneumonie) wird typischerweise durch eine bakterielle Infektion verursacht (falls ambulant erworben: vor allem durch Pneumokokken, Hämophilus; falls nosokomial erworben: vor allem durch gramnegative Enterokokken und Staphylococcus aureus bedingt). In der Intensivmedizin ist die nosokomiale Pneumonie durch gramnegative Bakterien (s. S. 311) von besonderer Bedeutung. Bei der häufig vorliegenden Bronchopneumonie breitet sich die Infektion über Bronchien und kleine Luftwege in das Lungengewebe aus. **Folgen der Entzündung** sind:

- Gewebsödem
- Abfall der Compliance
- Tachypnoe
- Dyspnoe
- erhöhter Rechts-Links-Shunt
- Hypoxämie
- Fieber
- Schüttelfrost
- eitriger Auswurf
- Rasselgeräusche
- Bronchialatmen

Das **Röntgenbild** der Lunge zeigt zumeist fleckförmige milchig-weiße Verschattungen. Je nach Ergebnis der arteriellen Blutgasanalyse werden eine Intubation und maschinelle Beatmung des Patienten notwendig. Die Kriterien für die endotracheale Intubation sind auf den Seiten 326 ff beschrieben. Beim intubierten Patienten ist wiederholt Tracheobronchialsekret unter sterilen Bedingungen abzusaugen, um einen Nachweis des bakteriellen Erregers und dessen Empfindlichkeit auf Antibiotika zu untersuchen.
Entscheidende **Therapiemaßnahmen** sind die Verabreichung von Antibiotika sowie die Zufuhr einer erhöhten inspiratorischen Sauerstoffkonzentration. In schweren Fällen ist eine maschinelle Beatmung mit PEEP notwendig.
Neben bakteriellen Pneumonien gibt es auch atypisch verlaufende Pneumonieformen, die durch Viren oder Mykoplasmen verursacht werden. Es wird von **primär atypischer Pneumonie** gesprochen. Bei einer primär atypischen Pneumonie lassen sich keine pathogenen Keime nachweisen. Schwere Verlaufsformen der primär atypischen Pneumonie haben eine ernste Prognose.

Beinaheertrinken

Bei ca. 90% der Beinaheertrunkenen kommt es zur Aspiration größerer Wassermengen. Lediglich in einem geringen Prozentsatz wird kein Wasser aspiriert (**trockenes Ertrinken**).

Handelt es sich um **Aspiration von Süßwasser,** so ist zu beachten, daß Süßwasser im Vergleich zum Plasma **hypoton** ist. Daher diffundiert das Süßwasser relativ schnell aus den Alveolen ins Blut, und es droht eine intravasale Hypervolämie. Durch Diffusion des hypotonen Süßwassers in die Erythrozyten können diese platzen, wodurch eine schwere Hämolyse (eventuell mit Nierenversagen) auftreten kann. Durch eine Schädigung des Surfactants kommt es zu Ausbildung von Atelektasen und Zunahme des Rechts-Links-Shunts mit Hypoxämie.
Bei **Aspiration von Salzwasser** ist zu beachten, daß das salzhaltige Meerwasser im Vergleich zum Plasma **hyperton** ist. Es kann daher nicht resorbiert werden und verbleibt in den Alveolen. Aufgrund der Hypertonie des aspirierten Meerwassers diffundiert Flüssigkeit aus dem Plasma und dem Interstitium entlang des Konzen-

trationsgradienten zum aspirierten Meerwasser in die Alveolen. Dadurch droht eine intravasale Hypovolämie. Die flüssigkeitsgefüllten Alveolen können nicht ventiliert werden. Da die Alveolen jedoch weiterhin durchblutet (perfundiert) werden, entsteht eine Ventilations-/Perfusions-Störung mit erhöhtem Rechts-Links-Shunt und Hypoxämie.

Die **Intensivbehandlung** ist nach Beinaheertrinken symptomatisch und dient der Therapie pulmonaler Störungen.

Chronisch-obstruktive Lungenerkrankung

Typisch für die chronisch-obstruktive Lungenerkrankung (**c**hronic **o**bstructive **l**ung **d**isease = **COLD**); oder **c**hronic **o**bstructive **p**ulmonary **d**isease = COPD) sind ein langjähriger, chronischer Verlauf, Obstruktion der Luftwege und eine respiratorische Globalinsuffizienz (s. S. 326). Zumeist handelt es sich hierbei um Patienten mit chronischer Bronchitis, Asthma bronchiale, chronisch-obstruktivem Lungenemphysem oder Bronchiektasen. Es imponieren:

- Dyspnoe
- Husten mit Auswurf
- Überdehnter Thorax mit relativ horizontalstehenden Rippen
- Giemen und Brummen
- Hypersonorer Klopfschall
- Abgeschwächte Atemgeräusche
- Erniedrigte 1-Sekunden-Kapazität (FEV_1, s. S. 322)

Um die chronische Hypoxämie zu kompensieren, entwickelt sich bei diesen Patienten ein Anstieg des Hb-Wertes (Polyglobulie). Typisch ist auch eine pulmonalvaskuläre Hypertension. Ursachen sind eine hypoxiebedingte Vasokonstriktion im Lungengefäßbett sowie eine krankheitsbedingte Abnahme der Lungenkapillaren. Es kommt zu einer Mehrbelastung des rechten Ventrikels mit Hypertrophie (Cor pulmonale), im Endstadium droht eine Rechtsherzinsuffizienz.

Patienten mit einer COLD müssen häufig intensivmedizinisch behandelt werden. Da sie nur noch geringe pulmonale Reserven besitzen, können bereits ein relativ geringer bronchopulmonaler Infekt, eine Operation oder eine stärkere Sedierung die Patienten in die Dekompensation treiben. Die Therapie solcher Patienten gestaltet sich erfahrungsgemäß schwierig und langwierig.

> Da insbesondere das Abtrainieren von einer Beatmungsmaschine sehr problematisch ist, sollte die maschinelle Beatmung, wenn irgend möglich, vermieden werden.

Therapeutisch ist eine antibiotische Therapie von bronchopulmonalen Infekten notwendig. Zusätzlich muß bei einer ausgeprägten Hypoxämie Sauerstoff verabreicht werden. Es ist jedoch zu beachten, daß im Falle einer Globalinsuffizienz der Atemantrieb über den niedrigen O_2-Partialdruck stimuliert wird (s. S. 295). Eine zu hohe Sauerstoffkonzentration in der Inspirationsluft ist daher zu vermeiden, und es ist eine intensive Überwachung des Patienten notwendig. Zumeist reicht ein arterieller Sauerstoffpartialdruck von ca. 50–60 mmHg aus. Wichtig ist auch die Verabreichung von Sekretolytika (Acetylcystein), Expektoranzien, Broncholytika (Euphyllin), eine möglichst halbsitzende Lagerung und eventuell Antibiotika. Eine gute psychische Führung dieser Patienten ist wichtig. Häufig können diese chronisch lungenkranken Patienten sehr gut beurteilen, was für sie erfolgversprechend ist. Die Patienten sollten daher auch befragt

werden, wie sie normalerweise akute Verschlechterungen behandeln und es sollte ihren Wünschen diesbezüglich entsprochen werden. Einen besonders wichtigen Stellenwert hat bei diesen Patienten eine sachgerechte Physiotherapie.
Bei einer eventuell notwendig werdenden **maschinellen Beatmung** muß darauf geachtet werden, daß die Beatmungsdrücke möglichst niedrig sind (wegen der erhöhten Gefahr eines Barotraumas), daß eine langsame Atemfrequenz mit einer relativ langen Exspirationsphase (Atemzeitverhältnis 1:2; 1:3; 1:4) gewählt wird und daß die Sauerstoffkonzentration lediglich auf das notwendige Mindestmaß gesteigert wird.

Lungenkontusion

Im Rahmen eines schweren Thoraxtraumas kann es zu einer Quetschung von Lungengewebe (Lungenkontusion) kommen. **Folge** können Einblutungen ins Lungengewebe, Atelektasen, Schädigung des Surfactants und ein Ödem sein. Je nach Schweregrad der Lungenkontusion genügt die Zufuhr von Sauerstoff oder es ist eine endotracheale Intubation mit PEEP-Beatmung notwendig. Im schlimmsten Fall kann es trotz Therapie zu einem schwersten ARDS mit zumeist infauster Prognose kommen.

Herzinsuffizienz

Symptome und Therapie siehe S. 181. Siehe auch „Lungenödem", S. 374.

Akutes Nierenversagen

Beim Erwachsenen werden pro Tag ca. 1000–2000 ml Urin ausgeschieden. Mit dem Urin werden auch Abfallprodukte des Stoffwechsels eliminiert. Um eine noch ausreichende Ausscheidung dieser harnpflichtigen Abfallprodukte zu garantieren, müssen pro Tag jedoch mindestens 400–500 ml Urin ausgeschieden werden. Bei Intensivpatienten tritt häufiger ein akutes Nierenversagen auf.

Es kann zwischen **anurischem** (keinerlei Urinausscheidung), **oligurischem** (zu wenig, d.h. unter 400 ml Urin pro Tag) und **polyurischem Nierenversagen** (übernormale Urinausscheidung) unterschieden werden.

Typisch für das Nierenversagen ist die unzureichende Ausscheidung harnpflichtiger Substanzen. Beim niereninsuffizienten Patienten steigt die Konzentration des normalerweise renal eliminierten Kreatinins und des Harnstoffs an (ein isolierter Anstieg des Harnstoffs spricht dagegen für einen katabolen Stoffwechsel; vgl. S. 354). Typisch sind auch eine Abnahme der Kreatinin-Clearance (normal 95–140 ml/min), der Natriumkonzentration im Urin und Urinosmolarität (verminderte Konzentrationsfähigkeit), ein Anstieg der Kalium-Plasmakonzentration und eine metabolische Azidose.

Bei beginnender Niereninsuffizienz ist zu beachten, daß bei renal ausgeschiedenen Medikamenten eine Dosisreduktion notwendig wird (z.B. Digoxinpräparate, zahlreiche Antibiotika). Es sollten Plasmakonzentrationsbestimmungen der entsprechenden Medikamente vorgenommen werden.

Ein akutes Nierenversagen mit Anurie oder Oligurie kann verschiedene **Ursachen** haben. Beim **prärenalen** Nierenversagen liegt eine Mangeldurchblutung der Niere (zumeist aufgrund einer Hypovolämie), beim **postrenalen** Nierenversagen eine Verlegung der harnableitenden Wege zugrunde. Bei entsprechender kausaler Therapie lassen sich prä- und postrenales Nierenversagen leicht beseitigen. Dagegen gibt es für das organisch (**renal**) bedingte akute Nierenversagen keine kausale Behandlungsmethode. Ursache eines organisch bedingten Nierenversagens ist normalerweise eine Schädigung der ableitenden Nierentubuli. Auslösend können eine längerfristige Mangeldurchblutung im Rahmen eines Volumenmangelschocks sein, daneben kann es z. B. im Rahmen einer Pankreatitis, schwerer Peritonitis, Verbrennung, Sepsis (durch Endotoxine) oder einer Fehltransfusion mit schwerer Hämolyse und Muskelzerstörungen zu einer Schädigung der Nierentubuli kommen. Des weiteren sind eine Reihe nierentoxischer Substanzen wie Blei, Arsen und andere bekannt. Auch von einer Anzahl von Medikamenten ist bekannt, daß sie nephrotoxisch wirken können (z. B. Antibiotika aus der Gruppe der Aminoglykoside, Zytostatika, Antirheumatika).

Um einem **Nierenversagen vorzubeugen,** muß ein intravasaler Volumenmangel umgehend beseitigt, eine erniedrigte Nierendurchblutung aufgrund einer Herzinsuffizienz durch positiv-inotrope Substanzen verbessert und die Nierendurchblutung gegebenenfalls durch eine Dopamin-Infusion (ca. 2–3 μg/kgKG/min, s. S. 276) gesteigert werden. Bei beginnendem oligurischem oder anurischem Nierenversagen kann versucht werden, durch sehr hohe Furosemid-Gaben (maximal 2000 mg/d) die Urinausscheidung zu steigern. Voraussetzung für eine Furosemid-Gabe ist jedoch ein ausreichendes intravasales Volumen.

Die **Therapie des eingetretenen Nierenversagens** ist symptomatisch. Bei bestehender **Hyperkaliämie** muß eine kaliumfreie enterale oder parenterale Ernährung durchgeführt werden. Es bietet sich auch ein Einlauf mit Kationaustauschern (z. B. Resonium A) an. Diese binden Kalium und geben dafür Natrium oder Kalzium ab. Bei einer schweren Hyperkaliämie kann durch gleichzeitige Gabe von Glukose und Insulin (eine Einheit Altinsulin auf ca. 2–3 g Glukose; z. B. 200 ml Glukose 20% mit 20 IE Insulin) eine Erniedrigung der Plasmakaliumkonzentration erzielt werden. Die aufgrund der Glukosegabe nach intrazellulär wandernde Glukose bewirkt auch eine Aufnahme von Kalium in die Zelle. Durch Gabe von Natriumbikarbonat (ca. 100–200 mmol) kann aufgrund des pH-Wert-Anstiegs eine Aufnahme von Kalium in die Zelle erreicht werden (Azidose führt zur Hyperkaliämie, Alkalose führt zur Hypokaliämie). Eine bedrohliche Hyperkaliämie kann auch durch intravenöse Injektion von Kalzium vorübergehend antagonisiert werden (10–30 ml Kalziumglukonat 10%).

Wird bei therapieresistentem **anurischem oder oligurischem Nierenversagen** die Flüssigkeitszufuhr nicht entsprechend reduziert, so droht rasch eine Überwässerung des Patienten mit Wassereinlagerung und Ödemen, die sich häufig als periphere Ödeme und Lungenödeme manifestieren. Bei anurischem Nierenversagen dürfen beim normalgewichtigen Erwachsenen lediglich 750 ml Flüssigkeit pro Tag verabreicht werden. Dies entspricht dem Verlust über Stuhl, Atmung und Verdunstung. Im Falle eines polyurischen Nierenversagens drohen aufgrund der hohen Flüssigkeits- und Elektrolytverluste entsprechende Bilanzstörungen. Es ist eine sorgfältige Substitution notwendig. Eine apparative Blutreinigung (**Hämodialyse**) muß vor allem durchgeführt werden bei:

- Starker Überwässerung
- Schwerer Hyperkaliämie
- Urämischer Intoxikation [Harnstoff > 30–40 mmol/l; Harnstoff-Stickstoff = BUN (**b**lood **u**rea **n**itrogen) > 100 mg/dl; BUN x 2,14 = Harnstoff in mg/dl]
- Plasmakreatinin von 6–8 mg/dl
- ZNS-Symptomen
- Perikarderguß

Zumeist genügt eine in zweitägigem Abstand durchgeführte Dialyse. Normalerweise wird über einen großlumigen, in die Vena jugularis interna oder Vena subclavia plazierten, doppelläufigen, sogenannten Shaldon-Katheter dialysiert. Während und nach der Dialyse ist eine entsprechende Überwachung des Patienten notwendig, da es zu Hämolyse, Thrombozytenabfall, Blutungen (Dialyse normalerweise unter Heparinisierung notwendig falls ACT [s. S. 282] < 160–180 Sekunden; heparinfreie Dialyse falls ACT > 180 Sekunden bzw. PTT > 60 Sekunden), Blutdruckabfall (die Dialysemaschine benötigt ein extrakorporales Blutvolumen von 200–300 ml) oder Herzrhythmusstörungen (dialysebedingte Elektrolytverschiebungen) kommen kann. Vor und ca. 4 Stunden nach der Dialyse sollten Elektrolyte, Kreatinin, Harnstoff, Gerinnungsparameter und Blutbild kontrolliert werden.

Neben einer intermittierenden Hämodialyse kann auch eine kontinuierliche arteriovenöse Hämofiltration (**CAVH**)) durchgeführt werden (vgl. Abb. 7.10). Öfters wird hierfür ein Scribner-Shunt (externer arteriovenöser Shunt) angelegt oder es werden die A. und V. femoralis punktiert. Die arteriovenöse Blutdruckdifferenz treibt das arterielle Blut durch einen Kapillarfilter und preßt ein Ultrafiltrat (Wasser und Substanzen mit einem

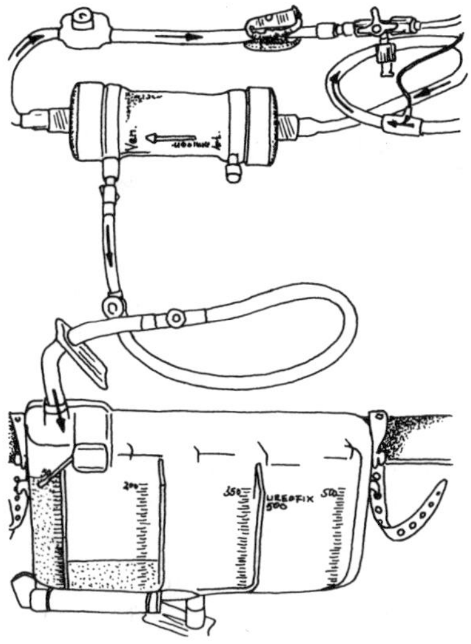

Abb. 7.10 Kontinuierliche arteriovenöse Hämofiltration mit Auffangbehälter für Dialysat

Molekulargewicht unter 10000) ab und strömt über den venösen Schenkel wieder zum Patienten. Um eine ausreichende Entgiftung von nierengängigen Substanzen zu garantieren, müssen relativ hohe Volumina an Ultrafiltrat abgelassen werden. Das wie Plasma zusammengesetzte Ultrafiltrat wird verworfen und durch entsprechende Infusionen (z.B. durch kaliumfreie Ringer-Laktat-Lösung) teilweise oder vollständig ersetzt, je nachdem, ob eine Entwässerung des Patienten erwünscht ist oder nicht. Um ein Verstopfen der Hämofiltrationspatrone zu verhindern, muß in den arteriellen Schlauch kontinuierlich Heparin zugeführt und ein ausreichender systolischer Blutdruck garantiert werden.

Die **Anlage der arteriovenösen Hämofiltrationsvorrichtung** hat unter sterilen Kautelen einschließlich sterilem Kittel, Mundschutz und Kopfbedeckung zu erfolgen. Bei den Vorbereitungen ist darauf zu achten, daß die Hämofiltrationspatrone luftblasenfrei mit Hilfe einer hochgehängten Infusionsflasche mit physiologischer

Kochsalzlösung gefüllt wird, der 5000 Einheiten Heparin zugemischt wurden.

Vorteile der apparativ einfachen CAVH sind, daß nur geringe Heparinmengen benötigt werden und relativ geringe Kreislaufbeeinträchtigungen zu erwarten sind.

Inzwischen wird anstatt einer CAVH meist eine kontinuierliche veno-venöse Hämofiltration (**C**ontinuous **v**eno-venous **h**emofiltration = **CVVH**) über eine Pumpe durchgeführt. Außerdem stehen inzwischen auch kontinuierliche Verfahren mit Gegenstrom (z.B. CVVHDF [**k**ontinuierliche **v**eno**v**enöse **H**ämodiafiltration] zur Verfügung). Hierbei wird eine Dialysatflüssigkeit entgegen der Blutflußrichtung an der Filtrationsmembran vorbeigeleitet. Bei diesem Verfahren wird ein hoher Konzentrationsgradient vom Blutplasma zur Dialysatflüssigkeit aufrechterhalten. Daher ist dieses Nierenersatzverfahren deutlich effektiver als eine spontane CAVH. Das Verfahren ist jedoch relativ aufwendig, platzraubend und teuer.

Spezielle neurochirurgische Krankheitsbilder

Schädelhirnverletzungen

Patienten mit traumatischer Schädelhirnverletzung sind relativ häufig auf Intensivstationen zu betreuen. Bei einer Schädelhirnverletzung muß zwischen primärer Hirnschädigung, die beim Unfall auftritt, und zwischen eventuell später noch auftretender, sekundärer Hirnschädigung unterschieden werden. An **sekundären Hirnschädigungen** sind insbesondere das posttraumatische Hirnödem mit Gefahr des intrakraniellen Druckanstiegs (vgl. S. 243), eine Meningitis oder ein Abszeß zu nennen.

Primäre Hirnschädigungen sind therapeutisch nicht beeinflußbar. Das gesamte therapeutische Bemühen gilt dem Versuch, sekundäre Hirnschädigungen zu minimieren (Überwachung der Hirnfunktion s. S. 366).

Kraniotomie

Nach einer Kraniotomie (vgl. S. 253) ist eine intensivmedizinische Nachbetreuung notwendig. Es ist insbesondere das **Risiko einer postoperativen Nachblutung** zu beachten. Eine entsprechende engmaschige Überwachung von neurologischem Status (vgl. S. 366), Atmung und Herz-Kreislauf ist notwendig. Insbesondere der Blutdruck muß in engen – vom Neurochirurgen vorgegebenen Grenzen – konstant gehalten werden, um einerseits eine ausreichende Durchblutung sicherzustellen und andererseits die Nachblutungsgefahr möglichst gering zu halten. Bei Verdacht auf eine Nachblutung ist eine sofortige zerebrale Computer-Tomographie notwendig, um eine eventuelle Operationsindikation zu klären. Es sollte routinemäßig ca. 6–8 Stunden postoperativ eine zerebrale Computer-Tomographie durchgeführt werden.

Aneurysma-Klipping

Bei noch nicht operierten Patienten mit einer **S**ub**a**rachnoidal**b**lutung (**SAB,** Blutung aus einem Aneurysma einer Zerebralarterie) besteht vor allem die Gefahr einer **Nachblutung.** Bei der Narkoseeinleitung ist ein Blutdruckanstieg zu vermeiden. Nach dem operativen Klippen eines entsprechenden Aneurysmas (vgl. S. 253) besteht vor allem die Gefahr eines **Gefäßspasmus mit Hirninfarkt.** Blutdruckabfälle sind zu vermeiden, es wird normalerweise ein etwas über dem normalen Blutdruck liegender Wert angestrebt. Oftmals wird Nimodipin per Infusionspumpe verabreicht (1. Stunde 1 mg/h, dann 2 mg/h, falls kein Blutdruckabfall erfolgt). Durch diesen selektiven Kalziumantagonisten soll eventuell ein zerebraler Vasospasmus positiv beeinflußt werden. Manche Patienten reagieren jedoch mit einem deutlichen Blutdruckabfall, was gegen dessen weitere Verabreichung spricht. Wird die Vasospasmusgefahr besonders hoch eingeschätzt, dann kann es eventuell erforderlich sein, zusätzlich einen (vorwiegend peripher wirkenden) Vasokonstriktor wie Noradrenalin (Arterenol) zu verabreichen, um einen ausreichenden zerebralen Perfusionsdruck (CPP = MAP – ICP; s. S. 244) aufrecht zu erhalten.

Querschnittslähmung

Eine Querschnittslähmung ist zumeist traumatisch (Badeunfall, Sturz) bedingt. Je nach Höhe der Querschnittslähmung sind die unteren Extremitäten (**Paraplegie**) oder alle vier Extremitäten (**Tetraplegie**) gelähmt. Schädigungen im Bereich der Halswirbelsäule zwischen C3 und C5 (Ursprung des für die Zwerchfellatmung notwendigen Nervus phrenicus) oder oberhalb davon sind mit dem Leben nicht vereinbar.

Es konnte gezeigt werden, daß durch die frühzeitige Gabe (innerhalb von 8 Stunden) von 30 mg/kgKG Methylprednisolon (z.B. Urabason) als Bolus und eine anschließende Gabe von ca. 5 mg/kgKG/h über ca. 24 Stunden das neurologische Outcome nach Rückenmarksverletzungen verbessert werden kann. Unmittelbar nach Auftreten einer Querschnittslähmung kommt es zur Ausbildung eines sogenannten **spinalen Schocks.** Es imponieren ein kompletter Ausfall von Sensibilität, Motorik und Muskeleigenreflexen unterhalb der Querschnittshöhe. Distal der Verletzungsstelle weisen die Patienten eine Vasodilatation, hervortretende Venen und eine warme Haut auf. Ursache ist ein Ausfall der sympathisch gesteuerten Vasokonstriktion. Diese distal der Querschnittshöhe auftretenden Vasodilatation führt zu einem Blutdruckabfall. Kranial der Verletzungsstelle kommt es zur kompensatorischen Vasokonstriktion. Es tritt ein paralytischer Ileus auf. Während dieser etwa zwei Wochen dauernden Phase des spinalen Schocks drohen vor allem respiratorische Probleme, weshalb eine intensivmedizinische Überwachung notwendig ist.

Zu beachten ist, daß während der Phase des spinalen Schocks beim Absaugen des Nasen-Rachen-Raumes starke vagale Reaktionen bis hin zur Asystolie ausgelöst werden können.

Mit **Übergang in das chronische Stadium** kehren die spinalen Reflexe wieder zurück. Der Patient ist nun vor allem durch aufsteigende Infektionen im Urogenitalbereich und, bei hohem Querschnitt mit grenzwertiger Atemfunktion, durch pulmonale Komplikationen gefährdet. Es imponieren gesteigerte Muskeleigenreflexe, Spastizität und Rigidität der entsprechenden Muskulatur. Es entwickeln sich spinale Automatismen (z.B. Blasen-/Darmentleerung bei einem bestimmten Füllungsgrad). Die Herz-Kreislauf-Situation ist labil und insbesondere in den ersten

Wochen nach Abklingen des spinalen Schocks durch eine sogenannte **autonome Hyperreflexie** gefährdet. Durch unterschiedlichste Reize im Verletzungsgebiet (Schmerzreize, Überdehnung der Blase oder ähnliches) kann eine autonome Hyperreflexie mit exzessiver Hypertonie und reflektorischer Bradykardie auftreten.

Pflege des querschnittsgelähmten Patienten

Stets muß vorher geklärt werden, ob der Patient gelagert werden darf (partielle Querschnittslähmung bei instabiler Fraktur?). Sind Lagerungsmanöver erlaubt, sollten sie zur Dekubitusprophylaxe regelmäßig durchgeführt werden. Eine gute Hautpflege ist für diese Patienten besonders wichtig. Aufgrund der beeinträchtigten Regulationsfähigkeit des Gefäßsystems können bereits bei Lagerungsmanövern Blutdruckabfälle auftreten. Da während des spinalen Schocks ein akuter Harnverhalt auftritt, muß alle sechs Stunden einmal katheterisiert werden oder der Patient muß einen transurethralen oder besser einen suprapubischen Blasenkatheter erhalten. Die während des initialen Spinalschocks auftretende Magen-Darm-Atonie macht eine parenterale Ernährung, das Legen einer Magensonde, konsequente Abführmaßnahmen und eine Ulkusprophylaxe notwendig. Mit Wiederbeginn der Darmaktivität kann mit der oralen Nahrungszufuhr langsam begonnen werden. Querschnittsgelähmte Patienten sollten möglichst bald in spezielle Therapiezentren verlegt werden. Ein großes Problem bei der Betreuung dieser Patienten ist deren psychische Führung. Oft handelt es sich um junge Patienten, die ihre Behinderung nicht verstehen und akzeptieren wollen. Es kommen bald z.B. Fragen nach dem Berufsleben oder z.B. dem Sexualleben auf das ärztliche und pflegerische Personal zu.

Bewußtseinsstörungen

Durchgangsstadium

Während der Erholungsphase nach Hirnverletzungen tritt zumeist ein Durchgangsstadium auf, das durch stark schwankende Bewußtseinslage, Orientierungslosigkeit, Aggressivität und Überaktivität gekennzeichnet ist. Der Patient muß in dieser Phase intensiv überwacht werden.

Apallisches Syndrom

Ein apallisches Syndrom ist durch den Funktionsausfall des Palliums (Großhirns) gekennzeichnet. Hirnstammfunktionen (vegetative Funktionen) sind jedoch erhalten. Die Augen können geöffnet sein (Coma vigile). Der Patient kann jedoch Reize nicht bewußt wahrnehmen. Die Augen können nicht laktiv fixieren.

Es imponieren häufig primitive Mechanismen wie Schmatzen, Kauen und ähnliches. Der Muskeltonus ist erhöht, es können wieder Primitivreflexe (z.B. Greif- und Saugreflex) auftreten. Schmerzreize werden durch ungezielte Massenbewegungen und eine Steigerung der Sympathikusaktivität beantwortet. Der Patient neigt zu Schwitzen, Tachykardie und Hyperventilation. Der Muskeltonus ist erhöht, es imponieren Spastizität und Rigor (Dezerebrationsstarre) (vgl. S. 368).
Zur **Therapie** der Tachykardie wird oft ein Betablocker und zur Behandlung der Spastik ein muskelerschlaffendes Benzodiazepin (z.B. Lioresal) eingesetzt. Das apallische Syndrom kann Wochen, Monate oder Jahre bestehenbleiben. Eventu-

ell ist über ein sogenanntes Remissionsstadium eine Rückbildung mit oder ohne bleibenden Defekt möglich.

Zerebrale Krampfanfälle

Bei schädelhirntraumatisierten Patienten besteht die erhöhte Gefahr zerebraler Krampfanfälle. **Fokale Krampfanfälle** führen beispielsweise zu rhythmischen Zuckungen einer Gesichtshälfte oder eines Armes. Sie sind abzugrenzen von **generalisierten zerebralen Krampfanfällen.** Zum Durchbrechen zerebraler Krampfanfälle bietet sich ein Barbiturat oder Benzodiazepin an. Zur Langzeittherapie werden zumeist Phenytoin (Phenhydan), Clonazepam (Rivotril) oder Phenobarbital (Luminal) eingesetzt.
Vergleiche auch „Überwachung der Hirnfunktion", S. 366.

Hirntod

Nach einem schweren Schädelhirntrauma kann der isolierte Hirntod eintreten, obwohl aufgrund intensivmedizinischer Unterstützung Kreislauf- und Lungenfunktion noch weitgehend intakt sein können.

Der **isolierte Hirntod** bedeutet den irreversiblen Ausfall aller Hirnfunktionen und damit den Tod des Patienten.

Typisch sind:
- Tiefe Bewußtlosigkeit
- Weite, lichtstarre Pupillen
- Keine Spontanatmung
- Keine Schmerzreaktion
- Ausfall der Hirnstammreflexe
- Null-Linien-EEG

Die **Diagnose** isolierter Hirntod muß anhand einer ausführlichsten klinischen Untersuchung von zwei Ärzten festgestellt und auf einem detaillierten Frage-Dokumentationsbogen niedergeschrieben werden. Auszuschließen sind stets eine Intoxikation oder Hypothermie des Patienten. Sicherstes Kriterium ist der angiographische Nachweis eines intrazerebralen Kreislaufstillstands in allen vier das Gehirn versorgenden Arterien (Arteriae carotis internae und Arteriae vertebrales).

Trotz isolierten Hirntods können eventuell noch auf Rückenmarksebene vermittelte spinale Reflexe auslösbar sein. Dies widerspricht nicht der Diagnose Hirntod!

Bei diesen Toten kann eine Organexplantation diskutiert werden (Organexplantation; vgl. S. 240).

Abdominalchirurgische Probleme

Peritonitis

Die lokal begrenzte oder die diffuse Peritonitis (Entzündung des Bauchfells) stellt ein häufiges intensivmedizinisches Problem dar. Besonders wichtig ist die **diffuse (generalisierte) Peritonitis,** die oft durch eine Perforation im Bereich von Magen-Darm-Trakt oder Gallenblase bedingt ist. Eine weitere häufigere Ursache stellt die Anastomoseninsuffizienz nach Operationen im Bereich des Gastrointestinaltraktes dar.
Auch bei einer länger bestehenden Ileussymptomatik (s. S. 384) kann es zu einer (**Durchwanderungs-**)**Peritonitis** kommen. Aufgrund der zumeist vorliegenden bakteriellen Entzündung des Peritoneums kommt es zu einer ausgeprägten Flüssigkeitssequestration in das entzündlich ver-

änderte Gewebe. Folge ist ein deutlicher Volumenmangel. Ein sekundär auftretender Ileus verstärkt den Volumenmangel weiter. Eine unbehandelte **diffus-eitrige Peritonitis** führt zu Volumenmangelschock und septischem Schock. Sekundärkomplikationen sind vor allem respiratorische Probleme, Niereninsuffizienz, Leberinsuffizienz und Gerinnungsstörungen. **Kennzeichen der diffusen Peritonitis** sind:

- Bauchschmerzen
- „Bretthartes" Abdomen
- Druck- und Loslaßschmerzen
- Erbrechen
- Hochfrequente und flache Atmung
- Fehlende Darmgeräusche und
- Eventuelle Kreislaufinsuffizienz

Falls irgend möglich, ist eine kausale chirurgische **Therapie** durchzuführen (Übernähung der Anastomoseninsuffizienz, Spülung der Bauchhöhle mit NaCl und Taurolin-Lösung). An intensivmedizinischen Maßnahmen sind Antibiotikatherapie, rein parenterale Ernährung, Ableiten des Magensekrets über eine Magensonde, suffiziente Schmerztherapie und adäquate Volumensubstitution durchzuführen. Bei schweren Verlaufsformen können eine maschinelle Beatmung sowie die symptomatische Therapie eventuell auftretender Organinsuffizienzen notwendig werden.

Ileus

Ein Ileus (Darmverschluß) stellt eine Unterbrechung der Darmpassage dar. Ursächlich können eine Verlegung des Darmlumens (**mechanischer Ileus**) oder eine Darmlähmung (**paralytischer Ileus**) vorliegen. Bei unvollständiger Ausprägung der Symptomatik wird von **Subileus** gesprochen.

Es imponieren Abdominalschmerzen, Erbrechen, Meteorismus (luftgefüllte Darmschlingen), fehlender Stuhl- und Windabgang. Typisch sind bei der Abdomen-Leeraufnahme im Stehen oder in Linksseitenlage Luftspiegel in Dünn- und Dickdarm. Während beim paralytischen Ileus Darmgeräusche fehlen, sind sie beim mechanischen Ileus verstärkt. Es droht eine rasch zunehmende Schocksymptomatik durch Flüssigkeits- und Elektrolytverluste aufgrund von rezidivierendem Erbrechen und großen Flüssigkeitsverlusten in das Darmlumen. Es drohen auch Elektrolytverluste, insbesondere eine Hypokaliämie.
Die häufigsten **Ursachen eines mechanischen Ileus** sind Verwachsungen (zumeist nach vorausgehenden Abdominaloperationen), inkarzerierte Hernien und Tumore. Vor der Stenose kommt es zur Dilatation des Darmes und zum Rückstau von Darminhalt. Bei massiver Überdehnung des Darmes drohen Durchblutungsstörungen, Nekrose und Perforation. Aufgrund der Darmwandschädigung können Bakterien und Toxine aus dem Darmlumen durch die Darmwand dringen und zu Peritonitis und Sepsis führen. Bei mechanischem Ileus ist als **Therapie** nach Entlastung mittels Magensonde, nach entsprechendem Ausgleich der Flüssigkeits-, Elektrolyt- und Eiweißverluste eine operative Intervention durchzuführen.
Ein **paralytischer Ileus** kann unterschiedlichste **Ursachen** wie z.B. diffuse Peritonitis, akute Pankreatitis, Mesenterialinfarkt, Mesenterialvenenthrombosen, metabolische Entgleisungen oder medikamentöse Ursachen haben. Je nach Ursache ist als **Therapie** neben einer Entlastungssonde z.B. eine operative Intervention oder eine medikamentöse Stimulation des Darmes durch Parasympathikomimetika (z.B. Neostigmin [Prostigmin], Distigminbromid [Ubretid]), Sympathikolytika (Trifluperidol [Triperidol]) oder Ce-

ruletid (Takus; Krötengift; bei Pankreatitis jedoch kontraindiziert) indiziert.

Akute gastrointestinale Blutung

Bei einer gastrointestinalen Blutung kann es entweder in das Darmlumen und/oder in die Bauchhöhle bluten.
Die häufigsten **Ursachen** für eine **Blutung in das Darmlumen** sind Magen- oder Duodenalgeschwüre, Magen-Darm-Karzinome und Ösophagusvarizen. Eine weitere häufigere Ursache für intraabdominelle Blutungen sind postoperative Nachblutungen. Stärkere Blutungen in das Magen-Darm-Lumen sind durch Bluterbrechen, durch über eine Magensonde ableitbares Blut, durch Blutauflagerungen auf dem Stuhl oder durch Teerstuhl gekennzeichnet.

Gemeinsames Merkmal aller stärkeren gastrointestinalen Blutungen ist der sich entwickelnde hämorrhagische Schock.

Blutungen in die Bauchhöhle sind meist durch die Ruptur von Milz oder Leber bedingt. Für die Diagnose einer intraperitonealen Blutung sind entweder eine sonographische Untersuchung, eine Abdominal-Lavage oder eine sorgfältige klinische Untersuchung (Palpation, Zunahme des Bauchumfanges?) notwendig.
Therapeutisch stehen die Plazierung mehrerer großlumiger peripherer Verweilkanülen sowie energische Volumen- und Blutsubstitution an erster Stelle. Bei schweren Blutungen muß die Operation noch vor Stabilisierung des Kreislaufs begonnen werden. Zusätzlich wird eine Magensonde gelegt und gegebenenfalls der Magen klargespült.

Ulkusblutungen

Bei Intensivpatienten besteht die erhöhte Gefahr streßbedingter Gastrointestinalblutungen. Daher hat die Ulkusprophylaxe einen hohen Stellenwert in der Intensivmedizin (vgl. Streßulkusprophylaxe, S. 312). Bei einer Ulkusblutung kann zumeist konservativ therapiert werden. Nach Einführen einer Magensonde wird der Magen mit kalter physiologischer Kochsalzlösung klargespült.

Ösophagusvarizenblutung

Bei Vorliegen einer Leberzirrhose ist der Gefäßwiderstand in der zirrhotischen Leber hoch und die Leberdurchblutung dadurch gedrosselt. Das Blut staut sich vor der Leber in der Pfortader, es wird von **portaler Hypertension** gesprochen. Das Blut aus der Pfortader fließt daher zum Teil über Umgehungskreisläufe (an der Leber vorbei) in die Vena cava.

Einen wichtigen **Umgehungskreislauf bei portaler Hypertension** stellen die Ösophagusvenen dar, die dadurch dilatieren. Diese dilatierten Gefäße (Ösophagusvarizen) können einreißen und zu massiven Blutungen mit Volumenmangelschock führen.

Eine umgehende Volumensubstitution ist notwendig. Zusätzlich ist durch **Kompressionssonden,** wie die Sengstaken-Blakemore-Sonde (2-Ballon-Sonde) oder die Linton-Nachlas-Sonde (1-Ballon-Sonde), eine Blutstillung zu versuchen. Die **Sengstaken-Blakemore-Sonde** wird über die Nase bis in den Magen vorgeschoben. Der untere, kleinere und runde Ballon dieser Sonde wird mit Luft gefüllt und an die untere Ösophagusöffnung herangezogen.

Dieser Ballon dient der Sondenfixierung unterhalb der Kardia. Danach wird der längliche, im distalen Ösophagus liegende zweite Ballon aufgeblasen, wodurch die blutenden Ösophagusvarizen komprimiert werden (vgl. Abb. 7.11). Über die Sonde kann auch eine Magenspülung vorgenommen werden. Der Magen muß klargespült werden.

Kompressionssonden dürfen wegen der Gefahr einer Ösophaguswandnekrose höchstens 48 Stunden in geblocktem Zustand belassen werden. Zwischenzeitlich sind sie wiederholt kurzfristig zu entblocken, um Drucknekrosen vorzubeugen.

Der Kompressionsdruck der Ösophagussonde sollte 35–40 mmHg betragen. Kommt die Blutung nicht zum Stehen, so ist gegebenenfalls eine endoskopische Fibrosklerosierung der Varizen oder selten ein operatives Vorgehen notwendig. Ist die Blutung zum Stillstand gekommen, dann kann die Sonde entblockt werden. Sicherheitshalber sollte sie jedoch wegen der Gefahr einer Nachblutung noch ca. einen Tag ungeblockt in situ belassen werden. Zusätzlich kann versucht werden, den Druck in der Pfortader medikamentös mit Vasopressin zu senken.

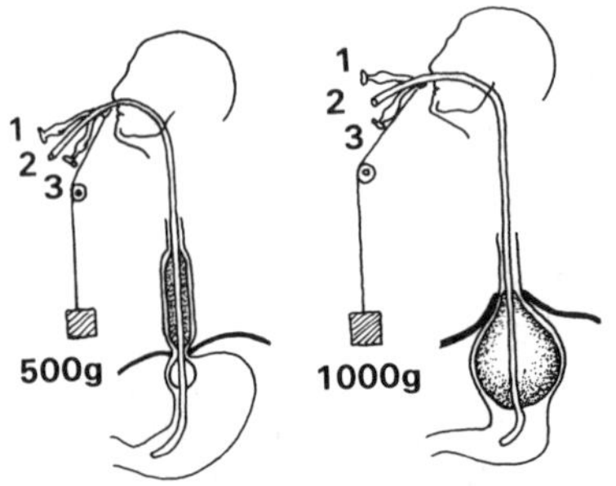

Abb. 7.11 Links: Plazierte Sengstaken-Blakemore-Sonde (2-Ballon-Sonde).
1 = Ösophagusballon, 2 = Magensonde, 3 = Magenballon
Rechts: Plazierte Linton-Nachlas-Sonde (1-Ballon-Sonde).
1 = Ösophagussonde, 2 = Magensonde, 3 = Ballon.

Die in den Gastrointestinaltrakt eingetretenen Blutmengen werden bakteriell abgebaut. Vor allem das hierbei anfallende Ammoniak kann normalerweise bei diesen Patienten nicht mehr entgiftet werden, da eine Leberinsuffizienz vorliegt. Es droht eine **Ammoniakvergiftung,** die sich in zerebralen Symptomen (Stupor, Zittern, Bewegungsarmut, Parästhesien) äußert (**hepatische Enzephalopathie, Coma hepaticum**.) Neben einer Magen- und Dickdarmentleerung mittels Sonde und Einläufen muß eine Reduktion der Darmflora mit oral verabreichten und nichtresorbierbaren Antibiotika (Neomycin 4 g/Tag oral) durchgeführt werden. Zusätzlich wird ein Laxans (Bifiteral, 20 ml alle zwei Stunden, bis Durchfall auftritt) verabreicht und eine Streßulkusprophylaxe (vgl. S. 312) durchgeführt.

Komplikationen nach gastrointestinalen Operationen

Eine vorübergehende, ca. zwei bis drei Tage dauernde Magen-Darm-Atonie ist nach größeren Abdominaleingriffen häufig anzutreffen. Bei einem länger bestehenden postoperativen Ileus ist eine entsprechende Diagnostik notwendig (vgl. S. 384). Eine postoperative Peritonitis ist zumeist durch Nahtinsuffizienz, unbemerkte Perforation oder durch Durchwanderungsperitonitis im Rahmen eines Ileus bedingt (vgl. S. 383). Die häufigsten Ursachen für postoperative Nachblutungen sind eine unzureichende intraoperative Blutstillung sowie Blutgerinnungsstörungen.

Pankreatitis

Die wichtigsten **Ursachen einer akuten Pankreatitis** (interstitiell-ödematös 80–90%; hämorrhagisch-nekrotisch 10–20%) sind Erkrankungen im Bereich der ableitenden Gallenwege und chronischer Alkoholismus. Auch nach Abdominalverletzungen kann eine (traumatisch bedingte) Pankreatitis auftreten.
Klinisch imponieren starke Oberbauchschmerzen, Erbrechen, Ileus, aufgeblähtes Abdomen, eventuell ein Schock. Je nach Schwere der Erkrankung treten zusätzlich linksseitiger Pleuraerguß, respiratorische Probleme, akutes Nierenversagen, Gerinnungsstörungen (DIC, Verbrauchskoagulopathie, s. S. 392), abdominelle Blutungen, eitrige Peritonitis und intraabdominelle Abszesse auf. Typische **laborchemische Veränderungen** sind eine erhöhte Alpha-Amylase in Serum und Urin, erhöhte Serum-Lipase, Abfall der Plasmakalziumkonzentration, metabolische Azidose und Anstieg der Laktatkonzentration (vgl. Tab. 7.6; S. 372). Liegt der Pankreatitis ein Gallenabflußhindernis zugrunde (Cholestase), dann sind die alkalische Phosphatase, das direkte Bilirubin und die Gamma-GT (vgl. Tab. 7.6; S. 372) erhöht.
Bei der schweren Verlaufsform, der **nekrotisierenden Pankreatitis,** kommt es durch Pankreasenzyme zu einer Selbstverdauung des Organs. Es handelt sich um ein schweres Krankheitsbild mit schlechter Prognose. Aufgrund schwerer Entzündungsreaktionen kommt es zur Sequestration großer Flüssigkeits- und Eiweißmengen ins Gewebe und Ausbildung eines hypovolämischen Schocks. Aufgrund der initial auftretenden Hypovolämie und Hypotonie droht häufig ein prärenales akutes Nierenversagen. Die Durchführung einer großzügigen Volumenzufuhr und der Einsatz von Katecholaminen sind normalerweise notwendig.

Um jegliche Stimulation der Pankreassekretion zu vermeiden, muß der Patient parenteral ernährt und der Magensaft abgeleitet werden. Außerdem kann eine Insulingabe erforderlich werden. Eventuell sollte eine Antibiotikatherapie bzw. eine Antibiotikaprophylaxe eingeleitet werden.

Eine ausreichende Analgesie und Sedierung stellen oft ein Problem dar. Sinnvoll ist die Anlage einer kontinuierlichen Periduralanästhesie sofern keine Gerinnungsstörung vorliegt. Bei der Gabe von Opioiden besteht die Gefahr, daß der Abfluß des Pankreassekrets aufgrund einer opioidbedingten Tonuserhöhung des Sphincter Oddi behindert wird.
Die Frage, ob in Einzelfällen eventuell eine chirurgische Intervention sinnvoll ist, muß mit den Abdominalchirurgen geklärt werden. Bei schweren Verlaufsformen können sich erhebliche respiratorische Probleme, eventuell ein ARDS (s. S. 372) entwickeln.

Alkoholkrankheit

Wird bei einem alkoholkranken Patienten die Alkoholzufuhr unterbrochen, so droht eine **delirante Entzugssymptomatik**. Sie ist gekennzeichnet durch motorische Unruhe, Nesteln, Halluzinationen, Desorientiertheit. Es besteht eine sympathikotone Reaktionslage mit Tachykardie, Schwitzen, Hypertension und Hyperventilation. Das Alkoholentzugsdelir ist lebensbedrohlich.

Bei bekannter Alkoholanamnese hat es sich bewährt, bereits vor einer geplanten Operation mit einer Delirprophylaxe zu beginnen. Hierzu kommt eine parenterale Alkoholinfusion über einen zentralen Venenkatheter in Frage. Hierbei sollte die sonst durchschnittlich zugeführte tägliche Alkoholmenge kontinuierlich verabreicht werden. Bewährt hat sich auch eine niedrig dosierte Flunitrazepam-(Rohypnol-)gabe im Rahmen der Prämedikation. Auch diese Prophylaxe sollte postoperativ parenteral weitergeführt werden.
Im Falle einer schweren vegetativen Alkoholentzugssymptomatik kann Clonidin (Catapresan) meist mit gutem Erfolg eingesetzt werden. Nach einer Initialdosierung („loading dose") von bis 1,2 mg i. v. wird eine bedarfsadaptierte kontinuierliche Infusion (2–6 µg/kgKG/h) angeschlossen. Bei einer halluzinatorisch betonten Delirsymptomatik sollte Haloperidol (Haldol) (entweder kontinuierlich oder in mehrfachen täglichen Einzeldosen) zugeführt werden. Auch Clomethiazol (Distraneurin) ist für eine Delirprophylaxe bzw. Delirtherapie geeignet. Insbesondere bei höherer Dosierung kann es jedoch zu einer Hypersalivation und Atemdepression führen.

Verbrennungskrankheit

Allgemeine Bemerkungen

Schwere Verbrennungen führen nicht nur zu lokalen, sondern auch zu generalisierten Veränderungen. Es wird von Verbrennungskrankheit gesprochen.

Verbrennungen der Körperoberfläche können in **vier Schweregrade** unterteilt werden:

- Verbrennung I. Grades: Gerötete, schmerzhafte und trockene Haut ohne Blasenbildung
- Verbrennung II. Grades: Schmerzhafte, feuchte Haut mit Blasenbildung
- Verbrennung III. Grades: Trockene, weiße oder fleischfarbene Haut. Da diese Verbrennung mindestens bis in die Subkutis reicht und die dort liegenden Nervenendigungen zerstört hat, ist sie nicht schmerzhaft (schmerzhaft sind aber die erst- und zweitgradig verbrannten Randbezirke).
- Verbrennung IV. Grades: Verkohlung

Eine Verbrennung führt durch die **Freisetzung von Entzündungsmediatoren** zu:

- Kapillardilatation
- Sequestration von Flüssigkeit ins Gewebe
- Ausbildung eines interstitiellen Ödems (nicht nur im geschädigten Areal)
- Zu verstärkter Verdunstung von Flüssigkeit über die geschädigten Hautpartien

Es kommt zu massiven **Flüssigkeits- und Eiweißverlusten** innerhalb der ersten 24–48 Stunden. Der entstehende intravasale Flüssigkeitsverlust ist proportional der Ausdehnung der verbrannten Körperoberfläche. Es droht eine Hypovolämie mit Hypotension und Volumenmangelschock. **Folge** können eine Oligurie oder Anurie sein. Eine eventuell stärkergradige Hämolyse kann über eine Hämoglobinurie die Nierenfunktion noch zusätzlich beeinträchtigen. Durch die erhöhte Wasserverdunstung entsteht außerdem ein bedeutender Wärmeverlust (580 cal pro Gramm verdunstetes H_2O), der zu einem erhöhten Energieverbrauch führt und eine gesteigerte Kalorienzufuhr erforderlich macht. Es kommt zu einer Hämokonzentration. Aufgrund der Streßsituation kommt es zu einer längerdauernden Erhöhung der Kortikoidspiegel. Akute Ulzerationen im Magen und Duodenum (**Curling-Ulzera**) sind daher gefürchtete und unter Umständen lebensbedrohliche gastrointestinale Komplikationen (siehe Streßulkusprophylaxe, S. 312). Die Immunglobuline IgG und IgM sind erniedrigt, die Leukozytenfunktion ist gehemmt. Aufgrund der erhöhten Gefäßpermeabilität und Sequestration in der Anfangsphase der Verbrennungskrankheit sind die Serumalbumine typischerweise erniedrigt.

Nach ca. 36–48 Stunden normalisiert sich die Kapillarpermeabilität wieder. Es beginnt die Rückresorption des sequestrierten Volumens. Bis zum Beginn des Heilungsprozesses besteht eine katabole Stoffwechsellage.

Nach Überwindung der initialen Schockphase ist der Patient insbesondere durch Infektionen und einen Hypermetabolismus gefährdet. Die häufigsten **Komplikationen einer Verbrennungskrankheit** sind:

- Sepsis
- Niereninsuffizienz
- Ateminsuffizienz
- Magen-Darm-Ulzera

Die häufigste Todesursache bei Verbrennungspatienten ist die **Sepsis**. Es lassen sich vor allem gramnegative Bakterien, häufig Pseudomonas aeruginosa, auf den Wunden nachweisen. Bei bestätigter bakterieller Wundinfektion beziehungsweise bei positiven Blutkulturen ist eine entsprechende Antibiotikatherapie durchzuführen. Eine prophylaktische Antibiotikatherapie ist dagegen umstritten.

Der **Hypermetabolismus** führt zum erhöhten Sauerstoff- und Kalorienbedarf und zur Steigerung des Herzminutenvolumens. Aufgrund des Hyperkatabolismus werden beim normalgewichtigen Erwachsenen zumeist 3000–6000 kcal/d notwendig.

Bei der Aufnahme eines Verbrennungspatienten müssen die Ausdehnung der Verbrennung (ausgedrückt in Prozent der Körperoberfläche) sowie der Grad der Verbrennung festgestellt werden. Beim Erwachsenen gilt die sogenannte **Neuner-Regel** (vgl. Abb. 7.12).

Beim Kind ist der prozentuale Anteil des Kopfes an der Körperoberfläche relativ hoch und der der unteren Extremität relativ gering.

Bei Gesichts- und Halsverbrennungen muß stets auch an ein Inhalationstrauma sowie an ein toxisches Lungenödem gedacht werden. Bei Verdacht auf eine **Kohlenmonoxidvergiftung** muß mit einem CO-Oxymeter die HbCO-Konzentration und die sogenannte fraktionelle Sättigung (HbO_2) bestimmt werden. Die bei erhöhtem HbCO-Wert mittels üblichem Blutgasanalysengerät (z.B. ABL-Gerät) oder Pulsoxymeter gemessene Sättigung ist falsch-hoch.

Versorgung von Verbrennungswunden

Verschiedene antiseptische Oberflächentherapeutika stehen zur Verfügung, um einer bakteriellen Besiedelung der Wundfläche vorzubeugen (z.B. Betaisodona).

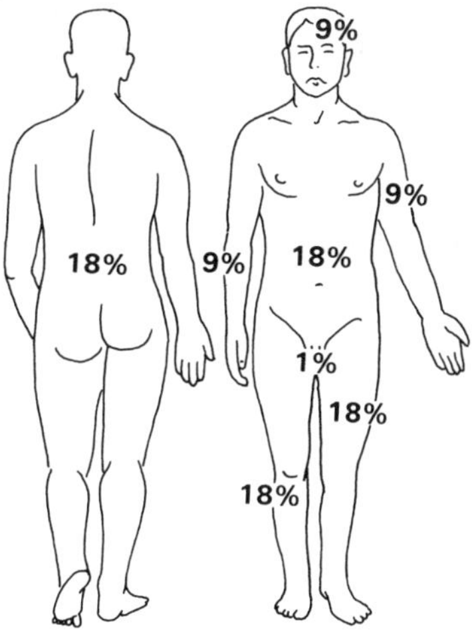

Abb. 7.12 Neuner-Regel zur Abschätzung der prozentual verbrannten Körperoberfläche beim Erwachsenen

Die Behandlungsstrategie der Wundfläche (verbundene oder offene Behandlung) variiert von Klinik zu Klinik. Zumeist wird eine offene Wundbehandlung propagiert. Es scheint sinnvoll zu sein, **nekrotische Hautbezirke** möglichst bald abzutragen und diese Areale mit Kunsthaut (Epigard) abzudecken. Bei einer verzögert durchgeführten Nekrektomie (nach acht bis zehn Tagen) ist die Infektionsgefahr erhöht. Es ist zu beachten, daß hierbei eventuell massive Blutverluste auftreten können.
Regelmäßige Abstriche vom Wundgebiet sind durchzuführen. Eine Tetanusprophylaxe ist notwendig.

Häufige Händedesinfektion, aseptisches Vorgehen bei allen Maßnahmen, Verwendung von sterilen Handschuhen, Mundschutz und Überkittel sind die wichtigsten Voraussetzungen, um eine Wundinfektion zu vermeiden.

Um die hohe Infektionsgefahr zu verringern, werden Verbrennungspatienten in Einzelzimmern isoliert. Die Zimmertemperatur sollte auf ca. 28–32 °C angehoben werden, um Flüssigkeits- und Wärmeverluste zu reduzieren.

Volumentherapie

Für eine adäquate Volumentherapie ist eine ausreichende Anzahl großlumiger Kanülen notwendig. Die **Zugänge** sollten festgenäht werden. Tage oder Wochen später, wenn die Patienten bereits mehrere Operationen hinter sich haben, kann es problematisch werden, einen venösen Zugang zu legen. Manchmal muß auf Venen von Kopfhaut, Stamm oder Schulter zurückgegriffen werden.
Zumeist wird empfohlen, in den ersten 24 Stunden nur kristalloide Lösungen zu infundieren und auf Kolloide zu verzichten, da zu befürchten ist, daß aufgrund der anfänglich erhöhten Kapillarpermeabilität die Kolloide ins Gewebe wandern und eventuell noch weiter Wasser mit ins Gewebe ziehen. Als **Infusionsmenge** werden beim Erwachsenen 4 ml/kgKG/% verbrannter Körperoberfläche in den ersten 24 Stunden zusätzlich zum Grundbedarf empfohlen (bei Kindern bis 8 ml/kgKG/% verbrannter Körperoberfläche). Die Hälfte davon sollte in den ersten 8 Stunden infundiert werden (**Baxter-Schema**). Zusätzliche Flüssigkeitsverluste durch Erbrechen, Diarrhoe oder Fieber müssen außerdem adäquat ersetzt werden.
Bereits am zweiten Tag normalisiert sich die Kapillarmembranpermeabilität wieder weitgehend, und die Infusionsmenge an Kristalloiden kann im Vergleich zum ersten Tag drastisch reduziert werden. Zusätzlich können Eiweiße – orientiert an den Serum-Eiweißwerten – substituiert werden. Gegebenenfalls müssen auch Gerinnungsfaktoren in Form von FFP verabreicht werden. Mit Normalisierung der Kapillarpermeabilität setzt ein Flüssigkeitsrückstrom aus dem Gewebe ins Gefäßsystem ein. Dies kann zur **intravasalen Volumenüberladung** führen.
Falls die Verbrennung mehr als 20% der Körperoberfläche beträgt, tritt fast immer eine **Magen-Darm-Atonie** auf. Zur Ableitung des Magensekrets sollte eine Magensonde plaziert werden. Sobald als möglich sollte mit der oralen Flüssigkeitszufuhr begonnen werden, wobei die Menge vorsichtig zu steigern ist. Zur Überwachung der **Nierenfunktion** ist bei Verbrennungen über 20% der Körperoberfläche ein Blasenkatheter zu legen, wobei die Urinausscheidung nicht unter 1 ml/kgKG/h abfallen sollte. In der Regel sollten Patienten mit ausgedehnten Verbrennungen polyurisch gehalten werden. Außerdem ist ein zentraler Venenkatheter zu plazieren, da

die ZVD-Messung einen wichtigen Parameter zur **Beurteilung der intravasalen Volumensubstitution** darstellt. Wichtig ist das tägliche Wiegen der Patienten. Das Körpergewicht sollte am ersten Tag, je nach Ausdehnung der Verbrennung, bei adäquater Volumentherapie um 10–20% zunehmen.

Polytraumatisierter Patient

Die Primärversorgung des polytraumatisierten Patienten ist auf Seite 285 beschrieben. Nach Sicherung der Vitalfunktionen und Durchführung lebensrettender Notoperationen wird der Polytraumatisierte für die Stabilisierungsphase auf die Intensivstation verlegt. Nachdem ein polytraumatisierter Patient aufgenommen und an das entsprechende Monitoring angeschlossen wurde sowie hämodynamisch stabilisiert ist, sind eine Reihe von Dingen zu klären bzw. zu überprüfen:

- Die bisher erhobenen Befunde sind zu kontrollieren und zu dokumentieren
- Es ist zu klären, ob noch bestimmte diagnostische (z. B. Röntgen der Halswirbelsäule), therapeutische (z. B. Thoraxdrainage) oder prophylaktische Maßnahmen (z. B. Tetanus-Schutzimpfung) durchgeführt werden müssen
- Nochmalige Untersuchung des Patienten und Dokumentation der Verletzungen. Es ist stets auch an eventuell verspätet auftretende Komplikationen (z. B. zweizeitige Milzruptur) zu denken
- Es ist zu klären, ob der Patient gelagert werden darf oder ob einschränkende Verletzungen (z. B. Wirbelsäulenverletzungen) vorliegen
- Bei Frauen muß z. B. geklärt werden, ob sie schwanger sind oder sie menstruationsbedingt einen Tampon tragen

Bei polytraumatisierten Patienten stehen

- Kreislaufproblematik,
- respiratorische Probleme sowie
- metabolische Veränderungen

im Vordergrund; daneben drohen auch

- Niereninsuffizienz,
- Störungen der Blutgerinnung,
- Magen-Darm-Ulzera,
- eine katabole Stoffwechsellage,
- eine erhöhte Infektanfälligkeit und
- die Gefahr einer Sepsis.

Um eine Niereninsuffizienz und eventuelle Blutgerinnungsstörungen wie eine disseminierte intravasale Gerinnung (DIC) oder eine Verbrauchskoagulopathie zu verhindern, ist eine konsequente **Therapie des Volumenmangelschocks** notwendig. Zur Überwachung der kardiovaskulären Situation empfiehlt sich die Plazierung einer arteriellen Druckmessung, eines zentralen Venenkatheters, gegebenenfalls eines Pulmonalarterienkatheters und eines Blasenkatheters.

Hat sich der Zustand des Patienten stabilisiert, so wird er – im Rahmen der **zweiten Operationsphase** – von der Intensivstation, möglichst mit „seinem" Beatmungsgerät, in den Op.-Saal gebracht. Als Narkoseform ist die Neuroleptanästhesie oder (T)IVA das Verfahren der Wahl, wobei meist ein enormer Medikamentenverbrauch auffällt. Aufgrund der inzwischen längeren Immobilisation und der oft großen Muskelverletzungen verbietet sich die Anwendung von Succinylcholin (s. S. 64). Als Relaxans sind z. B. Pancuronium, Vecuronium oder Rocuronium geeignet.

Die **Erholungsphase** umfaßt das Ausschleichen der intensivmedizinischen Therapie sowie die Entwöhnung vom Beatmungsgerät.

Sepsis

Sepsis ist definiert als eine systemische Einschwemmung von Bakterien oder bakteriellen Produkten, die über eine Aktivierung zahlreicher Mediatorsysteme letztlich zu einer unzureichenden Gewebsperfusion und einer diffus entzündlichen Gewebsveränderung führt. Letztlich kann es zu einem Multiorganversagen (**M**ultiple **O**rgan **F**ailure = MOF; vor allem Lungen-, Nieren-, Leberversagen) kommen.

Die Bakterien/Bakterientoxine führen über eine Mediatoraktivierung zu einer Schädigung der Kapillarwände. Die Kapillarmembranen werden „porös", es entsteht ein sogenanntes **Capillary Leak Syndrome.** Intravasale Flüssigkeit kann leicht ins Gewebe abwandern, es bilden sich Ödeme aus. In den geschädigten Kapillaren beginnen Gerinnungsprozesse, es drohen disseminierte intravasale Gerinnung (**d**isseminated **i**ntravascular **c**oagulation = DIC) mit Verbrauch der Gerinnungsfaktoren (= Verbrauchskoagulopathie). Da der Körper versucht, diese Gerinnsel wieder abzubauen, fallen vermehrt Fibrinspaltprodukte an. Es bilden sich Umverteilungen in der Gewebsperfusion mit Shunt-Öffnungen aus. **Folge der entstehenden Mikrozirkulationsstörungen** sind eine Mangelversorgung des Gewebes mit Hypoxie, Azidose und Laktatanstieg. Aufgrund der zahlreichen peripheren Shunts kommt es zu unzureichender Sauerstoffausschöpfung des Blutes (hohe gemischtvenöse Sauerstoffsättigung). Der periphere Gesamtwiderstand ist deutlich erniedrigt, das Herzminutenvolumen kompensatorisch erhöht.

Therapeutisch stehen bei der Sepsis Volumensubstitution und Katecholamingabe (Dopamin, Arterenol), Antibiotikatherapie, falls möglich zusätzlich operative Sanierung einer Sepsisquelle und maschinelle Beatmung im Vordergrund. Der erhöhte Eiweißkatabolismus verlangt eine hohe Proteinzufuhr sowie eine bedarfsgerechte hochkalorische Kohlenhydratzufuhr. Diese Patienten benötigen einen sehr hohen pflegerischen und apparatetechnischen Aufwand. Aufgrund der instabilen Kreislaufverhältnisse und der Tatsache, daß diese Patienten oft nicht gelagert werden können, sind sie stark dekubitusgefährdet.

Lungenembolie

Bei immobilisierten Patienten können sich (vor allem in den großen venösen Gefäßen der Leiste) Thromben entwikkeln. Löst sich ein solcher Thrombus, wird er mit dem Blutstrom bis in die Lungenstrombahn geschwemmt, wo er zur Verlegung einer Lungenarterie führen kann (Lungenembolie).

Eine Lungenembolie äußert sich in Thoraxschmerzen, Luftnot, Tachypnoe und führt aufgrund der akuten Rechtsherzbelastung zu EKG-Veränderungen (akuter Rechtsschenkelblock) und Blutdruckabfall. Bei einer schweren Lungenembolie droht ein akutes Rechtsherzversagen (Anstieg von ZVD) mit ausgeprägtem Blutdruckabfall. Typisch ist ein hoher arterieller P_aCO_2-Wert bei niedrigem endexspiratorischem CO_2-Wert (Totraumventilation) sowie ein niedriger P_aO_2-Wert.

Therapeutisch kommen vor allem Katecholamine wie Dobutamin (Dobutrex) sowie initial 5000 bis 10000 IE Heparin intravenös (Verhinderung neuer Thromben und einer Thrombenvergrößerung) oder eine medikamentöse Auflösung des Embolus (Lyse; z. B. initial 250000–1500000

IE Streptokinase oder Urokinase, danach 100 000 IE/Stunde) in Frage. Anschließend wird eine Heparintherapie (initial 5000–10 000 IE; danach eine Infusion mit ca. 400–500 IE/kgKG/24 h) durchgeführt. Oft wird eine kardiopulmonale Reanimation, manchmal eine operative Thrombektomie notwendig.

Diagnostisch bieten sich Röntgenthoraxbild (geringe Aussagekraft), Lungenperfusionsszintigraphie und Pulmonalisangiographie (beweisend) an.

Um eine erneute Thrombusloslösung zu verhindern, ist eine vorübergehende Immobilisierung und Heparinisierung notwendig. Oft schließt sich eine Langzeit-Marcumarisierung an.

Herzinfarkt

Von einem **akuten Herzinfarkt** (Myokardinfarkt) wird gesprochen, wenn ein größerer Teil der Herzmuskulatur aufgrund des Verschlusses einer Koronararterie nekrotisch wird. Auslösende Ursache ist zumeist ein gefäßverschließender Thrombus. In ca. 95% liegt bei diesen Patienten eine Koronarsklerose vor. Etwa 50% der Patienten mit einem Myokardinfarkt versterben innerhalb einer Stunde zumeist an Herzrhythmusstörungen (v. a. Kammerflimmern).

Bei Auftreten eines Herzinfarktes kommt es normalerweise zu:

- typischen klinischen Symptomen,
- zu typischen EKG-Veränderungen sowie
- zu charakteristischen Konzentrationsveränderungen herzspezifischer Enzyme.

Klinische Symptome:

Es treten meist schwere Schmerzen („Vernichtungsschmerzen") auf, die eine ähnliche Lokalisation und einen ähnlichen Charakter haben wie Angina-pectoris-Schmerzen (aber wesentlich stärker und länger [> 30 Minuten] anhaltend sind). Außerdem stellen sich meist Todesangst, Schweißausbruch und Übelkeit ein.

EKG-Veränderungen:

Die 12-Kanal-EKG-Ableitung ist das wichtigste diagnostische Hilfsmittel, um einen akuten Herzinfarkt nachzuweisen. Die für einen Herzinfarkt typischen EKG-Veränderungen sind in Abbildung 7.13 dargestellt. Im Rahmen eines akuten Infarktes treten oft therapiebedürftige Herzrhythmusstörungen auf.

Enzymveränderungen:

Erste typische Veränderungen herzspezifischer Enzyme treten wenige Stunden nach einem Myokardinfarkt auf (Abb. 7.14).

Kreatinkinase (CK; = Kreatin-Phosphokinase = CPK):

Die CK (Normalwert: < 70 U/I) beginnt 4–6 Stunden nach dem Infarkt anzusteigen, erreicht ihr Maximum nach 18–24 Stunden und normalisiert sich nach 3–4

EKG-Stadium		Typisches Bild	Wichtige Merkmale	Beginn / Dauer
frischer Infarkt (akutes Stadium)	Stadium 1		deutliche ST-Hebung T positiv R klein Q noch klein	Sofort / 1 bis 2 Std. bis 1 Woche
	Zwischenstadium	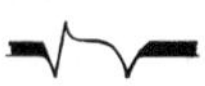	leichte ST-Hebung T spitz-negativ Q groß R klein	1. bis 10. Tag / kurz
alter Infarkt (chronisches Stadium)	Stadium 2	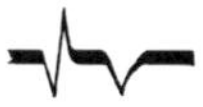	T spitz-negativ Q groß R noch klein keine ST-Hebung	3. bis 7. Tag / 6 Monate bis mehrere Jahre
	Stadium 3	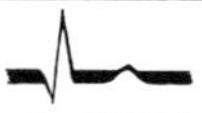	Q pathologisch T bereits positiv R normal oder reduziert keine ST-Hebung	– / 6 Monate bis bleibend

Abb. 7.13 Typische EKG-Veränderungen bei einem Herzinfarkt

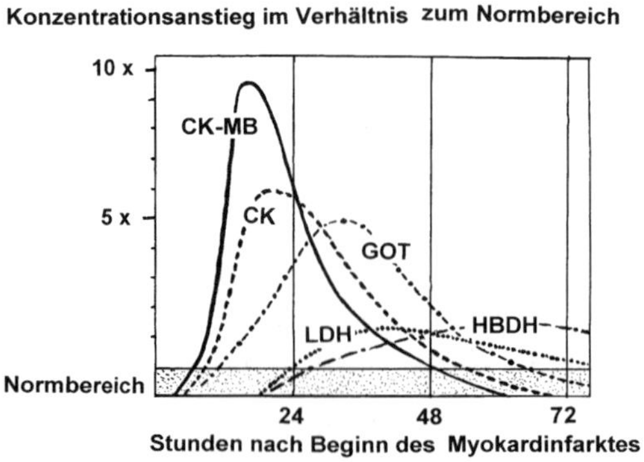

Abb. 7.14 Veränderungen der herzspezifischen Enzyme im zeitlichen Verlauf.
CK-MB = myokardspezifisches Isoenzym der Creatininkinase, CK = Kreatininkinase, GOT = Glutamat-Oxalazetat-Transaminase (ASAT), LDH = Laktat-Dehydrogenase, HBDH = α-Hydroxybutyrat-Dehydrogenase

Tagen. Bei einem CK-Maximum von < 400 IU kann mit einem komplikationslosen Verlauf gerechnet werden, bei einem CK-Maximum von > 1000 IU kann von einem riesigen Infarkt ausgegangen werden. Die CK ist sehr empfindlich, sie kann allerdings auch nach z. B. einer intramuskulären Injektionen, mechanischen Reanimation oder elektrischen Defibrillation oder sonstigen Muskelverletzung auftreten. Da die CK in Form von drei Isomeren vorkommt (CK-MM [Muskeltyp], CK-BB [Gehirntyp] und CK-MB [Herzmuskeltyp]), bietet sich die Bestimmung der CK-MB wegen ihrer Spezifität für den Herzmuskel zur Diagnostik des Herzinfarktes an. Die CK-MB ist zwar herzspezifisch (CK-MB > 6–10% der CK spricht für einen Herzinfarkt), aber weniger empfindlich als die CK, so daß kleinere Infarkte eventuell nicht erfaßt werden. Die CK-MB beginnt 2–6 Stunden nach dem Infarkt anzusteigen, erreicht ihr Maximum nach 24–36 Stunden und normalisiert sich nach 1–1,5 Tagen wieder.

Serum-Laktat-Dehydrogenase (SLDH; LDH) und Hydroxybutyrat-Dehydrogenase (HBDH = $SLDH_1$):

Die SLDH (Normalwert < 240 U/I) weist einen langsamen Konzentrationsanstieg mit Maximum nach 72 Stunden auf. Die SLDH liegt in Form verschiedener Isoenzyme vor.
Die HBDH (Normalwert < 140 U/I) ist ein myokardspezifisches Isoenzym der SLDH (= $SLDH_1$). Typisch für einen Herzinfarkt ist die Erhöhung dieser HBDH bzw. deren prozentualer Anteil an der Gesamt-SLDH. Ein Quotient HBDH/LDH von > 0,9 ist prognostisch ungünstig. Die maximale Höhe des HBDH-Anstiegs ist grob proportional der Infarktausdehnung und hat damit prognostischen Charakter.

Serum-Glutaminsäure-Oxalessigsäure-Transaminase (SGOT; GOT):

Die SGOT (Normalwert < 15 U/I) beginnt 4–6 Stunden nach dem Infarkt anzusteigen, erreicht ihr Maximum nach 24–28 Stunden und normalisiert sich nach 4–7 Tagen wieder. Die SGOT kann allerdings auch bei Leber- und Muskelerkrankungen ansteigen.

Myoglobin:

Myoglobin steigt (zusammen mit Troponin-T) als erster Parameter an. Myoglobin kann allerdings auch z. B. nach einer intramuskulären Injektion, elektrischen Defibrillation oder einer sonstigen Muskelverletzung auftreten. Außerdem ist die exakte Myoglobinbestimmung nicht routinemäßig möglich und auch zeitaufwendig.

Troponin-T:

Troponin-T ist ein neuer Marker, der (zusammen mit Myoglobin) als erster Parameter ansteigt.

Da die einzelnen herzspezifischen Enzyme einen charakteristischen zeitlichen Verlauf aufweisen kann anhand des Enzymmusters auf das Alter des Infarktes geschlossen werden (vgl. Abb. 7.14).

Neben den Veränderungen herzspezifischer Enzyme kommt es noch zu unspezifischen Entzündungszeichen wie Leukozytose (10 000 – 15 000/mm^3), Beschleunigung der Blutsenkungsgeschwindigkeit und Anstieg des C-reaktiven Proteins.

Laborchemische Untersuchungen sind weniger für die Akutdiagnostik, sondern v. a. für die Verlaufsbeobachtung geeignet.

Therapie:

Ziel der Therapie ist es, den Sauerstoffverbrauch des Herzens zu vermindern sowie die Myokarddurchblutung zu verbessern bzw. wiederherzustellen. Folgende Therapiemaßnahmen kommen in Frage:

- **Analgetika,** insbesondere Morphin. Wiederholt 1 – 5 mg Morphin bis zum individuellen Dosisbedarf.
- **Sedativa/Anxiolytika,** z. B. Diazepam. Wiederholt ca. 5 mg bis zum individuellen Dosisbedarf.
- **Sauerstoffgabe,** falls der PaO_2 erniedrigt ist. Bei Auftreten einer Herzinsuffizienz mit Lungenödem kann eine endotracheale Intubation mit Beatmung notwendig werden.
- **Bettruhe und Immobilisierung** für 2 – 3 Tage beim unkomplizierten Infarkt. Für ca. 3 Wochen ist eine stationäre Behandlung notwendig.
- **Nitropräparate**, z. B. eine Kapsel Nitrolingual bukkal zur Erweiterung der Kollateralgefäße und Ausschluß einer (nitrosensiblen) Angina pectoris. Der Infarktschmerz ist – im Gegensatz zum Angina-pectoris-Schmerz – allerdings nicht nitrosensibel. Bei Auftreten einer Herzinsuffizienz kann auch die Gabe von Nitroglycerin per Infusionspumpe notwendig werden. Vorsicht ist wegen dessen eventueller hypotensiver Wirkung geboten.
- **Dobutamin** bei Linksherzinsuffizienz zur Steigerung der Inotropie.
- **Beta-Rezeptorenblocker** können bei tachykarden und hypertensiven Patienten sinnvoll sein und eventuell die Infarktgröße vermindern.
- **Atropin** ist bei bradykarden Rhythmusstörungen indiziert.
- **Lidocain** ist das Antiarrhythmikum der Wahl beim Auftreten von ventrikulären Rhythmusstörungen (z. B. 100 mg).
- **Temporärer Herzschrittmacher** muß ggf. plaziert werden.
- **Defibrillation** bei Kammerflimmern oder schneller Kammertachykardie (s. S. 405). Nach erfolgreicher Therapie empfiehlt sich eine Lidocaingabe per infusionem.
- **Acetylsalicylsäure** in einer Dosierung von 100 – 250 mg/Tag zur Thrombozytenaggregationshemmung. Dadurch kann die Rate von Gefäßneuverschlüssen vermindert werden.
- **Heparin** 5000 IE i. v., danach 600 – 1200 IE/Stunde bereits in der Aufnahmestation. Es wird eine Verlängerung der PTT auf das 1,5- bis 3fache angestrebt. Nach ca. 4 Tagen Heparin subkutan (z. B. 2 x 7500 IE).
- **Thrombolyse.** Da ein Myokardinfarkt zumeist durch einen Thrombus bedingt ist, kommt der frühzeitigen Thrombolyse enorme Bedeutung zu. Bei Durchführung einer Thrombolyse innerhalb von 4 Stunden gelingt eine Wiedereröffnung des Gefäßes in bis zu 70 – 75 % der Fälle. Neben einer Frühlyse (innerhalb von 6 Stunden) scheint auch noch eine Spätlyse (bis zu 24 Stunden) sinnvoll zu sein.

  Als Thrombolytika haben sich bewährt:

- **Streptokinase;** 1,5 Millionen IE in 60 Minuten; Kontraindikation: Streptokokkeninfekt,
- **Urokinase;** 1,5–3,0 Millionen IE in 60 Minuten,
- **APSAC** (= **a**nisoyl **p**lasminogen **s**treptocinase **a**ctivator **c**omplex = Komplexbildung zwischen Plasminogen und Streptokinase; Plasminogen ist die Vorstufe von Plasmin, das Fibrin [Thromben] auflösen kann); 30 mg i. v. in 5 Minuten; Kontraindikation: Streptokokkeninfekt.
- **rt-PA** (= **r**ecombinant **t**issue **p**lasminogen **a**ctivator [gentechnisch hergestellt]; entspricht der körpereigenen t-PA, die vom Gefäßendothel freigesetzt wird und Fibrin [Thromben] auflösen kann). rt-PA muß in Kombination mit Heparin verabreicht werden; 10 mg als Bolus, anschließend 50 mg über 60 Minuten, 10 mg über 30 Minuten, ggf. anschließend nochmals 3 x 10 mg über jeweils 30 Minuten.
- **Pro-Urokinase** (Pro-Urokinase wird gentechnisch hergestellt; es ist ein der Urokinase ähnlicher Plasminogenaktivator); 20 mg als Bolus, anschließend 60 mg über 60 Minuten.

▶ **PTCA**. Durch den zunehmenden Einsatz der PTCA (**p**erkutane **t**ransluminale **K**oronar**a**ngioplastie [instrumentelle Erweiterung arteriosklerotisch verengter Koronararterien mittels Ballonkatheter]) kann die Mortalität nach einem Herzinfarkt vermindert werden. Eine PTCA ist indiziert, falls Kontraindikationen gegen eine Lysetherapie vorliegen oder falls die Lysetherapie unzureichend ist bzw. es zu einem schnellen Wiederverschluß des Gefäßes kommt.

Da Thrombolytika nicht nur Thromben in den Koronararterien auflösen, sondern eine generelle thrombolytische Wirkung haben, stellen z. B. eine kurz zurückliegende Operation, Ulkusleiden, Blutungsneigung, ein Apoplex in den letzten 6 Monaten, vorausgegangene Subclavia/Jugularis-interna-Punktionen, Tumorerkrankungen, Schwangerschaft oder eine vorausgegangene Herzdruckmassage eine Kontraindikation dar.

Entscheidend nach Auftreten eines Herzinfarktes ist die Intensivüberwachung, um akute Herzrhythmusstörungen sofort zu erkennen und zu therapieren. Wichtig ist daher eine kontinuierliche EKG-Überwachung (möglichst mit automatischer Arrhythmieerkennung). Außerdem ist ein hämodynamisches Monitoring wichtig sowie die konsequente Therapie z. B. einer auftretenden Herzinsuffizienz.

Teil 8
Lebensrettende Sofortmaßnahmen

Allgemeine Bemerkungen

Grundvoraussetzung für ein normales Funktionieren des Organismus ist die ausreichende Versorgung der Organe mit Sauerstoff. Die für die Sauerstoffversorgung absolut notwendigen Elementar- oder auch **Vitalfunktionen** sind

- die Atmung und
- das Herz-Kreislauf-System.

Kommt es zu einer plötzlichen Bedrohung dieser Vitalfunktionen, so haben wir einen Notfallpatienten vor uns. Bei allen Notfallpatienten müssen durch lebensrettende Sofortmaßnahmen die Vitalfunktionen wiederhergestellt und stabilisiert werden. Die Vitalfunktionen Atmung und Herz/Kreislauf sind eng miteinander verknüpft. Kommt es z.B. zu einem **Atemstillstand,** so bleibt aufgrund des eintretenden Sauerstoffmangels (= Hypoxie) das Herz spätestens nach 5–10 Minuten ebenfalls stehen. Tritt dagegen zuerst ein **Kreislaufstillstand** auf, so wird auch das Gehirn nicht mehr durchblutet. Der Patient wird bereits nach ca. 10 Sekunden bewußtlos und innerhalb einer Minute fallen alle wesentlichen zerebralen Funktionen einschließlich der Spontanatmung aus.

Bei Eintritt eines Atem- und Herz-Kreislauf-Stillstandes wird vom zunächst noch **reversiblen klinischen Tod gesprochen.**

Nach kurzer Zeit kommt es zu irreversiblen Schädigungen der Organe und damit zum unwiderruflichen, zum **biologischen Tod.**
Die Zeitspanne zwischen Eintritt des klinischen Todes und Eintritt des biologischen Todes wird als **Wiederbelebungszeit** bezeichnet. Innerhalb dieser Zeitspanne können Herz/Kreislauf und Atmung wiederhergestellt werden, ohne daß bleibende Organschäden eintreten.

Diese Wiederbelebungszeit ist für die einzelnen Organe unterschiedlich lang. Am kürzesten ist sie für das Gehirn, hier beträgt sie 3–5 Minuten. Da ein Lebewesen als tot definiert ist, wenn das Gehirn tot ist, entspricht die Wiederbelebungszeit des Gehirns der Wiederbelebungszeit des Gesamtorganismus.

Jeder Helfer kann durch Sehen, Hören und Tasten eine Störung der Vitalfunktionen Atmung und Herz/Kreislauf feststellen.

Die Therapie eines Atem- und Herz-Kreislauf-Stillstandes muß sofort (innerhalb von Sekunden) begonnen werden.

Für die anfänglichen Sofortmaßnahmen sind keinerlei (!) Hilfsmittel nötig. (Die im folgenden beschriebenen Richtlinien entsprechen den neuen Empfehlungen der American Heart Association von 1992).

Die kardiopulmonale Reanimation des Erwachsenen

Basismaßnahmen der kardiopulmonalen Reanimation beim Erwachsenen

Zu den Basismaßnahmen der kardiopulmonalen Reamimation (**basic life support**) gehören lediglich die Maßnahmen, die **ohne irgendwelche Hilfsmittel** durchgeführt werden können. Zuerst muß (ohne Hilfsmittel) eine Diagnose gestellt und dann gegebenenfalls (ohne Hilfsmittel) therapiert werden.

Bewußtlosigkeit?

Wird ein möglicherweise vital bedrohter Patient angetroffen, dann gilt es zuerst zu klären, ob der Patient bei Bewußtsein ist oder bewußtlos ist. Der Patient sollte vorsichtig gerüttelt und laut angerufen werden: „Hallo! Ist alles OK?" Falls der Patient nicht reagiert, ist von einer Bewußtlosigkeit auszugehen. Es ist nun zu klären, ob bei dem Patienten eine Störung der Vitalfunktion Atmung vorliegt.

Störungen der Vitalfunktion Atmung?

Diagnostik von Atemstörungen

Um festzustellen, ob der Patient noch atmet oder nicht, ist der Kopf des Patienten zu überstrecken (um eine beim Bewußtlosen nach hinten fallende und den Atemwegen vorliegende Zunge vom Rachen abzuheben und die Luftwege freizumachen). Außerdem muß das Ohr dem Mund und der Nase des Patienten genähert werden und gleichzeitig ist der Brustkorb zu beobachten. Es sollte überprüft werden, ob sich der Brustkorb des Patienten hebt und senkt und ob eine Luftströmung an Mund und Nase des Patienten gehört oder gefühlt wird. Diese Überprüfung der Atmung sollte nicht länger als 3–5 Sekungen dauern. Es können folgende Zustände festgestellt werden:

Normale Atmung

Atmet der Patient normal, dann ist es wichtig dafür zu sorgen, daß die Atemwege offen gehalten werden, z.B. durch Lagerung des Patienten in stabiler Seitenlage oder durch Intubation des Patienten (s.u.).

Teilweise (= partielle) Verlegung der Atemwege

Eine partielle Verlegung der Atemwege ist in allen Etagen der Luftwege durch eine Vielzahl von Ursachen möglich, wie z.B. durch:

- Blut
- Sekret
- Erbrochenes
- Fremdkörper wie Zahnprothesen
- Eine zurückgefallene Zunge
- Einen Laryngospasmus usw.

Der Patient versucht hierbei meist, das Atemhindernis krampfhaft zu überwinden. Häufig sind bei der verzweifelten Einatmung oberhalb der Schlüsselbeine (= supraklavikulär) sowie zwischen den Rippen (= interkostal) Einziehungen der Haut zu sehen. Meist ist ein pfeifendes, gurgelndes oder krächzendes Atemgeräusch zu hören, und es läßt sich eine nur geringe Luftströmung fühlen.

Totale Verlegung der Atemwege

Die Ursachen einer totalen Atemwegsverlegung können im Prinzip die gleichen sein wie bei der partiellen Verlegung der Luftwege. Es sind deutlich frustrane Atembewegungen mit supraklavikulären und interkostalen Einziehungen sowie paradoxe Schaukelbewegungen von Bauch und Thorax zu erkennen. Es kann jedoch keine Luftströmung gehört oder gefühlt werden.

Zentrale Atemregulationsstörung

Als Ursache einer zentralen Atemregulationsstörung kommen traumatische, entzündliche und medikamentöse Störungen des Atemzentrums in Frage. Besonders wichtig sind zentrale Atemregulationsstörungen als Nebenwirkungen von Opioiden, Sedativa, Hypnotika, Anästhetika usw. Meist tritt hierbei eine Änderung der Atmung im Sinne einer Bradypnoe oder einer Apnoe auf.

Störungen der Atemmuskulatur, des Thorax und der Lunge

Störungen der Atemmuskulatur können vor allem durch einen Überhang von Muskelrelaxanzien nach einer Narkose auftreten, selten auch durch eine Poliomyelitis, durch Muskelkrämpfe beim Tetanus oder bei neurologischen Störungen (z.B. Guillan-Barré-Syndrom). Bei Störungen des knöchernen Thorax ist vor allem an eine Rippenserienfraktur zu denken. Bei Störungen der Lunge kommen vor allem ein Pneumothorax oder ein Hämatothorax in Frage.

Atemstillstand

Bei der Überprüfung der Atmung ist keine Bewegung des Thorax zu erkennen. Auch kann mit dem an den Mund und die Nase angenäherten Ohr keine Luftströmung gehört oder gefühlt werden.

Die pulmonale Wiederbelebung

Hat die Diagnostik eine Gefährdung der Vitalfunktion Atmung ergeben, so müssen unverzüglich die **Atemwege freigemacht und freigehalten werden.** Tritt nun keine ausreichende Spontanatmung ein (nur in ca. 20%), so muß unverzüglich mit der Atemspende/Beatmung begonnen werden.

Freimachen der Atemwege

Der Mund-Rachen-Raum muß grob gereinigt werden. Flüssigkeiten können mit einer Absaugvorrichtung, größere Partikel mit einer Zange (z.B. Magill-Zange, s. S. 78) entfernt werden. Notfalls müssen immer der Zeige- und Mittelfinger verwendet werden (um die evtl. ein Gazestreifen oder ein Taschentuch gewickelt werden kann). Zum Freimachen der Atemwege gehört auch ein Überstrecken des Kopfes und Hochziehen des Unterkiefers (= Esmarchscher Handgriff, s. S. 293), wodurch eine zurückgefallene Zunge von der Rachenhinterwand abgehoben wird.

Freihalten der Atemwege

Meistens führt das Freimachen der Atemwege bei bewußtlosen Patienten zu einer ausreichenden Spontanatmung. Anschließend muß dafür gesorgt werden, daß die Atemwege freibleiben. Zum Freihalten der Atemwege eignen sich:

- Esmarch-Handgriff (s. S. 293)
- Stabile Seitenlage
- Einführen eines Wendl-Tubus (s. S. 294)
- Einführen eines Guedel-Tubus (s. S. 79)

Falls das Freimachen und Freihalten der Atemwege zu keiner ausreichenden Spontanatmung führen, muß unverzüglich mit einer Atemspende/Beatmung begonnen werden.

- Orotracheale Intubation (s. S. 80) und Beatmen mit einem Atemhubvolumen von ca. 10–15 ml/kgKG.

Atemspende

Die Atemspende kann durchgeführt werden als

- Mund-zu-Mund-Beatmung oder als
- Mund-zu-Nase-Beatmung.

Bevorzugt wird die **Mund-zu-Mund-Beatmung**, die folgendermaßen durchgeführt wird:

- Rückenlage des Patienten
- Überstrecken des Kopfes:
  Eine Hand liegt an der Stirn-Haar-Grenze, die andere flach unter dem Kinn. Der Kopf wird maximal überstreckt. Mit dem Daumen und Zeigefinger der an der Stirn-Haar-Grenze liegenden Hand wird die Nase zusammengedrückt (um zu verhindern, daß die in den Mund geblasene Luft durch die Nase entweicht). Gelingt eine Mund-zu-Mund-Beatmung nicht, dann ist eine Mund-zu-Nase-Beatmung durchzuführen. Hierbei wird mit dem Daumen der am Kinn liegenden Hand die Unterlippe gegen die Oberlippe gepresst (Abb. 8.1).
- Insufflation:
  Der Helfer beatmet den Patienten zweimal. Jeder Atemhub sollte ca. 1,5–2,0 Sekunden dauern. Beim Erwachsenen sollten ca. 800–1200 ml Luft insuffliert werden. Anschließend ist zu überprüfen, ob der Patient einen tastbaren Puls hat oder ob eine Störung der Vitalfunktion Herz/Kreislauf vorliegt (s. u.). Hat der Patient eine ausreichende Kreislauffunktion, dann wird mit einer Frequenz von 10–12 Atemhüben pro Minuten beatmet. (Abb. 8.2).
- Kontrolle der Ausatmung:
  Ist die Insufflation beendet, so hebt der Helfer seinen Mund von dem Mund

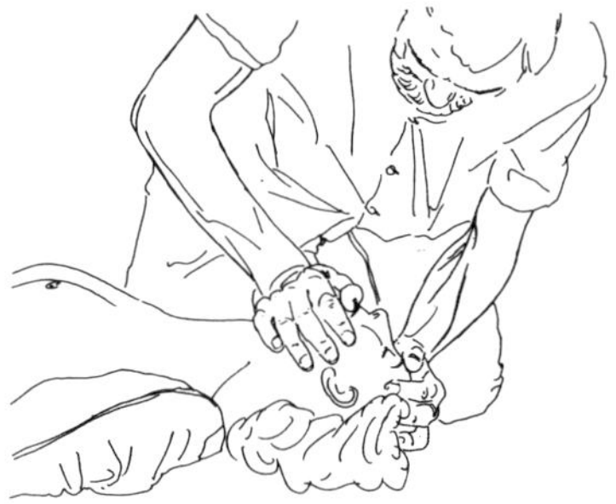

Abb. 8.1 Überstreckung des Kopfes

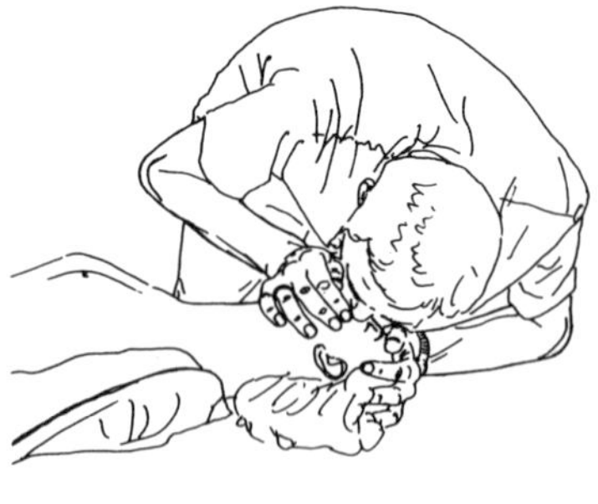

Abb. 8.2 Mund-zu-Mund-Beatmung

des Patienten ab, dreht seinen Kopf, um den Thorax des Patienten zu beobachten, und nähert sein Ohr der Nase des Patienten (Abb. 8.3). Die passive Ausatmung des Patienten kann nun am Senken des Thorax gesehen und am Ausströmen der Luft aus dem Mund gehört und gefühlt werden.

Abb. 8.3 Passive Ausatmung

Für die Atemspende sind inzwischen hygienisch unbedenkliche Einmaltücher mit Ventilfunktion erhältlich. Deren Anwendung erfordert jedoch einige Übung, um eine komplette Abdichtung der Atemwege zwischen Helfer und Patient zu erreichen. Falls verfügbar, sollte stets mit Hilfe eines Beatmungsbeutels bzw. eines Narkosegerätes eine Maskenbeatmung (s. S. 97) durchgeführt werden. Schnellstens sollte die endotracheale Intubation angestrebt werden. Nur hierdurch ist ein sicheres Freihalten der Atemwege und die Zufuhr von Sauerstoff in hoher Konzentration zu gewährleisten.

Erfolgskontrolle:

Meist kann schon nach wenigen Insufflationen ein Rückgang einer vorher bestehenden Zyanose beobachtet werden.
Konnte nach den initialen zwei Beatmungen des Patienten kein Puls getastet werden, so muß von einer Störung der Vitalfunktion Herz/Kreislauf ausgegangen werden.

Störungen der Vitalfunktion Herz/Kreislauf?

Diagnostik von Herz/Kreislauf-Störungen

Die Frage, ob der Patient pulslos ist oder nicht, wird nach den initialen beiden Beatmungen dadurch geklärt, daß die Arteria carotis (etwas lateral des Kehlkopfes) getastet wird. Vor allem beim entkleideten Patienten kann auch die A. femoralis palpiert werden. Eine periphere Pulsdiagnostik (z. B. an der A. radialis) ist nicht (!) zulässig. Die Überprüfung auf einen tastbaren Puls bzw. eine Pulslosigkeit sollte nicht länger als 5–10 Sekunden dauern.

Da das Blutdruckmessen nach Riva-Rocci eine zeitraubende und nicht absolut zuverlässige Methode ist, darf sie bei Verdacht auf einen Kreislaufstillstand nicht zur Diagnosestellung herangezogen werden. Verwertet werden kann dieses Kriterium z. B. bei Intensivpatienten oder im OP, wenn der Patient bereits vorher eine arterielle Blutdruckmessung hatte.
Da das Ableiten eines EKGs ebenfalls zeitraubend ist, kann es zur Diagnosestellung eines Kreislaufstillstandes nicht herangezogen werden, es sei denn, daß bereits vorher eine EKG-Ableitung angeschlossen war, wie z. B. bei einem Patienten auf der Intensivstation oder im OP.

Wird eine Pulslosigkeit festgestellt, dann kann von einem therapiebedürftigen Kreislaufstillstand ausgegangen werden.

Unter einem Kreislaufstillstand wird der Zusammenbruch der Organperfusion verstanden. Die häufigsten Ursachen eines Kreislaufstillstandes sind ein Kammerflimmern, eine Asystolie oder eine elektromechanische Entkoppelung.

Bei all diesen Zuständen wirft das Herz kein Blut aus. Das Herz steht also funktionell still. Es wird von einem funktionellen oder einem **hämodynamischen Herzstillstand gesprochen.**
Innerhalb von 10 Sekunden nach Eintritt eines Kreislaufstillstandes wird der Patient aufgrund des zerebralen Kreislaufstillstandes bewußtlos.
Innerhalb von 60 Sekunden nach Eintritt eines Kreislaufstillstandes tritt auch ein Atemstillstand ein.
Innerhalb von 60 Sekunden nach Eintritt eines Kreislaufstillstandes werden die Pupillen des Patienten weit. Beim schädelhirntraumatisierten Patienten kann jedoch z.B. eine Pupille weit sein, ohne daß ein Kreislaufstillstand vorliegt (s. S. 244). Andererseits werden z.B. bei einem Patienten mit einer E-605–Vergiftung oder mit einem Glasauge die Pupillen trotz eines Kreislaufstillstandes nicht weit. Beim Beurteilen der Pupillen müssen immer beide(!) Augen überprüft werden. Die Pupillen können auch im Rahmen einer suffizient durchgeführten Reanimation weit werden. Ursache kann in diesem Falle z.B. eine hochdosierte Adrenalingabe sein.
Bei einem primären Kreislaufstillstand ist die Haut „leichenblaß". Besteht jedoch zuerst ein Atemstillstand, der von einem Kreislaufstillstand gefolgt wird, so ist die Haut normalerweise tief zyanotisch. Dieses Kriterium ist jedoch z.B. bei Patienten mit einer Kohlenmonoxidvergiftung, einer schweren Anämie, schwarzer Hautfarbe, schweren Verbrennungen usw. nicht immer verwertbar.

Die kardiale Wiederbelebung

Allgemeine Bemerkungen

Hat die Diagnostik eine Pulslosigkeit, also einen Herz-Kreislauf-Stillstand ergeben, so muß unverzüglich mit der Herzdruckmassage, der sogenannten kardialen Wiederbelebung begonnen werden. Außerdem muß die bereits angefangene Beatmung fortgeführt werden.

Bei der **externen Herzdruckmassage** wird durch rhythmischen Druck auf das Sternum das Herz zwischen Sternum und Wirbelsäule komprimiert, wodurch ein Blutauswurf aus dem Herzen erzeugt wird und ein Minimalkreislauf aufrechterhalten werden kann. Nach neueren Erkenntnissen ist für den Blutfluß unter der Herzdruckmassage auch ein sogenannter **Thoraxpumpmechanismus** verantwortlich. Aufgrund der kompressionsbedingten generalisierten Steigerung des intrathorakalen Druckes kommt es zu einer Kompression der intrathorakalen Gefäße. Da hierbei die Venen stärker komprimiert werden als die Arterien kommt es zu einer Blutströmung ins arterielle System. Während beim Erwachsenen für den Blutfluß beide Mechanismen verantwortlich sind, kommt es bei Kindern, aufgrund ihres elastischen Thorax, v.a. zu einer direkten Kompression des Herzens. Neben der externen Herzdruckmassage muß eine Ventilation der Lunge durchgeführt werden.

Zur Durchführung der kardiopulmonalen Reanimation wird der Patient sofort flach auf den Rücken gelegt, wobei auf eine harte Unterlage zu achten ist. Im Bett muß eine Reanimationsplatte, z. B. das abnehmbare Fußbrett eines Krankenhausbettes, unter den Thorax geschoben werden. Notfalls wird der Patient immer auf den Fußboden gelegt. Der Helfer kniet oder steht seitlich neben dem Patienten. Druckpunkt für die Herzdruckmassage beim Erwachsenen ist das untere Drittel des Sternums. Die übereinandergelegten Handballen werden – bei angehobenen Fingern – auf den Druckpunkt aufgesetzt. Der Druck muß senkrecht von oben erfolgen und das Sternum ca. 3,8–5 cm der Wirbelsäule nähern. Der Druck sollte weitgehend durch Beugen des Oberkörpers bei gestreckten(!) Armen erzeugt werden (Abb. 8.4). Druck- und Entlastungsphase sollten von gleicher Dauer sein. Die Handballen müssen auch während der Entlastungsphase auf dem Druckpunkt verbleiben.

Je nachdem, ob ein oder zwei Helfer für die kardiopulmonale Reanimation zur Verfügung stehen, wird eine sogenannte Ein-Helfer-Methode von einer sogenannten Zwei-Helfer-Methode unterschieden.

Ein-Helfer-Methode

Der Helfer muß abwechselnd Beatmung (vgl. Abb. 8.2) und Herzdruckmassage (Abb. 8.4) durchführen. Er beginnt mit 2 Insufflationen und führt dann die kardiopulmonale Reanimation mit 15 Herzdruckmassagen, gefolgt von jeweils 2 Insufflationen, weiter (15:2). Die Kompressionen erfolgen mit einer Frequenz von 80–100/min. Nach vier Kompressions- und Beatmungszyklen sollte überprüft werden, ob nun wieder ein Puls an der A. carotis tastbar ist. Diese Kontrolle sollte nicht länger als 3–5 Sekunden dauern. Die Kontrolle sollte alle paar Minuten wiederholt werden.

Zwei-Helfer-Methode

Der eine Helfer übernimmt die Herzdruckmassage, der zweite die Ventilation (Abb. 8.5). Es wird wiederum mit 2 Insuf-

Abb. 8.4 Kardiopulmonale Wiederbelebung: Herzdruckmassage mit der Ein-Helfer-Methode

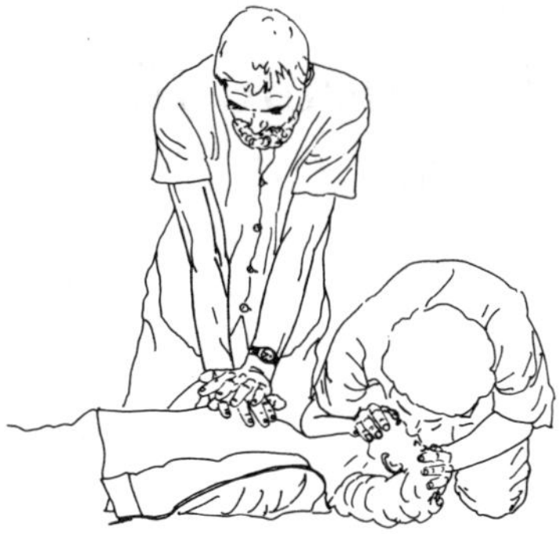

Abb. 8.5 Kardiopulmonale Reanimation: Zwei-Helfer-Methode

flationen begonnen. Danach wird die kardiopulmonale Reanimation mit 5 Herzdruckmassagen, gefolgt von 1 Insufflation, fortgeführt (5:1). Die Insufflation sollte genau zwischen zwei Herzmassagen interponiert werden. Eine Insufflation sollte wiederum ca. 1,5–2 Sekunden dauern. Die Kompression erfolgt mit einer Frequenz von 80–100/min. Derjenige, der die Beatmung durchführt, muß wiederholt die Effektivität der Herzdruckmassage durch Ertasten des Pulses überprüfen. Nach ca. einer Minute sowie danach alle paar Minuten muß die kardiopulmonale Reanimation für ca. 5 Sekunden unterbrochen werden und überprüft werden, ob ein Spontankreislauf und eine Spontanatmung wieder aufgetreten sind.

Erweiterte kardiopulmonale Reanimation beim Erwachsenen

Zur erweiterten kardiopulmonalen Reanimation **(advanced basic live support)** gehören der **Einsatz von Medikamenten** sowie **EKG-Diagnostik** und die **elektrische Defibrillation.**

Medikamente für die Reanimation

Die beschriebenen mechanischen Wiederbelebungsversuche werden durch eine gezielte medikamentöse Therapie ergänzt. Die Medikamente sollten intravenös verabreicht werden. Falls kein intravenöser Zugang vorhanden ist, können die wichtigsten Medikamente (Suprarenin, Lidocain, Atropin) auch in 2–2,5facher Dosis über den Endotrachealtubus verabreicht werden. Die Medikamente der ersten Wahl sind:

- Suprarenin (= Adrenalin)
- Lidocain
- Atropin
- Natriumbikarbonat

Suprarenin (= Adrenalin)

Dosierung:

Erwachsene:
1,0 mg intravenös einer 1:10 verdünnten Lösung. Gegebenenfalls Wiederholung alle 3–5 Minuten. Bei Verabreichung über eine periphere Vene sollten jeweils mindestens 20 ml Flüssigkeit (z. B. NaCl 0,9%) nachinjiziert werden, damit das Suprarenin bis nach zentral gelangt. Bei unzureichender Wirkung können eventuell auch steigende Boli (bis 0,1 mg/kgKG) verabreicht werden. Wird Adrenalin im Rahmen eines primär nicht auf eine Defibrillation ansprechenden Kammerflimmerns verabreicht, dann sollte 30–60 Sekunden danach mit 360 Joule (J) defibrilliert werden.

Lidocain

Lidocain ist das Antiarrhythmikum der ersten Wahl bei ventrikulären Rhythmusstörungen (v. a. bei Kammerflimmern, das auf Defibrillation nicht anspricht). Die Initialdosis wird mit 1,5 mg/kgKG angegeben. Gegebenenfalls kann nach 3–5 Minuten die Initialdosis wiederholt werden. Anschließend können alle 8–10 Minuten 0,5 mg/kgKG verabreicht werden. 30–60 Sekunden nach einer Lidocaingabe wegen eines Kammerflimmerns sollte mit 360 J defibrilliert werden.

Atropin

Im Falle einer Asystolie wird nach erfolgloser Gabe von Suprarenin die zusätzliche Gabe von 1 mg Atropin (gegebenenfalls alle 3–5 Minuten eine Wiederholungsdosis; maximal ca. 3 mg) empfohlen.

Natriumbikarbonat

Während eines Kreislaufstillstandes entwickelt sich eine **metabolische Azidose.** Hierdurch kann die Kontraktilität des Herzens erniedrigt, die Flimmerbereitschaft des Herzens erhöht und die Ansprechbarkeit auf Katecholamine und auf eine Defibrillation (s. u.) verschlechtert, werden. Die Gabe von Natriumbikarbonat wird inzwischen sehr zurückhaltend empfohlen. Es sollte nur dann verabreicht werden, wenn der Patient intubiert und ausreichend beatmet ist und ein längerdauernder Kreislaufstillstand vorliegt oder wenn nach einem längeren Kreislaufstillstand wieder ein Spontankreislauf auftritt (und die sauren Stoffwechselprodukte aus den Geweben ausgewaschen werden. Natriumbikarbonat darf nicht endotracheal verabreicht werden. In Notfallsituationen kann Natriumbikarbonat (trotz seiner hohen Osmolarität) ausnahmsweise auch über einen peripher-venösen Zugang verabreicht werden. Spätestens zu diesem Zeitpunkt muß ein (möglichst peripher-venöser) Zugang gelegt werden. Ein zentraler Venenkatheter (s. S. 165) sollte während der Herzdruckmassage nur gelegt werden, wenn eine peripher-venöse Punktion nicht möglich ist. Es bietet sich dann die V. subclavia an (s. S. 168). Bei Neugeborenen kann notfalls in die Nabelvene injiziert werden.

Dosierung:

Erwachsene:
initial 1 mmol/kgKG i. v.

Falls möglich, sollte die Natriumbikarbonat-Gabe jedoch nach dem Ergebnis einer Blutgasanalyse dosiert werden. Die metabolische Azidose sollte nicht vollständig ausgeglichen werden. Vor einer überschießenden Gabe von Natriumbikarbonat muß gewarnt werden.

Orciprenalin (= Alupent) und Kalzium

Orciprenalin und Kalzium haben in der Reanimation des Herz-Kreislauf-Stillstandes keinen Platz mehr.

EKG und Defibrillation

Bald möglichst sollte ein EKG angeschlossen werden, um ein Kammerflimmern, eine Asystolie oder eine elektromechanische Entkopplung als Ursache des Herz-Kreislauf-Stillstandes differenzieren und um eine wiedereinsetzende Herzaktion frühzeitig erkennen zu können.

Kammerflimmern

Die häufigste Ursache eines Herzstillstandes ist ein Kammerflimmern. Das EKG zeigt hierbei schnelle, unregelmäßige Ausschläge.

Die Therapie der Wahl bei einem Kammerflimmern ist die unverzügliche **elektrische Defibrillation** (Abb. 8.6).

Die mit Gel bestrichenen Defibrillatorelektroden werden an der Herzbasis (2. ICR rechts parasternal) und an der Herzspitze (unterhalb der linken Brustwarze) aufgesetzt. Zur Defibrillation werden bei Erwachsenen inital 200 J empfohlen. Für eine eventuell zweite Defibrilla-

Abb. 8.6 Defibrillation

tion werden 200–300 J und für eine dritte Defibrillation 360 J empfohlen. Bei Erfolglosigkeit sollten nach den neuesten Empfehlungen initial bis drei Defibrillationen unmittelbar nacheinander durchgeführt werden. Bei Erfolglosigkeit sollte dann wieder mit der Herzdruckmassage und Beatmung fortgefahren werden, Adrenalin (Dosierung wie oben beschrieben) verabreicht und 30–60 Sekunden danach mit 360 J defibrilliert werden. Zusätzlich kann Lidodain (Dosierung wie oben beschrieben) verabreicht und danach mit 360 J defibrilliert werden. Zwischen den einzelnen Defibrillationen und Medikamentengaben sind natürlich die Herzdruckmassage und die Beatmung fortzuführen. Gegebenenfalls kann noch Bikarbonat (in obiger Dosierung) verabreicht werden.

Während der Defibrillation darf niemand Kontakt zum Patienten oder dessen Bett haben (!!).
Wird z. B. auf der Intensivstation am angeschlossenen EKG-Monitor das plötzliche Auftreten von Kammerflimmern beobachtet, so kann die Reanimation primär mit einer elektrischen Defibrillation begonnen werden.

Asystolie

Bei einer Asystolie zeigt das EKG keine elektrische Aktivität. Die Grundlinie ist leicht wellenförmig. Bei einer vollkommen geraden Null-Linie handelt es sich um einen Ableitungsfehler! Die Elektroden müssen überprüft werden.

Die Therapie der Wahl bei einer **Asystolie** ist die Gabe von **Adrenalin** (in obiger Dosierung).

Bei unzureichender Wirkung wird zusätzlich Atropin (in obiger Dosierung) und gegebenenfalls auch noch Bikarbonat (in obiger Dosierung) verabreicht.

Elektromechanische Entkoppelung

Bei der elektromechanischen Entkoppelung liegt eine Pulslosigkeit vor, obwohl im EKG elektrische Herzaktionen nachweisbar sind. Die Therapie besteht in der Gabe von Adrenalin (in obiger Dosierung) und bei fortbestehender Bradykardie in zusätzlicher Atropingabe (in obiger Dosierung). Gegebenenfalls kann noch Natriumbikarbonat (in obiger Dosierung) verabreicht werden.

Der präkordiale Faustschlag

Wird das Eintreten eines primären Herzstillstandes z. B. auf der Intensivstation vom Helfer beobachtet, und ist ein Defibrillator nicht unmittelbar verfügbar, so kann die kardiopulmonale Reanimation auch mit einem präkordialen Faustschlag begonnen werden (Abb. 8.7).

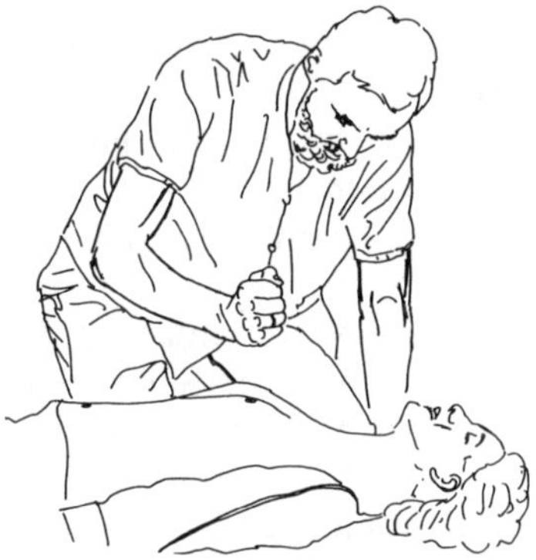

Abb. 8.7 Präkordialer Faustschlag

Aus ca. 30 cm Entfernung wird ein kräftiger Faustschlag auf die Mitte des Sternums durchgeführt. Durch die mechanische Irritation kann es, ähnlich wie bei der elektrischen Defibrillation, unter Umständen zum Wiedereinsetzen der Herzaktion kommen. Kommt es nach dem präkordialen Faustschlag nicht sofort zum Wiedereinsetzen einer normalen Herzaktion, so muß unmittelbar mit der kardiopulmonalen Reanimation begonnen werden. Der präkordiale Faustschlag darf nicht angewendet werden bei Kindern sowie bei einem primären Atemstillstand mit nachfolgendem Herzstillstand (also bei einem zyanotischen Patienten).

Das ABC der kardiopulmonalen Reanimation beim Erwachsenen

Das zeitliche Vorgehen bei einer kardiopulmonalen Reanimation erfolgt nach dem ABC der Reanimation:
Ist der Patient bewußtlos?
Falls ja:
Atemwege freimachen (Kopf überstrekken) und klären ob Spontanatmung vorhanden (Atmung mit angenähertem Ohr zu hören und fühlen? Thoraxbewegungen sichtbar?)
Falls keine (ausreichende) Spontanatmung:
Beatmen: 2mal (1,5–2 Sekunden pro Atemhub)
Kreislauf vorhanden? Karotispuls tastbar?)

- falls ja: 10–12×/Minute weiterbeatmen,
- falls nein:

Cirkulation wiederherstellen – Herzdruckmassage (Kompressionsfrequenz 80–100 /min; Kompressions- und Entlastungsphase gleichlang; unteres Drittel des Sternums ca. 3,8–5 cm eindrücken:

- Ein-Helfer-Methode: 15:2 im Wechsel
- Zwei-Helfer-Methode: 5:1 interponiert

Drogen

- Adrenalin 1 mg, gegebenenfalls Wiederholung alle 3–5 Minuten i. v. Bei unzureichender Wirkung eventuell Bolussteigerung bis 0,1 mg/kgKG.
- Natriumbikarbonat 1 mmol/kgKG, falls der Patient intubiert und ausreichend beatmet ist, aber ein längerfristiger Herzkreislaufstillstand besteht

oder bei Wiederauftreten eines Spontankreislaufs nach langfristigem Kreislaufstillstand.

EKG

▶ Asystolie

→ Adrenalin und gegebenenfalls Atropin (und eventuell Natriumbikarbonat)

▶ Kammerflimmern

→ Defibrillation (gegebenenfalls unmittelbar nacheinander mit 200 J, 200–300 J, 360 J), gegebenenfalls Suprarenin und 30–60 Sekunden danach Defibrillation mit 360 J, gegebenenfalls Lidocain und 30–60 Sekunden danach Defibrillation mit 360 J (gegebenenfalls noch Natriumbikarbonat).

▶ Elektromechanische Entkopplung

→ Adrenalin und gegebenenfalls Atropin (sowie eventuell Natriumbikarbonat)

Die kardiopulmonale Reanimation bei Neugeborenen, Säuglingen und Kindern bis 8 Jahre

Kinder über 8 Jahre werden nach den für Erwachsene beschriebenen Richtlinien reanimiert (s. o.). Bei der kardiopulmonalen Reanimation bei Neugeborenenen, Säuglingen und Kindern gelten im Prinzip die gleichen Richtlinien für die kardiopulmonale Reanimation wie sie für Erwachsene vorstehend beschrieben wurden. Es sind jedoch folgende Besonderheiten zu beachten:

- ▶ Bei Kindern unter einem Jahr erfolgt die Beatmung mit dem weit geöffneten Mund gleichzeitig über Mund und Nase des kleinen Patienten.
- ▶ Bei Kindern unter 1 Jahr ist die A. carotis (wegen des kurzen Halses) schwierig zu tasten. Es wird empfohlen, den Puls im Bereich der A. brachialis (etwas proximal der Ellenbeuge in der Oberarminnenseite) zu tasten.
- ▶ Die Insufflation eines Beatmungshubes sollte ca. 1–1,5 Sekunden dauern. Die Beatmungsfrequenz beträgt beim Säugling und Kind 20 Atemhübe pro Minute.
  Bei Säuglingen bzw. Kindern sollte mit der Herzdruckmassage bereits begonnen werden, wenn die Herzfrequenz trotz Sauerstoffgabe und Beatmung auf unter 80 bzw. 60 Schläge pro Minute abfällt.
- ▶ Das Sternum wird beim Neugeborenen um 1,3–1,9 cm, beim Säugling um 1,3–2,5 cm, beim Kleinkind um 2,5–3,8 cm eingedrückt. Beim Neugeborenen sollten die Daumen unmittelbar unterhalb der die beiden Brustwarzen verbindenden Linie zum Liegen kommen. Bei sehr kleinen Neugeborenen sollten die beiden Daumen aufeinander gelegt werden. Bei großen Neugeborenen, bei denen nicht um den Thorax gefaßt werden kann, sollte mit Ring- und Mittelfinger komprimiert werden. Bei Neugeborenen kann der Thorax auch mit beiden Händen jeweils von einer Seite umgriffen werden, wobei die Daumen auf dem Sternum, die restlichen 4 Finger als Widerlager auf dem Rücken des Neugeborenen zu liegen kommen. Die Herzdruckmassage erfolgt dann mit dem Daumen. Beim Säugling wird mit dem Mittelfinger und Ringfinger ca. 1 Querfinger unterhalb der gedachten Verbindungslinie zwischen den Brustwarzen kompri-

miert. Bei Kindern (1–8 Jahre) wird mit einem Handballen im Bereich des unteren Sternumdrittels die Herzdruckmassage durchgeführt.

- Die Kompression erfolgt bei Neugeborenen mit einer Frequenz von 120/min, beim Säugling mit einer Frequenz von mindestens 100/min und beim Kleinkind mit einer Frequenz von 100/min. Beim Säugling und Kind wird nach jeder 5. Kompression insuffliert (5:1), sowohl bei der Ein-Helfer- als auch der Zwei-Helfer-Methode. Beim Neugeborenen sollte nach jeder 3. Kompression beatmet werden (3:1). Bei der hierbei angestrebten Kompressionsfrequenz von 120 pro Minute ergibt sich eine effektive Frequenz von 90 Kompressionen und 30 Beatmungen pro Minute.
- Falls kein intravenöser Zugang vorhanden ist, kann auch eine (spezielle) Stahlkanüle bis in die Spongiosa des Schienbeines (der Tibia) eingestochen werden. Über eine solche Kanüle kann eine intraossäre Infusion oder Transfusion oder die Gabe von Medikamenten vorgenommen werden. Für die intraossäre Gabe von Medikamenten werden die gleichen Dosen wie für die intravenöse Gabe empfohlen. Die Wirkung tritt ähnlich schnell auf wie nach i.v.-Gabe.
- Adrenalin wird bei Säuglingen und Kindern in einer Dosierung von 0,01 mg/kgKG (= 0,1 ml/kgKG einer 1:10 verdünnten Lösung) intravenös oder intraossär empfohlen. Für die endotracheale Gabe werden 0,1 mg/kgKG (der unverdünnten Lösung) empfohlen. Eventuell kann die Dosis bis 0,2 mg/kgKG gesteigert werden.
  Bei einer Bradykardie wird diese Dosis gegebenenfalls alle 3–5 Minuten wiederholt. Bei einer Asystolie werden für die zweite sowie nachfolgenden Dosen 0,1 mg/kgKG (= 0,1 ml/kgKG einer unverdünnten Lösung) empfohlen sowohl bei i.v., intraossärer als auch endotrachealer Gabe. Gegebenenfalls Dosiswiederholung alle 3–5 Minuten. Eventuell kann die Dosis bis 0,2 mg/kgKG gesteigert werden.
  Beim Neugeborenen wird eine Adrenalindosis von 0,01–0,03 mg/kgKG (= 0,1–0,3 ml einer 1:10 verdünnten Lösung) gegebenenfalls alle 3–5 Minuten intravenös bzw. endotracheal empfohlen.
- Atropin wird (bei einer Bradykardie) in einer Dosierung von 0,02 mg/kgKG empfohlen (Minimaldosis 0,1 mg; Maximaldosis 0,5 mg beim Säugling bzw. Kind) falls Suprarenin erfolglos ist. Die Dosis kann gegebenenfalls einmal wiederholt werden.
- Lidocain wird beim Säugling und Kind (beim Kammerflimmern) in einer Dosierung von 1 mg/kgKG i.v. oder intraossär empfohlen. Gegebenenfalls kann diese Dosis wiederholt werden.
- Natriumbikarbonat
  Die Gabe von Natriumbikarbonat sollte sehr zurückhaltend durchgeführt werden. Lediglich wenn das Kind intubiert und ausreichend ventiliert ist sowie eine effektive Herzdruckmassage durchgeführt wird, kann bei einem längeren Kreislaufstillstand 1 mval/kgKG Natriumbikarbonat langsam intravenös oder intraossär verabreicht werden. Gegebenenfalls kann nach 10 Minuten weiteren Kreislaufstillstandes die Dosis wiederholt werden. Falls möglich, sollte die Dosierung nach einer Blutgasanalyse orientiert werden. Bei Neugeborenen sollte Natriumbikarbonat (mit Glukose 5%) 1:1 verdünnt werden.
- Defibrillation
  Eine Defibrillation ist bei Kindern extrem selten notwendig. Für die Defibrillation mit reduzierter Energiean-

wendung gibt es für die meisten Defibrillatoren ein Vorsatz-Elektroden-Paar. Diese werden auf die üblichen Schockpaddel aufgesetzt. Bei den meisten Defibrillatoren kommt es hierbei zu einer Reduzierung der eingestellten Energie im Verhältnis 1:10. Diese Baby-Schockelektroden sind bei einem Körpergewicht von unter 10 kg anzuwenden. Bei der ersten Defibrillation werden 2 J/kgKG, bei der zweiten und dritten Defibrillation werden 4 J/kgKG empfohlen. Auch für eventuelle weitere Defibrillationen werden 4 J/kg KG empfohlen.

- Volumengabe beim Neugeborenen
  Falls bei einem Neugeborenen die Reanimationsbemühungen erfolglos bleiben, sollte an einen intravasalen Volumenmangel gedacht werden. Es empfiehlt sich die Gabe von 10 ml/kgKG z. B. einer Elektrolytlösung der 5%igen Albuminlösung.
- Bradykardie
  Bei Neugeborenen sollte mit der Herzdruckmassage begonnen werden, wenn die Herzfrequenz weniger als 60 Schläge pro Minute beträgt oder zwischen 60 bis 80 Schläge pro Minute liegt und trotz Beatmung mit 100% Sauerstoff über 30 Sekunden nicht ansteigt. Falls die Eigenfrequenz über 80 Schläge pro Minute angestiegen ist, sollte die Herzdruckmassage abgebrochen werden. Beginn der Herzdruckmassage bei Säuglingen bzw. Kindern, falls die Herzfrequenz trotz Sauerstoffgabe und Beatmung unter 80 bzw. 60 Schläge pro Minute abfällt. Zusätzlich Suprarenin und gegebenenfalls Atropin.
- Asystolie
  Adrenalin
- Kammerflimmern
  Gegebenenfalls unmittelbar nacheinander mit 2 J/kgKG, 4 J/kgKG, gegebenenfalls Lidocain und 30–60 Sekunden danach mit 4 J/kgKG Defibrillation (gegebenenfalls noch Natriumbikarbonat).

Erfolgskontrolle der kardiopulmonalen Reanimation

- Der Thorax hebt und senkt sich während der Atemspende. Bei der passiven Ausatmung ist mit dem angenäherten Ohr die aus der Nase entweichende Luft zu hören und zu fühlen.
- Die Hautfarbe wird wieder rosiger.
- Der Karotispuls ist tastbar.
- Vorher weite Pupillen werden wieder enger.
- Eine spontane Herzaktion setzt wieder ein.
- Eine Spontanatmung setzt wieder ein.

Komplikationen der kardiopulmonalen Reanimation

- Sternum- und Rippenfrakturen
- Pneumothorax, Hämatothorax
- Leber- und Milzverletzungen
- Herzkontusion und ähnliches

Verletzungen durch eine kardiopulmonale Reanimation treten vor allem bei fehlerhafter Technik oder bei alten Patienten mit brüchigen Knochen auf.

Behandlung nach der kardiopulmonalen Reanimation

Nach einer Reanimation ist der Patient oft durch einen hypoxischen Hirnschaden (aufgrund einer Störung der zerebralen Autoregulation und einer Abnahme des zerebralen Blutflusses) sowie durch Herzrhythmusstörungen oder einen erneuten Herzstillstand bedroht. Der Patient muß deshalb auf die Intensivstation verlegt werden.

Therapieziele:

- Stabilisierung des Kreislaufs
  auf normale oder leicht übernormale Werte. Der arterielle Mitteldruck sollte bei ca. 90 mmHg liegen. Es muß ein ausreichender zerebraler und koronarer Perfusionsdruck garantiert werden.
- Kontrollierte Beatmung:
  Es sollte eine mäßige Hyperventilation angestrebt werden und der PaO_2 sollte mindestens 100 mmHg (13,3 kPa) betragen.
- Sedierung
  sowie Prophylaxe beziehungsweise Therapie von zerebralen Krämpfen z.B. mit Diazepam, Phenytoin oder Barbituraten (Phenobarbital).
- Verhinderung eines Fieberanstiegs
  und Anstreben einer normalen Körpertemperatur
- Gabe von Steroiden
  ist sehr umstritten
- Kontrolle der Laborwerte und Anstreben von Normalwerten für
  - pH
  - Hämatokrit
  - BZ: stärkere Blutzuckerschwankungen müssen unbedingt vermieden werden.
  - Serumalbumin
  - Serumelektrolyte
- Oberkörperhochlage um ca. 30°
  zur Optimierung des venösen Abflusses aus dem Gehirn. Ein Anstieg des intrakraniellen Drucks muß vermieden werden (CPP = MAP – ICP; s. S. 244).

Beendigung einer kardiopulmonalen Reanimation

Besteht trotz korrekt durchgeführter kardiopulmonaler Reanimation und medikamentöser Behandlung eine längerfristige therapieresistente Asystolie oder kommen agonale (präfinale und extrem deformierte) EKG-Rhythmen vor, so liegt ein endgültiger Herztod vor und die Reanimation kann eingestellt werden. Die Beendigung einer Reanimation allein auf der Basis neurologischer Kriterien ist nicht gerechtfertigt, da neurologische Kriterien während der Reanimation nicht zuverlässig und prognostisch nicht eindeutig sind. Weite Pupillen können beispielsweise auch durch hohe Dosen von Adrenalin bedingt sein.

Teil 9
Anhang

Normalwerte

Blutgasanalyse (BGA)

Eine BGA kann arteriell, kapillär, zentralvenös (s. S. 352) oder gemischt-venös (s. S. 179) abgenommen werden. Die Abnahme aus einer peripheren Vene zur Beurteilung der Blutgase ist nicht vertretbar!

- Alte Nomenklatur: mmHg
- Neue Nomenklatur: kPa (Kilo-Pascal)
- Umrechnungsfaktor: 7,5 (kPa × 7,5 ≙ mmHg)

PaO_2	20 Jahre	97 ± 5 mmHg	12,9 ± 0,7 kPa
	40 Jahre	92 ± 5 mmHg	12,2 ± 0,7 kPa
	60 Jahre	83 ± 5 mmHg	11,3 ± 0,7 kPa
	80 Jahre	75 ± 5 mmHg	10,0 ± 0,7 kPa
PvO_2		40 ± 5 mmHg	5,3 ± 0,7 kPa
$PaCO_2$		40 ± 5 mmHg	5,3 ± 0,7 kPa
$PvCO_2$		46 ± 5 mmHg	6,1 ± 0,7 kPa

Sättigung arteriell	97%
Sättigung gemischt- oder zentralvenös	75%
Standardbikarbonat (StB)	21–25 mmol/l
Base excess (BE)	± 3 mmol/l
pH	7,4 ± 0,04

Elektrolyte

- Alte Nomenklatur: mval/l
- Neue Nomenklatur: mmol/l

Natrium	135 – 147 mval/l	135 – 147 mmol/l
Kalium	3,5 – 5 mval/l	3,5 – 5 mmol/l
Kalzium	4,2 – 5,6 mval/l	2,1 – 2,8 mmol/l

Gerinnung

Quick	70–100%
PTT	23–38 sec

Leberwerte

SGOT	5– 15 U/l
SGPT	5– 20 U/l
LDH	80–240 U/l

Sonstige Laborwerte

Parameter	Normalwerte
Leukozyten	4000–10000/mm^3
Thrombozyten	150000–300000/mm^3
Fibrinspaltprodukte	< 10 mg/l
Laktat	1–1,8 mmol/l
Kreatinin	< 110 µmol/l
Harnstoff	2,5–6,7 mmol/l bzw. 15–40 mg/dl
Lipase	< 140 U/l
Alpha-Amylase	40–180 U/l
CK (Kreatinkinase)	< 70 U/l
CK-MB (herzspezifische Kreatinkinase)	normalerweise nicht im Blut
Protein	6,5–8,5 g/l
Indirektes Bilirubin	< 12,7 µmol/l
Direktes Bilirubin	< 4,3 µmol/l
Alkalische Phosphatase	60–170 U/l

Blutzucker (BZ)

- Alte Nomenklatur: mg%, mg/dl
- Neue Nomenklatur: mmol/l
- Umrechnungsfaktor: 18 (mg% : 18 = mmol)

70 – 100 mg% 3,9 – 5,5 mmol/l

Blutbild

Hämoglobin (Hb)	Männer	14– 18 g%
	Frauen	12– 16 g%
Hämatokrit (HK)	Männer	43– 49 %
	Frauen	36– 45 %
Thrombozyten		150000–300000/mm^3

Hämodynamische Parameter

	Normalbereich	Durchschnittswert
Herzfrequenz (HF)	60–100/min	
Arterieller Blutdruck		
► systolisch	90–140 mmHg	130 mmHg
► diastolisch	60– 90 mmHg	70 mmHg
► Mitteldruck	70–105 mmHg	85 mmHg
Zentraler Venendruck (ZVD)	1– 5 mmHg	3 mmHg
Rechter Vorhof:	1– 5 mmHg	3 mmHg
Rechter Ventrikel:	17– 32 mmHg	25 mmHg
► systolisch	1– 7 mmHg	4 mmHg
► enddiastolisch		
Pulmonalarterie		
► systolisch	17– 32 mmHg	25 mmHg
► enddiastolisch	4– 13 mmHg	9 mmHg
► Mitteldruck	9– 19 mmHg	15 mmHg
Pulmonal-kapillärer Verschlußdruck (= pulmo-capillary wedge-pressure = PCWP = Wedge-Druck)	4– 13 mmHg	9 mmHg
Linker Vorhof:	2– 12 mmHg	8 mmHg
Herzminutenvolumen (HMV = cardiac output):	4– 8 l/min	

Medikamentenverzeichnis

Freiname	Handelsname
Adrenalin	Suprarenin
Alfentanil	Rapifen
Alcuronium	Alloferin
Amrinon	Wincoram
Atracurium	Tracrium
Bupivacain	Bupivacain, Carbostesin
Buprenorphin	Temgesic
Cimetidin	Tagamet
Clemastin	Tavegil
Clonidin	Catapresan, Clonidin
Diazepam	Valium
Dimetinden	Fenistil
Dobutamin	Dobutrex
Dopamin	Dopamin
Dopexamin	Dopacard
Droperidol	Dehydrobenzperidol
Enfluran	Ethrane
Enoximon	Perfan
Etomidat	Hypnomidate
Fentanyl	Fentanyl
Flunitrazepam	Rohypnol
Halothan	Halothan, Fluothan
Imipenem	Zienam
Isofluran	Forane, Forene
Ketamin	Ketanest, Ketalar
Lidocain	Xylocain
Methohexital	Brevimytal, Brevital
Mepivacain	Meaverin, Scandicain
Midazolam	Dormicum
Naloxon	Narcanti, Narcan
Neostigmin	Prostigmin
Nifedipin	Adalat
Nitroglycerin	Trinitrosan, Nitro Pohl infus
Nitroprussid-Natrium	Nipride, nipruss
Noradrenalin	Arterenol
Pancuronium	Pancuronium, Pavulon
Pethidin	Dolantin
Phenobarbital	Luminal
Physostigmin	Anticholium
Piritramid	Dipidolor
Prilocain	Xylonest
Promethazin	Atosil

Propofol	Disoprivan
Pyridostigmin	Mestinon
Ranitidin	Sostril
Rocuronium	Esmeron
Succinyldicholin	Succinyl-Asta, Pantolax, Lysthenon
Sucralfat	Ulcogant
Sufentanil	Sufenta, Sufenta mite
Thiopental	Trapanal, Pentothal
Uprapidil	Ebrantil
Vecuronium	Norcuron

Auszug aus der Medizingeräteverordnung

Verordnung über die Sicherheit medizinisch-technischer Geräte (Medizingeräteverordnung – MedGV)

vom 14. Januar 1985

§ 1 Anwendungsbereich

(1) Medizinisch-technische Geräte einschließlich Laborgeräten und Gerätekombinationen, die dazu bestimmt sind, in der Heilkunde oder Zahnheilkunde bei der Untersuchung oder Behandlung von Menschen verwendet zu werden, dürfen nur nach dieser Verordnung in den Verkehr gebracht, ausgestellt, errichtet und betrieben werden.

§ 2 Einteilung der medizinisch-technischen Geräte

Medizinisch-technische Geräte werden in folgende Gruppen eingeteilt:

1. Gruppe 1
   Energetisch betriebene medizinisch-technische Geräte, die in der Tabelle 1 aufgeführt sind
2. Gruppe 2
   Implantierbare Herzschrittmacher und sonstige energetisch betriebene medizinisch-technische Implantate.
3. Gruppe 3
   Energetisch betriebene medizinisch-technische Geräte, die nicht in der Anlage aufgeführt sind und nicht der Gruppe 2 zuzuordnen sind.
4. Gruppe 4
   Alle sonstigen medizinisch-technischen Geräte.

Tabelle 1: Medizinisch-technische Geräte der Gruppe 1

Anlage (zu § 2 Nr. 1 MedGV)

1. Elektro- und Phonokardiographen, intrakardial
2. Blutdruckmesser, intrakardial
3. Blutflußmesser, magnetisch
4. Defibrillatoren
5. Geräte zur Stimulation von Nerven und Muskeln für Diagnose und Therapie
6. Geräte zur Elektrokrampfbehandlung
7. Hochfrequenz-Chirurgiegeräte
8. Impulsgeräte zur Lithotripsie
9. Photo- und Laserkoagulatoren
10. Hochdruck-Injektionsspritzen
11. Kryochirurgiegeräte (Heizteil)
12. Infusionspumpen
13. Infusionsspritzenpumpen
14. Perfusionspumpen
15. Beatmungsgeräte (nicht manuell)
16. Inhalations-Narkosegeräte
17. Inkubatoren, stationär und transportabel
18. Druckkammern für hyperbare Therapie
19. Dialysegeräte
20. Hypothermiegeräte (Steuerung)
21. Herz-Lungen-Maschine
22. Laser-Chirurgie-Geräte
23. Blutfiltrationsgeräte
24. Externe Herzschrittmacher
25. Kernspintomographen

§ 3 Allgemeine Anforderungen

(1) Medizinisch-technische Geräte dürfen gewerbsmäßig oder selbständig im Rahmen einer wirtschaftlichen Unternehmung nur in den Verkehr gebracht oder ausgestellt werden, wenn sie den Vorschriften dieser Verordnung, den allgemein anerkannten Regeln der Technik sowie den Arbeitsschutz- und Unfallverhütungsvorschriften entsprechen. Dabei muß sichergestellt sein, daß Patienten, Beschäftigte oder Dritte bei der bestimmungsgemäßen Verwendung der Geräte gegen Gefahren für Leben und Gesundheit so weit geschützt sind, wie es die Art der bestimmungsgemäßen Verwendung gestattet.

§ 4 Gebrauchsanweisung

(1) Der Hersteller hat für jedes medizinisch-technische Gerät eine Gebrauchsanweisung in deutscher Sprache mitzuliefern, in der die notwendigen Angaben über Verwendungszweck, Funktionsweise, Kombinationsmöglichkeiten mit anderen Geräten, Reinigung, Desinfektion, Sterilisation, Zusammenbau, Funktionsprüfung sowie Wartung des Gerätes enthalten sind.

Vorschriften für das Errichten und Betreiben

§ 6 Allgemeine Anforderungen

(1) Medizinisch-technische Geräte der Gruppen 1, 3 und 4 dürfen nur bestimmungsgemäß, nach den Vorschriften dieser Verordnung, den allgemein anerkannten Regeln der Technik sowie den Arbeitsschutz- und Unfallverhütungsvorschriften errichtet und betrieben werden. Sie dürfen nicht betrieben werden, wenn sie Mängel aufweisen, durch die Patienten, Beschäftigte oder Dritte gefährdet werden können.

§ 10 Einweisung des Personals

(1) Medizinisch-technische Geräte der Gruppen 1 und 3 dürfen nur von Personen nach § 6 Abs. 3 angewendet werden, die am Gerät unter Berücksichtigung der Gebrauchsanweisung in die sachgerechte Handhabung eingewiesen worden sind. Nur solche Personen dürfen einweisen, die aufgrund ihrer Kenntnisse und praktischen Erfahrungen für die Einweisung in die Handhabung dieser Geräte geeignet sind.

(2) Werden solche Geräte mit Zusatzgeräten zu Gerätekombinationen erweitert, ist die Einweisung des Personals auf die Kombinationen und deren Besonderheiten zu erstrecken.

§ 11 Sicherheitstechnische Kontrollen

(1) Der Betreiber eines medizinisch-technischen Gerätes der Gruppe 1 hat die bei der Bauartzulassung festgelegten sicherheitstechnischen Kontrollen im vorgeschriebenen Umfang fristgerecht durchführen zu lassen.

(2) Die sicherheitstechnischen Kontrollen dürfen nur Personen übertragen werden, die aufgrund ihrer Ausbildung, ihrer Kenntnisse und ihrer durch praktische Tätigkeit gewonnenen Erfahrungen Kontrollen ordnungsgemäß durchführen können und bei ihrer Kontrolltätigkeit weisungsfrei sind.

§ 12 Bestandsverzeichnis

(1) Der Betreiber hat für die von ihm betriebenen medizinisch-technischen Geräte der Gruppen 1 und 3 ein Bestandsverzeichnis zu führen.

(2) In das Bestandsverzeichnis sind für jedes einzelne Gerät folgende Angaben einzutragen:
1. Name oder Firma des Herstellers,
2. Typ, Fabriknummer und Anschaffungsjahr,
3. Gerätegruppe nach § 2,
4. Standort oder betriebliche Zuordnung.

(3) Der zuständigen Behörde ist auf Verlangen beim Betreiber jederzeit Einsicht in das Bestandsverzeichnis zu gewähren.

§ 13 Gerätebuch

(1) Für medizinisch-technische Geräte der Gruppe 1 hat der Betreiber ein Gerätebuch zu führen. Andere Dokumentationen sind dem Gerätebuch gleichgestellt, sofern sie die für das Gerätebuch geltenden Anforderungen in gleicher Weise erfüllen und dem Anwender jederzeit zugänglich sind.

(2) In das Gerätebuch sind einzutragen:
1. Zeitpunkt der Funktionsprüfung vor der erstmaligen Inbetriebnahme des Gerätes,
2. Zeitpunkt der Einweisungen sowie die Namen der eingewiesenen Personen,
3. Zeitpunkt der Durchführung von vorgeschriebenen sicherheitstechnischen Kontrollen und von Instandhaltungsmaßnahmen sowie der Name der Person oder die Firma, die die Maßnahme durchgeführt hat,
4. Zeitpunkt, Art und Folgen von Funktionsstörungen und wiederholter gleichartiger Bedienungsfehler.

(3) Ein Abdruck der Bauartzulassungsbescheinigung oder der Bescheinigung nach § 22 Abs. 1 Satz 4 oder Abs. 2 Satz 4 sind beim Gerätebuch aufzubewahren.

§ 14 Aufbewahrung der Gebrauchsanweisung und Gerätebücher

(1) Gebrauchsanweisungen und Gerätebücher für medizinisch-technische Geräte der Gruppe 1 sind so aufzubewahren, daß sie den mit der Anwendung beauftragten Personen jederzeit zugänglich sind.

(2) Der zuständigen Behörde ist auf Verlangen am Betriebsort jederzeit Einsicht in die Gerätebücher zu gewähren.

§ 24 Inkrafttreten

(1) Diese Verordnung tritt vorbehaltlich des Absatzes 2 am 1. Januar 1986 in Kraft.

(2) § 3 Abs. 2 tritt am 1. Januar 1988 in Kraft.

Sachregister

I